邓嗣禹在燕京大学本科时留影（1928—1932 年）

1943 年 6 月，邓嗣禹（右）在芝加哥大学接待中国第一批到美国考察的著名学者——费孝通（左）、金岳霖（中）

1945 年邓嗣禹在芝加哥大学

1948 年邓嗣禹与董作宾、钱存训在芝加哥大学合影（从左至右）

1950 年邓嗣禹在哈佛大学任教时留影

1956 年，邓嗣禹与女儿邓同兰、徐炳麟在香港合影（自左向右）

1982 年，邓嗣禹（中）与周一良（左）、王伊同在匹兹堡大学合影

1945 年 9 月，胡适聘请邓嗣禹到北大任教手书

1941 年，邓嗣禹和周一良代表哈佛大学中国学生会致函给赵元任（加州大学伯克利分校东亚图书馆收藏）

1941 年，赵元任致函邓嗣禹探讨学术问题（加州大学伯克利分校东亚图书馆收藏）

1981 年，杨振宁写给邓嗣禹的第一封信（香港中文大学收藏）

1985 年 10 月，邓嗣禹（中）与唐德纲（左）、陈志让（右）在北京合影

漢昇學長兄
教正
弟 鄧嗣禹 敬贈

常寧鄧嗣禹纂著

中國考試制度史

學生書局 印行

1967 年，邓嗣禹书赠全汉昇签名本

2018 年 10 月，编者（中）在美国旧金山电视台接受主持人采访

心路历程：

邓嗣禹回忆录
与学术年谱

彭 靖◎译著

中国文史出版社

图书在版编目（CIP）数据

心路历程：邓嗣禹回忆录与学术年谱／彭靖译著.
北京：中国文史出版社，2025.3. -- ISBN 978 - 7 - 5205 -
5116 - 8

Ⅰ. K825.81

中国国家版本馆 CIP 数据核字第 2025VN9141 号

责任编辑：程　凤

出版发行：中国文史出版社
社　　址：北京市海淀区西八里庄路 69 号　　邮编：100142
电　　话：010 - 81136606　81136602　81136603　81136605（发行部）
传　　真：010 - 81136655
印　　装：廊坊市海涛印刷有限公司
经　　销：全国新华书店
开　　本：787×1092　1/16
印　　张：36.75
字　　数：508 千字
版　　次：2025 年 5 月北京第 1 版
印　　次：2025 年 5 月第 1 次印刷
定　　价：128.00 元

序一

　　这本中国游记与普通游记的不同在于，作者不仅是一位美国教授，在用熟练的专业语言向美国读者介绍中国，而且还是一位在久负盛名的高校接受过经典教育的中国学者。邓嗣禹出生在中国中部湖南省一个小城镇，离毛主席家乡韶山不远的地方。当邓教授回到中华人民共和国时，他没有被认为是一位"外国人"，而是被当作一位回到自己的家乡的"海外华人"。1972 年夏天，他将回国两个月的经历，描述给我们，读来有如《瑞普·凡·温克尔》（*Rip Van Winkle*）① 书中描述的感觉。他在这之前和之后出版的书籍中，所论述的都是旧中国的历史。但是更为重要的是，作为一位远在国外的海外华人，他也能够掌握和洞悉第一手的信息。为了能近距离地了解中国人民的生活，他很少住豪华宾馆，自己支付出租车和旅行费用。与外国客人相比，他缺少特权，他所讲述的是普通中国人生活的更多变化。同时，他参与这次伟大旅行所写下的资料，对各类旅行者来说都是非常有用的。近几个月来，如同所有的旅行团成员一样，他参观城市而得到的信息资料，已经给过我们相关

---

　　① 《瑞普·凡·温克尔》是美国文学之父华盛顿·欧文的一篇著名短篇小说，主人公瑞普·凡·温克尔在美国是一位家喻户晓的人物。作者在书中表达了对自然的挚爱之情，也间接提出了人与自然二元对立的矛盾，同时具有前瞻性地表达了对于生态问题的焦虑。——译者注

报道。

邓先生是一位经过传统教育模式培养出来的学者，早年曾出版目录学书籍，撰写过以回忆录为主题的文章。他早期的职业生涯在北京的燕京大学度过，在这所大学中他成为文献目录学和历史学方面的专家。1932 年他在燕京大学获得了学士学位，于 1935 年获得硕士学位后，他留校任讲师，并担任《史学年报》主编。作为新中国成立之前的一代人，他所受教育和具有的才能，使他成为中国传统学者的典型，而不带有任何的政治倾向。他虽然能熟练地运用英语和现代方式进行写作，但仍然受到传统学术思想的深刻影响。

1937 年，邓先生 31 岁，他来到美国，先在国会图书馆工作了一年，然后拿到了哈佛燕京学社的奖学金。在接下来的三年里，他在哈佛大学攻读并获得了历史学博士学位。

从 1941 年开始，邓先生在芝加哥大学开始了八年的教学与科研活动。1950 年他来到了印第安纳大学①，从 1966 年开始，他成为一名受人尊重的大学教授。他不仅出版了 20 本书②，发表了 75 篇文章，而且在日常生活中也十分勤勉，为人热情。

邓先生在美国从事历史教学工作的职业生涯中，一直是一位严谨的历史学家，远离中国的革命运动。当他在 1972 年回到中国的时候，他以来自西方世界，对于中国非常感兴趣的观察员身份出现。他所来到的这个东方世界，是中国共产党改革之前的世界，也是远离美国的陌生世界。邓先生是一位训练有素的学者，通过他的具体询问、了解和观察，他的描述是准确、简洁的。他仍然保持着非政治的倾向和半独立的立场，是一位学术事业的拥护者。他对于教育界和他在大学工作的朋友们

---

① 从 1949 年到 1950 年，受费正清邀请，邓嗣禹曾经在哈佛大学东亚语言系任教一年，讲授"太平天国史"与"现代中国问题"课程。——译者注

② 这里费正清所述出版了 20 本书，是以截至 1974 年而言。——译者注

的情况尤其感兴趣。

美国的读者从书中会发现，他是如何获取和清晰描述中国的巨大变化的。其中还点缀着许多他对于近几十年来中国的革命性变化，充满激情的评论。邓先生通过他不寻常的背景，观察着今天的中国。

费正清（J. K. Fairbank）

1974 年 5 月 4 日

序二

论今昔学者之境遇与学养

张西平[①]

今读彭靖先生的《心路历程：邓嗣禹回忆录与学术年谱》一书，感慨万千！民国之际，虽乱世多艰，然学者辈出，其学养深厚，成就斐然，令人景仰。他们或生于清末，幼承庭训，饱读诗书，国学根基深厚；如胡适之先生以现代方法整理国故，开一代学术新风；陈寅恪先生学贯中西，精通多国语言，于唐代中古史研究，发前人所未发，其"独立之精神，自由之思想"，更成为学界之精神标杆。邓嗣禹负笈海外，汲取西学之精华，遂成中西合璧之大家。后执教于美国东亚系，合作于费正清，传播华夏文化之功显著。邓先生一生成就斐然，于异域杏坛，弘扬华夏学术，为中西文化交流之桥梁。以邓嗣禹为代表的民国一代的学者，心怀天下，以学术为报国之器，其志可嘉，其行可敬。

今我辈学人，生于国运昌隆之时，恰逢民国一代学者渐渐淡出历史

---

① 张西平：北京外国语大学资深教授，博士研究生导师，《国际汉学》期刊主编，国际儒学联合会原会长，世界汉语教育史国际研究会会长。

1

舞台，将我辈推向学术舞台的中心。现在年轻学者已经很少知道郑天挺、韩儒琳这些名字，从事海外汉学研究，很少知道邓嗣禹、杨联陞这些前辈的名字。改革开放后的我们这批学者已是今日学界之栋梁，科研经费充裕，学术交流频繁，俨然已成今日学术之大咖。但其学养与邓嗣禹、杨联陞等前辈相比，相差甚远。我辈学人之中，不少滋生骄矜之气，对前辈学者之成就缺乏敬畏，学术交流中时有傲慢之态。今细度《心路历程：邓嗣禹回忆录与学术年谱》深感我辈学养所囿，完全不及民国前辈。从小少有家学教养，基础的教育大都是小学程度，青年时又上山下乡，历经磨难后考入高校，拿下博士学位。虽然，今日风光无限，然多浮于表面，能传世之作寥寥。

大学者之本，在于学养与谦逊。今之学者，虽有国家强盛之舞台，然不可忘却自身学养根基之浅薄。虽著作等身，但面临百年未有之大变局，已有之知识和成绩或将如浮云。民国学者于乱世尚能坚守学术初心，今之我辈学者更应于盛世砥砺前行。当以邓嗣禹诸公为楷模，沉潜学问，深耕细作，以谦逊之心对待学术，以敬畏之心对待前贤。今时，吾辈展中国学术世界化之研究，不可不记邓先生之辈的耕耘与成果。他们那一代人以其才学与志业，开辟中国学术通往世界之途，为今日世界之中国研究打下基础，他们的精神与贡献，当永载史册，为吾辈所敬仰与追思。

最后，我以邓嗣禹先生所写过《中国学术世界化》一文的主要内容，作为这篇序言的结语，以沿着他指出的方向努力。

中国重要的问题，同时也是世界的问题，中国学术，同时也是世界学术的一部分。这是尽人皆知的。要想解决中国重要的问题，首先或同时要将世界的问题得到合理的解决。要想中国学术世界化，首先要了解世界学术的趋势，然后我们知道努力的目标，与世界学术并驾齐驱，方能将中国学术发扬光大。

　　所谓中国学术世界化者，有两种可能的解释。第一，是将中国学术传播于世界，使世人对于中国文化发生景仰。第二，是用世界的科学知识，学术潮流，研究中国文化，使中国人于本国文化的研究，不致落在外国人对我们文化研究之后。①

2025 年 2 月 4 日

---

① 邓嗣禹：《中国学术世界化》，原载《天津大公报》，1947 年 3 月 17 日，第三版。收录在《邓嗣禹文集》第二卷，武汉：华中师范大学出版社，2023 年，第 3 页。

前　言

　　邓嗣禹（1905—1988），被国内研究学者称为中国文化与学术"走出去"的先驱者，中国早期最有成就的留美学者之一。① 他为 20 世纪中国文化和学术走向世界，以及国际汉学的发展曾经做出过重要的贡献。近年来，国内学者关于邓嗣禹太平天国研究，从不同角度评论英译《颜氏家训》的硕士论文，相继发表有 9 篇，博士论文正在撰写过程中，其他相关研究文章不计其数。为了进一步方便国内外研究学者开展研究工作，现将《邓嗣禹回忆录》《邓嗣禹学术年谱》合为上、下卷出版，作为集中展示邓嗣禹研究的学术丛书，以期为国内外史学界、对外汉学研究界与翻译领域，相关学者的年谱与传记的编写者，以及文史爱好的读者提供丰富的参考书籍与读物。

一、关于《邓嗣禹回忆录》写作背景与学者评价

　　邓嗣禹早年毕业于燕京大学，1932 年与 1935 年先后获得本科与硕士学位后，留校任教。1938 年师从费正清，1942 年获得哈佛大学哲学

---

　　① 余燕：《中国文化与学术"走出去"的先驱者"邓嗣禹"研究述评》，载《名作欣赏》2023 年第 23 期，第 77—80 页。

博士学位。他曾先后在燕京大学、芝加哥大学、北京大学、哈佛大学和印第安纳大学任教。并曾历任燕京大学历史学会主席，《史学年报》主编，芝加哥大学东方研究院院长、兼东亚图书馆馆长，印第安纳大学历史系主任、东亚研究中心主任，美国亚洲学会创会董事、兼学术与研究委员会主席等职务。

英文版《重访中国》一书是留美学者，时任印第安纳大学历史系资深教授邓嗣禹先生在 1979 年出版的部分回忆录著作，也是《邓嗣禹回忆录》的主体内容。在这本书中，邓嗣禹着重介绍了他于 1972 年 6 月，作为《中美发表联合公报》之后，第一批美国历史学家访问中国的详情。

在历时两个月的考察中，邓嗣禹以海外华侨的身份，走访了中国的 13 个城市，如广州、上海、北京、西安、武汉和长沙等地，参观、考察与演讲时的所见所闻，以及接受外交部宴请，并与费孝通、顾颉刚、刘大年、冰心等中国著名学者交流的详情。1978 年 10 月，他再次回到中国，拜访顾颉刚、顾廷龙、谭其骧和郑天挺等著名学者和师友，从事访友论学活动。在《重访中国》一书中，主要是对这两次回国经历的真实记述和评论。

1971 年夏季，时任美国总统的尼克松宣布，他将于 1972 年初访问中国。这个消息发布后，任教于美国耶鲁大学中文系的专栏作家赵浩生教授，在巴黎的《世界报》和香港《七十年代》月刊上发表过一篇题为《美国华人看尼克松访华》的文章。该文章的第一句话就是："在留美四十万华侨看来，尼克松总统访华的消息，就像抗日战争胜利一样令人兴奋。"

赵浩生在这篇文章中谈到，留美华人可分为四类，其中一类是年龄超过五十，在全美各大学和各项事业中最有成就的中国学者。赵先生分析说：这些人大部分是抗日战争胜利前后，到美国的公费或自费留学生，他们虽然大多数加入了美国籍，但是在感情上依然是中国人，随着年龄的增长，他们期盼重回故土，重见亲人，并希望能够把自己的学问报效祖国。尼克松访华的消息，使他们的愿望有了实现的可能。

1972 年 2 月，尼克松总统访问中国，并且在上海发表《联合公报》之后，这些学者中即陆续有人到中国大陆探亲、访问。而且，由于他们当中不少人都是国际知名学者，因此他们重访中国的举动也就引起很多人的关注。在他们离开中国之后，不断有人请他们发表谈话、发表演讲，谈他们重访中国的印象。其中，有些学者发表的长篇文章、回忆录书籍陆续被翻译成中文出版，供研究当代中国的学者们借鉴。

自从 1937 年邓嗣禹应邀到达美国，协助恒慕义编写《清代名人传略》一书，1942 年师从费正清获得哈佛大学博士学位后，他长期在美国芝加哥、哈佛、印第安纳大学任教，除了 1946—1947 年应胡适校长邀请，回到北京大学任历史学教授，讲授中国近代史课程以来，他已有 20 多年没有回到祖国的土地。作为一名海外著名历史学家，为了表达他对于祖国的深切眷念之情，在此书封面的显著位置，他用中文题字："故乡明月"。邓嗣禹在前言中介绍：

书中有许多关于中国社会主义和经济形势的报告、中国城市和农村的新动向、中国人民的个性和文明程度。有一些内容是对于旅游前的准备、观光时需要的设备、所到之处的看点、考古的兴趣点、中国的经典艺术、我在学术方面亟待解决的问题、中国历史发展历程的介绍。

出于亦师亦友 50 多年的师生情谊，费正清曾多次为邓嗣禹的博士论文以及多部著作撰写过前言和序言。邓嗣禹是与费正清合作时间最长、发表论文与出版著作最多的留美学者。此次他在百忙之中，再次为这本书撰写了热情洋溢的序言。

费正清在序言中称赞道："邓先生是一位训练有素的学者，通过他的具体询问、了解和观察，他的描述是准确、简洁的。……美国的读者从书中会发现，他是如何获取和清晰描述中国的巨大变化。其中还点缀着许多他对于近几十年来中国革命性变化充满激情的评论。"

美国社会科学理事会、国家人文基金会和印第安纳大学对于该书高度认可，曾经共同资助邓嗣禹在研究阶段和旅游期间的资金，并认为"此书和其中文章是一本在西方世界难以获得的稀有著作"。

2015 年，上海师范大学历史系资深教授、博士生导师虞云国在为作者撰写《家国万里：邓嗣禹的学术与人生》一书的评语中，特别提到邓嗣禹的这部书。他说："20 世纪 70 年代，邓嗣禹曾两访故国，著有《大陆游记》，当中更有家国万里的浓浓情结，希望不久能出版大陆版。"①

除此之外，在 1946 年至 1947 年，胡适回到大陆，出任北京大学校长期间，曾经聘请邓嗣禹为历史系教授。1956 年，邓嗣禹在日本从事研究工作时，曾经到香港与澳门考察，并与女儿邓同兰相聚。

1985 年 10 月，当林则徐诞辰 200 周年时，全国政协在北京召开过一次大型纪念活动，并邀请海外五位相关学者参加。作为以中国鸦片战争研究为博士论文的研究学者，邓嗣禹被列为全国政协首席邀请人员。

晚年，出于身体原因，邓嗣禹并未能撰写与出版，反映他全部人生经历的回忆录著作。译者与编者依据他之前发表的回忆录文章，以及多封家信的内容，整理与补充上述三个方面的内容，构成他五次重访中国的历程。

陕西师范大学教授、博士生导师冯用军评论说：该书是迄今为止邓嗣禹先生出版并经译者补充的唯一一部回忆录，作者以其亲身经

---

① 邓嗣禹、彭靖：《家国万里：邓嗣禹的学术与人生》，上海：上海人民出版社，2014 年版。2015年 1 月，该书曾被评为"2014 年不应错过的 108 本好书"（传记类）。该榜单由《南方都市报》组织全国 44 位专家、书评人评选，颇具影响力。上海师范大学教授、博士生导师，著名历史学者、书评人虞云国在评语中特别提到邓嗣禹的这部游记。

历、家信内容和大量研究史料为基础，用幽默的语言，满怀深情地回忆了他在北大读书、工作和多次重访中国的经历，充分体现了他对祖国的深深眷念之情。书中的许多内容，都可以作为研究中国历史、名人传记写作的学者，从事海外中国学研究的博士、硕士生们，以及中国近代与现代史研究学者可供借鉴的第一手史料。

二、《邓嗣禹学术年谱》的主要内容

由于邓嗣禹在中美两国丰富的教学经历，他与中国著名历史学家与社会学家胡适、赵元任、费孝通、顾颉刚、洪业、邓之诚、杨联陞、周一良、谭其骧等人，美国著名汉学家费正清、恒慕义、博晨光、顾立雅、毕乃德等人，著名华裔图书管理学家裘开明、钱存训、袁同礼等人有着多年广泛的交往。同时，他与著名物理学家杨振宁还有通信与诗词交往。《邓嗣禹学术年谱》（以下简称本年谱）的出版，对于研究中美两国的学术交往史有着重要的现实意义。对于现已出版的《胡适年谱》《胡适全集》《赵元任年谱》《杨振宁传》《钱存训文集》《顾廷龙年谱》等也可进行补充与完善。同时，还可弥补一些中外研究学者的误读。至今，《赵元任全集》《钱存训文集》尚未包含书信集内容。

本年谱依据邓嗣禹先生的日记、回忆录、随笔文章，与学者的往来信札、家书等大量史料，并参阅《费正清中国回忆录》《顾颉刚日记》《袁同礼年谱长编》《邓之诚日记》《夏鼐日记》，以及杨联陞书信集《莲生书简》等相关内容，从数百万字的数据系统中，搜集了他在学术研究与社会交往、教学与治学、美国大学图书馆建设与发展等方面的活动，比较全面地反映了他一生的学术成就，以及60余年来中美学术界（以史学界和图书馆界为主线）的发展，力图为国内外研究学者进行专题研究时，提供了较为可靠的依据和线索。

三、还原胡适开设"历史研究法"课程内幕

胡适先生十分擅长演讲，其演讲内容五花八门，演讲稿不计其数，目前尚有一些演讲稿件还未被发现。梁实秋先生曾盛赞胡适的演讲具有"丘吉尔风度"。但是由胡适牵头组织，并和其他学者同台演讲的机会并不是很多。

1947年4月，为了更好地开展历史系的教学活动，活跃北大的学术气氛，由胡适提议，在全校范围内开设"历史研究法"课程。此课程采用演讲的方式授课，决定由该校史学系教授为主，并邀请国外教授为辅分别讲述，共分为15讲。中教12讲，外教3讲，每星期四晚，7时到9时上课，每人讲两个小时。

4月24日，第一讲由胡适担任，题目为"史学与证据"；邓嗣禹的"重要工具书之应用"讲座，排列为第三讲（5月8日）。关于胡适这次讲座的文字稿，最先被收录在"胡适档案"中，后来被编入1999年河北人民出版社出版的《胡适讲演录》。2003年，安徽教育出版社出版《胡适全集》第13卷（史学论集，第750页）再次收录，但是并没有标明出处。其中，该文采用脚注方式说明：原稿用钢笔记录，未记明演讲的年份、地点与记录人姓名，只写明"胡适先生讲演，四月二十四日"。

近年，编者在查阅天津《益世报》北平版时，发现当时有一位记者对于这次讲座发表过一篇报道，结合《胡适年谱》《北京大学史料》（第四卷）的相关内容进行对照，本年谱在1947年的记述中，还原了当时胡适讲座的年份、地点与盛况，以及北大历史系其他人员讲座的时间与题目。

在耿云志主编的《胡适年谱》（福建教育出版社2012年版）中，记载胡适演讲的题目为《历史与证据》，以及《历史研究法》课程共16

讲。胡适演讲的题目与总次数均有误。

此外，在 1944 年 3—4 月份期间，胡适曾应芝加哥大学东方研究院院长邓嗣禹邀请，首次在芝大开设"中国思想史"讲座。在邓嗣禹的回忆文章中，记述的时间段仅为"1944 年初春"，《胡适年谱》编者即按此照录。本年谱依据杨联陞书信集《莲生书简》《胡适王重民先生往来书信集》的相关内容，还原了 1944 年胡适"中国思想史"讲座的具体时间，可界定为 3 月 29 日到 4 月 13 日。这段经历目前在《胡适日记全编》《胡适年谱》中均属于被遗漏的内容。同时，结合编者在《中华读书报》上发表的文章①，更正了哈佛燕京学社研究学者不准确的表述。

四、公开赵元任赴哈佛大学讲座的内容

赵元任是国际上公认的语言学大师，也是当年清华国学研究院的"四大导师"之一。他有很多研究工作都是具有开拓性的，其学术成就超越了国界，并连接了两个世界，即中国学术界和西方学术界。

1999 年，商务印书馆正式启动重大出版工程《赵元任全集》，计划分类出版 20 卷，并从 2002 年开始陆续出版。但是截至 2023 年，仅推出 16 卷。2023 年《赵元任日记》（全 46 册）出版。第 16 卷于 2007 年出版，这一卷由两部分组成。其中，第一辑为《赵元任口述传记》，第二辑为绿信，凡五封（尚未见到有任何私人往来信札）。所谓绿信，是一种向朋友群发的通知函，类似于现在群发的电子邮件。因为他写作时，经常使用一种绿色的封面或标题而得名。作为重要学者的全集，国内外研究学者至今未能见到私人往来信札内容，不能不说是一件非常遗憾的事。

---

① 彭靖：《邓嗣禹口述：胡适在芝加哥大学首次讲述中国思想史内幕》，收录在《尘封的历史：邓嗣禹和他的师友们》，北京：中国财富出版社，2020 年，第 67—72 页。

2018 年 10 月，笔者应邀赴斯坦福大学作学术讲座期间，顺访了伯克利大学东亚图书馆，受到多位图书馆研究人员的热情接待。后来经过周欣平馆长批准，东亚馆特别提供了邓嗣禹与赵元任的九封往来信札，时间从 1941 年到 1986 年。这些珍贵信札不仅反映两人学术交往的诸多信息，同时还可弥补现已出版的《赵元任全集》和《赵元任年谱》中的不足之处。

1938 年 8 月，赵元任作为客座教授，前往美国夏威夷大学东方研究所任教一年。从 1939 年到 1941 年，他又接受耶鲁大学邀请，作为访问教授，居住在美国康州纽黑文市橙街 644 号。在哈佛大学留学期间，邓嗣禹加入了哈佛大学中国留学生会，牵头并与 1940 年到达哈佛攻读博士的周一良共同负责学生会工作。

邓嗣禹与赵元任之间的交往始于 1941 年。1941 年初，哈佛大学学生会组织了一项活动，即以"中国思想"为主题，邀请八位中美学者在 2—3 月为哈佛大学的留学生作几场系列公共讲座。赵元任赴哈佛大学，开展讲座的时间为 2 月 19 日，讲座的题目为"汉语词义的节奏和结构"。① 1998 年《赵元任年谱》由商务印书馆出版，2001 年重印。而 1941 年年谱的内容仅从 4 月份开始②，这些重要活动的内容，在其中是没有记载的。

从邀请函收信人地址中我们可以得知，当年赵元任居住在美国康州纽黑文市橙街 644 号。这段时间（1939—1941），他正在美国耶鲁大学担任访问教授，并在耶鲁大学开设两门课程：中文阅读和中国音韵学。后来，他还开设了一门粤语课程。

此外，邓嗣禹与赵元任曾多次通信，探讨美国陆军培训班教学问题、《颜氏家训》英译等学术内容，这些内容在《赵元任年谱》中也是

---

① 详见彭靖：《北洋大学在哈佛的公派留学生》，载《炎黄春秋》2024 年第 12 期。
② 赵新那、黄培云编：《赵元任年谱》，北京：商务印书馆，2001 年，第 259 页。

没有记载。①

五、引用国内外学者最新研究成果

除此之外，本年谱在编写过程中还大量引用国内学者的最新研究成果。例如：1935 年哈佛燕京学社第一次提名学社研究员，候选人每年获得资助金额高达法币 1200 元。这类研究员资助的原则，主要面向那些研究项目需持续多年开展的学者，级别介于研究学者和研究教授之间，资助基金来源于燕京大学所获哈佛燕京学社限制性基金。第一批研究员提名候选人仅有两人：邓嗣禹和杨荫浏②。这项研究成果，佐证了在"百度百科"中，对于邓嗣禹"与林语堂、陈寅恪等同为哈佛燕京学社成员"的表述。

再如，学界对于邓嗣禹在 1937 年 8 月赴美国国会图书馆，编纂《清代名人传略》的背景表述不详。在他本人的赴美日记《去国记》中，仅记载是由友人房兆楹电报邀请，但是具体的时间、薪资等问题没有说明，国内的研究学者均据此加以论述。根据《邓之诚日记》中，1937 年 6 月 15 日记载，我们首次得知，他在国会图书馆工作的薪资与时间，即月薪 140 美金，聘期为 10 个月③。这些鲜为人知的内容，此次在《邓嗣禹学术年谱》中均有记载。此外，撰者还将在 2024 年 8 月最新出版的《袁同礼年谱长编》的相关内容补录在本年谱中，力求保持与时代同步。

限于篇幅所限，上述内容不便一一展开论述。与以往出版学者年谱有所不同，本年谱采用插图版，除了谱主历年的照片与合影之外，还包

---

① 详见彭靖：《邓嗣禹与赵元任的学术交往》，载《中华读书报》2021 年 5 月 12 日，第 12 版。

② 王蕾：《图书馆、出版与教育：哈佛燕京学社在华中国研究，1928—1951》，桂林：广西师范大学出版社，2018 年，第 118 页。

③ 详见邓之诚著，邓瑞整理：《邓之诚文史札记》，南京：凤凰出版社，2012 年，第 90 页。

括邓嗣禹在燕京大学硕士论文封面、小楷毛笔字正文手迹，出版学术著作签名赠送版本封面等内容，还有《人民日报》《燕大双周报》等，对于谱主学术活动的报道。许多书籍与生活照片属于第一次公布，具有较高的史料价值。本年谱采用图文并茂的形式撰写，相信文史爱好者也会有兴趣阅读。

彭　靖

2022 年 2 月写于上海，海上书屋

2024 年 12 月修改

目　录

上卷　邓嗣禹回忆录

下卷　邓嗣禹学术年谱

1979 年版自序

曾经有三个近视眼的人在比赛，看谁能读出远处广告牌的文字。他们擦干净眼镜，各自站在最有利的地点，最终却谁也没能看清广告牌上的内容。但他们拒绝承认失败，声称是光线不足而不是自己近视，不如让他们在清晨明亮的阳光下再试一次。

为此，他们不能只依靠下降的视力来看，而要采取其他的补救办法。例如，他们可以向旁边其他路过的人询问。但最彻底的办法是在午夜时分，将广告牌拿下来，那么他们就不能读取任何信息。既不能引证广告牌的尺寸，也不能说出墨水的颜色，等等。

第二天清晨，每个人都能很容易地看清这个标语。经董事会近处检查，他们之中的一个人甚至能看得非常好，并给出了精确的结果，他们同意这个人有好的"视觉"。旁观者在观察这三个人，以及他们当中的"专家"时，都大笑了起来。他们都声称，这块特制的广告牌在午夜时分拆下来之后，没有被更换过。

这个比喻适用于许多投机活动，但也适用于过去30年来，对当代中国似是而非的猜测报告。仅举一例，著名女作家冰心（原名谢婉莹）有一个之前的朋友，也是著名学者，还曾在一本学术期刊上，为此专门写了一篇令人感动的纪念性文章。然而在1972年，我到中国旅游时，却很荣幸地与这位特殊的女作家愉悦地共进晚餐。猜测，是不掌握第一手资料的杜撰行为。

以我为例，我也是一位"戴眼镜"的历史学家，获得了中国大学的历史学位。公平而言，我应该介绍我的个人背景，以便预先告知我的观点。我出生在湖南省常宁地区的一个小山村里。我前半生时间生活在中国，后半生时间在美国度过。从 1925 年到 1937 年我生活在北京，我在燕京大学获得了本科学位和硕士学位。1937 年我来到了美国，1942 年我在哈佛大学获得博士学位。从那时起的 30 年间，我在美国大学教中国历史。1946—1947 年的公休假例外，这一段时间我在北京大学教中国近代史。从那时起，直到书中描述的这次中国访问之前，我没有回到过中国。

尽管我在日本、苏联，以及中国香港、中国台湾、英国伦敦和其他研究中心做过研究工作，但我一直希望去北京图书馆开展我的研究工作，这个愿望终于在 1972 年夏季得以实现。我参观了中国的 13 个城市：广州、上海、杭州、南京、北京、沈阳、鞍山、西安、延安、郑州、武汉、长沙、韶山（毛泽东的出生地），乘飞机和火车的行程超过 8000 千米。在我的旅游过程中，我和各界人士交谈，像平时一样做好笔记，留好有用的照片，争取至少两次参观一些重要城市的历史博物馆。当然，我尽量和我遇到的每一个人开玩笑，并总是以感激的微笑，或者是诙谐的语言来和他们交流。显而易见，过去 30 年间艰苦的工作，并没有减少中国人的幽默感。

我经常发现，细心的听众比一个喋喋不休的人学到的知识更多。例如有一次，在某个场合下，我表明我了解一些中国革命的历史，并纠正了博物馆导游在介绍时发生的几个小错误，当时他正在慷慨激昂地对旅游团的人进行讲解。他马上打断了我的话，并礼貌地对我说："如果你知道得比我多，就没必要再参观以后的展览了。"此后，他心灰意冷，并有点生气。我只是在一个展览馆导游员的讲解中，附带说了几句随便的话。这件事让我想起过去的中国人，他们希望旅游者将自己的信仰自觉转变到孔子的儒家学说上，对一些针对儒家生活方式的批评感到愤怒。

我回到美国以后，把我的日记翻译成英语，并准备了一份 1976 年之后，有关中国教育和知识分子生活的短篇文章，以及 1976 年之后中国的外交关系方面的资料。我的朋友和学生们似乎对这篇非正式的评论文章更有兴趣，觉得它更有启发性。而且他们给我一个很好的回复说：这是一篇评论中国当前形势的务实的报告。当然，允许他们得出自己的结论。因此我认为，我写的这本书不是普通的教科书，这是我在 1972 年夏季去中国时，依据所见所闻写出的，具有个性化的目击材料。书中有许多关于中国社会主义和经济形势的报告，还涉及中国城市和农村的新看点，中国人民的个性和文明程度。有一些内容是对于旅游信息、旅游设备、景点、考古的兴趣点，以及经典艺术和我在学术上的爱好、中国历史的过去和现在的介绍。也许读者最感兴趣的是关于毛泽东的早年生活、毛泽东思想和中国共产党历史的论述。最终，本书也会不可避免地对某些问题发表个人意见和评论。

经过两个月的亲身体验和几十年的研究成果，我对中国的总体印象是：现代中国的变化，折射出毛主席惊人的影响力。

在这本书的写作过程中，我很感激我的许多朋友和同事，我非常感谢南希·瓦克拉维克（Nancy Waclawek），她速记了整部书的许多部分，并打印出了我的手稿。特别要鸣谢的是盖尔·马尔格林（Gail Malmgreen），他阅读了我的整部手稿，并改进了文体的风格。

我非常感谢费正清（John King Fairbank）教授给我写序言，这是跨国界合作的最新成果；道布尔戴（Doubleday）公司的前编辑优格宁（Dean Eugene eoyang），他修改了本书编辑手稿的第一稿；英格勃格（Ingeborg Knezevic）仔细阅读了最终版本，艾尔（Ethel Richardson）准确地重新打出全部手稿。另外，我还要特别感谢我的夫人，她在我的写作过程中给予了我无私的帮助和鼓励。

最后，还要感谢社会科学研究理事会、国家人文基金会和印第安纳大学，为寻找珍稀书籍和文章而提供的旅行补助金，他们还认为此书和其中

3

文章是一本在西方世界难以获得的稀有书籍。我感谢多家航空公司和宾馆的热情服务和接待，感谢中国的企业员工、农民。他们诚实、真挚而友好。我发现中国的青年一代非常可爱，令人钦佩。我祝愿他们发展得更好，成为未来的创造者和历史的缔造者。

在这本书中，不可避免地存在一些不足之处。面对读者而言，这也是我无法回避的事。但是，目前我已经无法改变或重塑了，因为我已经超过了这个年龄阶段。

回顾我的第一次旅行，我可以诚实地说，我只在一个方面感到失望：我体重的下降不是我所期望的减肥，我需要再增加两磅。

邓嗣禹（S. Y. Teng）

上卷

邓嗣禹回忆录

第一章 北大任教岁月（1946—1947 年）

一、我为何选择北大

1946 年，我在芝加哥大学教了 6 年书，按例当休假一年。这时，北大校长胡适先生聘请我去北大讲学，我于是将书籍带回国，想一去不复返。过去数年为美国培育人才，总是有"奶妈抱孩子，是人家的"的感想。回国途中船经日本，有一天停留，于是由横滨登陆，到东京联合国代表团拜访吴文藻、谢冰心、王信忠、刘子健、徐中约等师友。我因为在芝大曾替某教授教远东史，包括日本史，又每日订阅《纽约时报》及其他杂志一二种，所以对于历史背景、远东局势，有相当的了解。因此吴文藻先生推荐，想聘我任中国代表团高等顾问，月薪为美金 800 元，这是联合国官员的待遇。那时战败的日本国民尚不能跟联合国的人员随便来往。所以住在中国代表团内，花费很有限，一年会有相当的积蓄。故我表示予以考虑。

我回到上海小住数日，候船返湘省亲，其间，去南京"中央研究院"拜访傅斯年先生，又被告知可以去北大。因此对是否去任中国驻日代表团高等顾问，尚在举棋不定中。他拍拍胸膛说："听我傅斯年的，你一定要去北大，毫无犹疑的余地。外交工作，有啥意思？去北大，去北大！"经此一番督促，即决定放弃去日本的幻想。

大概是 8 月中旬，我由老家湖南去北大，拿出胡适先生的名片，上写"郑毅生秘书长，介绍我的朋友邓嗣禹先生"。郑先生少年精干，满面笑容地迎接。稍为寒暄，即领我见代理教务长杨振声（教务长汤用彤在美国）及史学系主任姚从吾。我跟杨先生在芝加哥时就认识，初次见面，即知其为忠厚长者，讷于言而敏于行。以后有关工作与生活事务，都是麻烦姚先生帮助，他从不厌烦。但对于有暖气设备的房间要求，他无法满足，因当时煤电十分短缺。幸好有一位天主教神父，我与他在芝大远东图书馆曾有数面之缘。此次去找他，他欣然同意跟我同住，费用平均负担。他的住宅，有房三四间，有煤炉，很暖和，我非常高兴。

当时，我在北大开两门课，中国近代史与西洋史名著选读。皆预先安排课程，列出参考书，预定大小考试日期，并需要做学期论文。一年当中，我从未缺课，只有一次晚到两三分钟。因此我也不喜欢学生常缺课，有时也点名，所以学生缺课的很少。小考欠佳者，要来跟我做个别谈话，找出背景，提出警告，以免大考不及格。不好的学生，多半是根底差，生活穷苦，要在外面打工，工资低，吃不饱，故进步迟缓。可是幸运得很，中国近代史班上有不少很好的学生，非常聪明用功。但无论程度好坏，学生都很客气，很有礼貌，校园中见面，识与不识，冬天皆脱帽鞠躬，然后知他或她是我班上的学生，这是与美国不同的地方，使教书匠高兴，减少"沙滩"的枯燥（当时北大的校园位于北京的"沙滩"地区）。

两班的学生很不少，中国近代史更多，听讲者似乎很感兴趣。可是有一次评论某要人，下课后，有一学生平心静气地说："邓先生，您今天把我的祖父，批评得太苛刻，他并不像您所说的那样顽固。"我说："我只根据已发表的资料立论。品评历史人物，随时代而异，如对于曹操的评价，就是一个好例子。"

普通教书的人，多能记着好学生的名字。在北大教书期间，在我记忆中的高才生有漆侠、田余庆、吴天南、罗荣渠、潘镛、许世华、黄永莕、龙丽侠等，这些人都在小考大考得高分，算是我的幸运。西洋史名著选读班，比较差一点。好的学生，只能想起赵思训、向大甘、邓锐龄、周昭贤等。最大的原因，是英文基础浅薄。在日军占领时期，学生必须学日文，把英文忽略了。我介绍几本日文讲西洋史学的书，他们也不能全懂。据说有的日本教授早知要战败，即不认真教书，在班上唱日文歌，开开玩笑，讲点故事，给学生们一两块糖吃，下课，以博中国人的好感。迫不得已，我采取一简单课本，将英文新字，写在黑板上，解释意思。希腊、罗马史学家之名，也照样办理，并注明音符；然后将每一史家之名著特点略加说明而已。

二、北大教授的趣事

当时的北大教授当中，确有不少名人。只是所处时间太短，不能全认识，不敢做点将录。印象比较深的有位教过四五十年书的陈垣老师。每上一堂课，有十分钟的休息时间，一进休息室，即找一犄角边的椅子坐下，闭目养神，有时打鼾。我曾前后两次去请安，并告诉他1928年，我是他班上的学生。他点头为礼，似曾相识，用广东国语，面带笑容说几个字，继续他不可缺乏的休息。时间一到，即去上课。

另一教授，恰好相反，每至休息室，便谈笑风生。他就是发现北京猿人的裴文中先生。曾记得1929年底，他穿田野工作者的衣服，脖子上围着一条毛巾，用大绳缠着他的腰，深入地窖探摸，陆续掏出了牙齿骨、头盖骨，等等。我告诉他，我是当时听讲者之一，请他继续讲讲"北京人"的下落。

裴文中盯了我一眼，喝一口茶，很高兴地打开了话匣子，几位同事马上手端茶碗，或口含香烟，赶过来，围着他静听。他说1939年春，平津局势险恶，他知难保"北京人"的安全，几经秘密商量筹划，将"北京人"慎重包装，深夜从协和医院取出，用汽车运至塘沽，打算搬上美国小军舰，运至美国保存。拂晓，汽车抵塘沽海岸，日本宪兵探知有异，派飞机追赶，并开枪恐吓。司机及押运者停车，忙将"北京人"投至海中。适逢海潮澎湃，转瞬无踪无影。裴文中长叹一声说："可惜得很，恐怕我们永远找不到'北京人'的下落了。"这时我看表，已超过了休息时间，就赶紧去上课了。裴教授的口才好，一听之后，可使人毕生难忘。虽然以后对

"北京人"的下落，他有不同的说法，然在那一天，我听到的就是这样。

除此以外，在北大同事当中，我还有一位很好的朋友——政治外交专家崔书琴，哈佛大学博士。因为我们是先后同学，有共同的师友，一见如故。有次月薪领到以后，我把钱搁在手提包中，问他哪家银行利息高、稳当，他说你把钱交给我，我替你存在银行。即照办，以后每月如此，称他是我的义务财政部长。此后每礼拜六，差不多总在崔家打牙祭。下午三四时许，北大、清华、燕京的教授们，其中有大名鼎鼎的科学家、文学家，以及政治新闻学家等，去他家打麻将或桥牌，共十余位，打得非常认真，几乎不谈别的事情。

其他的朋友，有沈从文夫妇，我也常去沈家聊天。曾昭抡、俞大绂等教授，因为俞大纲的关系，待我很客气。去俞家闲谈，古今中外，皆可接触。谈太平天国的事，如数家珍，他们是曾国藩的亲戚，从小就听惯了。清华大学的金岳霖，每见面必举双手作揖为礼。经济系教授陈振汉、崔书香夫妇，我们在哈佛时同学、同游玩。燕大师友顾颉刚、邓之诚、齐思和、聂崇岐、翁独健、吴世昌、周一良、王钟翰，等等，不胜枚举。

在与天主教神父同住时，常和他谈西洋政治哲学，很有意思。他一贯的理论，是中国从古就受了印度、希腊、罗马的影响。可是我们的生活习惯与饮食口味不同，并且每日坐三轮车往返，也有相当的麻烦。故住到春暖时，我便请求搬出去，请系主任姚从吾在北大找房间。姚主任让我住红楼一间课堂，因其中多粉笔尘土，相当的污脏，我不太满意。但见西洋史教授杨人楩夫妇也住在一间较小的教室，黑板仍在，也就随遇而安。吃饭又成问题，遇刮大风、下大雨的时候，出外找饭馆，很不方便。后经郑天挺设法，将松公府的厨子，让给我们使用。同在一起吃饭的还有季羡林、苗剑秋等。季先生久留德，精梵文与印度哲学。苗先生久留法，云南人，很会说笑话，增加吃饭的兴趣。有一天适逢假期，我们让厨子休息一天。胡适先生请我去他家吃便饭，有胡太太、图书馆馆长毛子水，共四人，一盘红烧猪肉、一半荤半素，及一素菜、一汤，老实说，他们平时所吃的不见得比我们好。因为我们饭团的人多半是光棍，或家室在别处，故讲究吃。

三、我与胡适校长的交往

北大有民主作风：全校教职员的月薪，上自校长，下至工人，完全公开。各人的收入，大家皆知道，院系会议，不管等级高低，凡能与会的人，皆当仁不让，有发言权，有表决权。全校一律以"先生"称呼，不冠以校长、学长等头衔。不像有些外国大学，每一学系只有一正教授。正教授说："我的意见是如此。"别人再不敢置一词。刚来北大时，胡适先生恐我孤单，遇美国学者来访，非请客不可时，常请我及其他久住美国的人作陪。记得有次在南池子欧美同学会吃西餐，饭后胡适先生说："敝校长月薪美金 34 元，邓正教授 29 元。其他一二位不言而喻。来来来，我们大家掏腰包，把钞票拿出来，付饭费。"

在芝大教书数年，那时见校长难如登天，有次教育部长蒋梦麟想见他，我请美国一参议员帮助，才能约好一次见面的时间。可是北大校长的办公室，等于教职员的俱乐部，全校教授，皆可进见校长，毋庸预先约定时间。有一次我去造访，见接待室有一玻璃柜，其中陈列一些蔡元培、鲁迅等人的历史文物。一进室内，工友照例倒茶，其中已有数人在座，彼此随便谈天，开玩笑，胡适先生亦参加闲谈，并略言及徐志摩跟陆小曼的恋爱故事。我莫名其妙，觉得好像香港广东饮茶的地方。这时，忽然谈笑沉寂下来，向达先生说："胡先生，您把北大所有的图书经费，用去买《水经注》。我们教书的几无新材料做研究工作，学生无新教科书可读，请问这是正当的办法？"他面孔表情，相当的严厉。胡先生笑着说："我用北大图书馆经费买几部善本《水经注》，是确实的。要说我把所有的图书经费，全用在买《水经注》上，以致学生无新书可读，那是不确实的，哈哈。"我看形势，不免有一番舌战，赶忙起立告辞。胡适先生照例送出接待室，拿出一小笔记本，问我有什么事，他要记下来办理，我说无要事，以后再来请安。当时北大的规矩，大学毕业生，要做一篇毕业论文，派我指导十几个学生，他们的程度参差不齐，很难当作"填鸭"式的，在短期内培养起来，做出一篇够学术水准的论文。好在他们都乐意埋头苦干，有的写出来也斐然成章。有的从前未做过学术论文，无法一步登天。结果一半及格，一半要继续修改，即算不及格。

1947 年五六月，北平的物价越涨越高，钞票一天一天地不值钱，局势愈后愈紧张。左思右想，再去看胡适先生，一进办公室，不管别人说什么，马上开门见山："胡先生，抱歉得很，一年例假已到期，我想回美国教书，请您原谅。"他表示惊异，说："去年我请马祖圣、蒋硕杰跟你三人来北大教书，希望你们三位青年教授，把在美国教书的经验，施之于北大，提高理科、经济跟历史的标准，采严格主义，盼在三五年之后，能使北大与世界名大学并驾齐驱，为什么你刚来了一年就要离开？请打消此念头。"我再说："我已考虑了很久，跟同学同事们相处得非常之好，实在舍不得离开北大。然人是要吃饭的，而且我要吃得相当的好，再三思考，别无办法，只好辞别心爱的北大，再去给别人抱孩子。"胡适先生了解情形，他看看其他的同事说："各位在座已很久了，此事一言难尽，我请你取消辞意，以后再谈，如何？"

消息很快传满校园，传说我将要离开北大，已买好飞机票。傅乐素、严倚云两位讲师请客，我所指导做论文的学生，皆来参加，有好几盘菜，皆不离鸡蛋，炒鸡蛋、炸鸡蛋、蒸鸡蛋加虾米、木须肉、西红柿鸡蛋汤。严倚云等会做菜，皆很可口。我问为何有这么多鸡蛋？他们说："每人每周有三个鸡子儿，作为营养料。现在全拿出来，为先生送行，以报答您的辛苦教育之恩。"我听了，很受感动。

后来去买飞机票，三次未成功。有人提议，送点礼物，可以生效，我不愿。书琴说，我叫你的小同乡周教授同你去买。一到机场柜台，我说："我已经来过三次了，未买到票。此次若不成功，我要告诉交通部长俞大维。"售票员生气："你最好请俞部长到这儿来，看看此处拥挤的情形。"说罢，就去跟别人打招呼了。周先生请我去旁边坐一坐，休息休息，让他去办。他客客气气，说几句好话，不到十分钟，把票买好了。我要对他永远表示感谢。

去飞机场以前，未告诉任何人。不知何故，我所指导做论文的全体同学，不管及格与否，皆来送行。我们合照一张相片。他们齐声说，邓教授，祝您一路平安，一路福星。我感激得流泪，说不出话来，匆匆登机而别。若在美国，绝无此幸运。约半个月以后，接到北大寄来的一大信封，内容是一张继任聘书，以示好感。

四、胡适之先生何以能与青年人交朋友[①]

传记文学社征求胡适之先生书信，检旧日函件，幸得二通，即以应征，因忙未即寄。独行及失眠之时，回想 20 世纪 40 年代与胡先生之交游，往事历历，如在目前。特偷闲写出，以见他能友青年的秘诀。

若干在美国教书的同事，退休之后，迁居温暖地区，以便终年打网球、打高尔夫球、游泳，等等，不亦乐乎？但重聚细谈，多谓搬住别处，难交朋友，尤其是青年人，见熟识之老人多敬而远之。客气者略点头为礼；否则，视如路人。而胡适之先生一生能与许多少壮学子往来通信，实是难能可贵。谨先追述一两件故事，然后观察与分析其中的理由。

美国青年人禅宗信徒多

胡先生大使任满后，在美国几处大学做短期讲演，当时我在芝加哥大学教书，兼主持陆军特训班（ASTP—Army Special Training Program），教美国大兵们说中国话，兼让他们了解一点中国的历史社会、风土人情，准备他们遇必要时，去中国对日本人作战之需。1944 年初春，我们礼聘胡先生

---

① 本章节最初发表于台湾《传记文学》1983 年第 43 卷第 1 期。

去芝加哥大学讲学十余日，所以他戏称我为"邓老板"。每日讲演一次，每周五次。其他时间，他喜欢有人陪同聊天，古今中外，无所不谈。尤其是民国初年史事，他知道幕后背景，个中底细，普通书中不易看到，他能从早谈到晚，滔滔不绝，娓娓动听，使人久闻不厌，而且毕生难忘，此非对于文学小说，修养有素，再加以说书者之技巧，使人听之入彀，绝难吸引人之注意如胡先生之成功。

他说：某年在普林斯顿（Princeton）大学与日本禅宗大师铃木，辩论禅宗佛学，铃木教授说得玄之又玄，听众莫名其妙。而胡先生讲训练禅宗学徒的方法与故事。学徒初入讲堂，听不懂，问问题，所答非所问，莫名其妙，再发问，讨一记耳光，骂他愚笨，不堪造就，只好做些挑水、砍柴、做饭、扫地等苦工。如此经月累年，有时去听讲发问，又讨了很多耳光，挨了无数次打骂，才令离开嵩山，走入泰山。僧丐远道跋涉，日晒夜露，忍饥挨冻，偶遇善心人，赏给他一点残菜剩饭，聊以果腹。或遇强盗罪犯，引诱作恶，加入三教九流，不从又挨打挨枪，经过无数的磨炼，才慢慢地到达另一名山。从另一名师学禅宗佛法，其教授之方，与第一名师不相上下，即挨打挨骂，做苦工，怀困惑，兼受高年级门徒的欺凌，如美国大学压迫一年级新生。又经过若干岁月，令步行至另一名山，学禅于另一名师。千辛万苦，走尽中国五大名山，耗磨十来年岁月，才令返回原来的嵩山。此时，僧徒双膝跪在老佛爷面前，很感动地说："老佛爷，您没有教给我什么，可是我现在已学会了一切！我已大觉大悟，看破凡尘。"胡先生讲得极为生动而通俗，并说，这是实践的哲学，致良知良能的方法，是开了第三只慧眼的秘诀。若是僧徒不虔诚，无决心，早已放弃学佛的念头，加入三教九流，做歹人或暴发户去了。现在美国的年轻人，多半是禅宗的信徒。他们不听父母之言，叫他们闭着嘴，儿女好坏，不要他们管，只要自己去学会一切，等到三十以后，他们才能看破凡尘，什么都懂了。杜威说："教育即生活，社会上的磨炼，是人生问题的试验室，是最好的大学。"

谁是乡下人

胡先生在芝大讲学时，其中有一礼拜天。当时一位原籍德国，教中国美术史的教授，预呈胡先生一张美丽的请帖，定于晚 8 点，在他家欢迎胡博士，请我作陪，尽带路之责。中午胡先生同一哲学家在芝大教职员俱乐部共餐，叫我也加入。胡先生吃得很少，我劝他努力加餐，他正在谈话，未理会。请他为哲学会讲演，他以无新意贡献，婉辞谢却。饭后仍在他房中继续闲谈，至 6 时，我提议去吃饭，他说有宴会不必吃了。我怀疑恐怕是茶点欢迎，他肯定地说："正式宴会总在晚上 8 点，我在外交界多年，知道得很清楚。你是乡下人，所以不明白，哈哈！"我从前虽在北大做过他的"偷听生"，但与他并不熟悉。此次长谈数日，彼此可以开玩笑。

7 点三刻，我提议雇车去宴会，当时有雨，街道滑湿。他问路途多远，我说大约一英里，他坚持步行。到主人门口，看表刚 8 点，他很高兴："这一次外国人不会说我们不守时刻。"可是客人很少，胡先生不介意，又高谈阔论。不知为何，忽然听他谈到西洋棋与中国围棋的比较，也很有意思。不知不觉客厅已挤满了客人，主妇推开餐厅门，见桌上所陈列的是三明治，每一片面包切成八块，上加干酪、沙丁鱼或咸鱼子之类。另有花生米、糖果、零碎糕点、咖啡，等等。胡先生看我一眼，我们有点会心地微笑。主人把各种三明治，传送两三次，喜欢吃者取一片，否则婉谢。胡博士饥形于色，他拿三明治盘向男女来宾传递，有拒绝者，他说："您不吃，我吃一块。"有接受者，他笑着说："我也陪你吃一块。"盘中物转眼将尽，主人已明白，客人未吃晚饭，急入厨房，再加一盘三明治。然无论如何，非肉不饱。过了 11 点，我趁机进言，明早礼拜一，主人与来宾，多要上课，我们回家吧？谈话仍继续十余分钟，才各自归家。在门口，我告诉胡先生："五十五街，有一家中国小饭馆，要到 12 点才关门，我们赶快去。"他说："你为什么不早告诉我？"出门不远，拦阻了一辆计程车，车夫说："休车了，除非长距离，短程不去。""我多给小费。"说着，已坐在车中了。至饭馆门口，胡先生一直走入厨房，李掌柜正在洗刷，预备关门，胡先生自我介绍："我是胡适。"伸手待握，我赶紧说："这是中国鼎鼎大名的学者，胡适之大使。"李掌柜把油滑的手在衣上擦一擦，即握手，胡先生的手也湿了，我说："何必如此？"

他说，他常跟华盛顿的大师傅握手，又引起一个故事，我赶紧要李老板预备两位客饭，然后静听故事。他做大使时，外交政策，多由政府要人办理。大使却常须穿大礼服、戴高帽，参加婚丧或其他典礼宴会。那时的中国使馆，在十九街黑人区，附近有一中餐馆，往往晚宴之后，他在餐馆门口下车，把高帽扔在柜台上，跟老板握手，叫一杯咖啡或一盘水果，跟他聊天，慢喝慢吃，无忧无虑。在此休息半点钟，扬眉吐气，然后回使馆。

可是，据胡先生说，有一午夜，忽来一人，向餐馆老板借钱。老板说"可以"，他打开收钱箱，伸手掏摸，掏出来的却不是钱，而是一支早已装好子弹的手枪，马上对要钱人肩上打一枪，把他吓跑了。此后胡先生也不太敢去了。我说，1937—1938 年，我在国会图书馆做事，有时去使馆访友，也去过那家餐馆一两次，略识其老板与胖儿子。胡先生说："他现在是北京楼的经理了，在 Chavy Chase Circle。"（1963—1964 年，我在华府任客座教授一年，有一次在北京楼请客，先去订菜，告知经理我认识他父亲及其遇盗事，他给我们预备一只北京烤鸭，皮厚如银圆，清脆味美，为我一生在世界各处吃到最好的烤鸭。且又送一瓶香槟酒，可谓礼失而求诸野。）吃吃谈谈，快到凌晨 1 点。猛然一声响，老板娘李太太下逐客令了。赶急付钱走！我送胡大使回芝大教职员俱乐部，没说晚安，但问大使："今天谁是乡下人？"举手哈哈而别。

世界上最民主的俱乐部

1946 年胡校长从美国请马祖圣、蒋硕杰和我去北大教书，希望我们采取严格主义，设法提高学生的水平。他的办公室，采用公开政策，教授随时可以进去，不必有预约。凡是进去的人，工友照例倒一杯茶，送上热毛巾，然后随便谈天。上自国家大政，下至家中琐事，凡可供谈助者，皆百无禁忌。也有人跟校长为难，当面批评他。如向达教授，骂他把北大的购书经费，皆用在买《水经注》上。他答辩，这是夸大不确实，但不生气。我坐得很久了，无缘谈私事，起立告辞。他照例送客人至校长室外，问有何事，即记在小日记簿上，回答说："我尽量办理。"从珍珠港事变时起，我在美国各大学任教四十余年，从未见有如他这样民主化的大学校长。他总是满面笑容，绝未予人"我是校长，你当服从"之态。我知道美国某一大学，见校长之难如见皇帝！教授如有问题，问系主任，系主任问院长，院长问副校长，副校长问校长，阶级森严，手续复杂得可怕。只在一年一次的社交场中，可与校长见一面，握一次手，除寒暄数语外，形同木偶。与北大胡校长比较，同事们随时可去找他，可跟他开玩笑，真是不可同日而语。

遇有英美来宾，一块聚餐，胡先生常邀我作陪。餐后，他说："敝校长月薪美金 34 元，邓嗣禹正教授 29 元，请大家倾囊相助。"大家凑钱响应，合成一大堆钞票，方能付清饭费。美国大学，教职员的薪金，皆讳莫如深，严守秘密。但在北大，上自校长，下至校工，他们每人每月的薪金，皆印在一张长七八尺的纸单上，领到月薪后，在上面签名盖章。全校的人，如有兴趣，皆可以查看，绝对公开，无守秘之必要，反观美国，教授们所得，相差甚巨，薪金高下，无固定标准，全凭个人的创作与活动能力为转移。讲到平等待遇，薪资公开，美国虽是民主国家，但与中国当时的北大比，真是望尘莫及。

凡此种种，胡先生能友青年之道，已思之过半。若加分析，要点如下：

1. 他能礼贤下士，无学阀官僚架子，所谓爱人者人恒爱之，敬人者人恒敬之。

2. 他能爱护青年，虽自视甚高，好品评古人、前辈、同辈，但对于晚辈，多褒而少贬，所谓后生可畏。与年龄相差甚多之青年人通信，亦常称兄道弟，聚会时则以平辈相待。

3. 他渴求与吾国青年人士为友，凡闻某校有一特殊人才，不管何科何系、文理工等，必欲面谈或通信笔谈。如在芝大，他打听了邹谠、卢懿庄、马祖圣等（其时杨振宁尚未去芝大念书，故无从得知），即主动与之联系。后辈给他写信，他皆亲笔回答，甚至加以考据，长数页，打夜作写成，乐此不疲，使接信者兴奋鼓舞。"人之患，在好为人师。"胡先生函件，据浅见寡闻，很少批评青年，妄出主意，而只是发挥己见，供人采择。同青年面谈，亦随青年的志趣为转移，如我喜欢近代史，他就常谈民国初年的军阀政客掌故。若青年有春温，谈点桃色新闻，他也愿意参加，讲点陆小曼与徐志摩的恋爱故事。总之，他力求发现人才，与青年人为伍，求不落后，避免老朽。诚如他所说："老虽老，却是河南枣，外面皮打皱，里面瓤头好。"他要给青年人留个"我也是你们当中的一分子"的印象。

4. 他能竭诚款客，在纽约作寓公时，来访客人不绝。有一次杨联陞兄同我去见他，他健谈，转瞬至吃饭的时候，起立告辞，不让走。当时收入甚微，以豆芽菜豆腐款客。伍廷芳倡猪血养生论，胡博士谈豆芽菜中的维他命，豆腐之容易消化，等等。实则"司马昭之心"，我们深知，益发感动。所以胡适之"我的朋友"遍天下，实非偶然。

五、从粤汉路惨案看中国的公共事业①

据《观察》杂志广州通讯报道，粤汉铁路最近发生了一桩死了七八百个旅客的惨案。其原因是值得检讨的。

1947 年 7 月 10 日下午 5 点 20 分，857 号列车从韶机开出不很远，在英德桥出事了。车头及十一个车厢，皆掉在急流的河中。末了一个车厢，

---

① 本文原载《观察》1947 年第 24 期。

一半在桥上，一半悬在空中。车中说是装载了 300 个换防的军人，600 多个旅客。有几个车厢，满载猪牛货物。出事之时，附近的民船及驻军，不救人，只抢捞猪牛充饥。出事之后，路局对于幸获生存或跳车受伤者数十人，又无适当的医治与照顾。出事后数十小时，交通仍然中断。第二次通车至英德桥时，路局不备船只，载旅客过河换车，而让他们自带行李，自找渡船。这就是粤汉铁路英德桥的惨案，恐怕是铁路史上最大的惨案之一。

　　我出外十来年，回国来看到两种显著的进步：一是航空事务的发展，二是火车免票之取消。十余年前，坐头等、二等车的人，多半不买票，买票的是挤在三等车中的贫苦客人。一个普通大学生，若是在铁路局认识一个小职员，就可以免票坐一、二等车。其他有势力的人更不用说了。在那样的情形之下，铁路还是赚钱的机关。现在无票乘车的人，尤其是所谓特别快车，已少至凤毛麟角；路局的高级职员乘车，据说也要买票。我想中国财政部在铁道方面，一定有一笔很大的收入，铁路设备，一定有很大的改进。然而事实上火车只有加价，却少有改良的地方。国内别的铁路不进步，皆归罪于坏分子的破坏，但粤汉铁路近两年来，未遭受军事上的破坏；今年两湖米粮便宜，生活成本不高，票价似可维持原额，可是也加了好几倍。加价的理由，铁路上的职员莫名其妙，旅客更是莫名其妙。一年以来，运费已一再增加，而建设一仍其旧，看不出什么进步。

　　去年 9 月我乘坐粤汉铁路时，看见许多轻便铁桥或临时桥梁，用小小的甚至弯弯曲曲的树枝架着火车在桥上慢慢移动，好像一个骨瘦如柴的肺病病人，扛了一件百多磅重的行李，正在竭力挣扎，左右摆动，我很替他担忧。每过一渡河水汪汪的桥梁，我都要出一把冷汗。我想这样的轻便铁桥，迟早要发生惨案的。

　　去年有轻便火车，今年没有了，我不知道这是进步还是退步。去年把二等车厢改作头等，三等改作二等，车上破破烂烂，窗户也不完全，饭车狭小拥挤，脏污不堪。今年仍是一样，连衡阳那样大的车站，也找不出几

19

个痰盂，旅客如不愿随地吐痰，又未带够手巾时，就要跑到大门外去吐了。

"慢"是中国文化的特征，粤汉铁路两年来在太平环境之中进步的迟缓，可说是令人叹为观止了。据我亲身旅行的经验与观察，此次大惨案的发生是由于路局办事人的腐化与玩忽职守。局长如重视路政，重视人命，就当早把桥梁修理结实，不当把临时铁桥作永久使用，等到出事以后，才去修理。站长、段长如履行职务，也当早知英德桥的危险，或报告路局修理，或减轻列车重量。且粤汉铁路出事，不止英德桥一次。在7月内头十天，听说还出过其他两件事情，如7月5日饭车出轨，又有某一天，两个车头碰头。可见路政的腐化，是养之有素了。7月12日衡阳报纸登载车站上一点消息，路局职员及路警，大骂新闻记者，说"他妈的，他登我们的事情，要打毁他的报馆"。普通的小事情，外部不容易知道，或不容许知道。就是英德桥惨案死亡的人数，路局人员也是讳莫如深。在站长室门口，遇有问死亡人数多寡者，嘴里说"两三百吧"，却伸出一个中指与食指做手势，告诉屋内的同事。

在粤汉铁路上补车票，或由二等换到头等，或买睡铺，照例只由旅客给钱而没有收条的。我由武昌上车时，由上铺换到下铺，找补一万元，没有收条。另外一位青年会的朋友，由二等换到头等，找补十余万，也无收条。

粤汉路头、二等候车室的茶房，每月恐怕有好几百万元的收入。每开一班车，到里面候车的人喝茶，各给茶钱一二千元，还不算什么。最重要的收入是卖"飞票"。买头等、二等火车票，非大要人或路局中有朋友，不容易买到。候车室的茶房代买，却非常容易。每张票多出几万元，茶房跑到票房里，马上把票拿出来了。不然早去站一两个钟头，快要轮到你买票的时候，茶房在后面叫一声卖票人的名字，"我还要五张，钞票不要数，明天我交进来"，五张票马上拿走了。轮到你的时候，卖票的人说，没有头等票了。就我个人说，我先登记，得站长允许，买票时犯规跟着茶房跑到售票室才抢着一张头等车票，可没有卧铺。其他先跟我排队等候的几个人，皆未买到。上车之后，有四五个床铺空着，求站长卖给我，站长说不行。稍后车厢里的茶房却能卖给我。交给他几万元，又是无收据。

这是我亲身经历千真万确的事情。据我的观察，似乎是上下共同作弊。上级职员不闻不问，所谓"水至清则无鱼"之谓也。上级职员不计划大规模的改革；下级职员乐得占小便宜。结果，不管粤汉铁路一带地方，是怎样的平静，人工物价是怎样的便宜，两年以来，铁路建设无改进，"特别快"差不多站站停留，等于特别慢，而票价却加了好几倍。路局的收入不全报部，交通部当然非一再加价不可了。中国老百姓出钱，得不到安全的保障与幸福的享受，而这些钱又不能全归国库收入，只饱了几个人的私囊。这是中国公共事业的经管，也是中国事业进步迟缓的原因。

让我再说一句，"慢"是中国文化的特征之一。部分中国人的自私自利，营私舞弊，又是社会混乱与一切事业进步迟缓的原因。

六、返美途中考察日本教育①

在美军的占领下，日本的政治、社会、经济、文化，都是直接间接受"太上皇"麦帅的指挥。在麦帅的幕府中，管理教育文化事业的，占了第六楼各公事房。其中分高等、初等和幼稚园各级教育。语言、文化与宗教，也包括在教育部门，成了一个庞大的组织。每一组有几个美国人作首领，雇几个日本专家作助手。美国主要的目的，是改革日本的教育制度，删除军国主义，领导日本的国民走向民主政治的途径。这项工作的进展，现阶段的收获，及其将来的结果，是本文所要报告与讨论的。

---

① 原文为《日本的教育一瞥》，原载《中苏日报》1947 年 9 月 18 日第 3 版（后被收入《独立时论》第 1 集，第 139—141 页，1947 年 9 月 23 日）。原报刊文中说明：作者为美国芝加哥大学史学教授，此文系在其赴美途中所作。

日本目前的教育体制

日本的教育组织，现已经改成"六—三—三—三"制，即初小六年，高小三年，中学三年，大学三年。日本的国民皆可受六年强迫义务教育。教科书由美国人监督修改，取消宣扬天皇神权的地方，增加民主思想的灌输。在高等教育方面，美国的管事人韩佩松（A. N. H. Andipern）君现正在着手组织日本的专门人才，将使各种头等专门的学者，属于一个类似英国皇家学会的团体。各种学会组成后，将产生一个总会，与美国的学术团体总会（Council of American Learned Societies）相仿佛。通过这些学术团体与专门人才的组织，希望能够控制日本的智囊。

在语言方面，主管人员也是韩君。此君是一位社会学家与语言学家。他的太太是土生土长的日本人。他自己非常聪明，学过一年多日文后，便用研究科学的方法，训练美国军官，学习日文以作治理日本之用。以这样的资格与新语言学的理论，美国最初主张日文拉丁化，完全以罗马字代替日文。其后因日本学者很客气地反对与请求，采取了一种折中的缓和办法，即不用拉丁字，而限制用汉字，选出 1850 个最常用的字，指定日本人使用，另用日本的助手，每日分析报纸杂志，做出用汉字的数目统计表，看是否超过那个法定的范围。据主管人员告诉我，成绩很好，超过的字很少。偶遇无办法时，才用一两个汉字，出乎 1850 字的范围，但这只是偶然而已。

日本教育制度与语言文字的改革，据这位主管人员的自述，是成功且令人满意的。问他中小学教师的选择标准如何？讲堂授课时，有何监督的方法？他的答复是荣誉制度（Honor System）。甄别 600 名小学教师，无人落地，讲堂中实际讲授情形，简直无法监督。吉普车一至日本乡下，鹿高三尺，隔着一二里路远，便可知道美国人来了，教师很容易改变讲授方法，所以无法监行，也用不着监督，完全采取日本人自己管理自己的诚实制度或荣誉制度。以上是美国人对于日本教育的改革，与他们自己的看法。

考察东京大学教育现状

日本人的反应是怎样的呢？日本的教育情形与学生的生活状况又是如何？这是本节所要报告的。我以中国驻日代表团苗专员之陪伴，访问东京帝国大学嘉治真三教授。此君之前在日本文部省任事多年，"六—三—三—三"制，据说是他多年主张而未实行者。这次以美国人的力量推动，使日本人多受义务教育，更减少文盲的成分，这在他看来，是"最好的、必须的"办法。他们领我去看日本东京帝国大学，现在只讲东京大学，减去"帝国"两字。房子古香古色，未受炸弹洗礼，仍有庄严气象。

首先，我们去参观图书馆，馆长说抱歉，因为穷，房子未能打扫干净，新书也未能大增加。他们有 75 万册书，日文书占一半，中文西文的占一半。在楼上楼下参观的时候，正是晚间 9 时，学校在暑假期间，学生不多，阅览室只有五分之一的座位，被衣衫褴褛的学生占据。在小公事房中，有些小职员躺在椅子上睡觉，显出营养不足、极端疲劳的样子。因此引起我的兴趣，我要求参观学生食堂。

嘉治教授先领我去看东京大学的校长南原先生，此君为日本的反战首领之一，闻脾气古怪，而思想新颖。他告诉我，东京大学的学生约 1 万人，教授四五百人。教授的薪金，每月约 4000 日元，若家庭人口多，可酌增。教授、讲师与助教的薪俸，皆相差不多。教授与工人的收入——工人每月约得 3500 元，亦相差不多。所以南原君说，从工资与薪水方面看，现在日本可以说是平等了，民主化了，因为各人所得，都是最低的生活费用。战后幸存的高楼大厦，多半被美军征用了，现在各级人住的地方，也差不了很多。学生缴学费每年约 6000 元，在 7 月 29 日的官价，合国币 15 万元；膳食费每月四五千，合国币 11 万余元。这可以说和北平的生活费不相上下。我问东京大学生的情形如何，南原教授答：

"一般的情形还好，只是穷。80% 的学生，要在外面兼事，以便赚钱谋生。"

我问："学生在外边兼事做工，不影响他们的学业吗？"

"不大受影响，因为他们很用功。或许要减少睡眠时间。"

"贵校的考试严不严？考试时，学生会要求划范围吗？"

"敝校考试，绝对严格，学生绝无要求划范围之事。"

"贵校的学生常闹风潮吗？"

"很少，很少。只是战败不久的时候，学生自动起来要求辞退有军阀思想的教授。此后就努力谋生埋首学问了。"

"贵校的学术标准还是跟从前一样吗？"

"一样。"

"美国人对于贵校的管制，厉害不厉害？"

"东京大学完全独立，享受自由，美国人未加以任何干涉。"

"贵校高深的科学研究，仍跟从前一样，未受到战事影响吗？"

"大致一样。"

"你们的科学试验室，可以让我去看看吗？"

"当然欢迎，不过设备太简陋了。"

"南原先生，以你自由主义的立场，看日本目前最大的困难问题是什么？"

"据浅见，日本目前最大的困难，是物质的缺乏，一切学校设备皆简陋。其次是精神粮食的缺乏，一切国外的书籍，皆不能寄到日本来。"

"你对日本的教育与文字改革，有何意见？"

"教育改革甚好。文字改革，美方先主张日文拉丁化，我首先反对。因为一国的文字有固定的习惯，日文同音异义字甚多……不能随便改革云。"

临行时，他送给我一本英文小册子，题目是《创造新的日本文化》（*Creation New Japanese Civilization*），里面开宗明义承认日本的战败与崩溃，怀疑过去日本的传统观念，而要求日本来一次文艺复兴与宗教改革，造成一种新文化。但此种伟大的事业，应该由日本人自己创造。若是一切改革，都由盟国接一连二地发出指令来提倡，颇觉遗憾云。末了一两句话，似是这本小书的用意所在。

南原校长送别后，他早已叫来管理食堂的人，领我们去参观学生吃饭的地方。饭厅是模仿美国的自理食堂制度（Cafeteria），无堂役工人。每人按入食堂的先后次序，拿一小茶盘，取饭食一份，然后选一桌子进食。每人有粗面包约半磅，汤一碗菜一碟，中有肉类食品二枚，形似北平的南煎丸子，外附生菜二片。全盘可一两口食完。食堂由学生经营，学校只派一人监督。

据管事的学生说，他们吃的东西，是米麦豆杂粮混合品，只好做洋面包吃。每人日吃三次，皆不能饱，故有分作两次吃的。这样的食物，还说是日本学校中最好的。（我）跟食堂的学生谈话，他们说，他们最大的困难，是一方面要在外边兼事，一方面要用功念书，而睡眠不足，营养不够，颇觉为难。我们在食堂参观十余分钟，就食的学生皆肃静，无喧哗或警视参观之状。日本人在美国人的眼光中，的确是成了驯民；在中国人看来，有人说是"天真烂漫"，我看，他们看中国人是不慢不卑，形若无事。

之后参观游泳池，男女合游，据说校外人士亦可参加。东京大学收女生，但女生很少能够考进去，因为她们的程度不及男生，而学校又不愿意破格录取。

总观东京大学的情形，1937 年有严肃辉煌之气，1947 年有森严萧条气象。人民似在醉生梦死的状态中奋斗，在愁云惨淡中彷徨。表面上的笑容，掩不住内心的饥饿与痛苦。

美国对日本的改革

我从第三者方面的领教，如我国驻日东京代表团中几位深明国情的专家，及自己的观察，知道日本的教育，在学生的质与量两方面，都尽量维持战前的水准。学术空气还浓厚，学生求学费，自力更生。除在外兼事外，学生兼营黑市买卖。道德堕落普遍，贫苦女生尤甚。日本高等教育，理科设备不良，所以东京大学不愿意我去参观。美国想控制日本的科学研究，驾驭日本的技术人才。东大的名教授皆继续供职，未受更动。而高等教育的科学研究则大受影响。在中小学教科书方面，尊崇天皇的地方取消了。增加公民课，提倡民主思想，将来可有相等的成功。但在历史教科书中，关于九一八事变、卢沟桥事变，仍然沿用日本的观点。

日本与美国，同是自高自大、刚愎自用的国家。日本人的自大，是直到现在，还认为他们一切是好的，政治制度的改革，是无关宏旨的东西。他们只承认科学不如美国，而科学的落后，不是日本人的聪明才智不够，乃是日本政府对于科学的提倡与鼓励不够。其他的改革，日本人只是敷衍麦帅的面子。凡是麦帅说要改革，他们马上往前进，要自己去改革，如语言文字，俱愿自动改革，甚至战争犯也愿自动逮捕。这些都是日本人顾全面子的聪明办法。

美国人的自负，是目空一切，独断专行。藐视其他联合国成员，更藐视中国。有许多日本人玩的政治把戏，中国人容易看明白，美国人不懂；然绝不愿意请教或接受中国人的启示。日本的历史教科书，关于中国的事情，记载很多，美军没有通晓远东史的人才，亦不愿意中国人审查，至今仍留有好些传统的说法。

日本人占领东北的时候，最大的改变，是强迫东北人说日语，强迫中国小孩对日本人行鞠躬礼，这是 1937 年我在沈阳看见的。在美国管理的东京，最大的改变，是日本人不行九十度的鞠躬礼了，而改以略为点头示敬。日本下女开门时，也不对客人行跪拜礼了，而只鞠躬。这是民主的倾向。

简单说来，日本的国民与日本各级的学生，都在艰难困苦中，沉着气，卧薪尝胆地奋斗。这种有组织、富于服从性的国民，左派的人可以领导，右派的人亦可以领导；美国人可以领导，俄国人亦可以领导。美国人对于日本教育上的改革，虽然在表面上微见功效，但实际上难以动摇日本人的国民性。民主思想成功之时，要在二三十年以后，或在受军阀思想甚深的教员死光以后。而日本的危险性，可随时随领导者之意志而发生。所以美国改革日本的教育与国民思想，不见得是成功；而日本趁机发展国民教育与维持学术水准算是成功。与我国沦陷期间的教育相比较，真是不可同日而语了。

第二章　第一次对中国的考察（1972 年）

一、从香港到广州、上海

1972 年 6 月 17 日凌晨，我离开印第安纳州的布卢明顿，乘坐阿列根尼航空公司的班车前往芝加哥。到那里后，我赶上一架西北东方公司的喷气式飞机飞往西雅图。在西雅图机场，复杂的安检程序，导致到达东京的时间比原定时间推迟了一个多小时。在东京的希尔顿酒店停留了几个小时后，我们终于离开了日本，于 6 月 19 日抵达香港。

在香港启德国际机场，出租车司机试图欺骗我。他开始声称基督教青年会（YMCA）国际酒店没有空房，后来才绕道去这家我有预订的酒店，整个行程最后花了 8 元人民币，而标准票价应该是 4 港币。

从香港飞往广州

抵达香港后不久，我去了中国旅行社，见到了旅行社的经理徐明阳先生。他询问了我的身份，即我是应该被视为外国客人（外宾），还是应被视为海外华人（华侨）。我问，两者的区别在哪里？徐先生非常真诚地告诉我：外国客人在中国的活动会受到限制，除非有中国翻译陪同，他不能四处旅行；而华侨有更多的自由，他可以自己旅行。提供这样的选择，我是可以理解的。于是，我选择了海外华人的身份。后来我才意识到，如果是外宾身份，就可以得到更好酒店的住宿条件，以及更亲切的待遇。而持华侨身份，我不得不住在差一点的酒店。在北京和广州，我身边挤满了许多病人。

为了额外安排时间办理这些正式的手续，我在香港忙碌了一天，同时还要到商场采购旅行所必需的各种物品。我发现当地同类商品的价格和美国差不多。① 按照协商后的华侨身份，我去了香港的中国银行。在那里，我把我带来的美元交给了一个部门负责人，他给了我一个有优惠汇率的信用证。他告诉我，如果我在旅途中需要用钱，无论何时何地，都可以从内地中国银行的任何一个分行取出人民币。

6 月 21 日凌晨 4 点 50 分，我早起前往九龙火车站，乘坐九龙至广州铁路线的火车。环球图书公司的经理徐炳麟先生来为我送行。许多小贩在火车站周边到处转悠，出售雨伞、手帕、网袋和期刊。这列属于英国王室的一等无空调的火车，其环境可以与美国的卧铺列车相媲美。火车于上午 7 时 36 分离开九龙，并于上午 9 点，到达了中国边境城市深圳的火车站。

我们过桥到中国境内后，我立刻注意到，与香港火车站相比，深圳火车站的面积要更大，而且干净。迎接我们的人都很有礼貌，从广播里传出的著名歌曲《东方红》，让乘客们感受到了欢迎。此时此刻，我流下了眼泪，也许是出于离开我的祖国 24 年后，才有机会返回的兴奋。尽管对行李的检查是缓慢而细致的，但是所有乘客都得到了非常亲切的接待。所有乘客带入中国的现金都必须登记，并兑换成中国的货币，我认为这是一种旨在防止黑市交易的预防措施。到目前为止，中国一直保持着货币的稳定性。在过去 20 年之间，人民币与外币的汇率没有太大的波动。

下午 3 点 7 分，火车离开深圳前往广州，两个城市的距离为 87 英里，车费是 3.5 元人民币，约合 1.75 美元。② 我只在广州住了一个晚上，酒店的名称叫华侨大厦，或者叫“海外中国人大厦”。虽然房间里有一个私人浴室和一个现代化的卫生间，但是那里没有热水。床上覆盖着一个很好的竹席，睡在上面会很凉快。但是我怀疑它不干净，因为它几乎不能洗。毫无疑问，它已经被各种旅客使用了几个星期。我希望能相互体谅一下，所

① 这是在 70 年代初期,中国香港与美国的商品价格之比。——译者注
② 当时 1 元人民币相当于 45 美分。但是到 1973 年 1 月,这个比值变成了 52 美分。尽管这个比率有所上升,但在书中的内容,我们仍按照平均值计算:1 美元为 2 元人民币。

以我没有要一张新的床单，或者是一个新的垫子而给酒店带来麻烦。另一方面，酒店接待员非常友好且乐于助人，好像他和我一直是朋友一样。四分之一个世纪前，我在这就不会得到中国酒店工作人员如此诚实、友好的接待。

在广州观光一天后，我本来打算坐飞机去北京，但接待员告诉我，目前从广州到北京的航班，五天前已经订满了。不过，如果我想改变行程，第二天到上海的航班就有座位。我在酒店遇到了一位来自美国的年轻中国教授。于是，我决定第二天，也就是 6 月 22 日上午去上海。

从广州到上海

我去上海时，乘坐的俄罗斯制造的喀秋莎飞机很小，没有空调，也不吸引人，但是一路飞行得很顺利。有一位 17 岁的女服务员告诉我们，她出生在湖南，但她说的是普通话，大多数中国人都很容易理解。我告诉她，我离开中国已经 24 年了，因此我几乎已经是个"外国佬"了。她笑着说："欢迎你回到你的祖国。"我对中国的经济和社会状况很感兴趣，并询问了她的经济状况。她非常坦率，毫不犹豫地告诉我，她在航空公司工作了两年零四个月；她的每月工资是 32 元人民币，相当于 16 美元。

"你用这么少的钱，怎么能生活？"我惊奇地问。

"我的收入足够，我感到非常幸福。"她回答说。她的房间和食宿都是免费的，她的工作很轻松，在飞行几个小时的工作之后，她可以在空姐的房间里休息 1—2 天。

飞机降落在杭州机场加油，这里位于上海西南 110 英里处。乘客可以在那里购买飞机上不能提供的一些食物，而水果、糖果和饮料在飞机上是免费供应的。

我去过世界上大部分的大城市，而杭州机场是我见过的最宏伟的机场，它在尼克松总统访问之前建成。它被精心设计并用现代绘画装饰。航站楼很简单，但是很漂亮，有点像华盛顿的林肯纪念堂，天花板很高，音响效果很好，甚至当房间里挤满了数百名乘客时，也没有人被噪音困扰。

　　航站楼提供的食物价格非常合理，而且餐具是模仿中国宋朝瓷器样式制作的，当时吸引了年轻的中国教授和我一起，我们吃了一顿团圆饭。几位加拿大商人告诉我们，他们曾多次参观中国；显然，他们是用对旧中国的老观念，点了昂贵的饭菜，而我们吃的是普通的食物。当所有的菜上齐时，他们很嫉妒我们的选择：我们点了蔬菜一起食用，他们只点了肉食品。吃过饭后，我快速地浏览了一眼纪念品柜台。里面有华丽的丝绸面料和刺绣风景画，与建筑的庄严和谐地展现出来。的确，我看到杭州的一切都很高兴。我们要求，在那架飞机起飞前，去看一下尼克松总统去过的著名的西湖。但我们被告知不能这样做，因为飞机票上清楚地标明了，我们是飞往上海的机票。广州酒店已经接通了上海的电话，一辆汽车正在机场等着我们到达。

　　在上海机场，来接待我们的人，是一位来自中国旅行社的年轻女服务员，她把我们的行李送到车上。在从机场到宾馆很长时间的车程中，她告诉了我们很多事，包括在 1949 年新中国成立后人们的生活情况。她说："旧中国的生活，和现在的生活不能相比，它们是两个不同的世界。以前每个人都力图从外来游客，尤其是外国人身上尽可能多赚钱。现在每个人都在为人民和社会服务。我很高兴，他们是以牺牲自己的时间和精力来为他人服务。"

　　我知道她是在做宣传工作，但还是很认真地听她说话。接下来，她全神贯注地说："国家鼓励晚婚，但如果两个人情投意合想早结婚，也不会受到处罚。出生率和死亡率已经降低，因为无论是节育，还是堕胎，国家都有更好的医疗保健条件。"她还告诉我说，她做"接待员"或者说是导游，月薪是 43 元人民币。

　　在上海逗留的所有时间，我和那位年轻的教授都是由这个接待员照顾的。她安排我们看朋友、参观博物馆、工厂和人民公社。事实上，我们想做的一切都是由她安排的。她建议我们怎么花钱，如何获取当地地图和乘坐公交车，前往位于大都会的任何地方。在她照顾了我们大约一周后，我们决定邀请她在酒店餐厅吃饭。她非常礼貌地拒绝了。她解释说，她有责任帮助旅行者，导游不允许接受任何客人的宴请或礼物。

二、上海的历史与见闻

上海的名字来源于它附近的海岸。最早，上海是一个渔村；在元朝时期，上海是一个不起眼的小镇。马可·波罗（Marco Polo，1254—1324）虽然没有提到上海，却曾用热情洋溢的语言描述过杭州。到 17 世纪，上海已经成为一个繁忙的港口，黄浦江上已经是桅杆林立。鸦片战争（1839—1842）① 后，它被列为五个条约港口之一，并成为一个极度奢华、极度贫困和拥挤并存的世界性城市。曾经的资本家、流氓、强盗、乞丐和娼妓，现在都已经不见了，取而代之的是朝气蓬勃的工人、农民和作风严谨的士兵。上海是一个直辖市，由中央政府直接管辖。尽管政府实施了控制人口的政策，但它还是拥有近 1000 万人口（这还不包括近 600 万生活在郊区和附近的农村人员）。②

在上海逗留的第一个清晨，我沿着黄浦江边散步。当时天气阴冷多雨，所以我戴了一条领带，穿着一件防雨的外套。因为我不寻常的穿着，很快有一群穿着开领短袖衬衫的当地人，把我包围了。他们相互低声说："他是一个日本人。"我说："你们见过像我一样英俊的日本人吗？"我像讲个笑话一样回答，却收到了一阵掌声，他们大声说道："欢迎！海外华侨。"

在沿江公园，我遇到了一位退休的玉石雕刻家，他目前的工作是一个公共建设项目的主管，负责江边站台的建设，要修筑防水墙顶住潮水。这

---

① 一般认为，鸦片战争的时间为 1840—1842 年。邓嗣禹代表哈佛大学费正清学派，把鸦片战争的日期改为 1839—1842 年，不是从 1840 年英国国会通过决议出兵攻打中国，英国远征舰队从印度出发到达中国海岸开始，而是从林则徐 1839 年在广州销毁英国鸦片开始。

② 详见《重建中国》(*China Reconstructs*)，1972 年 7 月，第 16 页。(此刊物为英文年刊，由北京：中国福利院出版（[Peking：China Welfare Institute]，1952—1989 年。——译者注)

样，人们在公园里散步时，才能欣赏到黄浦江的美丽景色。据他自我介绍，他是自愿当一名主管的，因为他在玉雕方面有一丝不苟和谨慎细致的工作态度，并具备长期的工作经验。在 71 岁退休后，他可以拿到以前工资的 70%，怪不得他看起来很满足！我欣赏着他那浓密的灰色眉毛和那张令人愉快的脸，在得到了他的许可后，拍下了他的照片。最后，我们才带着友好的情感，依依不舍地分别了。

我感觉走得累了，就去乘公共汽车了。大多数中国公共汽车是电动的，比美国的长一倍，中间带有"手风琴"模样的部分。车费很便宜，通常一次 4 角钱就可以乘坐好几站。即便是在拥挤的公共汽车上，每个人也都很友好。据我所知，乘客们通常会把座位让给老年人和年幼的孩子们。没有人试图不买票，在我的记忆中，这是过去形成的一种普遍做法。当一个有趣的标志牌吸引了我的眼球时，我很快决定，中止我的巴士旅行。

中国共产党第一次全国代表大会的会址，在上海原来的法租界，那里现在被称为兴业路。这是一座普通的两层灰砖建筑，大门上有带有拱形的石窟门。1921 年 7 月，中国共产党第一次全国代表大会就是在这里举行。这是个占地约 20 平方米的建筑，室内有 1 张长方形的桌子和 12 张椅子。当时有 12 位代表，包括毛泽东在内，出席了这次大会。现在这座建筑作为历史遗址，被完整地保存下来。尽管里面没有更多可看的实物，但作为一位历史研究学者，参观这所建筑时，我还是很兴奋的。

参观儿童乐园

6 月 23 日下午，我们组成一支 100 余人的海外华人团队，乘坐公共汽车去参观儿童乐园（少年宫）。这是一个课外活动中心，用来利用孩子们的业余时间，开发少儿智力的场所。每天，少年宫可为 2000 名从事各种活动的青少年提供服务。在这里的活动包括急救、体操和杂技、芭蕾舞、现代舞蹈的练习，音乐学习、歌剧演唱、绘画、剪纸，还提供小型电动机或泵用电线，供他们装配无线电接收器使用。青少年还可以在老师、工人和军人的指导下，学习理发、制作飞机航模。每个学生都有自己的活动选择，他们可以边玩边学。

在少年宫里，还有关于如何针对国内外时事进行学习，并组织讨论的活动，以及安排参观工厂、码头、农村和革命圣地。鼓励孩子们通过活动，与来访者握手并和他们交谈，增长国际意识。

为了欢迎我们参观少年宫，许多学生都穿着五颜六色的衣服。一组人在打鼓，高喊道："欢迎，欢迎，热烈欢迎。"我们参观了他们的车间后，在一个小礼堂里看他们的表演。在没有指挥的条件下，一台由东、西方打击乐组成的交响音乐会，却演奏得和谐、悦耳（我怀疑肯定有指挥家，可能是藏在某个地方）。孩子们的尽情娱乐，给人印象最为深刻。

"听毛主席的话。"这是无处不在的座右铭。通过学校和家长密切合作，这座少年宫使男孩和女孩能够在德、智、体三方面发展，培养目标是使其成长为具有社会主义意识的、受过教育的接班人。中方希望这样的培训不会产生不利影响。在西方社会，我观察到，有时会出现这样的情况。

晚上，我们几个人还去看了一场杂技表演，这台节目包括：展示平衡技巧、体操练习、一辆能容纳 10 人以上的自行车表演，等等。整台节目表演得都很到位，但我并没有完全吃惊，因为 1960 年，我在参加中亚会议时①，曾经看过类似的表演。在上海买这张票不贵，三小时的演出只需 40 元人民币。

上海工业展览馆

6 月 24 日，我们参观了上海工业展览馆（上海工业展览会所在地），这是一座宏伟的建筑，在哈同花园旧址兴建（哈同，曾经是一位伟大的犹太百万富翁，在上海经营房地产起家），仅用了十个月便告完成。展览会对中国工业的发展做了简要的概述，而医药、棉纺、造船、科学仪器生

---

① 1960 年，邓嗣禹随同费正清赴俄罗斯，共同参加过在列宁格勒举行的"世界东方学者大会"，会后两人又到中央亚细亚一带考察一个月。——译者注

产、毛织品、丝绸、无线电和电信，均展现的是上海的工业成就。展览会的综合目录信息随处可取。

在展览大厅里，展出的上海牌汽车，在中国是很流行的。它设计精良，经济实惠，最高时速为 60 英里。在中国，所有的汽车都是国产的。当然，在公路上行驶的汽车数量，要比西方国家少得多。专业司机都受过良好的训练，经验丰富，并根据他们的驾驶年数、无事故服务进行评分。政府每月给每个司机发放一次工资。工资在 70 元到 90 元之间，根据经验和事故记录综合评定。他们每天工作 8 小时，每周工作 6 天，没有额外费用和小费，以及等待的时间。我想在此补充一点，像我这样节俭的海外华人，在中国赶上了废除小费制度，真是最令人满意的事。

在展览会上，我获得了驾驶一辆黑色大轿车的许可。这是一辆专为高级官员在官方场合使用而建造的车。演示者轻轻地踩了一下踏板，汽车移动了，他说："我们不能浪费太多汽油。"

在造船方面，容量高达一万吨的船舶也在展览会上展出。像这样规模的船舶，在过去的大型造船厂，由于缺乏技术技能、资本和原材料，是不可能制造出来的。

在技术和工业方面，国家所取得的成就也在展览会上充分展示出来。正如我们的导游自豪地告诉我们的那样，一家柴油机厂在没有机械化设备的条件下，借助于苏联的技术援助，取得了巨大的进步。这里还展示了一台电动钻孔机，一台每小时可生产 2500 页的彩色印刷机，以及一台配有新闻纸的传送机。

在先进科学和电子仪器方面的成果，包括 100 兆赫数字计算器、50 兆赫示波器，以及能放大 40 万倍的电子显微镜。一个能够以每秒 3699 加仑的速度抽水的巨型泵也出现在展台上。

另一个有特色的产品，是一台简单而巧妙的自助发电机，用于在小村庄放映电影。

在医学展区的成果，包括将针灸技术用于心脏造影手术的演示。一幅图像是，当胸部打开，大量出血时，一个护士给病人喂橘子；另一幅图像描绘的是一位妇女，她的手曾经被完全切断，然后重新连接得非常成功，以至于她能够拿起一块大约重达 10 磅的钢块。

参观鲁迅在上海的住所

6 月 24 日下午，我跟随另外四个学者，去参观中国著名左派作家鲁迅（Lu Hsun）的住所和墓地。鲁迅简单的生活方式，反映在他家的家具上。他的书桌显得很破旧，桌子的漆面带有裂纹。朱家栋先生是和鲁迅一起生活和工作过的同事，也是现在鲁迅故居的看护人。他告诉我们说，《鲁迅全集》的收集工作正在筹备中。我建议说，如果能提供一个全集的索引，对学者来说将会更有用。此外，他还提供了一份专门研究鲁迅伪造件的图册。

观看京剧《智取威虎山》

晚上，我们应邀去看了一部现代革命京剧，剧名为《智取威虎山》，由上海革命京剧院演出。入场票只要 50 元人民币。京剧《智取威虎山》主要讲述的是 1946 年东北的剿匪斗争。一支剿匪小分队由 36 名中国人民解放军组成，他们通过动员东北牡丹江地区的群众，采用冒名顶替的方式深入虎穴，最后消灭敌军，智取了威虎山。山的名字暗示着一个险峻的堡垒。这个简单的英雄故事表现出一个主题，即如何遵循毛泽东思想，献身于中国革命。

演员们在唱歌、对话、表演风格、杂技、舞蹈动作和音乐等方面，都对传统京剧进行了改进。迷人的背景变化迅速，当演员们演唱时，许多优美的台词在舞台侧面显现，所有这些改进都增加了该剧的上座率。然而，现代京剧演唱形式虽然听上去很愉快，但在表演艺术上与经典大师，如谭鑫培和马连良是无法相比的。

参观上海机床厂

6 月 23 日上午，我参观了一家机床厂。这是一家生产 200 多台国产磨床的国内著名企业，生产的产品出口到欧洲、亚洲、非洲和拉丁美洲。"七二一"工人学校，是和机床厂同样著名的单位。之所以得其名，是因为在 1968 年 7 月 21 日，毛主席下达了任务，要培养合格的非普通工人做技术人员。

在新中国成立前，上海机床厂被称为"国家农业机械公司"，其设计和生产的能力，仅限于制造和修理简单的农具。1957 年，毛泽东亲自视察了该厂，并鼓励工厂的 5000 名工人发扬自力更生、艰苦奋斗的精神。1960 年，有一名叫张美华的研磨机操作员，在出席莱比锡国际博览会时，注意到一台能产生表面高光洁度的磨床。通过各种努力，他获取了这台设备的操作说明书。回到工厂后，他花了四年半的时间，来研究与试验这台机器。最后，他终于成功地在一个高精度万能外圆磨床上，制作出具有 14 级的光滑度，像一面镜子一样的机器。当时，这在全世界也是最好的产品。

"我们可以把一台机器，抛光到一根头发丝的 1/70 的相应细度。"宣讲员介绍说。这样的机器就可以在飞机和无线电工业中广泛使用。同时，工厂也采用这种大型精密螺纹磨床，研磨出直径 20 英寸和 16.5 英尺的长丝杠一级精度的产品。"最大表面相邻节距误差，仅有人的头发丝的 1/24 大小。"宣讲员继续说道。对于工厂目前的生产能力，他感到十分自豪。

"七二一"工人学校是与这个工厂相邻的单位，这所学校可为具有五年以上工作经验的员工，再提供两年半的培训。从这里毕业的学生理论知识齐备，有了新的知识和长期的实践之后，他们有能力去进行技术创新。学校中有 98 名学员，其中包括 25 名女性。我们采访的学员，当时平均年龄只有 25 岁。给我留下深刻印象的是，通过在职培训之后，工人、技术人员和能够解决问题的干部，组成了"三结合"工作小组。他们所取得的令人欣慰的成果，与上述毛泽东 1968 年 7 月的预期非常吻合。

附属于机床厂的有一个公共托儿所，负责照顾 1 至 6 个月大的婴儿。在去这个托儿所的路上，我听到有几个婴儿在哭。在我走到大门口，准备拍几张照片的时候，护理员们很快就把他们抱起来，安抚他们停止了哭声。

上海梅陇人民公社

6 月 25 日下午，我自费乘一辆私家车，参观了位于上海郊区的梅陇人民公社。这个公社成立于 1958 年，由 6037 个家庭组成，共有 2.4 万人。每个家庭大约有 4 个人，女人比男人多，因为一些家庭的男人在别处工作。这个公社分成 13 个大队和 156 个生产队，拥有约 3666 英亩（22000 亩）的土地，生产稻田和棉花。公社三分之一的土地用于种植，生产的蔬菜用于供应上海市区的居民。每个农民都要学习所谓的"山西大寨精神"，这个模范公社通过农民的辛勤劳动，把贫瘠的土壤变得肥沃起来。现在梅陇公社每亩（约合 1/6 英亩）大米产量平均为 1749 公斤，比解放以前增产 360%。

梅陇人民公社与解放以前相比，棉花产量已经增加了 330%；蔬菜产量为每亩 1265 公斤，增加了 700%。公社里也有果园，可供应上海市民很多水果。肥料主要来自猪圈，当然也还有猪肉可以食用，因为公社每年养猪 2500 头。同时，在温室里还种植有草药和蘑菇。饲养鸡采用的是现代方法，与美国的方法相当。

至于农业工具，公社仅有 13 台拖拉机、55 台手动机器、241 台水泵，其中 7 台功率非常大，95% 的灌溉用水是从这些泵中产生的。目前，该公社 70% 以上土地的耕种，已经用机器代替人力。

公社主任告诉我说，平均每亩田使用 100 磅化肥，过量使用化肥确实是对土壤弊大于利。要想多产，应用化学肥料和天然肥料的比例要配置好。由于灌溉网络的巨大改进，干旱和洪水已经不再是中国的严重问题。通过运河抽出来的水，可以储存到水库，再灌溉稻田。如果有数周或数月无降雨，水泵可从大水库抽水灌溉到农田。人民公社下设有各种工厂、农机厂、药房、木工厂，以及生产布料和玻璃的工厂。这个公社还有几个小型的图书馆、报摊以及学校。所有儿童必须依法接受高中的教育。每个生产队都设有公共卫生办公室，负责处理社员的小病，或者是意外伤害。重大病症则由公社或城市的医院治疗。每年，公社向每人提供 1 美元的医疗保险，以及完整的医疗护理，包括住院治疗。

在这个公社里，每人年收入超过 80 美元，每户为 300 美元以上。公社的公共基金用于为老年人们提供住宿、食物、衣服、药品和丧葬费。现在，火葬在上海已经很普遍；从前，火葬起源于佛教，并没有受到大众的欢迎。由于公墓的稀缺，中国人实行火葬的做法已经广泛流行，特别是在长江三角洲地区。

在这个公社里，小孩由公共托儿所来照顾。他们的母亲和父亲下班后，再来接他们，把他们用自行车后面装有特殊载体的座位带回家。

农民公共食堂则不受欢迎，只有在最繁忙的季节，人们才在那里吃午饭。其他时间，各个家庭喜欢在自己家里做饭。对于目前的中国来说，食物成本非常合理。大米每磅 7 美分，盐以前很贵，现在每磅也只有 7 美分。

正如公社负责人指出的那样，公社化的弱点体现为生产中的不均衡性：在一些生产队中，每亩农作物的产量超过 1749 公斤，有些生产队的产量则较少。不均衡性产生的原因：第一，人为因素，一些生产队成员仅知道更努力地工作，而更有效的方法是，有能力的领导者与其他成员密切合作，积累更多的肥料，等等。第二，农业机械短缺问题，这是这个公社存在的另一个困难。因为农业机械较少，所以设定了不同的工作时间。结果是，在种植和收获季节，一个农工不得不花很多的工作时间。而在其他时候，他只工作一个小时或几个小时。一个男人平均每月休息 2 天，一个女人则有 4 天。农工每天工作 8 个小时，但是旺季平均要工作 10 个小时以上。在淡季，如冬天，一天只工作 6 个小时。

公社还为所有成员建立了一套按工点（工分）支付费用的系统。换句话说，每个人的报酬取决于他的生产能力。如果按月计算，一般来说，一个强壮的男人能得 90 工分，一个女人能得 70 或 80 工分。农民每年总计获得的积分将按以下方式处理：25% 用于支付生产成本，5% 用于缴纳国家税收，10% 用于银行存款，其余的将是农民的净收入，谁也不用向中央政府或省政府缴纳附加税。

每个农民都有一小块土地，作为私人财产，大约为一英亩①的 0.0112 部分，用来种植蔬菜。他的房子附近也有一些土地，一般用于种植向日葵，以及家用的洋葱和大蒜。

参观朝阳新村

1949 年以前，在上海有许多人无家可归。解放后，上海市区规划了许多新村，成为数百万工人和农民的福利。我参观的这样一个建设项目，叫作"朝阳新村"，1951 年在普陀区的陈居旧址上建立。公共汽车从上海市中心开到这里，大约需要 20 分钟。

这个新村有 1.5 万个家庭，共有 6.8 万人，平均每个家庭 4.5 人。在这个新村里，有 1.34 万名中学生、1.5 万名文理科学校的学生，以及 2300 名幼儿园学生。新村的发言人拿着他的笔记本，将这些数字读给我们听。还有一个工人文化馆、一个银行、一家服装店、一个公园，以及一个游泳池。以前，该地区的居民非常贫穷，有一些甚至无家可归。他们中的一些人对能够住到阁楼里，感到很幸运，在这里"外面有大淋浴，里面有小淋浴"。解放后，有更多的工厂建成。现在，每个人都有了工作保障，有一所房子可以居住和生活。退休工人（男性 60 岁，女性 55 岁）还可以志愿做一些工作，比如看护孩子，监督从事公共建设的年轻工人等。对于每个人来说，他们仍然可以一直获得他们在职工资的 70%，作为养老金。

为了更清楚地了解当地人们的生活条件，我经常询问各种商品的价格，甚至还在一家杂货店做过笔记。他们每天 24 小时营业，服务于工厂里三班制的工人。最好的"中华牌"火腿是每磅 2.46 元，普通的骨头，每磅较火腿价格减去 1.10 元。食用油，如花生油，每斤是 88 元。大米配给是每人每月 33 磅。我听说："大米分配对一般的食客来说是足够的。而且除了大米还有很多蔬菜、土豆和其他食物作为补充。"

---

① 一英亩（acre）= 6.07028 亩。——译者注

　　我很感兴趣的是，看到一些准备得很好的菜品，如纸盘上放的洋葱和姜片；另一盘是切成片的火腿，第三盘是两种或三种蔬菜，每一个都已经被洗好、切好，放上各种各样调味品。这是给工人在家做饭用的，为了节省他们做饭的时间。这些准备好，但未煮熟的菜，其价格各不相同，从 0.1 元到 0.44 元不等。这个做法适于忙碌和劳累的工人，可以吃自己选择的食物，并按他自己的口味煮熟。说到花费额外的时间在这些菜品上，杂货店的服务员坚持说："我们很乐意这样做，是为了像毛主席一再告诉我们的那样，去做'为人民服务'的事。"

　　在上海的朝阳新村，我参观了一个工人公寓中的两个大房间，室内非常干净整洁，还有一个浴室，厨房是和另一个家庭共用。承租人每月仅需要支付所有公用设施的租金，分别为 5.5 元和 4.5 元，共计 10 元人民币。公寓居民告诉我说："食物平均每月花费 15 元，我们吃得很好。"

　　解放前，这个人已经十年没有工作了。"解放以后，没有人是失业者。"接下来，他笑着继续说："商品稳定是与 20 世纪 40 年代的通货膨胀时期不同的事。目前，上海没有秘密帮会的会员，没有妓女，没有乞丐，也没有麻将赌徒。在旧社会，我是一个贫穷的劳动者，没有人会付钱给我，并注意我。但是今天，即使是你，一位美国教授，也来这里拜访我。我真的很幸运！"

　　他递给我们香烟和茶，请我们坐在他的床上，还有椅子上，但我们更愿意和他深入交谈，而不是麻烦他准备茶。通过他的介绍，我了解到，在中国每个工人每天工作 8 小时，每周工作 6 天。但实际上，一个工人不是一直工作 8 个小时，因为白天有休息时间：午餐和午睡，这都包括在 8 小时内。他还告诉我说，每个工人都可以住的宿舍，是四个人共用一个房间，尽管也有别的情况。

　　在上海，目前就有 60 多个这样的新村。我去看的那栋楼有九层，但没有电梯。里面有一个学习班和报摊，以及公共电视文化馆。我问："那里一栋楼里有许多人，还有许多孩子，在这样拥挤的环境里，是不是经常发生争吵呢?" 公寓主人回答说："偶尔在那里也有争吵。但这样的事情,是可以通过家庭会议解决的。男人和女人,甚至是小学生都可以参与进来讨论,并且有权利表达自己的意见。在达成某种解决方案后,双方和谐地生活,因为我们必须坚持少数服从多数的原则。"

我们正在讨论各种话题时,一位 50 多岁的女人进来了,打断了我们的谈话,她说："让我告诉你,教授,所谓的宿命论(fatalism)是胡说八道。以前,我非常穷,我一直崇拜佛陀(Buddha),希望在未来生活中得到好运气,但现在我不崇拜任何神,我也会非常高兴。我不必担心食物和衣服的供应问题。"

在她兴奋的陈述之后,另一个女人站在门口补充说,她认识一个有 12 个孩子的工人,他的孩子们都死于疾病和营养不良。现在丈夫和妻子们普遍希望,只有两个不会过早死亡的孩子就可以了。我认为,她们现在所说的情况,完全是有可能的,因为目前他们有更好的营养、医疗保健,还有针对麻疹和小儿麻痹症的疫苗等药品。

我们把讨论的话题,转移到了结婚仪式和节育上。我听说,中国一般没有正式的婚礼。但是在今天,如果新郎、新娘真的想要举办一场婚礼,他们可能会让亲朋好友来参加,以茶会或宴会的形式,举办一场婚礼。一般情况下,结婚礼物是很少有人给予的。节育是有意识地由人民群众自觉进行,鼓励他们,但不是强迫他们进行生育控制。因为现在大多数中国工人和农民都明白人口过剩问题的严重性,人民群众提倡计划生育。而且,人们觉得有了太多孩子,就会影响母亲的工作能力,从而降低家庭的收入。

三、杭州的历史与风情

乘火车到杭州

6 月 24 日①,我乘火车离开上海去杭州,而曾是我同伴的年轻教授,

---

① 此处时间,疑为作者记忆有误,应该为 6 月 26 日。——译者注

以及他的亲戚一起留在上海。火车干净、平稳，没有摇晃的感觉，就像一些西方记者描述的中国铁路那样。机车、汽车、铁轨和室内装饰都是由中国制造的。每个包厢都是按照容纳四个乘客设计的，但是我每次坐火车，包厢内都是我一个人。铺有地毯的地板上有电风扇、可关闭的扬声器。每个包厢的标准配置有：床垫和竹席、白色亚麻布枕头、保温瓶和茶杯。食物供应美味可口，大多数人在餐车里就餐，或者是送到没有小费的包厢里。价格和普通餐馆一样。在开空调的情况下，美国火车同中国的火车平行相比，其车费和其他费用要高得多。中国火车票费用合理，而且可能比美国火车更准时到达目的地。

从我一上车，售票员就开始不断地播送节目，包括新闻广播、引用毛主席著作的音乐、京剧、革命歌曲，以及乘客在火车上该如何做？乘客们被提醒上火车时，不应急着推别人，而应让孩子们先上车，老年人先走；行李不要离自己座位太远；乘客坐好后，一定要注意列车的卫生和安全。不要随地吐痰，也不要让小孩在地上小便；不要将废纸或其他东西扔在座位的周围；不要把头伸到窗外，以及不要站在两节车厢之间。还被提醒上厕所时，一定要将自己衣服后面口袋里的东西都拿出来，这样就不会有东西从厕所掉进车下面。

列车在车站前停车，售票员提醒下车旅客做好准备，确保无私人物品留在车上。列车完全停稳后，乘客们才可以井然有序地离开。

在铁路两侧，都有青翠的稻谷、麦穗、桑树或果树覆盖。还有许多运河，有些距离只有几英里。这条运河可为沿线的农田灌溉使用，部分用于运输。长江三角洲地区可能拥有中国最好的土壤，一年至少可收获两季，通常有三季收成。

在一片农田地里，通常有 10 到 20 人，都是人民公社的社员，为公社的丰收在劳动，农机也偶尔使用。这确实是一幅美丽的图画，一个"鱼米之乡"。但是，我发现的这幅美景，因为沿线有树木丛生，很难从火车上拍照。我非常欣赏这片风景，不由得低声自言自语道："住在这里的人，有多幸运啊。"有人提醒我说，在苏州和松江地区，农民所缴纳的土地税，要比全国其他地方都高。

　　附近的一位乘客，也注意到了这片风景中的乐趣。他开始和我聊天。他说，不仅这地方的人很幸运，整个中国年轻一代都是在"蜂蜜罐"里长大。

　　我喜欢他这个比喻，问他："为什么这样说？"

　　他回答说："因为政府为他们提供免费教育，以及有保障的工作、稳定的收入和医疗。所以，他们在每一个方面都很快乐。"

杭州的历史与丝绸厂

　　杭州是浙江省省会，也是中国最著名的城市之一，以其财富和风景优美而著称。特别是西湖，尼克松总统曾经到访过这里。杭州始建于公元605年，是大运河的南部终点站。它后来成为南宋的首都（1127—1279），之后的马可·波罗曾以"天城"（Kinsai）的名字描述它，在许多时候，这个词在中国北方的发音是"行在"。这个名字的意思是皇帝旅游的住所。这座城市现在以生产丝绸、剪刀、风扇和锡箔而闻名。

　　杭州的人口估计有75万。它有5所大学、56所中学、8所普通学校，以及6家专科医院。1950年以后，杭州政府疏浚深化了西湖，在湖边建设起许多新房屋，也拆除了许多老房。同时种植3000万棵树，增加了4000亩的公园用地，扩大了丝棉纺织产业，并引进了冶金、机械、化工、橡胶、汽车、拖拉机、船舶和其他工业。重建和扩建了老的丝绸厂，把它建成为中国最大的现代丝绸印染厂。作为有限供应商品棉织品的补充，一个合成纤维厂也被建造，用来生产夏装，无须优惠券即可购买。杭州拥有18家大型丝绸厂，生产500多种丝绸，有近4000种设计图案。①

　　杭州丝绸厂，始建于1922年，是我们参观的唯一一家工厂。解放前，

---

　　① 参见《北京评论》1972年12月15日，第22—23页。

这个工厂只有一小部分工人在做手工编织品。但现在，他们使用的是现代化的过滤器和其他机器，雇佣了 1700 名工人，几乎一半是女工。工厂的330 台织布机一天 24 小时，三班倒使用。生产的产品比以前更便宜、更快，质量也更好。但是，工厂接待员指出了他们的设备中存在的弱点。比如，有些机器太陈旧了，它们无法复制复杂、精度高、多色彩的设计图案。然而，1971 年这家工厂的总收入超过 1800 万元。

参观西湖与六和塔

参观了这家工厂后，我们中的几个人立即去参观了著名的西湖，它面积约 2300 英亩，是中国最美丽的湖泊之一。由于时间不多，我不得不匆忙地看一眼就离去。酒店服务员做了一个周密的计划，使我们能够以最有效和最经济的方式观赏风景名胜。幸运的是，美丽的岛屿和建筑物是如此紧凑，几天之内就能看到所有著名的景点。

6 月 29 日，上午 10：30 左右，我们登上了一艘小船，去参观西湖。一眼望去，只见湖水清澈平静，湖面四周弯曲，点缀着岛屿、船只，以及荷花等植物。这片人工湖岸边矗立的房子、花园，都用不寻常的石头，优雅地装饰着。后来，我们都骑车到湖心亭（胡适亭）游览了一段时间。在那里，我们每人点了一碗莲花粉，只花了 1 角 4 分人民币。这是西湖的特色食品，由该地盛开的莲花制成。

6 月 29 日下午，我们被带去参观六和塔（Hexagonal Pagoda），它始建于公元 970 年，附近是钱塘江大桥，这两个都是游客的兴趣点。为了保持体力，我没有爬到塔顶，也没有仔细看这座桥，只是拍了几张照片。然后，我们被带到一处叫"虎跑"的景点，或者说是老虎的跑道，那是山间的一条通道，在那里我们喝着香喷喷的清茶，每杯 0.12 元，我喝了五大杯。这时，外面开始下起大雨，小茶馆漏水了，而且外面的天色变得很黑。当我给卖茶的人三张两元的钞票时，她说："先生，您把账单误读为 6元，而它只有 0.6 元，我们不能多收您的钱。"当然，她给我留下很好的印象。

这件事使我想起了，我乘火车到达杭州时，所遇到的另外一件相同的事：一个搬运工从最后一辆车上拿着我笨重的手提箱，穿过一个长长的站台到车站。官方价格是 0.5 元。我给了他 1 元，让他留下余下的钱，他说他不能接受小费，找人破了三次，才把 1 元钱的钞票破开，还给我 0.5 元。这样的事例，仅仅是我所遇到的其中几件，但是让我注意到：今天的中国工人，更看重自己的诚信。没有小费，这是在中国任何地方都可以接受的。但是我担心，当国家有数十万游客的时候，其中许多人会在烟灰缸下留下小费，而小费制度可能会逐渐恢复。是的，因为世界上所有的人，他们的本性都是想赚更多的钱，即使是在确保至少达到最低生活水平的基础上。中国人也一样。

后来，我们乘公共汽车去了五云山。在那里，我们可以俯视整个杭州市区，它又以柳浪闻莺，或者是柳岸，这样的诗意之名著称。的确，我似乎听到了金莺的歌声。最后吸引我们注意力的景点，是下榻酒店所在的山地生态公园。盛开的莲花和其他植物，给了我们酒店一种安静、凉爽和清幽的气氛。

晚饭后，我在酒店前面漫步，在那里我遇到了一位年轻的公交汽车司机。他告诉我，他的月薪总共是 70 元。其中 15 元是用来买食物的，足够他购买丰富的物品；3 元用来付房租和水电费。他已经有两个孩子，不想要更多的孩子啦！

西湖地区的蚊子非常多，令人讨厌，因为大多数房子都靠近湖边。没有蚊帐被咬得很厉害，即使有蚊帐，仍然有蚊子像游击队员一样设法潜入蚊帐里，叮咬那些不警觉的入睡者。

从前，那些有闲暇时间和金钱的人，可以在西湖边上住上几天，或者是几周时间，散步或划船，享受一家人的欢乐假日。有钱的新婚夫妇在湖边度蜜月：有男女船夫负责划船、购买食物和其他任务。当新婚夫妇在船上睡着时，船夫们轻轻地帮他们盖好被子。当然，要享受如此奢华的生活，人们必须付出昂贵的代价。我们的同路人就有过这样的经历，因为他的妻子是前房东的女儿，为了争夺这些富裕的顾客，过去船夫们彼此之间经常打架。现在，船工们之间已经没有更多的竞争现象了。相反，以"为人民服务"的形式，变成了有序的合作。

6 月 30 日，我们 10 个人被带去参观西湖附近的龙井村，由此派生出知名的龙井茶。在这个地方，我们喝的茶芳香宜人。因为供应量有限，所以没有更多茶品能够让我们买回家去喝。接下来，我们中的一些人去了动物园。在那里展出有白熊猫，还有一只巨大的黑熊，被关在一个极小的笼子里，几乎不能掉头。

由于事先有周密的计划，在两天半的时间内，我看完了西湖游览区的每一处有名的景点。在我看来，虽然这次旅行非常愉快，但西湖的美景并不是很壮观。

四、从南京到北京

南京的行程与南京大学

7 月 1 日，我乘火车离开杭州去南京，全程 129 英里，3 小时的旅程，费用共计 65 元。这个软卧车厢很舒服，相当于美国的卧铺车厢类。我的车厢里虽然有四个铺位，但只有我一个乘客。其他人由火车服务员调到别处去了。

晚餐时，一个餐车服务员先接了我的订单，食物准备好后再送到我的车厢。我点了一碗面条，里面有三种不同的肉，只要 0.5 元。火车进站之后，一位中国旅行社的导游来接我，然后用他的公务车，带我去位于人民路 75 号的胜利酒店。

南京，是中国南方的重要城市，人口约 130 万，曾经是中国八个朝代的政府所在地，1927 年至 1949 年间，为中华民国的首都。它的城墙长 26 英里。1947 年，当我到那里的时候，我看到城墙内的菜园里种植着稻子和蔬菜。但现在，25 年后，这些田地让位于新建的建筑物。南京小无线电厂生产高质量、小短波无线电收音机，名称为熊猫 B804－1，在香港销售，价格相当于人民币 34 元以上。以个人经验来看，这种品牌收音机要比美国制造的频率更大，售价更高。

尽管技术发展，工业进步，但南京与我访问的其他中国城市相比，似乎落后了。我还注意到，在人们上班后，更多的自行车整齐地排放在宽广的街道两旁。此外，还有很多被 2 至 3 个或更多人推拉着的重载车。最后一个现象可能是废除人力车和三轮车。以前的苦力现在必须干其他工作。但是，正如南京所表明的，如果以美国标准来衡量，中国仍然是一个贫穷、落后的国家。

中国在工程领域取得的伟大成就，就是南京长江大桥的建成。它是在长江最宽、最深的地方横跨长江两岸。从前，上海到北平的火车需要过江时，不得不通过特殊的渡口。那天下午，我和其他游客一起去参观了这座大桥，这是中华人民共和国引以为豪的"样板"。从开始到结束，这一伟大的技术壮举，都是由熟练的中国工人，用中国钢铁和其他材料建造实现，没有使用进口的材料。因为长江河流的宽度和水流湍急的现状，苏联顾问实际上是反对这个项目实施的。

这座大桥用了 9 年时间（1960—1969）才建成。它长有 4.2 英里，宽有 62 英尺，每一个桩子都被强行打入河中 256 英尺着床，离水面 160 英尺。大桥有两个层面：第一层是为火车设计的通道，有两条轨道可以反向并行；第二层是为汽车设计的通道，两边还有人行通道。

我们的导游邀请我们拍摄这座桥，并向我们介绍说："有 7000 多名经验丰富的中国工人参与了这项伟大的工程，他们是在九年内完成的。确切地说，这座大桥建成，成本约为 1.4 亿美元，约合 2.8 亿元人民币。"这些数字也张贴在接待室里。在那里，有一部电梯将游客带到岸边一个高高的水平面上，可观赏到大桥的壮丽全景，以及长江的景色。

7 月 2 日上午，我和几个来自印度尼西亚的海外华人，一同去看被称为莫愁湖（Worry - free Lake）的历史遗址。在这座遗址上还有一个大厅，我看到里面有一个桌子，是用一块精美的柚木制成，表面雕刻有棋盘。这座建筑的管理员告诉我们说，明朝的开国皇帝朱元璋（Chu Yuan - chang）和他的大臣徐达开①（Hsu Ta - k'ai）曾经在这里下棋。朱元璋下棋输了，于是他把这座建筑授予了获胜者，并将其命名为"胜利大厅"（胜棋楼）。他还把这个公园和莫愁湖奖励给了他的大臣。

无论故事是真是假，这些象棋桌和一些柚木家具确实很好，还有一些赏心悦目的书法和绘画范例，它们都是出自清初著名学者郑板桥（Cheng P'an - ch'ao，1693—1765）和艺术家之手。看门人告诉我说，所有的家具和油画都是原作的复制品。我猜想，为了避免红卫兵可能造成的伤害，这些原作估计是按照原来的顺序放进了保险箱。

这座遗址的看守人，是一位退役的军事指挥官，他告诉我们说：在今天的中国，想当一个现役军人，就像过去儒家的秀才获得功名一样困难。如果想当一个士兵，一定要从工厂、农场、学校里得到一系列的推荐信，证明他是所在单位中最好的成员之一。提交推荐信后，还要进行各种各样的考试，来确定候选人是否真的一如他的记录所示。这个人必须符合身体健康、强壮、勇敢、政治思想坚定，决心为国家和人民服务的条件。新士兵第一年每月的工资只有 8 元。到目前为止，士兵的临时开支、制服、住房和膳食都是由国家配置。但是，他的工资在第二年就增加到 10 元，第三年 15 元，第四年 25 元，第五年 35 ~ 40 元。今天的士兵购买电影或歌剧票，就像我们每个人一样；在旧社会，这些士兵有时拒绝付款。如果遭到拒绝的话，他们经常会殴打倒霉的售票员。

我看到许多年轻女孩穿着军装，我会天真地问："她们都是好战士吗？"我被告知，她们是非战斗人员，作为文职人员，更换制服做文书工作，或者是作为军队的护士。

---

① 此处应为徐达，系笔误。徐达（1332—1385），元末明初名将，明朝开国元勋。

那天下午，我乘坐公共汽车，去参观一个叫雨花台的景点，这是一处靠近南京城墙的要塞。太平天国将士和曾国藩（Tseng Kuo-fan）率领的湖南湘军勇士，曾经在此激战过46个日夜。但现在，雨花台已经不是为了纪念太平天国烈士，而是为了纪念当年在南京被国民党政府处死的许多共产党人。在行刑场的中心有一座祭坛，我不忍心去看。建在山顶上的共产党人烈士纪念塔，简单而庄重，前面的风景气势恢宏，背景是绿色的柏树林。

我回到市区时，曾试图联系罗尔纲（Lo Hrh-Kang），一位研究太平天国起义历史的专家，但没有成功。在南京历史博物馆里，有人告诉我说，罗先生已经被调到北京工作了。我也试图去曾经的南京国立中央大学考察，现在改称南京大学。很失望的是，在暑假期间，校方的行政官员不接待单独的来访者。我能做的，只是和一位历史系王绳祖（Wang Sheng-tsu）教授通了电话，后来我收到了韩儒林（Han Ju-lin）教授的一封信。他回答了我对南京大学的所有询问。以下是他的回复：

1972年春天，开始招收第一批新生，当时学校其他各系还没有开始招生，因此在这所大学里，目前我们已经有一千多名学生。根据南京大学的招生计划，3—5年后，我们还将接收六七千名学生，这是我掌握的大概数字。这一千名新生与以往学生的知识背景不同，过去的学生是通过笔试选拔来的，而这些新生仅是通过推荐的方式招收来的。

高等教育按照毛泽东主席的无产阶级理论，落实"所有学生都应该从工厂、人民公社和军队系统，被选拔和推荐"的教育思想。这些人员进入大学后，按照毛泽东主席的教育思想，他们承担着参与大学、管理大学和改造大学的任务。

只有才华横溢的年轻人，才能从工人、农民和士兵中脱颖而出，否则他们就没有被挑选和推荐的机会。根据我自己几个月来，从实践教学和与新生的频繁接触中得出的理解和经验，我真正地意识到，今天的大学与以前的情况，完全是大相径庭。这些学生经历了"文化大革命"的磨炼后，不仅政治觉悟大大提高了，而且实践经验也增加了。他们的精神面貌，以及对问题的看法和以往的学生完全不同。现在大家都知道，为谁教书和为谁学习的问题。他们没有学习成绩和学位，但是，他们正在学习如何学以致用，这样他们才能成为为国家和人民服务的有用之人。教授喜欢学生；学生尊重教授。这个新的现象使我们快乐，给我们无限的启发。

至于教科书，南京大学不采用任何中国近代史课本。我们现在有一个编撰委员会，正在编写一本新的历史教科书。这个委员会由年长的、中年的和年轻的教授组成，他们在一起讨论并编写一本新教科书。另一个编撰委员会正在编制世界历史课本，由资深教授王绳祖和蒋孟引领衔，负责这个世界历史项目，另外有 10 多名中、青年教师组成的编审委员会，参与编写课本工作。

这封短信中的内容，帮助我了解到南京大学的现状。我特别喜欢这句话："学生们参与大学、管理大学、改造大学。"晚上，我和其他一些海外华人以 0.4 元的票价，观看了一场杂技表演。其中，还包括在中场休息时，在休息大厅喝橙汁的待遇。在这里，我看到大约 20 名外国人，他们有一些来自美国，其他人来自法国。由于夏天的酷热，所有人的穿着都显得很不正式。

在剧院里，如果有人遗失了一个皮夹或折扇，就会听到一个不常听到的广播："请观众到剧场遗物招领处，找到您丢失的物品，并把它们认领回来。"在上海时，我也曾经在某一家商店内，两次看到小黑板上写着，发现某种丢失物品，等着它们的主人回来认领的通知。但是认领者需要出示他们的身份证明。

新北京的感悟

7 月 3 日，我从南京乘飞机到北京。在机场，我遇到了一位福建女人朱太太，她带我到华侨饭店。在飞机降落之前，我曾从飞机上观察地面，寻找玉泉山附近的那座宝塔，这是西苑机场的一个地标建筑。旁边有一个军官问我在找什么，当我告诉他时，他笑着说："您一定很久没去过北京了，西苑机场多年来没有民用飞机，它只服务于军用飞机。我们不久所要到达的新机场，就在几英里外的老城区东边。"

我下飞机后，乘车沿着机场出发，沿着一条绿树成荫的新高速公路前行。北京是中国的首都，自从我上次看到它之后，这里已经发生了巨大的变化。城墙的许多部分已经被拆除。几个城门：东门、西门、东滩和西滩，纪念馆大门已经被拆除，旧的电车轨道也被拆除。主要的街道已经大大地拓宽，可以和莫斯科的街道媲美。新的大厦和摩天大楼也已经建成，因此北京一些老的地标建筑几乎认不出来了——直到游客来到偏僻的小街，进入一些古老的民宅，才能有老北京的印象。因为不再有人力车，出租车也不容易找到，游客几乎没有机会进入旧城区。

尽管如此，我还是试图去看了看北京的旧城区，发现小胡同几乎没有什么变化，这里有几乎不可能拓宽，而没有被拆除的、许多急需改建的旧房屋。通常是旧建筑中的墙壁需要修理，门需要重新油漆，但是每条街道都保持干净。总的来说，我感觉到，中国人似乎不需要熨裤子、擦皮鞋或刷房子。如果过于重视这方面，或许会被批评是走资本主义道路。

在老北京大街上，过去常常看到有大声叫卖的小贩，或者是打鼓、摇铃出售食用油、蔬菜和糖果的声音，现在已经不再看得见或者听得见了。照顾小孩和老人经常吐痰的便携式厕所，仍然被安置在街道的边缘。夜间有土壤肥料收集者，清空小街道边厕所里的东西，收集成肥料，由驴或马牵引的垃圾车覆盖得很好，不太引人注意，因此不像以前那么令人反感。

有许多新建筑已经拔地而起，包括铁路东站、历史博物馆、美术馆和地铁交通网络。此时此刻，面对过去的遗迹和对新建筑产生的兴奋的情感，一个老司机变成了一个有着复杂怀旧情绪的新手。

参观北京大学

7月4日，在"革委会"郭副主任、中国饭店海外负责人的陪同下，一群来自美国和加拿大的华裔教育家乘坐巴士汽车，参观北京大学，简称"北大"。这所校园位于燕京大学旧址，我曾有十年时间（1927—1937），在这所美国传教士创办的大学里做学生和教师。像往常一样，校方已事先做出安排，上午 8 点 30 分，当公共汽车到达正门时，另一位"革委会"副主任兼执行校长周培源（Chou P'ei - yuan）、周一良（Chou Yi - liang）教授（我之前的燕大室友），两位现已成为教员，以及其他几名教授、工人代表都在等着我们。当我们从巴士汽车下来时，我与他们一一握手。在进入古老的校门，看到宫殿式的大学建筑时，我十分感慨，差一点流下热泪。

会议开始前，由酒店的海外负责人介绍来访者的学术专长。我们的团队主要是由中国语言文学教师组成，以及一位教育家、一位图书馆学家，还有我自己是历史学家。北大方面参加接待的人员，除了校长周培源是一位物理学家以外，还有著名的历史学家周一良，以及北京大学图书馆员。

我们的巴士跟着一辆小汽车，从北大校园开往周培源的住宅，这里之前是燕京大学校长约翰·司徒雷登博士的家。我们大家围坐在客厅里的一张大会议桌旁，周培源做了一个简短的欢迎演讲，其中包括对大学概况的描述。他指出：在 1966 年之前，北大的在校学生有 11000 人，教职员工有 2100 人，但现在只有 4200 名学生，而教授的人数保持不变。

接下来，一位生物化学讲师，针对大学的学生运动做了一份冗长的报告。他的普通话很标准，发音也很清楚。出于面对海外华人的考虑，他说话有气势但很缓慢。根据他的报告，最近通过推荐招收来的学生，有 40% 的工人、40% 的农民和 10% 的士兵。我推测，剩下 10% 的学生是由普通高中毕业生组成。

"在学校一切费用都是免费的，"他继续说道："免除学费、房间和伙食费。此外，学生们还可获得和他们原来在工厂、农场和军队同样的工资。"

他的报告结束之后，由来访者提出问题。其中一些人提出的问题相当直接，甚至是挑衅性的。尽管讨论的方式可以畅所欲言，但我们的东道主没有表现出任何激动的迹象，也没有对一些相当直白的言论表示抗议。在我看来，大多数中国人都很友善，很有礼貌，他们很幽默，很会开玩笑，并没有使顽固的客人陷入僵局。

在乘校车游览时，我们看到了北大图书馆、科学馆和北大校园的其余部分。陪同我们的仍然有东道主，包括周培源。我非常想去看一下学生宿舍和餐厅，但是只是路过。我注意到，现在很少有学生像我当年一样，拿着装有食物的大瓷碗，坐在树下或湖边吃午饭。回到校长的住处，我们发现也已经到吃午餐的时候了。按中国现行标准，我们在校长住处附近的餐厅里，举行了一场特殊的宴会。来宾、男主人和女主人分别在三张圆桌边就座。这顿饭里有大量的苏打水和茶，但是没有酒。

在今天的中国，客人是不允许被灌醉的。在我逗留期间，我不仅没有看到一个喝醉的人，也没有看到沙龙、酒吧或酒馆。在杭州期间，我有一种强烈的欲望，希望品尝本地非常可口的绍兴酒（Hsiao–hsing wine），它已经有几千年的历史了。我问过一次酒店服务员，他回答说："没货。"第二天我订购了一瓶，有人说："还没有到。"第三天，在我出发之前，酒还没有出现。与此同时，我的一个朋友请我喝了一杯葡萄酒，像茅台和波本这样的烈性酒不在酒店售出的品种之中。在我被邀请参加过的两个官方宴会上，茅台被盛在一个小杯里，只装满一两次，就再也没有了。中国台湾或中国香港则会有许多次干杯的机会，还有一些猜拳和其他游戏，旨在诱使宾客超出他们的能力多喝酒。如今在中国大陆，东道主往往会限制客人多喝酒，所以仅有一次干杯的机会。

我们的美餐结束后，周培源告辞了。他离开时，要求我们这些来访者继续进行问答。东道主在吃午饭后有午睡习惯，似乎是累了，但也不能说出来。我们在短暂休息之后，被安排自由活动。在短暂休息时，我和另一位燕京大学男校友一起在校园里拍照，然后再去看我们做学生时，曾经住过的宿舍。很明显，宿舍没有为来访者做好准备。我们偷看了他们的房间，现在一个宿舍有三名或四名学生共用，以前只有两名。昔日的走廊和厕所被看门人频繁地拖扫，打扫得一尘不染。从前，这些灰尘和厕所中如喷泉般的漏水，使生活变得相当不愉快；屋上横梁和柱子以前是五颜六色的，但现在它们的红色油漆已经消失了，只剩下光秃秃的水泥钢柱；在八月的干旱季节，校园内未修缮的、破旧的建筑物，以及干燥的、棕色的校园草坪，使我感到悲伤。这些不由得让我回想起，大约 40 年前，在我自己的学生时代，那美丽的校园环境。

难怪，以前在北大留学的许多外国学生，他们回到家乡时，对北大印象不好。外国学生需要有坚强的意志、力量和忍耐力，才能在这有限的空间里，和 1.1 万名中国学生一起快乐地生活，在不足以容纳 800 名学生的小图书馆里学习。虽然在附近的建筑物中，有几个补充的阅览室对学生开放。对于中国的教授和学生们而言，缺乏舒适生活和学习的现代化设施，可能会成为他们与外界交流的一个潜在障碍。

在回到房间继续讨论时，我还在考虑过去与现在学习环境的对比。因此，我在会议桌上话说得很少，即使有人提出了中国和美国的关系问题，北大方面也没有一个人说出他自己的观点；相反，我们的东道主选择等待周恩来宣布新的外交政策。当这个新话题出现时，平静的交流变成了热烈的讨论。

下午 4 点 30 分，我发表了几句感谢北大方面接待者的话。所有北大的人员去大门口，像他们那天早上一样，跟我们分别握手，然后道别。我们的车辆从主干道驶出校门。对于这一天的工作，他们一定很难忘。

参观北师大附中

我们虽然都是美籍华人，但也有一些人毕业于北京师范大学附属中学（简称师大附中）。在 7 月 5 日，他们要求视察中学母校，我很高兴地加入了他们的队伍之中。

参观学校的程序和在北大的情况差不多：我们在学校的正门会合，然后校方接待人员引导我们走向会议室。会议室提供茶水、香烟，以及让我们恢复精神的面巾；然后，我们听了关于学校历史和现状沿革的总体报告。报告谈到学校的招生政策，首先，是基于学生所居住的地理区域；其次，再根据候选人在"德智体"三大方面的发展情况，依据学校的具体要求，进行综合评估，决定是否录用。

在这个特殊的中学里，学校每年有 31 周时间，安排学生投入学习，8 周时间在工厂或农场实习，暑假和寒假各有一个月。按照这个课程的建议，中学毕业生的出路或者是就业机会有两个：在农场或工厂工作。

教师的工资，最低是 50.4 元，最高工资是 150 元；具有杰出才能教师的特殊工资是 161 元。一位老师告诉我说，他的两个房间，每月租金只有 1.44 元。

在这所学校里，有一项措施可以消除粗心地使用中国表意文字的办法，即列出拼写错误或误用的单词，并放在布告板上，以引起所有学生们的注意。

目前在中国，还有一个更实用的措施来消除文盲。北师大附中的校长，目睹了 20 年来北京师范大学推行这场运动的经验。他说："北京市内有 279 所中学，每一所学校招收 1500 至 2000 名学生。"接着，我要准确地引用他的一句话："在北京，目前每个人都能读写，识字率为 100%。"

中国的高中教师由地方政府指派，他们的任命是永久性的，不需要每年续约。缺乏经验的新教师通过听那些高级教师的课获得辅导。新老师也会直接从学生那里，收到教学改进的建议。他们听党的时政报告，参加同事讲课和研讨会，并与其他人交流经验。经过这些努力，某些教师如果仍然不能提高教学水平，就可能会被调到其他更适合发挥能力的岗位去工作。这种现象显然是很少发生的。

学校举办的课外活动，有文学研讨会、体育运动、美术临摹等，学生们可根据自己的兴趣来选择。然而，在大学课程中，体育训练是学生们的一门必修课，因为它是毛主席教育方针中的一项原则。每天上午 10 点 30

左右，停课 20 分钟，有 1000 多名学生跑到一个大操场去，听一位老师通过扩音器口述的命令，演示体育锻炼的步骤。如果老师看到来访者在观看，他会下令热烈鼓掌。

然后，我们观摩课堂教学，从一个班走到另一个班，听 10 到 15 分钟学生的演讲，或者是他们之间的讨论。我们出入教室时，总能听到欢迎的掌声，这个是和我做学生时最显著的区别。那时在课堂教学中，我们每天都在全神贯注地听讲座，并且很安静。但是今天，中国学生被鼓励提问，他们可以举起手来，大声说话和相互讨论。

他们的老师，在每读完一个故事或古诗文段落时，会向一个学生提问：你对这一段课文是如何理解的？然后问第二个人同样的问题，最后再问第三个学生。根据学生们的理解程度不同，教师进行深入解释。我注意到，所有的学生都能用他们自己的话回答问题，并在家庭作业中简要说明。

观看革命京剧《沙家浜》

晚上，酒店接待员为我们预订了观看京剧《沙家浜》（Shachiapang）的门票，由北京第一京剧公司在劳动人民大剧院上演。沙家浜是江苏省常熟市的一个小地方。在抗日战争期间，它是中国的一个抗日根据地。在那里，曾经藏匿了一批伤残和有病的红军官兵。他们被隐藏在平民家中疗伤，当时那里已经被日本军人占领。

首席女演员扮演的是阿庆嫂，一家茶馆的女老板，她的秘密身份是一个地下共产党组织的联络员，而日本军队首领和伪军指挥官都垂涎她的美貌。剧情讲述了她设法为共产党收集情报的故事。最后，红军和民兵夺回了沙家浜，将他们俘虏，并活捉日军首领和伪军指挥官。

全剧将这个简单的故事分为十个场景，演员们运用专业的演唱和表演功力，将剧情精彩地呈现出来。舞台上融入了大量农场的原始风光、渔民的小屋，沿岸的湖泊、山丘，以及战场中移动的船只，等等，生动多彩的背景元素，给戏剧增添了很多色彩。舞台灯光设计得也很好。在剧情中，男演员和女演员从头到尾的精彩表演，引起了观众们的热烈关注。

全剧的主题是对毛主席的人民战争思想，以及军民密切合作的赞颂，这些因素结合在一起，才能粉碎日军与伪军在解放区疯狂"扫荡"的企图。

参观北京第一实验学校

7月6日的早晨，我还得到一次通过观摩小学一年级教学，来观察当今中国教育的机会。这所学校是北京市第一所实验学校，名字叫北京天一实验小学，他们正在尝试一种新的教学方法。

根据张教务长，或者叫张老师的介绍，这所学校成立于1912年，目前共有68名教师、1170名学生，分为22个班。学校曾一度关闭，后于1967年3月重新开始授课。他说："我们目前的教学课目有政治、语文、数学、音乐、绘画和英语等。"进而，他又补充说，他们刚刚开始在五年级开设英语教学课程，目前这些努力还处于实验阶段。

在他简短的介绍之后，我们很幸运地听到了一堂英语课。老师在黑板上写下了下面的句子：

你好吗？

你的名字叫什么？

我叫×××。

他是谁？

他是×××。

×××是你的同学吗？

是的，他是。

你们是朋友吗？

是的，我们是。

我们一起学习《毛主席语录》，进而互相帮助。

老师大声地朗读了一次，然后要求学生们按照这些顺序，跟着重复朗读一遍。

经过几分钟的练习，他们一个接一个地朗读完毕之后，老师叫两名学生到讲台上演示对话。他们一边握手，一边说英语，互相交谈。两到三组学生重复练习。起初，第一组学生们有点害羞，显然是因为怯场，他们无法抓住别人的手。第二组和第三组学生的上台表演显然有了改进：这种教学和实践的方法使课堂气氛活跃起来，学生们似乎轻松地学会了基础英语。

接近一个小时的时候，老师鼓励一些学生和我们这些从美国来的游客一起练习这些短句子，但是他们明智地用一个简单的"谢谢"来回答，取代了最后一句话："我们一起学习《毛主席语录》……"听到我们许多人用英语或中文交流之后，他们渴望进一步学习英语。我说："你讲得很好，你学习英语的速度比我们旧时代快得多。"

然后，我们游客走进了另外一间教室，这是三年级中文教室。黑板上挂着一幅画，标题是看图片和谈话（看图说话）。照片中显示：一个学生在雨中拿着伞行走；另一个没有雨伞的学生跑在后面。"在这种情况下，我们应该怎么做？"老师问。

一个学生手臂上系着一条红带，他举起手并自愿说："毛主席告诉我们，我们彼此应该有密切的关系，互相爱护，互相帮助。"老师说："原则上你是对的。但是，如果那个带伞的人住在靠近学校的地方，没有伞的人住在离学校很远的地方，他们该怎么办呢？"

几个学生同时说："那个带伞的人应该先把没有带伞的人送回家，然后再回自己的家。"

在这个小学，教师的起薪是 30 元，最高工资是 130 元。每周，小学教师在教室里教 18 到 20 个课时，每堂课 45 分钟，每天必须工作 8 小时。

在相互讨论阶段，我们来访者问了几个尖锐的问题。例如："现在的小学还使用体罚吗？"

"不，它早就被废除了。"我们被告知。

"那么你对顽皮学生的教育方法是什么?"

"我们与他们的父母合作，说服这些学生表现得更好，学习更努力。我们还指派优秀学生成为顽皮的学生的玩伴，希望能引导他们走上正确的轨道。纠正问题学生需要有耐心和技巧。"

学校中的师生关系是热诚的，能够相互合作和相互尊重。他们有同志间的情谊，尤其是在关于学生本身教育的问题上，可自由交流意见。

关于教学课程，这所实验学校正在努力，力争用五年内的教学内容，覆盖所有以前用于六年教学计划的。在北京实验学校，教师们都是集体备课的，在三年级学生会上相互交流。他们采用最好的素材，省略了之前比较差的部分，最终编写出一本新的教科书。

学校的教育政策由政府决定，把语法和中学教育作为对所有公民的通识教育。他们不鼓励死记硬背，而实行推理、分析和实践相结合，这种有价值的方法。在阶段考试时，学生可以带书在教室做笔记并讨论，向同学提问。学习成绩是根据学生的分析能力、对主题的消化和洞察、是否能够简洁地组织和表达自己的想法等方面，进行综合评定。

有人提出一个问题：他们如何对待那些考试不及格的人。"首先，我们考虑学生的个人条件：他是智力低下，天生迟钝，还是有家庭问题，或者是纯粹的疏忽和懒惰。"老教师继续说："然后，教师、家长和高年级的学生合作并尝试去努力帮助他。"非常慢的学生可以重复学习课程，一个学期后完成他们五年的工作。另一个补救办法，是让学生在暑假和寒假期间继续学习，以便让落后的学生能够赶上他们班级中其他学生的学习进度。

中国的教育者认为：对于学生能力的评估，不应该完全看他们的学习成绩。教育的目的是让学生在身体、心灵和精神上得到全面发展。因此，设立了"五好学生"的称号，即学习好、思想好、劳动好、身体好、品德好。大学教师的工作只不过是五个标准之一。

参观北京古文物展览

7 月 6 日下午，没有经过安排，我自己去参观了一个出土文物展览。在"文化大革命"时期，对于对中国文化以及历史感兴趣的游客而言，这是"必须"安排的议程。

即使在动乱时期，由于工人们、农民和军人的共同合作，考古遗迹都保存得完好，未被销毁或私售。这是普通人文化水平的提高，鼓励认识国宝价值的表现。每当有人向政府报告，当地发现一些不寻常和有趣的事情时，政府就会立即派专家到发现现场研究，并科学地开展挖掘工作。在 1966—1972 年的六年期间，成千上万考古发现的物品，主要是从周、汉、唐和其他朝代保留下来的。展览中的文物按照地理位置排列，而不是按时间顺序。

在河北满城境内，一座公元前 113 年的诸侯王墓被打开了，发现了 2800 多件古文物，其中最珍贵的是史无前例的金缕玉衣，它覆盖全身，包括头和脚。枕头也是由相同的材料制成。这是中国古代的一个观念：隔热的玉能长期保存尸体。两千多年后，尸体当然已经完全腐烂了，一些金线也断了。考古学家耐心地把这些藏衣恢复到原来的状态。他们曾计算过，这两件衣服是由 4846 块抛光的玉石和 63 盎司的金丝制成的，结构表明制造者的高技术技能。

镶金边的博山香炉，以及汉代贵族享受的银器也很漂亮，它们的盖子形状像山峰起伏。

更吸引人的是一盏镀金，并经过精巧设计和工艺加工的青铜灯。雕像的形状明显代表奴隶制时代的少女，手持一盏在西汉中期制造的方向灯。上面雕刻有文字"长信宫灯"（永远可靠的宫灯）。灯体有一个可移动的灯罩，以便调整光线的方向和强度。少女宽大的袖子遮住了她跪着的身体。她的头部是可拆卸的，身体是中空的。一根管子通过她的右臂，烟雾被导入中空的身体，从而保持房间里没有烟雾。

在同一座墓穴中，挖掘出的玉佩和其他珠宝也显示了汉代的先进技术，同时还发现有重型钻具与针灸针。

在相邻的省份河南，发现有 328 件商周青铜器出土文物，其中有玉环、项链、手镯。这些文物告诉我们，河南和华北平原之间，4000 多年前就存在有相当密切的关系。

1971 年 2 月，在湖南长沙，发现了一座令人着迷的坟墓，里面的棺椁包括了两个外棺材，用来保护内胆。此外，棺材被厚厚的白色黏土层紧紧地压住，用来密封，防止湿气浸入。在这座春秋后期的墓穴中，发现有 270 多件青铜器和漆器，有些还非常漂亮。

1970 年，有一项史无前例的重要成就是发现了唐朝的宝藏，在陕西省西安市何家村出土。出土文物中包括金银器皿、玉器、珠宝、医用矿物（朱砂、紫水晶、制丹药的轻陶土）。这批文物中的 200 多件金银器皿目前已经公开展出。其中有精致的带花边的金碗，还有镀金的银壶，上面的马以跳舞的形式，咬牙切齿地握紧一个杯子，证明唐朝人精湛的工艺水平。

这处宝藏中的物品是李守礼亲王（741 年去世）的遗物，他是唐玄宗的堂兄，说明当时唐朝文化已经达到了顶点。这处宝藏证明了，安禄山叛乱前唐朝的富裕程度。

1966 年，在湖北省还曾发现许多青铜器皿。展品中有一个很有吸引力的曾侯（曾侯乙）的青铜花瓶和一个石乐盘。这个青铜花瓶可以帮助研究者把曾国定位在靠近安徽，现在称为英山的地区。

在展览会的河南省展厅里，陈列有很好的代表性文物。最值得注意的是在洛阳发现了汉代国家粮仓的遗迹，1969 年至 1971 年出土。建于公元605 年的粮仓，接近 400 平方米。所有圆形仓库呈对称排列。地板、屋顶和墙壁建造得很好，留有空气流通的空间，以防止谷物受潮发霉。每个仓库上都有砖刻字，记录其在粮仓中的位置，储存的谷物数量、年份（在692—699 年之间变化）、状态和仓库管理员的姓名，还记录下了谷物的来源。这些记录表明，他们懂得科学的管理技巧，这种组织管理系统是唐朝初期严格行政制度下的一部分，当时是很有名的。

安徽省发现了两个青铜器皿，一个是三脚架形状，一个是正方形形状，这两件都是西周晚期的文物，还有许多楚国时期的金币。但是安徽省的展品，没有新疆和甘肃的文物那么令人印象深刻。

1966 年，在新疆吐鲁番地区，出土了两种唐朝制造的工艺品：一种是上面刻有花鸟图案的多色丝缎；另一种是一双鞋头带有云纹图案的丝绸鞋。此外，在"文化大革命"期间，当地还挖掘出来 100 多处唐代墓葬。挖掘者发现了各种各样设计图案的丝织物，这些设计都是通过涂层完成，而不是使用蜡染或扎染上色。还有一些文件，例如合同和用汉字书写的名单。在吐鲁番地区，还有一个重要发现，就是制作于公元 710 年的五米长的卷轴，这是一套由著名的汉儒郑玄（127—200）编写的儒家书籍《论语注释》的复制件。据说，现存最早的《论语》复制件，之前就在甘肃省的敦煌石窟发现过。

1967 年，在甘肃天水地区，还发现了大量非常古老的文物。比如，有一个面具形状的容器盖，产于新石器时代晚期的仰韶时代。在最近发现部分文物的基础上，中国学者制成了一个早期文化年代的新年表：仰韶文化（6000 年前）、马家窑文化（5000 年前）、齐家文化（4000 年前）[①]，最后一个是龙山文化的同时代文化。

---

① 此外，在此时代还应该有一个广富林文化。位于上海松江地区广富林的一处新石器时代的遗址，早在 1959 年前就被发现，并进行了多次考古挖掘，还发现了 2 座良渚文化墓葬和春秋战国时期的文化遗存。2013 年更被列为第七批全国重点文物保护单位，近几年在原址建立了这座文化遗址。——译者注

在 1999 年至 2005 年之间，上海博物馆再次对遗址进行调查及发掘，发现了新石器时代、周代、汉代等文化遗存。特别重要的是，专家在此发现并确认了长江下游地区一支新的考古学文化——广富林文化，填补了该地区历史年代的缺环和文化发展的空白：良渚文化的年代下限是距今 4300 年左右，马桥文化（夏商时期分布于长江三角洲地区的一个区域文化类型）的年代上限是距今 3700 年左右，中间有一段时间缺环，距今 4000 年左右的广富林文化，从时间上看正好在两者之间。在江浙地区，民间素有"先有松江府，后有上海滩""先有广富林，后有松江史"之说。广富林文化遗址主要涉及崧泽文化、良渚文化、广富林文化及周以降至元等时期的遗存，展现了这一地区生生不息的人类活动画卷。——译者注

1967 年，曾出土于秦朝的 340 件西周铜器、17 件青铜器被挖掘出来。最重要的是一种青铜测重天平，可以在刻字的天平上测量，这与《史记》中记载的内容相同。

在展览馆中，最具现代价值的作品，是东汉时期制作的一匹足踏飞燕的青铜飞驰马，1969 年在甘肃发现。这匹天马，有如此微妙的平衡，它似乎正在空中，全速奔跑和嘶鸣，其头部和尾巴高高翘起。艺术家有效地表达了它的闪电速度，设计成右后蹄放在一只飞燕上，其他三只蹄子在空中。这种设计图形，需要艺术家有丰富的想象力和独创性，以及相当多的机械原理知识。这样，整个动物的重量就可以牢牢地靠在一只蹄上。这匹飞马是一个真正的杰作，它只有 13 英寸高，约 17 英寸长。

1971 年，山东曹县出土了一件代表 4000 多年前，原始社会晚期装饰的红色陶器三脚架。两年前，在济南的一座陵墓中，又发现了一套西汉时期的音乐家、舞蹈演员和杂技演员的陶俑。现在人们相信，这些艺人可能是本地人，而不是来自罗马帝国。

在这次展览中，没有关于致谢的进一步说明，我想再次强调国家对文化遗产的关注。自 1949 年解放以来，中国共产党和中国政府一直采取措施，保护考古发现和历史遗迹。这项工作得到了干部、工人、农民和士兵的支持，后来在"文化大革命"时期，又得到了红卫兵的支持，他们都坚持弘扬社会主义合作精神，将挖掘出来的物品交给国家永久保存。因此，中国有一个供考古学家使用的金库。人类学家和社会历史学家们可以通过这些新的发现，来研究它的历史。

长青人民公社

7 月 7 日，一群海外华侨去参观人民公社全年绿化工程项目。这个名字意味着，现在在漫长而寒冷的冬天里，北京市民全年都可以买到绿色蔬菜，而以前的绿色蔬菜却很少。该公社位于北京海淀区，在首都中心以西大约 7 英里处。公社常委王树银在向我们介绍情况之前，先用茶和香烟招待我们。她说：这个公社由 9200 多个家庭组成，有 41000 人。它占地 41000 亩，平均每人 1 亩（1/6 英亩）。

这个公社的成员分成 12 个大队，大队下面又细分为生产队。公社经营一家修理店、一家铸造厂和一家机械厂，还有一个温室测试新种子，以及一个小煤矿。公社于 1958 年 8 月成立后，第一个伟大的任务是建设一个灌溉系统，包括挖一条大约 6 英里长的运河，500 多口井在地下延伸，由电泵供水。由于灌溉方式的改善，98% 的土壤可以种植食物。

这时，公社主任贾春林走进接待区。他被介绍给大家之后，就一直安静地坐着，直到讨论期间回答问题。

王女士继续介绍情况。她指出，公社必须购买自己的机器。目前，公社有 77 辆大型卡车、43 辆大型拖拉机、120 辆小型手动拖拉机和 700 多台其他农业机械，包括收割机、脱粒机和切碎谷物秸秆喂猪、喂马的机械化设备。她说，因为社会主义革命，农民精神面貌很高，因此公社的每英亩产量，每年都在增加。2.2 万亩土地投入种植蔬菜，1971 年向国家上缴 2.44 万英镑[①]，这是 1957 年上缴数量的两倍，创下了当时的历史最高纪录。

这个地区种植有茄子、西红柿和 100 余种其他种类的蔬菜。它们的生产品种与数量由国家精心规划，紧密结合人民的需要。政府制定了五项标准：数量、品种、质量、时间（季节性和不间断供应）和公平价格。政府确定它认为合理的价格，旨在让农民凭借收入过上舒适的生活，同时确保消费者的供应量。有时候是这样：例如，政府必须以每磅 6 角支付农民过熟的番茄，而农民卖给市民只要 4 角，甚至 2 角一磅。

公社领导夸口说，在社会主义国家，一切都是为了满足人们的需求而生产的，市民一般都能够买到他们需要的蔬菜。他告诉我们，资本主义制

---

① 当时，英镑与人民币的比值为 1∶9.1。当年 2.44 万英镑，大约折合人民币 22.2 万元。——译者注

度与社会主义制度完全不同，资本主义国家的蔬菜价格水平由大农场主或经纪人控制，他们总是不顾穷人的需要，来维持自己的利润。

公社有 13000 亩土地被用来种植水稻和小麦。平均每亩产量为 825 磅①，而 1957 年为 385 磅。公社领导表示，希望在不久的将来，每亩能收获 1100 磅。有 6000 亩土地，用于每年饲养 3.3 万头猪，其中 1 万头归国家所有，其余由社区成员消费。还有一个大型养鸭场，每年向国家提供 2 万多只鸭子。许多著名餐厅出售的"北京烤鸭"，就是来自这个公社。这个地区改变成为公社后，总收入翻了一番。

王女士还告诉我们："随着收入的增加，我们可以资助教育事业，并为社员提供教育资源，让他们接受 10 年制的中学培训。"

解放前，大多数贫困家庭的孩子没有受过教育。"我是一个没上过学的人，"王女士坦白地说道，"解放后，人民政府最早的运动之一是消灭文盲。政府通过普及教育、夜校等方式，提供所有教育设施，训练人们阅读和写作，不论年龄和性别。1949 年以前，我一个汉字也认不出来，但现在让我很高兴的是，在夜校学习多年后，我能读写了。这个公社有两所中学和 18 所小学。上学是强制性的。一个孩子如果没有入学，就不被允许工作；因此，他就没有食物可吃。"

在保健领域，该社区有 270 名"赤脚医生"和 88 名医务工作者，包括医生和护士。

据王女士说，每年，公社成员以 1 元的费用获得完整的医疗保健。如果医疗保险费用不足，政府会弥补差异。医生通常会去病人的家中进行治疗。所用的药物大部分是草药，但是与西药一样有效。至于孤寡老人和无助者，如果这些草药不是更有效的话，他们会由公社照顾。

这个公社有 100 部电话、一个无线广播站和许多公共扬声器。电视只

---

① 1 磅，约合 0.45 公斤。825 磅折算约为 371 公斤，以此类推，1100 磅约合 495 公斤。——译者注

在每个生产队的队部提供。每栋房子都有电。电影偶尔免费放映，音乐和杂技剧团经常来公社开展娱乐活动。

公社社员的平均年收入约为 500 元，最高的个人收入为 800 元，最低的为 360 元。这个数目不包括个人饲养的鸡、鸭、猪和羊提供的额外收入。

公社每年必须支付其总收入的 2.8% 向国家缴税。社员个人不必缴纳任何所得税。每个家庭都有一套小公寓式的房子。如果一个家庭愿意，并喜欢建造自己的房子，他们只需要找到材料；邻居和朋友将自愿为建设住房提供帮助，社区可能会贷款为其支付一些费用。一套三居室的房子大约要 1500 元。

对那些没有适当照顾父母的人，作为一种惩罚的措施，公社将从他们的工资中扣除一定的数额。公共托儿所照顾社区成员的婴儿和儿童。这个公社很少使用所谓的公共"食堂"。

每个大队都有一个宣传小组，其任务是宣传毛泽东思想。他们向成员解释党的政治观点，并敦促他们阅读队部附近图书馆里的毛泽东著作、报纸和杂志。

民兵军事演习的时间表已经确定，训练的时间由公社适当考虑，每周锻炼，每个成员定期参与。

在成熟的季节，公社每天生产超过 3.3 万磅西红柿，其中有 1% 的数量在当地出售。

当西红柿在北京市场出售时，公社社员可以获得销售额 5% 的利润。桃子的价格每磅大约 3 角钱，但是，北京的水果商也可以拿到 5% 的佣金。

简报快结束时，通常要有几句一般性的自我批评：从全国范围来看，长青公社还不是最好和最先进的；公社成员们还没有尽到他们最大的努力。

参观国家美术展览馆

7 月 7 日下午，我去参观了国家美术展览馆，它是在解放后建成的。

馆中陈列的油画、水彩画作品，主要是由工人、农民和士兵们完成的。这些作品的主题大多关注普通人的生活，许多都带有革命性的内容。在一个大型展览馆中，有毛泽东的肖像，为了强调他和人民的密切联系，画他在人民中间很受欢迎，展示出他在不同的人生阶段和群众的密切联系。在风格和形式上，这些革命作品与中国传统绘画作品有很大的不同。传统的作品都是来自大自然，是对风景、鸟类、花卉和其他图案的刻画。

大约 3 个小时的时间，我转了五个大的展厅，每个展厅都给我焕然一新的感觉。尽管大厅里挤满了人，还有许多其他的访客，但我很少注意他们。显然对于一些穿着特殊的人，我没有感到什么不同，或者说是不舒服或好奇。

我理解，为什么很多人会花一天的时间，前来美术馆大楼参观。因为大城市的拥挤环境，星期天不是一个传统意义上的休息日。一些工厂和人民公社周一和周三关闭，以缓解城市娱乐设施的拥挤现状。

参观万里长城

7 月 8 日，我跟随一个旅游团队，参观了距离北京市区只有 50 英里的长城。对我来说，这是一次重访性旅游，因为大约 30 年前，在燕大春假期间，我就去过那里。当时通往长城的路面，风沙真的很大，在刮大风的天气里很烦人。现在有人发现，公路两侧种植有许多树木，空气变得清新，因此旅行也愉快。

当我作为学生，第一次去长城的时候，我没有爬到长城的顶端，但这次我爬上去了；事实上，是我们团队的年轻成员向我挑战，他们要求我爬到长城的顶端。俗话说"上山容易，下山难"，因为长城上面的砖经过几个世纪的使用，已经磨损变滑了。我全身的重量都集中在小腿上，不敢站直以免摔倒。我应该和尼克松总统一样聪明，尼克松总统在他对长城的正式外交访问中，冒险爬到了第一层。

在到达地面后，我们在附近的餐厅吃了午饭，并且休息了一会儿，然后去参观明朝的陵墓。在进入墓穴之前，我们在石象的大腿下、石马和石狮的背上，分别拍了许多照片，石马和石狮排列在通往墓穴的长长的通道上。据说雕塑这些动物，是为了驱赶那些可能伤害帝王陵墓的恶魔。

第一座对外开放，可供公众参观的陵墓叫定陵，是万历皇帝（1573—1620）墓。陵墓的长度是 95.49 码，宽 51.69 码。这座陵墓始建于 1584 年，价值 800 万两银。根据展厅的宣传人员估计，在当时的 16 世纪，以这个数字的钱，可供 100 万人在六年内，购买足够吃的大米。万历皇帝墓上面的两个石门，重约 22 吨。地下室由大理石、木板作为墙壁。据估计，大约有 650 万名工人参与这个项目的施工，平均每天有 3 万名工人在工地常年施工。

皇帝的外棺是巨大的，有两个棺材嵌套在里面。当打开第三个棺材时，考古人员发现皇帝的尸体腐烂了，但是有大量的珠宝、金银器皿等。刺绣、缎子和其他丝绸、亚麻织物，均经过良好的预处理，依然保存完好。目前，一些被挖掘出来的物品，陈列在陵墓的底层。其中，纺织品和珠宝的工艺被认为是最好的，甚至超过了 20 世纪的作品。

这座陵墓是最近才被国家挖掘成功的。很多年前，有盗墓者试图打开它却没有成功。沉重的门，用巨大的石砖挑战了他们的力量。解放后，政府决定打开这座坟墓，因此不得不雇用许多工程师和石匠，还有一大批人民解放军士兵参与，并由重型起重机和其他设备协助工作。在打开陵墓后，为了方便游客参观，他们将所有的隧道和台阶都恢复到原来的状态。这个建筑如此巨大，使人想起开罗的大金字塔。

我们还参观了另一座由几十根柚木柱子组成的陵墓。我伸出胳膊想大致地环抱一个，但甚至不能到它一半的周长。另外一个士兵和我手拉着手，但他的胳膊和我的胳膊连在一起，都不足以环绕柱子一周。一个共产党员说：为了修建这根柚木柱子，在西藏的山区寻找大树时，有大约 500 名工人丧生。为了装饰皇帝的陵墓，有成百上千的工人移动几千棵大树，每棵树都必须小心地砍伐。

我们还参观了十三陵的大水库，这项工程始于 1958 年。当时，毛泽东、周恩来、朱德等人都参加了奠基仪式。这表明，国家领导人关注这件事，是为了说服政府，动员工人和农民为社会奉献时间和力量，投入水库建设工作中。据预测，这个人工湖可以灌溉数百英亩的土地。不幸的是，我来北京之前，已经有八个月没有下雨，水库里的水位很低，甚至河岸旁边的柳树也在烈日下枯萎了。所以，导游没有花时间带我们去参观这个著名的建筑，他只是从远处指点了一下。这次旅行结束后，我们就开车回去了。此地距离北京 34 英里。

北京餐厅见闻

那天晚上，我去了一家湖南—四川饭店（川湘餐厅），在东方市场（原东安市场）附近，他们做的食品样品和华侨宾馆的有很大的不同。我订了两份菜，再加上一碗大米饭，总费用只有 1 元钱。在餐馆吃饭的费用和在宾馆吃饭差不多。显然，在晚上 7 点 30 分，北京和上海的所有餐馆和商店都关门了。这个时间，所有的顾客都拥挤着，开始离开东方市场。在关门前，有一个相当老的男人，在用扫把打扫餐厅的地面。因为人太多了，他不停地对客人说"对不起"。

在中国，所有的饭店都对无产阶级开放。饭店大多数菜的价格低于 2 元或 1 元，没有人被允许吃得奢侈浪费，即使他能够买得起。据说，一顿饭必须吃干净，否则顾客可能会因为浪费而受到餐厅工作人员的批评。

北京以烤鸭或者叫"北京烤鸭"而闻名，这里只有两处为外国客人提供这种美食的机构，通常是政府邀请的客人，在一顿正式晚餐的时间，安排两个房间，一个吃饭的圆桌，另外有几个方便交谈的椅子。宴会可能会在晚上 7 点 30 分以后进行，但不会太久，因为这是习惯，主人和客人吃饭后，很快就互道晚安。这种特别预订的房间非常干净，用鲜花装饰得很好，室内很安静。而这些对公众开放的餐馆，总是那么拥挤，为了找到固定的桌子和椅子，人们不得不在开张之前半小时就站在那，等待就餐。

目前，我的情况是独自一人，因此面临着一个尴尬的局面。我把我的东西，笨拙地放在桌子上的一角，但是没有可坐的椅子。当我去找的时候，我的东西被其他像我一样非常需要空间的用餐者搬走了。服务员们太急了，没有时间把桌子彻底打扫干净，食物经常被从桌子上擦到地板上，甚至擦到椅子上，你得注意你坐的地方是否干净！

然而，观察普通人的生活也是一种乐趣。丈夫和妻子或一群朋友聚会，孩子们安静地吃着，首先是抱怨川湘饭店的菜太辣，但逐渐习惯了。在这家饭店中，我看到，他们既没有浪费更多的食物，除了啤酒之外，也没有喝任何含酒精的饮料。没有乞丐在等剩下的食物，这在 30 年前是一个熟悉的景象；没有人穿得很正式，或者用正式的语言说话，因为大多数顾客都是来这里的工人，或者是到城里来度假的农民，上饭店吃一顿换换口味。

在中国餐馆里，总是人满为患，迟到的人必须站着，等上一拨客人吃完饭。当然，对于那些想在闲暇时吃东西，或者是与家人和朋友交谈的人来说，这可能会很烦人。我想象，在其他城市也存在这样的情况，问题是不可能通过提供更多的餐厅，来解决这个问题，因为中国的人口在不断地增加。

善良的中国人

最后，过度的运动，开始对我的身体产生负面影响，我发现自己感到恶心和疲劳。而且，我只能跛行，因为我的小腿肌肉从长城下来时扭伤了。但是令我惊讶的是，所有的酒店服务员，包括电梯操作员以及餐厅工作人员，都向我表示出极大的同情。他们有礼貌地皱着眉头问我："先生，你怎么了？一定很痛。你最好去看医生。"我回答说，我在长城上受伤了，但是休息几天腿就会好了。然后我回我的房间休息了几个小时。我不习惯不活动，于是很快就打电话给一个老朋友，但没有成功。然后，我打电话给我以前的大学室友，北京大学的周一良教授。找到他后，我让他安排我去咨询北京大学图书馆目录。他答应帮助我，但是他对我说，最好通过我住的酒店与大学党组织取得联系。

我所见到的"强制医疗"

7月10日上午，我待在宾馆的房间里，因为我的腿看起来比以前更糟了。当我一瘸一拐地走下楼去吃早餐时，在餐厅的墙上，我看到一张告示黑板上写着："7月9日下午，某海外顾客去一家中国药店买烟和打火机。由于计算不仔细，我们多收了他一元钱（在美国是50美分）。这笔钱已退还给服务台。顾客可以凭护照来取回。"我被这种谨慎、诚实的态度所打动，这种现象的确是很罕见的。在1949年以前，如果一个顾客向一个商店经理支付了过多的钱，这笔钱就会永远不见了。客户不能回去要求退款，以免受到批评："你在店里时，为什么不告诉我们？现在我们不能确定，你是多付了钱还是没付。"当然，记账方法既古老又不现实，这使得重新检查变成了不可能的事。

我蹒跚行走的状态，很快就被酒店的楼层服务员注意到了，她是一个已婚的女人，催促我去看中国医生，对待我就像对待她的兄弟一样。

我坚持说："没关系，疼痛在几天内就会好的。"扫地的男孩也看着我笨拙走路的样子，建议我去咨询医生。他的忠告真诚又认真，就好像他是我的亲弟弟一样。

突然间，宾馆的"革委会"副主任，要求我搭他的便车。我说："今天我不打算出去。"他说："一辆出租车会送你去医院，我们会写一封推荐信。"显然，楼层服务员已经向上级汇报了我的情况，他们决定用最好的办法，来制服我这个顽固的人，强迫我接受治疗，我接受了他们善意的"胁迫"。

我被带到医院的时候，看到有一条排队等候的队伍，很多病人似乎病得很严重。尽管如此，还是有两位中国医生立即给我治疗，他们对我说话非常亲切。一个医生给我的腿按摩了大约半个小时，让它肿起来。他安慰我说："别担心，按摩会让你的肌肉恢复正常，帮助你的血液循环。"他开了一些中草药，告诉我说，先要将中草药煮沸，用来一天洗几次我的腿，同时他给了我一些服用的白色粉末。治疗结束后，在医院等候的出租车免费载我回去了，因为酒店经理已经支付了所有费用。中国医生特别努力，他们声称对严重烧伤的治疗比西方的要好。在很多情况下，哑巴经过长时间的针灸治疗会说话，聋哑人可以听到声音。由于中国医生的耐心和医院的合理收费，目前有很多海外华人到中国来，进行严重慢性病的手术和医疗。

五、外交部宴请与学者交流

到外交部拜会国际司司长

7 月 11 日早晨，我在酒店房间里阅读中国报刊和收听广播节目，内容有新闻报道、政治宣传、歌剧、音乐，以及引用毛主席著作中的名言，包括版本和页面说明。作为一个来访的外国人，我对广播节目很感兴趣，媒体上的内容丰富，甚至令人兴奋。如果我一直在听这样的节目，我可能很快就会感到无聊了。不管怎样，我选择听一些京剧作为娱乐，但也数量有限，因此在宾馆的生活变得单调。

下午 4 点 30 分，我到外交部和一位高级外交官员，国际司司长龚普生（Kung Pu - sheng）① 会面了，她的丈夫章汉夫（Chang Han - fu）② 生前是

---

① 龚普生，龚澎的姐姐，安徽合肥人，1932 年考入北平燕京大学经济系，后在美国哥伦比亚大学攻读心理学硕士，1936 年秋参加革命，1938 年春加入中国共产党，在周恩来领导下，长期从事党的地下工作和统战工作。1949 年 11 月初，中央人民政府外交部正式成立后，历任外交部国际司副司长、司长。1979 年 11 月 29 日被任命为中国首任驻爱尔兰大使，时年 66 岁。2007 年 8 月 4 日在北京逝世，享年 93 岁。——译者注

② 章汉夫，龚普生丈夫，早年留学美国，1927 年参加美国共产党，不久转入中共，翌年到莫斯科的东方劳动者共产主义大学学习。1931 年回国后历任中共广东省委宣传部部长、代理书记，江苏省委书记，重庆《新华日报》总编辑，上海工委副书记，香港工委书记等。新中国成立后任外交部常务副部长，是中共第八届中央委员会候补委员。1972 年逝世，享年 67 岁。——译者注

外交部的副部长。龚司长，以前和我是燕京大学的同学，目前还是沿用在学校时的名字，她热情地接待了我。首先，我们谈到了我们燕大以前的心理学教授夏仁德（Ralph Sailer）① 的签证问题。我希望，她也许能加快签证批准的进程，因为他们之间也是老朋友了。龚说："请告诉夏博士耐心等待。"这种回答告诉我，在政府的渠道上，她可能帮不上他。第二，我们谈了指控中国对美国出口毒品的问题，说到中国政府应该对此予以驳斥，龚说："中国政府已经发表声明，谴责了这种无稽之谈，这种毫无根据的宣传。"

然后我问了她一些以前我朋友的情况。她拿起我在一张纸上写的同学们的名字，看了看，想了想之后，说："据我所知，没有这样的人在外交部里工作。"谈了大约 20 分钟之后，我们互相道别。当晚，一个特别的信使把一份联合国出版物送到了我的酒店房间。在这份出版物中，有中国否认向美国出口麻醉品的指控的声明。这个迅速行动，表明了如果中国政府认为事情紧急，其效率是十分迅速的。

参观天坛

7 月 12 日早上，我和几个朋友租了一辆小型汽车，开车去看陶然亭公园附近的天坛（Temple of heaven），还有中央公园。天坛位于北京天坛地区。1949 年以前，这是一个贫民区，是乞丐、绑匪经常光顾的地方，还有销售二手衣服、家具、手表和珠宝的商人，其商品大部分来自当铺或窃贼。那里也有说书人、算命人、杂技演员、花鼓手、舞者和妓女。尽管我以前在北京住了十多年，但我也只去过天津两次，每次我的朋友都会提醒我要经常检查我的钱包，看看它是否还在我的后口袋里，或者是否有些灵巧扒手偷了它。

---

① 拉尔夫·赛勒（Randolph C. Sailer, 1898—1981），中文名字夏仁德，美国心理学家、传教士，曾任燕京大学教授。他中国人民的忠诚朋友，一直支持和同情中国人民的革命斗争。他于 20 世纪 20 年代初来到中国，在燕京大学执教 20 余年，回美国后任美中人民友好协会的主要负责人。——译者注

天桥，是国民党（KMD）之前的刑场，在 20 世纪 30 年代时，射击队射杀了歹徒和政治人物等犯罪分子之后，就在当地报纸上宣传这类案件，就像老子（Lao Tze）所说："百姓不怕死，何必以死刑恐吓他们。"

然而，现在令我惊讶的是，以前我看到的贫民区的那一代人完全消失了，这里不再有成堆的杂七杂八的物品，在街上卖的是羊毛制品，没有歌手和其他的公共艺人。今天，街道变得宽阔、笔直，两侧绿树成行，十分整洁。

我们还发现，最近天坛中的横梁、屋檐和柱子被重新用闪亮的彩色装饰，周围几英亩的土地都种上了绿色的柏树。

因为我的腿还有些问题，所以我没有尝试四处转转，看看附近的许多老建筑和寺庙。相反，我从天坛回到车上与司机愉快地交谈，他正在修理汽车，对发动机做一个小小的调整。他告诉我说，在中国从事司机工作，要比一个农民或一个普通工人赚的钱更多。这是因为从事司机职业，不仅要求没有发生过事故，还要求必须是一个会维修汽车的熟练司机。在很多年里，他还是一个机械师，能够修理汽车所有的小故障。在现场可以看到，他驾驶的那辆车是 1959 年或者是 1960 年在波兰制造的，但一直保养得很好，车身上没有明显的划痕。如果有轻微损坏，就要立即修复，重新喷漆。他告诉我，汽车发动机故障一般情况下，只能去维修车间里做大修。许多司机以前是军队的司机，他们在 50 岁服满兵役之前，开过吉普车、卡车或坦克，在崎岖的道路上行驶多年。

我和他交谈时了解到，目前他每月挣 82 元，每天服务 8 小时，包括等待时间。他的妻子也有收入，他的长子每月挣 35 元。他最小的儿子在上高中，毕业以后就开始赚钱了。因此，这位父亲和他的全家人"感谢毛主席"，为他们提供舒适和快乐的生活。偶尔，他们在餐馆吃饭，游泳或看电影。他修好了马达之后，坐在汽车的后面，似乎感到很轻松，很满足他的生活。

在和司机交谈了一会儿之后，我不想再打扰他的休息了。所以我去拍摄那些柏树。我对这样好的景色抱有很高的期望，因为有理想的天气条件和充足的时间，可以尽情地拍摄。不幸的是，有三卷彩色胶卷，是我逗留北京和在南京长江大桥时拍摄的，因为照相机坏了，我所有的照片都失去了，这么多无法替代的图片，真是太遗憾了。

离开天坛后，我们驱车前往陶然亭公园。停车后有人告诉我说，北京城东面和西部被拆毁的木门已经搬到这个公园，作为历史文物保护，并永久展览。令人失望的是，当我们来到这里时，我们找不到这样的建筑。我们只看到一个大池塘，作为人们可以游泳的地方，还有另一处装饰区种满了水莲。因为水资源短缺，长期干旱，大游泳池关闭，荷花发育不全。我们去中央公园之前，在这里悠闲地散步。

北京中央公园①

靠近天安门广场的中央公园，一直是北京最著名、最受欢迎的娱乐中心之一。这里有许多古树，如高大的、每年落叶的宝塔树、银杏树、橡树、榆树，尤其是带花边树皮的三针松树（three – needle species）。根据林业部的一位专家②说：其中一些老树，它们已经有 400 到 800 年的树龄。每天，在两树之间的宽敞空间里，在大树树叶的浓荫下，许多人都在练习和锻炼，学着打流行的太极拳。

公园里有许多装饰典雅的宫殿房屋，以及凉亭、溜冰场、农舍和其他许多美丽的地方，可让百姓们享受。以前，这个公园还提供有许多藤椅，以及供男士喝茶、写诗或午睡的桌子。夏天，报童常留下几份报纸，尤其是美丽的电影明星或者著名运动员的彩色照片请先生们过目。大约一个小时后，这个男孩就会回来，收集报纸和杂志供其他客户阅读。每个人都会给他一笔慷慨的小费，这还是比订阅杂志要便宜。

---

① 作者所述"北京中央公园"，目前为中山公园，位于北京市朝阳区宏泰东街与远安南二路交会处，属于京城核心区域。——译者注

② 梁太安，中国林业部工程师，详见《北京古树》，第29—38 页，中国建设出版社，1964 年 8 月。

昔日，公园里有几家著名的餐馆和茶馆供应美味佳肴，但是过高的价格远远超出了普通人的承受能力，只有大学教授和学者，以及富有的商人和政府官员能负担得起。

以前中央公园的门票也很贵，但是今天费用只有 3 美分（合 6 角人民币），食物的价格也是受欢迎的价格。因此，中央公园里挤满了人。

我来这里参观的目的，是给正在调情的少男、少女们拍照。我对我们组里的一位女士说：如果有一对夫妇坐在一起，她应该让我为他们拍照。我的相机已经准备好拍摄这样的场景了。不幸的是，我很失望，不是因为这对恋爱的人拒绝拍下他们的照片，而是因为年轻的男孩和女孩总是保持至少一码的距离，无论是步行还是坐着。从远处我看到，一个年轻女孩坐在一张长椅的一边，而一个男孩坐在这张椅子的另一边。从他们的谈话状态来看，他们显然已经陷入热恋。我一开始集中精力，谨慎地接近这座美丽的亭子，在新刷的横梁后面，我很快瞄准了这个场景。这对年轻恋人看到我在这对他们取景，立刻变得严肃起来，把头从摄像机前方移开了。

我对摄影工作的效果感到沮丧（事实证明，比我想象的还要徒劳）。于是，我点了一顿丰盛的午餐，以我内心的满足来弥补艺术上的失望。我的"同路人"（不是政治意义上的！）很明显还怕价格太高，只买了些冷饮，还有零食。我知道他们饿了，因为我们一直在观光。因此整个中午，我多次邀请他们，吃我点的三四道美味的菜，但是他们拒绝了。而当我付钱的时候，他们的嘴巴一定在流口水。午餐只花了大约 2.3 元，我的同伴一定很遗憾没有订午餐，但他们要改变主意为时已晚，因为他们有安排下午去别的地方。整个上午所花的费用，总计只有 3.5 元，因为我们四个人共用一辆车。

改变宾馆和旅行身份的困难

那天下午，我去西城区，看了一下民族饭店。它比华侨饭店的条件要好，那里的房间安静，还铺有地毯，还有几辆出租车在大楼前面等客人。

在进酒店之前，我被要求出示我的护照。我提出要看一个卧室和餐厅，然后我希望能搬进这个酒店去住。不幸的是，我所有的要求都被拒绝了。毫无疑问，是怕打扰外国人。我对此有点不高兴，悄悄地争论说，我也是个外国人，因为我持有美国护照。酒店职员礼貌而坚定地回答：先生，您是否使用美国护照并不重要。你仍然是中国人，在酒店里会得到很好的待遇。

在中国，外籍华裔旅客一旦被指定为华侨，是不能被重新分类为外国人的。同样，外国人也不能将他的地位更改为华侨，以便更自由地住在华侨酒店。

参观国家摄影展

在离开酒店时，我有些不满。当我路过人民大会堂——另外一座始建于 1959 年的美丽建筑时，我看到一幅大型形象文字，这是为全国摄影展所做的宣传广告。我花了 6 角钱，购买了一张入场券，店员给了我一张票，示意我拿回所找的零钱。显然，他认为我听不懂中文，因为展览馆离外国人住的酒店很近。

摄影展有三个展厅。在其中一个展厅，展出的是毛主席在他人生不同阶段的照片和标语，包括抗日战争时期和解放战争时期。展览的重点是士兵和普通人，而不是将军或其他高级官员。很明显，这个展厅的主题是"毛泽东与中国人民"。展览中陈列的大部分照片都是黑白的，而且效果非常好，因为它们是在全国范围内，通过竞选胜出的作品。

在另外两个展厅里，墙上挂满了表现战争场面、农场生活，以及军人和工人们英勇无畏事迹的照片。展览的主题仍然是革命宣传。展厅中的大多数参观者，他们也是士兵、工人和农民。当看到所在班级的突出事迹时，他们表现出发自内心的高兴。在展厅里面，没有一幅是描绘学者生活的作品。

在过去的时代，在这样的展览里，展出的照片大多会展示漂亮的年轻人看着太阳升起，或者是彩虹在薄雾笼罩的山上，装饰着美丽的花朵，如桃花和樱花。而今天的照片的主题是完全与此不同的。

走访新华书店

仔细看过这些照片之后，我乘坐公共汽车，去了王府井大街，现在叫人民大街。尽管换了新名，老街名仍然很流行。我走进了一家新华书店，这家书店店面宽敞，书架上摆放有马克思（Marx）和列宁（Lenin）著作的译本、毛泽东的著作，以及许多外文著作。此外，还有中国科学院院长郭沫若（Kuo MO－jo）出版的一些书籍，包括他关于甲骨文（Oracle）和青铜铭文（Bronze inscriptions）研究的著作，以及郭沫若最近出版的，关于中国两位最著名的诗人李白（Li Po）和杜甫（Tu Fu）的著作。这是书店里仅有的两本涉及中国古典文学的出版物，于是我买了一本。其他的书籍，如章士钊（Chang Shih－chao）① 的《柳文指要》②，价格太贵了，我买不起；书的分量也太重了，我也很难拿回家。目前，这两种学术著作深受许多中国知识分子的欢迎。他们相信，更多类似性质的出版物很快会出现。

我在书店里面，翻阅了每一本小册子，希望能够再买一些。但是这些小书大部分都是关于自然科学和实用技术方面的书籍。例如：如何提炼石油，或是如何修理汽车，因此不符合我的兴趣。最后，我买下了两套书籍，它们是关于北京故宫和北京新建筑的图集。我还买了几本毛主席的名著，包括他的四篇哲学论文，以及他发表的所有诗词集。

---

① 章士钊(1881—1973)，字行严，笔名黄中黄，湖南省善化县人。曾任中华民国北洋政府司法总长兼教育总长，清末任上海《苏报》主笔。1911 年后，曾任同济大学教授、北京大学教授、北京农业学校校长、广东军政府秘书长、南北议和南方代表。新中国成立后为著名民主人士、学者、作家、教育家和政治活动家。1952 年任中央文史研究馆副馆长，1959 年 10 月出任第二任馆长，第二、三届全国政协常委，第三届全国人大常委。——译者注

② 这是一套章士钊 1959 年出版的书籍。晚年的章士钊，以大部分时间从事文史研究工作，并曾在中国人民大学汉语教研室讲授柳文。继而以其研究心得，集结为《柳文指要》一书。——译者注

北京协和医院

我离开书店后，又去到附近的北京协和医院，或者叫北京联合医学院。很多年前，我一直是这里的患者，现在它被称为首都医院。这个医科大学的附属医院，最早是由洛克菲勒基金会提供资助成立的，由美国和欧洲的医生担任教授和执业医师。在这座建筑上面，覆盖有绿色的瓷砖，建造风格像宫殿一样。在医院里面，地板和墙壁上覆盖着大理石贴面，一直以来一尘不染。这所医院一直以来，都由穿着白衣制服的、自豪的医生和护士良好地管理和运营。因为这座建筑的华丽外观，这里曾被称作豫王府，意指王子的豪宅。据说有一次，一个美国人命令一个人力车男孩带他去医院。因为美国人的汉语发音不准确，即使在他重复了一遍之后，他也无法使那个男孩明白他的意思。这样说了好几次，最后，他变得不耐烦，生气地说："该死的傻瓜！"人力车男孩立刻喊道："好了，先生，你的意思是去豫王府。我带你去那里！"

今天，在医疗技术方面，这家医院仍然和以前一样被认为是全国最好的医院。但是与以前相比，现在医院里面总是充斥着不同的汽车，停在狭窄的街道上，影响行人通行。每一辆汽车的后部，都有一个小车牌，在中国人眼里，这是一种身份的象征。如代表大使馆的车牌，表明这是一辆使领馆送其工作人员，或者是他们的家属到医院看病的汽车。在尼克松总统访问之前，该医院的屋檐和柱子，应该是被特别重新粉刷了一遍。在总统前往北京之前，一小组美国安全人员先到医院，检查医疗设备，以确保如果总统需要接受医疗服务，能有一家符合他们预期的医院。

在医院的内部环境方面，和以前相比，目前的情况有很大的不同。首先，刚进入医院走廊时，室内的灯光感觉很暗。医生和护士的制服都是米色的，它们可能不是用最好的棉布做的，或者不是每天都用漂白剂清洗。所有医生和护士都显得很谦卑，以正常的速度走着，回答询问时非常有礼貌。室内的地板和墙壁现在被水泥覆盖，医院的整栋楼都急需维修，这是一种非常严重的状况，可能只是连续使用，而没有定期维护的结果。这个医院的名字，可能会伴随着一些恶意的破坏，但这仅仅是一种猜想。我找不到医生或护士来给我一个答案。显然，对于这个问题，他们会认为，满足这种好奇心是他们医疗义务以外的事情。

我注意到，在这里，中草药和西医药一起使用。据说，许多医生掌握中医和西医两门技术。在西医和中医之间，到这个医院就诊的病人可以自由选择，只要治疗效果获得资深医师的认可。

离开医院之后，如果再返回到宾馆吃饭，我觉得就太累了。于是，我再次采用"打游击战"的方式，到川湘饭店就餐。这次，我很快找到了带有一把椅子的餐桌。在等待就餐的时候，我对餐厅的菜单进行了统计研究：菜单上列出了50余种可供选择的品种；这些菜品中的35种，每道菜的价格不到1元钱，最贵的菜大约是1.2元。难怪有这么多人在饭店吃饭。和往常一样，我点了两道肉菜、一碗蔬菜汤、一杯啤酒，总价1.2元。但是，我无法吃完所有的食物，因为它太麻太辣了，甚至对一个湖南人来说，亦是如此。

北京第一聋哑学校

这所成立于1934年的学校，入学人数为70人，学生分成七个班，招生人数不多，但学费很高。自从解放以来，有四所学校为聋哑人开设，每个学校都有300多个学生。每个学期收费仅有2.5元，其中包括学费和学杂费，学校还为极端贫困的人提供助学金。

从1968年11月开始，每所学校都配备有三名军医，他们是专门采用针灸治疗聋哑人的专家。因各自的文化背景有限，他们中的一些人被送到东北，接受过几个月的高级训练，然后再回到学校工作，这样在针灸方面就比以前熟练得多。这些军医再依次教其他的老师，这对于在教室里的每个学生都是有帮助的。

在我们访问期间，一位老师从一个玻璃瓶里，拿出一个长约2英寸的针管。她用一些棉球擦干针头，然后用酒精棉去擦一位学生的脸。这个学生把他的头放在课本上，让老师把针插在他耳朵下面 1 英寸处。一些观众拍了几张照片，但自从我的照相机损坏以后，我只能仔细观察正在接受治疗的学生的面部表情和眼睛的转动。那个学生既不眨眼，也没有大声地喊叫，而是静静地趴在桌子上。在针头深入面部约 1.5 英寸的时候，持续数分钟，老师扭动了一下针头。我们中的一些观众，不由自主地喊出声来："噢，天啊，真痛苦！"

老师微笑着解释道："不太人道，但效果很好，就像美国的休克疗法一样。"她说，"军医们来学校做这种治疗之前，已经无数次地用针刺方式，治好了他们自己身边的聋人和哑巴。"

2—3 分钟后，这个学生被要求转动他的脸，从另一边接受同样的治疗，他同样忍受了。在针灸演示后，老师要求学生大声朗读课本上的一段内容。她告诉我们，哪些学生是聋人，哪些是哑巴。聋人可以毫不迟疑地理解老师说的话，但为了理解我们这些来访者的谈话，他们不得不非常注意或请我们重复一遍，可能是因为他们不熟悉我们的口音。哑巴学生被要求大声朗读几句。他们中的一两个做得很好，虽然有些口吃；另外两个人读起来显得很吃力，说出了一些难以理解的话。

老师告诉我们："不同的人，对针灸治疗效果有不同的反应。有些人见效比其他人快。耐心和延长治疗是有帮助的。"老师说："在这个班里，学生只有这一年半学习时间了。如果他们能在这所学校学习三四年，并且不间断地接受治疗，结果会好得多。"

医院不时派出受过耳、喉和眼疾训练的正规医生，来帮助学校的针灸师开展工作，并检查每个学生的身体状况。聋哑学生每年还要在农场和工厂工作两个月左右。

为了欢迎海外华人到来，他们表演了娱乐节目。每个学生手里都拿着向日葵，高唱着"毛主席万岁"。

在北京，聋人和盲人是分开接受教育的。还有为盲人开设的特殊学校，教他们一个新的字母表，而不是旧的国家语音表；盲人不仅受过演奏乐器的训练，还受过处理配电盘、发送电报等训练。学费和其他杂费也是一个学期 2.5 元人民币。

参观"五七"干校

7 月 14 日，我们参观了位于北京东城区的"五七"干部学校 。在 1966 年 5 月 7 日和 1968 年 10 月 4 日，毛主席发布了两条指示①，这所学校是按照毛主席的要求，由此而成立的。

毛主席担心，在中国人民中产生了新官僚主义阶层，这些人可能或者已经成为掌握特权的精英，并且成为脱离群众的阶层。因此，他建议成立"五七"干校，现有的干部们，包括政府工作人员、军官、学校教师、行政人员、党员、非党员等，轮流到干部学习班，学习马克思列宁主义和毛泽东思想。与此同时，在农村从事体力劳动的地区，也开展这项研究和工作计划，或者叫"劳动改造"，他们致力于在所有的任务中，让干部们摆脱官僚主义和资产阶级作风，使革命可以继续发展。

出乎意料的是，我在学校度过了愉快的一天。在我们 7 月 14 日访问时，只有 500 名学生出席。在过去的三年里，在这所学校重新接受教育的大约有 2500 名学生，要求脱产学习 6 个月。根据毛主席 5 月 7 日的指示，学生们应该以 20 世纪 30 年代末到 40 年代初延安抗日大学的学员为榜样，端正学习和生活态度，并成为无产阶级的模范干部。

"五七"干部学校的学生必须密切注意以下这三点：

1. 学生们应认真学习，并将理论与实践相结合。他们应该对马克思、

---

① 在第一条指示中，毛主席说："要缩短工人和农民的差距、城乡差距、脑力劳动和体力劳动的差距，同时使知识分子变成劳动者中的一部分。同时，培养数以亿计的共产主义新人，具有高度的政治意识并实施全面发展的方针。"《北京评论》1966 年第 32 号，第 6—7 页。在 1968 年的指示中，毛泽东说："让广大干部从事体力劳动，给他们提供一次再次学习的机会；这应该由所有的干部来做，除了那些太老、太弱、生病或残疾的干部。在工作中，干部们还应该分组从事劳动。"《北京评论》1968 年第 41 号，第 23—24 页。

列宁和毛泽东的著作，包括对于《共产党宣言》（*Communist Manifesto*）、《国家和革命》（*State and Revolution*）的深入理解。这个学校的学生与其他学校相比，两者之间的一个根本区别在于，这里学生们自我学习和讨论，不是按照他人的说教。

2. 学生的时间安排，大约 1/3 用于学习，2/3 用于从事生产性劳动。这项劳动旨在发展学生们的奋斗精神，保持革命传统。学生们建造自己的校舍，种植自己的食物。学校的原址是在一块大沙地上，没有桥，没有路，没有房子。两年多之后，这个地方变得适于居住和生产。学生不允许脱离群众或实际工作，必须学习中国农村所需的技术和技能。学校声称，"五七"干校是保持干部正确革命性和避免修正主义的不可或缺的工具。

3. 干部们要向工人、农民和士兵学习。这些人之中的代表经常介绍他们的经历。学生应该与工人、农民和士兵一起工作、生活、奋斗和讨论问题。医生中的干部也是一样，他们应该为底层的人民服务。例如，有一个干部搬进来和一个无助的老妇人住在一起，为她准备食物和药物，甚至为她清理厕所。这个模范学员得到了其他许多学员的认可。

在过去三年的时间里，来这里学习的干部们已经开垦了 117 英亩（约 473481.97 平方米）的土地，收获粮食 935 吨、蔬菜 600 吨。这项生产的收入足以支付学校的所有开支。

每天，每个学生必须工作和学习 8 小时。除此之外，学生们限时从事体育活动（如打乒乓球）、乐器演奏和业余戏剧俱乐部等活动。在中国其他地方，还有许多针对大学教授和学者们开办的类似的"五七"干部学校。

例如，北京东城区"五七"干部学校的校长，以前是中国人民解放军的一员。在向来访者简单介绍之后，他做了一下自我批评，他说目前的工作还有许多可改进的空间，比如在识别学生不同的背景、不同的知识水平，以及不同的工作态度等方面。在学习和劳动之间的时间分配方面，也是可以改进的。

他认为，在冬天应该花更多的时间学习，而在夏天要有更多的时间劳动。然后，他继续给我们提供更多的信息。他们的学生平均年龄是 40 岁，一半是男性，一半是女性。

简短介绍结束之后，我们看到了农场，学生们建造了工厂、猪圈、鸡笼、果园、番茄地、厨房，以及类似军营的生活区。每个房间大约 14 英尺宽，22 英尺长，共有 4 个或更多人居住。他们的简单物品摆放在床下。地板是用捣碎的泥土建造的，墙壁的房间刷白色石灰粉，但是整洁干净。毫无疑问，他们为来访者安排得特别井然有序。

我们被告知，所有人必须在早上 5：30 起床，参加早上 5：40 的锻炼，6：00 吃早餐。然后，他们在上午 6：30 到 10：30 在农场劳动，之后回来休息、午餐和午睡；从下午 3：00 到晚上 7：00 再出去工作，每个人都必须晚上 10 点准时睡觉。

中午 12 点供应午餐，这一顿午餐我们吃得很丰盛，因为所有的东西，包括猪肉、鸡、鱼和蔬菜都很新鲜。另外，还有从农场运来的西瓜和刚摘的桃子，用深井水冷却。我们每个人都吃得心满意足，学校的管理人员、学生和来访者进行非常亲切的交谈，仿佛我们是他们的老朋友。

我问："你平时都吃得这么好吗？"

回答是："差不多。"

我想知道，他所说的"差不多"是什么意思。

有一位学员给我看他们平日的菜单。菜单上有这些菜：瘦肉片鸡蛋，5 角钱；肉片豆角，3 角 6 分；米饭，没有标价；不带猪肉的米粉，1 角 4分；红烧肉条，4 角；青椒炒猪肉条，4 角；炖鸡，8 角。通常一个人会点两道菜，或者是和朋友合点一份大菜。每顿饭大约平均花 4 角或 6 角钱。所以，每个学生有足够的钱用来吃饭，因为他们仍然由原工作单位开支工资。

晚饭后，我们客人休息了半小时。然后是五个学生分别向我们汇报他们的个人背景、对学校的印象，以及他们对于未来的希望。这五个学生由三男两女组成，每个人都是雄辩的演讲者；他们的演讲内容也组织得很好，很精致，而且进行得很顺利。他们演讲的主题，涉及他们从这所学校学到了很多东西，改变了他们的资产阶级生活习惯和对其他人的态度，尤其是对无产阶级的态度；他们感谢毛主席给了他们改造自己的机会，成为参加社会主义革命的积极分子。他们坚信，经过六个月的学校生活，他们会有更好的态度、更多的耐心、更坚定的奉献精神，做好为人民服务的工作。

那天结束时，专场娱乐节目持续了大约一个小时，包括唱歌、音乐会和一个农民生活短剧。所有的作品都是由学生们自己创作的，其中包括音乐、戏剧、故事和诗歌的写作。有一首歌词写得很美，他们将这首诗，按要求用精美的书法写成。然后我们互道再见，尽管我要求多待一个星期，但没有得到批准。

到目前为止，几个美国学者接受了"五七"干校的观点。干部学校确实不是一种惩罚形式，而是对"田野调查"运动的补充。

外交部宴请与学者交流

7月14日晚上，我们住在华侨饭店的七八个人，被外交部礼宾司邀请共进晚餐。外交部驻波兰前大使，现任中国人民对外友好协会会长王国权担任主持人。几个中国的政府高官和一些著名学者被邀请与我们作陪。应邀的来宾包括：国家文物局局长王冶秋（Wang yeh – ch'iu）；中国社会科学院近代史研究所所长刘大年（Liu Ta – nien）；中国最著名的女作家冰心，以及她的丈夫吴文藻；著名学者、社会学教授费孝通（Fei Hsiao – t'ung）等人。

宴会是在著名的老餐馆丰泽园举行的。食物安排得很雅致，但刚够我们一群人吃，不会留下太多要扔掉的东西。主持人敬酒，用同样的敬酒词欢迎我们，而其他许多参与者则喝苏打水或茶。我认为，与当今的中国香港和中国台湾相比，中国内地（大陆）仍然在实践向每位客人敬酒的方式。然而，主持人礼貌地暗示："我们干杯之后，大家可以自由地品用。"

在餐桌上的谈话中，我问坐在我右边的主持人，为什么不允许游客去东北部（满洲里）。我说我一直渴望去那里，一个原因是，我希望去看看沈阳和鞍山的重工业企业；另一个原因是，我想去看看我在黑龙江省佳木斯的亲属。他说不允许游客去那里，是因为中苏关系的问题。"我们不得不采取一些防御措施，来抵御潜在的威胁。如果全部开放，苏联的一些军事专家会以游客身份去旅行，那么所有的军事秘密都可能被泄露。"

坐在我左边的是著名的社会学家费孝通教授，他曾经是我在燕京大学的同学。我问他关于中国人口的问题，我说："作为一名社会学家，你应该对中国人口的增长率，以及目前的人口总数做一个专业评估。"

对这个问题，不等费教授说话，一个年轻学者很快地插话说："关于中国的人口问题，我的观点是……"他谈了几分钟。然后谈话转到了其他一些话题上。当我有机会再次发言时，我明确表示，我有另外一个问题，是关于中国家族制度①的，要问我的老朋友费教授，他是中国社会学权威。同样是这个年轻学者，又抢先回答了这个问题，他说："关于中国的家族制度，我的观点是这样……"他说话的声音很大，语速很快。我以前的室友，周一良教授同情地看了我一眼，而费孝通教授只用沉默的微笑来回答。

中国社会科学院近现代史研究所所长刘大年先生，以为我还在哈佛大学教书。他问我哈佛大学在现代中国研究方面所做的工作。我说，1950 年我离开哈佛去了印第安纳大学，但我知道哈佛出版了几十本专著，涉及中国近现代历史、经济和政治的各个方面。刘先生打断了我的话，他说：

---

① 1977 年初，在此次回国之前，邓嗣禹曾在 *Journal of Asian History* 的 1977 年第 11 卷第 2 期上，用英文发表长篇文章《家庭在中国法制中的作用》，因此对于"中国家庭制度"方面的问题颇感兴趣，希望与费孝通进行交流。该文章后由王合成、王维俭翻译成中文，分成三次，分别发表在《湖南法学》1986 年第 2—4 期上。该论文中译本后被收录在译者编的《中国历史的海外观察》一书中（北京师范大学出版社，2016 年）。——译者注

"他们的出版物都有很高的学术价值吗？"

我说："质量各不相同，总的来说，每一本书都有一些学术价值。"很快，主持人举起酒杯，说："让我们为所有人的成功和幸福，干杯！"晚餐是如此严肃。主持人站起来，餐厅里的每个人都跟着，穿上西装，走到客厅，结束之后再坐到舒服的椅子上。

现在，我看到在另一张桌子上，冰心和吴文藻坐在一起。冰心看上去，明显变老，脸上有皱纹，这说明她上了年纪。而她的丈夫吴教授，仍然显得很年轻。我们和他们分别紧紧地握了握手，惊喜地说："我们已经有1/4个世纪没有见过面了，外界报道你们都自杀了。"72岁的冰心开心地笑了起来，然后她幽默地说："那你现在一定是在和鬼说话。事实上，我们都不是鬼，而是人。"冰心说，她的死亡消息，已经在海外被报道过四次，她清楚地记得这些报道的日期。她还说，她曾读过一篇纪念她的文章，是由她所谓的前男友，台湾的梁实秋教授写的。吴教授聚精会神地听着，眉开眼笑起来。谈话结束时，他们请我向洪煨莲（洪业）先生致以崇高的敬意。这是中国最伟大的诗人杜甫的传记作者，目前居住在美国。我们的谈话本可以持续很久，但我注意到，坐在我们对面的刘大年正在打哈欠，看着他的手表。我很快地说："刘先生，我什么时候可以拜访您的中国近代史研究所？"他回答说："很抱歉，邓教授，我们研究所的办公室正准备搬到另一栋大楼去，目前每个屋都堆满了书，哪里也没有您能坐的椅子。因此，我只能很抱歉地告诉您，我们不能接受您的这次拜访。希望能在别的场合见到您。"① 之后他准备离开，其他人同样都准备离开。

---

① 译者曾与《刘大年年谱》的作者，山东曲阜师范大学历史文化学院的黄仁国教授做过沟通。所谓"研究所办公楼搬迁"实际上是刘大年的一种托词。因为在1966年后，刘大年被作为"走资派"错误批判，1969—1971年在河南省息县干校接受劳动改造。1971年年中应郭沫若之邀，从干校回到北京，讨论《中国史稿》扩大篇幅、继续写作问题。1972年7月，经周总理批准，刘大年公开出面参加接待活动，但是他并未能获得行政管理权力。直到1975年，刘大年才恢复为近代史研究所总支书记，1979年被任命为近代史研究所所长、党委书记。因此，当时他并没有邀请外宾参观近代史研究所的权力。——译者注

我很失望，因为我以为，我们的饭后谈话可能持续到 10 点，而不是只有 10 分钟。我不知道我的观点是否伤害了刘先生的感情。在哈佛大学东亚研究所，我的导师费正清（John King Fairbank）编辑出版了如此多的专著。我很想去他的研究所看看，在那里我可能会发现一些以前一起工作的朋友。不过，既然刘先生说了"不"，在他离开的时候，我也就再无能为力了。

我迅速过去和王冶秋说：从前，我很快乐地读过他出版的书《狱中杂记及其他》①，我问能不能有这个荣誉，去参观一下北京图书馆，我希望去那里时，不必去翻阅堆叠的现代中国历史图书的卡片。他毫不犹豫地说"可以"，我相信这次成功谈话，是对我未能访问历史研究所的一种补偿。

大约 9 点，酒店安排巴士车将我们从餐馆送回宾馆。

会见国内亲属

当我回到宾馆的房间时，我既惊讶又高兴地看到我的四个亲属在等我。他们是从黑龙江省佳木斯出发，坐了两天两夜火车到的北京。其中两个是我的女儿邓同兰和她的女儿，我 5 岁的外孙女。她的丈夫彭实，之前是解放军的一名军官，现在是佳木斯一所中学的负责人。同兰的妹妹，出生于 1948 年，目前在中苏边界附近的一个农场工作。同兰带着她的两个孩子，一个男孩和一个女孩。两人都很聪明、很可爱。但是过了几天，我就被那个淘气的外孙女惹恼了。

之前，我曾要求去佳木斯，看一下她们的生活条件，但是我的要求出于军事安全原因被拒绝。然而，两天前，我有幸接受西北大学的徐雄教授邀请吃早餐。他告诉我说：早餐后，他会去东北看望他的亲属。听到他说的话我很疑惑：不允许我去，却让他去？然后我写信给王国权，中国人民对外友好协会会长，向他抱怨这件事的处理方式。因为我们彼此非常了

---

① 邓嗣禹提到的《狱中杂记及其他》是王冶秋的一部回忆录，1958 年由上海文艺出版社出版。——译者注

解，在美国住在相距不远的地方。这个歧视显得很奇怪，而且与友好关系的原则相排斥。

这封信是早上 10 点左右寄出的，到了晚上，我就在所住酒店收到了他的留言电话，我去东北的请求被批准了。但我只可以去沈阳和鞍山，不可以去佳木斯。佳木斯在哈尔滨附近，到沈阳大约有 500 英里。我很感谢他的允许，因为我能看到中国的重工业中心，可能还会在沈阳看到我的亲戚。

沈阳的地理位置，位于北京和佳木斯之间，实际上相当于只需要走一半的距离。我给同兰发了一封关于这次会面的电报，但是她的丈夫给我回电报说，她们已经在去北京的路上了。

我们谈论的话题，主要是关于我的家乡，湖南省常宁县黄洞乡的情况。很不幸的是，在中国解放那几年，我所有的近亲不是死了，就是失踪了。

参观清华大学

成立于 1911 年的清华大学，是一所由美国人资助，用庚子赔款建成的学校。原来，清华大学曾经是教授中国学生学习英语和基础科学的预备学校，在这里培训之后，他们就可以去美国深造了。十年之后，它已经成为中国最优秀的自然科学，以及社会科学研究型大学之一。学校培养出许多著名的教授和杰出的毕业生。解放前，这所学校的学生只有 500 人左右，但此后校园内增建了许多大型建筑。1966 年，学生人数快速增加到21200 人。

7 月 17 日，当我们的大巴车到达清华大学新校门时，我们受到了校方一如既往的欢迎，校方领导是副校长常伟，动力学教授，他会说英语、普通话和一些广东话。在接待过程中，他得到了其他几位教授的协助。

在接待室里，一位物理学讲师，向我们简要介绍了这所大学的历史和现状。他说，1972 年夏天，学生总数只有 5500 人。这所大学由"革委会"

负责管理，该委员会由四名解放军、五名学生、六名工人和十三名干部组成。1970 年 8 月，学校恢复正常的学术活动，由常伟任副校长。

常伟几次打断了他的介绍，要么改正他介绍中的一些小错误，要么补充一些信息。让我印象深刻的是，副校长显然比其他委员会成员有更大的发言权。

我们被告知，因为毛主席认为大学四年的教学周期太长，所以现在已经缩短到三年了。目前，还没有讨论研究生院的问题。1966 年以前，在清华大学毕业的学生，大多数去到国家前沿的农场和工厂里工作，有些人留在大学当讲师。这个教育指导原则是学习与实践相结合、理论和应用相结合，强调实用性和生产力。大学附近有实验工厂和农场。

1966 年后的第一年招收学生 2800 名，第二年招收 2700 人。大多数新生都是从工人、农民和士兵中选拔产生，没有入学考试，只有工厂、农场和军队领导的推荐。预计几年后，清华将容纳 10000 多名学生。

我们请求学校提供更多关于选拔学生的详细信息。我们被告知：第一步，某位学生先成为某所大学的准学生。第二步，他所在单位的成员，将对他是否具有接受大学教育资格进行讨论，即政治地位是否坚定，政治观点是否正确。经过充分的讨论，如果这位青年得到所在单位成员的一致支持，他们就会向清华大学入学委员会进行推荐。最后，清华大学会给每个被推荐的人一次口试的机会，口试会进行相当长的一段时间，以了解他的社交能力、知识背景和政治观点。

在教室里，讨论活动比直接听讲座更为重要。教授们要激发学生的思维，使其对进一步学习和研究感兴趣。他不会给学生灌输刻板的无用信息。每学年有一次测试，试题提前分发给学生。他们可以先看书，然后和同学讨论，最后把自己的想法写在纸上。阅卷老师由此看到学生的接受能力、分析性和创造性，在此基础上给出能力评分和等级。

据我们所知，学校的师生关系非常融洽，学生们为了革命而学习，教师们也为了革命而教书。因此，两方面都有一个共同的目标。资深教授训练学生分析和解决问题，培养在革命形势下的实践能力。

清华大学有一座非常大的校园，占据前圆明园的大部分场地，即1860年被英法联军烧毁的皇家园林。大学图书馆有藏书130万册，其中三分之二是中文的，三分之一是外语的。有超过1000种期刊；有特殊主题的期刊保存在专门的图书室。我注意到，图书馆有相当数量的电子期刊，包括一本在美国出版的期刊，这是在大约六个月前，由大学图书馆订购的。

清华大学还有几个大型实验室和车间，供专门研究核物理、化学、建筑等人员使用。他们夸口说，大部分机械和实验室设备是由他们的教授和学生自己设计和制造的。他们骄傲地说，他们是按照毛主席的指示，依靠自己的资源和能力，而不是等待从外国进口这种材料。

在北京的近30所高校中，清华大学是在工程类和自然科学院校中成绩最好的大学。前半年，学校开设的课程是基础课程，这是专门为新生安排的，尽管他们的教育背景参差不齐。学生入学的平均年龄为20岁左右，每个学生每月都有20元的助学金，其中12~15元用在食物上，剩下的钱花在书籍和杂项费用上。学校从不向学生收取任何学费和住宿费。由于"知识分子工人化"的实施，教授们的待遇得到较好的改善。一位教授在购买食物上，每月仅花费15~20元。教授们每个季度的房租仅是他们月收入的1%、2%，或者3%，同时他们不必缴纳任何所得税。他们一个月收入为200~350元，按照中国当时的标准来说，算是高薪。

这所大学共分为11个系。在大学革命委员会的管理下，每个系都有一个革命委员会来分管行政事务。11个系分别是教育学、工程物理学、化学工程学、工程动力学、电子学、电气工程学、液压电力工程学、无线电、建筑学、机械工程学和自动化工业学。

人民大会堂的建设奇迹

在北京的市中心，天安门西南边的广场上，矗立着一座人民大会堂。参观这座建筑是每一个参观者的"必修课"。这是一座很有吸引力的建筑，高大而优雅。花型红色大理石底座上的石柱以灰色大理石为材料，绿色屋檐上，带有金色瓷砖的平顶，就像莲花花瓣。升旗广场的建筑面积为 20.5 万平方码（约 17.14 万平方米）。

大会堂内部有一个大礼堂，有超过 1 万个座位，是人民代表大会开会的地方。那里也有一个宴会厅，可以容纳 5000 位客人吃饭或 1 万人的鸡尾酒会。在这方面，人民大会堂似乎比克里姆林宫的容量更大——1960 年，我在参加第 25 届世界东方学者大会时，曾在克里姆林宫吃过饭，也喝过酒。在大厅的中央，有一张摆着鲜花的大圆桌，贵宾们坐在最显眼的座位上。头桌对面有一个"交通灯"，用来向厨师发出信号：红灯表示演讲仍在进行，黄色灯光象征着演讲可能快要结束，绿色灯光亮起的同时就会送菜到每一张桌子上。

采用现代科学的方法，可以将美丽和舒适完美地结合在一起。礼堂中所有座位均配有耳机，可以将讲话内容同步翻译成中国的 12 种主要民族的语言；还有供代表使用的电子通信设施、媒体以及广播、拍摄和电视转播的安排。这座建筑带有空调设备，地板上铺有厚厚的红色地毯。在这里，我看到有真空吸尘器在使用，而在很多地方的酒店，都鲜见如此现代化的设备。让人难过的是，真空吸尘器导致一些精致的地毯变质了。

最令人惊讶的是，这座中国有史以来最复杂的大厦，仅用了 10 个月就建成了。在中国共产党的领导下，来自 16 个省，由数千名建筑师、设计师和其他方面的专家组成的建设者，遵循党的指示，顺利地完成了建设任务。1958 年 10 月 15 日这天，建筑蓝图获得了 150 名建筑师和设计师的认可。有 6000 名技术工人和 1.4 万名劳动工人，每天都工作在施工现场。组织机构由总部、分总部，以及现场工作部门有机组成，几乎没有管理不善或混乱的现象出现。每个小组选出一名经理，全面负责质量、计划、统计、材料、工具和安全方面的工作。

1958 年 10 月 28 日，2000 名建设者开始挖掘地基，随后按照计划，分工完成了这座巨大的建筑：它包含 28700 平方米完美铺设的大理石地板、宏伟的大理石柱和巨大的白色大理石主通道楼梯。

在人民大会堂里，中国每一个省都有一个规模相对较小的独立分会议厅。在出席全体会议之前，各省的代表聚在此处，集中讨论他们提交大会的问题。每个省还有一个单独的会议室，是由茶木家具装饰的接待大厅，室内装饰的景观是产于当地的绘画和手工艺制品。例如，湖南省以刺绣闻名，因此在湖南厅里，就有一块巨大的刺绣，在不同的时间，从不同的角度看，其颜色和图案会发生变化；广东厅里充满了雕塑、漆画和细雕的家具。总之，每个省议会大厅的装饰品，以及整个大楼的接待大厅展示出的产品，都是最好的物品。在施工期间，这些手工制品的制作过程，充分显示了中国人的创造能力。对于希望看到建筑风格完美结合的国内设计师和家庭装饰师而言，这是一个极好的参观之处，希望有人进行周密的安排。我认为，人民大会堂是世界上最宏伟的建筑之一。同时光是在北京，就有十多个类似的富丽堂皇的建筑。这些建筑充分证明，只要在一个和平与富足的环境下，世界上任何国家的设计师能够建造出的宏伟建筑，中国人同样可以实现。

颐和园

颐和园，又称万寿宫，位于北京大学和清华大学附近，始建于1886—1891年，是为了慈禧的享受而建造。建设工程部分资金从国外借来，原来希望用于建造现代化的海军。皇太后对于建设海军没有兴趣，称李鸿章想成为中国海军的"俾斯麦"①。为了引起她对于外国轮船的好奇心，李鸿章首先使用这笔外国贷款买了一艘轮船。但是与他的预期相反，老太婆不喜欢外国轮船的喧闹声。为了让她高兴，李鸿章后来又建造了一艘有两个甲板的大理石船。今天，这座优美的建筑经过修缮，可以供游客们在此休息。

---

① 俾斯麦：德意志帝国首任宰相（1815—1898），人称"铁血宰相"。俾斯麦在外交上纵横捭阖，成为19世纪下半叶欧洲政治舞台上的风云人物，著有回忆录《思考与回忆》。——译者注

整座宫殿都是按照宏伟的规划设计的。这个设计方案包括一个很大的人造湖、一座岛屿、一座 17 拱的石桥、一座人造山丘和一座高楼。还有一条隧道通往山的顶部，可以看到整个宫殿的全景，包括湖景和远处的地平线。在宫殿的两侧，有两个青铜器展览馆，还有一条长廊，两边都有雕花的横梁和彩绘的长凳，呈现出五彩缤纷的景色。总之，颐和园有浩瀚的湖泊、纯净的空气、宁静的气氛、五花八门的灌木和鲜花。此外，在建筑物入口处，还有带有青铜狮子的龙顶建筑、独角兽和香炉广泛分布，为参观者营造了一个理想的环境，让游客在园内深吸一口气，拓展自己的胸腔，放松他们的思想，忘记世俗的尘埃。在 20 世纪，30 多岁的普通市民是不能去颐和园的，因为入场费令人望而却步。而现在，每个人都能负担得起 1 角钱的入场费了。

7 月 19 日，我带着我的亲人们一起去参观颐和园，这对他们来说是一种难得的享受。出乎意料的是，那天颐和园里面人山人海，我们很难走在一起。当天的天气也很热，大家都渴了。我想在那一天，园内一定是消耗了数百个西瓜和几千瓶苏打水。我看着孩子们坐在地上玩中国卡通游戏，这真是美好的一天。

在保持公园的整体清洁、打扫人们遗弃的废物方面，园区工人们的工作非常有效率。我注意到，有一卡车西瓜皮和空瓶子被运走了。

后来我们饿了，可是找不到吃饭的地方，园内所有的餐厅都是人满为患。以前在颐和园，如果要吃湖里的鲤鱼，需要花一大笔钱；现在饭店的价格很合理，只要能找到一个可供就餐的餐厅，每个人都有机会品尝。

在拥挤的颐和园里"战斗"了一整天之后，我觉得我们这次旅行，不像我 30 岁时那样享受。我希望，这样一个风景优美的地方，今后环境会更宜人，游客会更少，空气会更清新。

目前在中国，每一个公共场所都很拥挤。一个星期天早上，莫里森街①挤满了人，甚至公共汽车司机在通过这一段时，也感到很艰难。我看到，有一辆公共汽车设法向前面移动，汹涌的人群立即挤满了街道的中心。尽管人行道一定有十多英尺宽，足够容纳许多行人，但他们仍然像一群蚂蚁一样，为了生活而走到街上，虽然他们知道不应该这样做。

周日，我在莫里森街的大型百货商店购物，这条街比圣诞节时的纽约第五大道还要糟糕。那里根本就没有足够的销售人员，来照顾那些庞大的人群。那些想买双鞋的人，没有椅子可以坐下试穿，只能用一只旧鞋来衡量大概尺寸，希望能够合脚。

北京图书馆

外交部的王国权批准了我在宴会结束后，可以参观北京国家图书馆。在他的鼓励下，我催促酒店接待员再为我联系一次。他说，他曾两次代表我提出要求，但两次均被拒绝，他不愿意再试一次。我说王国权司长已经同意了，最后他勉强同意了再做一次尝试，幸运的是，这次尝试成功了。图书馆接待了我，招待我喝两种茶和两种冷饮。后来，有人向我介绍说，这座图书馆始建于1931年。我很快提到，在20世纪30年代，我就曾多次使用这座图书馆，并礼貌地暗示，没有必要告诉我它的早期历史。

"长话短说。"图书馆革命委员会副主任刘其云说。接下来，他告诉我说：刚解放时，图书馆的藏书总量，包括期刊，为900万册。今天，它比以前扩大了六倍。楼面面积也由原来的9600平方米，增加到13200平方米。目前，馆内共有500多名工作人员。

被选中的另外一处参观地点，曾计划建造一座比这栋楼大三到四倍的新建筑。但是，在1960—1961年期间，因为国家面临许多困难，重要建设项目有优先权，所以这项计划被搁置，没有实施。但它可能会再次被考虑，因为目前的图书馆太小，无法为不断增加的阅读者服务。

---

① 莫里森街，目前在北京叫篦街，是老北京著名的小吃一条街，位于北新街三条。——译者注

　　我很好奇：图书馆的藏书量，怎么能突然从原来的 100 多万册，增加到 900 万册，比以前增加了 6 倍？图书馆革委会行政办公室主任严诚回答说：有很多种办法。第一个办法，是直接购买；第二个办法，是要求每一份新出版的刊物，都提交给本图书馆三个副本；第三种办法，是接收从前资本家和学者们家中没收的书籍。公民也意识到，这项免费捐赠，可以把他们珍贵的书存到国家图书馆内，这是比较安全的地方。最后，还有一些书籍的来源，是与世界上 129 个国家之间的国际交流。通过这些办法，目前已经收藏的 15 世纪前出版的珍本著作量，累计约有 33000 部。另外，图书馆还有 200 万册西方书籍，其中包括 50 万册俄文书籍。

　　然后有人陪同我，到收藏着一大堆稀有书籍和期刊的阅览室周围参观，虽然我一再说，这是没有必要的做法。我还看了几个阅览室，其中有一个是专门介绍马克思、列宁和毛泽东著作的。这个房间里挤满了读者，而其他房间则有许多空座位。这种情况提醒人们，在中国大学里工作，要牢牢把握马克思、列宁和毛泽东的思想。

　　我的主要兴趣是查询现代中国资料的目录卡。虽然我被允许这样做，但是有六个图书馆员一直盯着我，看着我查询的卡片。这个过程与莫斯科列宁图书馆的程序相同，那里没有开放式的书库，但这一次北京图书馆给了我一个抽屉的卡片，并允许我借阅其中任何书籍。同时，有几个人关注我，甚至为我做笔记；将列宁图书馆和北京图书馆相比，我觉得我应该更喜欢这里，有更多的工作自由度，而少一些关注我的工作人员。我本来希望，我能在图书馆工作一个星期，或者至少能工作一整天，但是我的这项要求，没有任何图书馆助理同意。看来，外国学者可以自由地在中国的图书馆和档案馆做研究工作的时候还没有到。然而，我很感激他们接纳我进入图书馆内部，而其他人却被拒绝。

　　当我提到北京图书馆与美国图书馆之间的图书交流问题时，北京图书馆"革委会"副主任表示赞同这种国际间的文化交流礼节。但当我试图说得具体一些，并谈到一点具体细节问题时，这位刘先生却说，在中央政府做出决定，并做出具体的计划之前，他不准备讨论任何细节问题。

我还问到，图书馆是否有出版书籍的计划？图书馆特藏部主任于廷说，《梦溪笔谈》即将出版，同时还将出版光刻影印版，但是这个过程很长。他似乎是一位学识渊博的年轻学者，认识许多中国学术名流，包括赵万里①。在我参观图书馆时，他是带病陪同的。

观看北京木偶戏

7月20日晚上，我有三件事可供选择。第一，到西城门外的工人体育馆，观看正在那里举行的中日排球比赛；第二，观看采用针灸做麻醉的脑部手术；第三，观看木偶戏。如果我能把自己分成三部分，那么这一切都值得一看！有些演出我可以参加，但我的亲戚因为座位有限而被排除在外。显然，在中国任何一个大城市，如果有公共演出，剧院前面都有一小部分座位是留给外国客人和华侨的。经过长时间的考虑，我选择了看一场木偶戏，因为我在日本待过一年后，就开始喜欢大阪的木偶戏了。大阪木偶戏，因为有著名的木偶戏鼻祖——千山真纪夫（1653—1724），被称为日本的莎士比亚，因此在世界范围内都很有名气。我对中国表演的精彩感到非常惊喜，我发现，中国的表演比大阪木偶戏有趣得多。

北京木偶戏在舞台上有许多背景景色，可以展示出来月亮、雪、星星、雾、雨和湖景；甚至还可以展示高射炮在越南北部击落一架美国飞机的场景。这种艺术是用形象表演，而不是用语言传播。不言而喻，中国所有的戏剧表演都是在做政治宣传。

我也被木偶演员们的多才多艺所打动，他们可以划火柴、抽烟、唱歌、跳舞，以及演奏乐器，就好像是真人一样，每一个动作都是如此生动，让人很难相信这些是木偶戏，而不是大约三英尺高的男孩或者女孩。他们的对话也很有趣，而且化妆和服装都很漂亮。我想知道，他们是否会

---

① 赵万里(1905—1980)，著名文献学家、敦煌学家，精于版本、目录、校勘、辑佚之学，他是国学大师王国维的同乡兼门生。——译者注

问中国的孩子们：你们为什么不能穿这么多颜色的衣服呢？

当演出结束，帷幕拉开时，我们看到了 12 个演员，他们每个人手里都有一个木偶。每个人都展示了他操纵木偶情绪和动作的天赋。这 12 个身着工人制服的演员，已经掌握了每一个木偶戏的技能，如唱歌、表演，甚至还会模仿各种动物，包括鸟类的声音，来逗乐他们的观众。只要他们能让戏剧的内容为外国观众理解，这个木偶剧团表演的节目也将在国外受到欢迎。

当我回到酒店时，我向电梯操作工人表示慰问，因为晚上 11 点左右，他还在工作。他说，他下午 4 点钟就开始工作了，一直工作到半夜。他每天只工作 8 小时，包括午餐时间或晚餐时间。有这些人的存在，我们要开展夜生活就没有什么困难了。只见他满意地笑着说："公共汽车司机、铁路工人和许多其他的人，每天也工作 8 小时，每周 6 天。"

清华大学图书馆

由于我的主要兴趣，是在图书馆和档案馆内做研究工作，我获得了清华大学图书馆馆长史国衡（Shih Kuo–heng）教授的许可，前往清华大学工作。史馆长是社会学家，《中国进入机器时代》（哈佛大学出版社 1944 年版）一书的作者[1]，解放后他回到中国，并在清华大学担任过院长和其他学术职务。他是一位文雅的绅士，对于研究型学者表现出极大的同情。尽管如此，在同意我在图书馆找资料的请求后，史先生仍然有些为难，他

---

[1]　史国衡（1912—1995），中国社会学家、图书管理学家。1935 年，考入清华大学物理系。翌年，转入清华大学社会学系。1937 年，随清华大学南迁至长沙临时大学。1938 年，随长沙临时大学部分师生步行西迁至昆明西南联大。1952 年全国院系调整，任清华大学总务长、图书馆馆长等行政职务。1942 年，史国衡对昆厂调查的资料进行整理，写成《昆厂劳工》一书，并以油印本的形式面世。本书详细描述了昆厂工人的来源和入厂目的、工作态度和效率、工资、消费和福利，深入分析了工人内部的社会关系，提出了"以广义的工业教育来补救社会教育之不足"的主张。孙本文将《昆厂劳工》列为抗战时期著名的社会调查著作之一。1944 年，费孝通先生访问哈佛大学期间，将《昆厂劳工》译为英文本，书名为《中国进入机器时代》（*China Enters the Machine Age*）。该书由吴文藻教授作序，哈佛大学霍桑奇实验室主任埃尔顿·梅岳（Elton Mayo）教授为其写了编者按语，同年由哈佛大学出版社出版。——译者注

立即安排人在公共汽车上找到我，说是最好能够通过党组织进行正式安排，为此我做到了，并且毫无困难地获得了官方的批准。

当我到达校园时，史馆长正在行政大楼门前等我。我要求立刻去图书馆，但是他坚持要我坐在行政大楼的接待室等一会儿。他暗示，这是一个官方程序，如果没有经过这个程序，我咨询图书馆收藏卡的行为，可能会被视为非官方的、不合法的私人行动。所以，我们聊了15分钟后，我才站起来去了图书馆，那里还有一些图书馆的业务人员在等我们。

就像在北京图书馆一样，一个又一个抽屉的图书馆卡片，是另外一位馆长亲自给我，用于查询的。我发现，在馆内收藏的图书中，与中国近代史相关的书籍收藏量很少。他们在过去20年中，显然没有试图从中国台湾或者是中国香港购买有关中国近代史的新出版物，更不用说欧美的关于中国的出版物了。除了感谢图书管理员之外，我什么也没说。我答应寄给他们一本我自己出版的书《中国考试制度史》，以感谢他们对我的特别重视。

晚间拜访翁独健

7月21日晚，我拜访了翁独健（Weng Tu－chien）博士，他曾是我在燕京大学的同班同学。几天前，在他参加晚宴时，我向他表示了要去他家和他交谈的强烈愿望，因为我很熟悉他的妻子和女儿。他说："是的，你会受到欢迎的，但是你最好能够获得你们酒店党组织的许可。"接着，我问酒店"革委会"副主任：我是否可以拜访我的朋友。他说："当然，如果你知道你的朋友确切的地址，欢迎你这样做。"

收到这个"绿色信号"后，我给翁博士的办公室打电话，安排当晚到他家见面。大约7点半左右，我乘出租车去了他家，在他们还在吃饭的时候赶到了。我注意到，他们是两三个家庭住在同一个大院里。

我的朋友住在一套公寓里，房间的一部分用书架隔出客厅和厨房。他的妻子、女儿和一个孙子坐在椅子上，把食物放在小桌子上，而不是放在餐桌上。天花板上的电灯发出昏暗的灯光。他们一定是用台灯来备课，因为丈夫和妻子都长年在高校任教。室内到处都有关于中国历史的书籍，特别是有关他们的特殊研究领域的，还有几份新闻报纸，其中包括一份《参考资料》。所有现象表明，这个公寓是由学者居住的，而同一庭院的其他部分被工人家庭使用。国家鼓励学者、工人和农民共同生活，交流经验，相互学习。

在我们喝茶和交谈了 10 分钟后，家里的其他成员撤到公寓的内室里，让他们的父亲和我单独聊天。我开始向他问一些政治问题，虽然我一开始重复确认——我能否和他讨论政治问题。他说："欢迎你提出任何你感兴趣的问题，因为毛主席一直鼓励坦诚交流，在朋友面前满意地交谈，但不要在背后说坏话。"

不久，一位陆姓先生作为访问者出现在翁家。他说，1947—1948 年期间，我在国立北京大学任教时，他就非常了解我。但坦率地说，我忘记了他。不管怎样，就中国共产党的历史问题，我们三个人进行了无拘无束的交谈。

我本打算，我们一起谈谈 20 世纪 20 年代和 30 年代期间，中共党史的具体内容，但是翁独健更希望笼统地讲，避免小细节，并说他本人对细节不感兴趣，公众也不会感兴趣。他提醒我注意一篇题为《纪念中国共产党五十周年》的文章，以及在 1921—1971 年期间，毛主席发表的五篇哲学文章，还有在《红旗》杂志和《人民日报》上发表的文章等。他说，为了正确了解中国，我应该仔细阅读这些文章。他还指出，毛主席总是以马克思和列宁为榜样。在我们的谈话中，陆先生不时补充上他个人的观点。

我们谈了大约两个小时后，我准备离开了，而陆先生却留了下来。翁独健和我一起走到房子的前面，我们互相说再见。我走了 50 步后，路灯突然熄灭了，使我难以前进，因为我不知道我该从哪里离开。还是我的朋友救了我，翁独健护送我到公共汽车站，把我送上公共汽车。坐了四站后，我到达了宾馆。但我没有意识到，从这里到宾馆，步行的距离还很远。

到书店购书

7月22日，我计划花一整天的时间买书。北京最著名的书市——琉璃厂仍然存在，但二手书店比以前少了许多。重新装修的文具店荣宝斋的面积已经大为扩大。除了其美丽的文具、古典设计和精美的纸张之外，还有许多绘画作品，既有古董也有现代的工艺品。

还有毛笔、墨架、中匿印章、万里墨水印章，以及许多书桌上摆的古玩。大量的现代绘画，尤其是熊猫的画作，都是以合理的价格出售。然而，我最喜欢的那些工艺品，对我来说还是太贵了。我特别喜欢竹画，就是一卷两只熊猫啃竹叶的画。

我强烈希望能够买它，并挂在我的客厅里，但画的大小是十五英寸，在我看来太长。经理拒绝从两端修剪几英寸，因为那会破坏作品的比例。然而，他承诺可以找到艺术家，请他在缩小规模的基础上，画同样的画。我迟疑了，不愿接受他的这个提议，因为我很快就要离开北京，去别的城市参观。

我从一家书店走到另一家书店，希望能找到一些稀有的书，或者见到一些老朋友。当年我在北京读书的时候，就习惯在书店里待着，看看我喜欢的书。经理会提供茶和香烟，当然是免费的。有时我会遇到一两个老朋友，我就和他们交换寻书的体会。然后，我们会享用一杯叫作酸梅汤的特殊冷饮，这种饮料有可能会对美国的可口可乐构成挑战。在过往的那些日子里，重新振作自己后，我就会继续浏览书目，并与店员就书目的价格讨价还价，从中获得中国百科全书的知识，而无须支付任何学费。

但在这一天的旅行中，我很失望，因为我既没有遇到任何稀有的书——据说几乎是全部被捐赠，或者卖给政府图书馆，也没有遇到任何老朋友。展示的书籍大多是些小册子，或者是流行的现代小说，包括短篇小说，这些书是由鲁迅和其他左派作家撰写的。

以前，在这个地区的书店里，经常能够看到戴着近视眼镜的学者，以及穿着蓝色长袍的学生。今天，蓝色的衣服已经完全消失了。相反，我看到十几个穿着山东丝绸衬衫的绅士，悠闲地这里看看，那里瞅瞅，带着一种自知文雅的自豪感。他们也在看着我，他们的鞋子和裤子跟普通中国人不一样。我看着他们，想看看是否有以前的熟人。每个人在大约 30 年的时间内都会发生变化。我不能确定，他们当中是否有我认识的人，但我没有试图开始与他们交谈，因为这样需要时间——也许这是一种愚蠢的想法。总之，在这个专门去买书的日子，我感到很失望。

那天晚上，北京大学的陈振汉①（Chen Chin－han）教授打电话给我。我认识他和他的妻子，因为我们曾在差不多同一时间待在哈佛大学，在1947—1948 年间，他也曾在北大教过书。也许是因为很少联系，虽然陈教授说话时声音很动听，但我听不懂大部分的谈话，只知他和妻子都很好。如果有时间的话，我本可以愉快地拜访这位著名的中国经济学教授。

邓彤（Teng K'o），我最尊敬的邓之诚（Teng Chih－ch'eng）教授的儿子，到我的酒店房间来看我，告诉了我他父亲晚年的一些情况，并告诉我他的妹妹和兄弟的消息。应我的要求，他第二天给我带来了他父亲最近出版的两本书②，这两本书在其他地方是买不到的。这当然是对我购书不顺利的一种补偿。

拜访郑德坤

我在拜访翁独健时，受到他的鼓励。之后，我用公共电话，给燕京大学的另外一位前室友郑德坤（Cheng Te－k'un）打了一个电话，他以前在

---

① 陈振汉（1912—2008），浙江诸暨人，经济学家、经济史学家、教育家，北京大学经济学院教授，全国第一批中国经济史专业博士生导师。1935 年毕业于南开大学，1936 年赴哈佛大学深造，1946 年获哈佛大学博士学位后回国，曾任南开大学、中央大学、燕京大学、北京大学教授。北平解放后，先后任北大法学院中国经济史研究室主任、经济系代理系主任。1953 年参加中国民主同盟，任民盟北京大学支部副主任委员。——译者注
② 邓嗣禹在文中所述邓之诚（1887—1960）教授，为邓嗣禹在燕京大学的硕士生导师之一，后为北大历史系资深教授，50 年代中期退休。此处所说他"最近出版的两本书"，应该是《骨董琐记全编》和《桑园读书记》。——译者注

欧洲教中文多年。因为他家没有电话，所以我要求旅馆去叫了一辆出租车，在没有事先通知的情况下，到达了他的住宅。邻居们惊讶地看到一辆出租车穿过一条狭窄的小巷，但他们没有太在意。我让司机等我一会儿，我们愉快而随意的谈话持续了一个小时。当我暗示，我应该离开时，我的朋友坚持邀请我到餐馆吃午饭，所以我请出租车司机离开，接下来我们继续交谈。

突然，出现了一场罕见的阵雨——北京和华北地区已经持续 8 个月没有下雨了。由于缺少电话，我无法打车，我朋友的妻子建议我们在家吃饭，因为她很快就得离开，到距北京市中心约 13 英里的丰台区做一些特殊工作。我说，比起餐厅的晚餐，我更喜欢吃家常菜，特别是我还想看一看，中国知识分子每天吃的是什么。我们四个人一起用餐，包括他的妻子和女儿，后者是北京大学的图书管理员。他们一共做了六道菜，包括一盘腌制的咸鸡蛋。最后这道菜，他们说是特别为我加的，因为他们认为，这样的鸡蛋在美国是没有的。

午餐的食物足够吃了。这些食物不是特别为我准备的，但给我留下了深刻的印象。因为下雨的时候，没有人方便出去购物。我的朋友有一个 50 岁出头的女佣，她每月的薪水是 35 元。在他的会客厅里，有一台小型旧冰箱、一个西式厕所、一个破旧的沙发和几把椅子。屋内还有一个大书房，摆了十多个书架，像迷宫一样排列着。我忽略了问卧室的数量，但我知道了月租金，包括水电费一共是 11 元。这应该是我在中国所听到最高的收费了。

我对在新中国雇用女佣感到惊讶。我的前室友解释说，像老妇人这样的非熟练工需要工作，以维持生活；此外，由于他家里的每个人都忙于工作，无闲暇时间做家务，雇用女佣是有道理的。

我开玩笑地批评他，说他在工作中缺乏马克思、列宁和毛泽东著作的指导，让带有中国文学、历史和古典思想的旧书占据优势。他责备我忘记了他的专业——文学。我们一边说，他一边移动了一个存放古代中国书籍的书架，这个书架的背后，存放有大量马克思和毛泽东的作品集。

不久，他的妻子去上班了，女佣打盹了。我开始问他一些政治问题。因为他在 20 世纪 30 年代和 40 年代是一位著名的公共事务批评家，我认为他可能会给我一些见解，但他是如此的保守。我的前室友在说话时，情绪激动，对毛主席钦佩不已。

在我们即将离开时，他恳求我，把他的诗作复印本带给美国的三位著名学者，我自己保留一本。这些诗作创作于 1940 年以前，并在香港出版。

我的前室友带我去看望以《古史辩》（也可称为《中国古代史讨论》）闻名的顾颉刚教授。不久，我们来到了顾教授的家。这所住宅在 1880 年以前，是晚清名臣李鸿章的官邸。刚从医院坐车回家的顾教授，很难休息一下。他的女儿，正在试着按摩他的头和手臂，使他放松到足以睡觉。我不忍心打扰他急需的休息，所以只和顾太太谈了几分钟。我了解到，目前顾教授领导一个编辑委员会，正在点校 26 个朝代的史书。中华书局负责点校的编辑已经出版了几本近代历史的书籍。据说，目前顾颉刚是国家最高级别的教授（一级教授），月薪高达 350 元。

六、沈阳与鞍山

接下来，我乘飞机离开北京去沈阳；我的亲属们在同一天离开北京，乘火车回到黑龙江，因为他们中有些人害怕晕机。在沈阳，我住在辽宁的汉庭酒店，这是迄今为止我住过的最好的酒店之一。它的位置远离市中心，因此很安静。这家铺有地毯的酒店，始建于 20 世纪 50 年代末，大堂宽敞而雄伟，同时拥有宽敞的客房和宽阔的走廊。每间客房都配有新的牙刷、牙膏和安全剃须刀。酒店的大部分房间都无人居住，因为它仅限外国政要入住，包括尊敬的海外华侨。

到那里的时候，我不得不从银行取一些钱。中国银行派了两个出纳员到我的房间。他们给我填写了一张表格，并道歉说，在给我 500 元人民币之前，他们不得不麻烦我在表格里签上我的名字，他们认为那可是一笔很大数额的钱。他们告诉我，目前在中国，一张 10 元的钞票足够一个人生活半个月。

旅馆职员问我愿意出多少钱来付餐费。我回答说，我每天的预算一般是 2.5 元。他说，每个人每天的消费最低是 1.50 到 3.50 元。晚餐包括六到七道菜，每道菜分量充足，美味可口。我担心，旅馆职员一定要我每天花 3.50 元吃饭。但我太胆小了，没敢问，免得他们认为，一位美国教授不能付 3.5 元买三顿大餐。每顿饭都有美味的食物，而且比我所能吃的要多得多。此外，每天晚上 10 点，酒店服务员还为我的房间送来 1/4 份冰镇西瓜。

第二天晚上 8 点左右，许多政府工作人员来到酒店，参加阿拉伯也门共和国总理的宴会。播放音乐的声音、演讲的声音，打破了平日的安静环境。我以为，我必须服用安眠药来保证睡眠，但幸运的是，所有的社交聚会活动在 10 点钟都停止了。当他们离开时，我正在酒店前散步。他们朝我微笑，但我没有尝试和他们中的任何一个开始谈话。然而，我开始在想，供给我的食物，一定是为其他外国游客特别准备的美味佳肴。不过，在客人离开之后，供应的食物还像以前一样好，所以我很难控制自己的胃口。

沈阳，在 1630 年成为满族人的政治中心，20 世纪上半叶成为奉天省的省会。由于它曾被日本人占领，日本人对这座城市进行了大量投资。这里还曾经设有南满洲铁路公司的总部，这是一个类似于旧英国东印度公司的商业组织。沈阳的街道宽阔，建筑现代化，一直是中国的重工业中心城市之一。因此，我行程中的第一个项目，就是去参观生产重型机械的工厂。

参观沈阳重型机器厂

该厂的"革委会"主任接到我来访的通知后，和一些同事在厂门前等我。在工厂的一间接待室里，他告诉我说，目前这家工厂有 1.1 万名工人，其中有 1600 人是女职工。当我开玩笑说，这是对女性的不平等待遇时，他解释说，重型机械需要很大的力量来操作，因此工人中男性比女性要多。

这位主任接着告诉我关于这家工厂的一些历史。1937 年，为了制造铁路用的各种设备，日本人投资建立了这家工厂。但是这家工厂曾经被摧毁了两次：第一次，是在日本人向盟军投降前夕，工厂被日本人的飞机投弹摧毁；而第二次，是这座城市即将被共产党解放时，国民党又破坏了它。解放后，工厂准备逐渐恢复全面生产时，只有 28 名工人。在新中国实施第一个五年计划的过程中，工厂被改造成为用于生产采矿用重型机械设备的工厂。"文化大革命"开始后，工厂的生产量大幅度增长。1968 年 9 月，工厂组建了一个革命委员会组织，第二年的产量就增加了 11%。1971 年，该厂被扩建成为两个工厂，产量比之前又提高了两倍。但是出口量没有增加。

目前，该厂拥有 380 台重型机器设备，其中 111 台是用旧机器改造的，其余的是参照苏联的设备，由中国人自行制造的。我被告知，在苏联顾问撤离后，中国做了许多改进，例如用水泥材料尽可能替换木材。他们千方百计节约煤炭，以更低的成本生产更多的产品。我还被告知，烟囱产生的废物和烟雾被转换作其他用途，这样，每年可节约 1500 吨煤炭。工厂生产有可在重钢板中打孔的 3000 吨压力机。这种机器，工厂每年生产有 165 种不同的型号，销往全国各地。

职工的工资分为八个等级。最低为每月 33.5 元，最高为 114 元。工厂可为工人及其家属提供免费医疗。餐费为每月 11 元到 15 元不等。工厂宿舍的月租金是 5.4 元。所有工人都享受免费理发和免费看电影的福利。

和往常一样，"革委会"副主任在向我介绍情况，并带我参观了工厂的生产情况后，也提出了一些自我批评。他说，目前工厂的管理效率低下，并存在着重新组装问题和材料浪费问题。他说，产品组装的效率需要提高。最后，他还补充说，目前工厂的环境也不是很干净，因为工厂内的建筑物和地面没有办法防止粉尘污染。

鞍山钢铁工业集团

鞍山是中国最大的钢铁生产中心。毛主席高度重视其发展现状，指示要多生产各种优质钢材，以满足新中国工业的需求。去鞍山参观，对我来说是莫大的荣幸，因为这里迄今为止接待的游客并不多。

7月25日，沈阳的中国旅行社指派了一位年轻而精干的年轻人，刘升翰来做我的导游。我们从沈阳坐火车去鞍山，距离大约19英里。在鞍山，一位当地导游开着一辆长春制造的轿车，带我在城市里逛了一遍，看看鞍山市容。

鞍山有接近100万人口，城市附近有60多座铁矿，有15万工人。工业产值和劳动力数量每年都在增长。

鞍山开办钢铁厂的历史始于1916年，当年日本人首次开采铁矿。到1945年，日本人经营了29年之后，由于只顾眼前的利润，没有制订全面、大规模的生产计划，采矿业没有取得什么进展。他们仅在表面挖掘，以获取浅层矿藏，而懒得深挖，因为这需要投资大量的资金和机械。

当蒋介石占领沈阳时，矿山和工厂被彻底破坏，整个地区很快就呈现出杂草丛生的局面。1948年鞍山解放后，这个地区的工人和人民群众竭尽全力，日夜奋战，到1952年钢产量就超过了历史最高纪录。1953年，第一个五年计划确定了在这一地区建设三座大型工厂的目标。在"大跃进"运动中，鞍山工厂进一步发展。1960年，中苏关系恶化，钢厂发展遭遇挫折，苏联承诺的一些机器的价格突然涨了6倍。党中央指示工人们，要完全依靠中国的原材料和技术来继续生产。

1960年3月，工厂按照毛主席的要求，制定了"鞍钢宪法"，确立六项基本原则①：1. 牢牢把握政治方向；2. 加强党的领导；3. 开展积极的群众运动；4. 建立干部参与管理制度；5. 改革不合理、过时的规章制度，

① 详见《北京评论》1970年4月17日,第3版。

108

促进职工、干部、技术人员密切配合；6. 进行彻底的技术创新和革命。

但有部分人暗中反对这套原则，主张依靠专家来经营工厂，把生产配额作为重中之重，强调利润和物质激励。1968 年 3 月 22 日，鞍山市成立革命委员会，坚决执行"鞍钢宪法"。从此，鞍山钢铁工业取得了长足进步，月产量从 30 万吨增加到 80 万吨，我希望这个数字准确无误。

在 1971 年和 1972 年，生铁、钢、钢坯、轧钢等产品产量稳步增长，原材料和燃料的消费量与产量成正比。工人们已经研制出大量长而重的无缝钢管，这在过去被认为是不可能实现的事。无缝钢管的产量从 6 万吨跃升至 16 万吨。

工人们士气高昂，产量提高了 125% 至 131%。正如毛主席所说："在工业方面，我们应该学习大庆。"大庆是在黑龙江省。沈阳的进步仅次于大庆。

在参观期间，我观察了开采铁矿石的全过程，以及钢轨的铸造，其用时是普通铁轨的两倍。我还看到了液体铁从巨大的炉中，像洪流一样涌出来。一把 3000 吨重的锤子被用于把铁打成各种形状。

在给我看过钢厂的生产情况后，这位副主任自我评价说，这个厂还有两个缺陷：其一是在管理上仍然有些低效，一些材料被浪费了；其二是这个工厂使用的科技产品仍然不如先进国家。

这种自我评价通常意味着，关于工厂的简介已经结束。然后我问他们工人的工资。回答是，工资从每月 40 元到 90 元不等。在这家工厂，有几位高薪男工可以赚到 104 元；工人的平均工资是 67 元。

过后，我还曾被带去参观另一个叫大孤山的铁矿。在"革委会"副主任刘赏先生给我的资料中，有以下内容介绍：

该矿于 1916 年开始运营。在伪满洲国时期，用人力代替机器进行开采。1945 年日本投降后，国民党的接收大员从工厂偷盗并出售了所有东西，所有的矿工都失业了。解放后，毛主席下令恢复矿山生产，并逐步生产了大量的铁矿石。1966 年以来，广大职工和广大人民群众加快了扩大矿区的势头，产量比前一个记录增加了约11%。钢铁的质量也有所改善。

在鞍山，450台用于炼钢的机器中，有3/4是解放后中国自行制造的，1/4是从苏联运回的，因为苏联人在日本投降后不久，从东北带走了所有的机械。经过长时间的谈判，一些过时的机器终于被运回了中国。工人们为进行必要的技术改进做出了巨大努力。工人们与自己的技术专家合作，自行设计并建造了两台巨大的挖掘机。这些挖掘机可以挖隧道，大大加快了铁矿石的开采速度。工厂里有11个非常高的烟囱，每两年建一座新烟囱。工厂的最新日产量为3000吨钢。然而，当我问起鞍山钢铁年产量时，这位副主任不愿意给我一个明确的数字。我估计，要么是因为他对总产量的数字并不十分自豪，要么是出于军事安全的考虑。然而此后，周恩来曾公开宣布："1972年中国钢铁产量达到2300万吨。"① 参观结束后，工厂总部为我提供了优质的食物，并提供了一间带床和浴缸的房间，以便我打个盹。

鞍山关节炎疗养院

有一天，两位导游带我去参观鞍山市温泉疗养院。这是一家专门治疗关节炎患者的地方，它拥有300张病床和许多病人，其中80%是来自东北的工人；另外20%是政府的工作人员。疗养院有270名医疗专家和500名职工，包括护士、医生助理和技术人员。

我有幸与50岁出头的医务主任张玉田博士交谈。他受过西医训练，同时也精通中医技术。他告诉我说，在这个医务室里，绝大多数重症病例都恢复了原来的健康状态。他使用过各种方法，包括：温度始终在72摄氏度的温泉浴法，以及采用电子短波或长波处理的电磁波法。所有西方的方法，以及传统的中医疗法，他都尝试过，用来寻找对每个病人最有效的方法。他以十多年的经验，得出的结论是：大多数关节炎都是可以及时治愈

---

① 详见《北京评论》1973年1月12日,第9版。

的。对于轻微的病人，治疗三到六个月就能够康复；而患有严重关节炎的病人，一般需要一年或者是一年半的时间。

这所疗养院，在伪满洲国时期，是供军阀张作霖，以及少数日本工业和外交领袖居住的一座乡村别墅。后来，它被改造成伪满洲国傀儡皇帝溥仪的度假胜地。1949 年后，度假别墅被改建为疗养院，其他的内部建筑也被大大地扩建。

我喃喃自语："关节炎患者一定都是百万富翁；否则，他们怎么都能居住在这里接受治疗？而且治疗时间至少三个月，最多要花上一年半。"有人告诉我，大多数病人都是工人，他们享受免费治疗，也能免费乘坐火车或飞机。另外，病人可以继续领取原来的工资，以赡养他们的家庭，并在医务室支付他们的开支。病情恢复后，他们再返回原来的工作单位。

我再问："疗养院如何负担如此庞大的医护人员的开支，并容纳这么多病人？"张医生回答说，大部分资金来自鞍山政府，同时也有中央政府的补贴。

他回答完这些问题后，我礼貌地建议，主任不妨尽职尽义务，让我体验一下。他同意了，虽然非常不情愿，但还是表现出对我最大的礼貌。

然后，我接受了泉水浴，并被安排到一个房间休息一个半小时，因为两位导游认为我需要休息。在享用了一顿精致的午餐后，我再次回到了原来的房间休息。午餐的菜品包括鸡胸肉、干蘑菇、带虾粉的竹笋、一盘汤、米饭、细形的麦卷，以及一些糖果。

这一整天的时间，我都在担心费用问题。但当我收到账单时，我发现总费用只有 12.52 元。其中，有 1/3（3.76 元）是汽车费，而两顿美餐只花了 2 元。从鞍山回沈阳时，我在宾馆的桌子上发现了六片西瓜，这是我的午夜小吃。

沈阳拖拉机厂

接下来的几天，我决定去参观一家拖拉机厂。该厂的两位"革委会"

副主任接待了我，他们告诉我说，这个工厂共有 1.1 万名工人，其中 1/3 是女工。目前，工厂里有 500 台设备，其中有一半是由本厂工人自行设计制造的。

这个厂家生产的小型拖拉机只有 12 马力。尽管有局限性，它们在市场上还是非常受欢迎；每款售价为 3000 元，同时保证在六个月内免费维修。它们有多种用途，包括犁地、割杂草、抽水、承载几百磅重的重物，以及在高速公路上行驶，最高时速为 20 英里。

1964 年以前，工厂只有大约 300 名工人，配备约 40 台机器。那一年之后，为了增加产量和改善产品质量，工人们克服了许多困难。工厂选拔了一批干部，派到其他先进的拖拉机制造厂学习。他们回来后，与工人和技术人员合作，并担任了工厂的领导干部。经过 8 次失败后，他们再次修改了方案，尝试制造更好的拖拉机，终于在 1965 年成功了。

由于原来的工厂面积太小了，他们决定将工厂搬迁到一个新址，这个新厂房占地约 4700 平方米。利用旧钢和砖块，他们建造了自己的新工厂和宿舍。然后，中央政府向这个项目投资了 7000 元。

在"文化大革命"期间，为了提高生产效率，工厂增加了更多的设备。例如，钢板打孔，以前一次只能打一个；现在，引进的一台新机器，可以同时打 43 个孔。1971 年，这家工厂共生产了 6100 台拖拉机；1972 年6 月，由于引进了新的设备，在工人们的努力下，工厂一个月内就生产了1070 台拖拉机。

这位副主任还向我详细地展示了一台拖拉机的构造和用途。接下来，他试图在五分钟内教我开车，但我没能掌握这个技术。

7 月 26 日下午，我登上了飞往西安的飞机。受到强大逆风的影响，飞机飞行约一小时后，不得不再次返回沈阳。然后，我坐了一趟快车去北京，希望能赶上早上 8 点 40 分从北京到西安的飞机。如果准时到达的话，这列火车应该能让我有 70 分钟的时间，去赶上前往西安的飞机。出乎意料的是，由于一场大雨，通常准时的火车延误了一个小时。为了安全起见，火车降低了速度。在中国，安全是最重要的事，所以我错过了飞往西安的飞机。

回想起来，沈阳的辽宁饭店帮了我一个大忙。当我第一次从机场回来时，我仍住在之前的房间，有干净的床单和毛巾。在上火车之前，我又吃了一顿饭。经理向我收取了很少的出租车费用——几乎相当于没有，把我带回来。当酒店管理层通过无线电听到飞机被迫返回的消息后，导游就赶回了机场。我非常感谢导游刘升翰和酒店的革委会。

几个月后，我回到美国后，受传统儒家思想，或者说是感恩观念的影响，作为一种回报，当沈阳的杂技演员来到印第安纳波利斯演出时，通过我的一个朋友（印第安纳州布卢明顿的一位中国餐馆经理，即将去往中国），我向沈阳杂技团赠送了价值 40 美元的水果，以感谢沈阳人民给予我的极其亲切的接待。这是后话了。

错过了从北京到西安的飞机后，我不得不回到华侨饭店，设法得到了一个房间，但只是等了几个小时。中国航空公司没有像往常一样礼貌地给我找一家旅馆，并支付我的额外开支，尽管错过飞机不是我的错。如果辽宁饭店没有这么友好地把我原来的房间还给我，中国航空公司可能会为此承担责任。

在北京时，由于缺乏时间，我没有看到我所希望看到的一切，但在这座古都里，人们所取得的进步给我留下了深刻的印象。为了对工业的进步有所了解，我在这里记下了《北京评论》（1972 年 10 月 13 日）中的几行字。据说北京的煤炭总产量从 1949 年到 1971 年增长了近 6 倍。该市有大型工厂，包括首都钢铁公司、石油天然气总厂、生产汽车和重型采矿设备的工厂，数目超过 200 家。有 6000 多个轻工业产品投入生产，同时玉雕制作、景泰蓝制作、编织和其他传统工艺仍在继续创新。

我想要目睹手工艺品质量是否有所提高，但时间有限，我只好非常不情愿地去其他城市了。我希望将来能再次访问北京。

七、西安与延安

7月28日清晨，在明媚的阳光下，我乘飞机离开北京去西安。之前连续下了两天雨，华北地区恰好急需雨水，这时的空气凉爽而舒缓。

从飞机上往下看，我注意到地面是棕色的，散布着绿色的区域。我问一个坐在我右边的老先生，8个月的干旱是否对收成造成了损失。他说："损失肯定是有的，但没有达到令人震惊的程度。如果是20年前，8个月没有雨，将会演变成一场大饥荒。对人民来说，幸运的是，20多年来，国家注重修建灌溉系统和建造大型水库，这对雨水短缺是一种极大的弥补。但是，如果这么长的一段时间一直没有雨的话，耕地就不可能避免损失。"

飞机上的空姐非常努力地工作，她为所有乘客提供热茶或冷饮，并与其中一些人交谈。显然，他们是前往甘肃兰州的解放军军官。空姐在飞机上根本没有坐下来，因为所有的座位都被占了。我称赞她工作出色，问她是否累了。"一点也不累，"她微笑着说，"因为我的责任就是为人民服务。"

宾馆的导游帮助我收拾行李，继而下飞机后，我注意到挂在机场墙上的标语写道：

国家的统一、人民的团结、国内各民族的团结，这是我们事业必定要胜利的基本保证。——毛泽东

实际上，这个措辞自信的口号，为我们指出了今天中国面临的主要问题：稳步推进国家统一的问题；国家和人民需要解决各民族之间的团结问题；中国政府必须密切注意保持团结。我们必须经常仔细观察这样的口号，并阅读其中的内容。

西安大酒店，始建于1958年，是一座现代化的大酒店。这家酒店的右侧是为海外华人服务的，左侧则是为西方人服务的。和往常一样，酒

店的食物很好吃，价格也很合理。这里有更多的羊肉，因为羊在北方更常见。

西安杂技表演及其启示

那天晚上，导游建议我看一场杂技表演。这是很有趣的节目，但与上海、南京和北京的杂技表演没有很大的不同。虽然说这种相似性，也证明了杂技在全国范围内的融合和传播，其结果是各学科和文化的技能和经验交流。这种广泛的同质性告诉我们许多关于民族主义的大众宣传的影响，导致了意识形态、社会政治制度和习俗的连贯一致。语言也比以前更加统一；主要是官话，即带着北京口音的国语很少用到，反而人们说的共同语言（普通话），让全国大多数人可以理解。

从西安到延安

在理想的情况下，我应该可以从北京飞到延安，然后回到西安，这两个城市都在陕西省。但既然没有直飞延安的飞机，我就来到西安，在那里度过了一夜。第二天（7 月 29 日）早上，我登上了去延安的飞机，往返150 英里的费用是 40 元，每趟需要 1 小时 20 分钟。

高昌春，一位真诚的延安旅行社导游，到机场来接我。我和他聊了半个小时，他说他是北方的乡下人，与许多城里人完全不同。他有礼貌，和蔼可亲。

延安，历史上又称肤施，位于陕北的黄土高原，一些西方学者描述它为世界上最原始的地方。看到它之后，我感觉到，比起我去过的亚洲其他地区的城市，这座城市实际上更现代化。延安现有 5 万人口，曾是中国共产党 1937 年到 1947 年政权的"首都"，长时间生产煤炭，但现在也生产大米。市内现有两个发电厂、一个钢铁厂、一个棉纺厂和一个毛纺厂，还有一个人造纤维厂和氨水车间。双管齐下的重工业和轻工业蓬勃发展，足以满足当地的需要。

在抗日战争期间，对陕甘宁边区而言，延安附近的延庆油田是重要的石油供应地。自从解放以来，这个油田逐渐扩大，产量成倍增长。自1966年以来，延安建立了十多家新的无线电、化工工厂，包括化肥、铁、钢和柴油发动机厂，毛纺厂和造纸厂已经大大扩大了，无线电工厂里引进了晶体管车间。

最近，当地的道路铺设了沥青。这里的人行道对于一个小城市来说是相当宽的，两侧有公共汽车站，电影院，销售收音机、电视机的百货公司。由于长期干旱，路面上尘土飞扬。

延安博物馆与中国共产党历史

在延安市有一个面积不大，但是很重要的博物馆，里面展示了毛主席的革命活动历史。作为一名历史研究学者，我自然对展览内容最感兴趣。我花了很多时间，到博物馆参观了两次，而且对1935年至1949年期间，中国革命史资料中的主要内容，根据我的理解，非常小心地做了至关重要的注释。

博物馆提供的图片和历史文物展品，为参观者再现了1921年到1934年间中共早期的历史，这是中共对中国革命的一次有指导性的回顾。相较而言，这个博物馆比韶山博物馆所涵盖的内容更细一些。以下简要叙述博物馆所展示的革命历史：

墙上的一张地图，明确地展示了中国工农红军长征的路线。从1934年10月至1935年10月，共370天，经过11个省，行程大约2.5万里，即6000英里。

1935年1月，共产党中央组织在贵州召开了遵义会议，该会议具有伟大的历史意义，结束了王明"左"倾机会主义对党中央的控制，确立了毛主席在中国共产党的最高领导地位。王明，是由苏联返回中国的28名学生之一。

6月，第一、第四路红军在四川懋功会合，毛主席决定在那里继续向华北进军抗击日本。另一方面，张国焘指挥的红四方面军，试图脱离党的主要领导。在毛主席的领导下，党中央召开了两次会议，阻止了张国焘分裂党中央和红军，建立一个敌对的中央委员会的企图。最终，红军执行了毛主席的路线，长征才胜利结束了。

长征结束后，1935 年 10 月，毛主席在陕北的吴起镇（今吴起县）建立了革命根据地。之后在延安以西的罗起镇展开了一场伟大的战斗，中央红军和陕北红军会聚一起，成功粉碎蒋介石的陕西部队的追击。这次胜利后，毛泽东成立了西北革命军事委员会，并纠正了王明"左"倾路线在陕甘宁地区所犯的错误。

当时，毛主席和中央委员从吴起镇来到瓦窑堡——两个地方都在陕北北部，1935 年 12 月（地图显示了这条路线）在瓦窑堡召开会议决定党的政策，即红军应与全国劳动者、农民、学生以及资产阶级和资本家结合起来开展活动。也是在瓦窑堡，政治局召开了一次会议，批评王明的"左"倾路线和关门主义政策，并决定联合起来抗日。这项决定发布于 1935 年 12 月 25 日。[①]

1936 年 6 月 1 日，政治局宣布了 20 条抗日的政策，其中主要包括：

1. 工人、农民、商人、学生和士兵团结起来，为了拯救国家而与日本作战。

2. 停止内战；让红军和白军联合起来，一致对抗日本。

3. 全国所有政党、各派别和其他组织要形成抗日民族统一战线。

……

18. 保护工人和农民的利益。

19. 保护工业和商业。

20. 协助穆斯林和蒙古族人建立自治政府。

同时，毛主席指挥红军在中国北方抗日。博物馆里有一幅画，展示的

---

① 参见《关于当前政治形势和党的任务》，《毛泽东著作选编》第 1 卷，北京：人民出版社，1967 年，第 277 页。

是红军骑兵即将跨越黄河的场景。

蒋介石的军队阻止了红军有效地对抗日本，因此共产党必须为保持抗日力量而采取行动。因此，5 月，红军迁往黄河西边，以避免与国民党军队发生军事冲突。毛主席致电要求与国民党休战，以巩固中国抗日的力量。不过，蒋介石集中了中央军队的 10 个师和阎锡山的力量，阻挡了红军向津浦铁路的前进之路。

白军和红军之间开展了一场小规模的战斗，2 支国民党的先锋部队被红军消灭。1936 年 9 月，中央签署了一项地方红军和国民党东北骑兵的休战协议。

1936 年 12 月，发生了西安事变，蒋介石被逮捕了。周恩来飞到西安来，实现了和平解决，使蒋介石得以返回南京而不受伤害。毛主席欢迎周恩来回到延安，博物馆里，还展出有一张毛和周在延安机场拍摄的照片。

第二次国共合作与南泥湾精神（1937—1945）

1937 年 7 月，中国正式向日本宣战。12 月，蒋介石向共产党承诺决定抗日，并举行了一次大型会议，计划对日本进行反击。由于蒋介石履行了诺言，红军被重组和重新部署。1938 年 10 月至 11 月，在延安召开了扩大的六中全会。在会议报告的最后，他提出了中国共产党的民族斗争政策问题，驳斥了王明的"机会主义"路线。会议最后形成决议，共产党要进行"独立军事斗争"。换言之，共产党在抗日斗争中不会依靠国民党。

1938 年至 1943 年，国民党军队封锁了陕甘宁边区。在此期间，许多国民党领导人及其军队与共产党作战。1938 年 12 月至 1940 年 10 月期间，共产党武装一方面与日本侵略者进行战斗，另一方面，还与国民党傀儡部队有摩擦，双方共发生冲突 372 起。1941 年 1 月，震惊中外的"皖南事变"发生，当时新四军被国民党解散。

1942 年，毛泽东说："中国革命实际上是一次农民革命，抗日战争实际上是一场农民战争。农民的力量是中国革命的主力。"① 在所有解放区，他实施了减少税收、没收大地主土地的政策。同时，他还尽可能改善农民的生活条件。

在博物馆里有一张地图，上面显示了 1941—1942 年敌后抗日根据地的全貌。面对根据地食品供应严重短缺的状况，八路军自行生产粮食、棉布和其他日用品。毛主席命令八路军第 359 旅的政委和军事指挥官率军前往距离延安约 28 英里的南泥湾，在这个荒凉的地方，这支 12000 人的加强旅把军事任务与生产结合起来。

南泥湾，是一个无法居住的峡谷地区，几乎不能种植任何粮食。第 359 旅的官兵没有食物吃，没有房子住，也没有足够的工具。他们面对似乎无法克服的困难，需要吃草药、挖洞穴、从敌占区偷材料，来设法开展生活和工作。最开始，这些战士用手工方式开采土地、造梯田、抬表土，以及建立灌溉系统和植树，并在地表施肥。渐渐地，粮食像在长江三角洲一样繁茂地生长。从 1940 年冬天开始，第 359 旅开垦了 16000 英亩的荒地，并从中收获了 400 万磅粮食。士兵们还在陕西、甘肃和宁夏的边境地区建立了一家炼油厂。后来，这种活力被称为"南泥湾精神"或"延安精神"，战士们通过自力更生、不懈努力，克服了一切困难，征服了一个非生产性地区。②

在此期间，毛泽东写了许多短文和评论文章。《毛泽东选集》中的 158 篇文章中，有 92 篇是在延安期间写的。他的辩证唯物论演讲，实际上是在 1937 年，在抗日军政大学（简称抗大）进行的，当时培训了约 1 万名学员。

从 1938 年 11 月至 1947 年 3 月，延安成立有十多所高等院校，包括马克思列宁学院、陕北公学、中央党校、延安民族学院、鲁迅艺术学院（后

---

① 引自《毛泽东选集》，北京：人民出版社，1964 年，第 957 页。
② 参见"延安精神"，载《北京评论》1972 年 10 月 27 日，第 10—13 页。

更名为鲁迅艺术文学院）、中国医科大学、中国人民抗日军事政治大学
（后来简称为抗日大学或抗大）、陕甘宁边区行政学院、延安自然科学院和
中国女子大学①。

展览馆中展出的共产党官方统计表，显示了 1937 年 9 月至 1945 年 10
月全面抗日战争的结果：

杀死日本士兵	520 463 名
打伤伪军士兵	490 130 名
俘虏日本士兵	6 213 名
俘虏伪军士兵	512 933 名
投降的日本士兵	746 名
投降的伪军士兵	183 632 名
总计：	1714 117 名

我复制博物馆中张贴的这些统计数据，对照共产党官方数据进行了检
查，但是没有发现共产党的伤亡情况。不用说，这些数字和其他此类统计
数字，只能作为一般性估计使用。

解放中国之战（1945—1949 年）

日本投降后，蒋介石鄙视吃不饱、装备不足的共产党人，并相信他可
以在短时间内消灭他们。毛泽东谨慎地迎接了挑战，取得了一次又一次
胜利。

1948 年 9 月 12 日至 11 月 2 日，辽沈战役打响；淮海战役从 1948 年
11 月开始，持续到 1949 年 1 月，最终共产党取得胜利。1948 年 12 月和
1949 年 1 月，天津和北京等重要城市被解放。共产党的统计数字显示，从
1946 年 7 月到 1950 年 6 月，人民解放军给国民党造成了 8 071 350 人的伤

---

① 有关女子大学更详细的记述，参见埃德加·斯诺《为亚洲而战》（*The Battle for Asia*），纽约：
世界出版公司（New York：The World publishing company），1942 年、1943 年再版，第 274—278 页。（中
译本《为亚洲而战》，北京：新华出版社，1984 年。）——译者注

亡。然而，这些统计同样没有提及自己的损失。

制作精美的图表通过各自拥有的兵力数，反映了双方军事实力的对比：

1946 年 7 月：解放军，120 万人

国民党，430 万人

1948 年 2 月：解放军，249.1 万人

国民党，365 万人

我发现，这些信息是从延安历史博物馆的照片、地图、图表和统计表格中挑选的，从中共的角度概括了这一时期的革命历程。将这个数据与中国台湾的中国国民党党史馆的数据比较，结果会很有趣。毫无疑问，二者有很大的差异——所以需要进一步研究和讨论。

接下来，我参观了延安的杨家岭，那里有一段时间是毛泽东的住处和共产党的总部。毛泽东居住的窑洞洞口前面有一座石墙，门是月形拱门，大窗户上用薄麻纸覆盖着木框。室内有一张桌子、一把椅子、一个烟灰缸和一盏煤油灯，毛泽东用它们来学习和写文章。室内的家具很简单——一个洗脸盆、一个冬天保暖用的木炭炉，还有一张非常大的床，大约有 7.7 英尺长，供他和妻子江青使用；窑洞的天花板像隧道一样圆润，漆成白色；地板是用重磅的泥土做成的。这处小住宅干燥、整洁、干净，由于封闭效果很好，室内居住氛围相当舒适。

1945 年 4 月 23 日至 6 月 11 日，中国共产党第七次全国代表大会在杨家岭召开。出席会议的有 544 名正式代表和 208 名候补代表，代表全国共计 121 万名党员。毛泽东作了一份长篇政治报告，分析了中国的国内外形势。报告结束后，大会批准了以下目标：尽可能动员广大人民群众；打败日本侵略者；修改党章。修改后的党章规定：党的一切工作，都要以马克思主义和毛泽东思想为指导。

在这次大会上，朱德作了关于"八路军"战斗情况的报告；周恩来汇报了政治及行政事务。6 月 11 日，毛主席发表了总结性讲话，他引用典故，

讲述了愚公移山的故事。这似乎是一件不可能做到的事情。但是愚公会一点一点清除门前的土壤，每天坚持这样做，直到去世；他的儿子、孙子和其他亲戚年复一年地继续移土，直到最后把门前的大山完全搬走。之后，房子的主人将享受一片美好的景色。这个故事的意义在于：革命任务是艰巨的，因为敌人非常强大；但是，如果共产党按照愚公移山的模式行事，强大的敌人终将被击败，革命最终就会成功。

在这一次访问中，我还参观了 1942 年 5 月召开的全国文艺工作者座谈会的遗址。当时共有 80 多个与会者出席。这次大会共召开了三次会议：第一次会议是在 5 月 2 日，当时毛提出了五个讨论主题：艺术家的立场、态度、目标、工作风格，以及具体情况的研究。毛主席亲自主持了关于这五个论题的所有讨论活动。第二次小组讨论在 5 月 8 日举行，毛主席手里拿着铅笔，再次讨论了他提出的问题，征求每个人的想法。在很多评论和批评之后，讨论中将有一场描绘农场生活的戏剧性表演，最好的表演者将被授予鸡蛋作为奖品。这个插曲旨在刺激有创意的作家熟悉农业工作，把它作为第一手资料，呈现出一幅生动的画面，而不是依靠他们的想象力。

第三次会议于 5 月 23 日举行，当时毛主席宣布无产阶级文艺必须为工农兵服务，文艺理论必须立足于向无产阶级工作者学习。在这次声明之后，与会者去了工厂和农场体验生活。不久之后，两部著名的话剧《白毛女》和《东方红》诞生了，这是根据毛主席的指导方针创作的作品。中国人民解放军的士兵开始出现在戏剧作品中。

然后，我被带去看延园，也叫枣园，因为过去毛主席曾在这里生活过。在一个有两个房间的小窑洞里，摆有简单的家具。导游告诉我，毛主席经常在晚上 10 点到早上 6 点学习和写作。

1945 年 8 月，在与蒋介石和平谈判失败之后，毛主席回到延安，内战继续进行。此后，他把住所从延园迁到了王家坪。在王家坪，我看到了毛以前的住处，又是在一个窑洞，这里同样有椅子、桌子、煤油灯，还有一个大床。

有人告诉我说，曾经有一枚国民党飞机扔的炸弹，正好落在了窑洞的门口。毛主席的卫士长王晨让他换一个地方，他拒绝了，并说："炸弹上的废铁可以做一些厨房的菜刀，可以杀死我们的敌人。"过了一段时间，周恩来来到这个窑洞，强烈要求毛主席搬家。这次，他终于答应了。

采访生产英雄杨普浩

著名的杨普浩，是一位居住在该地区的农民英雄，他引起了我的注意。我很高兴地采访了这位 67 岁的农民。杨普浩见到我很高兴，他告诉我说，他太穷了，从 8 岁起就当了长工。地主命令他打扫厕所，这是他多年来的日常工作。1938 年，他的父亲和姐姐死于饥饿，他乞求地主给他一小块土地来埋葬他们。地主向他收取了 1.2 担米（1 担米等于 50 公斤），作为购买墓地的钱。后来，他作为一个勤劳的农民，引起了毛主席的注意。毛主席经常去拜访他，并和他一起工作。

杨善意地说："毛主席，既然你有这么多事可做，那你肯定没有必要做体力劳动。"

"我会动员所有农民达到每年的生产定额。"杨骄傲地说，"不管之前多么困难，我们现在终于成功了。"

"毛主席带领延安农民开展生产运动。"杨普浩继续说，"他非常关心我们的生活条件，不时来和我们谈话，问我们是否有东西吃，有衣服穿。解放前，我们非常努力地与阶级敌人——地主做斗争。"

这时，杨严肃地强调说："解放后，全国农民的地位和福利有了很大的提高。"

杨普浩叙述自己的故事时，因激动而显得有些累，一位妇女插话告诉我，毛主席曾两次邀请杨普浩到他在北京的住所。毛泽东在和杨说话的时候，非常亲切和蔼，就好像他们是老朋友或亲人一样。毛主席一再感谢杨在延安期间，每年为达到粮食生产配额所做的辛勤工作，这使所有士兵和政府工作人员不必担心粮食供应问题。

稍事休息之后，杨又打断了我们的谈话。他说，在毛泽东的住宅里，他吃了一顿大餐，包括九块面包和一大块猪肉。吃完饭后，他们坐在客厅里。然后，毛主席请他吃水果。"我拿起一个大梨，咬了一口。"毛主席说，最好是削皮。杨争辩："这是对水果的浪费，在旧时代，我们没有机会吃到香蕉、苹果或梨！"

对此，毛主席说："现在，我们有很多水果。"

杨给我看了3张他和毛泽东的合影，他为这一荣誉而骄傲。我要他拿着这3张珍贵的照片，然后给杨照相。最后，导游拍摄了我和杨普浩的合影。当我要离开时，杨普浩动情地说："我们农民永远忠于毛主席。"

在一天半时间内，我就看到了延安最值得一看的地方。当我要求去看"抗大"时，导游告诉我，它早就被国民党的飞机摧毁了。当时延安的大部分房屋已经被夷为平地。

临走前，我仔细看了一家出售当地产品的礼品店。礼品店的货物包括纸张、毛毯、手表（西安制造的）、收音机、地毯、花生罐头、童子军刀、照片和绘画。我买下了一个笔记本、一盒花生罐头。在这样好的季节，他们为我精心准备接待活动，好像开鸡尾酒会似的！

古城西安的变迁

西安，是陕西省的省会。在远古时代，公元前3世纪到公元10世纪期间，这座城市曾经是13个朝代的首都；在公元7世纪和8世纪，这里称为长安（"长治久安"的标志），它曾被韩国和日本视为首都建设的典范。就如同法国巴黎是美国总统华盛顿学习的榜样一样。这座古城中的历史遗迹，每年都吸引着无数前来参观的游客。解放后，这座城市也经历了一次伟大的复兴。

现在的西安，市内建设有许多新工厂，每年有成千上万的工人从全国各地赶来。这里也是西北两所著名教育机构：西安交通大学和西北大学①的所在地。它们是从上海迁移而来，即从上海交通大学划分出来。目前的西安交通大学占地 222.30 英亩，设有 4 个实用培训工厂和一排排的宿舍楼。自 1956 年以来，该学校已毕业 6900 名学生，比上海前 53 年的毕业生增加了 37%。同时，西北工业大学也是一流的技术培训机构。

解放前，西安曾饱受战争蹂躏。在国民党建设时期，这里到处都是砖房，没有自来水厂或排水系统，街道又窄又脏，城里街道崎岖、灯光暗淡，电话运转不良。

解放后，在国家第一个五年计划（1953—1957 年）期间，西安成为一个大规模城市建设的标志。因为西安位于一个棉花种植区，所以在 1953 年，西安建设了一大批现代化的棉纺厂，很快就拥有 5 万锭的自动织布机和 1000 辆汽车。利用附近热电厂所排出废蒸汽的温度和湿度，另外几个纺织厂和印染厂也相继建成，从而使西安成为全国纺织品的主要生产中心。

随着时间的推移，在西安郊区的另一个地方，电气工程设备工业逐渐发展起来。这里能够制造整套输变电设备，并运销至其他省份的部分地区。同时还有制造锅炉、氮肥、塑料和机床的工厂。

到 1972 年，西安的城市居住人口增至 150 万人，因此存在住房难的问题。针对快速增长的工业和教育需求，政府已经投资为工人和教师建造生活区。在这个新的生活区里，建筑总面积约为两平方千米。

房子建在工厂附近，所以每个人能就近去工作。两个住宅区以及工厂区都栽有树木，以降低噪声，减少灰尘。然而，作为一个研究历史的学者，我的兴趣主要在于老城区中开展挖掘考古的特殊区域，即占地约 1.2 平方英里的唐朝宫殿。由于这些挖掘工作的开展，已经有至少 8 万件贵重文物出土。

---

① 1937 年抗战爆发后，国立北平大学、国立北平师范大学、国立北洋工学院等内迁来陕，组成国立西安临时大学，1938 年更名为国立西北联合大学，1939 年 8 月复称国立西北大学。现为西北大学。——译者注

新石器时代村庄与西安事变

7 月 31 日下午，我去西安东郊的村庄参观了一个博物馆。这个村庄，大约在 6000 年前就存在，1953 年被西安考古学家发现。为了保护它，在 1957—1958 年期间，国家在遗址上建造了一座现代化的博物馆。

半坡遗址始建于大约 4000 年前，是一个相当完整的新石器时代部落，当地的考古学院发现后不久，中国科学院就派出专家到现场研究。从 1954 年秋天到 1957 年夏天，中科院考古研究所进行了五次系统的大型挖掘工作，涉及的面积约为 959 平方米。他们发现了大量的古迹遗存：保存完好的 45 间房屋、2 副完整的猪骨、200 多个金库。还有 6 座陶窑、174 座成人墓，以及 76 座儿童墓，其中陶罐葬儿童 73 人。此外，更多来此的考古人员还发现了超过 1 万件工具，以及动物骨骼、水果核和腐烂的谷物。

博物馆有五个展览室，里面的东西需要很大的空间来展示。这就是说，一个考古学家可能会在这里花很多天来进行有价值的研究。不足之处是，这里展出的展品，没有与中国其他地区发现的新石器时代文物相比较。

被誉为"华西之春"的华清池是我下一站参观的目标，这里已有 1000 多年的历史，杜甫的诗中曾经描述过它。它现在位于西安以东约 15.5 英里处，经常有许多著名的游客光顾这里。它曾经是一个禁区，但现在中国所有的工人、农民和士兵都可以享受这个神圣的地方。

1936 年 12 月 12 日，西安发生了"双十二"事变。这个事变的背景是导游当场告诉我的：1931 年 9 月 18 日，日军占领辽宁奉天（沈阳）后，毛泽东主张抗日，他的思想得到了全国人民的支持。另一方面，蒋介石却更想在开始抗日之前，先镇压共产党。蒋介石的主张没有得到张学良和杨虎城的支持。杨虎城是陕西军队的领导人；张学良是军阀张作霖的儿子，当时是东北军总司令，曾经是北京政府的领导人。

东北军将领和士兵，被日军从奉天驱赶到北平和天津地区，再迁到陕西，因此他们痛恨日本人，强烈敦促蒋介石打一场国际战争，而不是内战。张和杨两位将军要求蒋介石考虑他们部队官兵的要求。但是他们的要求被置之不理，蒋介石到西安安抚士兵，并对延安的共产党进行军事准备。

西安事变发生在华清池的一个叫五间厅的地方。参与事变的士兵包围了大楼并开火。（我在那里看到墙上还有未填充的弹孔。）穿着睡衣的蒋介石从大楼里穿过窗户逃走了，甚至没有时间戴上假牙。他跳过了房子后面的一堵墙，他折断了几根肋骨。然后，他跑到了约 100 英尺外的山上，躲在一个足够深的小洞穴里，足以掩藏他的一半身体。早上 8 点，他被张、杨的士兵发现。我推测，在 12 月份的气温下，这一定是接近冻死人的环境。目前，这个洞穴已经被修缮成一个旅游点，叫作"捉蒋洞"。

张、杨将军向全国宣布蒋介石被捕，许多人建议杀了蒋介石，因为他反对抗日。随后，张和杨向中国共产党领导人征求了意见。毛泽东亲自召开并主持了一次会议，会议决定，如果蒋介石承诺抗日，那他应该是一个有影响力的领导人。毛泽东派周恩来到西安会见蒋。蒋介石接受抗日的条件后，西安事变得到了和平解决。

但是，蒋介石刚一飞到洛阳，就违背了诺言。事实上，他否认曾经承诺对日作战。我们先不说，西安事变是抗日力量的伟大胜利。在这件事情上，毛泽东的决定使他赢得了全国的民心。

看完这个历史遗址后，当地党组织允许我洗了个温暖的春浴，水的温度恰到好处。之后，导游建议我在一个小房间里好好地午睡一下。我感到惊奇，这是中国最美丽的妃子杨贵妃洗浴的地方，在池塘边还有给她的特别设计。她真的喜欢这里的温泉浴，还能自我享受吗？

陕西省历史博物馆与历史遗址

陕西应该是所有考古学家和历史学者都应该去看的、有价值的地方。为了满足来访者考察的需要，博物馆里有详细的历史演变解说。这些文字用美丽的字体书写，展出在博物馆的墙壁上。不用说，这些书法作品表达的观点都是马克思主义的。我们被告知，奴隶制度盛行于中国古代，大约从公元前 11 世纪延续到公元前 475 年。奴隶劳动的成果，以及奴隶与奴隶之间阶级斗争的结果，推动了历史的进步。

在战国时期，奴隶制度被封建主义所取代。在这段大动乱时期，封建领主之间发生了长期战争。斩渐地，他们中的许多人被打败，失败者的领地归胜利者所有。正如毛主席指出的："只有农民和手工业工人是创造财富和创造文化的基本的阶级。"经过近三个世纪的零星战争，封建领主败给了自己，他们的领土最终被秦始皇征服和统一。

博物馆中有几件展品特别值得关注。有一座汉代重建的煤矿，还有一些圆形和方形的高炉和齿轮，展示了汉代的技术水平。还有碾米和小麦用的磨石、研究地震的地震仪、太平间的东西，以及各种巧妙设计的油灯。此外，还展出了公元前 2 世纪，张骞大使从中亚带到中国的葡萄、苜蓿和核桃的例子。

博物馆内有一幅轮廓图，展示了唐朝时期长安的发展概况。长安共有108 处建筑，其中一座名为"通志坊"的建筑，目前仍以原始形式存在。而其他街区，在随后的几个世纪里一直在反复变化。

8 月 1 日下午，我去看了著名的碑林，或称石碑林，由数百或数千块巨大的石碑组成。那些石碑高六七英尺，宽三英尺，厚度约八英寸。开成时期（836—840），有 12 部经典作品被雕刻在这些石碑上。因此，它们被称为"开成石经"。这无疑是一项艰巨的任务，是由唐朝政府完成的。

我看到一张桌子，上面刻有颜真卿和柳公权，以及僧人怀素的精美书法作品。颜、柳的书法在后来的几个世纪里成为学生模仿的典范，而怀素的书法风格是"草书"，或称"狂草"。小的时候，我在日常的书法练习中，模仿过所有三种风格书法。然而，这是我第一次有机会看到原始的铭文。如果时间允许的话，我本可以在那里待上几天，充分欣赏和感受这一艺术。当碑林的领导用谦卑的方式，征求我的意见或批评时，我提议，用特卷的形式，出版这些造型独特的石头，用以传播中国古典文化。

在西安，另一个美丽的遗址是大雁塔，它始建于公元 652 年。大雁塔上面的经文，是由著名的佛僧玄奘翻译，并雕刻在上面的。这座古建筑及其周围的房屋，曾经被用作国民党军营。原宝塔的楼梯被毁，建筑物倒塌。解放后，西安人民政府重建了这座宝塔，重修了楼梯。当我爬上大雁塔的顶端时，我的导游告诉我：从这个高度看去，正是李白和杜甫曾经写诗的地方；还有一处，曾经是白居易和李商隐哀叹大唐的社会和政治腐朽的地方。历代还有其他许多著名的艺术家和作家在此逗留，死后埋葬于此，他们的墓穴与石碑就在这座宝塔的附近。美丽的环境和历史记载，为观光者提供了一处展示唐朝历史发展的景象。

西安八路军办事处

西安八路军办事处，是我下一个观光的地方。该办事处与国民党开展了 9 年（1937—1946）的斗争。刘元生，办事处的看护人，无疑是一名严肃的共产党员。尽管他很客气，但我不敢和他开玩笑。他严肃的态度，是由于他在回忆悲惨的历史。

据刘元生介绍：在瓦窑堡的政治局会议上，毛泽东做出与国民党联合抗日的决定，是一个高瞻远瞩的战略，得到了大多数中国人民的热烈拥护。在西安事变中，国民党分裂成两派。以何应钦和汪精卫为首的亲日派，更希望通过集中轰炸西安，来处置蒋介石；以宋子文、孔祥熙、宋美龄为首的另一派，主张不惜任何代价，来挽救蒋介石的生命。

当蒋介石承诺与共产党结盟并联合抗日时，西安事变得到和平解决。具体方案是：蒋同意中共在西安的七贤庄设立办事处，这是一个半公开半机密的机构。1937 年七七事变后，蒋介石实际上开始与日本作战，并进行了抗日运动，宣布中国共产党与国民党正式合作。两党建立统一战线，重新组织红军，改编为八路军。9 月，西安八路军办事处成立，并被授权履行以下三项职能：

1. 宣传统一的抗日战线；

2. 为八路军采购战争物资；

3. 负责将国内外华人，由西安送往延安。

但国民党继续其"反共"政策。在西安的 50 万人口中，就有 5000 多名特务在活动。这些特工伪装成普通人，监视共产党的活动，注意办事处一切动态。

有一次，一个特务伪装成一个新来的人力车夫，将新的车辆停靠在八路军办事处办公室的对面。他重复地拒绝带普通乘客，假装他只服务高官，因为他们会慷慨地给小费。经过几天的观察，他的这个把戏才被发现。有一天，一个傲慢的高官模样的人坚持坐他的人力车，他没有理由拒绝这个乘客，于是别无选择，只好让官员坐到他的人力车上。走了几个街区后，那个人力车夫喘不过气来，不能再往前走了。所以他的伪装就暴露了。

"这只是众多花招中的一个。"刘元生说。

毛泽东要求共产党人，与此种监视活动进行艰苦斗争。办事处由经验丰富的共产党员领导，设法留在西安，直到 1946 年 9 月。办事处内有一个大的接待室，用来接待来访的进步青年，并决定是否可以把他们直接送到延安。西安到延安的距离是 800 里，大约 250 英里，但旅途进行缓慢而且危险，因为国民党人会试图拦截沿途的年轻人。

有时，国民党高官也会来接待室，和偶尔从延安来的毛泽东讨论联络事宜，或者与林伯渠和董必武联系，他们两人都是中共办事处主任。这里还有一个小房间，是为周恩来长期预留的。另一个房间是为叶剑英安排的。此外，在起居室的入口处还有一个地下室，用地毯覆盖着一台秘密电台。这个地下室内空气潮湿，光线暗淡，通风不畅。尽管有这些困难，还是有 2 ~ 3 个同志轮流在那里工作，接收和发送电报。

国民党命令西安市民，不要卖食品或其他商品给共产党人。甚至井水也有苦味，因为国民党会秘密地往井中投下肮脏、有毒的物质，水几乎不能饮用。"但是现在西安供水量很大，甚至井水也尝起来很甜。"刘同志说。

毛泽东要求共产党自力更生，抵制国民党的侵扰。所有的中共工作人员都必须帮助种植蔬菜。同时，在建筑物周围的所有可用土地上种植其他食物。他们不得不用蛋白质食物养鸡和养猪。

办事处有一处配套建筑，被用来容纳来自世界各地的爱国青年。据说室内没有家具，只有床可以让新来的人睡觉，也没有太多食物供他们吃。进入延安的等待期，通常需要几周或是几个月。我要求看一下这座建筑，但这位严肃的保管人以不值得看为由，拒绝了我的要求。

西安历史文物与西北大学

钟楼和鼓楼是西安的两个地标性建筑，始建于 1384 年；在 1739 年重新修缮，作为一种计时器。过去，计时员常常在早上敲钟，晚上敲鼓，以示一天的开始和结束。

内战期间，国民党士兵驻扎在两座塔楼上，对它们造成了很大的破坏。解放后，到 1953—1954 年，这两栋建筑才恢复了原来的样子。

这座钟楼，我爬上去的时候，发现它有 108 英尺高，占地面积约 1640 平方码（约合 1371 平方米）。它由砖和木头制成，没有任何铁钉连接。熟练的木匠使所有的零件紧密、永久地结合在一起。而鼓楼有新粉刷的横梁、雕刻的木制品和镀金的屋顶。它们位于市中心宽阔大道的东段。作为一种古老建筑的荣耀，它们呈现出城市建筑新旧结合的风格，是令人愉悦的新地标。

目前，西安城占地 6 平方英里；但在唐朝，西安城墙的长度估计超过 21 英里。唐朝首都的人口超过 100 万。1972 年，西安市人口为 35 万，算上郊区人口为 245 万人。

接下来安排我去看的这所著名大学，西北大学，始建于 1937 年，由来自北平大学、北平师范大学和北洋工学院的在校学生和学者们组成。

接待我的学者们，有历史系主任郭绳武、办公室主任王泰民、考古学教授刘世吾，还有两个年轻的讲师。我听说，这所大学以前的学生大多来自资产阶级家庭；现在绝大多数是来自无产阶级家庭。大学没有设立分校，而是分为九个系，包括中国文学、历史学、物理学、地理学、生物学、矿物学、技术学和化学。解放后，这所大学共有3400多名学生，但"文化大革命"后学生人数比以前少了。在校舍面积方面，以前这所大学只占地约2.4万平方码（约合20067平方米），现在是以前的6倍；至于书籍，以前有4万册中文书籍，但现在图书馆藏书达到7万册；实验室仪器原来不到1000台，现有1500台；教师人数，以前有200名教授，现在有1200名教师，包括500多名讲师。

1972年5月，该校首次通过以下程序招收了700名学生：（1）考生申请进入某所大学；（2）群众推荐大学生候选人；（3）工作单位认定候选人符合上大学资格；（4）大学给出意见，并做出最终决定。

该校按照毛主席的"五七"干部学校指示，选派工人、农民和士兵到学校来学习。现有五家工厂，还有几个农场，种植水稻、小麦、玉米、蔬菜和水果。在会议桌上，有一些为我准备的美味的桃子和苹果，就是从这些农场收获来的。

当我还是一个学生的时候，我会很想摘这些成熟的桃子，我所有的同学都会这样做。让我感到惊奇的是，现在他们怎么可能还有这么多水果可摘呢？答案一定是不寻常的。

"没有禁止采摘水果的法律，但没有学生会偷偷地采摘水果。这样做是对他的美德的践踏，他还将受到同学和'革委会'的批评。"

行政办公室主任告诉我说，学生们的知识水平参差不齐。这时，历史系主任郭绳武教授有些气愤地插话说，有些学生仅仅是高中生水平，他们没有资格被称为大学生。

一位年轻讲师很快接过话，为学生们解释和辩护说："所有的学生都渴望学习。"

他继续解释说，那些学习背景差的学生被分成小班。如果有 10 到 20 个学生缺乏良好的数学基础，他们将被组织成一个专题班。

有许多小班和许多个人，都是由教师、教授和同学协助。"他们学习如此努力，几乎没有什么能阻止他们学习。"教学方法是基于刺激和灵感，而不是机械的讲学和记笔记。1972 年 5 月复课后，更多的问答方法被纳入教学之中。

教授们在需要的时候，随时会给学生提供指导。他们去学生的宿舍，帮助他们弥补知识上的不足，这样就不会让任何一个学生掉队。学生们也尽可能互相帮助，在遇到无法回答的难题时，他们甚至可以在晚上去拜访教授。我问："你们的学生这样做，不是把教授的业余时间完全占用了吗？"

教授们几乎一致地说："邓教授，我们很高兴能这样做，我们不觉得很累。"这是一种勤奋的学生和尽职的老师互相激励、互相鼓励的方式。

西安市经济发展与城市规划

前一天晚上，我曾表示希望见到西安市委、市政府革命委员会成员。我的导游说，他很难做出安排，因为所有的"革委会"成员在收获期间都非常忙碌，特别是在长时间的干旱之后。革委会主任已经去农场两个星期了。

然而，出乎意料的事发生了。导游告诉我说，我很幸运，我提出的要求，获得了市政府"革委会"四名成员一致同意。晚上 7 点半左右，他们会来酒店看我。

当我被领进酒店的会议室时，四名政府官员正在等我。见面后，我说，首先，我对他们的来访表示深切的感谢；其次，在没有完备旅游指南的前提下，关于这个城市的规划进展，我想得到一份可靠的官方信息。接下来，我举例说，当年秦朝在西安附近建都时，中国第一位皇帝曾颁布法令："想研究法律的人，应该在政府官员的指导下学习，以获得正统版本和对法律的官方解释。"这就是为什么我试图从他们那里获得官方信息，我估计他们拿不出来。

四位革命委员会成员中的一位，从口袋里掏出几页纸，他高兴地说："邓教授，我正准备给你提供一些关于西安城市经济发展的资料。"

"过去，西安是'反共'集团的重要指挥部。"他接着说，"这座城市当年是腐朽的，是经济萧条的代表，市区人口仅有39万。"

解放前的西安，只有一个发电厂，没有供水厂。城市电灯不亮，也没有电话线，街道也破落不堪。从日本人占领此地，到1949年5月国民党政府覆灭，西安周围的农民都在被迫种植鸦片。新中国成立后，在国家第一个五年计划期间，西安恢复了以前的和平状态，并取得一些进展。政府的重建计划周密，力图使整个街道设计平直有序；他们在主城内外种植数十万棵树，市内总共开设了1400家工厂。1958年，市区街道进行了重建和拓宽改造，目前大约有30米宽。根据目前的计划，还将拓展到48米宽。

第一个五年计划完成后，城市工业产值增长了45%。现在西安市拥有重工业和轻工业产业，包括最近开业的肥皂粉厂和洗涤剂厂。工业的发展非常迅速，不仅能够满足当地人民的需要，还可以将一些盈余物品运送到国内其他地区，赚取利润，从而再投资于工业发展。

解放前，在医学和公共卫生方面，西安只有1000余名医务人员，但现在有1.1万名医生和医疗技术人员。1949年，城市医院有700张病床，到1972年这一数字扩大到1万多。此外，还有500多个医疗单位或药房，相比以前增加了15倍。工厂职工享受免费医疗，其家属只支付医疗费用的一半，另一半由国家补贴。

在高等教育方面，西安在解放前只有两所大学，1966年后发展到11所。目前，西安市有180所中学，在校生有2.5万名。小学总数为1600所，招生人数为48万人。在陕西省，小学和中学很普遍，学龄儿童没有文盲。那些40岁以上的人，如果他们是文盲，就会被敦促参加夜校和大学课程。

在娱乐方面，目前西安共有37家电影院，数量是解放前的5倍，全天营业，供工人和农民在假期中享受。也有移动电影和特别剧团在工厂和农场演出；共有 142 个文艺单位专门为劳动群众提供娱乐服务。此外，有 42 个文化中心，其中包括图书馆、报社和电视台，三个博物馆和一个电影制片厂，都在为人民服务。彩色电视正在开发中。在这一点上，我可以补充一下。1972 年 12 月 6 日，《基督教科学箴言报》上说，北京政府派遣了一个技术研究委员会到欧洲，购买最实用的彩色电视广播服务设备，并有可能采用西德 PAL 系统。

目前，一台黑白电视机的售价约为 300 元，约合 150 美元。每个政府和军队部门都有一两台电视机。有几个体育馆，有的可容纳 500 人，使人们能够参与体育运动，比如游泳、打篮球和排球。1972 年以来，有一个更大的体育馆一直在建设中。

以前，西安只有两个小公园，现在有五个，全部是在 1958 年，即"大跃进"运动的那一年新增的，在三个月内就规划和建造完成。人民群众被动员起来，帮助政府建造公园，这些公园现在占地约 133 英亩，并包含许多最近种植的树木，达到为人们提供遮阳的目标。

至于住房，以前有 390 万平方米可供人们居住。现在，新增了 1985 万多平方米，另有 5800 万平方米的新村正在建设中。就我个人而言，我对这些统计数字的准确性有些怀疑，因为很难准确衡量不同房屋和村庄的大小。不过，我不能去质疑政府工作人员报告的准确性，以免他不再告诉我其他事情。他继续说，所有房屋都配有自来水，甚至城市附近农场的农民也可提供自来水。已经修了 448 千米的路，全部铺上了柏油路面。就长度而言，铺面道路是以前的 5 倍。城市中修建了下水道来运送垃圾，并修建了管道来输送干净的水。现在，下大雨时，街道没有被水淹没的现象。独立的下水道在夜间直接将土壤带到城外的农场。

公共交通有超过 88 公里的公交路线。以前，只有六七辆公共汽车；现在总数是 230 辆。这时，我打断他的话，问道："所有的公交车都是上海制造吗？或者是青岛制造？"

他们的回答是，大部分旧公共汽车都是从中国其他地区运来的，但现在西安可以生产自己的公共汽车、汽车和拖拉机。在"文化大革命"期间，这里的汽车数量并不大。现在，它正稳步增加。

目前，公共汽车和小汽车在西安大街上行驶得非常通畅。每个政府单位都有自己的小型汽车，供该单位使用。那人高兴地说，现在街道宽阔，交通便利，进步很快。

这名官员说，他们无意使西安成为一座特大型的城市。政府的计划是逐步改造城市旧房，建设新住宅，并发展重工业和轻工业。各种商业企业还是分散为好，以便更好、更快地发展。

市政府也正在研究和解决城市污染的问题，正在尽力解决烟囱冒出烟雾的污染，希望最终使其不再冒黑烟。我们所有的努力和目标，都是希望利用科学技术，尽量减少城市的环境污染。谈话快结束时，这位官员说："我们都正在为党和人民努力地工作。"

此后，按照笔记上的内容，另外一位市政府"革委会"成员，针对目前西安的工业情况做了介绍。解放前，它是一种完全消费型的非生产城市，依赖于从其他地区和国家运来的许多商品。直到1972年，所有农具、机床、发电机、电动机、拖拉机、钢材和化学品实现了当地生产。依靠当地资源，当地可以生产大量的玻璃、手表、棉布和皮革制品。西安的棉纺工业已经赶上其他城市，现在每年生产超过1万锭的棉纤维、300多万码的棉织物。新棉织物中心建在距城市中心98公里的地方。

电子仪器的研究和建造计划已经持续很长时间了。这里有一座与苏联顾问共同建造的电子仪器工厂，1960年苏联人突然离开中国后，中国人不得不自己开展这项工作。这座工厂是为生产质量高、价格合理的电池而建设的。(在我逗留期间，我买了4块中国制造的小电池，已经用了一年多。)

过去，城市管理和经济重建计划被西方发达国家批评为效率很低。但是，现在西方发达国家不这样说了。"革委会"委员们自豪地说："我们做得很好。我们生产了200多种电子管，以及许多大大小小的机器，这些机器完全是由中国工人自行制造的。"

有一份关于土地改革历史的报告，介绍了减租和减息运动、没收地主的土地、将土地分配给农民租户，以集体承包方式成立互助小组，最后到1958 年，成立人民公社的过程。以前，贫富之间存在巨大反差；现在这个差距几乎不明显了。发展农业是中国的当务之急，工业排列第二。

1970 年，这个地区的农业产量是 1949 年配额的 3 倍。黄河以南的土地亩产 770 磅或 880 磅（约 349 千克或 399 千克）（1 亩约为 1/6 英亩，约667 平方米），黄河以北的土地产量为 440 磅。在西安郊区，每亩产量在990 磅到 1000 磅之间。由于粮食生产增加，农民的生活水平普遍提高。

农业正在逐渐走向机械化。仅在这一地区就有 18 台强大的抽水机，有24 口井完全机械化。解放初期，西安附近的一个村庄有 300 人，只有三个水轮用于灌溉，这些是由人力操作的。现在情况已大为好转。

"灌溉已经占据了我们的主要注意力。"西方市政府工作人员说，"我们已经挖了 2.2 万口井，每口井的水都由水泵抽取，可以灌溉 5 英亩（约2 公顷）的土地。有 180 座水库可以浇灌数千英亩（1 英亩≈0.4 公顷）的土地。因此，水稻可以生长在以前从未种植过的地方。这个地区大约 35%的土地是机器耕种的，65% 的生产团队使用电力。人民公社和生产队共同建立了工业企业，使生活水平大幅度提高。"

谈到此时，西安市"革委会"委员王同志接过话来。他说，西安革命委员会成立于 1968 年，由 73 名成员组成：军队代表 20 人、干部 19 人、人民群众 34 人。该委员会也是老年人、中年人和年轻人组成的团体，55岁以上的有 13 人，35 至 55 岁的有 29 人，35 岁以下的有 31 人。领导成员老中青搭配可以相互学习，互相帮助，与人民群众保持联系。他们的职责是按照毛主席的指示，进行阶级斗争和正在进行的革命。

1971 年 5 月 26 日，在毛主席的领导下，西安市委进行了改选。它由43 名委员和 18 名候补委员组成，其中有 4 名老干部、49 名中年人和 8 名年轻人。中共西安市委和西安革命委员会的区别在于，共产党是执政党，而革委会是执行党的政策的行政机构。因此，"革委会"隶属于党委。党委委员可以兼任革命委员会委员。

革命委员会分为行政、政治、生产和法律 4 个部门。这些部门下设 6 个分支部门、3 个管理市内事务、3 个管理城外事务。在这 6 个分支部门中，有 30 个专业局，如教育、工业、卫生和公共卫生局。

谈到此时，天色晚了，政府工作人员似乎累了。自然，他们在一整天的工作后要休息了。我也不能再记笔记了，因为已经记到了笔记本的末页。在分手时，我感谢了他们。

八、郑州与武汉

8 月 2 日，我离开了西安，前往黄河南岸的河南省省会——郑州。郑州位于中国两大铁路——京广铁路和陇海铁路的交会处，它是华北平原的政治、经济和文化中心。1928 年，我曾去过郑州，记得那时风沙大，尘土多，颇荒凉。当时，我在一家郑州朋友开的餐厅，彻底地享受了一回河南的美食，以至于错过了火车，不得不再等 24 个小时，才能赶上下一班火车。我们在车站附近走来走去，消磨时间，发现这座城市很沉闷。

这一次，我在机场遇到了中国旅行社的接待员。我发现，郑州已经变成一座崭新的城市，有许多新建筑，宽敞的街道绿树成荫，改变得使人难以辨认。我住在一家叫中州宾馆的酒店，这是一座由当地工人设计和建造、庞大而令人印象深刻的豪华宾馆。在酒店中央，有一个高架的接待楼层，每个人要通过它才能走入房间、餐厅、邮局和理发店。无论走到哪里，房客们都必须通过高架上下，在上面来回走动。——我发现这种安排相当不方便。

和宾馆服务员聊生活中的事

由于极度疲劳，我先休息了一会儿。下午 4 点左右，有一位男孩和一位女孩敲我的门，说想进来做"清洁工作"（"搞卫生"，这是中文的新表达方式）。在每家旅馆，男孩和女孩们会在午后走进房间，打扫厕所和浴缸，铺床，倒空废纸篮，他们的嘴上覆盖着口罩。

我借此机会与男孩交谈，问他是不是红卫兵。他给出肯定的回答。

"你的学习经历被红卫兵运动打断过吗？"我问。

他说："不多，因为在'无产阶级文化大革命'期间，许多大字报是由青年学生创作和书写的。那是我们练习书法和作文的好机会。先生，如你所知，我们可以通过实际工作，通过分析和解决难题，获得更多的知识。我们不再试图记忆书本上的公式、规则、散文和诗歌。这种过时的研究方法，只能把人变成无用的书虫。"

他还说，他向老师和长辈们学习，他们总是批评老式的教育制度。晚餐时，食物是咸味的；河南也以其美食而闻名。我和坐在我桌上的那个女孩谈过了。她说她是宾馆行业的初学者，来这里只有几个星期。我猜她的年龄是 18 岁。她纠正了我，说她 19 岁了。每月收入 30 元，用其中 9 元购买食品。她的衣服和房间都是免费的。她说她家里有四个孩子；她是最小的一个，其他人也都在工作。我问她哥哥是否结婚了。

她说："没有，因为他才 23 岁。毛主席教导我们，25 岁以下的男孩和女孩不应该想结婚的事。毛主席鼓励晚婚。我们全心全意服从他的指示。"

我再询问她是否喜欢这里的工作。

她回答说："毛主席说：'我们应该为人民服务。'无论何时何地，只要需要我的服务，我将很乐意尽我所能去做。"

黄河被驯服了吗？

郑州据查是黄河被驯服得最好的地方。1938 年，蒋介石命令下属挖开了距郑州市 12 英里（约 19 公里）的黄河大堤，企图阻止日军的前进。最后，他没能让多少日本人死亡；但是有 89 万中国人被淹死了。解放后不久，堤坝被修复，黄河水通过运河和湖泊重新输送到郑州。但是，黄河的根本问题尚未解决，即如何减少水流的速度，防止它携带这么多的黄土和淤泥到河床上来，使其逐年增高。政府仍在研究这一问题，并试图种植许多树木。这样，每当猛烈的洪峰或大雨来临时，黄土和沙泥就不会轻易被洪水冲走。

"大跃进"运动期间，毛主席号召全国人民植树，实现绿化国家的目标，这给郑州人民带来很大的动力。政府公职人员、工厂工人、学生和家政工人都积极影响。他们已经种植了近 300 万棵树，大约有 9.6 平方千米。

解放前，郑州的面积只有约 93 平方千米，但现在占地 368 平方千米，已成为中国的一个工业中心。有六家棉纺厂（河南盛产棉花），还有织造厂、染色厂、汽车和拖拉机厂。河南储备有大量煤炭，通常没有燃料短缺问题。以前，河南种植小麦。但现在，由于灌溉系统的改善，河南也种植许多水稻。

在 40 岁以下的人里面，没有文盲，因为所有年轻人都接受 9 年或者是 10 年的义务教育。40 岁以上的人必须克服困难，到学校来学习和阅读。

一位餐厅服务员告诉我说，他父亲现在可以读报纸和写信了。这位服务员在餐厅工作了十年，月薪 40 元，每天工作 8 小时。如果有很多顾客，他可能会工作更长时间；如果只有几个人的话，他的工作时间可能就少一些。

他说："我们从来不会很认真地按照小时和分钟来计算我们工作的时间。我们的工作是在为人民服务，并努力使客人们快乐。""9、10 点钟晚来的人，我们会让他们慢慢吃饭，不会催促他们离开我们本应在 8 点钟就关门的餐厅。"

我再次问他是否高兴。他说他很高兴，因为收入很好。父亲、妻子和孩子都有工作。综合收入能使全家人过得舒适。

从郑州到武汉

8 月 3 日，酒店接待员以安全为由，反对我的出行计划。他建议我说，您最好坐火车去武汉。我决定还是坐飞机去，这样可以节省一些时间。他不高兴了，借口有急事外出，找了另一个人去机场为我送行。

在飞机上，有一名同游者来自甘肃省的兰州。他是一位退伍军人，目前在兰州一家化工厂工作。他告诉我说，兰州以前是中国内陆的一座欠发达城市，但现在也有许多工厂，可以生产拖拉机、汽车、炼油机械和其他商品。

在他工作的那家化工厂里面，有回族人和汉族人，他们相处得很好。"我们的政府特别关注少数民族，给予他们应有的权利，尊重他们的宗教风俗和习俗，让他们感到满意，其结果非常令人高兴。"

我下飞机时，当地导游在机场接我，立即领我到一辆等候的汽车前。我们从机场出发，途中路过长江大桥，这是一座在苏联技术人员的帮助下建成的大桥。我被安排住在汉口的胜利酒店。在那里，我要求给我安排一间没有臭虫和蚊子的房间。

当我用"臭虫"这个词时，经理很生气，他问："你在哪里看到的？"

我说："我还是个学生的时候，从湖南出发，经武汉到北平学习期间，曾多次住在汉口。一天早上，旅馆的男孩惊讶地发现，我睡在三把椅子上，因为床上有很多臭虫。即使我放了些'滴滴涕'，也不能把它们赶走。"

听了我对三十多年前宾馆居住条件的抱怨之后，酒店"革委会"副主任下令服务员彻底打扫房间。我的房间朝南，安静、凉爽，床上再也没有虫子、蟑螂和蚂蚁。以前，这些都是旅行者的天然伴侣。

武昌全国农民运动讲习所

根据我的消费能力和时间安排，宾馆的两位导游和我讨论了一份行程安排。我想看汉阳钢铁厂和"五七"干部学校，我的一个老朋友在那里工作。但因为路程太远，我付不起出租车费，这是我一个人在中国旅行的主要费用之一。因此，我们同意去看毛主席的故居，当年的 8 月 4 日毛曾在此逗留。

这所位于武昌都府堤 41 号的住宅，门口用镀金字写着"毛泽东同志旧居"。他在这里大概住了一年，在 1926 年 8 月到 1927 年 7 月底，他曾担任中央农民运动讲习所的领导人，这个讲习所成立于 1927 年 3 月。

讲习所的学生大多来自农村地区，在武装起义中接受了政治和军事的考验，反抗资本主义和地主阶级及土地的重新分配。学生生活就像他们在军营里一样，把步枪挂在墙壁上，宿舍人满为患，睡双层床，教室和礼堂供接待员使用，接受政治教育。

正是在这里，毛泽东发表了他的研究报告《湖南农民运动考察报告》；也曾在这里，1927 年 4 月，毛泽东参加了党的第五次代表大会。8 月，他又参加党的紧急情况会议。8 月 7 日的大会，参加者仅有 20 人，陈独秀的错误在这次会议上得到纠正，毛泽东受命返回湖南，带领部队举行秋收起义。八七会议是在汉口举行的，而不是像一些学者认为的在九江（展览馆中有汉口会议旧址的图片）。

中央农民运动讲习所是一个农民革命中心。毛泽东带领包括湖南在内的湖北、江西等 15 个省的 800 名学生进行。这次讲座于 1927 年 3 月 7 日开始，学习时间为六个月。毕业后，学生们被派到全国各地领导土地革命运动。

这里的学生不仅接受了军事训练，还参加了在麻城与当地地主，以及与靠近湖北和河南边境的红枪会成员对抗的实战。中央农民运动讲习所是由湖南、江西和湖北联合成立的。

1927 年 7 月 15 日，汪精卫下令逮捕武汉的中共中央政治局成员，这标志着国共第一次合作失败。有传言说，双方之间的关系变化是由陈独秀的机会主义造成的，这是蒋介石和汪精卫的阴谋，许克祥在长沙的政变才是起因。1927 年 5 月 21 日，长沙当地国民党驻军指挥官许克祥命令他的军队攻击共产主义组织，国民党在其他地方也下令采取类似的"反共"行动。

1927 年 8 月 1 日南昌起义失败后，毛泽东于 9 月 8 日[①]在湖南发动了

---

① 秋收起义准确的日期应该是 1927 年 9 月 9 日，相差一天。——译者注

秋收起义。经过七天的战斗，他们攻占省会城市长沙的计划也失败了。9月 29 日，他们被从长沙郊区驱赶到永新县。后来，他去了三湾，面对惨痛的失败和教训，他改编了这支队伍。毛泽东面对他的士兵做了一次演讲。他说，那些革命热情已经被打碎了的人，可以带着安家费回家去；而那些有勇气继续革命的人应该追随他，并重新开始革命，组织一支强大的革命队伍。这种改编得到了士兵们的支持，也鼓舞了留下来的人的革命士气。

从三湾出发，毛泽东和他的追随者们走到一座被称为井冈山的要塞，建立了革命根据地。毛泽东选中这个山区的原因是一个谜，但是它离毛的出生地不远。现在，从韶山经三湾到井冈山有一条公路，全程大约 120 公里。

参观棉染厂的见闻

当天下午，我被带到武汉棉染厂参观（位于武汉杨家岭）。这里不是一家棉纺厂，而是专门从事棉布与合成纤维产品的染色。从 19 世纪 90 年代开始，在棉织物的生产中，武汉这座城市就已经占据了重要地位，这种声望现在还存在。当时著名的地方长官张治中，就将他的办公室设在武昌。

这家工厂生产彩色漂白布和染色布。未经处理的棉织物是棕色的，而且很粗糙，必须经历许多处理工序。例如，用气体火焰烧掉多余的线头；在蒸汽锅炉中，将其漂白成如白雪皑皑一样的布匹，再用机器熨烫，然后对它进行初检和再检查，以确保它是纯净的出厂产品。经过此项处理后，布料才被染上颜色，如蓝色、黑色、棕色或红色。工厂保证颜色永远不褪色，不管洗多少次。

这里有 70 多种彩色布。最乏味、耗时最久的工作是制作彩色印刷品。模式必须事先制作，色彩必须柔和、和谐。据我所知，制作这种彩色印刷品，设计师的印刷技术和经验很重要。我看到了大约 30 个设计师，他们喜欢尝试各种方法来绘制图案，其中有些颜色非常漂亮。

这家工厂雇用了 1700 名工人，其中三分之二是男性，三分之一是女性，这表明还没有实现完全的性别平等。否则，这样的工厂里应该有更多的妇女参与。这家工厂建于 1957 年，工厂从上海获得了机械和技术工人。因湖北是全国棉花生产中心之一，国家计划加强棉纺厂和印染厂的现场生产，以减少运输费用。

据当时所知，"文化大革命"之前，这个工厂的日常生产量大约是 2.3 万码的布，现在是 36 万码。

干部和工人们正在努力改善他们的政治态度及生产力，不仅是通过理论研究，也在实践中根据人民的需要进行实际的改进。工厂的工人经常与消费者联系，了解他们的真实需求。他们说："根据我们的消费者调查，我们已经做了一些改进，以适应他们的需求。无论群众希望我们做什么，我们都会修改设计方案，达到让他们满意的程度。"

工厂经常派设计师和工人去向人民群众做调查。商人们经常被邀请和我一起，参加一个有关工厂的管理研讨会，选择要制造的图案和颜色，找出什么模式最受欢迎。这个工厂还派技术人员去农村社区，看看农民喜欢的是什么颜色和什么样的布料图案。这家工厂每年举行两次由领导干部、商人代表参加的大型会议，和消费者代表讨论工厂的职能。

以前，这家工厂的中国工人试图模仿欧洲和美国模式。现在我被告知，工厂的工人们都是自己做面料的改进设计，同时改进自己的机器，并致力于生产更耐用的产品和便宜的布匹。

我问："你们是否打算出口中国棉织物？如果是这样，你们就必须生产一些与日本布类似的东西，以便参与国外市场竞争。"

工厂"革委会"副主任说："目前，工厂的生产是面对国内的消费者，尤指工人和农民的消费者。中国的布料和成衣只有很少一部分运往香港，为了满足居住在那里的中国人的需要。"

工厂经营公立的卫生所、幼儿园、小学、初中和高中，所有这些都是由工厂出资设立的。此外，还有配有 34 名医生和护士的健康中心可以照顾工人们，包括进行一些简单的手术。同时，在武汉市内还有 3 家医院，对重病患者给予治疗。此外，一些赤脚医生会在平时为人们提供急救治疗，发放解决头痛或其他小问题的药物。

工厂设有餐厅、公共浴室、礼堂和娱乐中心，人们可以在这里打羽毛球、乒乓球和篮球，等等。有 13 个宿舍，由 4 个或 5 个楼层组成，再加上 8 栋一层楼的住宅，合在一起可以容纳 80 人。在工厂中所有的工人，他们住宅的月租金只有几元钱。这家工厂职工中，月平均工资是 62 元，最高的是 120 元，最低的是 38 元。工厂学徒人员的工资，第一年是 18 元，而第二年的工资是 22 元。工厂没有从休病假的工人那里扣除工资，也没有要任何人交纳医疗费用。已婚的家庭里，有 70% 以上是丈夫和妻子在同一家工厂工作。他们的成年子女也在这里工作，因此，每个家庭在银行都有存款。

工厂的发言人在介绍情况时，指出了工厂目前存在的一些不足之处：

1. 尽管有 90 多个研究小组，但工人对马克思主义和毛泽东思想的认识、研究还不够深入；

2. 他们的生产质量不一致，尽管有很多人对此给予了关注；

3. 管理层对工人的生活关心不够。

在这个工厂的革命委员会里，每个成员都有具体分工：一些成员负责制订生产计划，增加产品产量；另外一些成员则负责思想教育和文化学习；还有一些人的工作是负责工人的福利；亦有一个分会，负责工厂的安全，以及民兵的组织和军事训练。此外，工厂正计划在合作的基础上，供应减价布料和大米给工厂的工人。

在我回宾馆的路上，也就是 5 点以后，我看到了许多公共汽车。我问导游：你是否知道武汉有多少公共汽车？他说，解放前全市只有 10 辆公共汽车，这样，乘客可能要等两个小时，才能赶上下一班公共汽车，然后车上又经常人满为患，上不了车。现在全市有 600 辆公共汽车。

武汉大学与教师问题

武汉大学是长江上游和中游地区最好的大学之一。站在珞珈山校园的大楼顶层，可以俯瞰长江，以及武汉三城——武昌、汉口、汉阳的全貌。

8 月 5 日，我参观了这所大学。当时，大多数教授和学生们正在放暑假。我受到了学校主管教育的"革委会"副主任及三位历史系教授的热情欢迎，包括一位资深教授彭玉信，他曾经是已故历史系主任李剑农教授的助理。我曾经英译过李剑农的著作《中国政治史，1840—1928》，英译名为 *Political History of China，1840—1928*①。

两位年轻的历史系教授和行政办公室的干部接见了我。当他们得知我曾经翻译过尊敬的李教授的主要著作时，他们非常友好地接待了我。

彭教授总结了这所大学的历史。武汉大学始建于 1913 年，1958 年发生了巨大的变化。当时，学校的大多教授和学生属于"资产阶级"。在那个时期，受到在教育上占主导地位的刘少奇的影响，学校取消了大学的校办工厂，送学生去农村工作的做法也被阻止了。这样，学生们在学校的时间就仅是花在教室和图书馆。一般的模式是，"一年级保留他们的农民背景，二年级模仿外国风格，高年级的学生鄙视他们的农民父母"。

然而，在"文化大革命"期间，教育系统受到了严厉的批评。因此，工人们现在参与了大学管理部门的工作。自然科学研究必须与生产和劳动相结合。对于社会科学专业的学生来说，整个社会都是他们的实验室。他们经常与无产阶级阶层接触，并进行社会实践调查。

学生必须有正确的政治思想和强烈的兴趣学习马克思、列宁、毛泽东的著作，必须愿意为工人、农民和士兵服务。我们认为，与贫下中农和工厂工人一起学习和工作，会使一个人变得谦卑、随和、健康，同时也能够体贴他人。人民，只有人民，而不是英雄，才是历史的创造者。

---

① 英文版《中国政治史，1840—1928》，精装版，Van Nostrand 出版社，1956 年；平装本，斯坦福大学出版社，1967 年（原作者注）。

译者补充：普林斯顿大学出版社，1956 年；斯坦福大学出版社，1968 年；印度语版，1964 年在新德里问世。2011 年 9—10 月，美国 Literary Licensing，LLC 在两个月内，再次出版并重印；2013 年 10 月，武汉大学出版社在国内首次出版英语版，并将其列入武汉大学"百年名典"系列丛书。译者曾于 2013 年在《中华读书报》上发表书评文章，长期被武汉大学转载于校园官网上面。最新发表的文章《李剑农：唯物史观与多学科融合的典范》，载《中国社会科学报》2022 年 1 月 11 日，第 4 版"建党百年·学术百家"栏目整版。

武汉大学现有教职工 800 多人。除了一些年老或是有疾病的人，每个人都参与一些体力劳动。最近，有超过 80% 的教员是从工农兵学员中选拔出来的，他们都有着丰富的实践经验。这些工人担任兼职教师，协助其他教授指导学生。例如，在中文系有一个农民，他的爱好是创作。因此，他除了负责农场职责，还扮演着一个业余讲师的角色。

以前，武汉大学有大约 5000 名学生。1970 年重新开放招生后，该校共招收了三个班的学生，目前共有 2159 名学生。其中，男生有 1496 人，占 69%；女生有 663 人，占 31%。目前学校共有六个系：农学、历史、哲学、经济学、图书馆学和自然科学（其中包括化学和物理）。这所大学有两个发展中心、七个工厂和农场。

这里采用发展性教学模式，即"从实践中学习"（启发式），强调鼓励学生，并培养他们分析问题和推理的能力。虽然，很多学生没有太多书本知识，但我听说，他们有丰富的实践经验。

在中国，几乎每一位教授都会编写一本教科书，然后一章章地进行油印，并分发给学生。学生以前会提前阅读这些教材。在讲座期间，教授没有要求学生在课堂中记笔记，但是会让学生提问，然后继续进行讨论，并拓展探讨的主题。

武汉大学不收学费、食宿费，或是买书的钱。有 5 年以上工作经验的学生从原来的工作单位领取月薪。没有 5 年工作经验的学生，可从大学领取 18.5 元。其中，13 元用于购买食物，5 元用于其他支出。

这所大学的图书馆有 100 万卷书，图书馆购买和管理图书的年度基金是 1 万元。我检查了他们介绍的中国近代史部分图书，并告诉图书馆员说，目前的藏书量还很有限。他很不高兴，窃窃私语地说，图书馆买了许多书，其中包括台湾地区编纂的中国历史。但是，这些书籍不会供学生使用。

我认为，一般来说，西方的科学期刊的含金量，要比当代政治学和历史学更高。这个以科学为重点的，不平衡的图书馆采购政策，由 J. Tuzo

Wilsons 旅行账户证明。[①]

接下来，我把我的调查目标转向了一个较轻松的话题——社交生活和学生们的性生活。我要求与男女学生共同交谈。他们非常快地打电话，从图书馆叫来了三四个学生。他们每个人都做了一次演讲，但没有直接回答我的问题。其大意是，他们需要很努力才能上大学。有人说，他们是所在地区唯一一个有幸进入这所大学的人。男女同学们一起工作和讨论，但很少去想两性之间的不同。他们所有人都很忙，没有时间去想社交生活和两性生活这样严肃的问题。

一位年轻的女讲师解释说，许多来学校的学生，当地的村民们都会用乐队的形式，欢送他们上大学，这种形式是上大学的一种特权。被送去的那些学生也因此背负着沉重的责任，下决心成为一个好学生。经过三年的大学教育之后，他们会回到原来的工作单位，作为一个政治和知识型的领导。实际上，这位年轻的讲师和学生们同住在宿舍里。中国的学生和教师在一起生活、工作和学习，并在一起玩，以便彻底了解对方，发展师生友谊，这是一种普遍的趋势。因此，据我所知，这位讲师可以保证，她在宿舍里观察到的同学很少有私人关系，除了友好的伙伴关系。

此外，许多有工作经历的工薪族学生已经结婚了，成为上大学的妻子或丈夫。当然，他们是不应该想到婚外关系。最后，其他教授说："邓博士，今天大多数中国人都是以目标为导向的。他们要先达到目标，忽略其他不太重要的事情。"

武汉大学接待我吃午饭，有 24 位教授、学生和工人参加，分坐在三个正方形的桌子上。大米未经打磨，但是我赞同它有维生素 B。食物很丰富，而且有两道热菜是专门为我准备的。我知道，通常在大学里供应的食物，虽然营养丰富，但不像在现代酒店里那样美味。

---

① 图佐·威尔逊：《一个中国月亮》（*One Chinese Moon*），纽约：希尔和王出版社（New York：Hill and Wang），1959 年，第 142、207 页。

河南现代革命戏剧

晚上，我被带到一个露天剧院去看一场豫剧——《杜鹃山》。这出戏讲述的故事发生在 1927 年秋收起义时，共产党计划同时启动在湖南、河南和湖北的暴动。河南的党支部书记是一个摇摆不定的人，是一个革命意志不坚定的资产阶级分子。他不能执行毛泽东的命令，最终加入了国民党。党代表预先发现了这件事，并处决了他。然后，党代表指挥其他士兵击败敌人，在秋收起义中取得胜利。一位妇女扮演了党代表的角色，这对我来说似乎是不重要的，但是提高了中国妇女的地位。

这出戏背后的寓意是：党指挥枪。而部队成员的服从，促进整个计划的实施，以及领导权力的落实。这出戏的主角是毛泽东，他当时被称为毛委员。

这出戏演得很好。它被分成八个场景，虽然这是个户外剧场，但还是有很好的风景和背景。然而，背景的变化不如在北京那么快。对话和歌唱部分保留了河南当地的大部分特色。

武汉的社会经济条件

在西安访问时，我曾问过那里的省革命委员会和省党组织之间的关系。8 月 6 日来到武汉的时候，我再次问了同样的问题，想看看西安的权力结构是否为全国的特色。

这里和西安一样，革命委员会是一个执行机构，相对于 1971—1972 年恢复执政的共产党组织对革命委员会的政策。这两个组织组成了一个联合领导小组，党的组织占主导地位。然而，在工业、农业、文化和教育、医学和公共卫生等分委员会中，党的权力下放。

目前，武汉的工商业状况具体情况如下：全市有人口 270 万人，其中，工厂工人约为 50 万人。在解放之前，武汉是一个消费型的城市，没有生产机械的工厂，只有修理店。解放以后，武汉已经成为全国的工业中心，拥有 2000 多家大小不同的工厂。钢材是武汉的主要产品之一，并且许多重型机器是在这里制造的，然后运到中国的其他城市。另外，全市共有 6 家棉纺厂，总共雇用了约 9000 名工人。

在商业方面，武汉每个区都有一家大型百货公司，以销售当地产品为主，满足人们的日常需求。武汉能够在不依赖外部供应的情况下满足当地需求。

武汉市区有大型医院 15 所、大学 20 所、中学 214 所。此外，还有 844 所小学校，可容纳 74.5 万名小学生。初中教育已成为义务教育。对于每个学龄前儿童而言，等他们到高中阶段时，高中教育也会成为一种大众化的教育。

以我的观察来看，与解放前相比，武汉人民的生活条件已经有明显改善。不过，我看到很多人睡在竹席上，拥挤在夕阳斜光下炎热的商店里。我猜商店需要很长时间才能装上空调！

从横跨于长江之上，连接武昌和汉口的铁路桥上走过时，我对毛泽东的诗词有了更好的理解，但 "乌龟和蛇山锁定了伟大的长河（原句为：龟蛇锁大江"）[①] 这句话，对翻译者来说一直是相当困难的。

这句诗是一个比喻，描述了汉阳边的一座山（龟山），和武昌城西边的另一座山（蛇山）。这两座山分别呈现龟和蛇的形状，面对面在长江两岸相依为命。把它锁定，这是诗人的想象。现在，他的诗意想象被实现了。铁路桥从龟山开始建造，从汉阳边延伸，结束于武昌西侧的蛇山。

我看见一个年轻人，左臂上戴着一个黑布带，上面写着中国特有的 "孝道" 两个字。这表明，这个年轻人的父亲或母亲最近去世了。采用这种方式表达自己的感情办法比较好，而不是像过去一样，穿着白色孝服好几个月。这表明对烦琐的社会习俗的一种改革。

一个完全不受欢迎的社会习俗，是称呼自己的妻子为爱人（或点心、

---

① 出自毛泽东于 1927 年春创作的《菩萨蛮·黄鹤楼》。词的上阕主要写景，描写毛泽东登上黄鹤楼的所见，全文为："茫茫九派流中国，沉沉一线穿南北。烟雨莽苍苍，龟蛇锁大江。"——译者注

甜心）。例如，我的导游王先生告诉我：他一个月挣 60 多元，爱人每月有 50 元。

我说："我想见见王爱人，和她谈谈妇女在新中国的地位。"

我的导游说："你不能叫她'王爱人'，只有丈夫可以称呼他的妻子是没有姓的人，第三个人不能用这个词语。相反，报纸上用的是旧的词：夫人或女士。现在还没有正确的方式来指代无产者的妻子。不如叫她娘家给起的全名，正如中国称同志的那样，彼此都很好。"

谁知道是否会有一天，"爱人"这个词也成为一种传统职权范围的代名词。

从武汉到长沙有 320 公里，乘飞机大约一个小时。湖南省人口数大约有 3800 万，省会长沙市大约有人口 72.5 万。

长沙的主要作物是水稻。解放前的每一亩土地产量为 150 公斤。解放后，同样数量的土地产量是 198 公斤。合作社期间，每亩产量提高到 250 公斤。在人民公社成立之初，每亩产量一直在增长，从 1958 年的 297 公斤，1965 年的 328 公斤，到 1968 年的 396 公斤，一直到现在的 1971 年，达到了大约 495 公斤。产量激增的原因是电泵灌溉的引入、优良种子的选择和更多化肥的应用，包括化学肥料和有机肥料。80% 的土地在湖南现在一年收获两次。

我在长沙遇到了一些麻烦，我订到了一家头等的宾馆，但导游不让我住，因为我是海外华人，不是外国人。经过一番争论，我自己一早就赢得了这场战役，住进了头等宾馆。第一天晚上，我住在一个糟糕的房间。受蚊子的折磨，我度过了一个不舒服的夜晚。我发现浴缸里的水是"生锈"的，显然浴缸已经很久没有使用了。幸运的是，第二天早上（8 月 8 日），我去了毛主席的出生地。当我回来的时候，我换到了一个更好的房间。

九、广州与佛山

广州印象

8 月 10 日下午，我乘飞机飞往广州，住在我第一次来的时候住过的那家酒店。广州市有五个区，加上位于郊区的两个县，总面积大约有 1600 平方公里，人口约为 300 万。[①] 目前，这座城市已经成为中国南部的工业基地，生产汽车、船舶、化学用品和电气设备。市内有一条已经完成疏浚的河，深水码头已经建成，具备一次停泊几艘万吨级货轮的能力。

8 月 11 日，一辆中型大巴车搭载了大约 20 名乘客，包括来自北京的几位导游，这是一支刚刚抵达中国的旅行团，他们来参观 1927 年 12 月建成的广州起义烈士纪念馆。

在那次起义中，因为也有许多俄罗斯人被杀，纪念馆附近有一座中国和苏联的烈士纪念碑。另外还有一座朝鲜和中国烈士的友谊纪念塔。当时有 100 多名朝鲜人参加了这次起义，并献出了生命。雄伟而庄严的陵园是宽敞的，旁边有一个湖，人们可以在里面划船。

我的下一个目标是去参观广州农民运动讲习所。从历史上讲，讲习所可分为两个阶段：第一阶段从 1924 年 7 月开始到 1926 年 2 月结束，由彭湃当所长，培训出 450 名毕业生；第二阶段为 1926 年 5 月到 1926 年 11 月，执掌讲习所的是毛泽东，讲习所共分六个班，毕业生有 327 人。在毛泽东的指导下，讲习所搬到了现在的地点。

在这里学习的主要内容是农民问题，但学生也接受了军事训练。1926 年 3 月，毛泽东发表了《中国社会各阶级的分析》。在北伐战争之后，农民运动讲习所被关闭了，但它之后又在汉口重新开办。当地导游，一个年

[①] 详见《中国建设》，译者按：1951 年 8 月，由宋庆龄在上海主办的一份英文刊物，中文名为《中国建设》，双月刊，现改为《今日中国》（China Reconstructs），1972 年第 6 期，1972 年 11 月，第 11 页。

轻的女孩，生动地讲述了讲习所丰富的历史，但她没有告诉我们，这是由彭湃个人捐款建立的讲习所。

广东塔里人民公社

这个公社位于广州市外 9.6 公里处。公社的"革委会"主任姓林，是一个 30 多岁的农民。他告诉我们说，该社区由 1.59 万个家庭组成，超过6.3 万人，分为 19 个大队和 237 个生产队。可供利用的土地共计 5.9 万亩，约合 1 万英亩。每人耕种不到 1 亩（或 1/6 英亩）的土地。主要产品是大米，1971 年的产量超过 5.2 万吨。其他产品，包括年产 2.178 吨的蔬菜、水果和鱼，6.2 万头猪及 3 万多只鸡、鸭、鹅。

另外，这个公社还有小型机械工厂（可生产和修理农业工具，制造电线）、鞭炮厂、水泥厂，以及石灰窑、化肥厂和碾米厂。

为了减少洪水和干旱对生产的影响，早在 1958 年人民公社成立后不久，他们就曾从公社中动员超过 5000 人，组织他们建造水库、灌溉水渠和修筑水坝。同时，他们采用大量的不同尺寸的水泵来调节水量。他们还精心挑选种子，就像"挑选妻子"一样。稻谷类植物茎秆较短，生长周期也较短，这样就要争取在台风季节前收获。

他们经过仔细的分析，对土壤进行了改良。比如，在黏性较大的土壤里增加了砂土，反之亦然。这样做可使土壤更适合种植。同时，还要正确地应用化肥和有机肥料。

另一方面适当控制灌溉的时间。例如，水稻生长期，需要引入更多的水；在水稻成熟、收获时，再将水从田间抽走。

通过这些方法，每亩水稻的产量，从解放前的 198 公斤，增加到了合作社时期的 297 公斤（1957 年以前）。1959 年为 396 公斤，1971 年为 654公斤。在过去，人们没有足够的钱用于吃穿。现在每个人每年都有 297 公斤的大米，每个家庭收入超过 425 元，许多人还建造了自己的房子。公社拥有超过 9300 辆自行车和 1000 艘小船。每个人都能满足吃和穿的需求，而且没有乞丐。

现在，人们的关注倾向于公共福利。病人们可以选择是到中式还是到西式医院，接受他们的治疗。许多赤脚医生和医生们一起工作，帮助一切受伤或生病的人，为他们提供第一次问诊。每人一年的医疗保险费用，个人只需要缴纳1.7元。人们从自身健康角度出发，使用单独的毛巾；通过戴口罩，远离那些感冒的人群，同时自觉接种疫苗和其他预防性的注射。

公社也很重视孩子们的教育问题。目前有7800名小学生、2000多名初中学生和900多名高中生正在接受教育，学生总数超过10700人。

每个学龄儿童必须接受五年的小学教育，初中生和高中生各接受两年教育。这些学生中有一部分被送进了大学。公社还为每个人提供经常性的免费娱乐项目。

"从整体上来看，农民现在的生活，要比以前幸福得多。因此，他们非常感谢共产党的领导。"林主任说。

"但是，"林主任接着说，"我们也有不足：

1. 我们还缺少机器。公社仅有3辆公共汽车，不超过10台拖拉机。大部分农活仍然是由人力来做。

2. 奖励是以生产量为基础的，而不是以个人需要为基础的。这种奖励方式是按照以下原则：'根据每个人的劳动量，分配他们的劳动报酬。'换句话说，就是为那些工作更多的人提供更多的收入。在年底时，会计算公社成员根据以下数据赚取的工分（劳动报酬单位）：劳动的数量、类型和质量。社员中的病人和残疾人，他们的口粮和其他人是一样的。但他们的现金收入会减少。"

我想了解更多公社的组织形式和付款方式，林说："公社有三个组织级别：大队、小队和生产队。公社指挥大队，而大队又指挥小队。但生产队决定了自己的生产配额。接近年底时，公社将计算出产品总数，并扣除应交给国家的资本成本和税收（占国民生产总值的7.5%），其余的按其贡献，依据其得到的工分多少，分配给社员。勤劳的社员会得到更多分红，懒散者则得到的较少。"

每个家庭都有银行存款，每 850 元的月利息为 1.1 元。无论是对个人还是对家庭，都不征收所得税。

生产队积累的资金用于以下目的：购买农机和改善公共福利，其中包括文化活动、教育和对生病、退休或残疾社员的援助。

塔里人民公社的组织机构由 32 人来管理，即由农民、干部和民兵（没有解放军）组成的委员会。在公社领导下，委员会下设 10 个部门，包括行政、农业、商业、工业、文化、教育和公共卫生等。委员会成员每月的工资从 34 元到 144 元不等。

在这个公社的稻谷厂，我看到了许多用麻袋装满，重达 50 公斤的精装大米。麻袋的标签上有罗马字母，据说是用于出口。同时，中国又从加拿大和其他国家进口小麦，我不知道这是不是真的。但有人告诉我说，进口的小麦是为了支援"第三世界"国家的革命。

公社制订了第四个"五年计划"。到 1974 年的目标是，每亩土地生产 670 公斤的粮食，再增加 10 台拖拉机，饲养 7.5 万头猪，建造一个加工食品的大型工厂，并计划从香港引进大型制冷设备。

这个公社还有一个医生培训方案。尽管目前来说，他们仅有 6 位本地培养的医生、11 个受过西方训练的医生，还有几个精通中西医治疗的医生。但是，医生总数还不足以满足 6.3 万人就医的需要。有经验的医生必须由政府指派，他们从 20 世纪 40 年代就开始接受培训。但是，他们的人数远远不足以满足这个幅员辽阔的国家的需要。因此，国家采用了一种快速培训医生的方法，即每家医院选择许多年轻的大学生，甚至高中毕业生作为学徒，听老医师对疾病诊断的解释和治疗方法。几年后，学徒就可以在导师的监督下，诊断和处理常规的病例。最后，学徒可能会得到资深医生委员会颁发的证书，表示他有能力独立治疗病人。

半导体材料厂

1969 年春天，这家工厂始建于广州。它所制造的电子器具，如晶体

管、硅半导体、硅晶体、电子计算机和控制终端等，都是与国防工业相关
联的产品。因为一些主要的原材料，例如石英和焦炭，来源于广东顺德和
南海地区的一些专业公司，所以这家工厂建在这个地区。平均来说，工厂
每天能够生产三斤的单晶硅片。据说，苏联正在考虑从中国购买大量的
硅片。

在国外，建造这样一座工厂要花费数百万美元；但是在中国，生产成
本就要低得多，因为工厂采用的是本土材料和机器。它们都是在毛主席的
指导下，被自力更生生产出来的。工厂的工人们全部来自上海，以及国内
其他不同的城市。在生产中，他们经历了许多想象不到的事情。在使用有
毒物质的过程中，他们甚至还要冒生命危险。但是到最后，他们终于成
功了。

1972 年夏天，这家工厂雇用了 98 名工人，其中有 35 名是女工。所有
的工人都很年轻，平均年龄只有 29 岁。他们以一种充满活力和热情的精
神，去学习经验和提高工作能力。据报道，大多数复杂的机器是由工人们
自己制造的（因为在中国，如果雇佣一个外国专家，需要支付"天价"薪
金），而这些本地专家的报酬从 35 元到 101 元不等；平均月收入为 78 元
（理论上，他们的报酬一年调整一次）。

在今天的中国，职工的工资等级有八个，分别为 35 元、41 元、46 元、
56 元、69 元、72 元、96 元、101 元。决定是否增加工资时，以工人日常
"成绩单"为基础，由工人代表和群众代表组成一个委员会，根据职工的
能力、技能、智力和成员对集体生产的态度，讨论其优点所在，对他们进
行综合评估。

在这里，就像在鞍山一样。有人告诉我说，精密仪器是由女人来测定
的，因为她们比男人更负责任。男人和女人都有同样的工作报酬。政府指
派工作时，需要对妇女的身体给予应有的考虑，包括 56 天的带薪产假。过
了这段时间，她们如果希望工作的话，就可以继续工作了。而她们的孩子
将由公共托儿所负责照料。

中国十分鼓励，并采取政策促进传统手工业和轻工业产品的生产，如刺绣、玉雕、象牙制品、石雕、木雕、瓷器、镶嵌珍珠的漆画等。老先生们愿意教徒弟，年轻的学徒渴望学习。两方面的人都通过公共资金得到了丰厚的工资，没有人害怕竞争或者被替代。

尽管如此，中国还是故意放弃了每年几百万美元的收入，拒绝向东南亚地区的唐人街出口一些商品项目，包括纸钱、纸衣服、熏香、鞭炮等物品，用于在大年初一或者腊月十五，祭拜祖先的仪式，即使这种生意几十年来利润丰厚。中华人民共和国禁止制造和出口这种"封建的、有害的和迷信的"商品。

我将这些信息告诉了一位正在中国旅行的印尼华人。他在雅加达开了一家工厂，专门制造祭拜祖先的仪式用品，供应海外华人。

佛山艺术瓷器厂

佛山，距离广州约 20 公里。它位于珠江三角洲地区，是一个工商业中心。同时，它还是中国四大著名批发市场之一。出于这个原因，8 月 14 日我访问了佛山。

在这里出售的陶瓷制品，生产日期可以追溯到 700 年前。在解放战争时期，工业陷入衰退。但在 1952 年，瓷窑被大约 100 名工匠恢复了。1958年"大跃进"期间，瓷器制造业取得了很大的进步。反映民间的主题，以及动物、鸟类、景观和花卉等图案，被雕刻在装饰盘和大缸上面。

到了 1968 年，一种真正美丽的新三色釉技术被开发出来。在 1966 年之后，古老的技术被重新提炼，开发出新的前景。我们可以看到许多漂亮的花瓶，我的一位美国同行想买其中的一个。我也有此购买的想法，只是它们太大了，不能跟随我们继续旅行。

陶器和瓷器设计师经常向工人、农民和士兵们咨询，询问他们的偏好，制造商品满足他们的口味和需要。许多模仿丧葬的马匹、唐朝人形象的作品是如此接近原貌，以至于业余爱好者很难分辨出来差异。模仿宋瓷的作品似乎不那么令人满意。为了迎合美国人的爱好，许多烟灰缸都带有熊猫图案，每个卖几角钱。这在中国人看来很普通，但是它们很快被一群纪念品"猎人"买走了。

之后我参观了一座装饰精美的古庙，这是我在广州的最后一个观光景点。它始建于公元 1080 年，在明清时期逐渐被扩大。尽管神殿有巨大的雕像，但它既不属于佛教，也不属于道教，而是北帝——水神。据说，三月初三是北帝的生日，那天他会在该地区巡逻。这个地方一定是经历了无数次的洪水和台风；柱子和雕像的基石用固体块制成，以抵御潮湿。在这种复杂的情况下，有一个很好的戏台和两个建有雕像的宫殿，还有一幅卷轴，上面有美妙的构图，还有几列文字，写着相关说明。中国和外国游客经常到这里来参观，参观人数曾在一天内达到创纪录的 4000 人次。"文化大革命"期间，这座寺庙因受到破坏而关闭了两年。它在过去的两年里被重新粉刷了，花了几十万元，现在已经对游客开放了。

为什么政府必须修复这座古庙？为什么市政府花钱雇用了 20 名看护人在做导游？有一个导游普通话和英语说得都很好，他解释说，这座寺庙是一个国家文化宝库，应受到妥善保管，同时也可以为游客提供娱乐和放松的场所。

另一位游客生气地说道："你为什么带我们海外华人来看这个'展示'？"

导游喝了一口茶，停了一会儿，然后说："很多外国人，诸如费正清和他的夫人，要求参观这一中国古代建筑的代表作品，它说明佛教是佛山地区文化的一部分。从 19 世纪 40 年代以后，西方人就习惯于访问佛山地区。对于观光客来说，它是中国文化的一个特征；其他古代建筑，如美丽的花塔（6 世纪）、中国最古老的清真寺（7 世纪）也得到了良好的保存。"

在广州漫步

8 月 15 日，是我预留在中国的最后一天，我独自在广州漫步。作为一个历史学者，我觉得广东很吸引人。从 9 世纪的黄巢起义（当时有许多外国人被杀），到鸦片战争、太平天国起义，再到失败的孙中山起义（1895年），"七十二烈士"牺牲（1911 年三月二十九日［农历］），黄埔军校创办，还有广州起义（1927 年 12 月），这座城市一直是许多重要事件的发生地。

在美国，因为无法理解大多数餐厅经理和服务员说的粤语，我经常感到窘迫。因为这个语言障碍，我被认为是二等海外华人。更让人沮丧的是，我不能要求去香港，因为大多数人都用广东话回答我，当我向他们讲英语时，他们只会点点头。现在，广州流行说普通话，让我感到宾至如归。尽管一开始每个人见到我时，都试图说广东话，但是他们为了我，很快就改说普通话。

广州有太平洋西部最古老的贸易港口，也有重工业和造船工业，这是不争的事实。目前的广州，尽管没有摩天大楼，没有五颜六色的建筑，没有特别宽阔的街道，没有化装舞会，霓虹灯广告也很少，大多数建筑是灰色的水泥墙面，夜晚的街道和房屋都是昏暗的，因为那里几乎没有夜生活，人们遵循早睡早起的座右铭；但是，任何时候在街上散步都是安全的，因为没有被抢劫的风险。

尽管他们中的大多数人都穿着相当破旧的衣衫，但人们的态度是友好而礼貌的。我漫步在附近黑漆漆的街道上，窥视着商店和房子的内部，看看人们在做什么。我发现没有赌博的现象（这与香港很多场景不同）。对广州人来说，这是一场伟大的生活习惯革命，毕竟他们很多人都喜欢赌博。

每当有人在门口看见我时，他们就站起来，对我说："我们能为你做什么？"

我诚实地说："我是一个海外华侨，想看看你们晚上都在做什么。"

"请进来，和我们一起喝一杯茶吧。睡觉之前，我们正在乘凉。"

在广州，作为一种补充交通方式，三轮车仍然和公共汽车、出租车并行。这种三轮车的价格由政府制定。我体验过一次，从酒店坐到邮局。当我到达时，司机给了我一个收据，他本人保存一份副本，并将第二份副本送交管理当局。

我后悔没有去中山大学，看望我的前辈陈寅恪①教授。因为当时学校正在放暑假，暑假时间又特别长。

在我离开的前夕，我和一个朋友在珠江边站了一会儿，前面就是著名的中国出口商品交易会大楼。我们看着平静的江面，上面点缀着一条缓缓移动的小船。突然间，有一个小男孩用广东话向我们要 10 美元。我的朋友不懂广东话。那男孩用英语再次低声说，他想要 10 美元去香港。我们拒绝之后，他又说要 5 美元。当我们对他置之不理时，他就赶快离开了。

我将上述情况告诉我的旅店导游。他说，在解放前，中国出口商品交易会的举办地以妓院、黑帮藏身地、赌场和鸦片体验店而臭名昭著。天黑以后，任何珍视自己人身安全的人都不会踏入这里；解放后，这个贫民窟区一直是一片瓦砾，直到 20 世纪 50 年代末，才有几座巨大的建筑物在这里被搭建起来。这个男孩可能已经习惯于接近前来参加交易会的大商人，试图获得逃往香港的钱。

在广州和夏威夷进行海关检查

8 月 16 日，我离开广州前往香港。上午 8：15，火车从广州站开出。下午 1：05，抵达香港。

边境站的检查人员很认真，也很有礼貌。一个穿制服的女人，看了我的护照后，请我打开我的手提箱，仔仔细细地检查其中的物品，但是没有把箱内的东西搞乱。她问我，我的彩色胶卷是否洗印了。我说柯达彩色胶

---

① 陈寅恪（1890 年 7 月 3 日—1969 年 10 月 7 日），中国现代集历史学家、古典文学家、语言学家、诗人于一身的百年难见的人物，与叶企孙、潘光旦、梅贻琦一起被列为清华大学百年历史上"四大哲人"，与吕思勉、陈垣、钱穆并称为"前辈史学四大家"，先后任职任教于清华大学、西南联大、香港大学、广西大学、燕京大学、中山大学等。1972 年，陈寅恪已经去世，或许邓嗣禹有所不知。——译者注

卷，目前在上海和北京不能冲洗，她便没有说更多。她还问我，是否保留了用钱的收据。我回答有，她没有坚持让我给她看所有的文件。然后她笑着说："祝你一路平安。"

可以把这里的海关检查情况与夏威夷比较一下：包括我在内的许多人在夏威夷海关都受到了粗暴的对待。我建议：一些夏威夷海关官员应该模仿他们的同行——中国海关人员的办事效率和作风。

第三章　第二次在中国的旅行（1978 年）

　　我在中国的第二次旅行是在 1978 年 10 月，可以叙述为以学术考察为主要目的的活动。这次不是途经香港，而是从东京乘飞机到上海——我曾经在香港逗留过，花了 5 天的时间收集资料。给我留下深刻印象的是，日本和中国的生活成本有很大的差异。在中国，国际酒店为海外华人提供配备现代化家具的酒店客房，带大型双人床的房间每晚价格是 14 元人民币。① 理发的费用，包括剃须膏和洗发水总共是 1.2 元；而在日本，这样的消费标准至少要 10 倍以上的价格。餐厅食物也是如此。在中国，饭菜的味道比较好，量也比较充足。在上海住了几天以后，我的酒店账单上没有服务费，宾馆的男服务员拒绝我为他们提供的优质服务付小费。他们的彬彬有礼与友好态度让我如在家中。对上海人坦率和诚实的风格，我在 1972 年第一次来中国旅行时就留下了深刻的印象。我旅行时遇到的出租车、电动车、三轮车司机，在结账时总会主动给我一张收据，而绝不收取任何小费。我每到一个城市，交通消费的价格都是相同的，这反映出司机的诚实，他们都是依据每公里的收费标准来收取费用。

一、在上海与燕大同学相聚

　　在上海的那段时间，我去看望了一些老朋友，如顾廷龙② （Ku Ting –

---

① 在 1978 年 10 月，美元与人民币汇率约为 1∶1.70。
② 顾廷龙（1904—1998），号起潜，苏州人。曾任燕京大学图书馆中文采访部主任。1939 年与人共同创办上海合众图书馆，任总干事，后兼任暨南大学、光华大学教授。新中国成立后，历任上海市历史文献图书馆馆长，上海图书馆馆长，华东师范大学、复旦大学兼职教授，《中国古籍善本书目》主编，文化部国家文物鉴定委员会委员。著有《说文废字废义考》《章氏四当斋藏书目》《顾廷龙书法选集》等。——译者注

lung），他现在是著名学者，也是上海图书馆馆长。该馆目前拥有 600 万册藏书，是中国第二大图书馆。还有谭其骧①（Tan Ch'i – hesiang），他是复旦大学历史系教授，素有中国历史地理"生活百科全书"之称。他能列举出中国许多城市几百年来的演变过程。中国旅行社在几天内，安排我参观了位于我所住宾馆对面的图书馆，我一直希望每天都在这里工作。顾廷龙见到我之后非常高兴，因为自从 1948 年以后，我与他就再未见过面。由于图书馆内部灯光昏暗，图书排列紧密，他无论如何也不让我自己去阅览室和书库查阅资料。他承诺说，如果我能提供给他一份索书目录清单，他保证在我从北京返回时，提供给我所需要的全部书籍和论文。

乘坐宾馆为我预订的车，我去上海龙华医院拜访了谭其骧。他中风了，在这里接受的是中国的医疗，即采用中医方法治疗，没有选择去西医的医院治疗。两周以后，医生说他已经没有什么危险，建议病人可以回到家中恢复身体。对患者来说，采用中医学疗养与康复的办法，据说是优于西医。但我的朋友在龙华医院的疗养、康复时间已超过了 8 个月。

谭其骧见到我之后很高兴，但他很惊讶地问我："你是否与中国的旅游管理部门取得了联系？"后来，他得知我已通过官方机构的正式认可程序，被允许来这里看望他，而不是到复旦大学。

我们开始谈论他的身体现状。他目前不能举起左臂，右腿也几乎不能行走。我问："为什么只有一个病人的房间却有四张床？"他回答说："在中国，为了减轻医院的负担，每个病人都有两三个家庭成员陪同，这样可以比忙碌的护士更好地照顾病人。"过了一会儿，他想坐在椅子上和我说

---

① 谭其骧（1911—1992），字季龙，浙江嘉兴人。1930 年毕业于暨南大学历史系，1932 年毕业于燕京大学研究院，师从顾颉刚，是邓嗣禹在燕大的同学，两人从 1938 年起，直到 1988 年，保持了 50 年的通信来往。1932 年，谭其骧任北平图书馆馆员，并在辅仁大学兼任讲师，后又兼燕京大学、北京大学讲师。1950 年起，谭其骧一直在复旦大学任教，历任历史系主任、中国历史地理研究室主任、校务委员会委员等职务。曾当选为第三、四、五届全国人大代表，上海市第八届政协委员。1980 年当选为中国科学院地学部委员，长期从事中国历史地理、中国史研究和中国历史地图的绘编工作。——译者注

话，于是他的女儿帮他穿上袜子和裤子，扣好衬衫扣，扶他从床上下来。我说："你很幸运，在美国，女儿并不总是能见到住院的父亲。"他说："我的儿子最近刚从新疆被召回上海，和女儿一起日夜轮流为我护理，每人一个星期轮班。但是女儿已经结婚了，还要照顾自己家里的两个孩子。"他的儿子到医院一周后，开始感到无聊，但只能在这样一个单调的生活空间里休息。在另一次访问中，我看到他的两个侄子从绍兴赶来医院看他，他的儿子则睡在医院的病房里。我们长时间地谈论着关于我们以前的教授和校长们的轶事。他们当中的大多数人已经彼此失去了联系，这些人有的已经去世，还有的年纪太大了，无法再出来见面。

除了和朋友交谈，我还去拜访了一位农学家，他是我在湖南出生地市场附近的同乡。我还去过几次警察局，不是因为我丢了什么东西（盗窃现象是很少的），也不是因为我违反了警察的规定，而是因为我需要在美国联邦调查局批准后，重新确认我的行程。

我也去过几次中国民航公司的办公室（民航处），再次确认我从上海飞往东京预订的飞机是在 10 月 31 日。美国旅行社虽然为我预订了房间，但必须经过这个办公室"同意"，他们还要检查我的机票和护照。他们一开始并没有提出这两项要求。为免这两个证件丢失，我没有随身携带，因此我不得不再去一次。中国旅行社曾经代表我，和他们进行过几次关于旅行的交涉，结果我还是不得不去北京确认。幸运的是，在北京，一位高级官员终于签名认可了我预订的房间。

从上海出发，我是坐软卧火车去的北京，和另一位来自西雅图的海外华人共住一间。这趟火车干干净净，运行平稳，车内的食物准备得很好，价格和普通餐馆一样合理。硬卧车厢已经满员，软卧提供的服务要比硬卧或者是三等车厢好得多。这列火车沿途只停了几站，一路上，火车上的播音员不知疲倦地宣读所到站点，经历了 19 个小时后，火车准时到达目的地。

二、在北京看望老朋友

北京是我的第二故乡，这里有许多我曾经看望过的老朋友。在 1972 年第一次来中国旅行时，我是通过中国旅行社取得对外联系。因为他们服务的旅客太多，联系起来很慢，同时也很麻烦，我学会了如何使用 89 页的北京分类电话簿，可直接联系到他们的具体工作单位和街道（其中有几个家庭共用一部电话）。通过酒店电话接线员，我给在大学和政府机关工作的朋友打了电话——他们是真心为人民服务，能够在短暂的时间内找到我的朋友。然后，按照我的朋友们告诉我的地址，我坐公交车去看他们，或者他们来旅馆看我。

以这种方式，我拜访了许多著名的学者。谢冰心（Hsieh Ping‐hsin）是老一代最著名的女作家，她用可爱的声音清晰地说话，充满了热情与友谊。她的丈夫吴文藻（Wu Wen‐ts'ao），是中国社会学界的领军人物。吴的著名学生费孝通（Fei Hsiao‐tung），在导师的指导下，在社会学和人类学的球场上打拼了近半个世纪，勇往直前。在其他学者中，我要特别提到元代历史学家翁独健（Weng Tu‐chien）；美国和中国史资深教授齐思和（Ch'i Ssu‐ho）；图书馆学家陈鸿舜（Ch'en Hung‐shun）；还有梁思庄（Liang Shih‐zhuang），梁启超的女儿，北京大学图书馆馆员。[①] 我和他们工作了一下午，发现了一个很有价值的项目。

在北大图书馆，我意外地遇到了顾颉刚（Ku chien‐Kang），他长期致力于中国地方志的研究。在北京我还见到了吴世昌（Wu Shih‐chang），另一位致力于《红楼梦》研究的学者。还有王钟翰（Wang Chung‐han），一位在清史方面有特别研究的专家；瞿同祖（Ch'u Tung‐tsu），在西方不需要身份证明的人；白寿彝（Pai shou‐i），回族史专家，住在陈垣

---

① 梁思庄(1908—1986)，梁启超的次女，出生于日本神户，著名图书馆学家，曾任北京大学图书馆副馆长、中国图书馆学会副理事长，精通英、法、德、俄等多门语言。——译者注

(Ch'en yuan）教授原来生活的地方，他在今天的名誉和影响力与陈垣相当；谢兴尧（Hsieh Hsin – yao)、罗尔纲（Lo Erh – Kang）两位太平天国史研究的权威（谢一直很健康；罗已 80 多岁了，身体不好）。这种随意的回忆不能包罗万象。

最重要的人物——顾颉刚不应该被忽略，因为他是一位令我难忘的老师，1931—1933 年，他在自己家里上课。[①] 他是当今中国收入最高、待遇最好的教授。在吴世昌的陪同下，我去他的新家看望他。他的公寓在一楼，有三四个宽敞的房间，可以供他的两名研究助理和一名职员使用，他们都在那里工作和生活。我们发现顾颉刚没有在家，对于这种情况，吴世昌并不感到意外。我们去了医院，找到了他的病房。顾颉刚紧紧地握了我的手几分钟，兴奋地与我交谈着。他说："我一直在按照新的历史方法和观点修改我以前的出版物。我可以再工作几年，直到 90 岁，然后我就可以停止写作了。"当他高兴地和我们交谈时，他的妻子轻轻地拍了他的肩膀两三次。我以为她是表达爱意，但是，顾师母最后说："请注意你的高血压，你那长时间的、生动的谈话可能会让你发烧。"他则坚持说："我们可以自由地交谈吗？"我们表示道歉，并向他道别，他坚持在门口为我们送行。

在北京（首都）图书馆，我在难得的阅览室里工作了两天，发现了几个有价值的研究项目，并免费得到了几十页影印资料，为此我打算用书籍或金钱偿还图书馆的费用。图书馆的服务是优秀的，但阅览室只有三个长荧光灯管，排列成三角形，对我来说是不够的，照明效果不够好。而且，当外面有阳光的时候，用于照明的电源就被关闭了。同时，图书馆附近也很难找到吃午饭的地方。我希望能够在图书馆餐厅吃午饭，因为在 20 世纪

---

① 邓嗣禹在燕京大学求学期间，与洪业、顾颉刚、邓之诚等导师都有着非常密切的交往。仅在 1928—1932 年期间，《顾颉刚日记》中就记述了 20 多次邓嗣禹到顾家的拜访。其中，有两次提到邓嗣禹选修了顾颉刚的课。尤其是在 1932 年 9 月 8 日的日记中，顾颉刚特别提到邓嗣禹是九位选课者之一。——译者注

30 年代的时候，我经常与谭其骧、王云①（Wang Yung）、赵万里②（Chao wan－li）等一起共进午餐。我了解到，赵万里病得很重，几年来一直不能来他的办公室。事实上，图书馆的整个空间都快用完了。它太小了，只能容纳 900 多万册藏书。目前还有几个分馆，其中一个在国子监，也就是古代的皇家学院。西门外的郊区，有一个更大的图书馆正在建设，将于 1981 年建成。目前，目录中列出的书籍并不是所有的书。通过工作人员的帮助，我数了 700 多张卡片，但是还有一些书在书堆里，没有卡片。据说，在"文化大革命"之后，这里的藏书增加了一倍，但是管理员显然没有定期盘点一下存货。许多旧卡已经脏了，还有的磨损严重，需要更换。卡片是按笔画数或拼音排列，这是专业图书馆员要承担的另一项主要任务。总之，北京图书馆很有价值，但它需要开展科学的组织建设，这样读者才能有效地使用它，这项工作大约需要十年的时间。

三、到天津拜访郑天挺

我从北京出发，经过短途旅行到达天津，去看望南开大学副校长郑天挺（Cheng Tien－ting），他是明代历史研究权威，是《明末农民起义史料》的作者，这本书于 1954 年在北京出版。他或许没有收到我通知他来天津看他的信。但是，当我到达天津，在火车站给他打电话时，他高兴地说："欢迎，欢迎！"他的态度是认真的。当我的出租车驶到大学门口时，他紧握双手，冲上来打开车门。我准备支付车费时，发现他已经给了司机一些钱。一辆大学的小汽车把我们带到了他的住处，室内的地面覆盖着漂亮的天津地毯。得知我计划只做 3 个小时的访问，他让他的儿子和我们一同去一家餐馆吃饭。席间，他点了 10 道有特色的天津菜。在午餐时间，我问了

---

① 王云(生卒不详),文学家,作为整理点校者,曾经出版《云林石谱:外七种》(上海书店出版社,2015 年)、《洛阳牡丹记:外三种》(上海书店出版社,2017 年)。——译者注

② 赵万里(1905—1980)是著名的版本目录学家,曾任北京图书馆(今中国国家图书馆)研究员兼善本特藏部主任,中国图书馆学会名誉理事。——译者注

他很多学术问题，所有这些问题都像在电视采访中一样，得到了准确的回答。然后，他问了我关于美国新史学编年的问题。我给了他一个简洁的回答。我说，一个关心模式和预测的社会学家，和一个通过研究获得全面数据的历史学家，很难达成一致的观点。他请求我提供几本关于中国历史的著名英文书籍作为参考文献，用于编写一部关于中国通史的多卷本作品，我毫不犹豫地答应了。我了解到，还有几个大学的学者也在试图编纂一本关于中国通史的书。

郑教授希望我去认识一下李世愉①（Li shih－yu），一位研究中国的秘密集社，并拥有大量宝传（以前的小册子）的著名作家。在他的私人收藏中，有大量关于宗教和流行文学的资料。遗憾的是，在三个小时里，我没有更多时间去看望他，或者邀请他来参加聚会。

在我准备出发的时候，郑校长给我买了一张从天津到北京的火车票——我以为我已经订了一张往返车票，但实际上中国铁路和航空只能出售单程票。他们父子俩坚持要送我上火车之后再离开，于是我们继续谈话。我突然问起郑校长的年龄，他看上去有60多岁，头发已经白了，但剪短了，看起来既年轻又健康。他回答说："我快80岁了。"稍后，顾廷龙告诉我说，郑校长是与北大的顾颉刚大致同时代的人。父子俩告诉我，天津多低矮房屋是由于两年前大地震造成了损失，它们还没有重建到原来那样宏伟。他补充说，成千上万的生命被摧毁，但唐山煤矿的地下矿工没有受伤。

火车启动的铃声响了，我们紧紧地握手，又互相挥手致意，直到看不见彼此为止。1947年至1948年期间，我和郑天挺是北大的同事。当时，

---

① 天津的李世愉，是与中国社科院历史研究所研究员、博士生导师李世愉同名的另外一位历史学家。邓嗣禹回到美国之后，曾多次与天津的李世愉用通信的方式，沟通学术问题。目前这些信札的原件有人放在网上拍卖，售价很高。——译者注

他是胡适校长的秘书长①，我是中国近代史教授。虽然从那时起，我们就没有给对方写过信，但是这一次，他接待我的态度友好得出乎意料。

回到北京后，我得了感冒，酒店医生的治疗对我帮助不大，两天后病情恶化了。我担心自己可能得了肺炎。所以我不得不改变原来去看风景名胜区的设想，如先去广西桂林，再坐火车到我的家乡湖南，然后再坐飞机，从长沙到上海的计划。由于我 10 月 31 日要离开上海，我不可能在北京购买火车票和机票，也不可能在桂林空等。如果我运气不好，没订到机票，我的签证又很难延长。于是，我改变了计划，安排在苏州待上几天，希望能与研究南明史的权威人士谢国桢交谈，再欣赏美丽的风景，品尝美味的食物。不幸的是，到苏州后，我找不到谢先生在苏州的临时住所；由于持续的大雨，加上猛烈的风，天气突然变冷，我也不能做很多观光活动。同时因为感冒，我还不能吃太多美味的食物。厨师们太忙，不能为我精心准备可口的食品，他们好像还是习惯于过去的生活。

来到上海后，我很高兴地得知，在一个为外宾准备的特别房间里，有一堆书在等着我阅读。接下来几天，我收到了大约 100 页影印的资料，这都是从我选择的材料中复制的。顾廷龙亲自给我带来了影印件，并请我吃饭。这些在上海和北京收集的资料是其他地方没有的，它们让我这次的研究之旅收获颇丰。吃完饭后，我们租了一辆汽车，从旅馆去龙华医院与谭其骧告别。

第二天，我去看了位于上海郊区的一些新建筑和工厂。尽管上海这座国际大都市的心脏几乎没有改变——只是继承了以前外国人定居点留下的永久建筑，但这些成就还是给人留下了深刻的印象。北京也在城外不断增加新的住宅，计划将市内所有破旧不堪住宅中的居民重新安置——这些旧

---

① 郑天挺（1899—1981），字毅生，中国近现代历史学家、教育家。1922 年入北京大学研究所国学门。1924 年毕业后，任教于北京大学、浙江大学。抗日战争爆发后，任西南联合大学教授、总务长，北京大学教授、文科研究所副所长，后任校务委员会秘书长。1952 年全国高校合并之后，任南开大学教授、历史系主任，1963 年后任副校长，此后又担任《中国历史大词典》总编。——译者注

房屋已经无法修复或改造。同时，这些旧房屋将被拆除，为宽阔街道和高楼让路。至于这项工程巨大的项目何时启动，以及如何完成，目前还没有看到时间表或者详细的计划，我们必须拭目以待。

10月31日，我从上海起飞，途经东京和洛杉矶，用了一天的时间到达布卢明顿。

四、对于两次旅行的比较

对于我在1972年和1978年的两次行程，做出简短的总结，并进行比较，也许是一件有意义的事。我发现，这个时期最能够凸显中国社会的特色。例如，中国传统孝道和家庭和睦关系，在这一时期得到了显著的提升。关于这些特点，在中国国内观察到的情况，比在祖国以外的工业化和商业化的华人社区要好。此外，据我所知，这里还没有乞讨，没有娼妓，没有酒醉的现象，也没有鸦片吸食者或吸毒成瘾者，在上海和北京也没有强盗骚扰夜间行人的现象。但是，在这两个城市中，也没有看到多少加油站，因为街上行驶的汽车并不多。此外，尽管剧院总是很拥挤，门票也很难买到，但是这里没有夜生活，没有酒吧、舞厅和赌场。

在1972年的时候，酒店在剧院为外国游客保留了一些前排座位，同时还免费给其供应一杯橙汁和一包香烟，对外国游客表现出极大的热情。但是，这些举动导致当地一些人的反对，因为他们无法得到这种待遇；到了1978年，这种给外国游客的慷慨待遇就没有了，因为后来外国游客太多了，除非严格按照商业方式买票，否则他们无法到戏剧院观看娱乐节目。每个想看芭蕾舞的人，都必须自己提前买票。然而，演出结束后没有车可以送他们回宾馆。大多数旅客除了早睡、早起，晚上没有别的地方可去。

为了保持街道的清洁，人们做出了巨大的努力。在马路和人行道上，每天都能看到大型卡车，一天洒好几次水，还有劳动者在街上不断地打扫。每个人负责打扫一个小区域——这个区域大约100英尺（约30米）

长，同时用手捡起废纸，甚至还有落下的秋叶。然而，在飞机、火车和酒店的餐厅里，我看到了一些苍蝇，那里的服务员不再像 1972 年那样，疯狂地消灭它们。街道干净，没有狗废弃物的痕迹——关于这个话题，宠物爱好者和清洁爱好者可能会持不同的观点。

1978 年，北京的酒店设有医务室，那里的医生和护士可以为海外华人进行免费治疗，只对处方药品收取象征性费用。然而在 1972 年，我住的同一家酒店还没有这样的机构。

我在这次访问中，注意到上海一些人有明显的坏习惯，许多成年人和青少年也是重度吸烟者。即使在餐厅或餐馆，嘴里塞满了食物，很多人在咀嚼前，也会深深地吸上几口香烟。对于这种习惯，即便是吸烟多年的烟民，也很难理解。香烟在中国并不便宜，一包的价格为 0.7 元到 1.2 元，对于一个低薪工人来说，如果每月花上 15 元买几包香烟，几乎半个月的收入就没了。我看到两三个工厂的工人在一家餐馆吃饭，他们点了一加仑啤酒，还有 8 种或 10 种菜。其他顾客也会在吃饭的时候享用一杯啤酒。这种新的趋势，我在 1972 年时没有看到，它体现出国内经济的改善和人民生活水平的提高。因为工资很低，储蓄银行支付的利息也很低，所以，每当工人有机会吃一顿大餐时——每个月一两次，就像我被告知的那样，他们就会花掉所有赚到的钱，让自己得到满足和短暂的享受。

1978 年，我注意到人们在宴会场所、公共公园和博物馆里可以自由谈话，提出批评的意见，在私人房间就更不用说了。

这种自由度似乎对当地来自不同地区的公司老板制定经营策略和确定商品价格产生了影响。1972 年，就我在旅行时看到的情况而言，全国各地的消费品都以同样的价格出售。到了 1978 年，上海的理发价格为 1.2 元，而北京的理发价格为 1.5 元。这种不同，还体现在华侨饭店和国际饭店的菜单所列出的价格上面，尽管两家饭店之间只有 200 步左右的距离。

每当闲谈变得不愉快时，我和我的同伴们就会把谈论的话题转向学术方面，或者以讲笑话的方式来化解。在两次访问中，我发现中国人从来没有失去幽默感。正如我们一样，与前代人相比，都更加正直和诚实。有一句谚语说得好：生是中国人，死是中国魂。

在目前中共中央的领导下，我接触的大多数知识分子似乎都感到很幸福。中国的知识分子渴望"四个现代化"宏图早日实现。他们认为，这是中国人民未来获得幸福的唯一途径。如果没有大规模的工业化和农业机械化，中国庞大的人口无法在饮食、穿衣和居住方面达到令人满意的程度。目前，中国人民的住房到处都很拥挤。自"文化大革命"以来，以前由一位教授独居的房子，被折价给几个家庭共用了。占全国 1/4 人口的农民和工人的居住条件，并不会比教授好。

低工资造成了失职或敷衍履职的行为。正如我在许多调查中发现的那样，1972 年最低工资为每月 30 元人民币，1978 年仍然没有变化，因此上海制造的六缸汽车，比美国的凯迪拉克轿车还要贵得多。然而中国的一双短袜，却比美国的同类产品便宜太多。

"为什么这么贵？"我问一个知名百货商场的部门主管。回答是："生产成本太高。"尽管劳动力非常便宜，甚至让我难以理解。从西方的角度来看，每个酒店、工厂和政府部门都存在人员过剩，但工作人员的工资很低，而且，自动化设备与机械设备也很少见（常见到用算盘充当电脑，用扫帚充当吸尘器），这种做法大大影响了公司的生产效率和工作质量。

有一次，我在与一些中国社会学家的见面会上提出建议：100 元以下的月工资都应该翻倍或翻两倍。人们过着斯巴达式俭朴的生活，为了一点补偿而努力工作，这在短时间内可以，但不是长久之计。众所周知，人类对于理想的追求是无限的（简称唯心主义）；而人类对于提高生活水平的冲动，则是唯物主义的需要。作为旨在提高工作效率的激励方式，两者应该折中，形成中间路线。唯物主义和唯心主义，就像阴和阳的两极一样，有时是互动的，有时则是不相容的。

费孝通立刻打断我的话，问："钱从哪里来？"在中国没有所得税，人们享受的几乎是免费医疗，住院费用由国家承担。我相信这是真的，因为谭其骧在龙华医院住了近 9 个月，除了餐费，其他什么费用都没付。解决当前困难的唯一办法，就是实现"四个现代化"，它的成功，将提升中国在世界上高度工业化国家中的地位。

然后，我高兴地说："我将在 1985 年再次访问中国①，届时，让我们为这一巨大的成功干杯！"

最后，我应该指出：1972 年，我访问了中国 14 个城市，以及许多人民公社和现代化工厂。在某种程度上，我受到了古代历史学家司马迁的启发：他去现场阅读石刻碑文，并向耆老询问当地历史，同时悠闲地四处走动。作为一个勤奋的研究者，我在博物馆里阅读了所有的文献，考察了历史文物，在笔记上记录下了所有具有学术价值的数据。希望这些数据，能够为中华人民共和国的历史提供参考。在 1978 年的考察中，我仅仅在一个月内走过几个城市，并以观察员和印象派的身份写作。作为考察报告的一部分，我的第一次旅行更值得关注。

---

① 1985 年 8 月 29 日晚，全国政协在北京人民大会堂举行宴会，招待林则徐的后裔和出席林则徐诞生 200 周年纪念活动的外籍华人史学家。来自美国、加拿大、澳大利亚的外籍华人史学家，即研究鸦片战争的著名学者邓嗣禹、唐德刚、陈志让、王赓武等出席了宴会。《人民日报》1985 年 8 月 30 日第 2 版曾以《纪念林则徐诞辰二百周年——全国政协宴请林则徐后裔及外籍华人史学家》为题，做过专题报道。邓嗣禹应该是在 1978 年时，就得知全国政协将于 1985 年举办这次活动。——译者注

第四章 第四次回国纪实（1985 年）

——参加林则徐诞辰 200 周年活动[①]

　　林则徐是伟大的民族英雄，他的名字在中国家喻户晓。他领导的"虎门销烟"揭开了中国近代史反帝斗争光辉的一页，他抵制列强侵略，捍卫国家主权，维护民族尊严，被称为近代中国"开眼看世界的第一人"。每年的 6 月 3 日是林则徐"虎门销烟"纪念日，6 月 26 日则是国际禁毒日。林则徐之所以在中国近代史上占据重要的一席之地，并得到许多国外学者的赞誉，激起他们的研究兴趣，其主持的"虎门销烟"无疑是主要的原因。

　　以全国政协的名义开展的纪念林则徐的活动共有两次：第一次是在 1985 年，林则徐诞生 200 周年时，曾邀请五位海外历史学家参加；第二次是在 2005 年，林则徐 220 周年诞辰，没有邀请海外人士参加。相比之下，无论是纪念活动的规模与范围，还是其影响力，第一次活动都要远远大于第二次。以全国政协的名义，出资邀请美国、加拿大、澳大利亚有代表性的研究学者参加纪念活动，表明了林则徐在世界范围内的影响力。

　　1985 年 8 月 30 日，《人民日报》曾在第二版，以《纪念林则徐诞辰二百周年——全国政协宴请林则徐后裔及外籍华人史学家》为题，做了简短的专题报道。时任中共中央政治局委员、书记处书记习仲勋主持会议，全国政协副主席刘澜涛致祝酒词。被邀请的海外历史学家，包括邓嗣禹、唐

---

① 此章节由彭靖执笔。

位于纽约东百老汇林则徐广场上的塑像，高达 5.5 米

德刚、陈志让、王赓武等 5 人。他们在鸦片战争与林则徐研究方面有哪些贡献，参加纪念活动期间有哪些鲜为人知的内幕与花絮，从邓嗣禹的两封书信中都可以反映出来。

一、林则徐与虎门销烟

作为禁毒运动的先驱，林则徐在世界范围内也享有很高的声誉。在美国纽约市寸土寸金的东百老汇商业区，设有"林则徐广场"，在广场的中央耸立着高达 5.5 米的林则徐铜像。在纽约百老汇地区，还有一条街被命名为"林则徐街"。英国杜莎夫人蜡像馆曾特地为林则徐夫妇制作蜡像，并将其作为少数可长期展出的名人蜡像，以表敬意。1999 年，国际天文学会将一颗小行星命名为"林则徐星"。这些都说明了林则徐在世人心中的地位，他是国际公认的历史伟人；1985 年，为纪念林则徐 200 周年诞辰，国家邮政总局曾专门发行过一枚纪念邮票。

1785 年 8 月 30 日，林则徐出生于福建省侯官鼓东街（今福州市鼓楼区中山路）一个下层封建知识分子家庭。他生性聪颖，4 岁时便由父亲"怀之入塾，抱之膝上"，口授四书五经。在父亲的精心培育下，林则徐较早地通读了儒家经典。嘉庆三年（1798），他得中秀才，年仅 14 岁，后到福建著名的鳌峰书院读书。

嘉庆九年（1804），20 岁的林则徐中了举人。父亲的谆谆教导使林则徐的学业取得了惊人的成就。嘉庆十六年（1811），26 岁的林则徐会试中选，赐进士，入选翰林院庶吉士，进入官场，实现了父母所期望的入仕做官。

1985 年为纪念林则徐诞辰
200 周年发行的邮票

道光十六年（1836 年），太常寺少卿许乃济倡"弛禁论"，请准民间贩卖吸食，使鸦片走私合法化。当时鸦片等毒品泛滥，林则徐与龚自珍等多次在京城陶然亭龙树院聚会，谈论鸦片危害和禁烟举措。城南有很多大烟馆、白面馆。一天傍晚，林则徐路过骡马市大街北侧一条小胡同，看到"九霄楼"鸦片烟馆生意红火，便进去暗访，目睹了几十名面黄肌瘦的烟民横躺竖卧、吞云吐雾，深感鸦片"渐成病国之忧"，更增强了禁毒决心。道光十八年（1838），林则徐奏请禁烟。自当年十二月二十七日始，道光皇帝连续八天召见林则徐，详谈禁烟大计，第五次召见后就任命他为钦差大臣，择日出京赴广东禁烟抗英。

在入广州之前，林则徐先查找各家烟馆，掌握大量第一手资料，弄清了广州受鸦片毒害的情况。他于道光十九年正月（1839 年 3 月）抵达广州，于二月初四（3 月 19 日）会同邓廷桢等传讯十三行洋商，责令其转交谕帖，命外国鸦片贩子限期缴烟，并具结保证今后永不夹带鸦片。他还严正声明："若鸦片一日不绝，本大臣一日不回，誓与此事相始终，断无中止之理。"

1839 年 6 月 3 日，林则徐开启了威震四海的"虎门销烟"，历时 20 天，共销毁鸦片 237 万余斤。这是 180 年前中华民族的壮举。虎门海滩人山人海，民心大振，为抗击强敌英国的熊熊烈火欢呼庆祝。对于林则徐来说，这是他一生中最辉煌的岁月。

1839 年设立在虎门的销烟池

二、两封书信披露活动细节

作为以博士论文研究鸦片战争的美籍华人历史学家，邓嗣禹当时作为主要被邀请人员，参加过这次活动。对于这一段经历，出于晚年的身体原因，他后来未能发表文章来介绍与描述，但其意义重大。为弥补这一缺憾，现将他写给家人的两封书信（分别写于 1985 年 9 月 10 日、11 月 2 日）公布，以飨读者。信中真实地记录了邓嗣禹回国参加纪念活动的缘由、内幕，以及幕后的花絮。

第一封信写于北京西苑饭店，时间为 1985 年 9 月 10 日，邓嗣禹即将返回美国的前一天。

同兰及家人共览：

从前政府只请杨振宁等科学家回国讲学、参观，此次政协委员会破天荒请几位史学家回国参加纪念林则徐二百周年诞生。我为研究鸦片战争的专家之一，故被中国大使馆打电话邀请，实属意想不到的事情。八月廿八抵京，即参加各种纪念会，以后要我们去厦门、福州、泉州等处，参观林则徐的诞生地、坟墓，等等。

返京后二日，拜访了几位老朋友，明日即需返美。近一月来，腰酸背痛，行走需人扶持。人情是故乡好，他们对我特别照顾。请来限期十日，不便超过。十余年来，威（畏惧）便痢之苦，非坐至抽水马桶上半小时，无结果。凡无此设备之处，皆不能去。汝舟、习应、乔升来电报，邀请回黄洞。无法以应。

寄来剩下的钱及相片一张，最近摄于友人家中。祝你们大小努力、健康。

嗣禹

一九八五年九月十日

当时，因为接到全国政协的邀请比较仓促，邓嗣禹没有时间提前告诉国内的亲属。但是，参加这次活动期间，他感慨良多，深感于中国在中国共产党的领导下，由改革开放初期重视海外华裔科学家，至此开始重视人文学者和历史学家，于是写信将心得告知女儿邓同兰及家人。或许由于时间较紧，他仅介绍了此次参加活动的大概情况，未能述及内幕细节。

第二封信写于 1985 年 11 月 2 日，这是邓嗣禹返回美国之后，静下心来所写，信中仔细介绍了此次参加活动的内幕、细节，以及活动之间的花絮。

同兰：

谢谢你花了很多工夫，规规矩矩地给写的一封长信。恭喜你加薪，盼望你加级，以便日后称邓同兰教授。但还要有一部著作，发表一两篇论文，才有希望。

八月上旬，忽然接到中国大使馆电话，要我去北京参加林则徐诞辰二百周年纪念大会。当时我差不多不相信我的耳朵，是听清楚了，还是听错了，只答应考虑一下。对方在电话中说，还请了郭斌佳，他是研究鸦片战争的。我才知道，我的博士论文是有关"张喜与《南京条约》研究"，所以才被请。郭先生在医院开刀不能去，所以大使馆后来来函，更写得清楚，非要我去。

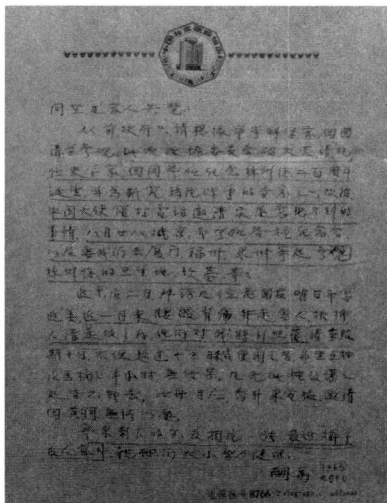

1985 年 9 月 10 日，邓嗣禹
写给家人的第一封书信

郭斌佳，1906 年出生，江苏江阴人，历史学家，外交学家，早年在上海光华大学学习，好学深思，有志于史学，英文成绩优异。在大学期间，曾帮助老师何炳松翻译《西洋史学史》（［美］绍特韦尔著）和《十九世纪的史学与史家》（［英］古奇著），后留学美国哈佛大学，1933 年获得历史学博士学位。回国后任光华大学教授、武汉大学教授、国民党政府外交部参事。1938 年 6 月，武汉大学成立抗战史料编辑委员会，郭斌佳为主任委员。1943 年 11 月 18 日，国民党政府派出 20 人组成代表团参加开罗会议，郭先生即为其中之一。1946 年 1 月，郭斌佳在英国伦敦参加第一届联合国大会，任安理会事务部首席司长，成为联合国秘书处 43 个高级职员之一。

郭斌佳在哈佛大学的博士论文为《第一次中英战争评论》（*A Critical Study of the First Anglo – Chinese War*, *with Documents*），1935 年由上海商务印书馆出版英文版，1970 年、1973 年分别由中国台湾、美国的出版社重印。所谓"第一次中英战争"，指的就是鸦片战争。论文中对于《筹办夷务始末》的英译，曾颇受美国汉学家的好评。郭斌佳先生年轻有为，27 岁时就获得哈佛大学历史学博士学位，但在 80 年代初期身体就不好，长期住院。1985 年中期，因患癌症需要做手术，故不能前来北京参加纪念活动。

邓嗣禹在哈佛大学博士论文为《张喜与 1842 年〈南京条约〉》，由费正清撰写序言，1944 年芝加哥大学出版社出版英文版，1945 年加州大学出版社出版修订本，1962 年哈佛大学出版社再版；1969 年芝加哥大学出版社重新印制英文版。这篇在费正清指导下撰写的博士论文，继承了费在这方面的研究旨趣与学术思想。邓嗣禹在这篇博士论文中得出的结论，进一步丰富、完善了费正清在 1934 年发表的处女作中的研究成果。20 世纪 50—60 年

历史学家郭斌佳

代，由费正清及其弟子组成的"哈佛学派"，在有关中国近代史研究方面，一直居于西方学术界的领先地位，该论文便是这一时期的重要成果。哈佛学派在中西关系史的研究领域中，一直十分活跃，并形成了一套完整、系统的体系。

论文对中英谈判中的重要人物张喜撰写的涉及谈判细节的《张喜日记》进行了英译。1988 年，由杨卫东翻译的中文节译本，发表于《国外中国近代史研究》第 10 辑。

继邓嗣禹 1944 年出版 *Chang Hsi and the Treaty of Nanking*, *1842*（《张喜与 1842 年〈南京条约〉》）一书之后，张馨保在费正清指导下于 1958 年获得哈佛博士学位，他的论文题目同样涉及鸦片战争问题研究，名为 *Commissioner Lin and the Opium War*（《林钦差与鸦片战争》），并于 1964 年由哈佛大学出版。他所使用的资料，包括了林则徐的日记、鸦片战争文学集、怡和洋行档案和其他重要的英国、美国商业档案。费正清对该书同样予以较高的评价，他在为该书所撰前言中写道，该书"对于鸦片战争起因有一个更均衡（Balance）的解释，远比用任何其他语言所写的书都有用"。有兴趣的读者可阅读笔者 2018 年 2 月 28 日发表在《中华读书报》第 5 版的

文章《费正清与中国鸦片战争研究——纪念费正清诞辰 111 周年》。

接下来，邓嗣禹继续介绍接受全国政协邀请的过程：

我答应去的时候，已经是八月二十几号，来不及办理外交、签证等手续，就冒险登上飞机，机票是大使馆寄来的，请去中国十天，一切费用由政协负担。到了上海，补签证，二十九日抵达北京，第二天参加庆祝典礼，并在人民大会堂享受宴请，时间仓促，来不及通知任何人。坐飞机约三十个小时抵达北京，写信至少要六七天。但是，三十个小时无睡眠，人累得一塌糊涂。汝舟、习应、乔升三人来电报，九月六日接到，说是至报上看到我的名字，由政协请回国，故打电报托政协探望。从海外请回来的五位学者，谁也不便单独行动，谁也未见亲属。

邓嗣禹《张喜与 1842 年〈南京条约〉》签名赠送版本

值得一提的是，1985 年 8 月 30 日的《人民日报》在介绍来自美国、加拿大、澳大利亚的外籍华人史学家时，仅提到邓嗣禹、唐德刚、陈志让、王赓武四人，而邓嗣禹在信中写的是"从海外请回来的五位学者"，那么，另外一位又是谁呢？笔者认为应该是张馨保。或许是因为当时张馨保与另外四位学者相比，年龄较小，资历较浅，报纸的版面有限，所以未能列名提及。当年的《人民日报》原文如下：

纪念林则徐诞辰二百周年

全国政协宴请林则徐后裔及外籍华人史学家

本报讯　记者曾祥平报道：全国政协 8 月 29 日晚在北京人民大会堂举行宴会，招待林则徐的后裔和出席林则徐诞辰二百周年纪念活动的外籍华人史学家。

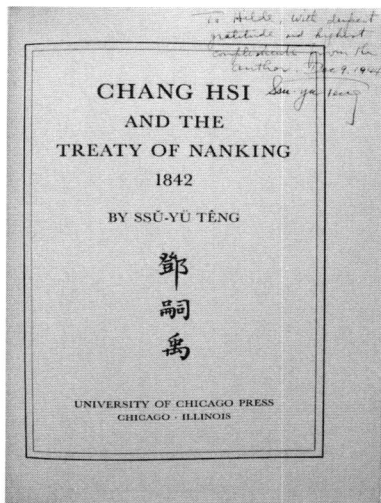

中共中央政治局委员、书记处书记习仲勋，全国政协副主席杨静仁、刘澜涛、程子华、胡子昂、钱昌照、杨成武、包尔汉、缪云台、费孝通、屈武和有关方面负责人出席了宴会。

全国政协副主席刘澜涛致祝酒词。他说，林则徐是中国近代历史上抵抗外国侵略、维护国家独立的杰出的爱国人物，是中华民族的英雄。他在禁烟抗英斗争中，向全世界表明了中国人民对鸦片烟毒的深恶痛绝和反抗外国侵略的坚强决心。震惊中外的鸦片战争是睡狮初醒的象征，为中国近代革命史开创了反对外国侵略的新纪元。林则徐的功绩将永垂史册。他还说，当年林则徐所憧憬的民族独立、经济振兴的理想，在中国共产党领导下，在全国各族人民的团结奋斗下，已经和正在实现，特别是历史上遗留下来的香港问题已经得到圆满解决。我们要缅怀林则徐的爱国业绩，为实现四化和祖国统一大业而努力奋斗。

林则徐的后裔、原中国常驻联合国代表凌青（原名林墨卿）大使在讲话中代表林则徐后裔对党和政府的关怀表示感谢。他表示要发扬爱国主义传统，为实现八十年代三大任务而努力。

林则徐后裔林建恒、林兴、傅秀、林子东，来自美国、加拿大、澳大利亚的外籍华人史学家邓嗣禹、唐德刚、陈志让、王赓武等出席了宴会。

邓嗣禹在信中，还详细介绍了参加这次活动的细节和花絮：

从福州、泉州、厦门回来，唐德刚教授有一位侄女，从长春赶来，至旅馆门口等了三个钟头，才见到唐教授，同去外面吃饭。第二天，原定她一同去东陵（慈禧太后墓地）参观，但是车上只能坐三个人，他们劝我不要去，我因腰酸背痛，也难得在北京休息一天，去商务（印书馆）、中华（书局）、琉璃厂购买点书籍。政协供给一部小汽车，让我随便去看朋友、买东西，这是九月十日。当时政协也买不到返美的机票，我很是着急，因为在九月十五日，我已经约好去医院接受手术。经过多方催促，才说九月十三日或有希望。我发牢骚，说要去找邓大姐，她是政协主席，才于九月十一日接受我的要求，与唐教授同机返美。

纪念林则徐诞辰二百周年

全国政协宴请林则徐后裔及外籍华人史学家

本报讯　记者曾祥平报道：全国政协 8 月 29 日晚在北京人民大会堂举行宴会，招待林则徐的后裔和出席林则徐诞辰二百周年纪念活动的外籍华人史学家。

中共中央政治局委员、书记处书记习仲勋，全国政协副主席杨静仁、刘澜涛、程子华、胡子昂、钱昌照、杨成武、包尔汉、缪云台、费孝通、屈武和有关方面负责人出席了宴会。

……的国民革命军东征军总政治部、东江行政专员公署澄海县政治在第二次国内革命战争时期，他……代表大会机关工作，曾任上海……

全国政协副主席刘澜涛致祝酒词。他说，林则徐是中国近代历史上抵抗外国侵略，维护国家独立的杰出的爱国人物，是中华民族的英雄。在禁烟抗英斗争中，向全世界表明了中国人民对鸦片烟毒的深恶痛绝和反抗外国侵略的坚强决心。震惊中外的鸦片战争是睡狮初醒的象征，为中国近代革命史开创了反对外国侵略的新纪元。林则徐的功绩将永垂史册。他还说，当年林则徐所憧憬的民族独立、经济振兴的理想，在中国共产党领导下，在全国各族人民的团结奋斗下，已经和正在实现，特别是

历史上遗留下来的香港问题已经得到圆满解决。我们要缅怀林则徐的爱国业绩，为实现四化和祖国统一大业而努力奋斗。

林则徐的后裔、原中国常驻联合国代表凌青（原名林墨）大使在讲话中代表林则徐后裔对党和政府的关怀表示感谢。他表示要发扬爱国主义传统，为实现八十年代三大任务而努力。

林则徐后裔林建恒、林兴、傅秀、林子东，来自美国、加拿大、澳大利亚的外籍华人史学家邓嗣禹、唐德刚、陈志让、王赓武等出席了宴会。

1985 年 8 月 30 日《人民日报》报道文章

十号晚上，王钟翰同北大一教授要请我吃饭，去西苑饭店附近两家饭店，原以为可以吃羊肉，但是已经人满不能进去；另一家饭店，没有外汇券不准进入。结果，回到西苑饭店，我请客。二人正在点菜，服务员把菜单从他手中拿走，说："你们不能在这儿吃饭。"我们三人都很生气，要她叫经理来，结果允许吃客饭。

十一日，早七点去飞机场，到上海，唐君以我年老且体病为由，替我要求坐头等舱，可以躺下睡觉，比较舒服，但仍约三十小时无睡眠，累极了！在飞机上，唐教授告诉我：他的侄女不能到饭店吃住（每日需要另付房费 170—200 元），也未能坐小汽车去看东陵。

福州市是林则徐的出生地。林则徐纪念馆原址位于澳门路三坊七巷附近，1982 年对外开放。出于历史原因，20 世纪 80 年代末、90 年代初，福州市内的林则徐故居、出生地及纪念馆等遗迹，存在不同程度的损毁失修、房舍被侵占等问题。

谈到林则徐纪念馆新馆的设立，还有一段插曲。1996 年 2 月 6 日，时任福州市委书记的习近平主持市委常委会，专题研究林则徐系列遗迹修复、充实工作。会议决定成立林则徐系列遗迹保护领导小组，并议定收回

2005 年 8 月，邓嗣禹（中）与唐德刚（左）、王赓武（右）合影

位于中山路左营司巷的林则徐出生地。这是他的出生地，是他幼时读书、中举、完婚、中进士和走上仕途的摇篮，却已被出让给一家房地产公司，计划兴建高级商住楼。市委常委会结束后，福州市有关部门迅速与开发商协商，收回了这块宝地。这体现了习近平同志对历史、对人民、对后代高度负责的态度，也是理政为民的典范。目前，修缮一新的福州林则徐纪念馆已经接待过无数的国内外旅客。

三、参加纪念活动的四位历史学家

《人民日报》中提及的参加纪念活动的四位海外历史学家如下：

唐德刚（1920—2009），美籍华人，历史学家、传记文学家、红学家，时任纽约市立大学教授。他早年毕业于国立中央大学（今南京大学）历史学系，1948 年赴美留学，1952 年获哥伦比亚大学硕士学位，1959 年获史学博士学位；后留校任教，并兼任哥伦比亚大学中文图书馆馆长，负责口述历史计划的中国部分。

谈及他的名字和出版的著作，或许更多文史爱好者了解的是他曾经出版的口述历史系列书籍，如《李宗仁回忆录》《胡适口述自传》《胡适杂忆》《顾维钧回忆录》等。此外，他还出版过《中美外交百年史，1784—1911》《晚清七十年》，其中均有涉及鸦片战争史的内容。

陈志让（1919—2019），加拿大华裔历史学者，1943 年毕业于西南联大经济系，1947 年考取中英庚款赴英深造，1956 年在伦敦大学历史系获博士学位。1963—1971 年执教于英国利兹大学，先后担任讲师、高级研究教授。1987 年以后，为加拿大约克大学名誉教授。1980 年当选为加拿大皇家学会会员。研究兴趣广泛，在中国近现代史多个领域有所建树，对袁世凯、孙中山等政治人物的研究，成就尤其突出。他广为人知的著作有《军绅政权：近代中国的军阀时期》《袁世凯传：外国人眼中的袁世凯》，另外还有《中西关系》等。

王赓武（1930—），澳大利亚华裔历史学者，中国史、华人华侨史、东南亚史专家。曾任教于多个国家，1986—1995 年担任香港大学校长，目前任新加坡国立大学特级教授。他一生著述甚丰，为国际公认的中国史及东南亚史学术权威，在学术界享有盛誉。代表作品有 *The Nanhai Trade：The Early History of Chinese Trade in the South China Sea*（《南海贸易：对南中国海中国早期贸易史的研究》），涉及鸦片战争史研究。

王赓武是四位学者中，当年是较为年轻的一位，目前还在世的历史学家。2018 年，他出版英文版个人自传 *Home is Not Here*，并接受过"澎湃新闻"的专访。

邓嗣禹（1905—1988），出生于 1905 年，参加林则徐诞辰 200 周年纪念活动时，已经年过 80 周岁，因眼科疾病，离开美国之前，就已经预约好了手术的时间。可以说，他是带病参加这次纪念活动的。从他的第二封信中，我们可以了解到他当时的身体状态：

返家后，因为太疲倦，不能接受手术，外科大夫要等到十月七日才有机会。六日命去医院，只能喝水、吊盐水，不能吃东西，还要打一针取血，照过许多 X 光片子。一个老人，经过了许多打击，未能开刀以前，已经成为病人了！开刀以后，血管障塞，医生很着急，注入颜色药水，再照X光，以免影响心脏。本来住院五六天即可出院，后以血管毛病为由，住了十天。因为医院还有人要住院，急求出院。出院后第二天，全不能小便，肚子几乎要破裂，又急去医院，再动手术，且住院三天后才出院。脚不能走路，耳朵不能接打电话，老要对方说大声一点，再大声一点，使人不高兴。今天才到公事房，桌上材料堆积如山……

四、走近林则徐

林则徐是中国近代史上的民族英雄，也是重量级的名人，他的功绩不是只有虎门销烟。晚年，他有一枚印章，上面刻有"历官十四省统兵四十万"10个字，说明他曾在全国14个省为官从政，并指挥过40万军队。他曾两次被皇帝任命为"钦差大臣"，虎门销烟仅仅是第一次。如果不计他在入仕之初，在翰林院担任9年文官的时间，林则徐从36岁任地方官员，到64岁时在云南总督任上因病请辞之后，66岁第二次被任命为钦差大臣，在奔赴广西镇压天地会起义军的路上去世，在官场上奔波劳碌了整整30年。

其间，他因虎门销烟引发中英战争，被贬职流放到新疆3年多。在这段时间里，林则徐将内地的水利、种植技术推广到了清王朝最西北边的边陲省份。他还发现并研究了当地人创造的特殊水利工程"坎儿井"，并大力推广。此外，林则徐一生撰写的诗词有650多首，"苟利国家生死以，岂因祸福避趋之""海纳百川，有容乃大；壁立千仞，无欲则刚"等，曾被当今国家领导人多次引用，并广为传颂。目前，还有许多人在发表文章，研究林则徐的诗词。

他以坚决抗击强权霸道的正气骨气，展现了在强敌炮舰侵略面前敢于"亮剑"的英雄气概。林则徐还上奏清廷，力陈造船制炮是抵御外敌侵略、保卫国家海防的长远之计，力主建设强大海军，"制炮必求极利，造船必求极坚"。

在当今纪念林则徐，传承、弘扬他的伟大民族精神，牢记鸦片战争以来西方列强侵华、清政府丧权辱国的历史，对实现中国梦、强军梦、强海梦，具有不可低估的重要现实意义。

第五章　香港、澳门访问始末（1956 年）[①]

目前，为研究 1956 年前后，国家争取留学生回国工作历史经验，许多高校的现代硕士研究生论文课题都相继聚焦在这些方面，以期对于当前吸引海外高级人才工作有所借鉴。从 1956 年周一良给邓嗣禹等人的一封长信，以及湖南师范学院通过留学人员亲属，动员海外留学人员回国所做出的努力，我们可以真实看到，当年国家在争取资本主义国家留学生回国所采用的方式和方法，以及一片赤诚之心。本文反映的真实内幕和一手珍贵原始史料，可为今后的研究学者们提供更丰富、更翔实、可借鉴的佐证材料。

——题　记

1955 年，在周恩来总理的亲自安排下，钱学森顺利回国。此后，国家开始运用各方面的力量，积极动员在国外，特别是在美国各大学工作的知名学者回国工作。

钱学森是世界著名的空气动力学专家，1942 年曾和其导师、美国导弹之父冯·卡门教授一起，完成了美国"下士"导弹的研究，这是美国最早的导弹。美国的飞机从亚音速到超音速的飞跃，因为"卡门－钱公式"而得以实现。战后，美国人视他为英雄，称赞他为第二次世界大战的胜利做出了无法估量的贡献。然而，中华人民共和国成立后，钱学森正准备回国报效祖国，却于 1950 年 8 月被美国移民局扣留，并被押到太平洋一个叫特

---

① 原文摘要发表在"澎湃新闻"私家历史栏目，2020 年 4 月 19 日。原题目为《1956 年周一良给邓嗣禹信札透露的讯息》。

米诺的小岛上；后来虽然离开这座小岛，但仍然被监视居住长达五年之久，无法离开美国。美国海军次长金波尔曾说，一个钱学森，价值五个陆战师。他回到中国，绝不是去种苹果，我宁可枪毙他。1953 年抗美援朝战争结束后，借中美交换战俘之机，1955 年 10 月，钱学森才最终得以回到中国。

一、国家出台引智政策，周恩来总理密切关注

钱学森回国，加快了中国导弹的研制进程，同时也是钱学森爱国主义精神的集中体现，成为爱国主义和民族精神教育的生动教材。在此基础上，国内掀起了以多种形式动员、争取留美学者回国的热潮。

1956 年，国家针对知识分子问题专门召开了工作会议，会后制定了《1956—1967 年科学技术发展远景规划纲要（修正草案）》，对于人才，尤其是科学技术人才的需求进一步提升。高教部结合这项《规划》，又出台了《高等教育部关于争取尚在资本主义国家的我国留学生回国工作的通知》。而当时在资本主义国家工作或学习的留学生还有 7000 余人。其中在美国的有 5000 余人、英国 700 余人、日本 1000 余人、法国 300 余人。

国家召开的知识分子会议结束后，周恩来曾专门做出指示："1956 年至少争取 1000 名尚在资本主义国家的留学生回国参加社会主义建设。"[1]在国际方面，1955 年日内瓦大使级会谈后，美国不再公开阻挠留学生回国，留学生面临的最大问题得到了解决。因此，周恩来提出的一年内争取 1000 人回国的总体目标也是切合实际的。

二、周一良撰写长信，情真意切劝诸君回国

1956 年 5 月 2 日，为了动员在美国大学任教的杨联陞（字莲生）、邓

---

[1] 李鹏：《建国初期争取海外留学回国的历史考察》，载《中国浦东干部学院学报》第 10 卷第 5 期（2016 年 9 月），第 79 页。原引《关于争取尚在资本主义国家的留学生回国的通知》，教育部档案：98 – 1956 – c – 12.0002。

嗣禹、王伊同回国工作，时任北京大学亚洲史系主任周一良教授曾受组织方面委托，写过一封长信给上述三人。信中除了介绍北京大学、燕京大学合并之后，建国之前回国的，以及原在北大任教的历史学家工作安排情况，还表示特别希望洪煨莲、赵元任、李方桂等人也能一同回国工作。

莲生、嗣禹、伊同，兄：

多年不通信了，去年在莱登开会听到一些你们的近况。这封信设法从别处寄出，希望它不至于付诸东流。如果你们看到这信，希望慎重考虑我所提出的问题。这是你们在国内的老朋友们（不只是我们夫妇而已）的共同愿望。我们常常想到你们，谈到你们，诚恳地盼望大家都能平安归国，贡献所学，为人民服务。

解放六年以来，我们的国家起了根本的变化。多少新鲜事物真是更难历数，不是我这短短的信所能书其万一。如果你们有机会看到《人民日报》的话，我想一定也能够了解一些。我们常说"旧社会把人变成鬼，新社会把鬼变成人"，这句话大可概括一切。由于社会制度的改变和殖民奴役的摆脱，中国国际地位也空前提高了。近年来，我们在国际事务上所起到的作用和取得的胜利姑且不谈，仅以个人而言，我去年到西欧开会便深切感到，过去在外国读书的人吐出了一口气。我们每个人都以作为站起来了的新中国人民而自傲！

此时，邓嗣禹获得"《富布赖特－海斯法案》（Fulbright－Hays Act）基金"资助，正在日本从事研究工作，他的美国夫人与两个女儿同行。5月8日，邓嗣禹在日本写信给正在湖南师范学院上学的女儿邓同兰，告知来到日本的情况："初来日本天气很冷。图书馆无暖气，手脚指都冻坏了。""我们是坐飞机来日本的。五个大箱子，从船上寄来。可惜在路上丢了三个。大概是船在日本或高丽靠岸时，被小偷把锁打开，把里面的东西都取走了，可算是不幸得很。"

同时，他在信中也描述了从事研究工作的情况，并提到年底去香港的想法："在日本做研究工作也不是很满意，设备不完备，助手懒惰，只希望拿钱不做事。好些很普通的中国书籍，日本竟找不到。……在日本生活住不惯，生活成本也相当高。我希望今年年底去香港一游。"另外，他告知女儿，自己已将李剑农所著《中国近百年政治史》翻译成英文，并且快要出版了。他还询问长沙有无蔡锷（蔡松坡）先生的遗著。

此时，邓嗣禹接到周一良的来信，所以有意到香港考察、游览一次，并通过香港这一中国的门户，了解国内的最新发展状况。原来的留美同学现在在国内工作、生活的情况如何，也是邓嗣禹关注并希望了解的内容。关于这方面的内容，周一良在信中写道：

再谈谈我们的情况吧。（一九）五二年院系调整，清华成为工科大学，北大、清华、燕京的文理法工院合并为新的北京大学，我们都到了北大，邓懿（周一良夫人）教外国学生中文，我先教中国史，后改教亚洲国家史。今后在相当长的时期内，这将是我教学和研究的范围。……

你们一定关心很多老同学和史学界的人物，让我简单介绍一下。为了发展历史学，科学院在这方面有三个所，第一所管上古到南北朝；第二所管隋唐到鸦片战争；第三所管近现代史。各地大学和师范大学、师范学院设有历史系。……陈寅恪先生在广州中山大学待遇极为优厚，因眼睛不好，在中山主要为高年级的同学开课，仍不断写文章，最近还在中大学报上发表了《论王导之功业》。向达先生在北大历史系，兼北大图书馆长同时，又是历史第二所所长，很忙碌。北大历史系里你们认识有张政烺、余逊、邓广铭、邵循正、杨人楩、齐思和、张芝暎。齐思和因为世界史方面的需要，现在主要是教外国历史了。为了加强南开的历史系，所以从（一九）五二年起，郑天挺、雷海宗都到了南开教书，分别主持中国史和世界史方面。莲生认识的丁则良，他现任东北人大历史系副主任。侯仁之专搞地理去了，现任北大地质地理系主任。

聂崇岐在科学院第二研究所与门生搞史料编辑工作，最近我们标点重印《通鉴》，他担任了总校阅，这都是他最擅长的工作。傅乐焕继续搞辽金元史，王钟翰继续搞清史，冯家昇搞维吾尔史，都在中央民族学院研究部。朱士嘉在历史第三研究所，也继续他的方志工作和中美关系史的研究。邓之诚先生已经退休，仍住在中老胡同的北大宿舍，领全薪。最近《骨董琐记》由三联书店再版。他还出版了一本《桑园读书记》。孙毓棠在科学院经济研究所，专门搞他所擅长的中国经济史。从上面名单的报告，你们可以看到，过去的专家们今天不但继续在岗位上工作，而且是比以前安排得更恰当，更能发挥了他们的长处。

北京史学界有两个人没有完全回到本职岗位，因为实际需要，继续作（做）政府工作，他们就是副市长吴晗，和教育局长翁独健。但是吴晗同时是科学院学部委员，公会之际还写文章，修改《朱元璋传》已经快要出版。翁也兼着民族学院研究部主任。还有谭其骧是你们熟悉的。他原来在上海复旦（大学）历史系，前年因改绘杨守敬历史地图，把他调来北京。搞一套历史地图是老谭多年来的愿望，只有到今天才实现。他现在指导着一些人在工作，这部地图出版后，对于研究中国历史将有很大帮助，远比箭内的书要详细可靠得多。

再报告一下剑桥的朋友们的情况吧（这里的剑桥，用哈佛大学所在地指代）。吴保安担任武汉大学历史系主任，已经好多年了。高振衡任南开大学化学系副主任，冯秉铨任华南工学院教务长。陈新民、黄培云任华东冶金学院的副院长，陈标生在清华，陈振汉、王珉源都在北大。严仁庆在北大经济系，同时是我们的副教务长，张培刚在武汉的华中工学院当总务长，史国衡在清华当总务长。总之，这些人所学的、有用的东西都发挥了作用。

以上所谈的（事）可能都是你们想知道的事，从这些情况你们可以了解历史科学工作也正如祖国其他事业一样蓬勃开展中。无论什么人都在发挥潜能，剑桥的老朋友们都没有辜负所学，他们的工作成绩也都得到了人民的认可。

在争取海外留学生回国的方式上，1956 年以前主要以中央为主，政务院文化教育委员会（简称政务院文教委）经过协商讨论，组成一个以马叙伦为主任的"办理留学生回国事务委员会"（简称办委会）。办委会隶属于文教委，主要有四项任务：（一）调查尚在国外的留学生，动员其早日回国。（二）对留学生回国前后的宣传、了解及教育。（三）留学生回国后的招待。（四）统筹解决回国留学生的工作。有一些留学生因经济困难无力回国，办委会也积极给予帮助，向文委会申请了4万美金作为接济之用，并出台接济留学生返国旅费的暂行办法。其中，第7条明确说明："接济留学生之旅费数目以其距离远近及实际所需而决定之。据目前所知，由法国至香港之四等舱船票约为170元美金，三等舱约为280元美金，故接济之款项每人应以美金500元为限。"这为1956年之后，进一步争取留学生回国工作奠定了基础。

但是，当时这项"暂行办法"仅仅是一个宏观的意见，并无具体操作细则。周一良在信中不仅告知了操作细则，还说明了具体注意事项：

我们非常盼望你们，以及尚在美国的其他一些朋友们好好考虑一下回国问题。如果旅费有困难，特别像你们这种全家在外的，可以到华盛顿，印度驻美国大使馆领取路费——这是我们政府和印度政府协商好的。如果图书仪器之类怕国内没有，影响工作，也可以由印度领款购回到国内再报账。人民政府说到哪里做到哪里，你们完全可以放心。回国工作无问题，找到恰当工作以前的一切生活费用，政府也负担。钱学森回国后政府如何对待他，你们或许听到了吧？洪煨莲、赵元任、李方桂诸先生，我们也都欢迎他们回来。请将此信先给洪先生一阅，将来我还要给他写信。因不知嗣禹兄地址，故一并寄到剑桥，请杨、王助力转达。卞学璜兄夫妇、陈观胜兄夫妇，如尚在剑桥，也希望给他们看看。

一良（一九）五六年五月二日

懿附笔问好

1956年以后，国务院文教委根据已经回国的留学生反映得知，尚在国外的相当多的留学生主要存在两大顾虑。一是对新中国缺乏了解，思想上尚有若干顾虑：留学生多数是在解放前出国的，大多数人都已离开祖国六年以上，因此对新中国的真实情况不太了解。他们或多或少受了一些美国及中国台湾国民党当局宣传的影响，因而在回国问题上存在很多顾虑。二是个人存在具体困难，比如有些人工作合同未满，有些人妻子生小孩不便远行，有的怕申请之后不能马上回国，在国外又会失业，生活无法维持等。

因此，为了做好争取留学生回国的工作，中央决定转变争取工作的重心。中央专门成立了争取还在资本主义国家留学生回国工作组，"工作组之下，由内务部、高教部、公安部共同组成联合小组，负责进行留学生家属工作"。

1956年前，无论是宣传还是接待都是围绕海外留学生来开展，1956年后工作重心则转向留学生的亲朋好友，以及已回国的留学生，主要方式是动员他们写信，告诉留学生国内的情况，激发留学生的爱国主义觉悟，使留学生们积极投身社会主义建设。具体来说主要有三个方面：

一是让已回国的留学生给尚在国外的同学或亲朋写信，信件内容以自己的亲身体会为主，将祖国的社会主义建设、中央的知识分子政策告诉他们，呼吁他们放下思想顾虑，返回祖国参加建设；二是让留学生家属给在国外的亲朋写信，以亲情感动留学生，让他们早日回国与亲人相聚；三是让已回国的留学生给他们的外国友人（比如导师、同学等）写信，利用他们的亲身体会动员舆论，协助留学生回国。为防止粗暴生硬作风，中央要求在写信时多为留学生考虑，不能因为留学生迟迟不归或是犹豫不决就去批评责难，要"设身处地地多为他们着想"，要相信"他们暂时不回国，一般是迫不得已，或是一时受了蒙蔽"，要耐心地为他们答疑解惑，因为这些留学生"终究是愿意回来的"。同时，强调应当使留学生感受到祖国亲人的温暖，而不是一味地责难、怪罪，要谅解留学生的困难和处境，给予他们同情与关怀。[①]

---

① 李滔主编：《中华留学教育史录（1949年以后）》，北京：高等教育出版社，2000年，第148页。

1956 年 9 月初，邓嗣禹抽出空余时间，到东京、北海道等地游览。

9 月 10 日，印第安纳大学急需寻找中日文图书编目人员，邓嗣禹在日本仍然为此事操心，故致函钱存训：

> 讲学荣归，理当接风。敝图（书馆）中日文编目员，时到现在，仍未能获得合适人选。袁守和先生曾介绍蒲友书君（附原函），蒲君文翰最佳，满望可以来此就职，无需（须）面谈。但因从未习日文，婉辞。吾兄可以与蒲君接洽。

> 吴光清介绍一人，中英文皆不通（请守秘）。在台大专修改历史，来美改习化学，后又改习图书馆学。敝处因为找不到人，嗣禹又不愿此职位为日本人夺去，故在无办法中，仍请此君来此试作 1—2 年，但尚未回信。有一日本人，现在东京，愿重返美国工作，曾在哈佛工作 1—2 年。裘先生表示移民局手续麻烦特甚，费尽九牛二虎之力终于被迫返国。

> 梅贻宝先生云，有一女士在芝城 City Library（芝加哥市图书馆）工作，可否请兄电询。否则，编目部现任（老处女）将要自杀矣。因为找了数月未能成功。一笑即清。

9 月 28 日，在给女儿邓同兰的家信中，他再次提到聘请的两个日本助手工作效率低下的情况："日本助手工作了七八个月，然京都大学的东方学者尚未做完。……只好大小粗细事，皆由自己动手。""日本的图书馆管理不善，书籍杂志散布各处，我得从楼上跑到楼下，从史学系跑到文学系、哲学系，等等，到处找书籍杂志。每天从早上八时以前出门，晚六时才回家，东跑西找，累得不堪。希望能够将《日本东洋学者与中国学者名鉴及其著述》一书，在圣诞节之前编成。"

三、考察港澳海外窗口，父女团聚畅所欲言

12 月初，在东京飞机场，写信给女儿邓同兰（应该是在购买机票之后）：

我临时决定，飞游南洋各国。十二月二十四日飞抵香港，停二十三小时；飞至泰国，停九日；飞新加坡又停九日；飞西贡，正月十五日；返香港，住至正月十九日。你如能来香港，父女团聚甚佳。

但不必过于勉强，致于国法。如不能来，请告知需用物品，如能寄，皆当寄来。我常照有颜色照片，所以无黑白照片相赠。一年前，抵达东京时，朋友摄一全家福，虽小，聊甚于无。即祝。

父嗣禹匆匆习书于东京飞机场

12月24日，邓嗣禹抵达香港，拜会香港书店老板徐炳麟等朋友，后至泰国（停九日）、新加坡（又停九日），正月十五日到越南西贡及东南亚其他各地考察后回到香港，再由香港返回日本。

当时，女儿邓同兰正在湖南师范学院生物系就读二年级。接到此信时，正值期末考试前期，由学校特批（校方希望她能动员父亲回国工作），去香港与父亲会面，并一同游览香港、澳门景点，拜会澳门培正中学校长，约一周时间，并留有香港、澳门等地的留念合影。

邓同兰晚年回忆这段经历，在她的年谱中写道：

1956年冬季，正值我在湖南师范学院期末考试之前，父亲来信说：长期旅居国外，但每时每刻都在想望祖国，思念家乡，想念年迈多病的父母和妻儿。但是当时，中美两国断交多年，父亲无法回国。因此，要我去香港同他见面。我将父亲的来信给年级辅导员老师看，不久由罗院长代表学院找我谈话，特批我可以不参加学院规定的期末考试，及时去香港探望父亲。同时，要我详细地介绍祖国繁荣昌盛、国力发达、经济稳定的大好形势，力争要这位著名的历史学家回国，为振兴祖国建设做贡献。

当时，在大学的同班司学也很重视这件事，她们为我准备好较时尚的短大衣、皮鞋等物品。我从湖南长沙坐火车到广州，晚上乘轮船从广州出发，次日凌晨抵达香港，由香港万有图书公司经理徐炳麟接站，入住到香港预订的旅馆。父亲同天中午到达香港，我们在徐炳麟的陪同下，共同游览了香港市容、海洋公园、九龙和维多利亚港区，攀登了狮子山、太平山。在太平山上，三人曾兴致勃勃地合影留念。

晚上，我们同住在一个旅馆。父女之间畅所欲言，我向父亲介绍国内的形势，以及人民的生活现状，还介绍了目前家里父母妻儿的现实生活状况等内容。当时，由于父亲在日本的研究助手不得力，他有意要带我出国，给他当研究助手。

邓嗣禹、邓同兰和徐炳麟（自左向右）在香港太平山合影

第三天，我们由香港乘船到澳门，当天参观了妈祖庙、观音堂、白鸽公园等许多著名风景区，并在徐炳麟的引荐下，拜会了他的好朋友，培澳中学校长夫妇，当晚由培澳中学校长做东请客。之后，三人下榻培澳中学附近的宾馆。

临近离开澳门时，父亲带我到澳门商业街上最大的一家商店，为我买了一条金项链、一个高级皮箱，作为礼物送给我。当时我考虑，国家培养我读师范学院，我还没有为国家做出任何贡献，现在去美国不合适。同时，我按照学院领导的交代，耐心劝说父亲在适当的时候，能够回国，将所积累的知识和经验用于国家的发展建设方面。父亲答应我，回去后会认真考虑此事，同时他还鼓励我要好好学习功课，以后为国家培养更多的师范人才。随后，父亲离开澳门到达日本，再由日本返回美国。我提着一个空皮箱，顺利通过海关检查，回到长沙。这个澳门的皮箱，我一直很珍贵地保存下来，作为传家宝，在儿子结婚时，我又赠送给他，并鼓励他向外

邓嗣禹、邓同兰与培澳中学校长夫妇（右一、右二）在澳门合影

1956年邓嗣禹、邓同兰父女在澳门妈祖阁合影

公学习。

　　回到学校后，学院领导给我安排了一个单人房间，复习备考期末考试的内容。在复习期间，为了报答学院领导的关怀，我起草了一份四页纸内容，关于赴香港、澳门探望父亲的思想汇报材料，考试结束后再次进行修改、完善后提交。对于我的思想汇报材料，学院各级领导都比较满意，鼓励我继续给父亲多写信，早日促成父亲回国的事宜。

　　此后，邓嗣禹于1972年、1978年、1985年，先后三次回国开展学术交流与各种纪念活动。

　　从 1956 年周一良给邓嗣禹等人的一封长信，以及湖南师范学院通过留学人员亲属，动员海外留学人员回国所做出的努力中，我们可以真实地看到，当年国家在争取资本主义国家留学生回国过程中所采用的方式和方法，以及一片赤诚之心。

　　目前，为研究 1956 年前后，国家争取留学生回国工作历史经验，许多高校的硕士研究生论文课题都相继聚焦在这些方面，以期为当前吸引海外高级人才的工作提供借鉴。例如，2007 年，华东师大周谷英的硕士论文《建国初期中共海外知识分子归国工作研究》；2013 年，山东大学张海宁硕士论文《风雨归途：共和国成立后归国作家研究》；2017 年，大连理工大学何欣硕士论文《建国初期留美知识分子归国问题研究》；2017 年，吉林大学范俊琪硕士论文《新中国成立初期留学生归国潮研究》；2019 年，上海社科院高帅硕士论文《20 世纪 50 年代上海争取在资本主义国家留学生回国工作研究》等。国家争取留学生回国工作的历史经验总结与借鉴，俨然已经成为一项热门研究课题。

　　本文中反映的真实内幕和第一手珍贵原始史料，可为今后的研究学者提供更丰富、更翔实的佐证材料，期待这项研究工作向更深入的方向发展。

下卷

邓嗣禹学术年谱

年谱凡例

一、本年谱内容以记录谱主在治学生涯、学术成果和学术交流方面，以及学界的评价、影响等为主要内容。

二、本年谱以公元纪年，附以对应谱主年龄。在学术活动频繁、学术著作丰硕的年份，以摘要重点内容的方式，列在本年份之前。

三、为避免阅读时的枯燥感，本年谱采用图文并茂的方式呈现。注释内容采用脚注与文内注释相结合的方式。

四、本年谱按年、月、日次序排列。其无日可考者，以"月"记之；无月可考者，均置于年末。若以季节出现的，"春"则安排在三月之后，"夏"则安排在七月之后，"秋"则安排在九月之后，"冬"则安排在十二月之后。

五、本年谱所收论著，除记明日期、刊物和出版社外，对于有影响力的，或者目前难以看到的报刊文章，采用全文移录或者摘录的方式；对于期刊现有的文章则收录其摘要，或概述其主要内容。对于著作中的序言，或者后记中有影响力的内容也加以收录。另外，谱主学术交往的书信以写信时间编入。

六、本年谱所述人物经历和学术活动，以本谱主的日记、家信和出版的研究论著，其他学者出版的年谱内容，以及学者之间交往书信中记载的内容为依据。论著以公开出版或发表的为依据。少数未刊出的，则注明来历。

第一章　1905—1937 年（出生—32 岁）

1905 年　出生

邓嗣禹，字持宇，曾用笔名"志喻"，7 月 25 日（农历六月二十三日）出生于湖南省常宁县黄洞乡。因当年申报户口时，当地户籍管理部门填写有误，身份证明错写为 1906 年。故后来他在燕京大学、哈佛大学申报学籍时，因一时无法更改，仍沿用 1906 年为出生年。英文名为 Teng Ssu‑yu；S. Y. Teng。

嗣禹的父亲名为邓杰卿，是一位有学识的人，他以出租家中土地与树林为生，兼职教私塾，曾考为县内童生。母亲邓吴氏是个小脚女人，虽没有什么文化，但是在乡里乡亲之间人缘很好。两人生有一男四女，嗣禹排行第三，为家中唯一男孩。嗣禹共有两个姐姐、两个妹妹，大姐、二姐早逝，名字不详。大妹名字叫邓夏清，小妹叫邓文秀。

嗣禹出生后，为了要给家中唯一的男孩起一个响亮、兴旺与祥和的名字，族长和嗣禹的父亲共同查阅了许多书籍，最后在《尚书·洪范》中查到："我闻在昔，鲧陻洪水，汩陈其五行。帝乃震怒，不畀洪范九畴，彝伦攸斁。鲧则殛死，禹乃嗣兴，天乃锡禹，洪范九畴，彝伦攸叙。"因为这段话中有"禹乃嗣兴，天乃锡禹"，故起名叫邓嗣禹。[①]

1908 年　3 岁

嗣禹从 3 岁懂事起，父亲就教导他要用心读书，学知识。有时父亲带

---

① 彭丽、彭靖：《一代英才邓嗣禹》，哈尔滨：哈尔滨出版社，2015 年，第 4—5 页。

领他去溪边步行，引导他欣赏和观察大自然。那光芒四射的朝阳，诗一般的翠竹晴岚，使他从小就热爱大自然，热爱自己的乡土。

作为母亲的吴氏，更是对邓嗣禹倾注了无限的母爱，从小就把他当作掌上明珠，凡是家中一切好事，尽至嗣禹。但是嗣禹并没有因此骄纵无礼，而是从小就非常孝顺父母，关照姐妹。

1910 年　5 岁

从 5 岁起，嗣禹在私塾学习时，他就开始学习《诗经》《尚书》《论语》《唐诗》等名篇。因为他的名字出自《洪范》，父亲和族长一再对老师要求，要注重对《洪范》的学习。5 岁的时候，他就能背诵李白的诗《梦游天姥吟留别》，是黄洞乡远近闻名的才子。

1913 年　8 岁

因为嗣禹是家中唯一的男孩子，所以他也要承担家里的生活重任。8 岁时，嗣禹开始帮助母亲养猪。他一手拿着赶猪鞭，一手拿着书本，一边赶猪，一边读书。闲暇时间，在树林里，他感受着大自然的温暖，更多的时候，他在大段大段地背诵唐诗宋词。岁月年复一年地流逝，他不仅成了父亲的得力助手，而且开始独立地为家里做一些力所能及的事情。在乡里，他经常和同伴们一起尽情玩耍，听大人们讲那些传奇故事。比如，梁山伯与祝英台的故事、黄洞乡来历的故事等。

1915 年　10 岁

经过十年的私塾学习，嗣禹在乡里已小有名气。他在这几年的学习当中，对中国的历史有着浓厚的兴趣，能够谈古论今，写起字来落笔有神。他对"大禹治水"的故事记忆犹新，对《尚书》中的治国之道也颇感兴趣，他的智慧和潜能充分地显现出来。他学过《诗经》和《左传》后，就能过目不忘，并且倒背如流。

受父亲和族长的影响，在老师的辅导下，嗣禹对《尚书·洪范》有着非常深刻的了解，特别是对箕子之术进行了学习和研究。箕子本人的经历对他也有很大的启发。通过学习和了解中国博大精深的历史，他对中国有一种热爱，对这个国家有一种眷恋，对这个民族有一种喜爱。他特别喜欢看中国历史方面的书籍，而父亲也非常支持儿子的学业，从家用中余出一部分钱来，为儿子买许多中国历史方面的书籍，如《四书》《五经》《周易》《三国》《左传》等，这些都让嗣禹有博览群书的机会。[①]

1920 年　15 岁

嗣禹在 15 岁的时候，个子长得高高的，身材匀称，眉清目秀，他喜爱穿深色的长袍和马褂，举止文雅大方。嗣禹的两个姐姐和两个妹妹，都因有他这样的家人而骄傲。小妹妹文秀聪明伶俐，长相俊俏，性格活泼，经常带领三个姐姐向嗣禹请教，认真学习文化知识。当时，由于中国社会封建礼教的束缚，妇女是不能学文化的。可是在邓氏家族中，当时是非常开明的。

嗣禹的父母非常注重孩子的教育问题，提倡男女平等，鼓励四个女儿和儿子一起学习文化，其中要数小妹文秀最出色，识文断字掌握的数量最多。

1922 年　17 岁

17 岁那年，嗣禹与 18 岁的欧阳红玉结婚。

欧阳红玉不仅人长得很甜美，而且和嗣禹家族有远房亲戚的关系。因为其父母早逝，她由姨妈抚养长大。欧阳红玉的家境并不是很富裕，她为

---

① 彭丽、彭靖：《一代英才邓嗣禹》，哈尔滨：哈尔滨出版社，2015 年，第 9 页。

人非常勤劳、善良，具有中国传统女性具备的优良品质，虽性格温良，但是具有反抗精神。

当时，欧阳家族和其他家族一样，封建思想非常严重，不准女人上学堂，不准女人学文化，甚至还让女人缠三寸金莲的小脚。这个家族中所有的女人都是小脚，只有欧阳红玉不是小脚。白天，欧阳红玉也和族中许多女子一样，不敢违背族中的家训，裹着小脚，到了晚上她却把脚放开。欧阳红玉白天脚裹着的时候，既不走动，也不干活。别人都认为她懒惰，其实欧阳红玉是世间最勤劳的女子。

欧阳红玉来到这个家庭，也给这个家庭带来了快乐、希望和祥和。大妹邓夏清和小妹邓文秀也非常喜欢这个嫂子，姑嫂们相处得非常好。特别是邓嗣禹的小妹邓文秀，除了和哥哥一同学习文化知识以外，多余的时间便和嫂子一起去山间小溪洗衣服。

1923 年 18 岁

在 18 岁的时候，邓嗣禹以优异的成绩考入衡阳县立中学。

当时，衡阳县立中学是衡阳境内唯一的公办中学（现为衡阳市衡南第一中学），创办于1905 年，校址设在西湖书院内。时任校长叫肖迁，系东乡双林人，曾为清朝秀才，毕业于南路优质师范学堂，终生从事教育事业。常宁离衡阳有很远的距离，需要离家求学。嗣禹临走之时，嘱咐、拜托自己的妻子，要代替他好好照顾自己的父母。从这一年开始，嗣禹开始了他的求学之路。

中学时代的邓嗣禹

在这所学校里，嗣禹在初中预科学习一年，正式学习三年。在此期间，他结识了对他人生道路产生非常重要影响的一个人物，这个人的名字叫彭廷珪。

嗣禹与彭廷珪是同乡，比彭廷珪的年龄小一岁。彭廷珪出身于常宁县彭家湾，是一个书香门第的大户人家，也是邓嗣禹的大姐夫彭廷珍的长兄。1920 年，彭廷珪考入衡阳县立第三中学学习。因为同在衡阳学习，又是同乡和亲戚，彭廷珪和嗣禹二人结为好朋友，并同住一室。在共同学习的一年时间中，他们结下了非常深厚的友谊。

从 1923 到 1926 年，在衡阳县立中学学习期间，嗣禹共学习了 20 多门课程。包括国文、数学、物理、化学、生理卫生、动物、公民、体育、美术、音乐、手工、农村经济及合作、教育行政、教材及教育法、教育心理等课程。当时，这个学校共 3 个班，学生 115 人，无一女生，年龄最大者26 岁，最小的只有 18 岁。

1926 年　21 岁

年初，嗣禹考入北平燕京大学历史系，读两年预科。临行之时，他写下李白的一首诗《渡荆门送别》，送给他的亲人，表达了他对黄洞乡家人与乡亲们的不舍之情：

> 渡远荆门外，来从楚国游。
>
> 山随平野尽，江入大荒流。
>
> 月下飞天镜，云生结海楼。
>
> 仍怜故乡水，万里送行舟。

同年，彭廷珪考入北京中俄大学政治系。从中学开始，他就阅读了大量进步书籍，痛恨反动军阀的统治，曾经担任衡阳县立第三中学的学生会会长。他到北京求学后，不断阅读进步书刊，接触一些中共党员及进步青年，决心投身革命的愿望更加迫切。这时，他虽然没有加入共产党，但在党组织和李大钊的影响下，积极参加罢课、罢工和罢市运动。他带领同学上街演讲、检查日货，为推动北京人民的反帝爱国运动，倾注了自己的满腔热情。其间，他先后担任北京反日宣传委员会委员、湖南学生旅京联合会总务长。

嗣禹从小就有报国之志，到北京之后，在彭廷珪的影响下，他也接触到一些爱国进步青年，对党组织怀有崇敬之情，积极参加学生爱国学生运动。

3 月 12 日，冯玉祥国民军与奉军作战期间，两艘日本军舰护卫奉系军舰进入大沽口，并炮击国民军，守军死伤十余名。国民军开炮自卫还击，将日本军舰逐出大沽口。事后，日本认为国民军破坏了《辛丑条约》中的条约内容，联合英、美、法等八国公使，于 16 日向北洋军阀段祺瑞执政府发出最后通牒，提出拆除大沽口国防设施的要求，并限令 48 小时内答复，否则以武力解决。同时各国派军舰云集大沽口，用武力威胁北洋政府。

这时，彭廷珪从报上看到日本帝国主义炮轰我大沽炮台的消息，以及日、英、美、法等八国提出，要我国拆除大沽口国防设施的通牒后，他非常气愤，并积极与李大钊等革命党人和党组织取得联系。

3 月 18 日清晨，彭廷珪接到消息后，积极组织同学、同乡们参加，邓嗣禹也是他组织的同学和同乡之一。他们没有吃早饭，就动身前去参加，在天安门前举行的国民抗议大会。当时，中共北方区委的领导李大钊、赵世炎、陈乔年等人参加了大会。作为大会主席、中俄大学校长徐谦发表了慷慨激昂的讲话。大会决议："通电全国一致反对八国通牒，驱逐八国公使，废除一切不平等条约，撤退外国军舰，电告国民军为反对帝国主义侵略而战。"最后大会一共通过了八条决议。

大会结束后，游行队伍由李大钊率领，按预定路线，从天安门出发，在段祺瑞执政府（今中国人民大学清史研究所）门前请愿。示威队伍组建时，因彭廷珪提前进入会场，表现突出，李大钊等革命党人把他作为组织骨干之一，委派他组织带领爱国学生游行。游行队伍行进时，彭廷珪一直走在队伍前面，带头高呼"打倒帝国主义""打倒段祺瑞"等口号，向段祺瑞执政府门前走去。

在"三一八惨案"时，游行学生与段祺瑞卫队对峙的场景

段祺瑞担心局势失控，命令预伏军警以武力驱散游行队伍。预先埋伏在那里的卫队突然向请愿群众开枪，当场死亡 47 人，伤 199 人。站在请愿队伍前列的彭廷珪，当即小腹中弹，血流如注，不久以身殉国，牺牲时年仅 24 岁。当天，邓嗣禹也随行在燕大的游行队伍之中，当他听到前面有人受伤的消息后，立即赶到现场。这时，惨案已经发生了，他没有发现彭廷珪的遗体，只发现了他的一只鞋。当时，他的心情真是无比的悲痛，并气愤不已。事后，他积极联络湖南旅京同乡会的同学，通报了解到的有关情况，与同学们一起要求为彭廷珪举行追悼会。

47 名死者中，还有为人们所熟知的，北京女子师范大学学生刘和珍、杨德群，燕京大学女学生魏士毅等人。李大钊和陈乔年也曾因此负伤，鲁迅先生为此撰写的檄文《纪念刘和珍君》，这篇文章曾入选中学语文教材。

5 月，彭廷珪的追悼会由湖南旅京同乡会在北京举行，嗣禹是主要召集者和参加者之一。在这次会上，散发了由他提供的烈士遗像和传略。

同年，燕大也举行了"三一八"纪念大会。在这次会上，校长司徒雷登在台上激情地大声呐喊："烈士们死了！他们因用正当的方法与恶势力奋斗而死了！不过死的价值，决不与肉身同归于尽。诸君，速起继续奋斗，毋负先烈等之一番牺牲。"

1928 年　23 岁

邓嗣禹读完预科的所有课程，正式进入燕京大学一年级学习。

初创的燕京大学，校址位于北京城东南的盔甲厂，校舍狭小，教师和学生为数不多，学校设备简陋，"筚路蓝缕，以启山林"。嗣禹来到燕京大学的时候，该校在北京西郊的新校园还没有修建好，仍在北京城内授课。据《燕大周刊》描述，课堂分布在城内盔甲厂的几栋旧楼里，全校有 336 个男生、94 个女生，教员中有 52 个是外国传教士，其余 28 个是中国人。那时的燕大，只不过是一所名不见经传的教会大学。当时的北京教育界也是非常困难，为数不多的教育经费也被军阀们挪用了，许多学校经常仅能发几成的工资。有一个教授，同时在四个大学里兼课，可是到了年底，四个大学都发不出工资，被称为"四大皆空"。当时在北京，被教育界人士所羡慕的学校只有两所，一所是清华大学，另一所是燕京大学，只有这两所学校教师每月的工资照发。

燕京大学在中国教会大学的历史上，有着举足轻重的地位。虽然存在的时间仅有短短的 33 年（1919—1952），却创造了中国教育史上的奇迹：在不到 10 年的时间内，从一无所有的"烂摊子"，一跃成为中国乃至国际一流综合性大学；在不长的时间内，为中国各个领域培育了众多顶尖级人才。在两院院士中，燕大学生多达 57 人。1979 年邓小平访美时，21 人的代表团中包含了 7 名燕大人。因此，燕京大学的历史是值得大书特书的。[1]

在学习之余，嗣禹与同乡们一起为彭廷珪等烈士们悼念，呼吁各方为他们立碑，积极参加"三一八"烈士纪念会，并为彭廷珪题写碑文。嗣禹在《彭廷珪烈士纪念册》上，撰写了《廷珪的思想同特性》一文，予以深

---

[1]　彭靖：《教会大学史上的一座丰碑——评陈远的〈燕京大学：1919—1952〉》，载《中华读书报》2013 年 10 月 30 日。

情怀念。他这样写道："三年来，我已流干脆弱的眼泪，现在用不着痛哭流涕，再来表示弱者的精神，我只好记着，只好继承他的遗志大声喊叫……"

1929 年　24 岁

邓嗣禹在燕京大学历史系本科学习期间，师从顾颉刚、邓之诚，并建立了深厚的友谊。

1929 年 6 月，顾颉刚先生到燕京大学时，他的职衔是国学研究所研究员兼历史系教授。他在北大任国学讲师期间，曾与胡适、钱玄同等人有书信来往，一起探讨中国上古史的一些问题，并于 1926 年出版《古史辨》第一册，该书在国内外学术界引起轰动，一年内多次重印，影响深远。当时各大学纷纷设立历史系、国学研究所，历史研究人员和历史系学生人数剧增，其原因之一就是这场历史大讨论所产生的影响。[1]

1928 年，燕大成立国学研究所，所长由著名史学家陈垣担任。经郭绍虞、容庚介绍，顾颉刚来到燕大任教。据《顾颉刚年谱》记载：1929 年 5 月"应燕京大学之聘"；5 月 5 日"郭绍虞邀赴凡社之宴，同席：陈垣、金岳霖、许世廉、冯友兰、熊佛西、黄子通、徐祖正"；6 月 21 日至 23 日"将书籍由大石作寓舍运至燕大"。当时聘请他的还有北大和清华，但他选择了燕大。

在《顾颉刚自传》中，他曾记载："只为燕京是一个教会学校，我既非教徒，也非校友，不致叫我办事，便可一心一意地读书写作，实现我最企望的生活。"

3 月 18 日，在北平特别市政府主持下，"三一八"烈士在牺牲三年后，

---

① 彭靖：《顾颉刚与邓嗣禹在燕京大学的岁月——纪念顾颉刚先生 120 周年诞辰》，载《中华读书报》2013 年 10 月 9 日。后收入《尘封的历史：邓嗣禹和他的师友们》，北京：中国财富出版社，2020 年，第 9—10 页。

终于被正式公葬于圆明园内。由于时隔许久，部分烈士遗体已运回原籍安葬，此次公葬者共计 22 人。公墓位于圆明园中部，各穴呈梅花状分布。后来，在公墓中央又建了一座烈士纪念塔，上刻"三一八烈士公墓"七个篆体大字。基座上刻有时任北平特别市市长何其巩撰书"三一八"烈士墓表，以及可考实的殉难烈士姓名、年龄、籍贯、职业等信息。何其巩在墓表中写道："会此役者，或为青年女子，或为徒手工人，或为商贾行旅，皆无拳无勇，激于主义，而视死如饴。"他用寥寥数语，却有掷地有

在燕大本科时期的邓嗣禹
（1928—1932）

声之感，回响不绝于耳。嗣禹作为同乡好友，曾应邀前往参加纪念活动。

这一年，燕大迁入了海淀区，一座美轮美奂、湖光塔影的新校园。据说，新校址是在清朝王公的一所废园基础上修建的。这座园林原名"淑春园"，曾是乾隆的宠臣、大贪官和珅喜爱的园子，民国初期被陕西军阀陈树藩占有。冯友兰在《三松堂自序》中介绍："燕京得到这个地基以后，就在美国募捐。谁能捐出一座楼的建筑费，这座楼就以他的名字为楼名。对着西校门的那座楼，原来名叫'贝公楼'，据说是有个叫 Baker 的人捐建的，这座楼的规模比较大，是燕京的主楼。"司徒雷登买下地基之后，十分下功夫地将一座美丽的新校园建设于此。校园内大量采用了被焚毁后的圆明园石料和石雕，作为装饰材料。①

1919 年，燕大的缔造者、美国传教士司徒雷登（1876—1962）担任燕大校长，从 1922 年起，15 年内他 10 次漂洋过海，以传教士的虔诚、教育家的执着为学校募集捐款，将一所曾以蜗居面貌出现的学校，迅速建成当

---

① 彭靖:《冯友兰的燕大往事》,载上海《联合时报》2014 年 3 月 28 日,后收入《尘封的历史:邓嗣禹和他的师友们》,北京:中国财富出版社,2020 年,第 4 页。

位于北京圆明园的"三一八烈士纪念碑"

时中国最美丽的校园。新校址和资金的解决，为燕大的起步奠定了良好的基础。燕京大学在当时北京众多的大学中，以经费充裕、环境优美而令人羡慕。

"因真理、得自由、以服务"是燕大当时的校训，来源于《圣经》中的两句格言：一句是"你们晓得真理，真理必叫你们得以自由"（《约翰福音》第 8 章第 32 节）。另一句是"人子来，不是要受人服侍，而是要服侍人"（《马太福音》第 20 章第 28 节）。司徒雷登校长将这两句话糅合在一起，作为燕京大学的校训，可以说这对燕大的发展产生了深刻的影响。"注重学术"和"服务社会"是现代大学两个最重要、最基本的办学理念，而燕大的校训恰恰是这两个重要办学理念的具体化。它明确指引师生通过学习或研究去认识、探索和发现真理，从必然王国进入自由王国，用自己的学识服务社会。①

1931 年　26 岁

1 月 20 日，因撰写毕业论文之事，嗣禹前往史学系顾颉刚办公室，与其协商具体事宜。

2—3 月期间，嗣禹曾聆听过冯友兰的哲学课程。受冯先生哲学思想的影响，他于 1931 年曾在《北平晨报·学园》发表过一篇《儒家之社会政策》的文章。该文章经译成日文后，曾刊载于日本学术刊物上。

4 月 2 日，顾颉刚曾为邓嗣禹写信给蒋廷黻，据《顾颉刚日记》记载：②

孙海波来。（郑）德坤来。为谢女士改《社会教育》及《亡妹祚兰传》毕。写谢女士信。容女士来。宾四③来。希自来。韩叔信来。作《古史辨与今文学》跋，未毕。预备功课。

学生六人来工作。为邓嗣禹君写蒋廷黻先生信。为陈懋恒女士写北平图书馆信。

8 月 4 日，嗣禹到顾颉刚家拜访，商讨《史学年报》组稿事宜。

顾颉刚在燕大期间，先后参与及主办了三种学术刊物：《燕京学报》《史学年报》《禹贡》半月刊。编杂志、办刊物，一直是顾颉刚的拿手好戏，也是他的特殊偏好。顾颉刚一受聘，就为《燕京学报》组稿件，到校后他即名列学报编委会成员，并于 1929 年 12 月出版的《燕京学报》第 6 期上发表了《周易主卦爻辞中的故事》。顾颉刚先后主持《燕京学报》第

---

① 彭靖：《教会大学史上的一座丰碑——评陈远的〈燕京大学：1919—1952〉》，载《中华读书报》2013 年 10 月 30 日，后收入《尘封的历史：邓嗣禹和他的师友们》，北京：中国财富出版社，2020 年，第 18 页。

② 顾颉刚：《顾颉刚日记》卷二，北京：中华书局，2011 年，第 513 页。

③ 宾四，指钱宾四。钱穆（1895—1990），原名恩，字宾四，江苏无锡人，历史学家、儒学学者、教育家。

7、8 期，第 12—15 期，共 6 期①。

8 月 14 日，此时顾颉刚因其父去世，南归探望，② 故写信给邓嗣禹，据《顾颉刚日记》记载③：

> 写邓嗣禹信。读《汉书·帝纪》及司马相如《封禅文》，记笔记十九页。谢剑文来。到绍虞处午饭。冯芝生夫妇来。耿君来。郑德坤来。
>
> 今午同席：朱佩弦夫妇 冯芝生夫妇 予夫妇 许地山（以上客）
> 郭绍虞夫妇（主）

从《顾颉刚日记》中可以了解到，顾颉刚曾多次写给邓嗣禹信。嗣禹也应该有回信，但这些信件并没有收入已经出版的《顾颉刚书信集》（中华书局 2011 年版）之中，估计在多次动荡中已经遗失，这是十分可惜的，否则我们可以知道两人交往的更多细节。

对于邓之诚的影响，晚年，嗣禹曾写过一篇文章《邓之诚先生评传》。④ 在这篇传记文章中，他生动地追述当年邓师在燕大讲课的情形："先生博闻强识，治学谨严，对自己对学生都同样要求。对每一历史事件，都能原原本本，究其消息盈虚，以其因果得失，剖析透彻，释疑解惑，发人深省之处尤多。"邓之诚说过："一个搞史学的人，必须具备两个条件：能读懂古书和能写好文章。"

9 月 7 日，嗣禹再次到顾颉刚家拜访，提交稿件供顾颉刚审核。

9 月 30 日，新学年开学，嗣禹与冯家昇、俞大纲、翁独健等 22 人，参加顾颉刚讲授"尚书研究"课程。另有沈国华、谭其骧和蒋焕章三人作为旁听生。⑤ 这是本学期，顾颉刚在燕大新开办的一门新课程。为讲授此

---

① 彭靖：《顾颉刚与邓嗣禹在燕京大学的岁月——纪念顾颉刚先生 120 周年诞辰》，载《中华读书报》2013 年 10 月 9 日。

② 葛剑雄编：《谭其骧年谱》，载《谭其骧日记》附录，广州：广东人民出版社，2013 年，第 253 页。

③ 顾颉刚：《顾颉刚日记》卷二，北京：中华书局，2011 年，第 553 页。

④ 邓嗣禹、周一良、王钟翰：《邓之诚先生评传》，载邓珂编《邓之诚学术纪念文集》，北京：北京大学出版社，1991 年，第 5–6 页。

⑤ 顾颉刚：《顾颉刚日记》卷二，北京：中华书局，2011 年，第 568 页。

中年顾颉刚　　　　　　　　　中年邓之诚

课，他编写《尚书研究讲议》两册，后来向哈佛燕京学社申请经费，由燕京大学出版。[1]

本年度发表的学术论文：

1. 《周公史演考变》，发表在《女师大学术季刊》1931 年第 2 卷第 2 期。

2. 《儒家之社会政策》，发表在《北平晨报：学园》1931 年 4 月 1 日。该文经译成日文后，刊于日本学术刊物：《支那问题》1931 年第 11 期，第 110—115 页。

1932 年　27 岁

邓嗣禹当选燕大历史学会主席，同年毕业于燕京大学，获学士学位。

1928 年秋，顾颉刚到任前，燕京大学历史学会成立。当时，正是北京学界重新活跃之际。燕大历史学会是燕京大学历史系师生早年共同组织的史学研究机构，与燕大历史学系共生存。在当时北平很多学会无法生存的情况下，这个学会却存在了 14 个年头，连续出版了 12 期《史学年报》，并在北方史学界组织的活动中表现得异常活跃。这个学会中，聚集了一批

---

① 顾潮：《顾颉刚年谱》（增订本），北京：中华书局，2011 年，第 218—219 页。

日后成为国内外史学大家的著名学者，同时培养了一大批史学人才，深受学界瞩目。①

在学会的组织、编辑年报等活动中，学生会员表现出色，发挥了极其重要的作用。如在 1934 年 6 月，顾廷龙写信给顾颉刚说："邓嗣禹君因公南归，前允《史学年报》之文不能即得，着急异常，属商能否即以初稿付印，初稿携南否？"② 即可见邓嗣禹在其编务工作中的负责精神。齐思和后来在回忆录中，特别提到邓嗣禹、翁独健的功绩，他认为这个阶段《史学年报》能够取得如此成绩，以他们二人居功最高。

嗣禹撰写的本科毕业论文，以中国历来考试制度为重心。在这篇论文的绪论部分，他指出："考试之旨，首在取士。取士之法，三代以上出于学，汉以后出于郡县吏，魏晋以后出于九品中正，唐至明清出于科举，列代相沿，由来远矣。顾所谓学，所谓郡县吏，所谓九品中正，皆属选举。"③

中国是文官制度的发源国，为世界现代文官制度的建立提供了经典范例。通过考试来选拔官员与人才，是中国人的一大发明，进而成为世界范围内人才选拔、推进人才培养和公务员制度建立的重要途径和手段。因此，通过研究中国考试制度史，探索和分析人类社会考试学科的发展规律，对于推进我国的高考制度改革、公务员制度完善、反腐败方式的借鉴，都具有重要的学术价值和现实的指导意义。④ 以该论文为基础，补写、扩充的学术专著《中国考试制度史》一书，1936 年由国民政府考试院首次出版。

9 月，新学期开学，嗣禹与张维华、李晋华、王育伊、罗香林等九人，

---

① 彭靖：《顾颉刚与邓嗣禹在燕京大学的岁月——纪念顾颉刚先生 120 周年诞辰》，载《中华读书报》2013 年 10 月 9 日。

② 沈津编著：《顾廷龙年谱》，上海：上海古籍出版社，2004 年，第 36 页。

③ 邓嗣禹著，彭靖编：《中国考试制度史》，北京：商务印书馆，2021 年，"绪论"第 7 页。

④ 邓嗣禹著，彭靖编：《中国考试制度史》，北京：商务印书馆，2021 年，"补编"第 472 页。

选修顾颉刚"中国古代地理沿革史"课程，包括《禹贡》的内容。

同年，继续攻读历史学系硕士研究生，指导导师为洪业（洪煨莲，时任燕大教务长、兼历史系主任）、顾颉刚，学号：32452。

10 月 16 日，由北平各大学史学系的教授与学生发起，经过两个月的筹备，在中山公园召开全体大会，正式成立北平市史学会。史学名家和各校学生百余人到会，"颇为一时之盛"。

10 月 26 日，下午 2 时，该会在北海公园假座五龙亭，召开第一次执行委员会，由谭其骧任主席，朱士嘉记录，会议决议执行委员会组织法。文书股由谢兴尧（北大）、谭其骧（燕京）、丁迪豪（北师大）担任；事务股由柴德赓（北师大）、陈均、张德昌（清华）、戴邦伟担任；出版股由吴晗（清华）、朱士嘉（燕京）、**邓嗣禹（燕京）**、李树新担任。决定出版会刊，拟聘请陈寅恪、陈受颐、陈垣、顾颉刚、邓之诚、陶希圣、陆懋德、洪业、胡适等 18 人，担任编辑委员会委员，由执委会派**邓嗣禹**、吴晗二人为代表，出席编委会，计划于 1933 年元旦出版会刊的创刊号。

10 月 27 日，《北平晨报》曾以"北平史学会成立"为标题，对于上述内容进行过报道。

据《顾颉刚年谱》9 月 30 日记载：从职员的情形看，燕京大学历史学会的成员在其中起到了重要作用。纲领性的《北平史学会缘起》，事先曾经顾颉刚修改[1]。

1933 年　28 岁

邓嗣禹与张维华共同负责燕京大学历史学会工作，兼任研究与出版股负责人。

6 月 12 日，晚间，嗣禹与洪煨莲先后到邓之诚家拜访，商讨学术事宜。

---

[1]　顾潮:《顾颉刚年谱》,北京:中华书局,2011 年,第 228 页。

6月19日，邓嗣禹与冯家昇、顾廷龙、张维华、翁独健等12人，获得下年度历史系硕士研究生奖学金①。哈佛燕京学社向12位1933—1934年度获得资助研究生，每人提供500元法币的资助。

6月22日，嗣禹与韩叔信到邓之诚家拜访，商讨学术事宜。

6月25日，邓之诚"邀朱士嘉、邓嗣禹同访许地山，赠以车费百金及北齐玉佛、南汉铁盘。访唐十二，留饭，招公铎来唐处略谈"。②

6月27日，邓嗣禹、朱士嘉和谭其骧三人，一同到邓之诚办公室，商讨学术事宜。

6月28日，李瑞德、洪煨莲、邓嗣禹来到邓之诚办公室，"皆言校课及酬薪事"。

7月1日，下午，嗣禹再次到邓之诚办公室，商讨学术事宜。

7月7日，嗣禹到邓之诚家，来取《中国通史讲义》第一、二各册。后来，邓之诚冒雨前去看望嗣禹所住朗润园屋情况。

7月10日，晚上，邓嗣禹来到邓之诚家，为校长司徒雷登做说客，表明挽留邓之诚之意。

7月18日，晚上，邓之诚招邓嗣禹来帮忙查书。

7月20日，邓嗣禹、谭其骧来到邓之诚家，帮助撰写喜帖。

7月31日，邓嗣禹来到邓之诚家送礼，"与谭其骧、谢兴尧合送二十元。张星烺送二元"。③

---

① 顾颉刚：《顾颉刚日记》卷三，北京：中华书局，2011年，第59页。
② 邓之诚著，邓瑞整理：《邓之诚文史札记》，南京：凤凰出版社，2012年，第9页。
③ 邓之诚著，邓瑞整理：《邓之诚文史札记》，南京：凤凰出版社，2012年，第13页。

表 1　1932—1933 年度研究生奖学金获得者、研究主题与指导教授①

姓名	学　历	研究主题	指导教授
郑德坤	1930 年燕京大学本科	《水经注》版本研究，与沈维钧合作发表《中国明器》	顾颉刚
冯家昇	1931 年燕京大学本科	辽代与秦、新旧五代史文本比较研究中的典型错误和变化实例	洪　业
顾廷龙	1930 年持志大学本科	秦汉魏时期古文、古典文献研究；魏汉时期迄今印章的文字特色之发展变化	容　庚
罗香林	1930 年清华大学本科	客家史研究	顾颉刚、洪　业
李晋华	1929 年中山大学本科	明史编撰研究	顾颉刚
张维华	1927 年齐鲁大学本科	明史佛郎机吕宋和兰意大里亚传注释	洪　业
翁独健	1932 年燕京大学本科	元代法律制度研究，元代历史文献资料研究，尤其是元代道教之发展	顾颉刚、洪　业
吴世昌	1932 年燕京大学本科	中国文学批评研究	洪　业

1933—1934 年度，哈佛燕京学社研究生奖学金名额，从 8 名增加到 12 名，除张维华、冯家昇、顾廷龙、翁独健四位获得上年度研究生资助人员之外，新增加邓嗣禹等 8 人，详见表 2。

6 月 19 日，顾颉刚在他的日记中，记载并解释了新增加四人的原因：②

下年研究生之领奖学金者：冯家昇　顾廷龙　张维华　翁独健　郑侃燧　高贻纷　李素英　邓嗣禹　李延增　葛启扬　又华西大学一人（指陈家骧），又郑德坤为特别研究生。

两年前，予因欲迎养父母，校中允给予二千元。父母既不来，这笔款子永远存在账上。今以研究生请求奖金者多，即以此二千元充作奖学金，多得四个名额。

---

① 王蕾:《图书馆、出版与教育:哈佛燕京学社在华中国研究,1928—1951》,桂林:广西师范大学出版社,2018 年,第 116 页。

② 顾颉刚:《顾颉刚日记》卷三,北京:中华书局,2011 年,第 59 页。

表2　1933—1934年度研究生奖学金获得者、研究主题与指导教授[1]

姓　名	学　历	研究主题	指导教授
邓嗣禹	1932年燕京大学本科	唐宋元明清中枢官制研究	洪　业、顾颉刚
陈家骧	1931年西南联合大学本科	古代《诗经》评注评论	郭绍虞
郑侃嬔	1931年燕京大学本科	清代小说研究	郑振铎
高贻纷	1931年燕京大学本科	数世纪以来中国女性文学创作	马　鉴
葛启扬	1931年燕京大学本科	中国古代家庭体系	顾颉刚
李素英	1933年燕京大学本科	诗经与民歌比较研究	顾颉刚
李延增	1932年燕京大学本科	汉代官制研究	顾颉刚
谭超英	1931年燕京大学本科	《红楼梦》描述语言的特色	郑振铎
翁独健	1932年燕京大学本科	元代法律制度研究，元代历史文献资料研究，尤其是元代道教之发展	顾颉刚、洪　业
冯家昇	1931年燕京大学本科	辽代与秦、新旧五代史文本比较研究中的典型错误和变化实例	洪　业
张维华	1927年齐鲁大学本科	明史佛郎机吕宋和兰意大里亚传注释	洪　业
顾廷龙	1930年持志大学本科	秦汉魏时期古文、古典文献研究；魏汉时期迄今印章的文字特色之发展变化	容　庚

8月19日，嗣禹到邓之诚办公室，商讨《通史·叙录》中的字句问题。

8月24日，邓之诚移居冰窖十七号，这是学校的寓舍之一。因人手不齐，招邓嗣禹前来帮忙。

8月30日，邓之诚日记记载："邓嗣禹来长谈。"具体内容不明。

9月7日，邓之诚日记记载："午十时半偕邓嗣禹入城，赴协和（医院）照伊克士光像，饭于淮扬春，二元三。三时回寓。"

9月9日，嗣禹赴协和医院，帮助邓之诚取回检验报告书。

---

① 王蕾：《图书馆、出版与教育：哈佛燕京学社在华中国研究，1928—1951》，桂林：广西师范大学出版社，2018年，第117页。作者对邓嗣禹硕士论文题目及指导教师有更正，对8位获得资助人的学历表述有调整，与表1保持一致。

9 月 18 日，李瑞德与嗣禹来到邓之诚办公室，商讨学术事宜。

10 月 4 日，这天是中秋节，嗣禹与周一良前往邓之诚家，前来拜节。

10 月 19 日，嗣禹与翁独健一同来到顾颉刚办公室，商讨《史学年报》事宜。

1933 年前后，洪业返校后参与了学会工作，加上有邓之诚、顾颉刚两位老师的帮助，学会工作更上一层楼。

10 月 29 日，嗣禹来到邓之诚办公室，交给他卖其《中国通史讲议》费用 25 元。[1]

10—11 月期间，嗣禹与俞大纲、张孟劬等人多次通信，讨论科举起源问题。作为一个内容广博的专门研究领域，"科举学"的研究空间非常广阔。首先，科举究竟始于何时是科举研究首先要碰到的一个问题，而这恰恰又是争论十分激烈、观点相当歧义的一个问题。在与两位学者讨论的基础上，嗣禹开始撰写《中国科举制度起源考》一文。

11 月 22 日，晚上，嗣禹到邓之诚家商谈学术事宜，后被留下吃晚饭。

11 月 27 日，嗣禹介绍美国哥伦比亚大学讲师毕格博士[2]与顾颉刚见面。据《顾颉刚日记》当天记载："到哈燕社，（邓）嗣禹偕毕格来。毕格博士，美国哥伦比亚大学讲师，戴闻达之子，来中国研究中国法律史，来询此方面材料。"

燕大攻读硕士期间的邓嗣禹
（1933—1935）

同日，嗣禹介绍美国哥伦比亚大学讲师毕格博士与邓之诚见面，据邓之

---

[1] 邓之诚著，邓瑞整理:《邓之诚文史札记》，南京:凤凰出版社,2012 年,第 24 页。
[2] 毕格(Cyrus H. Peake,1900—1983),1927 年获得美国哥伦比亚大学博士学位后,留校任教。1933—1934 年到北京进修,与中国学者多有交往。1937 年后服务于美国国务院,长期从事对日本外交。他的代表作是《近代中国的民族主义与教育》。

诚日记记载："适邓嗣禹偕美国人毕克来，本来晤我。因须诣孟劬，故示意邓生令毕到孟劬处。毕为专研明清史刑法志者，哥伦比亚中国历史讲师也。"

11 月 28 日，张维华、邓嗣禹、周一良来到邓之诚办公室，商谈学术事宜。"孟劬见赠小本《远东行部志》，即以转赠邓嗣禹。"

12 月 10 日，嗣禹来到邓之诚办公室，"言李瑞德颇怪予季中考试给分过宽"。

1934 年　29 岁

任《史学年报》主编，嗣禹仍与张维华共同负责燕大历史学会工作。

1 月 5 日，嗣禹的女儿邓同兰出生。

2 月，顾颉刚与邓嗣禹、谭其骧等人编辑出版了《禹贡》半月刊。

2 月 4 日，邓之诚因"翰飞来，并招邓生嗣禹、谭生其骧午饮"。

晚间，嗣禹约请顾颉刚、谭季龙、周一良在海淀区斌泰酒店吃饭。席中商定《禹贡》半月刊出版计划。斌泰酒店为海淀区知名酒店，有百余年历史。饭后，顾颉刚到邓嗣禹室内探望。

2 月 5 日，邓之诚编写的《骨董续记》一书印刷完毕。于是，他命车夫送城内装订。当天，邓嗣禹交给邓之诚卖书款 15 元。

2 月 25 日，当日午间，邓之诚招待美国学者毕格，邀请张孟劬、吕鉴秋和邓嗣禹作陪，午餐至下午四时许结束。①

3 月 24 日，嗣禹与顾颉刚到圣经会购书。

3 月 25 日，嗣禹前来邓之诚办公室。邓之诚在当天日记中记述"邓嗣禹来，力劝予勿与马事，亦有见"。②

4 月 2 日，邓之诚早起，为邓嗣禹修改一篇文章，疑为《唐代矿物产地表》。

---

① 邓之诚著,邓瑞整理:《邓之诚文史札记》,南京:凤凰出版社,2012 年,第 34 页。
② 邓之诚著,邓瑞整理:《邓之诚文史札记》,南京:凤凰出版社,2012 年,第 35 页。

5 月，顾颉刚发起组织禹贡学会，引导燕京大学、北京大学、辅仁大学三校同学，把大家在考察时见到的关于中国地理沿革的材料公布出来，互相交流，共同进步。这份刊物和这个学会联合培养了一批历史地理人才，并在燕大促成了"边疆问题研究会"的诞生，使学术研究和实际问题进一步结合起来。

5 月 6 日，嗣禹从湖南老家返回北平，送给邓之诚雨伞、腊肉、酒、茶叶，以及书联三副。

5 月 13 日，邓之诚感到头晕不适。晚间，他招邓嗣禹、冯家昇前来探望。

5 月 27 日，嗣禹告知邓之诚，他所著《中国考试制度史》一书，南京国民政府考试院确定出版。

当天，为写宋香舟①信之事，嗣禹找顾颉刚商议。

6 月 18 日，嗣禹告诉邓之诚，他发现《南京刑部志》②钞本有不实之处。

6 月 27 日，作为《史学年报》主编，嗣禹邀请邓之诚撰写一篇文章，刊登在《史学年报》上面，邓之诚愉快应允。

6—7 月期间，嗣禹撰写长篇书评文章《中国印刷术之发明及其西传》，本文是对弗朗西斯·卡特（Thomas Francis Carter）《中国印刷术之发明及其西传》一书的评论。此文虽系书评，和专论无疑。作为一篇经典书评文章，后被收入多种文集之中。

嗣禹在"导言"部分，首先介绍著者与写作背景："著者为哥伦比亚大学汉文教授。其书即就中国四大发明中之印刷术，搜罗新旧史料，博访各科专家，更得伯希和教授之详细指导，加以深邃研究，索其发明之背

---

① 宋香舟(1899—1950)，历任国民政府考试院铨叙部参事、甄核司司长兼育才司司长、登记司司长、铨叙部主任秘书、考试院主任秘书等职。

② 明朝出版《南京刑部志》，收录有 69 榜榜文，系嘉靖时南京刑部仍悬挂使用的洪武、永乐榜文，其中属于洪武朝的 45 榜。把有关洪武榜文与当时行用的明律对比考察。

景，考其起源之时代，察其传播之媒介，述其西渐之途径，以见中国古人之有造于现代文明。卡氏于此，勤劳过度，故书方问世，而自身即于 1925 年 8 月初，与世长辞。其后六年，哥大出版部因初版甚受欢迎，早已售罄，乃加小传一篇，并略改内容，而以此书之再版行世。"

同时，他也指出此书的不足之处："然以中国文字之艰难，书籍之广泛，即从事斯学数十年者，亦难免有误解与挂漏之憾，故如卡氏之作，盖亦得失参半。吾人苟欲取其长而舍其短，则较详之评论，不可少也。爰本切磋之义，献其一得之见，以告中外学人之正，有志于继续卡氏工作者。"

本年度，邓嗣禹与翁独健、顾廷龙等 8 人再次获得燕京学社奖学金资助，详见表 3：

表 3　1934—1935 年度研究生奖学金获得者、研究主题与指导教授①

姓　名	学　历	资助年份	研究领域	指导教授
李素英	1933 年燕京大学本科	第二年	古代民间文学研究	顾颉刚
顾廷龙	1930 年持志大学本科 1932 年燕京大学硕士	第三年	中国汉字演变	容　庚
邓嗣禹	1932 年燕京大学本科 1935 年燕京大学硕士	第二年	唐宋元明清中枢官制研究	洪　业、顾颉刚
翁独健	1932 年燕京大学本科 1935 年燕京大学硕士	第三年	元代历史文献资料研究，尤其是元代道教之发展	洪　业
陈家骧	1931 年西南联大本科 1935 年燕京大学硕士	第一年	汉代郑玄研究	容　庚
李子魁	1932 年 Ming Kuo 大学本科 1935 年燕京大学硕士	第一年	汉代郡县制研究	Ru Chien – kang
严　群	1931 年燕京大学本科 1934 年燕京大学硕士	第一年	宋明哲学与西方哲学比较研究	博晨光、黄子通
于海晏	1931 年河南大学本科	第一年	汉魏与六朝音韵学研究	闻　宥

---

① 王蕾：《图书馆、出版与教育：哈佛燕京学社在华中国研究，1928—1951》，桂林：广西师范大学出版社，2018 年，第 117—118 页。作者对邓嗣禹硕士论文题目及指导教授有更正，对 8 位获得资助人的学历表述有调整，与表 2 保持一致。

7 月 2 日，邓嗣禹、马季明前来拜访邓之诚，他将《天步真原》① 托他们两人交给洪煨莲（洪业）。

7 月 4 日，邓之诚晨起，为邓嗣禹修改硕士论文《唐宋元明清中枢官制研究》。午前，朱士嘉来，邓嗣禹来，将修改后的论文取回。

7 月 6 日，晚间，嗣禹再次到邓之诚家，借去一本《天步真原》，有意做一篇解题文章。

7 月 12 日，嗣禹到邓之诚办公室，递交《中国考试制度史》一书，请其审阅。

8 月 1 日，嗣禹到邓之诚办公室，约请他到东兴楼饭店吃饭。邓之诚"辞而不获，乃允之"。

8 月 16 日，邓之诚审阅《中国考试制度史》一书完毕。

8 月 27 日，嗣禹到邓之诚办公室，听取他对于《中国考试制度史》一书修改意见。

8 月，嗣禹将考察隋唐遗物的材料整理成论文《唐代矿物产地表》，发表在《禹贡》杂志第 1 卷第 11 期上。

9 月，嗣禹撰写完毕《中国科举制度起源考》，发表在《史学年报》2 卷第 1 期。他在此文开篇指出："中国科举之制，行之千有余年，历代名卿硕儒，多从此孔穿过，以至于今，仍仿行之，可见其影响之巨且久矣。然世人言科举之起源者，率有二说：一谓其始于隋，一谓其始于唐。唐宋而后，主始于隋者渐聚；而在唐时，尚二说纷陈，莫衷一是。"

此后，他在大量列举古代有关科举考试始于隋或始于唐的史料后指出："科举考试，必由应试人于一定时期，投牒自进，按科应试。公同竞争，中试者举用之，然后为真正考试。"他在该论文的最后提到："科举之

---

① 《天步真原》是一部系统介绍欧洲数学、天文学和占星术的著作，由天文学家薛凤祚与波兰传教士穆尼阁于 1652 年共同译编，在中国天文学史与中西文化交流史上占有十分重要的地位。作为最早引介哥白尼天文学的中文著作，《天步真原》无疑是研究哥白尼天文学在中国传播所无法回避的重要文本。

制，肇基于隋，确定于唐。"文章后附有俞大纲、张孟劬与他本人讨论此文的信函，张表示完全赞同他的观点；俞则认为不能以进士设科年代，来确定考试制度始于何时。不久，邓嗣禹将此一文略作修改，收入1936年发行的《中国考试制度史》一书的第一章，并将"科举肇基于隋，确定于唐"的内容列为专节。

邓嗣禹的"科举始唐说"，在此后很长一段时间内并无人异议。因为，在当时大多数中外知名学者，如翦伯赞、邓之诚、周谷城，包括国外研究中国史的汉学泰斗费正清等人，大多主张科举制度起源于隋代。1939年，周谷城在他出版的《中国通史》中指出："中国的科举，自隋代至晚清，这是一种选拔高等官员的资格考试。"

2009年，由刘海峰主编的《二十世纪科举研究论文选编》一书，将这篇论文作为重点论文收录其中。他在书中指出："有的论文发表后开启了一个研究领域或引发一系列争论，自然具有特别的价值，例如邓嗣禹《中国科举制度起源考》一文，便引发了半个世纪以后关于科举起源的激烈争论，便属具有原创性的论文。"[1]

11月24日，嗣禹受邓之诚委托，代向东方文化会借《昭代武功编》一书，共计十卷。邓之诚评价，此书"版式极类汲古阁所刻《津逮秘书》，或毛氏代范所刻也"。

10月8日，顾颉刚写信给邓嗣禹。

12月2日，为校《禹贡》第二卷七期稿件初校之事，嗣禹偕周一良来到顾颉刚住处，共同协商此事。

12月4日，为邀请陈大齐[2]先生撰写《中国考试制度史》序言之事，

---

① 刘海峰编：《二十世纪科举研究论文选编》，武汉：武汉大学出版社，2009年，前言第14页。

② 陈大齐（1886—1983），字百年，海盐人，著名心理学家。曾任浙江高等学校校长、北京大学教授、系主任、代理校长，民国考选委员会委员长。去台后，任台湾大学校长、国民党中央评议委员。著有《心理学大纲》《现代心理学》等。见《民国人物小传》第6册、《当代中国人物志》。1983年1月8日卒于台湾。

嗣禹到顾颉刚处协商。

本年度，嗣禹继续任《史学年报》主编，仍与张维华共同负责燕京大学历史学会，兼研究兼出版股负责人。

同年，由嗣禹编纂的《太平广记篇目及引得》，由燕京大学引得编纂处出版。这是洪业发起的"哈佛燕京引得丛书"之一，在当时中国史学界是一个创举。其中，也聚集了洪业传授给邓嗣禹的治史方法。

洪业曾留学美国八年（1915—1923）。1924 年洪业回国，担任燕京大学文理科科长，相当于教务长，负担起改造学校课程设置的重任。在洪业任文理科科长期间，取消预科，创办文理科研究院，加强中文系的师资，严格管理学生成绩的考核。在他大刀阔斧的改革下，燕大从一所默默无闻的教会学校，迅速上升为"教会大学之首"、"世界一流大学"、20 世纪二三十年代中国国学研究的重镇。

12 月 6 日，邓之诚为嗣禹《中国考试制度史》一书作序。在当天日记中，他记录下当时的心情：

> 为邓嗣禹草《中国考试制度史》序一篇。文长千余言，屡不惬意，笔端夹无浩瀚纵横之气，天分之所限，亦学力不加也。[1]

12 月 9 日，邓嗣禹、梁愈、严星甫、冯家昇等人，先后来到邓之诚处，观看昨日由上海中国书店寄来《病榻述旧录》。邓之诚在日记中评价，此书"湘乡陈湜所作，述金陵破城及金积堡事，足资异闻"。

12 月 27 日，邓之诚因病请假，未能去上课。邓嗣禹、翁独健、冯家昇皆来邓家探望。

洪业是位学识渊博、治学严谨的史学家，对我国索引学做出了巨大的贡献。由他发起和领导

时任燕大教务长的洪业

---

[1]　邓之诚著,邓瑞整理:《邓之诚文史札记》,南京:凤凰出版社,2012 年,第 62 页。

的引得编纂处把中国最主要的经书史籍系统地重新校勘，加编引得和词汇索引，取得了很大的成绩，对当时正在兴起的"索引运动"起了重要的推动作用，使索引的编纂进入了一个新的高潮。1930 年 9 月到 1951 年冬天的 21 年时间，一共编印出引得 64 种 81 册，其中正刊 41 种 50 册，特刊 23 种 31 册，开创了我国有组织、有计划、大规模地编纂现代索引的历史。①

洪业要求他的学生头脑清楚，有独立精神，抓住问题的要点，有条理地分析，所用史料必须一一备注。在洪业的影响下，邓嗣禹对编纂图书目录颇感兴趣，他利用一个暑假的时间，分工负责编纂《太平广记篇目及引书引得》一书，该书被列为 41 种正刊之一，1934 年由燕京大学引得编纂处出版。因此，邓嗣禹成为国内最早对《太平广记》进行研究的学者。2010 年，曾礼军发表文章指出："邓嗣禹是最早对《太平广记》版本进行研究的两位学者之一。他们主要是对《太平广记》的谈恺刻本和许自昌刊本进行较为详细的比较，提出一些自己的见解。"②

本年度出版的著作与发表的论文：

1. 编纂《太平广记篇目及引得》，由燕京大学引得编纂处出版，1934年。该书影印本由台北古亭书局出版，1966 年，日文版同年在日本出版。上海古籍出版社出版现代版（精装本），1990 年 12 月。

2. 发表长篇书评文章：《中国印刷术之发明及其西传》，载《图书评论》1934 年 7 月第 2 卷 11 期，第 35—56 页。

3. 发表《唐代矿物产地表》，载《禹贡》1934 年 8 月第 1 卷 11 期，第 22—29 页。

4. 发表《中国科举制度起源考》，载《史学年报》1934 年 9 月第 2 卷 1 期，第 275—284 页。

---

① 彭靖：《洪业对燕大学科建设与人才培养的贡献——〈洪业传〉中未曾提及的事项》，载《中华读书报》2013 年 12 月 25 日。后收入《尘封的历史：邓嗣禹和他的师友们》，北京：中国财富出版社，2020 年。

② 曾礼军：《〈太平广记〉的文献学研究综述》，载《文献季刊》2010 年第 4 期。

1935 年　30 岁

1. 继续担任《史学年报》主编。

2. 顺利通过硕士论文答辩，并留校任讲师。

3. 协助燕大哲学系主任、美国汉学家博晨光讲授中英翻译课程。

4. 获得司徒雷登研究项目资助基金。

1 月 15 日，嗣禹到顾颉刚处，商谈学术问题。

1 月 16 日，顾颉刚到洪煨莲处吃晚餐，并"与洪都，嗣禹与子魁等人相见"。

1 月 28 日，顾季龙、姚家积和邓嗣禹来到顾颉刚处，商谈学术问题。

2 月 20 日，嗣禹邀请顾颉刚为《中国考试制度史》一书作序言。

4 月 29 日，顾颉刚在车上，审阅嗣禹所撰写的论文《河间献王生卒年代考及其与中国文化的关系》，后于 1936 年 4 月发表在《新民月刊》第 2 卷 2 期，第 55—87 页。

5 月 10 日，嗣禹到顾颉刚处，商谈学术问题。

5 月 20 日，嗣禹到顾颉刚处，商谈学术问题。

5 月 30 日，嗣禹再次到顾颉刚处，商谈学术问题。

6 月 1 日下午，顾颉刚组织，邓嗣禹参加欢迎伯希和①茶话会。同时参加的人还有伯希和、Mecloud、陆志伟、雷登、魏楷、博晨光、洪煨莲、邓文如、洪太太、容媛、傅崇岐、翁独健等人。

6 月 15 日，下午 2 时，参加燕大历史系硕士毕业答辩会。论文题目为《唐宋元明清中枢官制研究》。当日一同答辩的人员还有王育伊（上午 8

---

① 保罗·伯希和（Paul Pelliot, 1878—1945），世界著名的法国汉学家、探险家。就学于巴黎大学主修英语，后到法国汉学中心学习汉语，继入国立东方语言学校，专攻东方各国语文历史。

时)、翁独健（上午 9 时半）、李子魁（上午 11 时）、李延增（下午 5 时）。①

参加答辩的导师有顾颉刚、洪业、邓文如、许地山、张亮丞、赵紫宸、徐叔希、马季明。

评阅者有两人：研究委员会主席陆志伟（后担任燕大最后一任校长）②、燕京大学教务长，兼历史学系主任洪煨莲教授。

6 月 28 日，顾颉刚在晚间，邀请嗣禹和以下人员聚餐，他在日记中曾有如下记载：③

今夜同席：薛瀛伯　篠珊　书春　嗣禹　陈鸿舜　士嘉　起潜叔　予（吐客）　洪都夫妇　洪都妻母（以上主）

6 月 29 日，顾颉刚到嗣禹卧室，拜访顾季龙，并会晤周一良。

7 月 6 日，顾颉刚修改邓嗣禹的《唐宋元明清中枢官制研究》硕士论文。

中国古代官制有着悠久的发展历史，它是人类步入文明社会的必然产物。随着国家的产生而产生，同时又随着国家性质的演变，趋于不断完善、变化与发展。另一方面，古代官制是政治制度和政治生活的重要组成部分，服务于一定的政治和社会，给政治和社会以巨大的影响。在我国漫长的封建社会所形成的整套设官分职、任免升迁、督促监察、告老退休等制度，曾有效保证了国家机器的正常运行。

在古代中枢官制研究中，关于设立三省的过程与演变，这是邓嗣禹重点关注的内容。他在这篇论文中论述道："当唐之初，以三省长官秉政，

① 顾颉刚：《顾颉刚日记》卷三，北京：中华书局，2011 年，第 355 页。
② 陆志伟（1894—1970），语言学家、心理学家、音韵学家。浙江吴兴人。1913 年毕业于东吴大学，初任东吴大学附中教员。后留学美国。1920 年获芝加哥大学哲学博士学位。回国后历任南京高等师范学校、东南大学、燕京大学教授、系主任和燕京大学校务委员会主席、最后一任校长。新中国成立后任中国心理学会会长、第一届全国政协委员、中国科学院语言研究所研究员、中国文字改革委员会委员等职。一生从事汉语音韵、语法和心理学的研究。
③ 顾颉刚：《顾颉刚日记》卷三，北京：中华书局，2011 年，第 360 页。

即尚书令中书令及门下省之侍中。尚书本秦少府属官，地位不高；汉武昭以后，常与天子议政，位居亲要，职任乃重。"1935 年，他在硕士论文写作过程中，专门就此课题在《禹贡》杂志第 3 卷第 10 期上，发表专题论文《行省的意义与演变》。

1979 年，在硕士论文答辩通过 44 年之后，他又在台湾《清华学报》新 12 卷第 1—2 合期上，发表长篇论文《唐代三省之沿革变迁考》，共计有 12 页之多。这篇论文是在 1935 年硕士论文的基础上，对于古代官制进一步的研究与补充的成果。

在中国古代官吏的管理体系中，科举制度研究的是选拔官吏的程序；而古代官制则是论述如何管理与使用官吏的程序，也包括如何反腐败的内容。两者结合，才构成古代官吏管理体系的完整链条。邓嗣禹的《唐宋元明清中枢官制之研究》，是继《中国考试制度史》研究之后的延伸与拓展。

这本硕士毕业论文，邓嗣禹用小楷毛笔写成，字迹清晰秀丽，颇具文物收藏价值。后来长期保存在北京大学图书特藏部，仅供其后人与家属查阅，普通读者无法进行阅览，因此也不可能有学者发表评论文章。在 2015 年底，编者已经通过该馆馆长批准后，下载并收藏，期待有机会能够出版单行本。[①]

在为邓嗣禹《中国考试制度史》一书撰写序言时，顾颉刚也提到了这篇硕士论文：[②]

嗣禹并有中国历代官制史之作，与此书相承相辅，惟分量过多，未能速成。窃愿读此书爱其人者，有以赞助而促成之。

7 月 7 日，为欢迎齐思和从美国留学归来，翁独健前往美国，顾颉刚在家设宴。齐思和（归国）、翁独健（将去）、邓嗣禹、邓文如、容希白夫妇、田洪都夫妇等人参加。在当天的日记中，顾颉刚记载："今日失眠，

---

① 这本硕士论文,后由编者多次申报,收录在 2019 年国家出版基金资助项目《邓嗣禹全集》第二卷,武汉:华中师范大学出版社,2023 年。

② 顾颉刚:《中国考试制度史》,北京:商务印书馆,2021 年,顾序第 Viii 页。

恐以谈话太多之故。"

9月，毕业于燕大历史系史学研究所，获得硕士学位，留校担任母校历史学系讲师，协助燕大哲学系主任、美国汉学家博晨光①教授讲授中英翻译课程，同时经常与外教进行团队教学。

9月，嗣禹撰写《城隍考》一文，发表于《史学年报》第2卷第1期。后将单行本面呈顾颉刚，并在封面写有"颉刚吾师教正"字样。顾颉刚在封面上盖章，并收藏。摘要内容发表在天津

1935年，邓嗣禹硕士论文封面

《大公报》"史地周刊"栏目，第64期，后被《广播周报》第134期"古今谈荟"栏目转载。

2013年，张影舒发表文章指出："邓嗣禹《城隍考》一文可谓近代学人在此方面系统研究的开山之作，作者从城隍神信仰的起源、变迁，以及和释道二教间的关系、崇祀城隍用意等四个方面论述了隍神信仰的发展过程。自此以后，城隍信仰一为中外学者关注。"②

9月7日，为校对《禹贡》第4卷第2期稿件之事，邓嗣禹、朱士嘉找顾颉刚协商。

12月29日，嗣禹与顾颉刚、起潜叔、吴子藏、朱实昌商讨《禹贡》第4卷第9期结稿、出版事宜，事后邀请上述人员到东来顺饭店吃饭，8时许结束。

---

① 博晨光（Lucius Chapin Porter，1880—1958），1880年出生于中国天津，父母是美国公理会的传教士。他在中国度过童年后，返回美国接受高等教育，先后就读于伯洛伊特学院、耶鲁大学神学院等高校，毕业后返回中国，曾任燕京大学哲学系教授、系主任，他还曾兼任哈佛燕京学社北平办事处干事，燕大的校务委员等职务，为燕京大学的发展做出过重要贡献。

② 张影舒：《国家与社会在信仰空间的互动——以城隍研究为中心》，载《黑河学刊》2013年第2期。

同年，嗣禹与博晨光以《颜氏家训》英译本作为课题，申请到燕京大学司徒雷登研究项目资助基金，这是当年燕大仅获批的两个项目之一。在讲课之余，两人开始着手翻译《颜氏家训》，共同讨论翻译技巧与修辞方法。1966 年，在《颜氏家训》英译本出版时，邓嗣禹在扉页上写着"这本书专为怀念博晨光，1880—1958"。

1935 年，哈佛燕京学社第一次提名学社研究员，候选人每年获得资助金额高达法币 1200 元。这类研

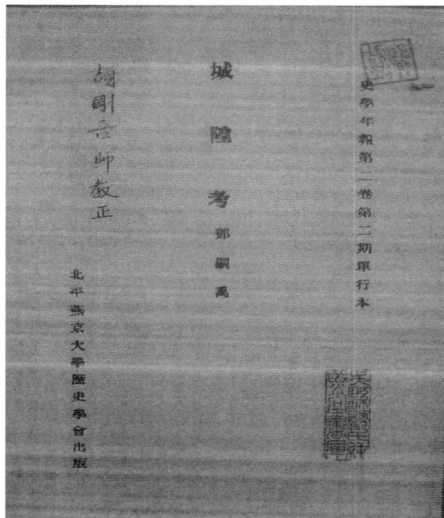

1935 年邓嗣禹题字出版的《城隍考》，顾颉刚收藏本

究员资助的原则，主要面向那些研究项目需持续多年开展的学者，级别介于研究学者和研究教授之间，资助基金来源于燕京大学所获哈佛燕京学社限制性基金。[①] 第一批研究员提名候选人仅有两人：邓嗣禹和杨荫浏[②]。

本年度，嗣禹对于编纂目录颇感兴趣，接着又花了一个暑假，把燕大图书馆所藏类书，即传统的杂家小说和总集，共计 316 种，分为 10 个门类编目[③]，撰成为书《燕京大学图书目录初稿：类书三部》，由燕大图书馆于 1935 年出版。后由台湾与大陆多家出版社再版。

[①]　王蕾：《图书馆、出版与教育：哈佛燕京学社在华中国研究，1928—1951》，桂林：广西师范大学出版社，2018 年，第 118 页。

[②]　杨荫浏（1899—1984），中国音乐家、音乐教育家，从事中国音乐史研究，中国民族音乐学奠基人。1931 年任圣公会联合圣歌委员会委员、总干事。1936 年至 1937 年任北平"哈佛燕京学社"音乐研究员，并在燕京大学音乐系讲授中国音乐史。80 年代，嗣禹在印第安纳大学任教时，曾与前来演讲的杨荫浏见面。

[③]　该书第 2 版书名《中国类书目录初稿》，台北进学书局，1970 年；第 3 版，台湾大立出版社，1982 年；第 4 版、第 5 版，中国知识产权出版社，2007 年和 2012 年；第 6 版，国家图书馆出版社，2015 年。

本年度，嗣禹首次与美国著名汉学家毕乃德①合作，开始撰写英文本《中国参考著作叙录》，并于1936年出版。

本年度出版的著作与发表的论文：

1. 出版《燕京大学图书馆目录初稿——类书之部》（北平，1935年）；本书之影印本题名：《中国类书目录初稿》（台北进学书局，1970年）；台湾大立出版社（1982年）；中国知识产权出版社（2007年、2012年）；国家图书馆出版社（2015年），畅销80多年不衰。

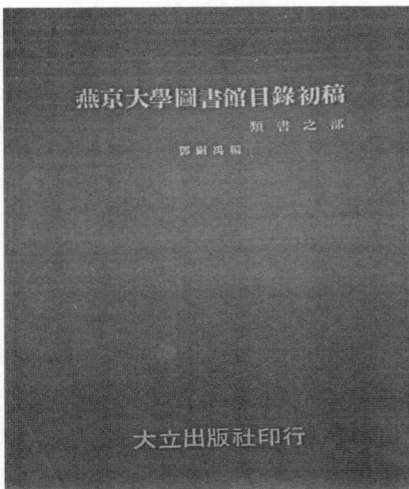

1982年台湾大立出版社版本

2. 发表《跋学海君道部》，载《图书季刊》，1935年6月第2卷第2期，第95—100页。

3. 发表《行省的意义与演变》，载《禹贡》，1935年7月3卷10期，第7—10页。

4. 发表《城隍考》，载《史学年报》，1935年9月2卷2期，第239—246页。

5. 发表《城隍史略》，载天津《大公报》1935年12月13日第64期第9版"史地周刊"栏目。后被《广播周报》1937年第134期"古今谈荟"栏目转载，标题变更为《城隍爷的历史》。

---

① 毕乃德（Knight Biggerstaff，1906—2001），美国著名汉学家、康奈尔大学东亚系领军人物。1929—1931年期间，曾以哈佛燕京学社研究生身份到燕京大学访学；1934年获得哈佛大学博士学位后，在社会科学研究联合会的资助下，再次到燕京大学做为期两年的博士后研究工作。1965—1966年曾当选为美国亚洲学会主席。

1936 年　31 岁

1. 继续担任上年度各种职务。

2. 再次获得司徒雷登研究项目资助。

3. 继续翻译《颜氏家训》。

4. 合著出版英文本《中国参考著作解题》。

5. 《中国考试制度史》由南京国民政府考试院出版。

3 月 21 日，顾颉刚起草邓嗣禹《中国考试制度史》序言，该日完毕，共计 1800 余字。

顾颉刚在序言中，让我们了解到，这本书写作的起因、成书的过程，即起草三年，修改三年。

1936 年 4 月 1 日，由南京国民政府考试院考选委员会出版。顾颉则在序言中指出：

邓君嗣禹受历史之学于燕京大学，颉刚识之七年矣，知其于历代政制之沿革最所究心，而以考试制度为其发轫之始。凡草创者三年，修改者三年，雪纂露钞，成《中国考试制度史》二十万言。以隋唐以上之选士虽非正式之科举制，而实导夫先路，故列之于绪论。①

3 月 22 日，顾颉刚修改《中国考试制度史》序言，抄清后寄出。

4 月 1 日，在本科毕业论文基础上经过补充与完善，以《中国考试制度史》为书名，由南京考试院考选委员会出版。为了回馈家乡湖南常宁县父老的养育之恩，嗣禹在此书封面特别注明："常宁邓嗣禹纂著"。

5 月 30 日，邀请朱士嘉、聂崇岐到东兴楼饭店吃饭。当日同席的人还有顾颉刚、洪煨莲、毕乃德、田洪都、张星烺、李瑞德等人。饭后，邓嗣禹与顾颉刚同乘一车返回燕京大学，完成校对《禹贡》第 5 卷第 7 期

---

① 邓嗣禹著,彭靖编:《中国考试制度史》,北京:商务印书馆,2021 年,顾颉刚序言。

稿件。

5月31日，为欢送起潜叔夫妇，邓嗣禹当日中午邀请以下人员到东兴楼饭店吃饭。在《顾颉刚日记》中，当天记载：

> 今日同席：毕乃德夫妇、博晨光、卜德、海松芬、容八嫒、谢强、李瑞德夫妇（先行）、薛瀛伯、朱士嘉（以上客），邓嗣禹（主）。

另外，燕大历史学会还有稿件审查委员会。委员中如顾颉刚、邓之诚、洪煨莲等都是当时知名学者。洪

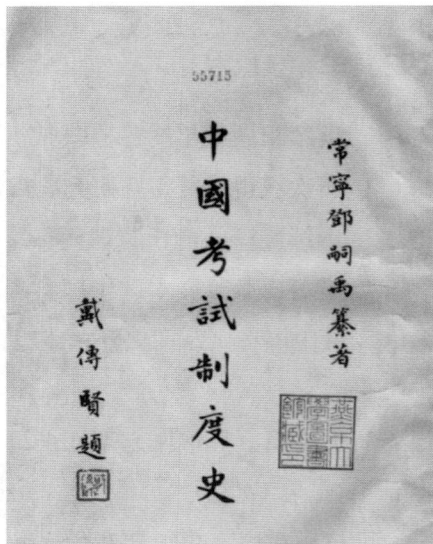

1936年版《中国考试制度史》封面

煨莲先生后来在美国哈佛大学、英国剑桥大学等地，继续开展研究。

9月，邓嗣禹与毕乃德合作著作，英文本《中国参考著作叙录》，由燕京大学出版社出版。

嗣禹编写这本书的目的，正如前言中所述"是为了向西方学者初步介绍中国研究领域最为重要的参考书"。该书将中文参考书分为八大类（书目、类书、辞书、地理著作、传记著作、表格、年度报告、其他索引），每一类下又分为若干小类。在这八大类中编者共介绍了近300种参考书目，每一种书目都是先介绍作者、主要版本，然后对其内容与价值进行简要评述。这是邓嗣禹首次与美国汉学家开始合作的作品。

此书在1936年出版后，因"众多学者的迫切需求，以及书商发现初版已绝版很多年"，而于1950年修订后再次出版。对于此书的分工情况，虽然在1936年初版的导言中没有介绍，但在1950年的修订版本中明确做了说明：新增加的130部著作，由邓嗣禹负责挑选，并撰写有关描述这些著作的注释，而毕乃德通读了这些新材料，并就版本的变化提出了一些建

议。由此我们亦可想见，此书在初版时的分工情况亦大致如此。①

哈佛大学曾先后于 1950、1969、1971 年三次再版。1972 年，韩文版以《中国参考图书解题》，由韩国图书馆协会出版，沈俊、刘俊镐翻译。费正清曾在《费正清中国回忆录》书中评价此书为："一部当代不朽名著。"②

1935 年，我结识了燕京大学经验丰富的年轻目录学专家邓嗣禹。他和我同龄，但手头上有无数的中文参考著作。比我早去北京两年的毕乃德与邓嗣禹合作完成了一部当代不朽名著《中国参考书选目解题》（*An Annotated Bibliography of Selected Chinese Reference Works*，1936 年出版）。

1937 年，美国汉学家施奥赖克（John K. Shryock）在《美国东方学季刊》，对于这本书发表书评文章。他评价道："在这本书之前，这个领域唯一的英文书是伟烈亚力（Alexander Wylie）编写的《中国文献提要》。这两本书内容不尽相似，难以详细比较。但我们完全可以说，最近出版的这一本更有价值。……这本书涵盖的范围很广，对于不知道如何着手寻找资料的学人来说，本书是最好的门径。"③

1937 年，哈佛大学的魏鲁男（James R. Ware）虽然发表书评文章，批评此书的作者为英语读者所仔细描述的，仅是那些能够阅读中文之人才能处置的参考书，并没有涵盖日本和西方学者的著作。尽管如此，他认为"按照其标准，这是一部出色之书"。④

以本科学士论文为基础，增补后出版《中国考试制度史》（南京：国民政府考试院，1936 年），由陈大齐、顾颉刚、邓之诚三人作序言，台北学生书局于 1967 年、1977 年再版；1982 年出版第四版；第五版由上海书店出版社（1996 年）；第六版由国家图书馆出版社出版（2010 年）；第七

① 吴原元：《走进他者的汉学世界》，上海：上海人民出版社，2016 年，第 177—178 页。
② 费正清：《费正清中国回忆录》，北京：中信出版社，2013 年，第 147 页。
③ John K. Shryock, " Review An Annotated Bibliography of Selected Chinese Reference Works, by Teng Ssu - yu; Knight Biggerstaff", *Journal of the American Oriental Society*, Vol. 57, No. 3(Sep. , 1937), p. 350.
④ 引自吴原元：《客居美国的民国史家与美国汉学》，北京：学苑出版社，2019 年，第 76 页。

版由吉林出版集团出版（2011 年）；第八版由上海书店出版社再次出版
（2018 年）；第九版由上海科学技术出版社出版（2020 年，标注导读版，
实为 1936 年原版）；第十版由商务印书馆出版（2021 年，署名邓嗣禹著，
彭靖编），列入"中华现代学术名著"丛书。2020 年，俄文版获批中华学
术外译项目，由大连外国语大学俄语学院副院长董玲等人翻译，俄罗斯圣
彼得堡大学出版社出版。2023 年，第十一版收录在《邓嗣禹文集》（第一
卷），为增补版，增补内容由彭靖撰写。

10 月 13 日，在日本人不断在北平挑起侵略事端的前提下，嗣禹与顾
颉刚、陶希圣等北大、燕大师生，共 104 人，联名在北平《民声报》"星
期论坛"栏目，发表告全国人民书，提出以下八点要求：①

一、政府应立即集中全国力量，在不丧国土不辱主权之原则下，对日
交涉；

二、中日外交绝对公开，政府应将交涉情形随时公布；

三、反对日人干涉中国内政，及在华有非法军事行动与设置特务机关
等情事；

四、反对在中国领土内以任何名义成立由外力策动之特殊行政组织；

五、根本反对日本在华北有任何所谓特殊地位；

六、反对以外力开发华北，侵夺国家处理资源之主权；

七、政府应立即以武力制止走私活动；

八、政府应立即出兵绥东，协助原驻军队，剿伐借外力以作乱之
土匪。

此文由张荫麟起草，顾颉刚修改。

10 月 15 日，嗣禹与陈思和到顾颉刚燕大办公室，商讨学术事宜。

10 月 20 日，嗣禹到顾颉刚燕大办公室，共同校对讲义。

12 月，撰写并发表《明大诰与明之初政治社会》一文。通过查询明代

---

① 顾颉刚：《顾颉刚日记》，北京：中华书局，2011 年，第 552—553 页。

资料，撰写这篇文章，嗣禹开启对于明太祖朱元璋的研究，成为国内外较早从事这方面研究的学者。1966 年，台湾学生书局编写《明朝开国文献》时，曾邀请他撰写序言。1976 年，在富路特主编的《明代名人传》中，曾邀请他撰写最重要的人物"朱元璋传"，1.2 万余字。

本年度出版的著作与发表的论文：

1. 英文本《中国参考著作叙录》，由燕京大学出版社出版。

2. 中文本《中国考试制度史》，由南京国民政府考试院出版。

3. 发表《河间献王生卒年代考及其中国文化之关系》，载《新民月刊》1936 年 4 月 2 卷 2 期，第 55—87 页，也登载于《学海书院季刊》1936 年 2 卷 2 期，第 58—91 页。

4. 发表《明大诰与明之初政治社会》，载《燕京学报》，1936 年 12 月 20 期，第 455—483 页，修改后列入朱元璋《明朝开国文献》第一册序言（台北，学生书局，1966 年）。

1937 年　32 岁

1. 再次获司徒雷登研究项目资助。

2. 仍任燕大历史学系讲师。

3. 继续翻译《颜氏家训》。

4.8 月启程赴美，编纂《清代名人传略》。

年初，因再次获司徒雷登研究项目资助，继续与博晨光一同翻译《颜氏家训》。

2—3 月，撰写《杜甫诗中之宗教》一文，以"志喻"为笔名，后于 4 月份发表在《逸经》文史半月刊第 28 期。嗣禹在文章的开篇部分，论述了他撰写这篇文章的缘由：

《逸经》第 7 期有《李太白与宗教》一文，承胡怀琛君之考证，谓太白为突厥人；幽谷君乃进而推考其宗教，为大受景教之影响，斯固不失为文史学上之一新见也。诗圣杜甫与李白齐名，从杜诗中，勾稽其宗教思想，以附前文骥尾。虽不敢妄拟时贤，希求创获，而井识管窥，就正明哲，或亦大雅之所不弃欤？

2月26日，嗣禹与顾颉刚相见，商讨学术事宜。

6月中旬，接到燕大同学房兆楹电报，代表恒慕义（Arthur W. Hummrel）的邀请，参加由美国国会图书馆东方部主任恒慕义博士主编《清代名人传略》的编写工作，任助理编纂。

6月14日，顾颉刚前往嗣禹住处，共同校对《禹贡》稿件。同时，告知他将去美国国会图书馆，编纂《清代名人传略》之事。

6月15日，下午，嗣禹前往邓之诚住宅，告知他将去美国国会图书馆，编纂《清代名人传略》之事。从邓之诚日记中，我们首次得知，他在国会图书馆工作的薪资与时间，即月薪140美金，聘期为10个月。详见《邓之诚文史札记》：[1]

> 六月十五日　星二　五月初七日　早阴午晴　热如昨晨，赵忠复、蒙思明、关斌来。下午，邓嗣禹来，言将应国国会图书馆之招，编《清代人名词典》，月薪百四十美金，以十阅月为期。

6月23日，嗣禹为写梅贻宝[2]信之事，到顾颉刚处协商。

6月30日，邓之诚为嗣禹改所作《明太祖评传》。这是他首次撰写明太祖朱元璋的传记文章，1967年9月，嗣禹用英文，以《明太祖的功与过》为标题的长篇文章，补充与完善1937年的初稿后，发表于《中国文化》第8卷第3期，第14—38页。

7月7日，北京卢沟桥事变爆发，日本对中国发动全面侵华战争。6月

---

① 邓之诚著，邓瑞整理：《邓之诚文史札记》，南京：凤凰出版社，2012年，第90页。

② 梅贻宝（1900—1997），天津人。1928年在美国获博士学位，回国后受聘于燕京大学，历任注册课主任、教务处主任、讲师、教授、文学院院长、成都燕京大学代校长、美国爱荷华大学东方学教授、香港中文大学新亚书院校长、台中东海大学教授等职。

中旬，应同学房兆楹代表恒慕义邀请，故辞去燕大教职。

7 月 7 日，午后至晚 6 时，嗣禹离校乘车，去天津办理出国护照事宜，夜宿天津青年会馆①。

7 月 8 日，早 8 时到天津市公安局，请发护照，因需要公安局长签字未果。下午 3 时，再次去领取护照。

7 月 9 日，晨起，到天津图书馆阅报室，浏览《字林西报》《庸报》，及天津《益世报》等。

7 月 10 日，由于卢沟桥事变的爆发，丰台及平津沿途亦发生冲突。当恢复通车，才返回北平。

7 月中旬，嗣禹在翻译《颜氏家训》第二十章的"终制篇"时，日本的飞机轰炸了距离燕京大学大约一英里外的中国军营。在燕大工作人员居住的地方，窗户被炸弹余波震得严重摇晃，房子似乎马上就要倒塌的感觉。在迫不得已的情况下，嗣禹在手稿的空余处标注好了，他完全同意作者颜之推提出的葬礼从简的想法，匆忙结束了翻译工作。在匆匆收拾行李之后，他动身前往美国，把不完整的手稿交给了博晨光，这项翻译工作不得不搁浅。

7 月 20 日，顾颉刚到燕大蔚秀园②，前来探访侯仁之、邓嗣禹。

7 月 27 日，时局日趋紧张，嗣禹欲进城购置行装，中途遇到日本士兵阻止而折回。此时，北京西苑墙头，满布日本哨兵。探询所遇人士，方知日本人已下发最后通牒，限 29 路军于 28 日午前退出北平，29 日午前退出西苑。此时，北平城门已关闭，故车辆不能通行。此时的嗣禹既忧国事，仍惦记着译述事宜。

7 月 28 日，清晨 5 时余，闻听飞机声自远至近。当嗣禹起床如厕，听到声更加洪壮，行至中途，忽听"砰"的一声，窗户震荡，急叩廖君之门，入室内藏匿，局促于墙壁之下，牙齿震震有声。此时，廖君脸变色说

---

① 以下内容参照邓嗣禹日记《去国记》："七七战起自北平绕道日本赴美日记。"连载于台湾《传记文学》1963 年 10 月第 3 卷第 4 期，第 28—31 页；1963 年 11 月第 3 卷第 5 期，第 35—38 页。

② 此处，为邓嗣禹等研究生在燕京大学的教师宿舍。

道："愿与君同死一处。"嗣禹仍佯做惨笑。

7月29日，嗣禹夜卧图书馆二层书桌上，因不甚舒适，故黎明即醒，他倾耳静听，不闻枪声，私自窃喜，闭目养神，以补睡眠之不足。早上7时许，工作人员陈某来报，说西苑士兵皆退，日本人未来，故四围沉寂，暂显太平之象。

嗣禹至宿舍沐浴时，见多人手持布包，或佩防毒面具。他心存异议，问其原因，答获得密报，日本人将扔毒气炸弹，故防备之。嗣禹沐浴未完，即闻铃声，令人逃避于地窖，学生百余人，纷纷由宿舍奔出，皆呵欠颓丧，若不胜衣者，以昨日兴奋太过，而今日受失败之打击。

这时，他见到七架飞机列队成行，飞越过燕京大学。因此人怀危惧，纷纷争着钻入地窖。嗣禹以空气不佳，匿藏在宿舍走廊下面。他见飞机突然下坠，若蜻蜓点水之状，随即"轰然"一声，投下数枚炸弹，猜其方向，仍在西苑附近。过后，他听到有关人士说，驻北平守望军仓皇出走，衣服用具，遗弃满室，附近居民，群聚拾取，日本飞机见状，疑为中国士兵，故投掷炸弹。此后，飞机在清华大学、燕京大学及西苑一带，虽然探察数次，并没有再次投弹。

中午，嗣禹回到蔚秀园，午餐完毕之后，想至学校休息，但见到有汽车进城，于是他一跃登车。在由燕京至北平途中，皆平安无事，北平城中无中国兵，也没有见到日本兵，甚至连警察也无一人。只见街上商店闭门，仅小本杂货店与烧饼铺营业，以维持民食。而街上行人，仍熙熙攘攘，络绎不绝，虽无前此之繁盛，亦可见国人醉生梦死之恶习。

7月30日，由昨日午后6时起，北平城门皆闭，市内交通断绝。燕大与北平城内，电话不通，无线电亦听不清楚。燕大校园之外，日本兵时而开往卢沟桥，时而退回洪山口，时而返青龙桥，时而开至南苑，屡进屡退，日夜不息。以战线宽广，人数不敷。如果29军将士同心协力，一致抵抗，则平津之失，决不致如此之速决。

午前9时，嗣禹至校医处检验身体，忽闻机关枪声、步枪声、飞机炸弹声，连珠怒发，近若咫尺，校医极为惶恐，不能用听诊器，即草草签字，至 11 时许，枪声渐稀，多方探听，方知通州保安队反正，杀死日寇汉奸，逃往卢沟桥，欲与 29 军会合。他们行近大钟寺时，即被日军包围，飞机大炮，大事扫射，死伤许多人。

7 月 31 日，日本飞机在西苑一带，低空飞行侦察，时去时来，终日不息。日本兵愈来愈多，过往海淀区的人终日不绝。嗣禹急需购木箱，藏装书籍，乃与同学王钟翰君，乘脚踏车至海淀区南端，因此地系石板街道，凹凸不平，推车步行，见满街日旗，悬挂门前，远远望之，联成一线，触目惊心。

8 月 2 日，闻红十字会欲出城救护伤兵，日本人不允许，恐怕泄露消息。自前月 29 日以后，一切交通断绝，音信全无，校园之中，三五成群，打听消息，皆无所获。人皆焦虑，度日如年。晚上见到校务长司徒雷登，适逢召集学生代表谈话，劝不必过于懊丧，宜略事运动，训练身体；宜信任政府，集中力量，来日方长，救国有日云。

散会之后，嗣禹请司徒雷登校长设法带他至北京城中，司徒校长欣然允诺。曾记忆飞机投弹之时，嗣禹至校长办公室，欲请其写介绍信，从窗隙窃视，校长中英文秘书皆不在，唯有司徒精神奕奕，坐于办公桌前，存于古庙廊下，即前被刺之警察也。闻前自叫电话，探询战情，颇有与燕大共存亡之概。

8 月 3 日，下午 1 时半，司徒校长送嗣禹进城，车过黄村，见棺材二具，存于古庙廊下，即前被刺之警察也。闻前共十具，多陆续抬埋矣。再前行，不时闻死尸臭味，殆为沿途被日兵残杀之人，投于高粱地内者。

8 月 4 日，嗣禹见到大商店未开门营业，无法购置行装。仅取出洗织衣服，理发及遍询各旅行机关，筹备出境办法。

8 月 5 日，嗣禹早 5 时起，见到大雨倾盆，即雇汽车至西四牌楼，见到周一良君，取问代购书籍、留声机片等物。并请求介绍，暂寓其天津住宅。因为在北平风闻天津已成焦土，周君家住英租界，当可幸免。9 时开行，各站停留。丰台、廊坊，停之尤久。廊坊建筑物，毁坏甚巨，日本兵警戒备森严，屋顶亦置哨兵，殆防中国飞机。

当时，因中日战争关系，对外交通中断，嗣禹绕道东北、韩国至日本搭船到美国，沿途备受日本宪兵刁难，并目睹东北同胞遭日军凌虐之苦。

8月9日，早8时，按原定时间表到长春，现改名"新京"，至则有人问护照，验毕放行。8时40分离长春，18时5分可到图们。行至下午4时，至明月沟，忽报路轨坏，火车不能前进，询问理由，曰为水灾。然不久即有兵士二三十人，开行前往，停车三小时，天将晚。站长报告，路轨修复无期，须退回一大站，方可平安度夜。迨折回后，又谓须退回"新京"，愿乘原车回去者可退票，否则搬往车站，听候安排。

嗣禹等决定不回，于是下车，约一时许，又来一车，命登车前往，皆大欢喜，至明月沟，又须折回，折回又换车，于是一夜之间，往返三次，换车亦三次，未获安眠。

8月10日，早7时，嗣禹路过铁轨破坏处，见两旁有工人数十名，修理甫毕。他细察形势，为一高二三尺之桥梁，下为旱河，微现水迹，其破坏之因，似非为水灾，而为土匪或义勇军之类所为。

8月11日，早上嗣禹抵达朝鲜渝州，车站工作人员例行问护照，中西方人士皆然。行至此，见大批朝鲜军队，开往中国。有群众送别，有年幼童子军唱歌。途经各站，虽山明水秀，令人可爱，然因群众欢呼之声，如狂如醉，令人战栗。朝鲜妇人，短衣长裙，头负行囊，不用手扶，行动自若，令人发噱。然感行路之日难，无心观望矣。

8月12日，早上嗣禹抵朝鲜釜山，山海关与图们而外，此为最大关口。车站忙于运兵一切物件，皆书"出征军人半额"，即半价出售，以示鼓励。

8月14日，嗣禹终日卧床，不敢外出；食亦随便，不敢贪多，每有小事，役及工人，即给小费。金钱万能，态度略佳。

8月15日，嗣禹终日卧床，他在吃饭时，见到客厅有报纸，略翻检，标题为上海大战、南京不日迁都、皇军击落飞机二十架，等等，读之不觉战栗。闻街上电车轰之声音，好像在北平时处于日本飞机之下的感觉。

8 月 23 日，嗣禹发电报给毕乃德教授，请求接船。

8 月 31 日，早 8 时，船已抵西雅图，为美国登陆之埠。8 时验身体，嗣禹颇怀危惧，然医生略翻右眼皮下部，微按右脉搏，共约半分钟，即算告毕。此后一帆风顺，乘坐火车，安全抵达美国华盛顿，从无一人盘问护照，回想在日本情形，不啻天渊之别。

9 月初—12 月底，嗣禹到美国国会图书馆工作，在《清代名人传略》编纂处任职。负责太平天国时期 33 位人物传记的写作，其中有三位人物：徐广缙、怡良、穆彰阿则是与费正清共同完成。

在华盛顿工作期间，嗣禹居住在国际公寓。此时，因为中国的国际地位不高，美国的房东对中国留学生百般挑剔。1947 年，他曾以散文的体裁，第三人称"老王"的写作手法，以"美国房东太太的面孔"为标题，[①] 细致入微地刻画了她们的形象：

国际公寓的房东，是从前一个外交家的太太，在欧洲住过好些年，会说德法文。虽已是徐娘半老，然笑容满面，令人感觉愉快。可是这个女人虽和那个房东太太大不相同，却另有令人够受处。她对人即有几种面孔：对付英法德人，是崇拜亲热的面孔；对南美洲人，是邀好牢笼的面孔；对付日本人，是和乐钦佩的面孔；对付中国与菲律宾人呢，却是假冒慈善，极力敷衍的面孔。怜悯国人被日本欺压，好像随时都要流泪，使中国人反而得难受。一见到日本人，那种恭维钦佩的样子，更使中国人难受。日本大使派御厨到国际公寓来做饭，给公寓的指导者，不叫房东太太与其他的房客进食；可是中国的大使馆却关着门办外交，凉台上晒了些丝袜。偶开一次茶点会，也从不愿意请国际公寓的指导者去参加，这自然也就影响到"老王"住下来的待遇，尤其是抽象的礼貌。

---

① 邓嗣禹：《美国房东太太的面孔》，载《世纪评论》1947 年 10 月第 74 期，第 14—18 页。

本年度发表的论文：

发表《杜甫诗中之宗教》，载《逸经》1937 年 4 月第 28 期，第 231—215 页。

第二章　1938—1950 年（33—45 岁）

1938 年　33 岁

一、继续编撰太平天国时期 33 位人物传记。

二、获得哈佛燕京学社奖学金。

三、秋季，前往哈佛大学攻读博士学位。

美国国会图书馆是美国最早收集中国图书的图书馆，也是中国之外最大中文书籍收藏馆之一。该馆最初是在同治八年（1869）收到清朝政府所赠送书籍，为 10 种，共计 933 册，这是应美国政府要求回赠的图书。该馆于 1928 年正式成立东方部，恒慕义为第一任主任。在他任职 27 年期间，中文藏书由 10 万册，增至 29 万多册，使之成为在海外从事中国历史研究的重要基地。

在《清代名人传略》编纂处任职期间，邓嗣禹利用各种清代史料，完成了 33 位清代人物传记的编写工作。他曾在 1986 年发表的《太平天国研究之过去、现在与前瞻》一文中回忆道：他在参与编写《清代名人传略》时，"负责撰写太平天国时两方面的人物，在十个

中年时期的恒慕义

249

月内①，共草成三十三篇传记，包括洪秀全、洪仁玕、李秀成、杨秀清、石达开、林凤祥。虽然冯云山、韦昌辉、洪大全、李开芳传已草就。因可据的材料少，太单薄，将前三者并入洪秀全传，李开芳与林凤祥合传。官方的材料多，写了曾国藩、曾国荃、胡林翼等篇。……为了看远景，写要冲破网罗的谭嗣同传，其中附点孙中山事迹"。② 这篇文章，是对于国内外太平天国研究总结性的论文。

1945 年，两卷本《清代名人传略》由美国官方机构政府印刷局出版，并首先在华盛顿发行，由此填补了美国汉学研究的空白。胡适曾为这本著作撰写序言："至少在目前来说，没有任何语言包括中文在内的著作可与之相匹，无论在对概念的理解方面，还是在陈述的客观性和其应用上"，"它是今天可以看到的一部最翔实、最好的近三百年中国史，是研究现代中国早期历史的一个重要里程碑"。费正清在《费正清中国回忆录》中，也称这本著作是"按照恒慕义博士的编辑宗旨，编纂出版了独一无二的最重要的外国论述近代中国的著作"，"这既是中外合作的产物，又是美国汉学研究的胜利"。③

在恒慕义博士的领导下，参与编写《清代名人传略》的工作，让邓嗣禹与费正清有了第一次合作的机会，进一步加深了两人的友谊，同时也让邓嗣禹开始涉足太平天国的研究领域，这为他日后从事太平天国历史的系列研究工作打下了良好的开端。

秋季，邓嗣禹因获得哈佛燕京学社第二批奖学金，故辞去美国会图书馆的编撰工作，前往哈佛大学，师从费正清攻读博士学位。

其实，早在 1935 年，邓嗣禹即与费正清相识。当时，费正清正在北平访学、搜集材料以完成其博士学位论文。一方面基于他们之间已建立的友

___

① 此处的时间，与邓之诚在 1937 年 6 月 15 日日记中表述的时间相同。
② 邓嗣禹：《太平天国研究之过去、现在与前瞻》，载《家国万里：中国历史的海外观察》，北京：北京师范大学出版社，2016 年，第 49—61 页。
③ 费正清：《费正清中国回忆录》，北京：中信出版集团，2013 年，第 99 页。

谊和合作经历。1937 年，邓嗣禹到美后，其所完成的 33 位《清代名人传略》中，徐广缙、怡良、穆彰阿，这三位便是同费正清合作编写的。

另一方面，自 20 世纪以来大量清代档案文献的相继出版，引发了学界无穷无尽的需要。费正清虽然曾运用英国档案完成了题为《中国海关的起源》的学位论文，但中国档案的结构完全不同于英国档案，对于外国人来说，它们似乎杂乱无章。

费正清曾坦言道："档案文献资料中充满着技术程序名称，五花八门，令人眼花缭乱。"然而，如果不理解清代文献中的这些专门术语，不了解清代行政方面的主要制度及其运作程序，就不可能真正探讨 19 世纪中国历史或对这段历史进行任何社会科学分析。故此，费正清感到："我们需要知道这些公文是如何产生和处理的，传送这些公文需要多长时间。"[①]

加之，费正清对于中国古代汉语并不精通。费正清回忆 20 世纪 30 年代他在北京时的汉语能力时，说道："我的汉语口语即将登上有能力同仆役、零售商人和宾客处理生活上紧要事务而交谈的高原，但还远远没有走近为理解某一专业术语，而必须攀登的连绵不断的山峰，更不用说学者之间，在旧式交谈中那些文学典故和不计其数的比兴语句了。"正是基于此，邓嗣禹到哈佛大学后，费正清即就此同他展开合作研究。

1938 年下学期，费正清在哈佛大学首次开设了使用清朝文献资料的研究生讨论班，他还与邓嗣禹共同编写了教材，并亲自向学生讲解清朝文献的意义及使用方法。加拿大约克大学东亚研究中心主任、《费正清看中国》一书的作者保罗·埃文斯在书中有这样的记载：

由于讨论会缺乏合适的教科书，编写教材就再一次成为必须做的事了。费正清与邓嗣禹在博伊尔顿宿舍辛勤工作，并以一起撰写三篇文章作为编写教材的起点，于 1940 年写成了《清朝文献介绍提要》一书，先是油印供学生使用，1952 年由哈佛大学正式出版。

---

① 费正清：《费正清中国回忆录》，北京：中信出版集团，2013 年，第 147 页。

本年，嗣禹曾致函燕京大学研究生同学谭其骧，介绍在美国国会图书馆工作时的情况：

季龙兄如握：

美国人士多目中国为另一世界，能说出北平两字之音者千不获一，知北平在何处者万不获一。幸而有人问及北平是否与广东为邻者，盖已从广东洗衣服或开馆之华侨得知中国一二矣。一般美国人举不出一个中国人名字，因其音难拼，又以其国富强，不屑记忆弱国人名也。乘坐电车，又以吾人系黄种，与黑籍人无大分别，多不愿与之同坐。普通民房，一见黄种人，又多不愿分租，而一切事务皆须躬自操作。美国人手一动，起码要美金二角五，代钉一外套纽扣亦是二角五，合国币将近一元。故在美国生活，绝非前此想象之愉快也。……回忆吾辈过去生活，辄暗然神往，不禁感慨系之。

国会图书馆书籍数量颇不少，质量亦不恶，有许多明刻清钞，国内或不易得。然凌乱无章，糟不可言。有自有书套者，有不用木版者，有用绳系者，有有书无目录，有有目录无书者。目录卡片有直写者，有横写者，有用红墨水写者，有用蓝墨水写者，有用中国墨写者，有黑纸白字影印者。有卡片几大箱，并无较高卡片写出划数者。总之，糟之甚，可谓叹为观止矣。然此皆中国一般大图书馆家如袁同礼、杜定友等人之手笔也。美国人略习汉文者，皆轻视中国人，尝推原其故，袁、杜等人在国外之马虎，在国内地位之崇高，与夫对外国人之卑躬屈节，奴颜婢膝，有以致之。袁对外人尚如此，则凡一切声名地位在袁以下者，更当三跪九叩无待言矣。此语言之虽过甚，然袁实不能辞其咎。敬祝

俪安

弟 嗣禹上

8月，恒慕义为邓嗣禹出版的新书撰写评论文章《邓嗣禹的〈中国考试制度史〉》，发表在美国期刊《图书馆通讯》上，向美国学术界大力推荐

此书:①

　　邓嗣禹先生在过去的岁月里，曾经参与我们传记项目的编写工作，他是《中国考试制度史》的作者。该书 1936 年由南京国民政府考试院出版。这部著作是一部对中国历史悠久的科举制度发展进程的全面考察之作。该书还提供了方便查阅的年表，以及含有 243 册书的参考书目。

　　11—12 月，为了支援中国的抗日战争，费正清在哈佛大学曾多次组织过"为中国捐书"活动，邓嗣禹均积极参加。

1939 年　34 岁

　　一、再次获哈佛燕京学社奖学金，为完成哈佛大学学业奠定基础。

　　二、学习哈佛大学基础课程，顺利通过考试。

　　三、与导师费正清合作发表第一篇论文。

　　从 1939 年到 1941 年间，在学习哈佛大学课程之余，邓嗣禹与费正清利用《筹办夷务始末》和《大清会典》作为主要参考书，合作撰写了三篇系列论文，分别论述清代公文的传递、清代公文的不同类型和用途，以及清代朝贡体制的规则与施行办法。

　　朝贡制度（the tributary system），曾是古代中国与周边国家传统关系的主要形态，进而成为近代以前，以中国为中心的整个东亚地区的一种基本国际关系形态。关于此主题的研究历来受到国内外学界的重视。《论清代的朝贡制度》全文共八个部分，合计 112 页，是费正清一直以来所关注的朝贡制度这一主题的初步成果。国内外许多学者认为："虽然此文的完成距今已有半个世纪之多，但今天研读起来，其中关于朝贡制度的理论阐释及新的研究方法的采用，仍然可有力推动当今朝贡制度研究领域向深度发

---

　　① 恒慕义:《邓嗣禹的〈中国考试制度史〉》（中译文），载《中国考试制度史》附录,北京:商务印书馆,2021 年,第 488—492 页。

展，对目前的研究有重要的参考价值和借鉴意义。"①

美国汉学家普理查德（Earl H. Pritchard）认为，邓嗣禹与费正清合写的《清代朝贡体系》是"对传统中国人的观念及很长一段时间来的夷务实践所作的最为透彻的研究"。美国档案学家波斯纳（Ernst Posner）称，这三篇文章是"关于清代官僚行政体系的开创性研究"。其中第三篇文章"向西方读者打开了一个关于中国人行政程序及满族人管理记录的奇怪但迷人的世界"。

此外，"博学作者向中国近代史学生提供这一时期初步外交之基本目的毫无疑问已实现，这对于要正确理解和解释其史料来说是必不可少的"。从那时起，这三篇论文成了美国汉学研究生的基本参考资料。

本年度虽课业繁重，嗣禹仍和导师费正清合作发表《清代公文传递》。美国学者通过《清代公文传递》这篇论文所提供的资料，能够看到清代王朝统治机构的运转情况，如分布广泛的邮政、盐税、经由大运河供应北京的漕粮运输、防止黄河泛滥的治理部门与关税系统。其中，对于清朝公文的两篇文章，通过对《筹办夷务始末》各类文件进行分类，集中研究了联结北京和各省市的邮政体系，并以注明准确时间的公文为实例，绘制出了一张表明种类公文由地方送至北京所需时间图表，由此推断出其他公文的具体时间，从而对清政府制度结构之间的关系做出了详细的研究。

本年度发表的论文：

与费正清合作发表《清代公文传递》（*On the Transmission of Ch'ing Documents*），载《哈佛亚洲研究学报》1939 年第 4 卷第 1 期，第 12—46 页。

1940 年　35 岁

一、继续获得哈佛燕京学社奖学金。

二、继续学习哈佛大学课程。

---

① 王志强：《西方朝贡制度研究的开拓与奠基之作》，载《海南师范大学学报》2012 年第 5 期。

三、担任哈佛大学中国留学生会负责人。

费正清是美国汉学界的"太上皇"，此乃举世公认。哈佛大学的学生们也因此私下常用他的英文名字中间的字：King（国王），作为他的绰号。他在哈佛大学为研究生们开设的两门课最为叫座：一门课为"近代东亚文化"；另一门课为"中国近代史"。第一门课程被学生俗称为"稻田课"。

有史料记载，他第一次开设"近代东亚文化"大班课的时候，为了能吸引学生的注意力，他时常辅以幻灯片，而第一张幻灯片就是一张中国稻的图片，然后他不动声色地说："女士们、先生们，这是一块稻田，这是一头水牛……"学生们因此把此课程比作"稻用课"，但是这门课程是哈佛大学持续最久的课程之一。

当时哈佛大学的教授大多是难以接近，令学生们敬而远之。而费正清却十分平易近人，学生们要找他求教或商讨问题，他从不拒绝。他甚至慷慨地让他的研究生们使用他的书房，只要求用过的书必须放回原处。许多人就是在他的书房中开阔了眼界，了解到中国研究的楼外青山。同时，他对于学生也十分负责，学生们交给他的学术论文，他常常是在 48 小时之内，批改好之后返回，并附上整整一页或两页批语。这些批语中有的很具体，比如："不要什么事情都说两遍。"

40 年代初，费正清与夫人费慰梅

有的则相当严厉，比如："这不是写给家庭妇女看的。"

本学期，嗣禹当选为哈佛大学中国留学生会负责人，并开始用英文撰写《哈佛大学中国留学生简史》一文，简要介绍了中国留学生在哈佛大学的历史。这是一篇珍贵的史料，因为在此之前，还没有人考证与总结过这段历史。目前，这篇文章以微缩胶卷的方式，被收录在哈佛燕京图书馆，并被研究海外留学史的学者多次引用。[①]

据嗣禹在文章中考证：1654 年，哈佛大学只有 50 或 60 名学生，到 1870 年晚期，只有 1060 名学生。经过 29 位校长的努力，学校取得了长足的发展。到 1909 年，学生的数量增加到 3692 人；到 1936 年是 6257 人；到 1942 年是 8379 人。[②]

哈佛大学的中国留学生发展史具有独特的方式。哈佛大学是先有中国教师，后有中国学生。1879 年，当许多美国人还不知道中国在哪里的时候，哈佛大学聘用了一位名叫戈鲲化的中国教师，他是一位儒学之士，是一位宁波的地方官员，并曾在美国驻上海领事馆、英国驻宁波领事馆任职。他所担任的中文教席在全美各大学中是首次设立，这在当时不啻石破天惊之举。这一事实本身，也体现出哈佛大学的宽容，具有多元文化并存与互补的气度，以及所具有的胆识和创新模式，也由此开启了哈佛大学与中国之间的百年渊源。

本学期，嗣禹又开始与费正清合作撰写，并发表第二篇论文《清代公文的方式与应用》。

本年度发表的学术论文：

嗣禹与费正清合作撰写的第二篇论文：《清代公文的方式与应用》，发表在《哈佛亚洲研究学报》（"On the Types and Uses Of Ch'ing Documents", *Harvard Journal of Asiatic Studies*）1940 年第 5 卷第 1 期，第 1—71 页。

1941 年　36 岁

一、在哈佛大学举办"中国思想"演讲会。

---

① 彭靖:《北洋大学在哈佛的公派留学生》，载《炎黄春秋》2024 年第 12 期。

② *Teng Ssu - yu : Chinese Students at Harvard ：A Brief History*，p. 1，Archive Number：HUD 3277. 3000，Harvard University Archives.

二、开始收集资料，撰写博士论文。

三、完成《哈佛大学中国留学生简史》。

四、8 月，应芝加哥大学之聘，任讲师之职。

1 月 2 日，为声援中国的抗日战争，哈佛大学中国留学生会预计要举办一场"中国思想"为主题的演讲会。因邀请赵元任前来哈佛大学中国留学生会演讲之事，嗣禹和留学生会另一负责人周一良，共同致函赵元任：[①]

元任先生：

先请您恕我们的冒昧。

这次哈佛中国学生会的讲演，听说您过于谦让，辞谢不来。我们因在学生会里负一点责任，所以另外写这封信有所解释。这回的演讲主办目的与其说是学术的，不如说是宣传的。我们想在这个不被注意中国的校园里，引起大家的兴趣与了解，而最后目标，不外乎宣扬国光。题目大致为 China thought（中国思想）一类，内容还可有出入。我们想，您何妨来讨论中国语言的特性与中国思想之关系一类题目，即使讲纯粹语言方面问题也无不可。"名者实之宾"，我们只要把讲题转换就行了。假如这个讲演会里全是洋人主讲，没有一位中国学者参加，似乎就不合适。所以我们十二分地希望您再考虑考虑，惠然允诺！

邓嗣禹、周一良　谨启

三十年一月二日

1 月 11 日，嗣禹以"哈佛大学中国学生会"抬头的公函，后签名的方式，用英文撰写，将讲座日程安排致函赵元任。此时，赵元任在耶鲁大学任职，居住在康涅狄格州，纽黑文市橙街 644 号，现翻译如下：

---

① 2018 年 10 月，编者在赴美国斯坦福大学做学术讲座期间，曾到过伯克利大学东亚图书馆。赵元任与邓嗣禹的八封往来书信，由东亚图书馆馆长周欣平提供。

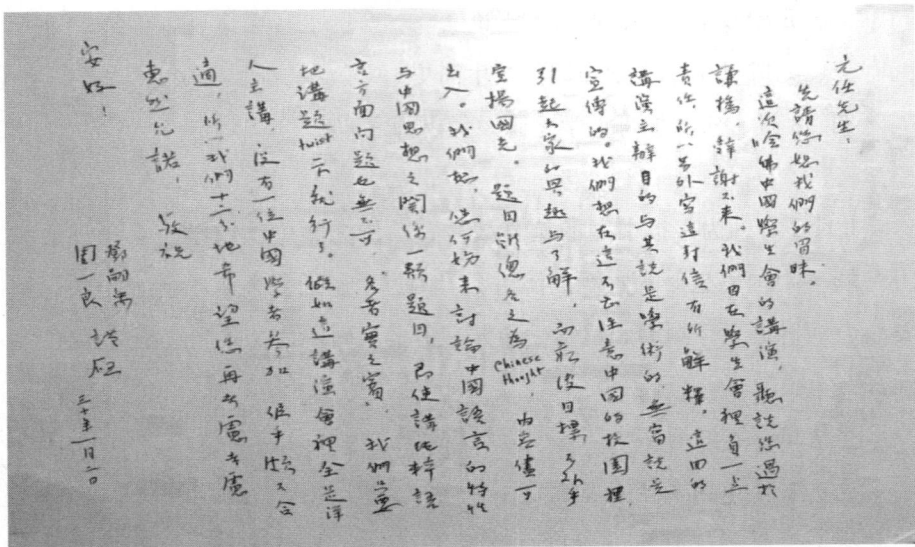

邓嗣禹、周一良联名致赵元任的信函

尊敬的赵教授：

我荣幸地宣布，定于晚上 8：00 在爱默生大楼 D 厅，举行的中国思想系列讲座的日程安排如下：

叶理绥（Elisseeff）教授 2 月 5 日

Richards 教授 2 月 12 日

赵教授 2 月 19 日

Holcombe 教授 2 月 26 日

Pound 教授 3 月 5 日

林教授 3 月 12 日

Hocking 教授 3 月 19 日

胡教授 3 月 26 日

因为离第一堂讲座的日子不远了，所以必须尽快进行必要的宣传。请允许我在此表示，我们希望在 1 月 20 日之前收到你演讲的题目。由于我们计划在讲座结束后出版这些书籍，这些书籍的销售收入将用于中国的救济，我们希望您的手稿将在讲座结束时提供给我们。

　　感谢您的友好合作，并向您保证，您的贡献将得到许多人的赞赏。

邓嗣禹（签名）

敬上

　　2 月 14 日，赵元任用英文回信，表示同意前来演讲，现翻译如下：

亲爱的邓先生：

　　请原谅我这么晚才回答您对我演讲题目的询问。我真的没有什么适合这个系列的东西，你和周先生很好地让我把这个话题"转换"了一下，使任何事情都符合我的意愿，我觉得我应该为这个事业做点什么，所以我大胆地接受了邀请。我有一篇论文，是去年 12 月在美国语言协会的普罗维登斯会议上读到的，这篇论文有点技术性和枯燥，而且是用期刊语言写的。不过，

40 年代中期的赵元任

我想稍微"转换"一下，把它改成标题：汉语词义的节奏和结构，如果你觉得应该改变，请告诉我。

赵元任（签名）

敬复

　　在 2001 年，由赵新那、黄培云编写，商务印书馆出版的《赵元任年谱》上，我们可以了解到：1940 年 12 月 30—31 日，赵元任夫妇到 Providence，参加美国语言学会（LSA），会上宣读的论文题目为《字的概念》（*Word Conception*）。从论文《字的概念》，到演讲内容《汉语词义的节奏和结构》，这种转换方式确实是比较大的。

　　2 月 5 日到 3 月 26 日，组织哈佛大学中国留学生会同人，按照上述八人的演讲日程，在哈佛大学爱默生大楼 D 厅，开展以"中国思想"为主题

的演讲活动。

以上内容，在《赵元任年谱》1941 年的内容中是没有记载的，该年度记载内容直接从 4 月份开始。① 编者认为，赵新那（赵元任的二女儿）、黄培云两位编者在编写《赵元任年谱》时，没有包括赵元任的私人信件。

2 月，嗣禹再次与费正清合作，发表《论清代的朝贡体系》论文，这是他们合作发表的第三篇论文。著名学者山东师范大学李云泉教授，长期从事有关朝贡体系的研究，他在 2011 年发表的《再论清代朝贡体制》一文的开篇部分，就指出："自 1941 年美国中国学家费正清与美籍华裔学者邓嗣禹合作发表《论清代的朝贡制度》一文以来，其学术观点长期左右欧美、日、韩学界的相关研究，并对中国学界产生过重大影响。"②

5 月，在费正清的要求与指导下，开始收集资料，撰写博士论文《张喜与 1842 年〈南京条约〉》。费正清对于中国的鸦片战争研究思想由来已久。他认为，张喜③撰写的《抚夷日记》内容十分重要，翻译成英文的价值更高，对于西方学者研究鸦片战争的意义重大。正如他后来在为邓嗣禹博士论文撰写序言中所表述的那样：

在哈佛大学读博士期间的邓嗣禹
（1938—1942）

这本书是对谈判的研究，这次谈判是一个世纪的不平等条约的开端。它通过中国方面一位次要的谈判官员的眼睛来观察这次谈判。他缜密地论述了这个文件，尽管这个文件仅包括几个月的时间，然而却能使我们对这

① 赵新那、黄培云：《赵元任年谱》，北京：商务印书馆，2001 年，第 258—259 页。
② 李云泉：《再论清代朝贡体制》，载《山东师范大学学报》2011 年第 56 卷第 5 期。
③ 张喜：北直隶天津县（今天津市）人，名士淳，字小沧，出身于没落地主家庭，曾为两江总督伊里布的心腹仆役。1840 年定海（今浙江省舟山岛定海县）初陷，伊里布受命为钦差大臣赴浙江督师时，他数次被差遣至定海，交涉以英方俘虏交换定海事宜。作为伊里布心腹，他在中英谈判中扮演了重要角色，负责与英国代表直接交涉的工作，并与英国人有大量接触机会。

个阶段的认识，比许多卷本的考察还要多。

5 月 14 日，关于邓嗣禹询问张喜《抚夷日记》的真实性问题，燕京大学洪煨莲教授来信回答了这方面的问题。他写道："我看不出有任何理由怀疑这个原文的真实性。特别是因为它的叙述和英文记载完全一致。"①

6 月，用英文完成《哈佛大学中国留学生简史》，以微缩胶卷的方式，现存哈佛大学燕京图书馆。

7 月，因研究生课程告一段落，应芝加哥大学之聘，任东亚语言文学系讲师之职。

7 月 10 日，裴开明致函芝加哥大学顾立雅②教授，介绍嗣禹当时的工作、学习情况：

感谢你 7 月 7 日的来信，邓（嗣禹）先生正忙于完成（他的博士）论文，他没有时间与我讨论贵馆将来的工作。等他完成论文后，我将高兴与他进一步深入讨论整体事件。可能我可以为他准备一些备忘录。现在看起来，那些从其他专业转到图书馆专业的人，似乎在学术方面较强（当然，也不是所有的人），但是在技术与经济方面较弱。我认为，我们一定不要忘记考虑编目与组织整个图书馆的经济因素。③

9 月 14 日，因写作博士论文期间，需要翻译张喜《抚夷日记》，有一词语不明，曾致函赵元任询问此事。

元任先生赐鉴：

拙译张喜《抚夷日记》中有一句话不明白意义，特函请教。其上下文如下：

璞夷④等请三宪至后舱内坐，则胞祖、波京汗执喜之两手，甚觉亲切，

---

① 邓嗣禹：《张喜与 1842 年〈南京条约〉》，芝加哥大学出版社，1944 年，第 3 页。
② 顾立雅（H. G. Creel，1905—1994），曾任芝加哥大学东方语文系主任、美国东方学会会长、亚洲学会会员等，是西方著名的汉学家，同时也是孔子研究的权威人士。曾著有《孔子与中国之道》《孔子真面目》《从孔夫子到毛泽东的中国思想》《传说中之孔子》等多本著作。
③ 程焕文：《裴开明年谱》，桂林：广西师范大学出版社，2008 年，第 264 页。
④ 璞夷：指在《南京条约》谈判期间，英军首领璞鼎查。

遂拉喜至第二层舱内，另设酒果相待。该夷等俱言，舟山别后，可想之至。又以两手作束缚之状，言伊中堂与喜俱受委屈，彼心中不安。众夷官俱来与喜拉手相见，笑容可掬，俱出大指，点头言好，又曰"英唎唎好，英唎唎平安"。（《抚夷日记》页六十到六一）"正在谈话之间，夷酋请三宪亦下第二层舱内"……

先生为吾国语言学大师，素所钦仰，倘蒙拨冗指示，当感戴无涯矣。附呈译文以供参考。如蒙斧正一并拜嘉。瑞此敬叩。

后学 邓嗣禹 拜上

（一九四一年）九月十四日

12月7日，珍珠港事件之后，太平洋战争爆发。在日本人偷袭珍珠港几个小时之后，邓嗣禹与美国学者顾立雅（H. G. Creel）组织正在上高级汉语课的学生在一起讨论"我们能做什么"，他们决定抽出时间，帮助大学编写阅读中文报纸的教科书。他们把精选出来的报纸上的文章照原文排印出来，一个字对一个字、一个词对一个词、一个句子对一个句子，做出非常详细的解释。1943年，由邓嗣禹、顾立雅负责编辑出版成书《中文报刊归纳法》，以及配套教材《中文报刊归纳法翻译与选择练习》。

顾立雅在《中文报刊归纳法》的前言中这样写道："珍珠港事件后，中文班的高年级学生询问他，他们能为国家做些什么？因此，他们决定编撰一本方便中文学习和阅读中文报纸的书本。于是，他们挑选了40篇报刊文章，并增添了英文翻译、词汇以及练习。其结果是一份中文读本。"

当然，这两部快速出炉的书是许多人合力之结果，但正如在此书的前言所说："无论是书本身还是翻译都主要是由邓嗣禹负责。"至于书的体例结构，则遵循顾立雅的《归纳法中文读本》中的方法，即通过在汉字旁印刷出数字的方式加入大量参考性注释，这样连最基本的汉字都将被解释到。

这两本书出版后，美国学者西蒙（W. Simon）发表书评文章评价道："对于任何一位让其学生从中文报纸开始起步学习汉语的教师来说，目前这部书连同其翻译将被证明是有益的。"后来，邓嗣禹在这两本书的基础上编写出版了

《社交汉语与语法注解》（1947 年）和《高级社交汉语》（1965 年）。

本年度发表的学术论文：

再次与费正清在《哈佛亚洲研究期刊》上合作发表《清代的朝贡体系》（"On the Ch'ing Tributary System", *Harvard Journal of Asiatic Studies*）1941 年第 6 卷第 2 期，第 135—246 页。这三篇文章都颇有开拓性质，后来于 1960 年由哈佛大学出版社出版，书名为《清代行政管理：三种研究》（详见 1960 年著作）。

1942 年　37 岁

一、担任芝加哥大学东方研究院院长，兼远东图书馆馆长。

二、负责"中国语言文史特别训练班"工作，并兼任班主任。

三、通过论文答辩，荣获哈佛大学博士学位。

太平洋战争爆发后，校内美国同事先后调任到华盛顿政府机关工作。

6 月，嗣禹任芝加哥大学东方研究院院长，兼远东图书馆馆长（东亚图书馆前身），并负责美国陆军委托该校所办"中国语言文史特别训练班"，兼任主任，简称 ASTP（Army Specialized Training Program）。

太平洋战争爆发期间，美国陆军为了对外战争的需要，在哈佛、斯坦福、芝加哥等 25 所知名大学都开办有"陆军特别训练班"课程，其目的是训练将要被派到诸如中国、日本等地区任职的指挥军官，教他们学习各国的语言，同时学习各国的历史地理与社会情形，培训的时间由 6 个星期至 9 个月不等。接受过训练的美国学生，就能被派到所学语言的区域去工作。此外，美国政府在哥伦比亚大学和普林斯顿大学设立海军语言学校，在弗吉尼亚的夏洛特尔设立陆军语言学校等。

哈佛大学受美国陆军委托，1943 年开始举办中文、日文培训班，赵元任先生当时负责主持中文训练班的工作，正在读博士学位的杨联陞由于表现突出，而受到赵的特别赏识，在中文部 20 余位助教中，特别为他申请了一个讲师的职位。后来，杨联陞还曾协助赵元任编写过一本《国语入门》的通俗读物。

耶鲁大学受美国陆军委托，在 1943 年成立远东语文研究院，创始人和第一任院长是金守拙（George Kennedy），采用的是拼音法教学，所用的第一本教材 Speak Chinese（《中文口语》）由金守拙、赫德曼（L. M. Hartman）编著，1944 年由亨利霍尔特出版社（Henry Holt &Co.）出版，留美学者房兆楹曾为该书撰写过序言。之后又出版了练习会话的教材 Chinese Dialogue（《华语对话》），整个耶鲁大学汉语教材的系统便是以这两本书为基础发展下去的。①

这种战时培训所采用的语言教学方法，使美国人在短时间内至少能够掌握最低限度的汉语阅读与会话的能力，这对于战后美国的汉语教学产生了重要影响。太平洋战争年代结束后，哈佛大学、耶鲁大学、芝加哥大学、哥伦比亚大学纷纷打破已有的汉语教学模式，力图吸取战时语言教学方法的优点，并将其融入正规大学课堂教学之中。更为重要的是，战时汉语培训冲破了美国人对于汉语所抱有的固有观念。

1942 年，邓嗣禹在
美国加州留影

芝加哥大学是较早接受美国陆军委托，在大学开办 ASTP 课程的学校，培训时间从 1942 年 8 月开始，到 1944 年 4 月结束，比哈佛大学开办的时间要早半年以上。芝大 1942 年下旬成立东方研究院，创

---

① 彭靖：《邓嗣禹与芝加哥大学早期中文教学》，载《汉学研究》第十八集，2015 年春夏卷，第 356—367 页。

始人和第一任院长是邓嗣禹（兼任远东图书馆馆长）。

6 月 6 日，因远东图书馆编目工作需要，嗣禹致函哈佛大学燕京学社图书馆馆长裘开明：①

> 你赠送的有关四角号码字典的书已收到，我谨代表芝加哥大学图书馆向你表示衷心的感谢。请问哈佛对已故 Harre M. G. Labatt—Simon（西蒙）的藏书出价多少，我希望芝加哥图书馆最终能买到这批书。请问汉和图书馆印刷的书目卡片已经从中国寄来多少，分类法是否已经印毕，我们想购买辅助本馆编目工作。另外，我已经给你邮寄了我当年在剑桥借的图书，请注意查收。

6 月 9 日，裘开明馆长回复嗣禹：

> 非常感谢你在 6 月 6 日的来信中谈及故去的 H. M. G. Labatt—Simon 的藏书之事。我知道那批书主要是日文书籍。叶理绥②（Serge Elisseeff）教授和赖肖尔③（Edwin Oldfather Reischauer）博士负责与 Simon 先生谈判，你可以请顾立雅（H. G. Creel）教授给他们写信询问详细情况。我馆的分类法大概印制了 200 页，已到中国哲学。如果你需要，我馆可以将印毕部分装订成套，作为第一部分寄给你，以后将其他的再寄过去。

7 月 14 日，嗣禹致函裘开明馆长，为撰写博士论文借阅张喜的《抚夷日记》。

> 很抱歉，没有及时回复你的来信。我认为你们决定先行出版分类法第一部分十分明智。因为装订需要花费的时间较长，我馆仅在这方面有点困难。梁启超先生的女儿梁思懿女士即将作为兼职馆员和教师来我馆工作，其聘期

---

① 程焕文：《裘开明年谱》，桂林：广西师范大学出版社，2008 年，第 279 页，以下转引页码略。

② 叶理绥（S. Elisseeff，1889—1975），法国籍俄国人，汉学家，美国哈佛燕京学社首任社长。1957 年返回法国，1975 年逝世。

③ 赖肖尔（E. O. Reischauer，1910—1990），又译作赖世和，美国历史学家和外交家，1932 年取得哈佛大学硕士学位，1933—1938 年获得哈佛燕京学社奖学金，1939 年取得哈佛大学哲学博士学位，其导师是叶理绥。后在哈佛大学任教，并与美国的汉学家费正清一起开设东亚文明课程。1961—1966 年任美国驻日本大使，是美国公认的日本问题专家。

自 8 月 1 日起。8 月我必须开始进行图书编目工作。你认为分类法 8 月能出版吗？如果不能，能否尽可能将可印好的部分先寄给我们？另因我正在修改我即将发表的论文，可否通过馆际互借，借阅贵馆所藏《抚夷日记》？若可，将感激不尽。

7 月 16 日，裘开明回复邓嗣禹：

我已经通过馆际互借把《抚夷日记》寄往芝大图书馆。我随时可以先将没有装订好的分类目录寄给你一份，待项目完成后再寄给你装订好的分类目录，那时请你把没有装订好的分类目录归还给我。

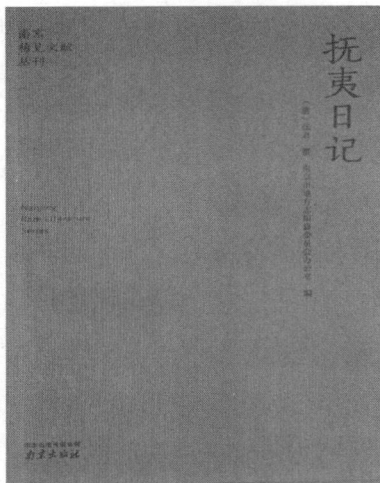

清代张喜《抚夷日记》
重印本，2018 年

8 月，芝加哥大学美国陆军特别培训班开学，嗣禹受聘担任班主任。培训的目的，是要求受过训练的美国陆军学员，了解中国的文化与习俗，能阅读中文报纸，并能用中文演讲，以便今后更好地开展工作。

语言特训班的课程分为两部分，一是语言学习课程，二是地域研究课程。语言学习课程每周上 17 小时的课，采用的教材由邓嗣禹与顾立雅共同编写，如《中文报刊归纳法》《中文报刊归纳法翻译与选择练习册》。有关口语方面的教材，也是采用邓嗣禹自编的教材。在此基础上，1947 年他根据培训班的教案，整理出版了第六本教材《社交汉语与语法注解》，由哈佛大学杨联陞撰写序言，芝加哥大学出版社出版。之后在此基础上，1965 年他又出版了第七本教材《高级社交汉语》，这些书在美国都成为畅销书，并多次再版。

据 1980 年来华参加"中美汉语作为外语教学学术讨论会"的耶鲁大学黄伯飞教授撰文介绍，美国印第安纳大学在 20 世纪 80 年代中期以前，所用口语教材都是邓嗣禹的这套教材。[①]

　　语言特训班讲授的地域研究课程，当时每学期有 10 个小时的课程。第一学期学习地理，教师为芝大地理学系各教授所担任，程序是先讲远东地理，然后相当详细地讲中国地理。第二学期讲中国历史，从北京猿人讲起，到最近的时事为止。凡是中国文化、美术、政治哲学等内容皆需要讲述。当时，由邓嗣禹代表芝大邀请，由胡适先生讲授中国思想史课程。1944 年 4 月 26 日，胡适曾回信对于嗣禹寄出的讲课费表示感谢。第三期讲有关中国社会组织活动内容，注重近百年来的情景，并增加讨论课的内容。第四期是地域学习的课程，整合前三期所学内容为一体，请人类学专家将中国文化做综合介绍。他们中有用中文演讲的，专门讲中国风俗的内容；有谈论时事的学者；还有介绍中国的旧剧作或书画的学者。除去听演讲之外，学生必须看课外参考书，数量要求每周约 100 页。同时，每月对学生有一次小考，每学期有一次大考。

　　1947 年 4 月，嗣禹曾撰写过一篇《美国陆军特训班给予吾人学习西语的教训》的回忆文章，对于上述授课内容与教学安排做了详细介绍。[②]

　　8 月 7 日，邓嗣禹致函裘开明：

　　因我馆《四部丛刊》缺少函套，烦请告知贵馆中文书函套的制作机构和成本。此外，因为我们希望尽快开始芝加哥大学远东图书馆的编目工作，请你寄来汉和图书馆迄今已印制完毕的分类目录。

　　8 月 18 日，裘开明回复邓嗣禹：

　　我已经以铁路快递到货付款方式给你寄来了两个中国古籍函套样板，这是我们的装订商特别为你们制作的函套。如果需求达到一定数量（至少

---

　　①　黄伯飞：《四十年代以来在美国所用的汉语汉文教材》，载《语言教学与研究》1980 年第 4 期。

　　②　邓嗣禹：《美国陆军特训班给予吾人学习西语的教训》，本文发表于《东方杂志》1947 年 4 月 30 日第 43 卷第 8 号。后收录《家国万里：邓嗣禹的学术与人生》，上海：上海人民出版社，2014 年，第 35—40 页。

每次订购 50 个），则成本为每个 60 美分，此函套适用于《丛书集成》。还有一种每个约 110 美元，是每本需要量身定做的书籍函套。订购量越大，成本稍微便宜，与芝加哥的价格差不多。此外，汉和图书馆目录已经印刷至中国文学类，约有 230 页，我将尽快整套寄给你。

12 月 23 日，邓嗣禹致函裘开明：

因芝加哥大学校方希望在芝加哥制作中国书籍函套一事，以便量身定做，所以我们不订购你们的中国书籍函套。芝大远东图书馆书库已大致按照汉和图书馆分类体系排架，大部分书籍仅需要 5—10 分钟即可找到。祝圣诞节快乐、新年快乐！

12 月 30 日，裘开明回复邓嗣禹：

已经收到 12 日寄来的 3 份书目。分类目录主体已出版，即经、哲学与宗教、历史、社会学、语言文字艺术等类。很多有远东文献馆藏的美国图书馆可能会感兴趣。我们将会把这部分未装订的 228 页分类目录以铁路快递到货付款的方式寄给你们芝大远东图书馆。先借给你们使用，待到分类目录开始销售后，请你将此散页目录归还。

是月，通过论文答辩，荣获哈佛大学博士学位。毕业论文《张喜与 1842 年〈南京条约〉》（*Chang Hsi and the Treaty of Nanking*，1842），以翻译、研究张喜《抚夷日记》为切入点，对鸦片战争现状，《南京条约》签订为讨论中心，修改后由芝加哥大学出版（详见 1944 年著作）。

这篇博士论文分为七个部分：一、费正清撰写的序言；二、致谢函；三、正文：1. 引言：A. 《抚夷日记》作者张喜和 1842 年的事态背景；B. 日记的真实性和它的突出之处；2. 《抚夷日记》的翻译和注释；四、附录：A. 1842 年谈判进程年表；B. 浙江与江苏海防地图；五、参考书目提要；六、相关注释；七、索引。

邓嗣禹在引言部分评论道："张喜在日记中提供了 1842 年 5 月 20 日第一份官方通讯和以后谈判的详细记录。虽然他没有能力改变这一次外交历史的进程，但这些记录确实为我们描述了一幅崭新的画面。因为他在日记中直接披露了这次秘密谈判的内情，而这个谈判的结果通常只有 1 ~ 2 页纸概括地提到。"

1943 年　38 岁

一、升任芝加哥大学助理教授。

二、除身兼上述三职外，并讲授五门课程。

三、接待第一批到美国考察的中国著名学者。

年初，嗣禹升任芝加哥大学助理教授。除身兼上述三职外，并讲授五门课程：中国目录学、中国史学方法、中国近代史、中国历史研究方法、中文会话。

1 月 7 日，邓嗣禹致函裘开明：

已经收到你寄来的分类法，这对我馆编目工作十分有帮助，亦非常感谢答应帮助我馆为寄去的书单上的丛书等补充索书号。实际上，因为哈佛与芝加哥的书籍不一样，贵馆目录卡片中有很大一部分是我馆没有的，而我馆馆藏的许多书在你出版的目录及印制的卡片里也没有。对此，希望能得到你的建议。

2 月 1 日，裘开明回复邓嗣禹：

对于你 1 月 7 日来函中提及在贵馆使用我馆印刷卡片时遇到的困难，在此，我对我馆遇到此类问题时采用的方法作简要说明如下：

1. 同一著作的不同版本，出版项（日期、地点、出版者或者印刷人、版本）和校勘（书籍的页、卷、不同辑录、

摄于民国三十二年

1943 年邓嗣禹在芝加哥留影

其他物理特征）不同，去除我馆卡片上的印刷信息并写上经研究确定后贵馆的版本和相关信息。

2. 同一标题的不同作者。在这种情况下，有可能它们是真正不同的作品，或者两个人同名；或者我们卡片上的作者是错误的。如果是后者，非常感谢你向我指出错误，我们可能将作者搞错了。

3. 贵馆如果没有我馆卡片所对应的书籍，或者贵馆书籍没有找到相应的我馆的目录卡片。前者可以把这部分卡片置于一边，以供将来买到书籍时使用；后者可以选择等待我馆卡片刊印或者贵馆自己编目。我馆库存中还有很多重复的丛书分析卡片，其中大部分具备不同检索入口，只有简单的信息，我想贵馆一定能增加必要项目，自行完成其他工作。也就是说，这些卡片比空白卡片还是好用些，有一些也一定是贵馆所需要的。如果贵馆希望获得这些重复的分析卡片，并支付邮资，我馆愿意将其与相同数量的空白卡片交换，或者贵馆直接付款购买。我们把分类表借给贵馆，还有一份《图书杂志》（*Library Journal*），其中有篇文章是关于其他图书馆如何使用汉和图书馆印刷卡片标引图书的介绍，下周我们将会寄回你的丛书书单。

2 月 25 日，邓嗣禹致函裘开明：

已经收到 2 月 1 日来函。非常感谢你的建议及其后所寄分类表和资料。因我的课程很紧，很抱歉未能及早回函。因我馆图书都经过了严格编目上架，故尽管我们计划使用贵馆的分类法，但目前并不急于进行编目调整工作。关于你提出的用空白卡片交换贵馆目录卡片的建议，我们认为贵馆十分慷慨，请尽可能把贵馆有的卡片寄给我馆一份，我们将空白卡片寄去，并付邮资。我们将完好无损地保存并还回贵馆寄来的分类表，目前我们正在检查贵馆印刷的卡片和分类表，如果发现有错误，会马上向你报告。但我们迄今为止未发现有任何错误。

3 月 10 日，邓嗣禹致函裘开明：

寄还分类表，并函询汉和图书馆对《四部丛刊》的著录方法，是集中著录还是分类著录？

4 月 6 日，裘开明回复邓嗣禹：

非常感谢你 3 月 10 日的来信和寄来的 3 页分类表。函寄我馆分类表简表的索引（英文字母顺序和王氏四角号码索引）赠与贵馆，因完整详细的索引现仍未能出版，我希望此简表索引能对贵馆图书目录有所帮助。如果图书馆有两套《四部丛书》，当然可以一套集中存放，一套则按不同分类方法分别存放。现有一美国汉学家想购买一套《四部丛书》，因贵馆有六套，能否卖给他一套呢？详情询问顾立雅教授。我馆已查过你寄来书单上大部分的丛书，并按书单给了索书号。现在正在核查我馆是否有对应的卡片。因此前两个有经验的学生助理离开了，新的助理要花费一点时间来熟悉工作，因此工作进展将会有点缓慢，请耐心等待。

4 月 22 日，邓嗣禹回复裘开明：

你在 4 月 5 日的来信中提到有一位美国杰出的汉学家想买一套《四部丛书》，让我问一下远东图书馆能否卖给他一套，我已问过顾立雅教授，很抱歉答案是否定的。除非战争结束，不然很难得到整套。如不介意请告诉我这位学者的姓名，或者我可以和他交流一下。希望能收到贵馆协助补充的丛书索书号和答应给我们的卡片。感谢你寄来的贵馆分类法简表和索引。

邓嗣禹与金岳霖、费孝通
（从右向左）在芝大合影

4 月，在著名的《哈佛亚洲研究》上，发表长篇论文《中国考试制度对西方的影响》。本文后被收入 *Studies of Governmental Institutions in Chinese History* 书中，由 John. L. Bishop 等人编写，哈佛大学出版社 1968 年版，第 195—242 页。

1953 年，本文经王汉中译成中文单行本《中国考试制度西传考》，由

中央文物供应社出版（见 1953 年发表论著）。1988 年，李明欢、黄鸣奋将
该论文再次翻译，恢复原名《中国考试制度对西方的影响》，由上海译文
出版社出版。目前，该论文已成为西方汉学界的经典论文，被收入多种文
集中，至今仍被国内外学者广泛引用与评论。2021 年 4 月，编者彭靖发表
论文，结合北京大学、中国社会科学院研究学者的建议，对论文中个别不
够准确、存在瑕疵的部分进行了修订。①

6 月，嗣禹接待第一批到美国考察的中国著名学者，并同费孝通、金
岳霖在芝加哥大学校园内合影留念。

当年，美国有一项称为"国际教育和文化交流计划"的援助项目，它
始于 1940 年，最初只是针对拉美国家。珍珠港事件爆发后，美国加强了对
中国抗战的援助，首次在西半球之外增添了对华关系项目，邀请中国在教
育、农业、工程、社会学等诸多领域的学术精英去美国进行学术交流。从
1943 年到 1947 年，中国共有 26 位有名望的知识分子，分四批应邀访美。
第一批的人员中，除了费孝通、金岳霖，还有蔡翘、刘乃诚、张其昀和萧
作梁等 6 人。

1942 年 11 月，美国驻华大使高斯代表美国国务院，正式向中国六所
大学的校长发出邀请函，请求他们各推荐一名教授赴美讲学。1943 年 1 月
底，这六位人选最后确定：西南联合大学哲学教授金岳霖、中央大学生理
学教授蔡翘、武汉大学政治学教授刘乃诚、浙江大学历史地理学教授张其
昀、云南大学社会学教授费孝通、四川大学政治学教授萧作梁。② 这几位
都是各自领域的佼佼者。除张其昀、萧作梁外，其他四位都在国外受过教
育，英语流利。其中，金岳霖和蔡翘都曾长期留学美国，金于 1920 年获得
哥伦比亚大学博士学位，蔡于 1925 年获得芝加哥大学博士学位。刘乃诚和

---

① 彭靖：《邓嗣禹〈中国考试制度对西方的影响〉修订研究》，载《教育与考试》2021 年第 2 期。
② 彭靖：《赵元任、胡适、费孝通、金岳霖等给美军上课："二战"期间美国陆军特训班中的中国学者》，原载《中华读书报》2015 年 11 月 18 日，后收录《尘封的历史：邓嗣禹和他的师友们》，北京：中国财富出版社，2020 年，第 95—102 页。

费孝通则是伦敦大学校友，分别于 1930 年和 1938 年获得博士学位。在这六个人当中，年纪最轻的是费孝通，时年 33 岁。

费正清在他出版的《费正清中国回忆录》中也有这样的记载：

到 1943 年底，美国国务院文化关系司邀请 6 位教授前往美国，在我的督促下，哈佛燕京学社为 6 位教授每人赞助 1000 美元，其他 8 位教授每人500 美元，共计 1 万美元。美国学术团体委员会也按同一方针组织了类似的援助活动。

在我的敦促下，柯里博士还说服陆军特别服务处拨付 5000 美元，作为聘请中国教授为驻扎昆明的美国军队演讲的酬劳。①

8 月 5—7 日，来到美国两个月之后，金岳霖与费孝通一行被邀请到芝加哥大学，参加了题为"不可征服的中国"的论坛，到会的有美国学者 40多人。6 位华人教授从自己熟悉的领域，向听众演讲与介绍了中国抗战以来的情况，并与参加论坛的美国学者、学生展开讨论。这些演讲和讨论文稿经过整理之后，结集为《来自不可征服中国的声音》（*Voices from Unoccupied China*）一书，1944 年由芝加哥大学出版社出版。

金岳霖访美期间，在哈佛大学、芝加哥大学均参加过学术交流活动，但在芝加哥大学停留的时间最长。在芝大东方研究院，他用英文完成了《道、自然与人》一书。他在书的序言中写道："无论这部著作是否值得撰写或发表，它毕竟使我有一次机会感谢美国哈佛大学、感谢芝加哥大学，特别是感谢美国国务院。"可惜这本书当时没能在美国出版。

1943 年，金岳霖还曾用英文撰写 *China Philosophy*（《中国哲学》）一稿，作为为在华美军讲课的讲稿，曾少量油印，1980 年在《中国社会科学》创刊号首次刊出，后译成中文在《哲学研究》1985 年第 9 期发表。

嗣禹在回忆文章中提及"一年中文训练的成绩，使金岳霖先生大为诧异"。受训的学生俨然成为"中国通"。这是因为当时金岳霖也在芝大，并

---

① 费正清：《费正清中国回忆录》，北京：中信出版社，2013 年，第 231 页。

通过邓嗣禹与陆军特训班的学员有许多接触。

8 月，哈佛大学举办中文、日文两个特训班，到 1944 年 12 月结束。赵元任当时负责主持中文特训班的工作，在教学上采用听说法和直接法相结合，想方设法让学生跟所学语言多接触，多听多说。正在读博士学位的杨联陞由于表现突出而受到特别赏识，在中文部 20 余位助教中，特别为他申请了一个讲师的职位。后来，杨联陞还曾协助赵元任编写过一本通俗读物《国语入门》。据《赵元任年谱》记载，经过几个月的训练，学员成绩虽然有好有差，但都能说中国话。作为练习，学员们自编自演短剧；还有部分学员学会写汉字。他们说中国有个《大公报》，于是就办了一个《大私报》。

1943 年，耶鲁大学成立远东语文研究院，创始人和第一任院长是金守拙。教学采用的是拼音法，所用的第一本教材 *Speak Chinese*（《中文口语》）由金守拙、赫德曼编著，1944 年由亨利霍尔特出版社出版，留美学者房兆楹曾为该书撰写过序言。之后又出版了练习会话的教材 *Chinese Dialogue*（《华语对话》），整个耶鲁大学汉语教材的系统便是以这两本书为基础发展下去的。

8 月 19 日，此时，嗣禹在芝加哥大学主持美军特训班工作已经有一年的时间。之前，他曾向赵元任借阅过一本传统罗马字拼音法的书籍。在教学过程中，特别是在口语教学方式上遇到一些问题，他发现这种方法不大适合于速成班人员学习。于是，他致函语言学家赵元任，进行请教与教学探讨，现将英文信札内容翻译如下：

尊敬的赵教授：

您出版的关于中国语法的书籍，在我们图书馆没有收藏，希望赵教授能够借给几本相关书籍的复印件，或者是再推荐几本用西方语言来教授汉语的教材。

今奉还中国共产党人使用的汉字罗马化系统的小册子，谢谢您的慷慨，允许我借阅很长时间，很抱歉我们迟迟没有归还。

目前，我正在为 45 名（美军）服务人员开设一门汉语会话强化课程。我发现很难清楚地解释汉语口语的语法结构。不幸的是，您的中文语法作品没有被收藏在这个图书馆里。您愿意借给我们，或卖给我们您关于这个主题书的副本，还是向我们推荐一些其他用西文写成的类似的书？

另外，您能坦率地告诉我，您对 C. H. Kennedy 教授使用的罗马化系统和教学方法的看法吗？显然，他一直在努力在全国推广他的制度。我知道您有多忙，问您真的很惭愧。不过，我们非常需要您的帮助，我们一定会非常感谢您的帮助。

嗣禹在信中所述的 C. H. Kennedy 教授，即为金守拙。赵元任来到哈佛大学之前，曾在耶鲁大学从事语言教学，对于金守拙的情况比较了解。赵元任回信的草稿，英文手写体写在邓嗣禹信函空白处，字迹非常潦草，我们一时无法准确辨认清楚，而正式打印的信函目前没有保存下来。但是，我们从《赵元任年谱》相关年份的记录中可以得知，哈佛大学在教学上是采用听说法和直接法相结合。他是不赞同采用传统拼音法来教学的。①

本年，嗣禹与顾立雅合著出版《中文报刊归纳法》（*Newspaper Chinese by the Inductive Method*），芝加哥大学出版社出版。这本书从六种报刊——《纽约商报》、《新华日报》（多伦多）、《大公报》、《新闻报》（上海）、《国民日报》（香港）、《扫荡报》（桂林）中，挑选 40 篇文章，并增加了英文翻译、词汇和练习。

另外，嗣禹还与顾立雅合著出版配套教材《中文报刊归纳法翻译与选择练习册》。这两本书的快速出炉，当然是许多人合作的成果。但是正如本书的前言中所述："无论是书本身编排，还是翻译都是主要由邓嗣禹负责，至于书的体例与结构，则是遵循顾立雅的《汉语文言进阶法》。"

嗣禹出版的这两本书，在美国学界获得许多肯定。例如，1948 年 10

---

① 彭靖：《邓嗣禹与赵元任的学术交往》，载《中国社会科学报》2021 年 5 月 12 日第 12 版"学林"版。

月，葛瑞格斯（Thurston Griggs）曾经发表书评文章，这样评价《社交汉语与语法注解》一书："这本汉语教材的材料，源自'二战'期间芝加哥大学美国陆军中文训练班中的合作导师所编，他们当时是在邓嗣禹教授的领导和监督之下。文本本身的作者是欧阳（Ouyang）教授，邓嗣禹负责对其进行编辑并提供语法注解。这是第一本完全由中国人编撰的现代汉语教材。"

邓嗣禹出版的《社交汉语》一书提供了实用的、出色的对话，并配有练习；其对话的主题不仅有用、有趣，而且是现代的、流畅的现代中文口语，并有详尽细致的注解。总而言之，这部教材是对邓嗣禹和其同事双语能力的一种褒奖。1948 年 8 月，福朗西斯（John De Francis）发表书评文章认为："这部著作是一部简洁干脆、有才华且普遍满意的教材。"①

后来，邓嗣禹在这两本书的基础上，编写出版了《社交汉语与语法注解》（1947 年）、《高级社交汉语》（1965 年）。

本年度出版的著作与发表的论文：

1. 在《哈佛亚洲研究》上发表长篇论文《中国考试制度对西方的影响》（*Chinese Influence on the Western Examination System*）1943 年第 7 卷第 4 期，第 267—312 页。

2. 发表书评"中国汉朝前期的奴隶制"，载《远东季刊》1943 年第 2 卷第 3 期。这是对韦慕庭（Martin Wilbur）《亚洲的人类学者》一书的评论。

3. 与顾立雅合著出版《中文报刊归纳法》（*Newspaper Chinese by the Inductive Method*），芝加哥大学出版社，1943 年。

4. 与顾立雅合著出版配套教材《中文报刊归纳法翻译与选择练习册》（*Translations of Text Selections and Exercises in Newspaper Chinese by the Inductive Method*），芝加哥大学出版社，1943 年。

---

① 引自吴原元：《客居美国的民国史家与美国汉学》，北京：学苑出版社，2019 年，第 79 页。

1944 年　39 岁

一、继续负责"美国陆军特训班"课程事宜。

二、邀请胡适到芝大讲授《中国思想史》课程。

三、博士论文修改后，由芝加哥大学出版社出版。

3—4 月，第四学期的中国历史文化课程，是由邓嗣禹以芝加哥大学东方研究院院长的名义，邀请胡适到芝大，为"美国陆军特训班"讲授《中国思想史》课程十余日，具体时间安排在 ASTP 课程中的地域研究阶段。胡适也是芝大当时唯一的外聘学者。具体细节，我们可见胡适出发之前（1944 年 3 月 22 日），写给王重民的信函："我廿九日去芝加哥看看他们的藏书，顺带为邓嗣禹的兵官学校作六个讲演。四月十三可东归。"[1] 胡适在信中所指的"兵官学校"，即芝加哥大学当时开设的"中国语言文史特别训练班"。胡适演讲的具体时间，可界定为 1944 年 3 月 29 日至 4 月 13 日。

3 月 14 日，杨联陞写给胡适的信中，曾经提到过中国思想史讲稿一事："您的思想史，还是动起手来好。外国人写中国通史，不是不大，就不精，总难让人满意……越是概论，越得大师来写。哈佛的入门课永远是由教授担任。您的书千万不要放弃。"[2] 我们从杨联陞写给胡适的信中可以得知，1944 年 3 月，胡适的中国思想史讲稿正在写作阶段，并且是在杨联陞的督促之下完成的。

3 月 29 日，胡适开始讲授《中国思想史》。每日讲演一次，每周五次，截至 4 月 13 日。由于胡适没有将这段历史记录在他本人的日记中，仅在写

---

[1]　北京大学信息学院、台北胡适纪念馆：《胡适王重民先生往来书信集》，北京：北京图书馆出版社，2009 年，第 253—254 页，胡适致王重民，1944 年 3 月 22 日。

[2]　杨联陞著，蒋力编：《莲生书简》，北京：商务印书馆，2017 年，第 19 页。

给王重民的信中提及，故而在《胡适年谱》①《胡适日记全编》② 中是没有记载，或者是表述不详。

这是胡适首次公开讲授《中国思想史》课程，后来在 1944 年 11 月到 1946 年 6 月期间，胡适又应邀到哈佛大学讲授《中国思想史》八个月。

芝大特训班讲授的地域研究课程，当时每学期有 10 个小时。第一期学习地理，教师为芝大地理学系各教授所担任，程序是先讲远东地理，然后相当详细地讲中国地理；第二期讲中国历史，从北京猿人讲起，到最近的时事为止。凡是中国文化、美术、政治哲学等内容皆需要讲述。第三期讲有关中国社会组织活动内容，注重近百年来的情景，并增加讨论课的内容。第四期是地域学习的课程，整合前三期所学内容为一体，请人类学专家将中国文化做综合介绍。

除此之外，在这一年当中，他们每周还有两小时的时间，学习欧洲历史、地理与政治的内容，使学生不仅了解中国的知识，而且对于世界也有一个大致的了解。③

这期间，胡适居住在芝大的教职员俱乐部，业余时间他喜欢有人陪同他聊天，而且古今中外无所不谈。胡适之前曾长期在北大任文学院院长，1938—1942 年期间又出任过战时中华

40 年代初期，学者时期的胡适

民国驻美国大使，所以关于民国初年的事，他知道幕后背景与个人底细，这些内容在普通书中是不易看到的。胡适由于当大使期间多次在美国演

---

① 耿云志:《胡适年谱 1891—1962》，福州：福建教育出版社，2012 年。
② 曹伯言:《胡适日记全编》，合肥：安徽教育出版社，2001 年。
③ 邓嗣禹:《美国陆军特训班给予吾人学习西语的教训》，本文原载《东方杂志》1947 年第 43 卷第 8 号。后收录《家国万里:邓嗣禹的学术与人生》，上海：上海人民出版社，2014 年，第 37 页。

讲，所以口才相当好，他可以从早谈到晚，而且滔滔不绝、娓娓动听，所讲的故事大多使人久闻不厌，毕生难忘。后来，胡适在收到讲课费的支票后，曾回信表示感谢，并多次称邓嗣禹为"邓老板"。

4 月 13 日，嗣禹欢送胡适返回纽约。在芝加哥大学讲课之余，嗣禹还曾介绍他与政治系的中国学者邹谠、王熙，化学系的马祖望等人相识，并多次盛情款待。

4 月 26 日，胡适致函邓嗣禹表示感谢：

邓老板：谢谢你的信和 cheque（支票）。

这一次的芝城之游，给了我很多的愉快，其中最大的愉快是认识了你和许多新朋友（邹谠君、邹夫人、何女士、王熙君）。马祖望君夫妇虽是旧相识，这次才得认识他们。你若见到这些朋友，乞代致意问候。

关于《水经注》，我已有详考，稍暇当写清本送给芝校图书馆。

你的考试制度英文论文，我很得益。此是我久想做的一个题目，此次得读大作，其结论多如我的推想，其证据比我推想的更丰富！多谢！多谢！匆匆问好，并谢你的种种厚待。

5 月 10 日：回复胡适信函，告知在芝大讲学的照片已经洗出，并在《张喜与 1842 年〈南京条约〉》出版前，再次就张喜《抚夷日记》中的一句话请教胡适（1941 年曾问过赵元任）。

适之先生：

谢谢您四月二十六日来信，同（收到）《水经注》版本的消息。希望将来能够把《水经注》的题跋寄给我们，以便存在善本书库，作为永久性纪念。

前记独秀文存中有"刀与笔"一则，仅三四行字。若先生有此书，便乞托人抄寄，麻烦之处，无限感谢。

拙译张喜《抚夷日记》中，有一句话意义不明。文曰"英唰唰好，英唰唰平安"，大概传译江浙土语，或有 you are very well, you are very safe？之意，然不敢断定。此句与上下文无关。先生看书独具慧眼，从指出夏竦错误，益增钦佩。不知对于此问题有以见示否？先生在芝大讲学时屡承教益，真是"胜读十年书"，觉得非常荣幸。以及常希赐教。

玉照今日洗出，的确不错。从相片来看，老前辈几变为小弟弟了，自怜亦堪自笑。

匆匆敬叩。著安

7 月初，兼任加州大学麦尔斯（Mills）分校中国学园主任（系主任）。

在暑假期间，邓嗣禹邀请杨联陞，一同到加州大学麦尔斯（Mills）分校，讲授中国文化史、国语课程。

7 月 6 日，邓嗣禹致函胡适，除介绍暑期到加州大学麦尔斯分校教学情况之外，着重向胡适请教写作英文《中国通史》体例，及其注意点。信函主要内容如下：

适之先生赐鉴：

久未通信，非常抱歉。因为先生忙碌，非有要事，不敢打搅，结果变成一种"取消派"不写信。这又大不客气了。吴文藻先生离开芝加哥时候，托寄一本书给先生，翻开一看，觉得颇有意思。于是打定主意，"偷阅"一阅。临到来 Mills 大学前一天，才把它包好邮寄。迟延之罪，敬请原谅。

在 Mills 大学，每日教国语一小时，讲中国文化史一小时，还不算忙。不过因当系主任，应酬事务，社交节目，令人头痛。好在只有六个礼拜。八月初再回芝加哥。

此后拟写一文，《Herodutus（希罗多德）与司马迁之比较》。再后拟专心写英文《中国通史》，期限于两年内完成，决心驾凌目前一切英法文之上，不然无出版价值。关于英文《中国通史》体例，及其注意点，先生若有所指教，当非常感谢、欢迎。

8 月初，结束在加州大学麦尔斯分校讲学，返回芝加哥大学。

10 月 14 日，嗣禹致函裘开明，询问小说 Ma Wei Slope 的中文译名，以及小说的原始出处。

10 月 16 日，裘开明回复，告知 Ma Wei Slope 应该是"马嵬坡"的译名，并告知记载该故事的文献。

本年度，博士论文《 张喜与 1842 年〈南京条约〉》，经过两年的修改、完善，由芝加哥大学成书出版，书名为 *Chang Hsi and the Treaty of Nanking, 1842*。1945 年加州大学出版社出版修订本；1962 年哈佛大学出版英文版；1969 年芝加哥大学重版印刷英文版。中文节译本（第一章）由杨卫东翻译，刊载于《国外中国近代史研究》第 10 辑，1988 年 4 月由中国社会科学出版社出版。①

费正清为此书的出版撰写了长篇序言，高度评价了从事鸦片战争研究的意义，以及邓嗣禹的研究成果：

这本书是对于签订《南京条约》谈判过程的研究，这次谈判是一个世纪不平等条约的开端。书中通过中国方面一位次要谈判官员的眼睛，来观察这次谈判的细节，并缜密地论述了谈判文件。尽管这个文件仅涉及几个月的时间，然而它却使我们对于这个阶段的认识，比许多大部头的考察报告还要深刻。……

邓博士在书中详尽地运用中西双方的资料，还提出了到目前为止最有效的证明，即中国的外交关系可以，而且必须通过双方面的材料进行对照研究。尽管在同一时期，中国皇帝极频繁发出的敕令，和英国的快信似乎讨论的是两种完全不同的情况。然而在这本书中，它们被相互对照着收集在一起，在背景相同的情况下进行分析。令人信服的研究结论，正如我们发现的一样：中国那些签订条约的高级官员，对于西方侵略者的法律条文竟如此漠不关心，他们几乎没有认真看一眼有重大影响的条约条款，而只是对英国关于撤退军舰的承诺感兴趣。邓博士同时详尽地收集了当年的各类资料，他所列出的注释内容和参考书目，将拓展这项研究工作的深入进行。

从这本 1944 年第一版英文书的自序中，我们可以了解到，除了导师费

---

① 中文全译本《张喜与 1842 年〈南京条约〉》,2022 年由译者翻译,预计 2025 年 8 月由山西人民出版社出版。

正清之外，嗣禹还需要感谢的学者包括：芝加哥大学的宓亨利（Harley F. MacNair）教授，他非常热心地阅读，并提出了中肯的改进建议；哈佛大学的魏鲁男（James R. Ware）教授；哈佛燕京中日图书馆馆长裘开明博士，以及嗣禹的好友周一良博士和杨联陞先生。在寻找参考文献、讨论疑难问题等方面，他们都曾做出了很大的贡献。

周一良（1913—2001），1931 年入北平辅仁大学历史系，1932 年转入燕京大学历史系，1935 年毕业。1939 年到美国哈佛大学研究院，入远东语言文学系，主修日本语言文学，并学梵文。太平洋战争爆发后，他曾兼任哈佛大学陆军特别训练班教日语，1944 年获博士学位，博士论文为《唐代密宗》。1944—1946 年期间，任哈佛大学日语教员。1946—1947 年回国任燕京大学中文系副教授。此时，周一良已经获得哈佛大学博士学位，故嗣禹称其为周一良博士。

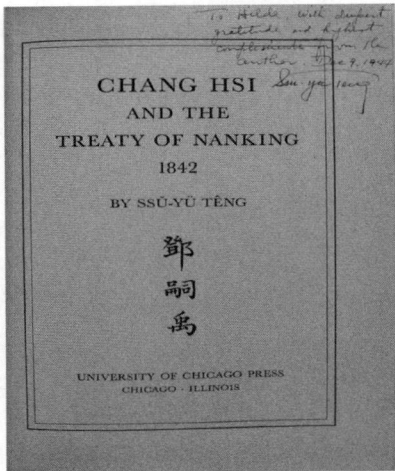

1944 年 12 月，
邓嗣禹签名赠送本

杨联陞（1914—1990），字莲生，原籍浙江绍兴，生于河北保定。1937 年毕业于清华大学经济系，1940 年赴美就读于哈佛大学，1942 年获哈佛大学硕士学位，1946 年完成《晋书·食货志译注》获博士学位。此时，杨联陞尚未获得哈佛大学博士学位，故嗣禹称其为杨联陞先生。

2015 年，南开大学历史学院博士生导师元青教授曾发表过这方面的研究论文。① 他首先依据袁同礼在 60 年代出版的英文《中国留美同学博士论文目录》，从中归纳、提供民国时期留美博士生撰写的，涉及中国历史研

① 元青：《民国时期留美生的中国历史研究与美国汉学——以博士论文为中心的考察》，载《广东社会科学》2015 年第 6 期，第 115—117 页。

40 年代的周一良　　　　40 年代的杨联陞

究方面，共有 30 篇博士论文的数据。同时，他将这些论文题目及相关信息译成中文，补足或纠正了部分作者的生卒年代，呈现了民国时期留美博士群体研究中国历史问题的基本信息。

在 30 篇博士论文中，涉及中国古代史选题有 16 篇，涉及中国近代史有 13 篇，涉及跨古代、近代有 1 篇。关于中国近代史研究，涉及近代外交史、政治史、鸦片战争史、甲午战争史、辛亥革命史、香港史。元青在论文中特别指出："在留美生的全部 30 篇中国历史研究博士论文中，共有 12 篇论文，以英文形式在国内外先后出版，或公开发表。"其中包括：郭斌佳的《第一次中英战争评论》、邓嗣禹的《张喜与 1842 年〈南京条约〉》、周一良的《唐代密宗》、杨联陞的《晋书·食货志译注》、王伊同的《日明交聘史：1368—1549》等。①

在这篇研究论文中，元青总结指出："从学术质量来看，这些论文体现了留美博士群体深厚的研究功力和学术素养，是中国史学学术史和美国汉学史上不可多得的硕果。其中，翁独健、邓嗣禹、周一良、杨联陞、吴

---

① 元青：《民国时期留美生的中国历史研究与美国汉学——以博士论文为中心的考察》，载《广东社会科学》2015 年第 6 期，第 123 页。

于廑等人的论文充分体现了留美博士群体的实绩，堪称民国时期中国历史研究的典范之作。"①

2013—2014 年期间，华东政法大学外国语学院博士后，屈文生教授开始研究《南京条约》中条文的翻译问题，并发表了两篇论文。② 他认为，不平等条约的语言转向研究成果，对包括鸦片战争史在内的中国近代史的书写或重写，具有特别实在的意义。1842 年签订的《南京条约》是先用英文拟成，后来才被译成中文的。倘若论及《南京条约》中、英文版本的差异究竟在哪里，其详情则更鲜为人知。

本年度出版的书籍与发表的论文：

1. 博士论文《张喜与 1842 年〈南京条约〉》，由芝加哥大学成书出版。英文书名为 *Chang Hsi and the Treaty of Nanking*，1842 。

2. 恒慕义主编《清代名人传略》二卷本出版，邓嗣禹在 1937—1938 年期间，任助理编纂时所写的 33 人传记，如陈玉成、胡林翼、洪秀全、李秀成、沈葆桢、曾国藩等传记都收入其中。

3. 在《宗教杂志》上发表书评文章《评富路德〈中华民族简史〉》，1944 年第 24 卷第 4 期，第 294 页。

1945 年　40 岁

一、继续担任前二年中的所任各项职务。

二、开展芝大东亚图书馆编目事宜。

三、胡适聘请邓嗣禹回北大历史系任教。

2 月，撰写并发表对于饶大卫（David Nelson Rowe）所著《中国的实

---

① 元青：《民国时期留美生的中国历史研究与美国汉学——以博士论文为中心的考察》，载《广东社会科学》2015 年第 6 期，第 118 页。

② 屈文生：《早期中英条约的翻译问题》，载《历史研究》2013 年第 6 期；《〈南京条约〉的重译与研究》，载《中国翻译》2014 年第 3 期。

力》的书评文章。

5 月，撰写并发表对王际真（Wang chi - chen）所著《传统中国人的阅读材料》《现代中国人的阅读材料》两本书的书评文章。

5 月 3 日，时任芝加哥大学图书馆装备部主任，谢拉代表邓嗣禹致函裘开明：

经与邓嗣禹讨论，我们认为你们的中文图书目录卡片价格合适，格式完全适合我馆的需要，兹奉上我馆需要目录卡片及中文图书目录，每种图书订购 6 张目录卡片。

8 月 15 日，日本天皇裕仁以广播《终战诏书》的形式，向公众宣布接受无条件投降。抗日战争胜利之后，美国陆军特训班的学生们用他们学到的知识，开始陆续用中文给嗣禹写信。嗣禹在回忆录文章中，描述了当时的情形："杨振声先生看见我的学生给我写的中文信，使印度的检查者看不出他的双关语句的牢骚，致杨先生说他们的中文有中国初中毕业生的程度。学一年中文，他们能会话，能谈，能口译，能笔译，能看浅近的书报，能写简单的书信，总算是不错了。回想我们学英文甚至学中文进步的迟慢，真是有天渊之别。"①

6 月，撰写并发表对陆象山（Lu Hsiang - shan）所著《21 世纪中国的哲学家》一书的书评文章。

8 月 27 日，嗣禹致函裘开明：

毫无疑问，我们都为战争如此快的结束，并以此令人愉快的方式结束而感到高兴。战争结束后，敝馆慢慢恢复了战前的工作，我开始一天花几个小时编目。我发现，我们并没有贵馆书目里的一些图书卡片。请问贵馆书目中收录的图书是否都有目录卡片，或者是因为战争的原因，已经取消了部分目录卡片的供应？如果你们能够很快地重新供应这些卡片，那么我们就不需要

① 邓嗣禹：《美国陆军特训班给予吾人学习西语的教训》,本文原载《东方杂志》1947 年第 43 卷第 8 号，后收录《家国万里：邓嗣禹的学术与人生》,上海：上海人民出版社,2014 年,第 38 页。

另外编制这些目录卡片了。敝馆采用了贵馆的分类法，我们想了解贵馆有哪些卡片、目录，或者是新的计划，以便我们能够与敝馆保持一致。

9月1日，嗣禹致函胡适，询问回国讲学之事。

适之先生赐鉴：

为省时间，乞恕"开门见山"。战争结束，很想回国效劳，但不愿入教会学校，不知可否惠顾。

先生介绍去北大或武汉大学，做点小小事情，数年教学所获，对于讲授中国通史、西洋通史、远东史、国际关系、中美关系、史学史等课颇有相当把握。加以素性勤谨，做事认真，与人容易相处。所以先生若介绍，想不致过于失望。嗣禹跟芝大及密尔斯大学当局、跟同事相处皆甚佳。回国之时（明春或明夏），仍用请假方式，将来在国内教二三年书，仍可再至国外讲学一二年，以便求得最近学术之知识并略加沟通。或者可作成一种长期交换教授的办法。事情成败，全看先生能否帮忙在国内找一根据地。嗣禹现撰作《Herodutus（希罗多德）与司马迁之史学比较》一文，深愿获读。先生片言文字，以为荣幸。

8月，蒋介石接受朱家骅、傅斯年的意见，确定胡适为北大校长，9月6日任命书正式颁布。

9月18日，裘开明回复：

因为我此前离开剑桥外出休假，所以今天才回复你的来函。敝馆所出版的书目中的每一种图书都有印好的卡片。因为战争需要，美国的部分订购机构可能没有获得部分卡片。我希望燕京大学在北平复员后，能够寄来那些丢失的卡片。当然，前提是库存没有被日本人破坏。美国图书馆协会合作采购计划，自重庆购买新书的卡片已经交给哈佛大学出版社付印，但因出版社和图书馆缺少有经验和受过培训的人员，出版过程可能需要较长时间。在本学年，敝馆希望能够完成分类目录的中英文主题词索引。这些卡片将在博伊斯顿堂完成。我希望可从采购《汉和图书分类法》的图书馆中，获得充足的资金，以保证顺利印制和发行这些卡片。

9 月 26 日，胡适在接到回国出任北京大学校长的任命后不久，再次致信邓嗣禹，邀请他随同回北大历史系任教。

邓老板：

真是对不住你！你的 9 月 1 日的信，我到今天才得回信！

我很盼望你能在明年七八月回国，到北京大学来教历史。我大概 2 月或 3 月回国，正式聘书当在明年春夏间办好。

你愿授的几种，我此时不能预作决定，只盼望在邓老板的拿手好戏之中挑选排演。

我盼望你的戏目之中，能把你的英国文官考试起源①列入"国际关系"或"中西文化关系"之内，因为太平天国与英国文官考试都是中西文化互相影响的重要例子。你说是吗？

马祖圣先生现在何处？见时请代致意，说我与北大理学院长饶毓泰先生都有意请他去北大，或在化学系，或在新计划的工学院。此事请他早日考虑，赐一回音。

匆匆敬问

大安

胡适　敬上

三十四年九月二十六日

北大校长事，政府发表，并未征求我的同意。现有傅孟真（即傅斯年）先生扶病暂代，故我可以稍缓回国。适之

10 月 15 日，再次致函胡适，对于聘请回北大作教一事表示感谢，并将新出版的英文版《张喜与 1842 年〈南京条约〉》一书寄给胡适。

适之先生赐鉴：

九月二十六日手示早已拜读，因正逢学校开学注册之时，种种麻烦，

---

① 胡适在此信中提到"英国文官考试起源"，是指 1943 年邓嗣禹在《哈佛亚洲学报》上发表的《中国考试制度对西方的影响》论文中的重点内容。

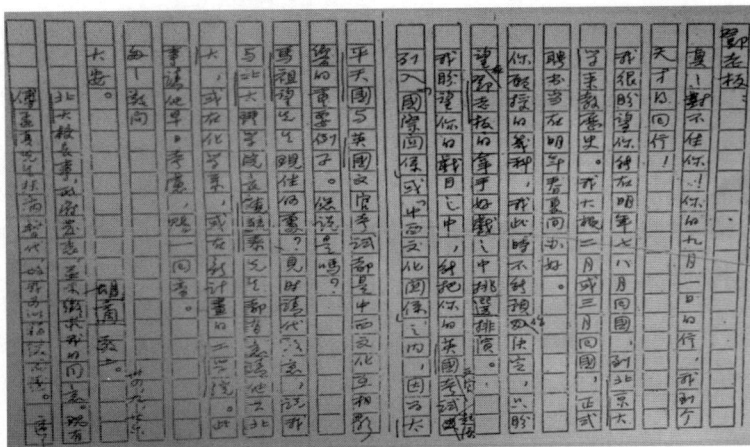

1945 年 9 月，胡适聘请邓嗣禹回北大任教手书

无暇早日肃函回答，甚以为愧。承蒙不弃，聘至北大教学，非常感谢。惟详细办法及首途日期，目前尚难完全定规，总以交通略为平安，回国之后能安心教书，并能略作研究工作为转移。

至于英国文官考试起源问题，当然可列入中西文化关系之内，其他课程只可随时请教。在校长指导下，当然万分努力，求作一个好的教书匠。"老板"虽不敢当，保开张鸿发，总不要赔本开门才好。

请马祖圣君讲学事，早经通知，并请直接跟先生通讯。他对先生这番盛意，也很感谢。惟在应允之前，颇欲知北大待遇、地位等级、任期久暂，以及回国川资等问题，知道清楚，然后作具体答复。不知先生目前能否答复上述各问题，以便转达否？

今年新正嗣禹曾出版《张喜与 1842 年〈南京条约〉》一书（英文本），未及寄呈先生一部，以求教正否？如一时疏忽，当即购呈。余容后详，顺叩。道安

本年，英文版《张喜与 1842 年〈南京条约〉》修订本，由加州大学出版社出版。

本年度发表的书评文章：

3 月，发表对饶大卫（David Nelson Rowe）所著《中国的实力》书评文章，载《现代历史期刊》（*The Journal of Modern History*），1945 年 3 月，第 176—177 页。

5 月，发表对王际真（Wang chi – chen）所著《传统中国人的阅读材料》《现代中国人的阅读材料》两本书的书评，载《远东季刊》1945 年 5 月第 4 卷第 3 期，第 296—297 页。

6 月，发表对陆象山（Lu Hsiang – shan）所著《21 世纪中国的哲学家》一书的评论，载《宗教季刊》（*The Journalof Religion*），1945 年 6 月第 25 卷第 3 期，第 231 页。

1946 年　41 岁

一、接待燕大前校长司徒雷登、哲学系前主任博晨光。

二、去华盛顿，购买国会图书馆善本书影。

三、邀请杨联陞一同到加州大学密尔斯学院，讲授中国哲学史课程。

四、8 月 20 日，由美国乘船途经日本回国。

2 月，嗣禹在芝加哥大学，接待燕京大学前校长司徒雷登、哲学系前主任博晨光。

据《燕大双周刊》第 46 期报道："博晨光、吴路义两先生，暑假中已返校。离开燕京六年了，几年来老教授的生活想为校友和同学多关心。"[①]

"1946 年 2 月，司徒雷登先生回到美国去的时候，两位老人（他与博晨光）在芝加哥一同为燕京大学奔走了十天，遇见了苏迪、邓嗣禹、高君纯等许多校友。后来，在旧金山又遇到了沈剑虹、胡惠定等燕京大学的学生。"

---

① 《燕大双周刊》记者：《博晨光集中营教操　吴路义向校友致谢：老教授谈校难后生涯》，《燕大双周刊》1947 年第 46 期，第 361 页。

1946年3月，嗣禹去华盛顿，购买国会图书馆善本书影。

4月10日，袁同礼致函邓嗣禹、陈梦家，告知他4月9日来到美国旧金山，近期将到美国东部地区，大约在本月21—22日期间抵达芝加哥，逗留二日后即赴纽约。并请他们代收信札。[方继孝藏札]

嗣禹、梦家吾兄大鉴：

别来忽将一载，想著作日宏为慰。弟于昨日来美，日内即东行，大约本月廿一或廿二日可到芝城（廿二及廿三在芝城），逗留二日即赴纽约。已函告朱士嘉兄，将弟之信件寄至尊处转交，并祈转告收发处暂代收存是荷，余容面陈。匆匆，顺颂教祺。①

弟袁同礼顿首

四．十，旧金山

旅馆无须代订。

4月11日，嗣禹致函胡适，介绍最近工作情况：

适之先生赐鉴：

日前专程拜谒，因行色匆匆，高朋满座，不克多聆教言，微感美中不足。然看先生公私事务那么忙迫，尚能博览群籍，作了那么好的考据文章，写了那么多的日记，真使后辈末学受了很多鼓励与感动。从此以后，我也打算多写点日记，多看点中国书籍，多作点文章，这是此行意外的收获。

我这次去华盛顿的目的，一为购买国会图书馆善本书影，一为向联合国善后救济总署谋事，求乘飞机回国，以便早日服侍十二年未（曾）见面的老父母。不幸救济总署之史学工作事，已委托于林同济。等到他工作，不见得有坐飞机的可能，与学问兴趣亦相差太远，故决心按原定计划，八月中旬回国，先看父母，再至北大教学。希望在先生领导之下，结结实实作点研究工作。至于专心服务的精神，嗣禹可说是养之有素了。先生送芝

---

① 雷强：《袁同礼年谱长编》，北京：中华书局，2024年，第1561页。

大图书馆的《水经注》跋，已拜读，敬谢，当珍藏善本书室，永久保存。途经芝加哥时，请先生示知，如无课，当进谒。

此叩，著祺。

"偷听生" 嗣禹拜启 四月十一日

4 月 30 日，裘开明致函：

敝馆于（震寰）先生向你推荐童世纲夫人，吴元清女士（Wu Yuen cheng）应聘贵馆助理馆员。对此，我发表一些看法：我从来没有见过吴女士，但是我的太太（曾宪文）很了解她。吴女士是一位安静而尽责的人，曾在桂林师范学院图书馆、华西协和大学图书馆工作长达 10 年，是一位非常合适的人选。

7 月初，嗣禹再次邀请杨联陞一同到加州大学密尔斯学院，讲授中国哲学史课程，目的是一边教学挣得回国经费，一边等待回国的船只。当时由于"二战"刚刚结束不久，船位非常紧张，两人一时订不到船票。

7 月 14 日，嗣禹致函胡适，介绍了他与杨联陞的近况：

适之校长先生赐鉴：

六月十日手书早已拜读，托转马祖圣君函件，也已转到，均请勿念。

《水经注》释书题及"卷二第一页的前半页"跟大作《水经注跋》皆遵示照相同梁士诒先生年谱二册一并挂号邮寄。较之本人携带或为妥。区区费用当然无足挂齿。

现在嗣禹及内人与杨联陞先生，同在密尔斯女校讲学，多半可搭八月二十三号的船回国，预定九月七日到上海。杨联陞及内人俱欲乘船直抵大沽，苦不可得，然总以早日返国为上策。北大新教员回国补助费，先想嗣禹系美国舌耕阶级，不便领取。现以结婚之时，用费不少，回国略备行装，内人又不甚强壮，能耐劳苦，旅行之时，需用头二等车船，小小积蓄，流出极速。恐抵上海之时已所余无几。再加坐飞机回湘去平，慰问亲戚友朋等项在需费用。因此种种，如北大能帮助旅费四百元，或电汇至密尔斯女校，或留在上海徐大春先生待取，当拜赐多矣。时局不宁，归心似箭，心中不免有点纳闷，唯盼同人自觉，国事日趋好转。

敬叩，道安

邓嗣禹谨上 七月十四日

8月16日，胡适主持召开了北大第一次会议，讨论和研究北大新建制以及教师聘请问题，同时正式聘请了教务、训导、总务三处处长，以及文、理、法、医、农、工六大院院长，及各系主任。任命汤用彤为教务长兼文学院院长，饶毓泰为理学院院长，周炳琳为法学院院长，马文昭为医学院院长，俞大绂为农学院院长，马大猷为工学院院长。北大经过一年的恢复和准备工作，至此开始转入正轨。

8月19日，北京大学教务长汤用彤签发了国立北京大学文学院史学系1946年度聘任人员名单。① 聘任本年度新回国人员邓嗣禹为教授，杨联陞为副教授：

教授：姚从吾、傅斯年、郑天挺、毛准、向达（以上人员系上年度在职者）

沈则伯、张政烺、△邓嗣禹、余逊

副教授：△杨联陞、韩寿萱、邓广铭（以上均系新聘者）

助　教：杨　翼（以上系上年度在职者）

说明：本年度新返国人员，姓名前均加△号。姚从吾为史学系主任。

杨联陞出于多方面的原因，最后未能回到北大任教。从这份《北京大学史料》第四卷刊载任命名单中，我们可以看到，当年北大文学院中国文学系教授有沈兼士、王重民、沈从文等人；文学院西方语文学系教授有朱光潜、马德良等人，新回国的副教授有王岷源、尤桐，夏志清时任助教。

8月20日，嗣禹由美国乘船途经日本，有一天停留时间，由横滨港登陆，再到东京联合国总部，拜会中国驻日本代表团成员：吴文藻、谢冰

---

① 王学珍、郭建荣主编：《北京大学史料》第四卷（1946—1948），北京：北京大学出版社，2000年，第104页。

心、王信忠、徐中约等师友。吴文藻曾有意聘请邓嗣禹任中国代表团高等顾问，月薪 800 美元，享受联合国官员待遇，允许邓嗣禹再考虑一下。

9 月 7 日，嗣禹回到上海，住在青年会旅馆。后去南京"中央研究院"，拜会中央研究院史语所所长傅斯年，征询去北大任教，还是去日本中国代表团高等顾问。傅斯年拍着胸膛说："听我傅斯年的，你一定要去北大，毫无犹豫的余地。外交工作有啥意义。去北大，去北大！"

9 月下旬，嗣禹先回湖南家乡省亲之后，赴任北京大学历史系任教授。当时，北大由郑天挺（字毅生）秘书长接待，嗣禹手持胡适的名片，上写"郑毅生秘书长，介绍我的朋友邓嗣禹先生"。郑天挺随后介绍了代理教务长杨振声（教务长汤用彤正在美国）、史学系主任姚从吾见面。

10 月中旬，北京大学正式开学。[①] 嗣禹到北大之后，开了两门课：中国近代史与西洋史名著选读。主要学生有漆侠、田庆、罗荣渠、赵思训、周昭贤等人。

1947 年 6 月，去美国治病前的傅斯年

不久，嗣禹就将自己在学校的所见所闻、北大的优势与劣势均在信中一一向杨联陞做了详细的介绍，他说："北大的优势是气象大、自由，劣势则是学生不用功，爱捣乱。""北大图书馆虽然四壁琳琅，西文参考书还不够多"；等等。杨联陞也将这些问题，于 1947 年 2 月 22 日写信转告于胡适，并建议他："如果您有什么买书的计划，我们在美国的学生都愿意帮忙，不过让书店打折扣，恐怕得有图书馆正式的信。"

这时，杨联陞仍有随同邓嗣禹回国，一起在北大任教的意愿。在 1947

---

① 邓小南选编：《漫谈我和胡适之先生的关系》，载《中国文化书院九秩导师文集：邓广铭卷》，北京：东方出版社，2013 年，第 81 页。

年 2 月 22 日的信中，他告诉胡适："我的情形比他（邓嗣禹）复杂一点儿，要待着就想把太太接来，那不知要费多少事。我告诉哈佛，如果胡先生叫我秋间回去，我一定遵命，如果让我自便，我看看 3 月份的大局再定。"

11 月期间，有美国学者来访，胡适邀请邓嗣禹等从美国回国的教授作陪，到南池子欧美同学会吃西餐。饭后胡适说："敝校长月薪 34 美元，邓正教授 29 美元，其他一二位不言而喻。来来来，我们大家掏腰包，把钞票拿出来付饭费。"当时，北平物价飞涨，大家凑钱响应，合成一大堆钞票，方能付清饭费。

还有一天适逢假期，胡适先生请嗣禹去他家吃便饭，席间有胡太太、图书馆馆长毛子水，共四人，一盘红烧猪肉、一半荤半素，及一素菜、一汤，邓嗣禹事后回忆说："老实说，他们平时所吃的不见得比我们好。因为我们饭团的人多半是光棍，或家室在别处，故讲究吃。"①

邓嗣禹在回忆录中还记述道：在芝大教书数年，那时见校长难如登天，有一次教育部长蒋梦麟想见他，我请美国一位参

1946 年，在北大任教时的邓嗣禹

议员帮助，才能约好一次见面的时间。可是北大校长的办公室，等于教职员的俱乐部，全校教授，皆可进见校长，毋庸预先约定时间。有一次我去造访，见接待室有一玻璃柜，其中陈列一些蔡元培、鲁迅等人的历史文物。一进室内，工友照例倒茶，其中已有数人在座，彼此随便谈天，开玩笑，胡适先生亦参加闲谈，并略言及徐志摩跟陆小曼的恋爱故事。我莫名

---

① 邓嗣禹：《北大舌耕回忆录》，原载于台湾《传记文学》第 64 卷第 1 期，后收录《家国万里：邓嗣禹的学术与人生》，上海：上海人民出版社，2014 年，第 41—48 页。

其妙，好像香港广东饮茶的地方。这时，忽然谈笑沉寂下来，向达先生说："胡先生，您把北大所有的图书经费，用去买《水经注》。我们教书的几无新材料作研究工作，学生无新教科书可读，请问这是正当的办法？"他面孔表情，相当的严厉。

胡先生笑着说："我用北大图书馆经费买几部善本《水经注》，是确实的。要说我把所有的图书经费，全用在买《水经注》上，以致学生无新书可读，那是不确实的，哈哈。"我看形势，不免有一番舌战，赶忙起立告辞。胡适先生照例送出接待室，拿出一小笔记本，问我有什么事，他要记下来办理，我说无要事，以后再来请安。当时北大的规矩，大学毕业生，要做一篇毕业论文，派我指导十几个学生，他们的程度参差不齐，很难当作"填鸭"式的，在短期内培养起来，做出一篇够学术水准的论文。好在他们都乐意埋头苦干，有的写出来也斐然成章。有的从前未做过学术论文，无法一步登天。结果一半及格，一半要继续修改，即算不及格。

12 月 4 日，嗣禹撰写《美国研究汉学之现状》，发表在天津《益世报》"史地周刊"栏目。

12 月 11 日，嗣禹陪同美国哥伦比亚大学教授、著名汉学家富路特在燕京大学临湖轩，对于同一课题"美国对汉学之研究"发表演讲。

据《燕大双周刊》1946 年第 28 期报道："哥伦比亚大学汉文系主任富路特（C. Good Rich）将于近期返美，哈佛燕京学社特于十一日请富氏来校，在临湖轩内演讲'美国对汉学之研究'。"

"富氏讲毕，由本校三二级历史系校友邓嗣禹讲述芝加哥大学对汉学之研究。邓氏现任北大教授，新自美国归来。"①

本年，嗣禹发表 2 篇专论《从周朝的灭亡到唐朝的兴起》《中国科举制度与西方》，作为第 4 章和第 30 章内容，收入宓亨利（H. F. MacNair）

---

① 《燕大双周刊》记者：《富路特博士来校　讲〈美国对汉学之研究〉》，载《燕大双周刊》1946 年第 28 期，第 255 页。

主编的《中国》一书。该书共有 34 章，由加州大学出版社出版。其中，2014 年《中国科举制度与西方》中译文发表于《中国考试》2014 年第 6 期，蔡培瑜译，郑若玲、彭靖审校。第 4、第 30 章英文信息如下：

China, ed. by Harley MacNair（Berkeley, University of California Press, 1946）. "From the Fall of Chou to the Fall of T' ang（221B. C – A. D. 906）" in ch. 4. "china' s Examination system and the West" in ch. 30.

1946 年，由芝加哥大学宓亨利教授主编《中国》一书出版后，即被列入联合国名目下的第五种丛书。1950 年，该书曾经被日本汉学家冲野示男翻译成日文，分为上、下两卷，由日本三明社出版，1954 年 3 月再版。1954 年 9 月，日本东京每日通信社也曾重印、出版过这本书。目前，国内学术界虽然有人发表过对于英文版《中国》的研究与评论文章，但是很少有人关注过日文版《中国》的翻译与出版发行情况。①

宓亨利在出版前言中说明，他出版这本书的目的是"体现学界有关这个具有数千年历史的文明古国的最新研究成果"。为了实现这一目标，他动用了自己所有的人脉资源，找到了当年在国际上各学科顶尖的 33 位作者。其中 11 位来自中国，22 位来自西方，他们都是涉及中国研究各个领域的知名专家。来自中国学者中有胡适、陈荣捷、邓嗣禹、蒋彝、王际真等；国外学者阵容既有汉学教授，如卜德（宾夕法尼亚大学）、富路特（哥伦比亚大学）、梅谷（西雅图华盛顿大学）等，也有"中国通"，如赛珍珠、德效骞、赖德烈等文学、历史学者。

2016 年 12 月，北京语言大学海外汉学研究中心顾钧教授曾在《中华读书报》上，发表对于这本书的书评文章《七十年前，中外名家汇聚〈中国〉》。他在文章中指出：《中国》的出版是又一次成功的集体合作，也集中展示了美国汉学的新进展。费正清也曾经为这本书发表过书评文章。他在书评文章中，一方面为这本书取得的成绩感到兴奋；另一方面也指出了

---

① 彭靖：《汉学家邓嗣禹作品在日韩的译介与传播》，载《中华读书报》2021 年 3 月 3 日，第 14 版。

1946 年，英文版《中国》书影　　1954 年，日文版《中国》书影

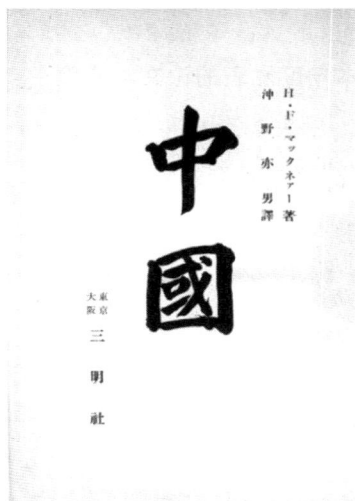

存在的问题。他在书评最后一部分指出：《中国》一书体现的主要还是人文领域的研究成果，社会科学明显不足，即使是讨论政治、经济等问题，也基本是从历史学的角度切入，因此他呼吁"社会科学家应该更加关注中国"。

11 月 30 日，嗣禹撰写完毕《美国研究汉学之现状》一文。

12 月 4 日，这篇文章发表在天津《益世报》"史地周刊"栏目，他在这篇文章中指出：美国有十几个大学设了中文系，或东方语文学系。比较著名的还是哈佛、哥伦比亚、芝加哥、普伦斯顿、耶鲁、加里佛尼亚、彭雪维利亚（Pennsylvania）、斯丹福、薄莫纳（Pomona）与西雅图的华盛顿等大学。哈佛多半注重东方文字的学习，芝加哥注重中国上古史的研究，哥伦比亚注重历史上的小考据，耶鲁注重说中国语，注重中国哲学的研究，华盛顿注重现代中国政治、社会、经济的讲授，这是他们比较的注重点，以教授的兴趣为转移，当然也教别的功课。其他几个大学，多半平均发展。以人才论，哪一个大学都有一二位汉学家，他们的知识虽然不如他们自己所想象的好，但总有一门专长，每一个教授都写了几篇好文章或几本好书。

　　本年度发表的论文与文章：

　　1. 发表 2 篇专论《从周朝的灭亡到唐朝的兴起》《中国科举制度与西方》，作为第 4 章和第 30 章内容，收入麦克尼尔（H. F. MacNair）主编的《中国》一书。

　　2. 发表《美国研究汉学之现状》，载天津《益世报》"史地周刊"栏目，1946 年 12 月 4 日第 18 期。

1947 年　42 岁

　　一、参加胡适在北大举办的《历史研究法》系列学术讲座。

　　二、指导北大史学系 1946 年度毕业论文 9 人次。

　　三、应邀赴燕京大学讲授"太平天国"课程。

　　四、推荐钱存训到芝加哥大学任教。

　　1 月，董作宾①来到芝加哥大学后，顾立雅为他做了精心的安排，租住在离学校不远的一位美国学生家中。这是一幢两层楼的住宅，楼上有卧室一间，平时则在楼下会客、起居。

　　3 月，撰写并发表《中国学术世界化》一文。2016 年，北京外国语大学教授、国际中国文化研究会会长、《国际汉学》主编张西平曾经发表文章，对于嗣禹的这篇文章给予高度评价：

　　他写过一篇短文，学界很少注意，题目是《中国学术世界化》，他在文中提到了西方汉学界对中国典籍的翻译，提醒中国学术界要注意在世界

---

　　① 董作宾，字彦堂，是我国现代甲骨学与考古学的奠基人之一。在考古学方面，他曾首次主持殷墟发掘，开启了中国现代田野考古的新时代，对我国近现代考古学的诞生有着重大的贡献。鉴于董作宾对甲骨学的贡献，后来，学界把他与罗振玉（字雪堂）、王国维（字观堂）、郭沫若（字鼎堂）一起合称为"甲骨四堂"，是甲骨学史上划时代的一代宗师。1947—1948 年期间，董作宾曾应邀在芝加哥大学作为访问学者。

范围内展开中国学问的研究，注意汉学家的成果。

这里可以看出邓先生长期在美国汉学界工作，熟悉西方汉学界历史，因而提出的建议十分中肯。他的这段话告诫我们：一是要重视西方汉学界，不要认为中国的学问只有中国人能做，只有中国人做得好；二是要知道，中国的古代文化典籍大部分已经有了翻译文本，外国人可以用这些译本做学问；三是要做好西方汉学名著的翻译工作。这三点建议至今仍很有价值。①

4 月，为了更好地开展历史系的教学活动，活跃北大的学术气氛，由胡适提议，在全校范围内开设"历史研究法"课程，此课采用演讲的方式授课，决定由该校史学系教授为主，发挥各自专长，并邀请国外教授为辅分别讲述，共分为 15 讲，中教 12 讲，外教 3 讲。每星期四晚，7 时到 9 时上课，每人讲二个小时。② 邓嗣禹的"重要工具书之应用"，作为第三讲。

其他人讲述的日期为：第一讲（4 月 24 日）：胡适主讲"史学与证据"；第二讲（5 月 1 日）：金逊"历代史籍"；第三讲（5 月 8 日）：邓嗣禹"重要工具书之应用"；第四讲（5 月 15 日）：杨人楩"历史如何写出"；第五讲（5 月 22 日）：邓广铭"历史与传记"；第六讲（5 月 29 日）：向达"考古学与史学"；第七讲（6 月 5 日）：韩寿萱"博物馆与史学"；第八讲（6 月 12 日）：张政烺"近五十年中国史学上之新发现"；第九讲（6 月 19 日）：郑天挺"整理档案的方法"；第十讲（6 月 26 日）：汤用彤"研究思想史的文法"；第十一讲（7 月 3 日）：邵循正"元史的研究

---

① 张西平：《民国期间中国学者在哈佛燕京学社发展中的贡献》，载《汉学研究》第二十集，2016 年春夏卷，详见"五、邓嗣禹与哈佛燕京学社"。

② 耿云志：《胡适年谱》，福州：福建教育出版社，2012 年，第 285 页记载：1947 年 4 月 24 日，北大举办《历史研究法》系列学术讲座，由各教授轮流讲演，共 16 讲。第一讲由胡适担任，题为《历史与证据》。——作者表述胡适的讲演题目与次数均有误。

方法"；第十二讲（7月10日）：毛准，讲题临时公布。①

英国政治学者葛德邻教授于23日下午由沪来平，此行系应北大校长胡适邀请，葛氏在此将作学术讲演，其讲题为"世界文化的危机与人生价值的争取"，共分三讲，以英文讲述，地点在北大理学院大礼堂，时间为25日，28日；30日下午4时至5时。②

胡适先生十分擅长演讲，其演讲内容五花八门，演讲稿不计其数，目前尚有一些演讲稿件还未被发现。梁实秋先生曾盛赞胡适的演讲具有"丘吉尔风度"。但是，由胡适组织和其他学者同台演讲，这样的机会并不是很多。

据北平《益世报》1947年4月25日报道："胡适昨晚在北大北楼大礼堂授课，未选该课之学生前往听课，挤满大礼堂，胡氏讲述史学证据的重要性，达两小时始毕。"

出任北大校长期间的胡适

---

① 王学珍、郭建荣主编：《北京大学史料》第四卷（1946—1948），北京：北京大学出版社，2000年，四、学术讲演，第584页。
② 王学珍、郭建荣主编：《北京大学史料》第四卷（1946—1948），北京：北京大学出版社，2000年，四、学术讲演，第584页。

关于 4 月 24 日胡适主讲"史学与证据"的文字稿，最先被收录在
"胡适档案"中，后来被编入 1999 年河北人民出版社出版的《胡适讲演
录》。2003 年，安徽教育出版社出版《胡适全集》第 13 卷（史学论集，
第 750 页）再次收录。其中，该文采用脚注方式说明：原稿用钢笔记录，
未记明演讲的年份、地点与记录人姓名，只写明"胡适先生讲演，四月二
十四日"。

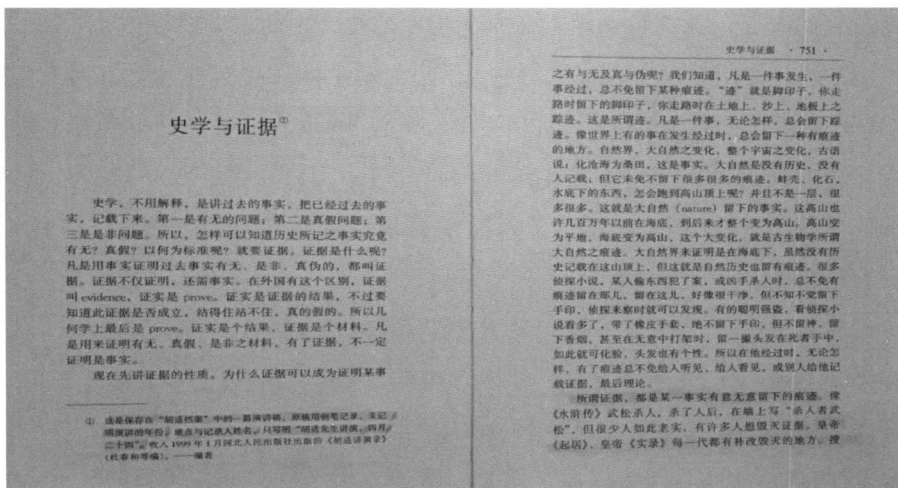

胡适演讲稿"史学与证据"首页

此次，借助《邓嗣禹学术年谱》出版的机会，考证与还原了胡适主讲
"史学与证据"的文字稿的出处、胡适讲演的准确题目，以及"历史研究
法"讲座的总次数。

5 月 3 日，嗣禹应翁独健邀请，作为交换讲学事项，赴燕京大学讲授
"太平天国"课程。

5 月 4 日，嗣禹与北大教授真立夫一同参观北平图书馆新收藏的俄语
与日伪文献，后与袁同礼等人一同拣阅。① 5 月 8 日，嗣禹在北楼大礼堂授
课，成功开讲"重要工具书之应用"讲座，历时二小时。

---

① 雷强：《袁同礼年谱长编》，北京：中华书局，2024 年，第 1663 页。

5月17日，再次赴燕京大学，结束讲授"太平天国"课程。

燕京大学出版的《燕大双周刊》1947年第38期，曾以"交换讲学：邓嗣禹先生来讲太平天国"为题目，报道了"交换讲学"的具体内容：

> 翁独健所授之东亚近代史一课，现正讲至太平天国阶段，翁先生特请本校校友，现任北大教授邓嗣禹先生，于五月三日来校讲授该节，邓先生将于十七日再度来校结束该节。翁先生最近亦将赴北大代邓先生授课二小时，以为答报。此交换讲学，尚为复校后之初次。[①]

6月，长期在芝加哥大学东方语言文学系，讲授远东史的麦克尼亚（H. F. MacNair）教授突发心脏病去世，年仅56岁。他曾经是芝大日本史、远东史方面的权威，1946年主编、出版过《中国》一书，与邓嗣禹交往颇深。邓嗣禹曾撰写纪念文章《悼远东史权威麦克尼亚》，发表在9月份《建国知识月刊》第1期上。

本年度内作为导师，指导北大史学系1946年度毕业论文九人次。[②] 具体学生与课题明细如下：

张彤书：九一八事变；张润英：戊戌变法之始末；瞿明秀：慈禧太后年谱略稿；郝浮茫：袁世凯在洪宪前后；曹延湘：为美国着想的一个现代外交政策（翻译）；杨绍禹：日本古今史选择；王希龄：康有为的学术思想；刘俊英：清末革新运动；邓锐龄：捻匪之研究。

本年夏季，暑假前夕，嗣禹向胡适校

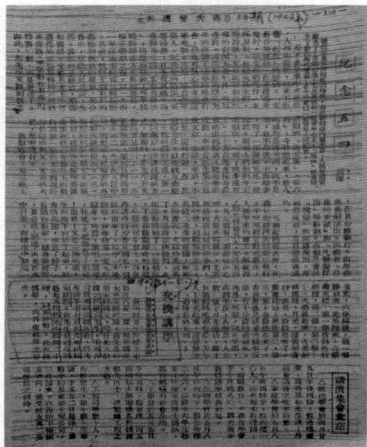

《燕大双周刊》1947年第38期

---

① 《燕大双周刊》记者：《交换讲学：邓嗣禹先生来讲太平天国》，载《燕大双周刊》1947年第38期，第316页。

② 王学珍、郭建荣主编：《北京大学史料》第四卷（1946—1948），北京：北京大学出版社，2000年，第517—518页。

长提出辞职申请。胡适曾再三挽留。嗣禹在回忆录中，记述了他要求离开北大的缘由：①

　　1947 年五六月，物价越涨越高，钞票一天一天地不值钱，局势愈后愈紧张。左思右想，再去看胡先生，一进办公室，不管别人说什么，马上开门见山："胡先生，抱歉得很，一年例假已到期，我想回美国教书，请您原谅。"他表示惊异，他说："去年我请马祖圣、蒋硕杰跟你邓嗣禹三人来北大教书，希望你们三位青年教授，把在美国教书的经验，施之于北大，提高理科、经济跟历史的标准，采严格主义，盼在三五年之后，能使北大与世界名大学并驾齐驱，为什么你刚来了一年就要离开，请打消此念头。"我再说："我已考虑了很久，跟同学同事们相处得非常之好，实在舍不得离开北大。然人是要吃饭的，而且我要吃得相当的好，再三思考，别无办法，只好辞别心爱的北京，再去给别人抱孩子。"胡先生了解情形，他看看其他的同事说："各位在座已很久了，此事一言难尽，我请你取消辞意，以后再谈，如何？"

　　消息很快传满校园，邓某将要离开北大，已买好飞机票。傅乐素、严倚云两位讲师请客，我所指导做论文的学生，皆来参加，有好几盘菜，皆不离鸡蛋，炒鸡蛋、炸鸡蛋、蒸鸡蛋加虾米、木须肉、西红柿鸡蛋汤。严倚云等会做菜，皆很可口。我问为何有这么多鸡蛋？他们说："每人每周有三个鸡子儿，作为营养料。全拿出来，为先生送行，以报答您的辛苦教育之恩。"我听了，很受感动，觉得不安。

　　7 月，离开北平，途经上海，再次返回湖南，与女儿及家人团聚。

　　在上海期间，他曾会见了钱存训，并去钱家拜访了他的家人，同时邀请他到芝加哥大学远东图书馆任职。回到芝加哥后，嗣禹向顾立雅大力推

---

① 邓嗣禹：《北大舌耕回忆录》，原载于台湾《传记文学》第 64 卷第 1 期。后收录在《家国万里：邓嗣禹的学术与人生》，上海：上海人民出版社，2014 年，第 47—48 页。嗣禹还曾经回忆说，他在北大任教期间，把从美国带回的两支"派克"笔都卖掉，并利用发表散文、评论与回忆录文章的方式，以赚取稿费来维持生活。

荐钱存训到芝大任职。

8月底，从湖南长沙到日本东京。在此期间，由中国驻日代表团苗专员陪伴下，拜访了东京帝国大学嘉治真三教授。再由嘉治教授介绍，首先参观了图书馆，然后去拜会南原校长，并了解目前东京大学教授、学生们的学习、生活情况，以及南原对于学校改革的设想。

临行时，南原校长送给嗣禹一本英文小册子《创造新的日本文化》。书中开宗明义承认日本的战败与崩溃，怀疑日本历史的传统观念，而要求日本来一次文艺复兴与宗教改革，造成一种新文化。而此种伟大的事业，应该由日本人自己创造。

在由东京返回美国的途中，嗣禹将这一段经历，总结与撰写成文《日本教育一瞥》，发表在《中苏日报》1947年9月18日，第三版。后被收录在《独立时论》1947年第一集，第139—141页。

本年秋季，回到芝加哥大学，继续担任东方研究院院长，并讲授中国历史与语言学课程。

10月初，钱存训来到东方研究院报到后，董作宾和他合租在一个住宅。两人在东方研究院的办公室也是相邻。为欢迎钱存训的到来，邓嗣禹曾在学校宴请过钱存训，并邀请董作宾作陪。餐后三人在校园内合影留念。

10月5日，据钱存训日记中记载，并于1975年12月12日写信告知邓嗣禹：

这是一个星期天，当我到达芝加哥时，我在日记上写着："我在邓博士家吃了午饭（这是我在芝加哥吃的

邓嗣禹与董作宾、钱存训（从左到右）在芝大校园合影

第一顿饭）。"那是个周末，"我和邓博士一起去购物，买了一件上衣（40 美元）、一顶帽子（10 美元）和一件箭牌衬衫（3.95 美元）"，然后"我又在邓博士家吃了一顿晚餐。除了是一位学者，大家都知道，邓博士还是一位出色的厨师。当我作为一个陌生人，第一次来芝加哥的时候，我非常感谢你的帮助和款待"。

10 月 9 日，顾立雅为了帮助钱存训尽快熟悉业务，并加强与外界的联系，致函哈佛燕京图书馆馆长裘开明："你可能知道，国立北平图书馆的钱存训（Tsuen - hsuin Tsien）先生已成为我们的职员，负责进行我们中文馆藏编目工作。"

10 月 14 日，钱存训根据邓嗣禹的要求，主动致函联系裘开明："久慕盛誉，未获识荆，至深抱憾。训今秋应芝大之约，来此整理中文藏书，得邓嗣禹兄指示，略知梗概。此间订有 HY（哈佛燕京学社）卡片五套，分类编目拟全部随尊著方法，以期一律。兹有数教，仍求指教，应祈拨冗赐示为幸。"

当年，东方语言文学系的三位教授各有分工，顾立雅讲授第一年汉语、古代史和思想史；柯睿格讲授第二年中文、中古史和政治制度等课程；邓嗣禹在第三年讲授中国近代史、中国目录学、中国史学方法和现代中文。1949 年秋，邓嗣禹接受费正清邀请，重返母校哈佛大学开设现代中国问题研究课程之后，他所讲授的中国目录学、中国史学方法等课程由钱存训接任。[①]

本年度出版书籍一部，发表各种评论、散文和回忆录文章等 14 篇：

1 月，发表书评文章《中华民国志》，载天津《大公报》1947 年 1 月 25 日，第 6 版。上海《大公报》1 月 28 日转载。此文是对宓亨利所著《中国》一书的评论。

2 月，发表《西沙群岛的主权问题与重要性》，连载于《天津民国日

---

① 彭靖：《尘封的历史：邓嗣禹和他的师友们》，北京：中国财富出版社，2020 年，第 89 页。

报》2月7—8日。

3月，发表《中国学术世界化》，载天津《大公报》1947年3月17日，第3版。

4月，发表《鸦片战争期间英国人的军纪问题》，载天津《大公报》"文史周刊"1947年4月11日第25期，第2版。本文后收入包遵彭、李定一、吴相湘等主编《中国近代史论丛》第1辑（台北：正中书局，1956年），第3册，第240—244页。

4月，发表书评文章：《太平天国史事日志》，载《世界日报》1947年4月19日，第7版。

4月，发表《由美国局势看整个世界》，载《世界日报》1947年4月20日。

4月，发表《订立〈南京条约〉时之要价还价》，载《天津益世报》"史地周刊"栏目1947年4月第39期，第3版。

5月，发表《美国陆军特训班给予吾人学习西语的教训》，载《东方杂志》1947年5月第34卷第8期，第37—41页。

5月，发表《日本的将来——有复兴希望》，载《现代知识》1947年5月第1卷1期，第507—509页。

6月，发表《什么是中国社会真正的病根——不在政治制度与主义的问题而在贪污自私的劣根性》，载《世界日报》1947年6月29日，专论版。

8月，发表《谁说中国人没有自由?》，载《观察》1947年8月第2卷第19期，第26—27页。

9月，发表《悼远东史权威麦克尼亚》，载《建国知识月刊》1947年9月第1期，56—57页。

9月，发表《日本教育一瞥》，载《中苏日报》1947年9月18日，第3版。后被收入《独立时评》1947年9月23日第1期，第139—141页。

10月，发表《美国房东太太的面孔》，载《世纪评论》1947年10月

14 期，第 14—18 页。

出版汉语教程专著《交际汉语及语法注解》 （*Conversational Chinese with Grammatical Notes*），芝加哥大学出版社。该书由杨联陞作序言，在美国流行很广，第 11 版于 1980 年发行。

1948 年　43 岁

一、继续在芝加哥大学讲授中国近代史、中国史学方法、中国目录学课程。

二、参加了王济远在芝大举办的个人画展。

三、美国亚洲研究学会成立，作为唯一的亚洲学者，被选为理事。

当时，东方系的中文课程由顾立雅、柯睿格、邓嗣禹三位教授主讲，每人除担任语文课外，另有其他专题讲授课程。汉语课程从文言开始，采用顾立雅自编的《归纳法中文读本》（*Literary Chinese by Inductive Method*），包括中国传统启蒙的《孝经》《论语》和《孟子》三册。学生读完这三册，不仅可了解中国传统文化的精义，也可掌握约 3000 个汉字，再阅读其他古籍，就没有太大的困难。再有访问教授董作宾，曾开设中国考古学、金文及古文学等课程。①

东方系的三位教授各有分工，顾立雅担任第一年汉语、古代史和思想史，柯睿格担任第二年中文、中古史

1948 年夏季，邓嗣禹在芝加哥大学

---

① 钱存训：《留美杂忆：六十年来美国生活的回顾》，合肥：黄山书社，2008 年，第 74 页。

和政治制度等课程。他专攻宋史，著有《宋初文官制度》（1953 年）、《宋代职官衔名英译》（1957 年）等书，也是国际宋史研究计划的创始人。邓嗣禹讲授中国近代史、中国目录学、中国史学方法和现代中文，他将自著的《报刊中文》和《中文会话》作为课本。①

3 月 6 日，嗣禹致函裘开明：

《逸经 26》（1937 年 3 月）第 22 页有胡怀琛《木牛流马考》一文，如不十分麻烦，可否惠恳拨冗作一照片或软片，能读即可，因敞馆无《逸经》杂志也。久违雅教，希望能有机会稍事团聚，藉聆教益。于震寰先生不知何时来美，途经芝城，无希驻足一谈，若便乞转达，专此致叩。道安。

3 月 15 日，裘开明回复：

感谢你 3 月 6 日来函，非常抱歉我馆所藏《逸经》（*I Ching*）通过燕京大学订购尚未寄来。我将致函燕京，要求他们在方便时尽早寻找一份复本。书一旦寄来我会告知你。费正清博士告诉我，当你还在哈佛做他的助理的时候，你发现一部《点石斋画报》（上海，1884，配插图）的复本。我无法回忆曾收藏有此书。也许你可能是在怀德纳善本部发现的。你可否来函介绍一下此书的情况，非常感谢！

3 月 31 日，嗣禹回复裘开明询问内容：

我尽力去回忆我是否曾在博伊斯顿堂或怀德纳（Widener）曾经见到过《点石斋画报》，但结果是我一点也不记得关于这本字典书籍的任何信息。

6 月 22 日，嗣禹致函胡适，对于离开北大之故，表示道歉：

适之校长先生赐鉴：

前年在北大执教，深感校长及一切前辈先生对于嗣禹之仁厚及作育本

---

① 钱存训著，潘铭燊主编：《回顾集：钱存训世纪文选》，桂林：广西师范大学出版社，2012 年，第 24—25 页。

国青年之愉快。以政局动荡，讲授近代及民国史微感不便，故重返美国，履行三年合约义务。近以严君辞世，请奔丧返国，芝加哥大学盛情挽留，谓嗣禹在此服务已多年，总希圆满结束合约时期，然后归国。因此之故，不知可否惠恕。校长先生及毅生主任①多让嗣禹在国外教学一年，明年暑期然后返校继续服务。如蒙俯允，敬希赐复，以便购买应用书籍，早做回国准备。

以此敬叩，道安

11 月 1 日，嗣禹再次致函胡适，对于他在北大任教期间的关照，表示感谢：

适之校长先生赐鉴：

离开和气一团的北大同事，温仁诚笃的校长前辈，使人时常想念，仿佛若有所思。希望时局不致大乱，使同事、同学可以安心教学，希望先生身体健康，可以多出几种伟人的著作，为国际争体面，为未来学术界放光辉。嗣禹此次返美国，已不再负行政工作责任。除教书外，埋首研究，期于一年以内，发表一点学术文章，或作一部近代远东史。先用英文发表，然后译成中文。现在旁听近东上古史，以便比较研究。西洋史需用德法日俄文，日在温习。因此之故，生活颇为紧张。

从前离开北平时，郑毅生先生托带美元千元，交与孟治君作为北大存款。此款已如数交清，将详告毅生先生以便挂念。离平匆匆，误将《辛丑日记》带至美国，今另包寄还。敬谢，并请原谅。

汤锡予②先生现为嗣禹旁助，或有来芝大主讲 Haskell Lecture 的希望。

---

① 毅生主任，指郑天挺(1899—1981)，字毅生，中国近现代历史学家、教育家，时任北京大学秘书长，兼历史系教授，后任副校长兼史学系主任。1963 年，出任南开大学副校长。

② 汤用彤(1893—1964)，字锡予，哲学家、教育家，1946 年任北京大学文学院长，1951 年任副校长，中科院哲学社会科学部学部委员。1947 年，汤用彤利用北大休假期间，曾赴美国加州柏克莱大学，讲授中国佛教史一年。1948 年，汤用彤曾有意来芝加哥大学担任哈斯克讲席职位。哈斯克讲席，是芝加哥大学专门为哲学家设立的讲座。1933 年 7 月，胡适曾前往芝加哥大学担任哈斯克讲席(Haskell Lecture)。讲稿所成，就是他的英文名著《中国的文艺复兴》。

杨西孟教授现在芝大研究，已代借得寓所。董作宾先生在此写殷代文化概论。

敬叩，道安。诸同事均此致敬

12月，在芝加哥大学斯玛特美术馆，邓嗣禹与顾立雅夫妇、柯睿格①夫妇、麦克尼尔②、钱存训等人，共同参加了王济远③举办的个人画展，一行人参观结束后，曾在斯玛特美术馆大厅前合影留念。

本年度，1941年成立的远东学会，更名为美国亚洲研究学会。选举《清代名人传略》主编恒慕义为第一任主席，费正清为副主席。邓嗣禹是唯一入选的亚洲学者，当选为董事，兼任研究会秘书。④ 1958年，成立亚洲学会研究考察委员会，并出任主席。

左起：邓嗣禹、柯睿格夫妇、顾立雅夫妇、钱存训、美术系教授等来宾参观王济远（中）画展（钱存训提供）

---

① 柯睿格（Edward Kracke，1908—1976），美国著名宋史研究专家，学士（1931年）、硕士（1935年）、博士（1941年）都是在哈佛大学获得的，毕业后长期任教于芝加哥大学历史系。早年曾受哈佛燕京学社资助，曾来华进行过考察。

② 麦克尼尔（W. H. McNeill，1917—2016），当代著名历史学家，擅长宏观世界史研究。麦氏本科、硕士都是在芝加哥大学完成。1947年获得康奈尔大学博士学位后，曾长期执教于芝加哥大学历史系，从事历史教学与研究工作，1961—1967年任历史系主任。1985—1986年期间，曾担任美国历史学会主席。至今，国内翻译出版麦氏的著作有9部之多，如《西方文明史纲》《西方的兴起》《人类之网》等。

③ 王济远（1893—1975），1920年于上海参加西洋画社团"天马会"，后任上海美术专科学校教授、教务长。1926年赴欧洲旅行，考察西洋美术，1927年创办"艺苑绘画研究所"，数次赴日考察。1941年赴美国，创办华美画学院，传授中国画和书法。1975年1月病逝于纽约。以中国画、西洋画擅长，尤其以水彩画闻名，曾多次举办个人画展，30年代出版过《王济远画集》《水彩画临本》，对于当时的水彩画普及起到了相当大的推动作用。

④ 陈润成：《邓嗣禹与战后美国汉学的发展》，载《华美族研究集刊》2004年第7期，第50页。

本年度发表书评 2 篇：

1. 发表对科林斯（Maurice Collins）所著《外国人的流言蜚语》（纽约：Alfred Knopf 出版社，1947 年）一书的书评。载《远东季刊》1948 年 8 月第 7 卷第 4 期，第 435—439 页。

2. 发表对江文汉（Wen – han Kiang）所著《中国的学生运动》一书的评论，载《太平洋历史评论》（*Pacific Historical Review*）1948 年 11 月第 17 卷第 4 期，第 497—498 页。

1949 年　44 岁

一、继续讲授中国近代史、中国现代史、中国史学方法、中国目录学和现代中文等五门课程。

二、6 月，经费正清推荐到哈佛大学任教。

三、杨联陞邀请邓嗣禹到家中做客。

四、与费正清合作编写《中国对西方的反应》二卷本书籍。

1—4 月期间，嗣禹继续在芝加哥大学讲授中国近代史、中国史学方法、中国目录学等五门课程。6 月份，这五门课程分别由钱存训和王伊同接任。现代中文和中国现代史则由王伊同接任。①

2 月，嗣禹在《远东评论》发表长篇论文《近五十年的中国历史编纂学》，该论文后被收录在多种论文集中。他在这篇论文的开篇中指出：中国历史编纂学有一个辉煌的过去。不论就质量还是数量而言，只有现代欧洲历史编纂学堪相媲美。而在其他古老的国度，如印度就远为逊色了。其他民族或许可以为他们的哲学、科学和艺术成就自豪，但就历史编纂学而言，没有一个国家能够具有中国这样悠久而值得称道的传统。

2004 年，《山东社会科学》杂志第 4 期，在发表这篇论文译文时（李

---

① 雷强：《袁同礼年谱长编》，北京：中华书局，2024 年，第 1821 页。

扬眉、周国栋译），特别增加了长篇编者按语：

邓嗣禹的《近五十年的中国历史编纂学》一文是五十年前的旧作，在半个世纪的时间内，此文与周予同先生的《五十年来中国之新史学》（1941 年）及齐思和先生的《近百年来中国史学的发展》（1949 年）一起被归列为研治 20 世纪史学史、学术史的基本文献，素为海内外学人所敬重。但是此文在大陆并不广为人知。在此文中，作者全面而细致地总览和分析了 20 世纪前半期中国历史编纂学的图景；他重视史料派，但是忽略史观派，还比较分析了两派的长短，提出了建立史实与思想于一体的理想学形态的设想。时间证明了作者的远见卓识。有鉴于此，本刊特将此文登载于此，以飨学界。

2008 年，华东师范大学历史系研究生刘艳艳重译了这篇论文（胡志宏校对），发表在朱政惠主编《海外中国学研究》（第 3 册），上海辞书出版社出版；2010 年，王学典、陈峰编《二十世纪中国史学史》，北京大学出版社出版，也将这篇论文再次收录。

4 月下旬，应费正清邀请，嗣禹回到母校哈佛大学任教，担任访问讲师，任期为三年，讲授中国近代史、太平天国史，以及为研究生开办"现代中国问题研究"讲座。这是费正清在哈佛大学最早为研究生开设的一门课程。

第二次世界大战结束后，美国基于维护其世界霸权之需，大力开展包括中国研究在内的区域研究。然而，此时的美国汉学界缺乏汉学教学方面的教材。有关中国和远东近代史方面的英文教材仅限于为数不多的几部通史性著作，研究生的英文参考资料就更为稀少。费正清认为，研究中国革命首先要以研究太平天国历史为开端。

4 月下旬，嗣禹在离开芝加哥大学之前，曾经在校园内拍摄过最后一张照片，寄给女儿邓同兰，以示留念。

1982 年，费正清在他的回忆录《费正清中国回忆录》中，曾经以大篇

幅的文字，记录下这段历史:[①]

由于我在 1938 年至 1941 年间的合作者，邓嗣禹再次到哈佛任教。因此，我们决定合作开展重要中文史料和著作的英译工作，记录着那段经常被提到的且被误称的中国"门户开放"历史。我们成立了一个顾问委员会，获得了太平洋国际学会和洛克菲勒基金会的资金赞助，征集了大约 30 名学者的意见，最终在 1950 年搞出了一部厚厚的油印初稿，这就是《中国对西方的 1839—1923 年》（China's Response to the West 1839—1923）。两

1949 年 4 月，邓嗣禹在芝加哥大学，即将赴哈佛大学任教前留影

位非常有实力的学者房兆楹和孙任以也作为第二作者共同参与了本书的撰写工作，我们最终在 1954 年将此书出版。在所收录的 65 部重要文献中，邓嗣禹完成了大部分译文工作，并负责编制我编辑过的大量有关文献作者的资料。之后，我又写了书的最后文本以把这些文献材料连成一体。最终由同事们依次进行校对，这个过程让我受益良多。

6 月初，为了使美国学生对于中国历史人物有直观、深入的了解，嗣禹在讲授中国近代史课程时，将清代的曾国藩，形象地比喻为中国的乔治·华盛顿。后来王钟翰在《燕京学报》发表书评说:"为使彼邦学子易于了解起见，似此轻松着笔，实具语言之妙。"[②] 正是这次重回哈佛，也有了他与杨联陞再次共事的经历。

6 月中旬，嗣禹赴哈佛大学任教。

---

① 费正清:《费正清中国回忆录》,北京:中信出版社,2013 年,第 326 页。
② 王钟翰:邓嗣禹《太平天国史新论》书评,《燕京学报》第 39 期,第 270 – 274 页。

6月25日，在重返哈佛大学不久，杨联陞就邀请邓嗣禹到家中做客，两人开怀畅饮，再叙往事。离开杨家时，他曾在纪念册上面留言。据杨家纪念册记载，邓嗣禹曾在留言簿中写道："第一次在杨公馆吃炸酱面，好极了。以后尚不知有若干次可赏口福，仅此致谢，以便常来。"

1949年，杨联陞在康桥购房后，每星期总有一两次请友人到他家吃饭。但每次请客，除了吃饭、打牌、唱戏、聊天之外，还有一个必不可少的内容，那就是要在纪念册上留下一点真实的、有特色的记录。1980年8月12日，他在某本纪念册中写道："以上是1977年以前在康桥圣门里一号舍下宴客题记。自1948年秋宛君与恕立来美为始，三十年得十六册师友留言，至可宝忆。"①

7月26日，在哈佛大学与玛格丽特结婚，杨联陞作为证婚人。

是年，与费正清等人合作，在获得了太平洋国际学会和洛克菲勒基金会的赞助后，共同编写著名的《中国对西方的反应》一书。

12月，为尽快解决哈佛大学区域研究的教材问题，嗣禹将为研究生开设的"现代中国问题研究"讲座的讲义，编写成《太平天国史新论》一书，1950年由哈佛大学出版社出版，1966年再版。

本年度发表的论文：

《近五十年的中国历史编纂学》（*Chinese Historiography in the last Fifty Years*），《远东评论》1949年2月第8卷第2期，第131—156页。

1950年　45岁

一、为哈佛大学研究生班开设"太平天国历史"课程。

二、秋季，应邀到印第安纳大学任副教授。

三、出版英文版《太平天国史新论》。

---

① 彭靖、杨雨婷：《杨联陞与邓嗣禹：国际汉学先驱者的早年交往》，载《历史学家茶座》2014年第四辑，第27—42页。

四、英文版《中国参考书目解题》再版。

3 月，因教学工作的需要，在教授中国近代史时，面临教材缺乏等问题，嗣禹开始翻译李剑农《中国近百年政治史》，后由在芝加哥大学指导的硕士研究生、时任罗克福德学院讲师的英格尔斯（Jeremy Ingalls）参与润色，于 1956 年在美国斯坦福大学出版，其后又多次再版（详见 1956 年著作）。

5 月，撰写并发表对李剑农所著《中国近百年的政治史》一书的书评。在邓嗣禹看来，这本书既不太详细也不太简短，且作者的观点中肯客观，是一本理想的教材。

6 月，嗣禹在哈佛大学，为研究生班开设"太平天国历史"课程，并担任主讲教师。

本年度，嗣禹继续与费正清等人通力合作，共同编写《中国对西方的反应，1839—1923》，以及《中国对西方的反应：文献指南》等书。该书后来于 1954 年由哈佛大学出版社出版。

其中，《中国对西方的反应，1839—1923》曾长期作为哈佛大学、剑桥大学中国近代史研究生必读的教材用书之一，并多次再版，1971 年在加拿大发行。最新版本是 1994 年由哈佛大学再版发行，在世界各地畅销 40 多年。

秋季，印第安纳大学韦尔斯①校长向邓嗣禹发出邀请，希望他能帮助印大创建东亚研究体系，包括建立东亚图书馆、东亚研究中心和东亚语言与文学系。嗣禹升任副教授，并带年俸，主讲中国史、日本史及远东史。

1950 年，随着中华人民共和国的成立，美国各类大学开始重视和研究亚洲区域问题。韦尔斯校长本身就是美国研究区域问题的专家和开拓者，他认

---

① 　赫尔曼·韦尔斯（Herman B. Wells）是印第安纳大学第 11 任校长。他的校长任期从 1938 年至 1962 年，长达 24 年，是在印大任期最长的校长，为学校的发展与建设做出了许多开拓性的工作。

为应该尽快改革大学课程，以适应国际形势的发展。因此，他决定高薪聘请亚洲问题研究的学者和专家，参与印第安纳大学的区域研究工作。

关于嗣禹在与哈佛大学三年期合同未满，并正在与费正清合作编写著作的同时，离开哈佛的真实原因，目前仍是一个不解之谜，有待感兴趣的学者做进一步的探讨。后来，他本人在写给印第安纳大学东亚图书馆馆长李学博的信中（1987 年 11 月 16 日），有这样客观性的表述：[①]

1950 年，在哈佛大学
任教时的邓嗣禹

有了在芝加哥大学十年的教书经验，和在哈佛的学术著作之后，我在 1950 年被聘请到印第安纳大学历史系任副教授，兼带年俸。我主要的要求是建立一个对远东有良好的首要和次要研究资料的图书馆。……

我把这个书单给了历史系前系主任班哈教授，表示如果他能买这些书和一些中文参考资料，我就会考虑接受他的聘请；否则我宁愿留在哈佛，履行我三年访问讲师的合同，那里我可以做更多的研究和出版更多的著作。

来到印大之后，嗣禹所做的第一件事就是为东亚系开设了中国语言和中国近代历史的课程，同时计划筹建大学东亚语言与文学系，以及印大图书馆的东亚部（后更名为东亚图书馆）。

9 月，发表对侯外庐（Hou Wai - lu）《中国古代社会史》一书的评论。

本年度，英文版《太平天国史新论》（*New Light on the Taiping Rebellion*），由哈佛大学出版社出版。

---

① 李学博：《美国印第安纳大学中文藏书的发展——兼述邓嗣禹和柳无忌教授的贡献》，收录邓嗣禹、彭靖：《家国万里：邓嗣禹的学术与人生》，上海：上海人民出版社，2014 年，第 250 页。

这本著作的出版，嗣禹旨在向并不熟悉中文的西方读者，介绍中国学者关于太平天国的研究进展。他首先评述了诸如简又文、谢兴尧、罗尔纲等人的通史性著作，并列出了日本学界出版的最新研究成果，以及英国、法国、德国等欧洲学者，关于太平天国的早期研究成果。然后，他以"关于几个棘手问题的新见解"为题，介绍了之前所提及学者各自在诸如洪秀全死亡的真实性、太平军与秘密会社之间的关系等具体问题的观点。

这部专著的主体内容，是介绍中外学者关于太平天国运动性质、原因、早期发展史，及其宗教、政治和社会体制所做出的研究成果。同时，他还指出了近代中国学者关于这些问题的相互矛盾之观点，并提供了许多他自己的研究结论。

华东师大教授吴原元对于此书评价道："事实上，它不仅是一书目参考，更是关于这一课题研究的指南，为西方读者提供了关于太平天国研究的大量新信息。尤为值得注意的是，这些信息大都来自中文著作，以及散落于中文学术期刊中的学术论文。从事近代中国史研究的学者会发现它非常有价值，因为它为研究者提供了找寻有关太平天国史料文献的路径。"[1]

王钟翰在《燕京学报》第 39 期也曾发表书评文章。他着重论述道："著者于 1937 年应美国国会图书馆编纂《清代名人传略》之聘，即担任太平天国人物最多。故于此段史实研究有素，了解自然深切；加以文笔流畅，引证详明。……此书虽在美国出版，为彼邦近十年来治中国近代史者不可多得之作；即在国内最近出版界中关于太平天国之著作，亦系难能可贵之书。"

本年度，英文版《中国参考书目解题》一书，经过邓嗣禹与毕乃德修订后，由哈佛大学出版社再版。该书曾于 1936 年由哈佛燕京学社出版，其中系统介绍了各种中文参考书，成为汉学研究方法和参考书目的标准教科书。

在 1950 年修订本的前言中，他们曾经提道："此书 1936 年初版后，因

① 吴原元:《客居美国的民国史家与美国汉学》,北京:学苑出版社,2019 年,第 102 页。

众多学者的迫切需求，以及书商发现初版已绝版很多年，而于 1950 年修订后再次出版。"由此亦可见，毕乃德当初同邓嗣禹合作此项目时，实是有感于美国汉学界急需此类参考书。虽然在 1936 年初版的导言中，没有介绍两者的分工，但在 1950 年的修订版中明确说明了两者的分工："新增的大约 130 部著作由邓嗣禹负责挑选并由其撰写有关描述这些著作的注解，而毕乃德则通读了这些新材料并就版本的变化提出了一些建议。"① 此后，访书的增订本曾于 1969 年、1971 年又被哈佛大学出版社二次再版，1972 年韩文版出版（详见当年出版书籍条目）。

本年度出版的著作与发表的书评文章：

1. 英文版《太平天国史新论》（*New Light on the Taiping Rebellion*），由哈佛大学出版社出版，1966 年再版。

2. 英文版《中国参考书目解题》，由哈佛大学出版社第一次再版。

3. 发表对李剑农所著《中国近百年的政治史》一书的书评，载《远东季刊》1950 年 5 月第 9 卷第 3 期。

4. 发表对侯外庐（Hou Wai-lu）《中国古代社会史》一书的评论，载《太平洋事务》（Pecifie Affairs）1950 年 9 月第 23 卷第 3 期，第 329—330 页。

---

① 吴原元:《客居美国的民国史家与美国汉学》,北京:学苑出版社,2019 年,第 87 页。

第三章 1951—1965 年（46—60 岁）

1951 年 46 岁

一、在印第安纳大学历史系，讲授远东史与中国史。

二、到哈佛燕京图书馆收集资料。

三、参加在纽约召开的"美国历史学会（AHA）年会"。

1—5 月，从印大任教开始（头十年里也是如此），嗣禹大力采购中文和日文的基本参考书及其他文献，并不懈地申请经费为东亚图书馆收集有价值的中、日文著作。

从各朝各代的历史和丛书、百科全书开始着手，他收集了《二十五史》《四部备要》《四部丛刊》《古今图书集成》《大日本史料》《清实录》《明实录》《明会典》《清会典》《大藏经》等大套丛书，并用历史系提供的资金来购买各种重要的朝鲜史志。与此同时，一些关于北美东亚图书馆馆藏、编目和员工编制的调查也相继得以开展。①

1959 年，印大东亚图书馆首次出现于钱存训的一篇论文中。他指出："第二次世界大战后，东亚图书馆发展快速……很多大学陆续成立了中小型图书馆，例如科罗拉多大学、佛罗里达大学、印第安纳大学、堪萨斯大学、密歇根州立大学、明尼苏达大学、匹兹堡大学、南加州大学和威斯康星大学。"由于邓嗣禹的努力，印大东亚图书馆在 1964 年已有 30431 册藏

---

① 刘雯玲：《印第安纳大学东亚图书馆》，载周欣平主编：《东学西渐：北美东亚图书馆，1868—2008》，北京：高等教育出版社，2012 年，第 243 页。

书。其中，中文书籍 25059 册、日文书籍 519 册、韩文书籍 182 册。

6 月，为了编写《中国对西方的反应》一书收集资料，嗣禹曾长期在哈佛燕京图书馆工作，并受到裘开明馆长的热忱接待。

8 月 8 日，邓嗣禹致函裘开明：

请允许我全心全意地向您致谢！

感谢您特别照顾我，把贵馆所有的钥匙都交给了我，允许我在任何时候使用它们。如果没有这样的特权，即使我再待上三个月也不能完成工作。虽然我离开得很匆忙，但是我相信我所使用过的所有书都保持着原样。如果贵馆的复本完整的话，印第安纳大学图书馆希望购买贵馆的复本，还想购买商务印书馆出版的、含一卷索引的《十通》。如果方便的话，麻烦您告诉我们您打算出售的书籍的价格。

1977 年 11 月 13 日，裘开明去世。1978 年 6 月，嗣禹曾在台湾《传记文学》发表文章《纪念裘开明先生》。[①] 他在这篇文章中，详细记述了写上述信件时的背景：

笔者常去哈佛找资料，有一两次，裘先生给我钥匙，以便晚间及周末，至书库工作，夜以继日。他知中等收入之舌耕者，返母校一次不易，附近"吃瓦片"之房东太太，取费昂贵，而斗室如囚牢，故尽量使我早完工返家。这又是他对于用书者体贴入微之处。而且每次去剑桥时，他必坚持请客，无法拒绝。或在家，或去饭馆，或去夏天海滨避暑之家，每次请客，皆极丰富。可是他所着衣履，非物尽其用不舍，破旧失时样，在所不惜。我回敬，虽极忙，亦欣然接受。无论在美国、中国香港或别处，我们必饱餐畅谈。彼对书籍目录，经济时事，皆有一定的见解，不随流俗。

9 月 12 日，嗣禹致函钱存训，询问"捻军与游击战"方面的书籍：

弟现在写捻匪与流动战一文，亟须各种图书，以作参考之用。哈佛图

---

① 邓嗣禹：《纪念裘开明先生：一位毕生为学术界服务的中国图书馆专家》，本文原载《传记文学》1978 年 6 月第 32 卷第 6 期，第 83—86 页，后收入《家国万里：邓嗣禹的学术与人生》，上海：上海人民出版社，2014 年，第 184—188 页。

书馆书籍，每周借 2—3 次，已经寄来一大堆，不大好意思打搅裘先生了。有几种文件，不知可否先查一查。

10 月 24 日，嗣禹致函裘开明，询问正在出售的《二十四史》的情况。

10 月 28 日，嗣禹致函钱存训，介绍在印大工作与写作情况。

公垂兄：写好信封，贴上邮票，终未动笔写信，谢谢您为我找材料，其实是罪恶。要朋友帮助的时候，马上就发信，否则杳无文字，实在不对。

关于太平天国的最近出品，我都有。香港的 Willing Book Co. Room 7 No. 20 Ice Home St. 常替我们买中国新旧书籍，相当可靠。印大现已有一部

裘开明像

《清实录》《二十四史》，十通、东华录及数十部零星书籍，可说是聊甚于无。学校每年给我一千元买中文书，一千元买西文书，过了十年二十年以后，也许有一个可观的远东馆。

弟今年仍教远东史与中国史，学生较去年大为增加。也有几个人非常聪明。捻军（书籍）写了近二百页，仍未完。12 月底去纽约，将在美国史学会读一篇小文章。内子已不做事，在家念中文，我们希望你们到这儿来看红叶。在此独居无偶，孤陋寡闻。没有好的中国饭馆，更扫兴。芝城不知尚有多少老朋友，董先生有信否？钱太太及公子相安好否？顾立雅先生及二小姐希代致意。

10 月 31 日，裘开明回复邓嗣禹：

你问到的《二十四史》是上海影印的 710 卷乾隆内府本。这套书是麻省理工学院的一名中国学生的，我完全不认识该学生，他告诉我此套书是完整的，他愿意以 350 美元出售，因为他非常需要经济资助，以完成学业。正如你所知，我馆已藏有一套该书，因此我把此事转告你。

12 月底，参加在纽约召开的"美国历史学会（AHA）年会"，并在会上宣读《欧美中国史中的基督教僭妄》的论文。

12 月 31 日，邓嗣禹致函贝德士①（信函摘要）："亲爱的贝德士教授：我于 1951 年 11 月 15 日给您写信说：'我希望通过您好的评论获益良多'"。您确实给我上了一课。

我虽然经常欢迎批评，但迄今未看到一个评论者对于主要发言人像您这样粗暴。您简直视我为宿敌。您认为我是反传教士工作，事实上我是教会学校的产物，极为尊重传教士的工作。不幸，我的文章没有空间可容列名颂扬教会办的学校、医院、平民教育，如此等等。

我不愿意在会上与您辩论，因为多少还记得《圣经》的训诫，当别人打你的左脸，你应该也迎上右脸。会后，有些朋友对我没有回击感到不解。我本想当晚拜望您，以便就若干要点交换意见，但被告知'贝德士已经离去'。……"

在信的结尾部分，邓嗣禹以反驳的语气列举自己回应要点，并且坦率地表白："由于我不是一个专业的基督徒，所以匆匆给您写这封私人函件以表达我的感情。希望您能抽出时间，

贝德士像

就同一题目写出比我更好的文章，以便显示某些建设性的批评。"

1951 年，邓嗣禹与贝德士在芝加哥召开的亚洲历史学会上初次交往。12 月 28 日，邓嗣禹在此次会议上宣读论文，题为《欧美中国史中的基督

---

① 贝德士（M. S. Bates，1897—1978）是一位学者型的美国传教士和社会活动家，他 1920 年以优异的成绩获得牛津大学历史学硕士学位，回到美国后接受教会派遣，前往中国南京在金陵大学任教，曾任副校长。直到 1950 年离开中国返美，前后整整三十年。其间，曾一度赴美深造，1935 年在耶鲁大学完成《前 221—前 88 年的中国历史》的学术论文，并获得博士学位。贝德士退休后，一直到去世，都孜孜不倦地工作，对于基督教 20 世纪在中国的历史做了大量的研究。

教僭妄》。贝德士此时已在纽约和神学院任教，也应邀参加了此次年会，并按照会议主办者预先安排，担任会议的评论员。评论员与论文作者之间出现分歧与争论本来是正常现象，但是由于两人事先互不相识而产生误解，邓嗣禹在 12 月 31 日给贝德士写了一封措辞相当尖锐的信。

本年度发表的书评文章：

2 月，发表对卡瑞果仁（Bernhard Karlgren）所著《汉语：杂文和它的自然与历史属性》一书的书评，载《远东季刊》1951 年第 10 卷第 2 期，第205—207 页。

1952 年　47 岁

1. 担任印第安纳大学历史系主任。

2. 除继续讲授远东史与中国史外，新增加了日本史课程。

3. 与贝德士交流学术问题。

1 月 4 日，贝德士致函邓嗣禹（信函摘要）："亲爱的邓教授：很抱歉，12 月 28 日（上星期五）在会上引起您的不快，并且意识到我在态度与表情方面更加谨慎。谢谢您坦率而友好的来信使我获得教益。原本打算周六与您再次会晤，但受阻于其他（它）会议而我又无法推脱。……

不过实质性的问题依然存在。就这个题目而言，恕我直言，就我或他人的意见，均想知道您是用什么作为评判诸种著作的基础观念（concepts）。不知意下如何？您是有意或无意、明确或模糊地使用'僭妄'一词。评判相关著作，必须首先限定该词的内涵，并以此为标准贯彻始终。也许是处于人生迟暮之年，我试图朝这个方向充实自己，并且对这类问题特别感兴趣。

今年 6 月份，我可能访问印第安纳波利斯①（Indianapolis），如果成行

---

① 波利斯:位于美国印第安纳州的一个城市。

则将到布鲁明顿（Bloominton，印大所在地）与您会晤，希望求教并消除任何遗留的误会。

然而，我不想为我的态度辩解，我只想让您确知我并无敌意，前此我曾在您有关太平天国大作中获益匪浅，此后曾两次向他人推荐。还有您在《远东季刊》上发表的文章。……我的错误在于，对于一个身在异国的华人的文章，发言如此没有人情味。我诚挚地为因此而引起的不快请求宽恕。"

贝德士的这封回信语言真挚、用词恳切、和而不同，表现出一位受过良好教育的年长学者应有的大家风范。邓嗣禹为此也表示理解，并同意握手言和并消除误会，同时也对这位年长学者的学术品德心悦诚服。真可谓是"不打不相识"吧。相比于当今学术界学术批评的困境，或者是相互吹捧的圆滑世故现状，贝德士与邓嗣禹这样充满理性与包容的良好风范，确实弥久而珍贵，也非常值得当今学者们认真学习与借鉴。

2012年6月，著名历史学家、教育家，华中师大前任校长，时年86岁的章开沅先生，对于邓嗣禹与贝德士的争论发表评论文章。他写道：

我永远铭记着这次难得的子夜长谈，两人一见如故，推心置腹，说不尽的乡情乃至治学之道。我非常感激邓嗣禹的盛情接待与热心提携，同时也联想到自己至今仍沐浴在贝德士的遗爱之中，是他的学风与人品深深地影响了我的一生。相较于当代学风的颓阴、学者的浮躁，以及目前学术批评的困境，或则是互相吹捧的圆滑世故，或者是一触即跳，视对方若仇雠，甚至发展到无谓的争吵与相互攻击，贝德士与邓嗣禹这样充满理性与包容的良好风范，确实弥久而愈珍。[①]

9月17日，邓嗣禹致函裘开明：

---

① 章开沅：《学术争辩更需要理性与包容——从60年前贝德士与邓嗣禹的争辩说起》，载《学术界》2012年第6期"学术批评"栏目，第126页。1982年4月，章开沅曾前往芝加哥，参加美国亚洲学会年会。会后他与邓嗣禹曾有过一次深夜长谈，详见本文内容。

闇辉前辈先生赐鉴：

久未上函请安，不知近况如何，合宅清泰否？拙作《捻匪与游击战》一文共 280 余页，夏已告竣。关于共产党领袖讨论游击战问题，两月以前已请哥伦比亚大学一位先生代为搜罗寄来，早承允诺但久无回信。昨从间接询问知在病中，久未到馆视事，故一切外来文件皆搁置未理，乃转从贵图书馆借用。数日前已请敝校图书馆处通知哈佛。信到之时敬恳请特别帮助为盼。又北京人文图书馆目录及国学论文索引，不知贵处有重本转售否。有此二书，半球书籍杂志之出版时地问题，可得不少帮助。

9 月 23 日，裘开明回复邓嗣禹：

9 月 17 日来函收悉，兹附上 2 张你需要的中文图书目录草片，卡片包含关于版本和版记在内的所有信息。很抱歉我馆没有多余的《国学论文索引》以及北京人文图书目录出售。你可以函东京的文久堂（Bunkyudo）或香港的 Willing 书局（Willing Book Co.），有可能买得到。关于你申请外借我馆所藏有关共产党游击战文献一事，我们尚未收到申请书，但我们现正在为你搜集相关文献，一旦馆际互借单从怀德纳图书馆转到我馆，我们立刻将书寄给贵校图书馆。

10 月 9 日，因专题讲座，寻找参考书目事宜，嗣禹致函钱存训：

承寄东方文化书目，大可供参考，甚谢谢。因忙未能及早函告，甚以为愧。四库序跋目录，我已收到，已嘱装订成册。

光清兄寄来一篇文章，公忙之余，仍有时间撰述，可（敬）佩。

兹有著作：Asakawa K. *The Early Institutional Life of Gapan*, a study in reform of 645 A. D. Tokyo 1903，遍寻书目不获，估计近年已经绝版。因芝大有此书，不知可否惠恩借出一阅，两三日内即可寄还。下礼拜四讲此专题：a study in reform of 645 A. D.（公元 645 年的改革研究）主要的一部分书未能见到，心觉不安，故特（寄）上信函麻烦。兼致。

10 月中旬，开设"公元 645 年的改革"专题讲座。

12 月 30 日，在《中国对西方的反应》一书即将出版时，对于钱存训指出书中的个别错误，致函表示感谢：

前接惠书，指出《中国对西方文明之反应》若干错误，非常感谢。现在校稿有期，乃作一最后修改。吾兄指出之点，皆已采纳，唯有一节：查1861总理衙门奏设同文馆似非冯贵芬之建议。冯之建议被李鸿章采纳（见1.4节），于1863年至上海及广州"仿同文馆例"，设"东方言馆"云云。不知同文馆之设，系李鸿章本人之主张，抑系别人条呈。手头无书，不敢妄断。

夏季，《捻军及其游击战，1851—1868》一书撰写完毕，共280余页，经过多次修改后，于1960年由法国巴黎Mouton出版社出版；1984年由英国Green wood出版社再版。

本年度，论文《中国对西方考试制度的影响》荣获美国哲学社会科学奖。

本年度发表的书评文章：

发表对于汤姆森（Thorns H. D. Mahoney）等人所著《中国、日本及其权力》一书评论，载《远东观察》（*Far Eastern Survey*）1952年6月第21卷第9期，第6页。

1953年　48岁

一、筹办印大"东方文化宣传期"活动。

二、为印大设立了东亚语言与文学系。

三、应邀参加美国亚洲研究学会成立大会。

本年度，嗣禹为印大设立了东亚语言与文学系，并培养出了能够讲授中文和日文的老师。学校除东亚文学系和历史系之外，在人类学系、艺术系和政府公共管理系等部门，也相继开设了有关亚洲问题的课程。[1]

---

① 陈润成：《邓嗣禹与战后美国汉学的发展》，载《华美族研究集刊》2004年第7期，第50页。

本年度，嗣禹再次出任美国亚洲研究会（Association for Asian Studies）董事，任期三年。

2 月 3 日，邓嗣禹致函裘开明：

我已经翻译了 3 篇袁昶①（Yuan Chang）的回忆录，并阅读了在《清代名人传略》（*The Eminent Chinese of the Ch'ing Period*）中你所写的关于他的传记，其中你写道："他们现在已为外国人所了解"。但是有关义和团的四卷新资料中，这 3 篇资料是根据袁昶本人早期所写的译文重印而成，编者没有就其真实性做任何评价。你能否详细地告诉我这方面的情况，以便于我们决定是否将其收录到即将出版的《中国对西方的反应》（*China's Response to the west*）一书中？你能否寄给我本函所列一些书的缩微胶卷？

崔书琴②（Tsui Shu–chin）请我代为订购其博士论文的缩微胶卷，他还想买一本收录了 1934 年博士论文摘要的书。因为我不知道书的确切名字，所以无法帮他订购。你能否请贵馆工作人员把上述提到的书和博士论文的缩微胶卷寄到以下地址：中国台湾台北中山南路 11—A 崔书琴博士。而上述资料的账单请寄给我。

晚年时，嗣禹曾写过一篇回忆文章，③ 形象、生动地记述他在北大任教期间与崔书琴共事、娱乐的经历，并称他为"义务财政部长"，现将精彩片断摘录如下：

---

① 袁昶（1846—1900），原名振蟾，字爽秋，一字重黎，号浙西村人，浙江桐庐人。清末官吏、学者。光绪二年进士，历官户部主事、总理衙门章京，办理外交事务，后任江宁布政使，迁光禄寺卿，官至太常寺卿。光绪二十六年，直谏反对用义和团而被清廷处死。袁昶一生著作很多，已刊行的有《浙西村人初集》13 卷、《安般簃诗续钞》10 卷、《春闱杂咏》1 卷、《水明楼集》1 卷、《于湖小集》6 卷、《参军蛮语止斋杂著》若干卷。

② 崔书琴（1906—1957），南开大学毕业，1934 年获美国哈佛政治学博士学位。历任东北外交委员会研究主任，中央政治学校、北京大学、西南联大教授，任教于台湾大学政治大学。1950 年奉派国民党中央改造委员兼设计委员会主任委员，参与设计推行国民党改造运动。1953 年出任中央委员会设计考核委员会主任委员。1957 年病逝于台北。著有《国际法》《条约论》《三民主义新论》《思想斗争的分际》，译有《叛国的种子》等。

③ 本文原题《北大舌耕回忆录》，曾发表于台湾《传记文学》第 64 卷第 1 期。后收录《家国万里：邓嗣禹的学术与人生》，上海：上海人民出版社，2014 年，第 44 页。

在北大同事当中，我得到了一位很好的朋友——政治外交专家崔书琴先生，哈佛大学博士。因为我们是先后同学，有共同的师友，一见如故。月薪领到以后，我把钱搁在手提包中，问他哪家银行利息高、稳当？他说你把钱交给我，我替你存在银行。即照办，以后每月如此，称他是我的义务财政部长。此后每礼拜六，差不多总在崔家打牙祭。下午三四时许，北大、清华、燕京的教授们，其中有大名鼎鼎的科学家、文学家，以及政治新闻学家等，去他家打麻将或桥牌，共十余位，打得非常认真，几乎不谈别的事情。有一次我参加打麻将的桌子，忽然大叫一声："碰！"别人惊奇，"你为什么不早说？""我早未看见。"约七时许，崔太太说："饭得了，请你们用饭。"她是前东南大学教授徐养秋的女公子，中英文并茂，确是大家闺秀。家中有一老厨手，做菜的手艺很好。饭后，崔太太宣布饭菜用费，平均分配负担，价廉物美，人人欢颜。跟饭馆比较，有天壤之别，再喝茶吃水果，即散会。

2月13日，裴开明致函邓嗣禹：

我们已经把崔书琴博士1934年在哈佛大学的博士论文制成了缩微胶卷，怀德纳图书馆照相复制部将会把两种缩微胶卷和账单寄给你。我还请哈佛大学出版社与发票一起寄给你一份《哈佛大学1934年博士论文摘要》。

至于袁昶关于义和团的3篇回忆录，我认为最终还是应由你自己决定，是否把3篇回忆录的译文收录到你即将出版的《中国对西方的反应》一书中。尽管共产主义作者新

崔书琴像

出版的四卷本义和团资料汇编中收录了这些回忆录，但我怀疑这些编者并未真正对这些回忆录解读清楚。这部新的资料汇编还收录了 Chin‑shan 的日记，该日记被后来的学者证明是假的……因此，被收录在新出版的资料汇编中的袁昶的回忆录并不一定是权威资料。

另一方面，我们对于这些资料的怀疑会随着义和团资料汇编编者的注释而加重，这些注释附在第一篇回忆录（第四卷，159 页）之前。注释说回忆录原稿丢失……书中收录的则比原稿的影印件更完整。遗憾的是，我馆没有 1905 年的影印版《太常袁公行略》，该书藏于国立北京图书馆。但是我馆藏有其他文集，如《暴匪纪略》《清季外交史料》以及 1951 年出版的义和团资料汇编，其中收录了回忆录。

你何不写信给斯坦福大学袁同礼①（Yuan Tung‑li）博士，询问他对这 3 篇回忆录的看法？我自己的意见是 3 篇回忆录非常值得怀疑，因为似乎被曲改过。事实上，袁昶可能亲笔为该回忆录写了草稿，但是主要问题在于他是否把回忆录提供给了许景澄（Hsu ching‑ch'eng），并且许景澄是否对第一稿做了修改，并联合署名。

3 月 4 日，关于在印第安纳大学举办"东方文化宣传期"一事，致函裴开明：

印第安（纳）大学现在筹备东方文化宣传期，有名人演讲、美术展览、中国书籍展览等。关于中国书籍，此校正在萌芽期间，展览的目的在于使人注意，以便阔人捐钱，学生选课。美术品方面，此校美术史教授已从各博物馆借来一大批。关于书籍，不知先生可否惠借若干，不必注重宋元孤本而在趣味方面注意。如《织耕图》《三才图会》，等等，不知可否？请先生拨冗挑选七八种，由馆际互借，慎重保险寄来。因为不知书名，故本校图书馆仅云（展示）中文书。展览地方在图书馆善本书室，有玻璃柜，有锁，可保险无损失。寄还时，亦必慎重保险寄回。展览时间是 3 月 23 日至 4 月 3 日，但希望早日接到，因编说明书及印制目录，颇需时日

---

① 袁同礼（1895—1965），字守和，华裔美国图书馆学家、目录学家。1916 年毕业于北京大学，先后入哥伦比亚大学历史系与纽约州立图书馆专科学校学习，获美国纽约州立图书馆学校学士学位。1924 年归国，任广东岭南大学图书馆长。1942 年任北平图书馆馆长。1949 年再次赴美，先后在美国国会图书馆和斯坦福大学研究所工作。著有《永乐大典考》《宋代私家藏书概略》《明代私家藏书概略》《清代私家藏书概略》《中国音乐书举要》《西文汉学书目》（英文本）等。

也。可否惠允，乞示。又贵校《古今图书集成》不知有重本出让否？

3月23日至4月3日期间，嗣禹亲自筹划、邀请著名学者到印第安纳大学，成功举办"东方文化宣传期"活动。经此展览，使该大学在东亚区域研究方面引起国际汉学界的重视。

9月23日，邓嗣禹致函裘开明，询问汉和图书馆是否藏有两套《古今图书集成》，如果有，那么能否出售一套？

10月2日，裘开明致函邓嗣禹：

汉和图书馆没有多余的《古今图书集成》可用于出售或交换。原本去年政府打算赠送给汉和图书馆一套上海出版的小印本《古今图书集成》，但汉和图书馆未接受。建议你询问芝加哥图书馆是否有售。

1953年，原著《中国考试制度对西方的影响》获美国哲学研究会（American Philosophical Society）研究奖。

1953年该书在台湾，经王汉中译成中文单行本《中国考试制度西传考》，由台北中央文物供应社出版；1968年，英文版被收录在哈佛大学出版社出版的《中国历史上的政府机构研究》一书中；1980年邓嗣禹的两位博士生，黄培、陶晋生教授将此论文收录在《邓嗣禹先生学术论文选集》之中；1988年厦门大学李明欢、黄鸣奋合译，译名恢复为《中国考试制度对西方的影响》，收录于《中外关系译丛》（第四辑），上海译文出版社出版；2009年中文版再次收录在陈文新主编，刘海峰编《二十世纪科举研究论文选编》书中。80余年来，该论文作为一篇研究中国科举制度的经典论文，受到国内外众多研究学者的广泛关注、评论与引用。

2021年，彭靖综合近年北京大学、中国社会科学院等学者提出的问题与建议，针对邓嗣禹《中国考试制度对西方的影响》中存在的个别问题，在国内首次以论文的形式，提出修订意见。①

---

① 彭靖：《邓嗣禹〈中国考试制度对西方的影响〉修订研究》，载《教育与考试》2021年第2期，第45—51页。

1953 年，嗣禹通过美国移民局的申请程序，顺利加入美国国籍。

本年度，《中国对西方的反应》一书，荣获美国社会研究会最佳研究奖。

本年度发表的书评文章：

1. 发表对华康（Hua Kang）所著《太平天国革命战争史》（香港：海沿书亭出版社，1949 年）一书的书评。载《远东季刊》1953 年 5 月第 12 卷第 3 期，第 318—323 页。

2. 发表对于柯睿格（E. A. Kracke）所著《宋代初期的文官制度，960—1067》，载《美国东方学会季刊》，1953 年 10—12 月第 73 卷第 4 期。

3. 发表对巴拉迪（Joseph W. Ballantine）所著《福摩萨（台湾）①：美国外交政策问题》一书的书评，载《远东季刊》1953 年 11 月第 13 卷第 1 期。

1954 年 49 岁

一、4 月初，赴纽约参加美国历史学会远东分会年会。

二、8 月初，赴英国伦敦大学查询太平天国资料。

三、8 月底，赴哈佛大学参加世界东方历史学会会议。

3 月 31 日，嗣禹写信给女儿邓同兰，告知近期教学与参加国际学术会议情况，通过香港朋友转交到国内湖南师范学院：

同兰女儿：这一学期来，我简直忙得更不得了。有一个学生跟我学习写硕士论文，几百页的论文，我得反复修改。4 月中旬，我又要去纽约，参加远东学会会议。……此地中国学生只剩下三四人，觉得很孤单，我希望能有回国的机会。

4 月中旬，嗣禹赴纽约，参加美国历史学会远东分会年会。

---

① 福摩萨：某些外国人沿用 16 世纪葡萄牙殖民主义者对我国台湾地区的称呼。

4 月 21 日，嗣禹写信给女儿邓同兰，告知"今年夏天，我将去欧洲，寻找关于太平天国的外交史料，过了 6 月，你就不必给我写信了。你暑假回家或留校，请先告知，我可以给你们写信"。

暑假期间，嗣禹写信告知女儿邓同兰，他游历欧洲等国家约五周之间的情况。

6 月 19 日，嗣禹从美国到达英国，三四天后从英国去荷兰，从荷兰再去德国。之后，嗣禹又从德国到达瑞典，从瑞典经过挪威、丹麦和瑞士等国，到达意大利京城罗马。此后，他又从罗马到达法国巴黎，在巴黎居住了半个月时间，然后返回英国伦敦。

8 月初，嗣禹赴英国伦敦大学，查阅太平天国的外交史料。

8 月 4 日，到达英国伦敦之后，在伦敦大学宿舍给女儿邓同兰写信，告知这次旅行的目的是要查找太平天国的外交史料。一个人独行，毫无趣味。坐三等车，也挤得很。晚上不能入睡，上下车都是自己提行李，很累。"8 月底，我将去康桥，参加世界东方历史学会会议，可以看到许多熟悉的老朋友。"

8 月底，赴美国康桥哈佛大学，参加世界东方历史学会会议。同时参加会议的中国学者还有胡适、何炳棣等人。

9 月，开始修改《捻军与游击战》一书，晚上在家中书房工作，大加充实书中的内容。

10 月 6 日，嗣禹家信中告知，10 月初，第二个女儿出生，颇失望。年近五十，不愿再有孩子了。

10 月 22 日，致函裘开明，询问从日本购买中日文书籍最好的代理公司是哪些公司，以及印第安纳大学历史系可否向汉和图书馆借阅《剿平捻匪方略》一书。

11 月，继续修改、充实《捻军及其游击战》一书内容。

11 月 2 日，嗣禹写信给女儿邓同兰，告知《中国对西方的反应》《捻军与游击战》两本书写作进展情况：

同兰女儿：好久没接到你的信，也没有跟你写信，因为事情总是连接地堆着，一天从早 7 点到晚上 6 点，坐在公事房预备功课，看看文稿，接待朋友、学生，时间就是这样消磨下来了。回来吃饭再念书，念到 10 点半就寝，很少有休息与游玩的机会。

我写了一本书，书名是《中国对外来文化之反应》①两大卷，哈佛大学出版，正在校对中。另有一本书，题为《捻军与游击战》，正要出版时，接到北京出版的《捻军》大册。每天抽空阅读，以便将其要意译成英文，加入原稿中。另外写了一篇三十页的文章，题目为《外国人对中国历史文化的偏见》。种种著述，加上教书，以及与人客应酬，也就没有多少清闲的时候了。晚上八九点后，接二连三打呵欠，是精神不济的表现。

11 月 3 日，裘开明回复嗣禹：

10 月 22 日来函收悉，在日本没有所谓最好的中日书籍代理商，但是考虑实际情况，我向你推荐日本出版贸易株式会社（Japan Publication Trading Company），其地址为"No. 1 Sarugakucho i－chome，Kanda，Chiyoda－ku，Tokyo，Japan"。该公司每月出版中日文新旧书籍的书目，并出版、发行东京地区其他中日文书商的书目。他们可以从任何一家书店寻找任何中文、日文或西文图书，从中收取目录上所标书价格 15% 的服务费。

关于《剿平捻匪方略》一书，建议你通过日本出版贸易株式会社在日本购买，此书目前已经很难见到，书籍也相当厚重，共计 320 卷，16 册。我们通常不允许馆际互借如此宏富的著作，但是考虑到你的困境——如果你不到华盛顿或剑桥来查阅此书，你将无法完成你的著作，如果贵馆愿意支付此书来回的铁路保价快递费用，我们可以把书借给你，但是请按程序向哈佛大学怀德图书馆提出互借申请。

11 月 24 日，嗣禹写信给女儿邓同兰，告知著作写作情况：

---

① 邓嗣禹所述《中国对外来文化之反应》，既他与费正清合著《中国对西方的反应》，1954 年由哈佛大学出版社出版。之后，这本书曾多次再版，直到 1994 年。中译文版由北京大学历史系博士陈少卿翻译，书名为《冲击与回应》，2019 年由民主与建设出版社出版。

我近两个月来，天天晚上，为著《捻军及其游击战》一书，在公事房修改。进步（展）极慢，而内容大加充实，自己觉得很有意思。可惜精力欠佳，每晚九点钟以后，就呵欠起来，流眼泪，流鼻涕，真是不行。曾记得二十年前，一夜不睡，也不觉得疲倦。现在实有天壤之别。

明天起，学校放四天假，叫感恩节。感恩的那一天，家家吃火鸡、吃栗子、吃南瓜饼。从前，我总是被人请吃饭。现在自己家中有小孩，不能接收请帖了。

12月6日，因筹建中国博物馆、郭大维①画展等事项致函钱存训：

致谢快函，花费太多。上次仓猝（促）上书，未言及大函讲到赠书事，甚以不愧。此处邮政局不时刁难，差不多每次寄书必问书上写没有，如写有字句或签名，不能作为书寄，故未能题赠。来日补签，或可打援钱太太一顿好中国饭，可不必如上次在上海时之大规模请客。Chinese Repository（中国博物馆）事，已即（经）写信去日本，弟之购书费，必在本期用完，否则无效。

郭大维先生画展，刚才与美术系东方美术教授商量，似可办到。书展室一年（前）早已预订，惟4月17日至5月7日，预订陈列中日花鸟画，大概当中一星期的下午，也许4月17日下午，可以请郭先生来此挥毫。美术系可酌酬50元旅费，弟再想请Dean（系主任）要50元（成败不敢预订），因为弟买书及请求津贴，国内来此游学的学生花费太多，或许可以买到。郭先生如不嫌，屈就或可睡在舍下小沙发上。舍下四壁萧然，或可请他赏光一幅小画，以资纪念。书展时，据询问可以卖书，想必总有生意也。请将画册及所写信寄来，以便与各方面接洽。

12月7日，时任芝加哥大学历史系讲师，威廉·麦克尼尔曾一度因为担心不能在芝加哥大学历史系长期任教，有意到印第安纳大学谋求教职，

---

① 郭大维，浙江人，美籍华人，齐白石及门弟子。作品因意似吴昌硕风格，其画全以大写意出之。其作品多以画家所不屑为者，如猫、鼠之类，写来栩栩如生，神趣别具，著有《郭大维画册》等。

将简历投递印大历史系。这年 12 月 7 日，时任历史系主任的邓嗣禹曾写信给钱存训，委托他对麦克尼尔在芝大情况进行过了解：

> 敝系现在考虑 William H. Mc – Neill（威廉·麦克尼尔）来此教书之事。此人前在芝加哥大学教书，但不相识。不知吾兄能否从旁打听：
>
> 1. 他是一个好的学者吗？
> 2. 他是一个好的讲师吗？
> 3. 他是一个容易和同事相处的人吗？ 等等。
>
> 在不十分麻烦的条件下，请顺便跟您的同事与学生们打听打听，如何？

12 月 19 日，嗣禹在家信中告知，今年寒假不去参加历史学会的年会了，因为旅行太多，不愿意再多跑路了。

1954 年，嗣禹与费正清合著《中国对西方的反应》《中国对西方的反应：研究指南》两本书，由哈佛大学出版社出版，并因此获得美国社会科学评议会（Social Science Research Council）研究奖。

自 1954 年出版后，该书几乎成为美国与西方各高校，开设中国近代史课程必备教材，自 1963 年到 1965 年起，又有两种软封面版本问世，由美国东西出版社出版。1971 年加拿大版本出版，第 5 版于 1979 年出版，第 6 版于 1979 年出版，第 7 版于 1982 年出版，第 8 版于 1994 年出版，在美国流行了四十年。

华东师大的研究学者吴原元经过检索统计发现，这两本书出版后，引起了国际汉学界的广泛关注。有关这两本书的书评多达 15 篇，先后发表在《哈佛亚洲研究》《远东季刊》《美国历史评论》《世界政治》《政治学季刊》《远东观察》《国际事务》等美国学界重要学术刊物。[①]

普里查德评价此书："这本书非常重要，不仅对远东事务方面的专家有价值，对于远东史或国际关系的初学者来说，更是有着非凡的价值……

---

① 吴原元:《客居美国的民国史家与美国汉学》,北京:学苑出版社,2019 年,第80—81 页。

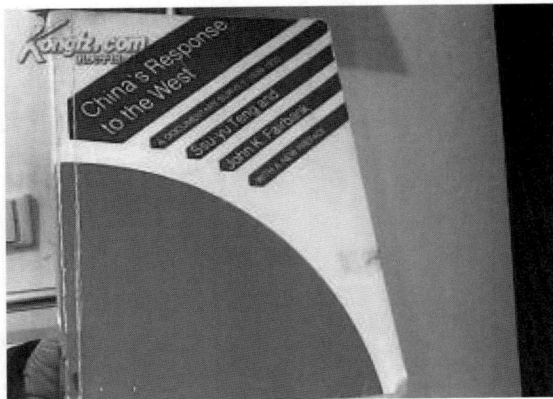

1979 年版《中国对西方的反应》　　1994 年版《中国对西方的反应》

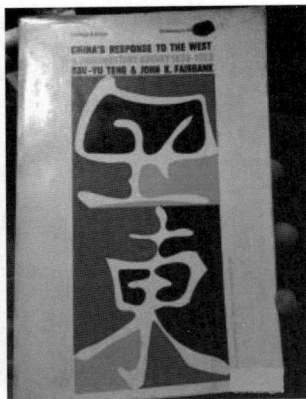

作者们及其合作者值得祝贺，因为他们为中国研究领域提供了一部如此至
关重要的著作。"林德贝克认为，这本书的"绝大部分史料对于任何一位
西方读者来说真正是全新的。每一所大学图书馆都应收藏；无论是远东政
治还是远东国际关系的课程都应阅读此书"。

戴德华则如是评价道："对思想史感兴趣的人来说，这本书是近一个
世纪以来中国思想史文献与注释的精彩组合。这是第一次尝试对这一长期
以来被忽视的主题给出既有联系性又带有解释性的说明。"

本年度出版著作与发表书评文章：

1. 邓嗣禹与费正清合著《中国对西方的反应》（*China's Response to
the West*，1839—1923）一书，由哈佛大学出版社出版。

2. 与费正清合著《中国对西方的反应：研究指南》（*Research Guide for
China's Response to the West*）一书，由哈佛大学出版社出版，1979 年
再版。

3. 发表对波西（C. R. Boxer）所著《十六世纪的中国南方》一书的书
评，载《美国历史评论》1954 年 10 月第 60 卷第 1 期。

4. 发表对《捻军起义和 1898 年的改革运动》一书的评论，载《远东
季刊》1954 年 11 月第 14 卷第 1 期。此书由中国历史协会春歌等人汇编。

1955 年　50 岁

一、修改、补充《捻军与其游击战》一书。

二、校对《中国对西方的反应》二册书。

三、筹备校内的"郭大维画展"。

1—4 月，与美术系教授协商，共同筹备"郭大维画展"。

5 月，在《捻军与其游击战》正要出版时，接到北京出版的《捻军》大册，每天抽空阅读，后将其中的重要内容翻译成英文，加入原稿书中。

5 月 7 日：杨联陞致函袁同礼，并拟草一份"胡适先生祝寿论文集"征稿人员名单。其中，中国学者有赵元任、李文桂、萧公权、洪业、陈受颐、邓嗣禹、陈荣捷等 15 人。[①] 胡适出生于 1891 年 12 月 17 日，1956 年 12 月 17 日是胡适 65 周年生日。后来，共有 36 位中外学者，撰写的 36 篇论文集结成册，在《中央研究院历史语言所集刊》第 28 期（1956 年 12 月）出版。邓嗣禹撰写的论文为《司马迁与希罗多德（Herodotus）之比较》。详见 1956 年发表论文。

6 月，撰写《外国人对中国历史文化的偏见》论文，共 30 页，后于 1957 年发表在《历史学家》（Historian）期刊第 6 期。

7 月 23 日，嗣禹写信告诉女儿邓同兰：

暑期当中，我又完成两本书。明年正月，我将去日本西京研究一年。1957 年春，将游香港及南洋群岛各国。

他信中所指两本书，即英译李剑农《近百年中国政治史》（后于 1956 年出版）、《捻军及其游击战》（后于 1961 年出版）。

1955 年，按照费正清的要求，为了让西方学者了解日本学者及其对于中国与远东的研究成果，以便同日本学者共同开展国际合作研究，嗣禹计

---

① 雷强:《袁同礼年谱长编》,北京:中华书局,2024 年,第 2180 页。

划于 1956 年初，赴日本奈美市日本国立山口大学开展学术研究工作。

10 月，对哈佛大学出版社出版的《中国对西方的反应》二册书部分内容进行校对。

本年度，费正清在哈佛大学设立东亚研究中心，邓嗣禹出任执行委员会委员。

费正清东亚研究中心设立的执行委员会，是费正清中心重要的权力机构。执行委员会成员由哈佛大学和波士顿地区最具权威的中国学家和东亚地区研究专家组成，他们是费正清中心的学术骨干和核心成员。主要成员还有孔飞力、柯文、杜维明等十余人。哈佛有这样的传统，他们的学者，除本校的教授外，还建立有研究合伙人（Research associate），这些人可能不属于本校教授，但可以是中心的核心成员。

本年度发表的书评文章：

1. 发表对蒋祥哲（Chiang Siang－tseh）所著《捻军起义》一书的书评，载《远东季刊》1955 年 5 月号第 14 卷第 3 期，第 412—413 页。

2. 发表对玛锐亚·岩（Maria Yan）等人所著《伞形花园：在红色中国学生生活的图景》一书的书评，载《远东季刊》1955 年 5 月号第 61 卷第 3 期，第 413 页。

3. 发表对博纳尼尔·史密斯（D. Bonner－Smith）等人所著《第二次世界大战》一书的书评，载《美国历史评论》1955 年 10 月号第 61 卷第 1 期。

1956 年　51 岁

一、到日本从事研究工作 13 个月，查看日本馆藏汉籍善本。

二、筹备编写《日本学者对于日本及远东的研究》。

三、12 月中旬，在香港与女儿邓同兰团聚。

2 月，嗣禹获《富布赖特－海斯法案》（Fulbright－Hays Act）教研及交换基金的支持，到日本从事研究工作 13 个月。在此期间，广泛走访了日本的各类大学、研究机构。在日本几位学者帮助下，进一步收集日本学者对于近代中国、日本、韩国和印度研究方面所发表的论著资料。其间，美国夫人玛丽亚与两个女儿陪同到日本居住。

3 月，为撰写《日本东洋学者与中国学者名鉴及其著述》一书，聘请两位日本助手收集资料。

1962 年 8 月，美国学者麦瑞斯·琼森在《亚洲研究期刊》（第 21 卷第 4 期）上发表书评文章，描述了撰写这本书的经历："为了更好地完成这本书的创作，邓嗣禹几乎对所有亚洲问题专家，发出了近千封问卷调查函，咨询了在各个领域的日本著作者的意见。然后再将这些反馈意见，结合他本人对这一领域的研

1956 年，邓嗣禹与夫人、
女儿在日本留影

究成果，将两者的观点进行比较，最后充实在本书中。邓嗣禹对于创作工作的敬业精神，赢得了同行的广泛敬重！"……"只有专业人士才能了解他在这个项目上所付出的辛勤劳动。"

5 月 8 日，在日本写信给女儿邓同兰告知："初来日本天气很冷。图书馆无暖气，手脚指都冻坏了。""我们是坐飞机来日本的。五个大箱子，从船上寄来。可惜在路上丢了三个。大概是船在日本或高丽靠岸时，被小偷把锁打开，把里面的东西都取走了，可算是不幸得很。"

"在日本做研究工作也不是很满意，设备不完备，助手懒惰，只希望拿钱不做事。好些很普通的中国书籍，日本竟找不到。……在日本生活住不惯，生活程度也相当高。我希望今年年底去香港一游。"另外，告知将李剑农所著《中国近百年政治史》翻译成英文，并且快要出版了。询问长

沙有无蔡锷（蔡松坡）先生的遗著？

8月21日，转收到周一良于5月2日所写一封长信。此信是为了动员在美国大学任教的杨联陞、邓嗣禹、王伊同三人能够回国工作，由组织方面委托。信中除了介绍北京大学、燕京大学合并之后，新中国成立之前回国的，以及原在北大任教的历史学家工作安排情况之外，特别希望洪煨莲、赵元任、李方桂等人也能一同回国工作，全文如下：

莲生、嗣禹、伊同，兄：

多年不通信了，去年在莱登开会听到一些你们的近况。这封信设法从别处寄出，希望它不至于付诸东流。如果你们看到这信，希望慎重考虑我所提出的问题。这是你们在国内的老朋友们（不只是我们夫妇而已）的共同愿望。我们常常想到你们，谈到你们，诚恳地盼望大家都能平安归国，贡献所学，为人民服务。

解放六年以来，我们的国家起了根本的变化。多少新鲜事物真是更难历数，不是我这短短的信所能书其万一。如果你们有机会看到《人民日报》的话，我想一定也能够了解一些。我们常说"旧社会把人变成鬼，新社会把鬼变成人"，这句话大可概括一切。由于社会制度的改变和殖民奴役的摆脱，中国国际地位也空前提高了。近年来，我们在国际事务上所起到的作用和取得的胜利姑且不谈，仅以个人而言，我去年到西欧开会便深切感到，过去在外国读书的人吐出了一口气。我们每个人都以作为站起来了的新中国人民而自傲！

再谈谈我们的情况吧。五二年院系调整，清华成为工科大学，北大、清华、燕京的文理法工院合并为新的北京大学，我们都到了北大，邓懿（周一良夫人）教外国学生中文，我先教中国史，后改教亚洲国家史。今后在相当长的时期内，这将是我教学和研究的范围。我的白发增多了，但感觉比以前更年轻起来。工作紧张，但极愉快，有意义。解放以来也写了不少文章，不过在你们那里恐怕看不见。（顺便提到，你们在通报、哈佛亚洲等杂志的文章，我都拜读到了。）我们回国以后又生男女孩各一。现在最大的男孩暑假要考大学了，最小的女孩两岁半。

你们一定关心很多老同学和史学界的人物，让我简单介绍一下。为了发展历史学，科学院在这方面有三个所，第一所管上古到南北朝；第二所管隋唐到鸦片战争；第三所管近现代史。各地大学和师范大学、师范学院设有历史系。……陈寅恪先生在广州中山大学待遇极为优厚，因眼睛不好，在中山主要为高年级的同学开课，仍不断写文章，最近还在中大学报上发表了《论王导之功业》。向达先生在北大历史系，兼北大图书馆长同时，又是历史第二所所长，很忙碌。北大历史系里你们认识有张政烺、余逊、邓广铭、邵循正、杨人楩、齐思和、张芝联。齐思和因为世界史方面的需要，现在主要是教外国历史了。为了加强南开的历史系，所以从1952年起，郑天挺、雷海宗都到了南开教书，分别主持中国史和世界史方面。莲生认识的丁则良，他现任东北人大历史系副主任。侯仁之专搞地理去了，现任北大地质地理系主任。

聂崇岐在科学院第二研究所专门搞史料编辑工作，最近我们标点重印通鉴，他担任了总校阅，这都是他最擅长的工作。傅乐焕继续搞辽金元史，王钟翰继续搞清史，冯家昇搞维吾尔史，都在中央民族学院研究部。朱士嘉在历史第三研究所，也继续他的方志工作和中美关系史的研究。邓之诚先生已经退休，仍住在中老胡同的北大宿舍，领全薪。最近《骨董琐记》由三联书店再版。他还出版了一本《桑园读书记》。孙毓棠在科学院经济研究所，专门搞他所擅长的中国经济史。从上面名单的报告，你们可以看到，过去的专家们今天不但继续在岗位上工作，而且是比以前安排得更恰当，更能发挥了他们的长处。

北京史学界有两个人没有完全回到本职岗位，因为实际需要，继续做政府工作，他们就是副市长吴晗，和教育局长翁独健。但是吴晗同时是科学院学部委员，公余之际还写文章，修改《朱元璋传》已经快要出版。翁也兼着民族学院研究部主任。还有谭其骧是你们熟悉的。他原来在上海复旦历史系，前年因改绘杨守敬历史地图，把他调来北京。搞一套历史地图是老谭多年来的愿望，只有到今天才实现。他现在指导着一些人在工作，这部地图出版后，对于研究中国历史将有很大帮助，远比箭内（箭内亘）①的书要详细可靠得多。

再报告一下剑桥的朋友们的情况吧（这里的剑桥，用哈佛大学所在地指代）。吴保安担任武汉大学历史系主任，已经好多年了。高振衡任南开大学化学系副主任，冯秉铨任华南工学院教务长。陈新民、黄培云任华东冶金学院的副院长，陈标生在清华，陈振汉、任华都在北大。严仁庆在北大经济系，同时是我们的副教务长，张培刚在武汉的华中工学院当总务长，史国衡在清华当总务长。总之，这些人所学的，有用的东西都发挥了作用。

以上所谈的（事）可能都是你们想知道的事，从这些情况你们可以了解历史科学工作也正如祖国其他事业一样蓬勃开展中。无论什么人都在发挥潜能，剑桥的老朋友们都没有辜负所学，他们的工作成绩也都得到了人民的认可。

我们非常盼望你们，以及尚在美国的其他一些朋友们好好考虑一下回国问题。如果旅费有困难，特别像你们这种全家在外的，可以到华盛顿，印度驻美国大使馆领取路费——这是我们政府和印度政府协商好的。如果图书仪器之类怕国内没有，影响工作，也可以由印度领款购回到国内再报账。人民政府说到哪里做到哪里，你们完全可以放心。回国工作无问题，找到恰当工作以前的一切生活费用，政府也负担。钱学森回国后政府如何对待他，你们或许听到了吧？洪煨莲、赵元任、李方桂诸先生，我们也都欢迎他们回来。请将此信先给洪先生一阅，将来我还要给他写信。因不知嗣禹兄地址，故一并寄到剑桥，请杨、王助力转达。卞学璜兄夫妇，陈观胜兄夫妇，如尚在剑桥，也希望给他们看看。

一良　五六年、五月二日

---

① 此处"箭内"代指日本汉学家箭内亘。箭内亘(1875—1926)，日本蒙元史学家，也是日本元代研究的开拓者之一，东京帝国大学教授。在历史地理方面的主要代表作《元代满洲疆域》《元明时代的满洲交通路》等。身后出版《蒙古史研究论集》(1930年)。

懿附笔问好

1955 年，在周恩来总理亲自操作下，成功将钱学森从美国引荐回到中国之后，国家开始运用各方面的力量，积极动员在国外，特别是在美国各大学工作的知名学者回国工作。嗣禹曾有意回国，并借此到香港考察，了解国内发展情况，后于 1972、1978 与 1985 年先后三次回国访问。

9 月初，抽出空余时间，到东京、北海道等地游览。

9 月 10 日，印第安纳大学因急需寻找中日文图书编目人员，嗣禹在日本仍然为此事操心，故致函钱存训：

讲学荣归，理当接风。敝图（书馆）中日文编目员，时到现在，仍未能获得合适人选。袁守和先生曾介绍蒲友书君（附原函），蒲君文翰最佳，满望可以来此就职，无须面谈。但因从未习日文，婉辞。吾兄可以与蒲君接洽。

吴光清介绍一人，中英文皆不通（请守秘）。在台大专修改历史，来美改习化学，后又改习图书馆学。敝处因为找不到人，嗣禹又不愿此职位为日本人夺去，故在无办法中，仍请此君来此试作 1—2 年，但尚未回信。有一日本人，现在东京，愿重返美国工作，曾在哈佛工作 1—2 年。裘先生表示移民局手续麻烦特甚，费尽九牛二虎之力终于被迫返国。

梅贻宝先生云，有一女士在芝城（City Library）工作，可否请兄电询。否则，编目部现任（老处女）将要自杀矣。因为找了数月未能成功。一笑即清。

9 月 28 日，在给女儿邓同兰的家信中，再次提到聘请的两个日本助手工作效率低下，"日本助手工作了七八个月，然京都大学的东方学者尚未做完。……只好大小粗细事，皆由自己动手"。"日本的图书馆管理不善，书籍杂志散布各处，我得从楼上跑到楼下，从史学系跑到文学系、哲学系等等，到处找书籍杂志。每天从早上八时以前出门，晚六时才回家，东跑西找，累得不堪。希望能够将《日本东洋学者与中国学者名鉴及其著述》一书，在圣诞节之前编成"。

本年隆冬期间，嗣禹曾持有日本著名学者宫崎市定、神田喜一郎的介绍信，前往名古屋蓬左文库工作。后到嘉静堂文库、米泽图书馆、文阁文库、大东急纪念文库、金泽文库、东洋文库、东北大学图书馆等地查阅资料。嗣禹所到一处，校长与图书馆长必亲自出面招待。晚年，他将这段经历，写成纪实文章《东瀛观光善本汉籍鳞爪》，发表于 1978 年 3 月①。

12 月初，在东京飞机场，嗣禹写信给女儿邓同兰：

我临时决定，飞游南洋各国。十二月二十四日飞抵香港，停 23 小时；飞至泰国，停九日；飞新加坡又停九日；飞西贡，正月十五日；返香港，住至正月十九日。你如能来香港，父女团聚甚佳。

但不必过于勉强，致于国法。如不能来，请告知需用物品，如能寄，皆当寄来。我常照有颜色照片，所以无黑白照片相赠。一年前，抵达东京时，朋友摄一全家福，虽小聊甚于无。即祝。

父嗣禹匆匆习书于东京飞机场

12 月 24 日，嗣禹抵达香港，拜会香港书店老板徐炳麟等朋友，后至泰国（停九日）、新加坡（又停九日）、正月十五日到越南西贡，及东南亚等地考察后，再由香港返回日本。

此时，女儿邓同兰正在湖南师范学院生物系就读二年级。接到此信时，正值期末考试前期，由学校特批（校方希望她能动员父亲回国工作），去香港与父亲会面，并一同游览澳门景点，拜会培正中学校长夫妇，约一周时间，并留有香港、澳门等地的合影。

本年度，改编、翻译李剑农所著《中国政治史，1840—1928》，在普林斯顿大学出版社、Nostrand 出版社同时出版。

该书是英译李剑农所著《中国近百年政治史》（上海：商务印书馆，1948 年），译成英文后由芝加哥大学硕士、诗人学生英格尔斯（邓嗣禹的

---

① 邓嗣禹：《东瀛观光善本汉籍鳞爪》，载美国《图书馆华人协会通讯》1978 年 3 月第 4 卷第 1 期，第2140—2143 页。

学生，Jeremy Ingalls）加以润色，以书名《中国政治史，1840—1928》在普林斯顿大学出版社、Nostrand 出版社同时出版。1964 年，印度版本在新德里问世。1967 年、1968 年由斯坦福大学出版社、Nostrand 出版社再版。1967 年斯坦福大学还曾出版多语种版本。1972 年普林斯顿、斯坦福大学曾再版。2011 年 9、10 月，美国 Literary Licensing、LLC 出版社在两个月内，出版第 4 版并重印（封面注明由李剑农、邓嗣禹合著）；2013 年 10 月由武汉大学出版社出版，在中国首次出版英文版，并被列入武汉大学"百年名典"系列丛书。

1956 年版《中国政治史》　　　2011 年版《中国政治史》

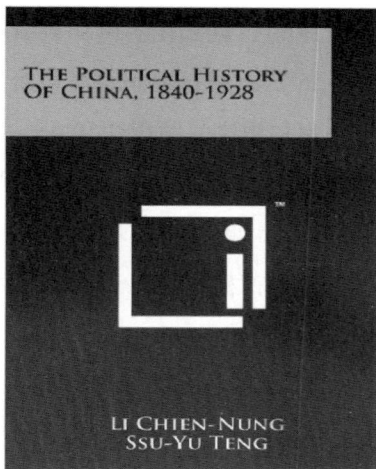

本年度出版的书籍与发表的论文：

1. 改编、翻译《中国政治史，1840—1928》（*The Political History of China*，1840—1928），由普林斯顿大学出版社、美国 Nostrand 出版社同时出版。

2. 发表论文《司马迁与希罗多德（Herodotus）之比较》，载台北"中央研究院"《历史语言研究所集刊》第 28 期（1956 年第 12 期），第 445—443 页。

1957 年　52 岁

一、升任印第安纳大学历史系正教授。

二、策划蒋彝到印大演讲之事。

三、收集资料，撰写《捻军及其游击战》。

1 月 15 日，嗣禹由新加坡到达越南西贡。

1 月 18 日，嗣禹由西贡返回香港。

1 月 19 日，嗣禹由香港回到日本东京。

1 月 25 日，在日本东京写信给女儿邓同兰，告知"别后去香港，又忙了一天，累得厉害，睡眠也不足。好在飞机按时开，一天就回到了东京。来京后天气冷，因劳累太甚，第二天即着凉，咳嗽、头痛，直到现在还未能完全好。预计要在 29 日，或者是 31 日才能成行（回到美国）"。

2 月初，结束在日本一年的访问，完成学术研究项目，返回印第安纳大学任教。

2 月 25 日，写信给女儿邓同兰，告知公事房已经上轨道了，家中仍然在打扫中。出门一年，租给一位单身教授，大概全未打扫厨房，墙壁皆油腻不堪，非辗转洗刷无数次，不会干净。屋前后的草地，也因一年未能施肥，未能除野草，荒废不堪。

3 月 8 日，关于邀请蒋彝到印大演讲，以及查阅捻军书籍之事，致函钱存训：

美西根①别后，忽已数月，遥想。

起居迪吉为念。交换图书馆书籍事，半月前特与馆长谈到。据云，必须校董批准，方能出馆，但批准不成问题。彼谓先行获得芝大交换书单，如未损坏，可以办理。此处重复大部头书，仅大陆顾颉刚等人标点《资治

---

① 嗣禹信中所述美西根，意指美国密歇根州。

通鉴》，共 11 卷，大概价值三十余元，极便宜（未编号，未盖图章）。《热河日记》一部，数元而已。请告知交换出书单为何？

蒋彝在芝大讲演成功程度如何？乞详示。弟为此公款事，为东方美术教授（此人属玩票出身，非正式美术专家，但很能搞"学校政治"。）暗中反对，如弟坚持由历史系请蒋讲演，而结果若不甚佳，既得罪一同事，又将遗后悔，故宜慎之于始。

今早请图（书馆）由芝大中文图（书馆）代借汪梅村（悔翁乙丙记）及 1954 年《历史教学》中有朱契及他人文章，讲捻匪事，如芝大有此书，乞惠借，数日之内即可奉还。麻烦裘开明先生太多，转来打扰一下。四月初不知能有暇去纽约开会否？

蒋彝到印大演讲之事，后于 1974 年 10 月才成行，演讲题目为《中国诗画同源及原理》。

秋天，升任印第安纳大学历史系正教授。

11 月 18 日，应钱存训邀请，本周六赴芝加哥聚会一事致函钱存训：

宠邀盛宴，谊当应命。原搭乘飞机于星期六下午 5：45 离机场，8 时许可到家。飞机往返 31.20（小时），火车来回 19.18（小时），若加上两晚旅馆费用，与两天火车时间，故坐飞机反倒合算。星期日在芝城匆留，亦不能购买物品。因此种种谨请原谅。留至下次来芝，再行打援。

12 月 1 日，写信给女儿邓同兰：

我急需一本罗尔纲的《太平天国新军运动》，商务印书馆出版。请去长沙分馆询问，如有寄来一本。需要费用不甚多，航邮亦可。

本年度发表的学术论文与书评文章：

1. 发表论文《西方人对中国历史与文化的偏见》（The Predisposition of Westerners in Treating Chinese History and Civilization），The Historian（Phi Alpha Theta），19.3（June 1957），307-327.

2. 发表论文《现代中国历史的公文记载》（Documentary Collection on Modern Chinese History），Journal of Asian Studies，17.1（November 1957），

76－80.

3. 发表对范文澜等人所著《捻军》一书的书评，载《亚洲研究期刊》1957 年 11 月第 17 卷第 1 期，第 76—80 页。

1958 年　53 岁

一、印大东亚研究中心成立。

二、翻译话剧剧本。

三、筹备美国亚洲研究学会研究与考察分会。

四、自建住宅完毕，开始入住。

本年度，印第安纳大学东亚研究中心、东亚图书馆相继成立，邓嗣禹兼任第一任东亚研究中心主任。该中心是由学校各系和涉及亚洲问题的部门联合组建。

1 月，在美国印第安纳州自建住房完毕，开始入住。

1 月 28 日，致函女儿邓同兰，告知新建住宅共有七间房，一间厨房兼饭厅、三间睡房、一间书房、一间客厅，全屋是石头的，屋前有草地，屋后有小茶场，在美国一般说来也算是中等以上家庭。因为人工费很贵，好些工作都要自己动手才能节省费用。

上一次信，我请你给我买一本罗尔纲的《太平天国的新军运动战》，我已经从伦敦借到了一本。我们现在正是放假的时间，为期仅是十来天，大概 2 月 3 日又开学了。

2 月 21 日，致函钱存训，告知印大图书馆近期情况，并转告顾立雅。

手示敬悉。在日本所购书籍，已经到者尚未开箱，未到尚有数箱之多。因为图书馆地方不够，好几个学系都到图书馆主任（那里）争地盘，争得太厉害。主任拖延说，组织委员会（讨论）决定。地盘不定，书籍就无法开箱摆列，大函未能即复，原因在此。

日本书店手续迟缓。一因外汇关系；一因海关麻烦。差不多不愿意与外国图书馆对接做买卖。即做亦是迟缓得很。弟有不少友人，已寄航邮托买一部，大概四五周后可以接到。请转达顾（立雅）先生，匆匆即询。

7月22日，致函钱存训，寻求推荐话剧剧本：

从前在芝大练兵翻译了三篇独幕剧，后来在康桥又译出《赛金花》。这些旧东西，曾丢在家中纸篓中一次，回想可惜，又拿出来。近日写了几页序言，想寄出找出版家。总数仅150余页，不能成书。还需再译一篇几小页的剧本，以便凑成一格。图（书馆）中只有洪深集选，其中赵阎王一篇，曾在国内享盛名。但译成英文不成东西。且七幕一人独白，满嘴大兵土话，非常难译，此外则无米可炊。

芝大如有郭沫若选集、田汉选集，或魏如晦的明末遗恨（能在战时享盛名），不知能否借出？

如吾兄能代选一篇（悲剧最佳，但不一定是独幕，以便凑成一格。当拜赐多矣）。原书当挂号寄到府上。

暑假弟有一打字员，男性，英文系博士代位生，每小时可打出七页，且少错误。若得此人帮助，一周内可以译成一篇。但此人只能做到8月初，此后暑期学校结束，必须回家。故为求速记，特来麻烦吾兄。去东部借，至少要十天方能有回信，已经太晚。但如有大困难，亦不必勉强。

邹谠夫妇返芝，你们又多了一个老朋友。

10月2日，关于中文会话留声机片一事，嗣禹致函钱存训：

印大今年惨败，图（书馆）终于未找到人。陈平任君经弟力为，已获成功。但此君来信，骂编目部主任，说未早回信。老小姐发火气，说他教训她一次。吾兄任用此君，非常感谢，三方面（吴光清方面、陈君本人及印大处女）都可成全。承示三位候补人不甚欢迎，即转编目部主任考虑。但闻重男轻女，因阴气太重也（五年前编目部无一男人，现在尽先用男士）。

蒲友书君，闻贵处已录用，不知从何处获得巨疑？乞示秘诀。

中文会话留声机片，如钱太太介绍，仍以最低价格出售，此语故有

"堂堂教授，兼营副业"之气（吴士昌骂郑振铎语），但代售者索手续费 20%，作留声片时，一次付款。零零碎碎，两三年售完。故不得不为此也。再者现在备有留声机片二张，包括 25 课，并此奉闻，致询 庆安。

9—10 月，在时任亚洲研究学会理事邓嗣禹的领导下，开始筹办美国亚洲研究委员会的分支机构——研究与考查委员会，并任分会主席。经过多次会议之后，完成报告，给亚洲研究学会主席参考，并催生了当年的亚洲研究委员会成立。

10 月 21 日，关于筹备亚洲研究与考察委员会成立一事，以及中文会话留声机片之事，再次致函钱存训：

大函照顾国语留声机片，从纽约运来时，曾拜读。近来因筹备亚洲研究系大会，每日来往函件甚多，一时误置，遍寻不获恐延误应用时间，特冒昧寄呈四

50 年代中期的钱存训

张，以资应用。至于价目，去年以一次购买九张之多，又想无包装邮寄之劳，故概允以三元一张出售。后来 RCA 开账单，要求寄费与手续费（两元多），一言既出，当不愿改变。

卖留声机片，是一赔本买卖。无留声机片时，常有人询问，应答麻烦。做出机片以后，一次付 400 余元，卖时零零碎碎，随收随做零用。途中破坏时，赔寄一张。曾请学校书局代卖，索手续费 25%，收转请 Electronic office 代售，每片索包裹邮费 0.85，故当时买 5 元一张。现在自费，不胜有包装邮寄之烦（每次需呈邮局保险）。请每张算 3.25 美元，不知可能帮忙否？谊我们是至交，故敢掬诚相谈也。即叩，庆安。

10 月 31 日，致函钱存训，向其推荐一位日本汉学书籍收藏家，英国、日本通人士：

前函虽仍未发现，而内容大致尚能记忆。贵处有钱买书，曷胜羡慕。弟在此介绍一部丛书集成，我无法清账。每动手研究，顿感图书缺乏，外借抵校时费时六七周，问题已遗忘。弟至日本时，获识一英国、日本通，藏书甚丰，关于汉学杂志，多有全部，欧洲文杂志也有不少。关于琉球书籍充满一室，因其下女为琉球人，后已升为内人矣。此人之姓名住址如下：

Mr. Frank Hawley 东山区山科路 陵平林 町一 Kyoto［phone：Yamashina 2882］

此君貌其他甚老，而年龄在 60 岁以下，因曾被日本人毒打也，与 Rudelb 最熟。是否有意将全部图书出售，不得而知。住宅极宏大，而无固定收入。仅替日本教授改英文，人极豪侠、好客，颇有鲁仲连之风。或求善价而沽，亦未可知，兄不妨一试。

唱片五张，另包邮寄。多承照顾，感谢莫名。治繁理巨，困难情形，可以想见。

11 月 28—29 日，嗣禹赴芝加哥大学，参加由顾立雅教授主办的"中国文明与图书教育"学术研讨会。参加此次会议的还有哈佛大学费正清、华盛顿大学梅谷等 20 余位美国著名汉学家。会后由顾立雅出版了此次会议专题论文集。

12 月 21 日，致函女儿邓同兰，告知兹值圣诞年假，未去参加历史学会年会，留在学校，想把二十年前翻译的《颜氏家训》书籍整理出版。

英译《颜氏家训》一书，后于 1966 年在英国出版（详见 1966 年著作）、1968 年、1969 年再版。1968 年，荷兰语版本出版。

本年度发表以下论文与书评文章：

1. 发表论文《中国起义与革命的政治转变》，载台湾《清华学报》1958 年第 3 卷，第 91—119 页。

2. 发表对于韦慕庭（Martin Wilbur）所著《关于共产主义、民族主义和苏联人》评论，载《远东观察》（*Far Eastern Survey*）1958 年 2 月第 27

卷第 2 期，第 31 页。

3. 发表对侯服五（Franklin W. Houn）所著《中国的中央政府，1912—1928：制度研究》评论，载《远东观察》1958 年 3 月第 27 卷第 3 期，第 45 页。

4. 发表对施坚雅（G. William Skinner）所著《在泰国的华人协会：一种历史分析》一书的评论，载《美国历史评论》1958 年 4 月号第 63 卷第 3 期，第 686—687 页。

1959 年　54 岁

一、继续担任历史系主任，兼任东亚研究中心主任。

二、讲授远东史、中国史和日本史三门课程。

三、10 月，赴纽约参加亚洲学术会议。

四、11 月，主办"亚洲研究与州立大学"为主题的学术大会。

1 月 27 日，关于订购《大清会典》一事，致函钱存训：

大清会典及事例，敝图书馆已购到一部，故对陈先生无法帮助，非常抱歉。

在芝加哥开会时（指去年 11 月底的会议），白天不便不参加。晚上，头晚参加印大史学会例会，兼物色新人；第二晚另有约会，以至于无法往芝大拜访朋友，很觉得惭愧，以后再来拜访。即颂，春禧

2 月 5 日，致函钱存训，告知图书馆编目人员暂时确定：

敝校图书馆编目人员已聘一位林太太，台湾人，曾在上海读书数年，中日文俱通顺，定于 3 月 1 日来此履新，但月薪从 2 月 15 日算起。因在米西根指导下，试编中日文书半月，作为练习，以辅普通图书馆学（M. A.）之不足。风闻其夫在密大（美国密西西比大学）计（任）物理博士学位，其母与其夫同居。林太太同一 Baby 来此地工作，请一位日本太太长期看小

孩，八小时一天。似此情形，能否久于此位，不得而知。故 Mr. T. S. Wang 可保存为明年，作为后备人之一，静待来日变化决定。

3 月 4 日，致函女儿邓同兰，信中谈道：

父早想返国，且想往俄国一游。因各种困难，最近二三年恐怕难以如愿。过数年后，将近六十，体力脑力渐形衰弱，能对祖国有多少贡献，实成问题。然总需努力前进而已。

4 月 21 日，关于钱存训撰写的《美国的亚洲研究》一文，打印、修改一事致函钱存训：

大作重新打印之后，仍有错误，万分抱歉！即去印刷局更正。关于大名与 P. 114，Line5，已经修正。与 P. 111，Line6，"……can universities, some of these men"，吾兄所指出者与善本无异，不知从何处修改？据印刷当年你认识主任云，大概是分 Americano 两年，不合兄意，不知然否？印刷局限定每一页之固定框栏，不能逾越，所以有强行分离之字。

略去 W. A. P. Martin 一书名，为弟妄作主张，加入 Martin 君为印大校友一点意见，使印第安纳州人阅之生趣。Martin 作书近十来种，当然想略去一种，无大妨碍。现在要加入此书，必须将此页重打，不容易 Match，故只好请兄原谅。如觉得不安，即单行本时，或可以加几行字说明。

大概照相手续似需三四天方能告竣，预订于 5 月 6 日出书，若有指定，仍当请印刷局在可能范围内修改。即叩，庆安。

5 月 23 日，将《美国的亚洲研究》单行本寄给钱存训，并对钱的论文汇编在会议论文集《亚洲研究与州立大学》一书中表示感谢：

最后来示，即再去印刷局校对，似无大误。谊当函告，因一周以内，即将印出，故想偷懒。不料一再延期，迟至今日，始将单行本寄呈，全书需至明后日请到书记（籍），再行一一邮寄。吾兄若需加印，不可办理。因钢板保存惜需另加费用，因已超过预算也。

此次承兄赐大作（《美国的亚洲研究》），以光篇幅，感激万分！感激万分！今年仍教三门课，另加行政工作，将有七八个礼拜更加忙碌的时间。特此鸣谢，顺叩，庆安。

6月9日，嗣禹致函裘开明：

我们正打算编制一部汉和文献的目录。去年荒川哲郎（Tetsuro Araka-wa）来函表示对此项工作有兴趣，如果他仍在你手下工作，能否请你把随函所附函件转交给荒川先生？虽然印第安纳大学希望编制一部出色的东方文献目录，但不经你允许就动用你的员工是不合适的。另外，作为一名东方图书馆学专家，我们非常信任你对个人能力的判断以及你的推荐。

7月12日，嗣禹致函钱存训，告知大作加印价目表：

手书久未复，因等候亚洲协会来信加印（消息），又因忙之故（开新课，每日两讲，兼行政工作）。请原谅。

大作加印价目表附呈，供参考。弟已经加了最大压力（借口副校长批评之），然仍无法减低（价格）。印大事务人员为终身职，常敢与校长抗衡也。今日授课四小时，劳累不堪，乞恕忙草。

7月15日，国会图书馆吴光清就推荐图书馆编目人员致函：

尊敬的嗣禹：

自从收到你7月7日的来信以来，我就印第安纳大学中日图书编目员一职的可能人选提出了许多建议，很抱歉我没能尽快答复。

现在我很高兴向你报告，我可能找到了适合你的人选，天主教大学图书馆学系推荐了他，那里有很多中国学生，他的名字叫陈平任，我见过他几次，发现他是一个非常愉快、充满活力的年轻人。他说的国语很好，虽然他是江苏南通人，我刚和他通了电话，他已经表示愿意考虑这个职位，他现在在天主教大学图书馆有一个编目的职位，但是报酬和升迁的前景不如印第安纳州吸引人。

7月17日，裘开明致荒川哲郎信函，谈到印大需要此人，并寄出邀请函：

随函寄上印第安纳大学的一个岗位的邀请函。我希望你对此感兴趣，愿意放弃纽约联合国图书馆的工作。邓嗣禹教授确实非常需要人手帮助其从事科研和教学工作。以后除了在图书馆工作以外，他们完全有可能让你在那里教授基础日文课程。因此到印第安纳大学工作对于你未来在美国的发展而言是个好机会。在联合国，你只是大机器上的一颗小螺丝钉，很难发挥出自己杰出的才能。

9 月 22 日，致函钱存训，告知家中内人遵医嘱入医院开刀，发现为乳瘤，但仍决定克服困难，和费正清一行去俄罗斯参加东方学者大会。并通知钱，可再赠 50 本单行本。

久疏问候，非因懒散，盖因人事变动太多。在此（学）期中，我曾决定去俄参加东方学者大会，忽然内人遵医嘱入医院开刀，发现为乳瘤，并云："She can not be eapected to line too long."乃临时停止旅俄计划。在医院住二周，返家三日，一切家务坚持操作。赴俄之邀，得来不易，故又决定去俄国与费正清一行。家中小孩，请（孩子）祖母飞来帮助，往返旅费至 200 元。在 Indianapolis 医院用 Radiam（放射）治疗五周，割口不能收口，需费用甚巨。因此之故，吾兄所指募捐运动，成爱莫能助之势，忏愧万分。美中学生会刊物，一切名字除一二位外，皆陌生人，与弟已无关系，故订阅刊物，仅看作杯水车薪之助而已。本城教堂，三年前曾 pledge（承诺）捐款 250 美元，未能付一文，现在已不付函催，又汗颜之事。

阁下大作，已决定仿从前样式，再赠 50 本，但封面无存稿，恳再开列，以免出错，匆匆即叩。

9 月 23 日，由台湾大学历史系吴相湘教授为嗣禹推荐的博士生，黄培来到印大报到，并选修远东史、欧洲现代史及美国外交史等课程。黄培后来在《追思邓嗣禹教授》的回忆文章中，记述了他在印大历史系当年的情形：

笔者于 1959 年毕业于台大史学研究所，因系中吴相湘等老师的推荐，并得邓先生之支持，前往印第安纳大学史学系继续研究历史。那时由台湾来美，手续繁复，尤其筹措保证金及路费，难关重重，既无人帮助，也无人可以商量，凡事都由自己办理，所以耽误行期，直到同年九月廿三号始到校，早已开课一个星期了。到校未理休息，即拜见邓先生，经指导后，选远东史、欧洲现代史及美国外交史等。欧洲现代史由冷定博士（C. Leonard Lundin）教，现已退休，美国外交史则由范瑞安博士（Rbert H. ferrell）担任。这两位教授学问渊博，为人和气。我虽然离校已廿五年之久，仍和他们保持联系。①

10 月 6 日，致函钱存训，通知今晨邮寄大作 50 本，兑现承诺，并询问下周去纽约开会，顾立雅及阁下能否参加。

今晨邮寄大作 50 本，以答前言。当时以手头有数百元公款，又想单行本费用有限，故敢放言。此后亏空 210 元，除暑假学校下发公款后节省 150 元左右，尚差六七十元。此次大作单行本，全由小弟掏腰包，占用交际费用。

吾兄喜爱之封面，但 50 本费用，30 余元（前将价目单呈阅，不能减少。）实在太贵。方命之处，敬请原谅。下周去纽约开会，不知顾（顾立雅）君及阁下前往参加否？

10 月 10—13 日，赴纽约参加亚洲学术会议。

10 月 13 日，以亚洲学会研究委员会筹备负责人，以及会议主席的身份，向钱存训发出正式会议的签名邀请信函，译文如下：

亲爱的钱教授：

印第安纳大学将于 11 月 11 日、12 日和 13 日举行亚洲研究会议，会议的总议程如下。

我们希望您有兴趣参加；同时我们希望向您保证，计划中讨论的非正式性质问题将给您充分的机会自由发表意见，您应该积极地参与其中。我们感谢您能尽早表明您的意图，以便能做出适当的预订。

邀请函下方，附有嗣禹简短个人信函：

如老兄能来，请在舍下休息，拘促二晚。委员会中，密西更（根）人

---

① 黄培：《追思邓嗣禹教授》，载台湾《传记文学》1989 年 1 月第 53 卷第 1 期，第 79—82 页。

势力大，故密大占两位，非常抱歉。

10 月 29 日，致函女儿邓同兰，介绍近日工作与身体情况：

我这学期特忙，11 月份筹备开亚洲学术大会。上周走路时跌倒，后足血管破裂，现在仍是跛行者，但不久必愈。

11 月 11—13 日，以亚洲研究、考察委员会的名义，并以"亚洲研究与州立大学"为主题，召开了由他负责召集，印第安纳大学主办，为期 3 天的学术会议。

美国各大学负责亚洲研究中心的领导人都参加了此次会议，他们相互交流研究成果，分享成功的经验。会后，在邓嗣禹的主持下，将与会代表在会议上发表的论文汇编成《亚洲研究与州立大学》一书，并由印大出版社于 1960 年出版。该书当年在美国广为流传，成为当时提倡亚洲研究的一部重要著作。后来，钱存训的文章《美国的亚洲研究》中译单行本由冼丽环翻译，书名为《美国对亚洲研究的启蒙》。

会议期间，作为创始人之一，嗣禹召开了美国亚洲协会分支机构，研究考察委员会成立大会。

11 月 27 日，致函钱存训，询问中国古代印制本刻珍品真伪：

钱太太买国语唱片，不能收费。特附支票一张将原价退还（昨日中国研究协会一次购买唱片 15 套，皆照原价无折扣，现在已经收回成本三分之一以上，故不必忧虑了）。本当早日退钱，因忙未早（办理），乞谅。

阁下前函，在西服口袋中发现，承介绍夏威夷（讲课）事，虽未能成行，非常感谢，可见吾兄为热衷人也！印大近日买一丛书集成，共花费 2301 元（邮费在内），不知被敲竹杠否？又敝校善本图书馆收到中国古代印制本刻珍品，说为 1101 A. D. 福建进呈本，为徽宗祝寿之用。此为英文说明，不知出自何人手笔。原文仅二页（经卷折本），首尾残缺，无法断定出自何种经典。善本图书馆编目员请审定真伪，（他们）两手空空，不敢臆测。吾兄学识丰富，不知有何见教否（请不必太费时间）？即叩，庆安。

本年度，荣获美国学术社团评议会（American Council of Learned Socie-ties）研究奖（1959—1960年度）。

本年度发表的书评与文章：

1月，发表对施坚雅（G. William Sknner）所著《泰国华人社区的领导与权力》一书的评论，载《美国历史评论》1959年1月号第64卷第2期，第451—452页。

7月，发表对怀特·威兰（Walter F. Valla）所著《在罗马三世统制下的泰国，1824—1851》一书的评论，载《美国历史评论》1959年7月号第64卷第4期，第1010页。

10月，发表文章《台湾与中国的关系》，载《纽约时报》1959年10月14日。

12月，发表对汤姆森所著《康有为的一元世界》书评，载《太平洋事务》1959年第32卷第4期。

12月，发表对列文森所著《儒教中国及其现代命运》一书的书评文章，载《远东季刊》1959年第28卷第12期，第189—190页。

1960年　55岁

一、上半年，继续担任上述各项职务与教学工作。

二、邓嗣禹与费正清一行共同赴苏联，参加"国际东方学者代表大会"。

三、与费正清合著《清代行政管理：三种研究》，由哈佛大学出版社出版。

四、本年3月，女儿邓爱美在美国出生。

2月13日，嗣禹写家信给邓同兰：

今日看母亲与两姐妹相片，非常想家，随笔写几个字问安，希望可以回信。

愚父一切顺安，中美、华美皆乖巧健康，大概 3 月底将再生一小孩，是男或是女，容再转告。第一年教书，常感到忙返（碌），希望努力教学，为国家造就人才。

3 月 17 日，因编辑、出版亚洲学会论文集《亚洲研究与州立大学》一事，致函钱存训，询问钱宣读的论文《美国对于亚洲的研究》可否转载：

去年 11 月，印大开亚洲研究会，也想仿芝大例，把论文及讨论要点登出来。书的印法与形式，也与芝大所印者相差不多。吾兄大作 Asian Studies in American ，A Historied Survey（《美国的亚洲研究：历史性考察》）不知能否惠予转载？

数年前，弟曾作数次美国东方研究与发展史之演讲，然偏重中日方面，若改作，不免偷窃吾兄研究之嫌，且无重点改编。若允许转载，有光篇幅，拜赐多矣。致后，福音。

3 月 30 日，嗣禹的女儿邓爱美出生。

4 月 14 日，因钱存训《美国的亚洲研究》一书寄呈之事，致函钱存训：

大作用快递寄来，早已收到，感谢万分。可惜忙中增加许多不测之事。如电子打字机出毛病，刘君考博士不及格大捣乱，等等，时至今日，方将大作打出寄呈。

审查大作打了一半时，才记起须用重复本，故又再打重复本。因书本（内容）太长，超过预算，只好割爱。原来这本大会报告书，预计 100 页，到六七十页时觉得材料不够，因单行（本）需要相当多的材料，所以惠求大作，又增加研讨文章。现在已经有 140 多页了。

大作非常精辟，万分感谢。因太忙，失眠太甚，请恕草草不恭之罪。即叩，庆安。

5 月 30 日，因国语唱片一事，致函钱存训：

公垂兄，台湾请帖已婉辞拒谢国语唱片，转 Tape recorder 事曾接受外来建议。惟据 RAC 之作 Tape recorder，工钱 15 美元一小时！Tape8 元，贵得一怕，因此作罢。贵处如愿意和（他）人转换，弟绝对不反对。

Dr. Duner 又拒绝夏威夷（大学）之聘，想来印大，又（他在）National Science in Washington D. C. 有更高之红人也，即叩，庆安。

同时，嗣禹在此信的最后告知钱存训：5 月 30 日—9 月 10 日，因获得美国学术社团评议会研究奖，作为客座教授，暑假期间赴哈佛大学从事研究与教学工作。

7 月 20 日，致函徐炳麟，告知将参加苏俄世界东方学者大会。

炳麟兄，示悉。汇票收到，可免挂念。因未挂号，恐失遗也。

同兰无信，暑假中，恐已他往。待秋季开学后，嗣禹再写信。或已结婚，尚未可知。

自 8 月 8 日起，嗣禹将去苏俄游历一月，并经中央亚细亚，9 月 10 日左右，将返校。目前忙不可耐，因开新课兼种种校对工作与预备工作，故食眠时间皆需要节省缩短。

7 月 24 日，致函女儿邓同兰，告知"8 月 8 日，父接受苏俄世界东方学者大会之聘请，将去莫斯科宣读论文一篇，并在苏俄与中央亚细亚一带游历一月，9 月底或 10 月初回来。"

8 月，嗣禹撰写并提交《捻军及其游击战》一书的前言，此书于 1961 年出版。

8 月 8 日，嗣禹接受大会邀请，与费正清一行共同赴苏联，参加在莫斯科召开的"国际东方学者代表大会"，并宣读论文一篇。此次会议在莫斯科大学的大礼堂举办，共有全世界 2000 名专家、学者参加。会后参观了俄罗斯圣彼得堡等城市，并在俄国女皇叶卡捷琳娜二世雕像前留影。

10 月 14 日，阅读《汉代书刀考》体会，以及明年召开东西文学大会等事，致函钱存训：

公垂兄：宠赐汉代书刀考，已经拜读，精深可佩，获益良多。彭燮琛：太平天国初占江南事实录，如芝大有此书，不知可否惠恩告知出版年代、地方及页数，并略述组织内容，大概数十百字即足。图书馆借书，至少需时三周，至多六七周，迟延可畏。

从前的 Allen Capiy 不知至芝大得到博士学位否？抑或考试失败。此人异想天开，想至敝校谋教远东史之职，正式请求书尚未寄到。然吾兄若告知在芝大情形，可有绝大参考价值。明年敝校又将举行东西文学大会，吾兄、顾（立雅）先生参加否？

10 月 19 日，致函钱存训，祝贺乔迁之喜。

1960 年 8 月，邓嗣禹
圣彼得堡叶卡捷琳娜大帝雕像前留影

公垂兄：乔迁大事想倍觉忙碌，然处高堂大厦，较之以前局促情形，当不可同日而语矣。

美国历史学会请批评 E‑Tu Sun，Ch'ing Administration Times，弟一因太忙；二因与著编人太熟悉，不愿意评论。不知吾兄欣作此书评否？如愿意，请即告，以便转告美国历史协会，将书寄予吾兄。

印大图书馆太简陋，每一动笔作文，均感无米炊之苦。暑假至哈佛作研究工作，离家索居，精神物质两受影响。即询，庆安。

本年度，嗣禹将 1940 年、1941 年，在《哈佛亚洲研究》期刊上，与费正清合作发表三篇论文汇编成书《清代行政管理：三种研究》，由哈佛大学出版社出版。

2003 年，陈君静在《大西洋彼岸的回声：美国中国史研究历史考察》一书中评价道：费正清与邓嗣禹合作出版的《清代行政管理》一书，不仅证实了《筹办夷务始末》的档案材料的价值，而且还扫除了美国学者考察中外关系问题的一些障碍，使他们懂得如何通过中文材料来窥探清朝各种社会制度的动作模式。

本年度出版的著作与发表的论文：

1. 应邀为《大英百科全书》1960 年版写专论两篇：《太平天国》《捻军游击战》（"*The Taiping Rebellion*"及"*The Nien Movement*"）。

2. 《清代行政管理：三种研究》（*Ch'ing Administration：Three Studies*），由哈佛大学出版社出版。

3. 主编《亚洲研究与国际大学》一书，由印第安纳大学出版社出版（*Asian Studies and State University*，Bloomington'Indiana，Indiana University Printing Office，1960）。

4. 本年度，《清代行政管理：三种研究》一书，荣获美国学术协会理事会 1989—1960 年度奖。1 月，发表对倪德卫所著《回顾儒家思想在行动中的作用》一书的评论，载《运东观察》第 29 卷第 2 期，第 60 页。

5. 3 月，发表对梁启超著，徐中约译《清代学术史概论》一书的书译，载《现代历史期刊》，第 32 卷第 1 期，第 60 页。

6. 10 月，发表对皮特·福利明（Peter Fleming）所著《北京的围城》一书的书评，载《美国历史评论》，第 66 卷，第 1 期，1960 年 10 月号。

7. 11 月，发表对徐中约（Immanuel C. Y. Hsu）所著《进入中国自然家庭的入场券：外交阶层，1858—1880》一书的书评，载《亚洲研究期刊》，第 20 卷，第 1 期，1960 年 11 月号。

1961 年　56 岁

一、本年在印大历史系，新开设并讲授日本历史的课程。

二、6 月初，作为访问研究教授，赴母校哈佛大学从事研究工作。

三、接收陶晋生作为印大博士研究生。

四、本年度，又有两部学术著作出版。

5月1日，给女儿邓同兰信，告知6月初将去哈佛大学写书一事。

接来信，甚为安慰。即请徐炳麟伯寄点零钱与药品，为母亲跟你们服用。收到以后，请告知徐伯并致谢意。母亲与同桂承你照顾，非常感谢。

此处小妹三人皆健康，活泼。父亦身体强壮，惟患牙痛，想无大碍。6月初，我将去哈佛大学写一本书，大概要9月底才能返校，你如果忙，不写信也可。10月间，请给我写一封信如何。祝你们健康快乐。

6月初，应费正清邀请，来到哈佛大学东亚研究中心，承担"哈佛东亚丛书系列"资助项目，开始收集资料，撰写《太平天国历史学》。费正清为此书再次撰写了热情洋溢的前言，高度评价了这本书的价值，并提到了25年前（1937年）在国会图书馆，两人初次合作，编写《清代名人传略》，有关太平天国时期三位人物的愉快经历。该书后于1962年出版，列入"哈佛东亚丛书系列"丛书第14本。详见1962年出版的书籍。

6月9日，杨联陞在家中再次宴请了邓嗣禹。晚餐后，嗣禹在杨家纪念册中写道："久别重逢吃烤鸭，其味无穷。"杨联陞在哈佛大学从教30余年，交友面极广，也很好客。1948年他夫人缪婉君抵美，1949年他在康桥购房后，每星期总有一两次请友人到他家吃饭。他每次请客，除了吃饭、打牌、唱戏、聊天之外，还有一个必不可少的内容，那就是要在纪念册上留下一点真实的、有特色的记录。

杨联陞家的留言簿，30年共积累16册师友留言，上面有从大陆、台湾到美国的许多知名历史学者，如胡适、陶希圣、傅斯年、梅贻琦等；还有不少著名艺术家，如国画家张大千、作家老舍、曹禺等人，另外也有不少外国学者，如日本学者吉川次郎、宫崎市定等人。

7月6日，邓嗣禹复函袁同礼，此信已通过妻子转交，表示愿意协助获取所需信息。但是，目前没有时间为研究计划赴华盛顿、纽约等地查询资料。另外，他告印第安纳大学图书馆拟聘一位副馆长，负责非西方馆藏的扩充。同时告知，将在三个月内写作一术研究太平天国新书《太平天国历史学》，希望袁同礼能够提供一些俄罗斯方面的材料①。英文原信如下：

6 July 1961

Dear Dr. Yuan：

Your letter has been forwarded to me by my wife. I have immediately written two letters to assist you in securing the information you are seeking. I hope you will getresults from them. If not, will you please let me know so that I can try some other means through the president or other higher officers.

I am writing a book on the Taiping Rebellion within three months. At first, I thought that I might be able to get to make a quick trip to Washington, New York, and elsewhere to round up source materials about the Taiping Rebellion. Now i think that I will not have time to do this. If you happen to know of any Russian material apart from what is listed in your catalogue, I should be most grateful to receive this information.

Respectfully yours,

邓嗣禹拜复

S. Y. Teng

Professor of History

Indiana University

P. S. Indiana University Library is looking for an assistant Director of the University Library in charge of non – Western Civilization collections：Far Eastern, Near Eastern, Russian and Africa and India. The rank could go Up to full professorship depending upon the applicant's qualification and expansions. Do you gave any suggestion？

信函仍存在（University of Chicago Library, Yuan T'ung – li papers, Box 7），芝加哥大学图书馆，"袁同礼档案"，第 7 箱。

---

① 雷强:《袁同礼年谱长编》,北京:中华书局,2024 年,第 1821 页。

按：a book on the Taiping Rebelion 即指 *Historiography of the Taiping Rebellion*（《太平天国历史学》），1962 年哈佛大学出版社初版。此件为打字稿，落款签名和补语为邓嗣禹亲笔。

7 月 14 日，嗣禹致函台湾"中央研究院"近代历史研究所所长郭廷长。

量宇先生赐鉴：

承赐贵所出版之《外蒙古撤治问题》《甲午战前之台湾煤务》《中国早期的铁路经营》各一册，早经收到，甚谢甚谢。蒙赐答复询问台湾学者关于太平天国史之研究问题，亦予以精神安慰，知非搜求不力，漏略重要著作。本当早日函谢，因开学期间，课程与研究工作，皆未上轨道。因此迟延，敢乞原谅。拙作《捻军与游击战》一书，被印刷局迟延三年始出版，容当寄呈请教，即叩著安。

晚邓嗣禹拜启

一九六一年七月十四日

邓嗣禹写给郭廷以三封信件，收录在台湾"中央研究院"近代史研究所馆藏"郭廷以档案"，馆藏号：069 - 01 - 02 - 164。

郭廷以（1904—1975），字量宇，河南舞阳人。1926 年由国立东南大学历史系毕业。曾执教于清华大学、河南大学、中央政治学校，后升任中央大学教授兼历史系主任。1949 年赴台，任台湾大学教授、台湾师范大学教授兼文学院院长。1955 年为台湾"中央研究院"近代史所筹备处主任，后任近代史所首任所长。1959 年起，赴美国哥伦比亚大学，任东亚研究所客座高级研究员，之后未归台湾。1975 年病逝于美国纽约。

1961 年，邓嗣禹著《捻军与游击战，1851—1865》，由法国巴黎 Mouton 出版，1984 年再版。邓嗣禹信中所述"迟延三年始出版"，这是他第一次向郭廷以公布的信息。

9 月底，嗣禹结束在哈佛大学的研究工作，返回印第安纳大学。

10 月 20 日，嗣禹致函钱存训，询问梁方仲《论太平天国的易知由单》

论文。

公垂兄：梁方仲《论太平天国的易知由单》（岭南学报，11.2）恐不甚长，如贵馆处有 Xerox 或其他复印机，敬乞作一份，告知价目，当即奉销。避免将杂志借出，为简便妥还。如贵馆无此卷，请不必回信，以节省时间。此叩，教安。

本年度，接收台湾大学历史学硕士陶晋生为博士生。有关指导、培养情况内幕，在陶晋生的回忆中有以下真实的记载：

邓师为学严谨，极为用功，每天都在学校研究室里工作，时常晚上也在。他对学生的要求和督促极严格，虽然他专精近代史，对我的研究却非常注意和督导，要求我遍读我研究工作必须精读和参考的史料，和现代学者的有关书籍，如拉铁摩尔和卫特福格等的著作。

在撰写论文的过程中，也时时督导，并且注意和我论文有关的论著与史料。读历史博士必须于主修的中国史和东亚史外，另有两个主要范围和一门系外学科。我的两个范围是美国外交史和欧洲近代史和近代外交史。系外选文化人类学。我对这个学科特别有兴趣，一共选修了十二个学分。教美国外交史的法勒尔（Robert Ferrell）教授著作等身，他传授外交史上的知识，对我后来的工作颇有启发。

此外，在我的英文写作方面，他指点我文笔简要平顺，给我很大的鼓励。于 1967 年获博士学位。在印大的几年，可说非常用功，每天必定在图书馆看书到午夜，周末也不例外。因为读英文速度比美国人差，唯有这样才能赶得上他们。而且想超越他们，就自己多看规定之外的书。到了学期快结束时，更是紧张，为了赶写学期报告，或研究论文，或预备大考，有时两天不睡觉。有一阵子每晚打字到天亮，鸟鸣然后睡觉。博士论文以金代女真的汉化为题。

本年度，《捻军及其游击战，1851—1868》《日本学者对于日本及远东的研究：传略及著述》两部著作分别出版。

在《捻军及其游击战》一书中，嗣禹在搜集了大量有关捻军史料之基础上，首先介绍捻的意义、性质及捻军出现的历史和地理背景，然后就捻军的发展、捻军的组织及领导、捻军与其他叛乱者的关系、捻军的活动史，及其所受抑制镇压、捻军的武器及其游击战术等方面的问题，分别进行了论述。在最后一章，他还探讨了抗击捻军，之所以是一场长期战争的原因，以及捻军叛乱对清朝灭亡所产生的影响等问题。

1956—1957 年期间，在费正清的建议下，嗣禹为了让西方学者了解日本学者及其研究成果，以便于同日本学者开展国际合作研究。他在两位日本学者日本山口大学的益田健次、美国斯坦福大学经济学系助理教授金田弘光的帮助下，致力于编撰一部介绍从事远东研究的日本学者及其研究成果的手册。

为了完成这一任务，嗣禹利用休年假的机会广泛走访了日本各类大学，并向经过筛选的 1000 多位学者寄送了询问

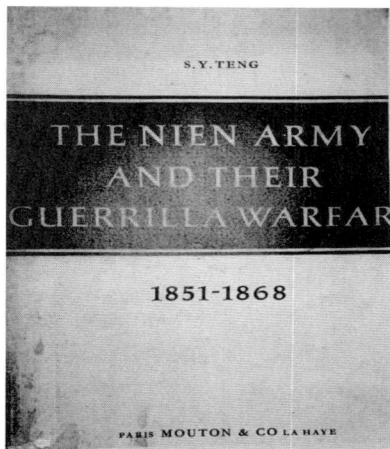

1961 年版《捻军及其游击战》

其个人简历、教育背景、学术专长、目前研究工作，以及已出版著述的问卷调查函。在收到调查函的学者中，有三分之二学者填写并返还问卷调查函，其中部分学者提供了以小字书写的六七尺长的出版物清单表。①

此后，他利用两年多的教学业余时间，与其日本助手完成对问卷整理及所收集信息的英译工作，然后按照"远东考古学""国际关系""教育发展""政治与政府""经济与经济发展""艺术""日本史""中国史""日本书目""中国书目""韩国研究""远东佛教""印度研究"等 29 个类别进行编排。1961 年 9 月，这部收录有 779 位学者、近 5000 部著作的《日本学者对日本及远东的研究：传略及其著作述略》一书，最终得以在

① 吴原元：《客居美国的民国史家与美国汉学》，北京：学苑出版社，2019 年，第 83 页。

香港大学出版社、牛津大学出版社出版。

正如邓嗣禹在前言中所述："日本学者通常勤奋且多产"，然而在许多情况下，"著名的日本学者在西方并不为人所熟知"。因此，这部工具书有助于增进西方人对日本从事远东研究之学者及其成果的了解。

"只有专业人士才能了解，他在这个项目上所付出的辛勤劳动。"1962年8月，麦瑞斯·琼森在《亚洲研究期刊》（第21卷第4期）上发表书评指出："为了更好地完成这本书的创作，邓嗣禹几乎对所有亚洲问题专家，发出了近千封问卷调查函，咨询了在各个专业领域的日本著作者的意见。然后再将这些反馈意见，结合他本人对这一领域的研究成果，将两者的观点进行比较，最后充实在这本书中。邓嗣禹对创作工作的敬业精神，赢得了同行的广泛敬重！"

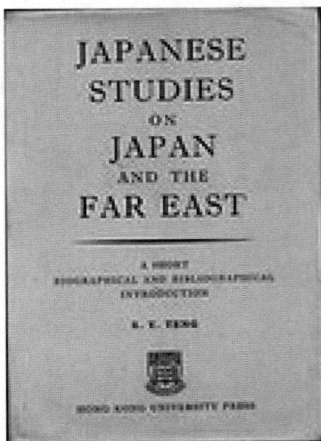

1961年，香港大学出版社
版本书影

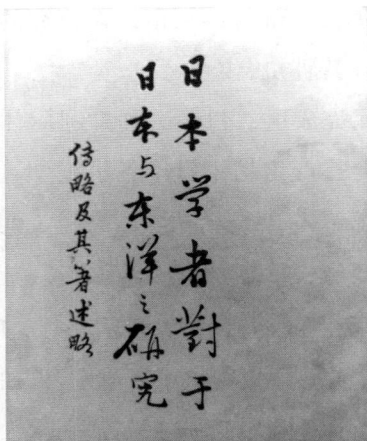

邓嗣禹为书名题字

本年度，嗣禹还曾为简又文①《太平天国全史》一书撰写前言。他指

---

① 简又文（1896—1978），字永真，号驭繁，广东新会人，中国当代史学家、著名的太平天国史专家。曾任冯玉祥军中政治部主任、广州市社会局局长、立法委员、广东省文献委员会主任委员、香港东方文化研究所研究员。

出：太平天国革命为 19 世纪中国政治社会经历一巨变。其重要性与法国大革命，美国南北战争相仿。……

简先生以往著作，如《太平军广西首义史》《太平天国杂记》《金田之游》及其他译著等等，早已脍炙人口。近年刊行《太平天国典制通考》巨册尤是体大思精。今之《太平天国全史》，材料更为丰富，体例愈见整严。

December 21，1961

Dear Professor Kuo：

This will acknowledge with gratitude the receipt of eight volumes of Historical Sources on Sino – Russian Relation（《中俄关系史料》）. It is very kind of you to send me this valuable collection，and I am sure my students and myself will make good use of it. Many thanks again for your generosity.

Under separate cover I am sending you a copy of *Japanese Studies on Japan and the Far East*. In comparison with your eight volumes，my book is really very little，but as a private，individual compiler who receives only a few copies from the publisher，this volume is a token of deep appreciation for your thoughtful consideration.

With season's greetings.

Very sincerely yours

S. Y. Teng

Professor of History

SYT：ml

12 月 21 日，嗣禹再次致函郭廷以，对于收到《中俄关系史样》八卷本表示感谢。

此信中译文如下：

亲爱的郭教授：

此函仅以感谢收到您寄来的《中俄关系史料》八卷本。非常感谢您寄给我这些珍贵的收藏品。我相信，我自己和我的学生都会好好利用它。再次感谢您的慷慨解囊。

另函寄上一份《日本学者对于日本与远东研究》。与您的八卷书相比，我的书实在是太单薄。但是，作为一位个人编纂者和私人收藏品，我只收到出版商寄来的几册书，这是我对您的体贴表示深深的谢意。

致以节日的问候。

衷心地祝贺

邓嗣禹

历史学教授

1961 年 12 月 21 日

1958 年，为了让西方学者了解日本学者的研究成果，以便同日本学者开展国际合作，按照费正清教授的要求，邓嗣禹在日本山口大学益田健次、斯坦福大学经济学系助理教授金田弘光的协助下，利用休年假的机会，广泛走访了日本的各类大学，然后按照"国际关系""远东考古"等29 个领域，分别进行编排。1961 年，这部收录有 779 位日本学者，5000余部著作，书名全称为《日本学者关于日本与远东问题研究：传略及其著作述略》，由牛津大学和香港大学，以英文和中文版方式同时出版。

本年度出版著作与发表论文：

1. 《捻军及其游击战，1851—1868》（*The Nien Army and Their Guerrilla Warfare*，1851 – 1868）由法国 Pairs，Mouton 出版社出版，1984 年再版。

2. 《日本学者对于日本及远东的研究：传略及著述》（*Japanese Studies on Japan and the Far East：A Short Bibliographical and Biographical Introduction*）由香港大学出版社、牛津大学出版社同时出版，日文版也于同年出版。

3. 参与《柯立尔百科全书》（1961—1962 年版）中华人民共和国总论部分，及 9 位人物传记的编写工作，其中包括太平天国、乾隆皇帝、慈禧、李鸿章、孙中山等。

4. 为简又文《太平天国全史》一书撰写前言。

5. 发表李同山（Li Tung - shan）所著《关于捻军起义的民间歌谣》书评，载《亚洲研究期刊》，1961 年 5 月第 20 卷第 3 期，第 375—376 页。

6. 为《美国历史协会历史文学指南》（1961 年版）一书，列出 11 种出版物。[①]

1962 年　57 岁

一、印大东亚语言和文学系成立。

二、与赵元任多次通信，交流学术问题。

三、赴明尼鲁达大学，讲授暑期学校课程。

本年度，在印大韦尔斯校长的多方努力下，学校获得了福特基金会 2300 万美元的资助，用于发展中国、日本、韩国语言的课程，并持续了 10 年。这样，在 1962 年东亚语言和文学系在印大正式诞生了。在《印第安纳大学校史》第三卷中，作者记录了东亚系的建立是包括韦尔斯、邓嗣禹和其他同事共同努力的结果。

1 月 23 日，嗣禹给女儿邓同兰写信，告知最近生活与天气情况：

12 月 23 日寄来的贺年片收到，谢谢。家事承照顾，更加感谢。今年美国天气寒冷，1 月以来温度常在零度上下，外面行动颇不舒服，贱躯及家人算是幸运。

黑龙江不知冷的程度如何？你们生活保暖安适否？需要钱时，请告知，当尽力接济。信封托徐炳麟代寄即可。祝你们夫妇快乐，彭实姑爷均此问好。

---

① 黄培：《邓嗣禹教授简历及著作年表》，载《中国考试制度史》附录，北京：吉林出版集团北京分公司，2011 年，第 346 页。

3 月 23 日，因翻译《颜氏家训》英译本之事，嗣禹用英文致函伯克力大学赵元任，现将全文翻译成中文：

尊敬的赵教授：

我记得大约二十年前，您很好地审阅了我寄给您的《汉语会话》的发音部分，对此我仍然心存感激。

现在我再麻烦您看一下，我翻译的《颜氏家训》的（音辞篇）一章。如果您有时间，欢迎您看一下整章，否则，只需检查页边空白处的段落。为了您的方便，本章附寄给您一份，这样您就不必从图书馆借阅这本书了。我修订本章的目的，是要将其提交给香港大学出版，（该校的）纪念册正在征求论文①，但截止日期为 3 月底。为此，我将深深感谢您抽出一些时间，在您最方便的时候审阅一下这几页，以便我能在不延误时间的情况下，把它们寄到香港。

请让我向您致以最诚挚的问候

邓嗣禹　敬上

收信地址为：1059 Cragmont Avenue（克拉格蒙特大道 1059 号），为赵元任在旧金山的家庭住址。此时，在伯克利大学任教的赵元任，居住在 1948 年购买的楼房中，许多路过旧金山的中国朋友经常到这里看望赵元任。

3 月 24 日，嗣禹致信同兰女儿、彭实女婿：

来书诵悉，黑龙江天气奇寒，若有煤炭、柴火取暖，则不无小补。能接航空信，想交通有相当方便。不知贵处离大城市多远？同兰意接母亲同居，若能办到，当然甚佳。一切费用，我负完全责任，上月已托徐炳麟寄

---

① 香港大学成立于 1911 年。当 1961 年成立 50 周年时，该校曾向全球发出征文启事，作为纪念活动的一部分，有意出版一本《香港大学成立五十周年纪念论文集》。邓嗣禹原希望将已经翻译好的《颜氏家训》的第二章"晋辞篇"，作为征文寄给香港大学。后来，听从赵元任的意见，改将他的另外一篇论文《捻军游击战的新观点以及对清王朝覆灭的影响》一文寄出，被收录于 1968 年出版的论文集中，详见 1968 年年谱内容。

250 美元，能接到无困难，可再寄 150 或 200 美元，这样往返路费，想已足够。接此信后，请即拨冗回信，以便再寄款项。

我们一切均佳，惟忙碌如故。今冬此处天气也奇冷，现在春至改冻矣。你们夫妇努力健康。

3 月 27 日，赵元任就相关问题，以及他个人的建议，用英文回信，全文翻译如下：

我开始检查你翻译的《颜氏家训》"音辞篇"的读音，但当我读到第 4 页和第 5 页时，我就不能继续读下去了，因为用现代发音来翻译是毫无意义的。而且为了理解这些段落（其中有很多声音被引用）似乎对于它们的评价，是以重建的价值观为基础的。例如，那些比直译的要多得多的工作。但是为了保护你自己，我强烈建议你按照我上面建议的方式修改，或者如果你不打算这样做的话，你自己来找个人和你合作吧！我意识到这将使香港纪念册的截止日期缩短，但这是无济于事的，因为在此之前没有时间去做必要的改变。我在确认，我在帮助的部分上标记了"删除"，因为我对此一无所知。这不仅是出于出版，而且是为了免责。

很抱歉，我没有时间做更多的事情，除了提出这些消极的建议。因为这些天我的时间非常紧迫。但我希望你能重新考虑这篇文章的发表，这样你就不会因为没有哈姆雷特而冒着被批评扮演哈姆雷特的风险。

附言：我意识到，没有人征求我的意见，我就给他们提建议。但作为一个老人，我忍不住说出我真心认为会有帮助的话。

赵元任负责任的回信，改变了嗣禹原来的想法。于是，他将另外一篇论文投寄给香港大学。

5 月 7 日，致函钱存训，告知夏天到明尼鲁达大学教暑期学校讲课，以及出国考察事宜。

公垂兄：刚才填表格，向贵馆借四种杂志，如有可能，一周内可以奉还。如不可能，将购买微缩胶卷需时更久。

今年夏天，我在明尼鲁达大学教暑期学校。7 月 15 日—9 月 15 日，我将周游世界一次。

5月21日，关于博士生黄培到芝大图书馆任职之事，嗣禹致函钱存训：

公垂兄：惠承迅速借书，感谢之至。辅仁学志已于星期六上午寄还。东方杂志及微缩胶片（microfilm）已于同日看完，按照敝校借书要求于礼拜一寄至芝大，不得拖延。一切一切，非常感谢。

另有恳者，学生黄培君，考过普考，仅博士论文未能写完，此人中文极有根底，曾习满文三年，日文已略能阅读。能打字，英文写作欠佳，而口音甚坏，不能至美国教书。One of his fields 是图书馆学，曾习十八个学分。在印大，已经介绍（黄培）给柳无忌太太，在本校图书馆任编目事，柳太太直接先告知馆长，事已将成，惜未能告知编目部主任，此人大为不悦，坚持另外找人。嗣禹可从各方面疏通。然若贵馆需要人，则可免此一举。黄君人勤勉用功，外交非所长，若能成助理阁下一年，则可完成论文矣。如有可能，请即复数字，否则不必回信，过三四日，再为他进行疏通，有六七成成功把握。

5月23日，嗣禹用英文回信，对于赵元任的修改建议表示衷心的感谢，全文翻译如下：

尊敬的赵教授：

非常感谢您对于《颜氏家训》相关章节的坦率建议。我真的很感激，只有一位可敬的中国学者愿意给我这样的建议。

很久以前，我就打算给您写信，但不知怎么的，这个国家每个人的生活都很忙，直到今天我才有机会给您写这封感谢信。

这份手稿现在正由怀尔特·西蒙检查，他检查完后，我将重新打印，今年夏天在福尔摩沙（台湾）停留时，我将请周法高再复查一遍。无论如何，在我提交出版之前，我会尽我最大的努力仔细翻译。我仍然向您致以崇高的敬意。

5月23日晚，嗣禹给女儿邓同兰写信，告知将周游全世界一次。

4 月 28 日来函及相片均已接到。看你们夫妇健康欢乐，可喜之至。暑假彭姑爷若能远道接母亲，同叙天伦之乐，当然感谢不已。十日前，已托徐炳麟转寄 250 元，如不足，10 月初再寄一点罐头东西，你们夫妇可先吃，以后托朋友再寄。

今年七八月间，我将周游全世界一次，路过香港有一二天逗留时间，但是不打算见你们，因为见时容易，别时难。9 月 18 日，我方能返校，接此信时，请不必往美国寄信，因为收不到。但可以写信给徐炳麟转。要什么东西，请不客气告知，我必尽力办到。报载逃港难民如水涌，恐言过其实。希望你们努力建设，然至怀孕期中，不宜过累，总之尽其可能，尽心力而为之。祝你们夫妇健康。

6 月 9 日，应邀赴明尼苏达大学历史系，教授暑期课程，一个月后返回。

6 月 26 日，嗣禹在明尼苏达大学，致函钱存训：

公垂兄：由敝校来此，已十七日。路过芝城时，以为在近郊，可以通电话闲谈。不料离芝城相当远，公事房不欢迎旅客打长途电话，因此未能赏顾。

7 月 15 日，我即从此城飞东京，然后经中国台湾、南洋、印度，近东埃及、欧洲返校，希望在芝加哥有半小时停留。

去年夏季在哈佛工作，决定目录部分单行发表，在此写引得（部分）中文字，无书可查，倍觉困难。前蒙告知吴宗慈太平天国封爵考，附录中有 Ssu – t'ung 二字，即记不清中文字如何写法，敬乞示知为何？Ronneyn Taylor 人很好，不知学问如何？

6 月 29 日，嗣禹在明尼苏达大学，再次致函钱存训，告知生活情况。

公垂兄：吴宗慈太平天国封爵考，在江西文献丛书中，此书各年前承吾兄告知，去年从贵馆借出，作一简单摘要，来函未能清楚，白费几多时间，甚为歉意。

此间冬冷夏热，物价昂贵，非久居之地。

在东京、台北、香港、伦敦各地，如有可以效劳之处，或带小物品，当乐于效劳。

7月15日，嗣禹从印第安纳大学，经芝加哥乘飞机，飞往东京，然后经中国台湾、南洋、印度，近东埃及、欧洲伦敦等地进行学术考察与交流活动。在台湾期间，将翻译《颜氏家训》书稿交给周法高教授，再次听取他的修改意见。

9月15日，出国考察结束，返回印第安纳大学。

9月25日，嗣禹在印第安纳大学致函钱存训：

公垂兄：倦游归来，忽接大作，受宠若惊，精神为之一振，拙作著作者十部，早已分送完毕，已向原出版处订购五部，到时当各寄吾兄一部。环游一周，接受学者书籍不少，已当择要报答。

近十日来，屡接长途电话，其中之一为请小弟至美中亚洲学会，读一小论文，固辞不获，已应允作《孙中山与中国秘密社会之关系》一文，主旨在澄明辛亥革命以前，中山受秘密社会中人之帮助甚大。文稿必须在Oct.13以前交卷，以便寄与委员会阅读。此处书籍不足，作考据文章非常困难。外借至少需要三四周，或者五六周。不知可否敬烦。吾兄嘱一贵同事，代查下列各书，直接寄到弟处，数日之后当慎重寄还。黄兴为秘密社会中人，我在香港见到黄兴女婿，谓其不敢说其不是，或者是。不知尊兄有材料证明否？谨此请教，其他未必想到之书籍，文报，乞一并见示，感谢之至。

10月，写作《孙中山与中国秘密社会之关系》论文。作为参会论文，当月提交给美国亚洲学会。论文英文本后于1963年发表在《亚洲研究》第4期。

12月8日，嗣禹得知第一个外孙出生，非常高兴地给女儿邓同兰写信：

11月23日来函，12月6日收到。知举一男，甚为欢悦，恭喜，恭喜！闻母病，小儿缺乳，匝兰的身体欠佳，非常挂念，即请徐炳麟多寄药品食物，他一定会照办。……全家拜年，祝你们万福均安。

12 月 3 日，主持英国康桥大学考选委员会考制专家，布瑞敦（J. L. Brereton）来函，欲将嗣禹所著《中国考试制度史》主要部分译成英文。函云：

嗣禹教授阁下：

去岁敝人辞卸康桥大学地方考试小组（Local Examinations Syndicate）秘书职务，今后数月暂居此间（加拿大维多利亚城）。本人刻从事于对各国学校毕业考试制度之比较研究，拙作中将包括考试制度之历史。凡此类研究设不涉及中国文官考试制度，则其价值将大减。大作为现有之唯一可靠论述，是以本人特自东京方面获得该书之缩影一部。大作系由约瑟菲·尼德汉（Joseph Needham）（英国著名汉学家李约瑟）推介；本人曾对克拉吉（E. A. Kracke，柯瑞格）之著作颇加研读，但认为大作将使本人对考试制度在历代之不同地位有正确认识。若英国教育作家然，对此制度加以讥讽，乃极轻易之事。但吾人颇不能仅以十六至十九世纪赴中国之欧洲人所发现者为论断之据。而且，敝人亦渴盼将耶稣会会士约于一千六百年之际为其修院所颁发之笔试规则，与约于同时自中国传入之考试规则或资料加以比较研究。神交已久，今同处新大陆，尤感兴奋。

布瑞敦（Brereton）拜启

遂数月，布瑞敦函告其夫人病重，为此改变计划，不能来纽约面谈。嗣禹亦因授课及其他工作忙碌，爱莫能助。嗣禹在 1967 年版本自序中记述："然海角天涯，对此书有知音者；且欲利用其中材料，作比较研究者。美国名汉学家 Derk Bodde（德克·卜德）教授，多年来，每见面，辄怂恿将此书写成英文发表。"

本年度，《太平天国历史学》由哈佛大学出版社出版。该书被列入哈佛大学"哈佛东亚专著丛书"，为第一个 10 年的 37 种丛书之一，名列第 14 部。第 2 版于 1972 年出版。

费正清为这本书撰写了热情洋溢的前言，并提到了在 25 年前（1937

年），两人在共同编写《清代名人传略》时，初次合作的愉快经历。

本年度出版的学术著作与发表的书评文章：

1. 《太平天国历史学》（*Historiography of the Taiping Rebellion*），由哈佛大学出版社出版。

2. 发表对费维恺等人（Albert Feuerwerker and S. Cheng）所著《中国近代史论著选目》一书的书评，载《亚洲研究杂志》1962 年 5 月号第 21 卷第 3 期。

3. 发表对华兹生（Burton Watson）所著《中国重大历史事件记载》一书进行评议，载《美国历史评论》1962 年 7 月第 67 卷第 4 期，第 1115—1116 页。

1963 年　58 岁

一、继续翻译、修订英文版《颜氏家训》。

二、利用第二次休假之便，赴华盛顿美利坚大学执教 10 个月。

三、指导博士生黄培顺利通过论文答辩。

1—3 月，撰写长篇论文《孙中山先生与中国的秘密集社》，先发表于《亚洲研究》第 4 期上，后以专著的形式，由美国内布拉斯加州立大学出版社出版。

1 月 4 日①，邓嗣禹复函袁同礼先生，按嘱寄上《新疆研究文献目录》（日文本）书评底稿，并告本年秋拟前往华盛顿任教一年。

守和先生赐鉴：

辱承惠赠大作《新疆研究文献目录》，并命为文介绍，受宠若惊。因人事牵连，迟至昨晚方有暇略握笔，今朝打出，不知能合尊意否？印大图已介绍购买二部，想能照办。今年九月底，嗣禹将去 American University

---

① 详见《袁同礼年谱长编》，第 2778 页。

任客座教授一年，盼能长聆教益。即叩著安。

后学邓嗣禹拜复

正月　　日

华府租 apt. 或住宅，若知有价廉物美之处，便请示知，否则乞不必劳神回答。

（University of Chicago Library，Yuan T'ung－li papers，Box 8）

按："印大图"即印第安纳大学图书馆；American University，即位于华盛顿的私立大学美利坚大学，由基督教卫理公会教派联合会创办。

4—6 月，整理 1937 年赴美日记，并以长篇回忆录的形式，将《去国记：七七战起自平津绕道日本赴美日记》为题目，在台湾《传记文学》1963 年和 1964 年版面上，分三期连载发表。

台湾《传记文学》在刊发这篇日记时，增加一段编者按，强调这篇日记的重要性：

本文系邓嗣禹先生在卢沟桥战起，自平津绕道日本赴美国的日记。虽然在日记中，他只记载在抗战初起时，个人来美的一段艰苦旅程，但实在是中国近代史的一部分。

2016 年 1 月，中国社会科学院近代史研究所马勇研究员，曾经发表文章介绍与评价了这篇日记：

可以佐证潘光旦记录的还有新出的《家国万里》①。这是一部资料集，记录享誉世界的汉学家邓嗣禹的学术与人生。邓嗣禹是燕大研究院毕业生，属于邓之诚、洪业、顾颉刚的学生，成绩优异，原本计划继续留校研究，无奈华北局势突变，使他萌生去国之意。恰当此时，好友房兆楹自美国来信（电报），邀请邓嗣禹前往参加与国会图书馆《清代名人传略》写作计划。更为巧合的是，邓嗣禹赴美国使馆办理相关手续那一天，正是卢沟桥事变爆发的日子，因此这部书第一篇《去国记》，详细记录"七七战

---

① 彭靖：《家国万里：邓嗣禹的学术与人生》，上海：上海人民出版社，2014 年。

起自平津绕道日本赴美日记"。①

7月21日，嗣禹写信给女儿邓同兰夫妇，告知8月底全家搬至华盛顿。

上次接同兰来书，即寄人民币并托徐炳麟寄红花油，为治风湿病之用，不知好转否？今年黑龙江是否丰收？小孩乖巧玲珑、可爱也。希望继续乖健。

今年8月底起，我将全家搬至华盛顿，即美国国都。我将在美国大学讲学十个月，以后托徐炳麟给你们寄信封。你们现在如有空写信，请随便写几行，告知身体及生活情形，寄到现在的通信处，可以收到。

8月，因第二次休假之便，赴华盛顿美利坚大学（American University）执教10个月。

9月9日，嗣禹从华盛顿美利坚大学，致函钱存训：

公垂兄，伍振旒《颜之推之人生哲学及教育思想》台湾省立师范大学教育研究所集刊二期，页113—119，如贵馆有此杂志，请作一 yerox copy 掷下，费用即补交。

去年，闻吴光清言，令女公子在华盛顿，即邀请来舍下小住，据答已离开。春假曾在此等候，未见与会。有人谓钱太太生病，盼早点用药。如贵馆无此杂志，请不必回信。

10月9日，嗣禹从华盛顿美利坚大学，再次致函钱存训：

公垂兄，中华民国开国五十年文献，如列强侵略、开国规模、革命之倡导与发展等共计14大册，万一贵馆尚未入藏，第可售予或赠送一部，私人已接到二部之多，皆台湾友人寄赠者。如已入藏书，请免复信之烦。敬叩，教安。

10月13日，钱存训回复：尚未入藏，似请赠送一部。

11月17日，嗣禹从华盛顿美利坚大学写信给女儿邓同兰，告知生活

---

① 马勇：《从〈钱玄同日记〉到〈苏州日记〉——我的抗战漫读》，载《博览群书》2016年第1期。

情况。

上次来信，即请徐炳麟寄西藏红药水二瓶，钱若干，想均已经收到。此处有一位孙太太，北平人，患风湿痛，西药多方治疗——如烤电、温泉水等等，皆无效。近学画画，将全部注意力在画上，则暂时忘记痛苦。另一太太，经美英医生，皆未能痊愈，既然百药无效，置之不理，让其痛苦。半年以前，或然止痛，亦无事也。我亦接到两瓶红药水，分送一瓶与孙太太，要她将痛处用热水洗擦后，涂点红药水，等皮肤温热时，觉得舒服。

夏清、文秀也想寄点钱给她们，希望她们可以收到。她们若能直接给我写信，更好。信封上不必写中文名字，反正邮政局中，无人认识中文。

彭外孙想早已有乳名，学名或可用彭吉林三字，不知以为何如？来华盛顿，交通太拥挤，不敢开车，来往坐公交车，每次至国会图书馆一次，往返花费三小时，因此工作效率迟缓。家中大小人口粗安，虽间有小伤风，总算幸运。即询，合宅清泰，农产丰收。

本年度内，指导博士生黄培通过《雍正研究（1723—1725）》为题目的博士论文答辩。1974 年，英文版《专制：雍正研究（1723—1725）》，由印第安纳大学出版社出版。

黄培毕业之后，先后任教于爱荷华大学、威斯康星州立大学、杨斯敦州立大学历史系，1969 年任副教授，1978 年任教授，是邓嗣禹培养出的最为亲密的博士生。邓嗣禹去世之后，他曾多年负责关照邓氏家族后代，并与其女儿邓同兰保持过近十年的通讯往来。

本年度出版的专著、发表的学术论文与纪实文章：

1. 在《亚洲研究》第 4 期上，发表论文《孙中山先生与中国的秘密集社》。

2. 在台湾《传记文学》连载赴美日记《去国记：七七战起自平津绕道日本赴美日记》，载《传记文学》1963 年 10 月第 3 卷第 4 期，第 28—31 页；1963 年 11 月第 3 卷第 5 期，第 35—38 页，及 1964 年 1 月 4 卷 1 期第

43—47 页。

3. 研究专著《孙中山和他的秘密集社》，由美国内布拉斯加州立大学出版社出版。

4. 发表对陈志让所著《袁世凯传，1859—1916》一书的评论，载《东南亚历史》（*Southeast Asian History*）1963 年 9 月第 4 卷第 2 期，第 203—205 页。

5. 发表对简·罗敏（Jan Romein）所著《亚洲世纪：现代亚洲民族主义史》一书的评论，载《斯拉夫与东欧期刊》（*The Slavic and East European Journal*）1963 年冬季第 7 卷第 4 期，第 446 页。

1964 年　59 岁

一、在美利坚大学查阅太平天国史料、继续修改《颜氏家训》。

二、6 月份，返校后教暑假学校，每日讲演两次，兼管系内研究工作。

三、与费正清再次合作，发表论文《中国的外交传统》。

1 月 21 日，关于《高级中文会话》一书出版之事，嗣禹从华盛顿美利坚大学致函钱存训：

公垂兄：顷请敝图向贵馆借《太平天国史料丛编简辑》2875/4116.1，请东亚馆通融，早日寄下。否则从芝大借书，普通以需要二三周。

刚才芝大出版社打长途电话，说《高级中文会话》中，有一字颠倒，无法放回原处，弟要他们请吾兄、钱太太，或宫其月小姐帮助，以免往返邮寄之乞。吾兄惠助，感谢之至。敬叩。俪安

1 月 30 日，嗣禹从华盛顿美利坚大学，再次致函钱存训：

公垂兄：今日早上，给远东图（书馆）与贵府打电话，皆适逢外出。太平天国史料三大册，只能在图书馆看，不能携至公事房。敝校园极杂乱，不安静，近日下雪，天气奇寒，非三日三夜之功看不完。故如可以通

融，取至公事房，则方便多矣。弟现有一日本女打字员，如有抄写之处，此女人可以抄出，颇为省事。

如不妨碍馆章，乞惠予以通融，写一便签，与 Mr. E. L. Ciaig, lnter library of office，也许礼拜一在。兄打电话请示。此书，太平天国史料简编，贵馆从何处买来，乞示。

5 月 19 日，嗣禹从华盛顿美利坚大学，写信给女儿邓同兰：

闻在湖大进修，可见国内教育大有改进之处。从前教中学者，绝难得此机会。张申绅博士，非常客气，宜慎重致谢。并请告知，如需要重要科学书籍，告知书名与出版社，当即购买，以供参考。今年大概风调雨顺，在海外未闻有天灾或多雨的消息，秋收必转佳。你在湖南，当知道清楚。

数月前，曾托徐炳麟寄御寒衣服，彼谓在港中寄包裹，困难重重，限制甚多。若在美国寄到香港，再由彼转寄，可省许多麻烦。包裹大小，亦不受限制。家中有多毛线衣、绒毯，不知你们或同桂用得着否？如希望从美国寄来东西，请开列一单来，并略告知大小。

你在进修期间，必有大进步。我们全家大小均安，希望勿念。我日见衰老，偶然也有风湿病痛，然大体尚算强健，十余年来未生大病，总算幸运。再者 6 月 13 日离开美国大学，返至印第安纳大学。

6 月 13 日，嗣禹结束在美利坚大学执教，从华盛顿返回印第安纳大学。

8 月 26 日，嗣禹写信给女儿邓同兰：

自从华盛顿返校，即教暑假学校，每日讲演两次，兼管研究工作，颇形忙碌。因此之故，未能早日给你写信，非常抱歉，恐已经从常宁返回东北矣。

今早从邮局给你们寄一条棉被，另一套棉衣，很暖和，希望你能接到，而付税不多。包裹从徐炳麟转，不能挂号及保险，沿途各处检查，所以能否寄到，及何时可到，均难预告。

上周去纽约，我见一在联合国做事之老同学，彼曾在五六月间，回国内地观光月余，见到一切情形良好，甚为兴奋。在联合国做事的好处，就是每年暑假可以到各处去旅行两个月，任何国家都可以去，不受限制。我们就无此幸运了。

家乡亲戚朋友情形如何？今年丰收程度如何？盼示。闻国内百物价低廉，蔬菜一斤不到一分钱，曷胜羡慕。你们夫妇月薪若近一百五十元，也就可以过日。不足之处，我来补牢。转告国内友人云，寄东西不如寄钱，因为有侨汇者，可得优惠待遇。

三日前，脚转筋，奇痛，后来有人告知，每晚睡前洗一个热水澡，居然脚不转筋，而风湿病也不降临，容易之药方也。家中大小粗安，盼你们一切皆好。

秋季，由美利坚大学回印第安纳大学。

11 月 13 日，嗣禹写信给女儿邓同兰：

久未见来函，不知近况如何，甚以为念。8 月初曾写了一封信，寄至湖南师范学院生物系办公室，亦不知接到否？回到老家一次，不知道亲戚朋友的状况如何？同兰的风湿病好转否？寄来一条旧棉被和一套新棉衣，不知接到否？家中的毛绒毯已经用了十余年，不能再寄给你们用，新的不知要付税若干。一直等同兰来信，老没有见到，希望一切平安。再者，我早已回到印第安纳大学，信件不要寄到华盛顿。

本年度，嗣禹与费正清再次合作，发表英文论文《中国的外交传统》。

本年度发表论文与书评文章：

1. 发表书评，对邹谠所著《美国在中国的失败，1941—1950》一书进行评议，载《美国历史评论》1964 年 1 月第 69 卷第 2 期。

2. 与费正清合作发表论文《中国的外交传统》，刊载于《世界比较政治》论文集中。

3. 发表论文《海内外会党对辛亥革命的贡献》，载吴相湘主编《中国现代史丛刊》第 5 期，台北：文星书店出版，1964 年，第 1—22 页。

1965 年　60 岁

一、编写汉语教材《高级交际汉语》，在芝加哥大学出版。

二、继续收集资料，完善《颜氏家训》英译本。

三、准备参加明史研讨会论文。

1 月 21 日，嗣禹写家信，告知近期生活情况：

拜年，拜年！希望此信在旧历年时可以接到。另托徐炳麟寄去 225 元，为你们购过年东西，并为吉林买点礼物。因为税太重，我们不能寄东西。上次付的税，跟此处原价差不多一样多。

同兰 12 月 2 日长函已经收到，甚谢。昨晚是因为未能接到那封信，又闹失眠的痛苦。回到老家去一次，看看亲戚朋友，总是好事。如能去西湖游玩一次，更是幸运。终年忙碌，加风湿病痛，应该稍为休养休息。风湿病最顽固，在此地也无法根治。同兰信写得很好，可是仍不如先祖父写得详尽。他每次写信，要把全家大小点名一次，言简意赅。我的风湿病已经极少，因为现在睡眠不开窗户，每晚睡觉前，洗一热水澡脚转筋痛也免除了。家中大小皆安，乞勿念。祝你们一年四季大吉大利。

6 月 11 日，嗣禹致辞函钱存训：

公垂兄：《明开国以后之制度》孟森著，文史杂志第七、八（民国 33 年 4 月份），如贵馆有此期可惠，恳请代作一 Xerod Copy，并请代付款，当即奉还。敝校今日始订购，赶上 7 月 1 日交卷之定期，为参加 Huda 主持的明史研讨会之用。今女公子结婚，谨此预贺，惜因教暑假学校，不能参加盛典，为愧即叩。

9 月 16 日，嗣禹用英文致辞函钱存训，现翻译如下：

亲爱的钱教授：你们有《颜氏家训》的分析卡片吗？如果有的话，印第安纳大学图书馆想买一套。这个图书馆有一本《颜氏家训》，但在这个庞大的藏书中很难找到这本书。

11月29日，嗣禹致函钱存训，查询《颜氏家训》资料：

公垂兄：刘盼遂《颜氏家训校笺》（女师大）学术季刊，一卷二期，页 T21，又二卷一期 P1－10，然烦作一 Copy 并恳垫款。洪亮吉晓读书斋四录下（洪北江全集）、王念孙苍颉篇校本（小学钩沉或翠琅玕丛书），如有可乞借阅。今从校际图办理手续，实则听令人欲知者为二氏讲"淯"字条之卷叶而已。芝大如有寒士代查，筹二元一小时。惠图新书目录，甚谢致辞叨。

12月1日，裘开明致函邓嗣禹：

你需要的书已交给怀德纳图书馆照相复制部制作复本，制作完毕后将同账单一起寄到印第安纳大学。你需要的另一篇 Chiang Ti 撰，刊登于《山西师范学报》上的文章，汉和图书馆没有收藏。

12月18日，嗣禹致函钱存训：

公垂兄：大作单行本二篇，非常有用，拜赐良多。刘盼遂《颜氏家训校笺》尚未能见到。尊信信封上，打字员打成 Bloomington ，Ball，邮局改正寄到此处。若 Xerox Copy 用印刷品四等邮件，据云不转寄，可否再烦作一个复制本，奉上支票一张。为复印本及上次找材料助手费用，一切多承帮忙，感谢万分。即叨，不足当再补寄。

12月22日，嗣禹致函钱存训：

钱公：今天下午接到芝大寄来之胶卷顷检阅，即刘盼遂《颜氏家训校笺》一文，大概杂志太旧，装成厚册，不适宜于 Xerodx 胶卷当以甚佳，因弟工作室有一大胶卷阅览，非常方便。价值二元，请从寄呈支票清为寿。麻烦太多，感谢万分。拜年，拜年！

本年度，《高级交际汉语》由芝加哥大学出版社出版。格里格斯（Thurston Griggs）曾经为这本书发表书评文章，他认为："《高级社交汉语》为现代汉语口语提供了有趣、实用的主题对话，以及可用和最好的素材来源。这些方面连同其广泛的应用范围，值得广泛推广发行。"德范克

（John De Francis）认为："邓嗣禹的这本书是一部保守、正统风格的教科书。……总体上，这部著作是一部简洁、干脆，有才华且普遍满意的教材。"

本年度出版的著作与发表的论文：

1. 汉语教材《高级交际汉语》由芝加哥大学出版社出版（*Advanced Conversational Chinese*，Chicago，University of Chicago Press，1965）。该书到 1980 年已出版第 8 版，1986 年又见到有再版。

2. 发表论文《劝世良言与太平天国革命之关系》，载吴相湘《中国史学丛书》，第 14 本：《劝世良言》（台北，学生书局），第 1—24 页。

3. 研究太平天国史的著作《劝世良言与太平天国革命之关系》，分别由印第安纳大学、台湾学生书局出版。

4. 发表对张馨保（Chang Hsin - pao）所著《林总督和鸦片战争》（哈佛大学出版社，1964 年）书评文章，载《美国历史评论》1965 年 7 月第 70 卷第 4 期，第 1217—1218 页。

第四章　1966—1988年（61—83岁）

1966年　61岁

一、经过30年来不断修改完善，《颜氏家训》出版。

二、荣任印第安纳大学讲座教授，迄至1976年退休。

三、为《明朝开国文献》撰写序言。

2月4日，嗣禹致函钱存训，询问明大诰书籍事宜：

钱公：大函及退回支票不知搁于何口袋。因大考阅卷忙，未能及时回复，甚以为愧。查原书卷页在书写时，前书支票不够，现再书一纸，乞交贵同事。此后重修太平天国史，烦琐可减少。

明大诰（一编、二编、三编）不知有原本或microfilm（微缩胶卷），弟请光清兄帮忙，费洋39美元，皆误寄至台湾。如贵馆有microfilm（微缩胶卷），可否乞借用三四日，以便写一篇导言。台湾版重印明大诰，即叩。请在此纸上随便写数字足矣。

2月4日，嗣禹写家信，将身体情况介绍给女儿邓同兰：

同兰上次来信，告知生活近况，甚为得益，非常感谢。出国日久时，对于国内情况常感到隔阂，虽读《人民日报》，然报纸寄到时，已过近两月，也无大帮助。

手臂早已全好，现在一点不觉得痛样，完全与从前一样，务请放心，不必挂念，尤其不必寄中药来，因为收不到。总之，手臂早已全好，无须任何药品。

零下二三十度之间，确是严寒，不易对付，此城温度常在零上三四十度（华氏温度），去年未下大雪，今年 2 月 1 日始降雪八九寸，温度降至 10 至 20 度之间，行动感觉不方便。明后日，希望好转。全家大小平安，乞勿念。

三月间，挂寄一点钱，如有可能，请为母亲制作一羊皮衣御寒。此款容后由我寄钱赏思。此祝全家大小平安。再者你们如需要任何东西，不怕上税，我可以购寄。

1966 年，邓嗣禹（左）与三个女儿合影

7 月 8 日，嗣禹写家信给女儿邓同兰：

同兰来信已经收到，祖国年丰物茂，昌盛欢慰。希望天气和好，风调雨顺，来一次大收成！你们身体均欠佳，患风湿病，非常讨厌。我也偶患此病，但涂点药膏，洗过热水澡，愈热愈好，过一两天也就好了。从前常患脚转筋痛，后被人告知，洗热水澡，用热水上下擦腿，脚转筋毛病也减少了。所以我们全家大小的身体，差堪告慰。三个小孩每天游水晒得奇黑，穿的衣服也随随便便。惟礼拜天去教堂时，穿得整齐一点，有一张颜色照片，即月底前去教堂时照片。我很少照相，故乏相片寄上，今托徐炳麟寄来相片一张，看来头发已经脱光了。

同桂一定要上好大学，一切费用由我全部负担，如能进北京大学更佳。大致需要什么东西，请随便告知。托徐炳麟寄一点钱，此后要到11月，才能再寄。祝你们健康快乐。

8月25日，嗣禹致函台湾"中研院"近代史研究所所长郭廷以，告知相关情况：

量宇先生史席：

本年来，承赐近代史学研究所编论文，非常感谢。在美国出版专门学术论著，因销路不广，困难迟缓，异于通常。故数周前，寄上史研所图（书馆）新近出版西洋历史书籍十来种，对于研究中国史之青年，或可供他山之助，非敢有报李之谊。

数月以后，有一名加拿大学生名 Peter Mitehett，生于河南，为传教士之子，将来台湾研究《海国图志》对于中日两国之影响。若晋谒时，乞予指教。感同身受，敬叩，著安。

弟邓嗣禹 拜上
一九六六年八月廿五日

信中所述，晚清著名学者魏源所著《海国图志》，是一部全面介绍西方国家的科学技术和世界地理、历史知识的综合性图书。全书详细叙述了世界各地和各国历史政治、风土人情，主张学习西方国家的科学技术，并提出著名的"师夷长技以制夷"的科学思想。这是一部具有划时代意义的巨著。

12月，发表对汪一驹（Y. C. Wang）所著《中国知识分子与西方》的书评文章。

本年度，经过30余年的精心打磨，英译本《颜氏家训》由荷兰著名的出版机构，博睿学术出版社（E. J. Brill）出版，1968年、1969年增补后再版。

1966 年，英译本《颜氏家训》出版时，为了感谢博晨光为本书翻译工作的支持，缅怀两人共同合作的美好时光，邓嗣禹在书的封页上写道："这本书专为怀念博晨光，1880—1958。"目前，这个版本仅收藏在台湾"中央研究院"，更多读者看到的是 1968 年、1969 年的版本。

邓嗣禹在《颜氏家训》英译本的出版说明中，曾有这样的真实记录："我感谢洪煨莲（洪业）教授的建议，将英文本《颜氏家训》第十八章'音辞篇'的内容，送给周法高教授、李方桂教授审阅，这些专家们的建议极

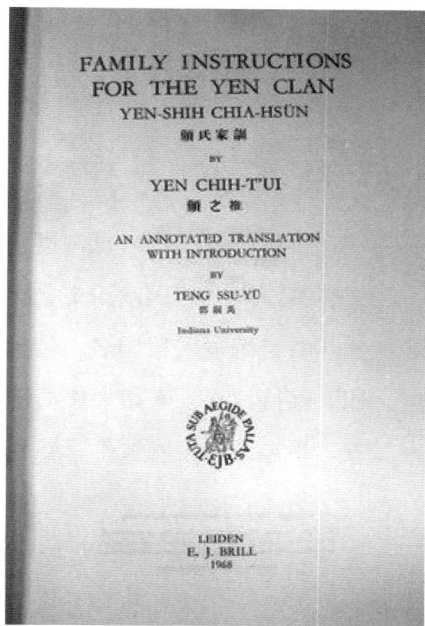

《颜氏家训》英译本 1968 年版

大地提升了《颜氏家训》翻译的准确性。"可以想见，当时洪业应看到过邓嗣禹的《颜氏家训》翻译草稿，他一定认为其中第十八章"音辞篇"的内容，可能在英译方面还存在一些需要改进的问题，才向邓嗣禹提出这样的建议。①

本年度，嗣禹将 1936 年发表于《燕京学报》的论文《明大诰与明初之政治社会》略做修改，作为《明朝开国文献》第一册序言，由台北学生书局出版。

本年度出版的著作与发表的文章：

1. 英译本《颜氏家训》，由荷兰博睿学术出版社（E. J. Brill）出版。

2. 发表对汪一驹（Y. C. Wang）所著《中国知识分子与西方》一书的

---

① 彭靖：《邓嗣禹〈颜氏家训〉英译研究与传播的意义》，载《国际汉学》2020 年第 4 期，第 163—164 页。

评论，载《美国历史评论》1966 年 12 月第 3 期，第 625—626 页。

3. 为《明朝开国文献》撰写序言。

1967 年　62 岁

一、台湾版《中国考试制度史》首次出版。

二、英译本《中国政治史，1840—1928》再版。

三、参与编写《民国名人传记词典》中"赵恒惕"部分。

四、接待钱存训来印大作演讲。

五、指导博士生陶晋生，顺利通过博士论文答辩。

本年，《中国考试制度史》由台湾学生书局再版，这是 30 年后第二次出版。此时，中国大陆正在开展轰轰烈烈的"文化大革命"运动。20 世纪 60 年代后期，特别是长达十年的"文化大革命"期间，在"以阶级斗争为纲"，以及"反对封资修"等"左"倾错误口号指引下，包括高考在内的一切考试形式遭到全面否定，科举制度和八股文变得臭不可闻，它们与鸦片、小脚、辫子一样，被称为"封建余孽""历史糟粕"，从中国文化体系中被彻底抹去。正常的升学考试制度也被称为科举的"余毒""修正主义"的教育路线。① 因此，以研究科举制度为主要内容的《中国考试制度史》自然就不可能在中国大陆再版。

1959 年，台湾学生书局在台北市创立，出版中国文学、史学、哲学等专业学术图书，如中国史学丛书、新修方志丛刊、中国民间信仰资料汇编等。哲学偏重于中国近代新儒学思想体系，包括牟宗三、徐复观、邓嗣禹、唐君毅、罗光等大家的著作、全集。在 1967 年、1977 年、1982 年，台湾学生书局曾先后三次将邓嗣禹《中国考试制度史》再版。

---

① 彭靖：《四十年间翻天覆地变化的科举》，载《中华读书报》2018 年 12 月 16 日，收录在《尘封的历史：汉学先驱邓嗣禹和他的师友们》，北京：中国财富出版社，2020 年，附录第 306—314 页。

1967 年，台湾历史学家全汉昇到美国芝加哥大学担任访问学者期间，邓嗣禹曾将这本书的签名本赠送给他。在这一版本书中，从邓嗣禹增加的自序内容中，我们可以了解到，早在 1962 年 12 月 3 日，英国剑桥大学考选委员会考制专家布瑞敦（J. L. Brereton）曾经来函，主动要求将这本书翻译成英文。"逾数月，函告夫人病重，改变计划，不能来纽约面谈。嗣禹亦因授课及其他工作忙碌，爱莫能助。[①]"从这篇自序文字中，可以反映出这本书的演变过程。因此，在 1977 年、1982 年的版本中均有保留。

全汉昇（1912—2001），台湾历史学家、教育家，著名的中国经济史研究专家。历任"中央研究院"总干事，及该院历史语言研究所研究员、台湾大学经济系教授兼系主任、香港中文大学教授、新亚书院院长、新亚研究所所长、"中央研究院"院士，曾应美国芝加哥大学、哥伦比亚大学、哈佛大学及日本东洋文库之邀，曾经担任过访问学者和研究员。

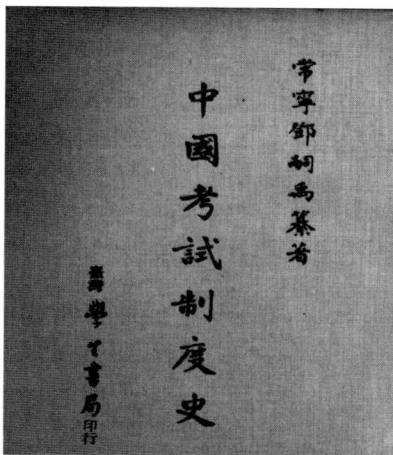

1967 年台湾学生书局版本 内页有书赠送全汉昇签名

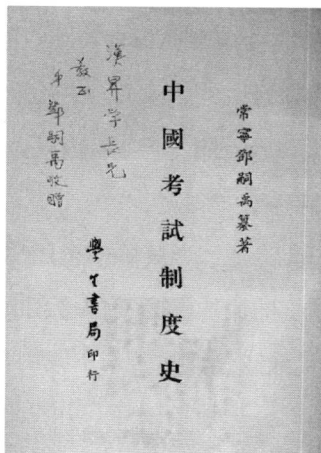

1 月，嗣禹发表对米查尔（Franz Michael）《太平天国：历史与公文》一书的书评文章。

---

① 邓嗣禹 1967 年版自序内容全文,详见:《中国考试制度史》,北京:商务印书馆,2021 年,第 1—3 页。

9月，嗣禹在《中国文化》期刊上，用英文发表论文《明太祖的建设性与毁灭性工作》。

10月5日，嗣禹致函钱存训：

公垂兄嫂：十一月十六日来敝校讲演时，请在舍下便饭。最好夫妇同来，走动散心，有益健康。务祈勿却。

11月13日，钱存训致函嗣禹，请求他作为申请资助项目的推荐人：

持宇吾兄：周四晚间，承宠台晚饭，昌盛咸幸。如开车则文舒同来拜候。如乘飞机则坐四等舱。惟日来芝城汽油罢工，迄未能解决，各处油站均已关闭，到时尚不知能否驾车出城也。

兹有荐者，弟向 ACLS 申请一奖金，似于明年去欧洲及远东作短期旅行，籍（即）能收集资料。主要为应尼登①之邀，为其中国科学技术史写作一章：纸墨及印刷（125页，六万字左右）。附呈简单计划与提纲一份，拟请我公代作一书，加以吹嘘。其他三位拟请 Joseph Needham（李约瑟）、Goodrich（富路特）及 E. A. Kracke（柯睿格）。我公对卡特一书之书评②，至今仍属权威之作，一言九鼎，必为裁判所重也。先此笔陈，余容面谢。专此即请。

ACLS 奖金，即美国学术团体理事会（American Council of Learned Socie‐ties）的简称，为美国专门针对在人文学科领域申报项目所颁发的研究基金。从钱存训的信函中我们可以得知：当年，李约瑟邀请钱存训撰写《纸和印刷》一册的书籍，并没有提供任何费用，钱存训是通过将此项目申请 ACLS 奖金来完成的。而通过 ACLS 渠道申请资助的方式，必须邀请四位在此方面有研究专长的专家，作为申请项目的推荐人。③

---

① 尼登：李约瑟（Joseph Needham）的英文简称。

② 此处指邓嗣禹在1934年发表的评卡特《中国印刷术之发明及西传》长篇书评文章，载《图书评论》1934年7月第2卷第11期。

③ 彭靖：《钱存训、邓嗣禹往来信札》，原载《中华读书报》2018年2月7日，后收录《尘封的历史：邓嗣禹和他的师友们》，北京：中国财富出版社，2020年，第130—136页。

11 月 16 日，钱存训来到印第安纳大学作演讲，嗣禹接待并宴请。

本年度内，指导博士生陶晋生顺利通过博士论文答辩，博士论文以"金代女真的汉化"为题。1976 年《金代女真的汉化》一书英文版在美国问世。

陶晋生毕业之后，长期与邓嗣禹保持通讯往来与交往，是获得台湾"中央研究院"院士的学生。

他先后任教于台湾大学，任历史系副教授、教授；"中央研究院"历史语言研究所副研究员、研究员；美国亚利桑那大学教授（1976—1988年）；香港中文大学讲座教授（1988—1990 年）；《食货月刊》执行编辑。曾获得的学术荣誉：中山学术著作奖二次；"中央研究院"院士（1990年）；美国华人职业协会杰出奖（1991 年）；美国亚利桑那大学亚裔教授协会教学奖。

陶晋生长期致力于宋辽金史和中国史、边疆史、社会史研究，造诣颇深，具有国际影响。著有《金海陵帝伐宋与采石战役的考实》《边疆史研究集》《女真史论》《宋辽关系史研究》《金世宗的本土运动》《北宋士族：家族·婚姻·生活》《中国政治制度中女真统治的影响》《十二世纪的女真人：汉化研究》等。其中《女真史论》获中山学术文化基金会学术著作奖，《宋辽关系史研究》2008 年 5 月由中华书局出版，比台湾版增加两篇文章。

本年度，英译本《中国政治史，1840—1928》，由斯坦福大学出版社再版。

1980 年 8 月 10 日，嗣禹曾写信，告知武汉大学历史系萧致治教授，"这本书前后共计发行 5200 册"，其数量之多，在美国同类著作中实属少见。

本年度，嗣禹还曾参与编写由包华德主编《民国名人传记词典》，负责"赵恒惕"部分。

本年度出版著作与发表论文：

1. 台湾版《中国考试制度史》，首次由台湾学生书局出版。

2. 英译本《中国政治史，1840—1928》，由斯坦福大学出版社再版。

3. 参与编写由包华德主编《民国名人传记词典》中"赵恒惕"部分。由哥伦比亚大学出版社出版。（"Chao Heng－t'i"，in *Biographical Dictionary of Republican China*，ed. By Howard L. Boorman et al. New York，Columbia University Press . 1967，4 vols.）

4. 在《中国文化》期刊上，发表论文《明太祖的建设性与毁灭性工作》，第 14—38 页。

1967 年，斯坦福大学版《中国政治史》

（"Ming T'ai－tsu's Destrucitive and Constructive Work"，*Chinese Culture*，8. 3. September 1967.）

5. 发表书评，对佛莱兹·米查尔（Franz Michael）《太平天国：历史与公文》一书的评论，载《亚洲历史研究》1967 年第 1 期，第 93—95 页。

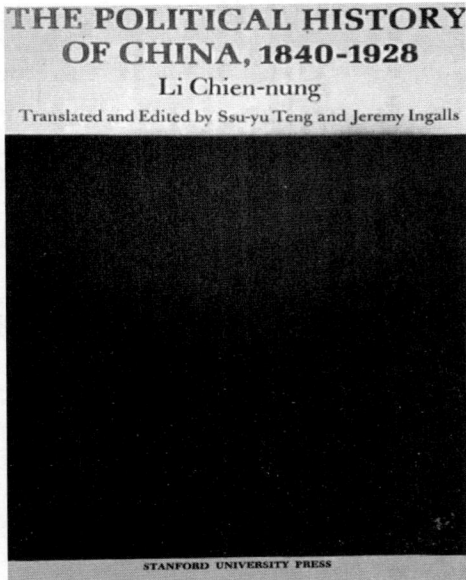

1968 年　63 岁

一、全面修订《中国参考著作叙录》第三版。

二、收集关于林彪的资料，准备撰写《林彪传》。

三、参加第 27 届远东国际代表大会，并宣读论文。

四、《清代管理制度：三种研究》第三版出版。

五、《中国对西方的反应》第三版出版。

1 月 28 日，嗣禹写家信给女儿邓同兰：

1967 年 12 月 27 日写来的信，已于 1968 年 1 月 23 日收到。即寄去 200 元为同桂治病及尊舍零用。望你们身体加强努力工作，为国家建设。

我们在此大小均安，七八月来，我无伤风咳嗽及任何病痛，他人乃强壮活泼，算是幸运。彭实姑爷近况如何，盼告知。

7 月 7 日，关于申请傅不赖特奖去香港之事，致函钱存训：

公垂兄嫂：久未问候起居，不知近况如何？弟已贪时向，欲研究中共问题，想携眷去香港、台湾小住十月，使女儿学习中文，苦无资助机会。昨闻 Fulbright – Hays Awards （富布赖特 – 海斯奖）中，有香港大学一名，帮助学生用新史学方法写作论文。因不揣浅陋，填写履历请求书一纸。规定四位介绍人，弟请吾兄为主著人之一，不知能否拨冗，吹（嘘）数词，直接寄予下列地址，若能成功，当感吾兄厚赐。但希望甚微，因逾截止限期月余，前未能注意，谨友人告知，即时填写而已。

7 月 11 日，钱存训回复，告知赴欧洲撰写《中国印刷史之研究》之事，已经批准。

持宇吾兄：大作单行本两种，拜读至佩。我公著作等身，正拟修书道谢。适接七七大函（7 月 7 日的信），籍望（届时）将有远东之游，甚感欣慰。嘱书 Full – bright 基金介绍书，已经完就寄出，力为推荐，即社释念。甚望可加（嘉），成功也。上月底，吴光清兄过此道赴远东，闻兄将于八月底赴台宣读论文，想必是参加张晓峰①先生召开国际汉学会议，至为欣慰。年前弟曾接其"文凭"聘为该院士，弟因未探望其中底细，迄再作复。吾兄想必已收到此项聘书，方知其内容情形，乞示知一二。以便有

① 张其昀(1901—1985)，字晓峰，浙江宁波人，地理学家、历史学家、教育家。1919 年考入国立南京高等师范学院，1923 年毕业后任商务印书馆编辑。1927 年在南京中央大学地理系任教。1935 年当选为"中央研究院"首届评议员。1936 年夏，应当时浙江大学竺可桢校长之聘，到浙江大学创办史地系担任教授兼系主任。1946 年任浙江大学文学院院长。1949 年赴台，1954—1958 年期间，任台湾地区国民党教育部部长。

所遵循，是所至幸。

又年前申请之 ACLS – SSRC 补助金，以作中国印刷史之研究，已经批准。多承我公推荐，至深感谢。暑假或秋季我将去欧洲一行，按照约定阅读有关资料，为李约瑟《中国科技史（第五册）》写作"纸墨及印刷"一个章节。我兄旅行时如见到有关这方面的资料（如材料、刻工、印刷等等）是为见告是幸。

7月，嗣禹荣升印第安纳大学讲座教授（University Professor）职位，直至 1976 年退休。

7月11日，嗣禹用"大学讲座教授"的英文信笺，致函钱存训，现翻译如下：

亲爱的钱教授：

我刚收到由华盛顿特区发来的补充资料，详细说明了他们准备好的推荐信表格的用途，现寄上一份给你，希望能麻烦你按他们的要求写信。我提前衷心地感谢你。

邓嗣禹　敬上
大学讲座教授

7月16日，嗣禹回复钱存训，说明去香港、台湾的缘由：

公垂兄：去台湾、香港为贪时髦找中共军事资料，绝非为张其昀之讲演。此公去年六七月间突然弄来一文凭，即退回去，以后又寄来，均未再理。曾接通知讲演事，未回信。此次先去香港，再去台湾，避免拉关系。一则无词可说；二则无时应酬。研究与交际，二者不可都得。吾兄托件，定当留意。但恐香港、台湾难以发现珍品一样，供兄参考。为查询林彪资料，曾函询上海图书馆，求作复印之事，未见回信，不敢写顾起潜之名，恐怕连累。不知此公在人间否？

吾兄去英国事，早知必成。因为世界权威者所述各节，必无问题。弟之匆匆忙忙，逾限近两月，始写失败为意中事，不足为外人道也。谢谢你一再写介绍信。敬叩，俪安。

8 月 9 日，嗣禹写家信给女儿邓同兰：

久未见到来信，甚为挂念。我身体甚佳，一年以来无伤风咳嗽及任何毛病。家中大小皆平安吉庆，乞勿念。接此来信，无论如何忙碌，请随便写几句，由香港徐炳麟转寄。看报，今年祖国天气好，可庆丰收。即询，合宅为好。

8 月 13—19 日，嗣禹赴美国密执安州，参加第 27 届远东国际代表大会，并在会上宣读论文《王夫之的历史观及其历史著述》。[①]

11 月，论文《王夫之的历史观及其历史著述》，在《亚洲研究》第 28 卷第 1 期上发表。

12 月 12 日，因查询有关林彪的研究资料，嗣禹致函钱存训：

公垂兄：知去欧洲写书，故数月未打扰。半年以来，为贪时髦，写林彪传书籍缺乏，到处乞寻湖北《黄冈县志》第四函；园田龟一：《新中国分省人物志》，目录湖北之部。其用意，再将林彪出生地的黄冈人才，作一段叙述，看对其有无影响。

An Annotated Bibliography of Selected Chinese Reference Works（《中国参考著作解题》）似大加修订，乞您提供意见，盼在二三月内拨冗指教。顾起潜有音信否？

12 月，对于《中国参考著作解题》一书，在 1950 年版本的基础上，再次补充内容。

12 月 24 日，钱存训写信回复嗣禹：

持宇吾兄：[②] 前通所询各书，兹月霞查如下：

（1）湖北《黄冈县志》，24 卷光绪五年（1879 年）本，20 册，5 函。

其中：卷 10—12 系人物志；13—16 系列女传（第四函），另有万历刻本。大通所述第四函不知有何所指？

---

① 邓嗣禹：《王夫之的历史观及其历史著述》，中译文本详见《社会科学论坛》2013 年第 8 期，第 41—49 页；复旦大学《中国学研究》2015 年第 17 期，第 16—23 页。

② 邓嗣禹，字持宇。月霞，为钱存训夫人。

（2）园田龟一：《新中国分省人物志》，本馆有此书中译本（R/2259.7/6612）

（3）Bulletin of the Atomic Scientists，22（June 1966），80-83，查此期系本年度，修订、增补英译《颜氏家训》，第二版由荷兰博睿学术出版社出版。为了加强西方读者对于书中缩写词的理解，同时方便查询书中的相关资料，嗣禹在原著的基础上，增加了缩写词列表、参考书目提要，补充了索引等内容，将译本由第一版的238页增加到245页。

本年度，费正清、邓嗣禹合著《清代管理制度：三种研究》第三版（列入"哈佛燕京研究丛书"第19本）；《中国对西方的反应》第三版，分别由哈佛大学出版社出版。

本年度出版书籍与发表的论文：

1. 修订、增补英译《颜氏家训》（*Family Instructions for the Yen Clan*，Leiden，E. J. Brill，1968），由荷兰博睿学术出版社再版。

2. 费正清、邓嗣禹著《清代管理制度：三种研究》第三版；《中国对西方的反应》第三版，分别由哈佛大学出版社出版。

3. 与何炳棣、邹谠合著《对于中国危机的评论》一书，由芝加哥大学出版社出版。

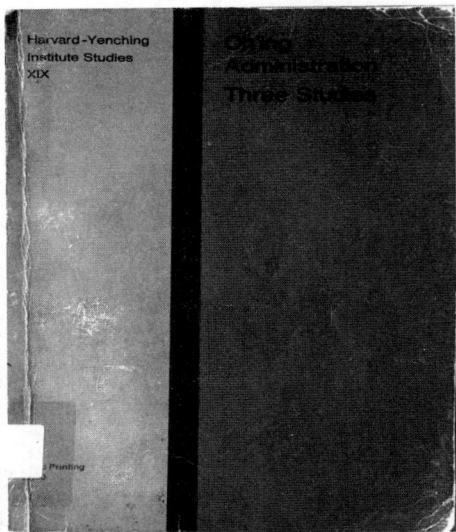

1968 年，《清代管理制度：三种研究》第三版

4. 英文论文《王夫之的历史观与历史著述》，发表在《亚洲研究》第28卷第1期，第111—123页。

5. 发表论文《捻军游击战的新观点以及对满族王朝覆灭的影响》，收录在《香港大学五十周年纪念论文集》（第三卷），由香港大学出版社出版。中译文本，详见《汉学研究》第 23 期，2017 年秋冬卷，译名为《关于〈捻军及其游击战〉一书的新观点》。

6. 发表对查理·约翰（Chalmers Johnson）所著《中国共产主义领导及对群众的影响》一书的评论。

1969 年　64 岁

一、修订《中国参考著作解题》第三版，由哈佛大学再版。

二、继续收集有关林彪的资料，开始撰写《林彪传》。

三、秋季赴香港，任教于香港中文大学，为期一年。

1 月 7 日，关于借书与修订书籍之事，嗣禹致函钱存训：

公垂兄：宠赐 *Library Resources on East Asia*，1967（《1967 年东亚图书图书资源》）寄到之后，即被一同事借去，昨天开学后催促始还。未及早日道谢，抱歉之至。借书事，因系中文书，不知其中内容、卷页，难请图书馆复制部办理。承示《黄冈县志》第四、五函内容，可不必借。园田龟一的《新中国分省新人物志》如蒙转烦贵同事将此书目录，湖北人物作一个复本，拜赐多矣。估计面积为一页，谨附邮票，以供费用。如太麻烦不作亦可。

中国参考书目书籍之修订，若能成事实，当专函请教。徐家壁 3 月 1 日来印大供职。

3 月中旬，嗣禹携夫人一同去芝加哥大学，由钱存训接待，住钱家并为其制作佳点。

3 月 24 日，钱存训致函嗣禹：

嗣禹兄：周前在芝匆叙，畅谈为快。临行未及送到机场，反劳我兄亲驾送赠嫂夫人亲制之佳点，至愧至谢。昨日又得大函，得书平安返寓，至为欣慰。

关于明大朱君所编之大作续编，顷承其寄下 Xeioy Copy 一册共收 83 种，均系 Uiuuesota 所著，体例一循原作，虽待增补，但此稿稍加修订，想必可用。为此可省兄等不少精力。伊应谓其可奉赠一册。如可采用，伊已报名参加此间夏令营班，吾兄如附其所作续编有所批评，应乞示之知。

弟周四去波城①，住 Sheration – Biston，当可再言晤面，容再详叙。即颂，琪安。

又支票一纸退还，因所费不多，已由馆中付讫已。

6 月 22 日—7 月 5 日，CIC 远东语言学暑假班在印第安纳州布鲁明顿印第安纳大学举办，由伯克利大学赵元任主讲中国语言结构、中国语言史两门课程。嗣禹与柳无忌、郅玉汝、王伊同、刘君若等人共同接待。

7 月 3 日，赵元任讲完"中国语言史"课程。

7 月 5 日，赵元任与 CIC 远东语言学暑假班全体人员合影。②

7 月 20 日，嗣禹在学校给女儿邓同兰写信。

徐炳麟告知近况，甚以为慰。身体欠佳，宜多调养，需用药品或其他的东西，尽管写信问徐炳麟要，必得办到。希望你能抽出时间写信，就好了。

我的身体很好，毫无病痛，只是忙得一塌糊涂。写书是不断地写，可惜不如所想的快。家人皆安宜，大女孩高中毕业，快上大学了。二女孩高中二年级，三女孩初中四年级，皆很聪明。祝全家好。

8 月，嗣禹赴香港，任教于香港中文大学，为期一年。

本年度，邓嗣禹与毕乃德合著《中国参考著作解题》第三版，由哈佛大学出版社再次出版，列入哈佛燕京学社"中国研究丛书"第二卷。

本年度，嗣禹在《亚洲历史期刊》《政治科学季刊》上，发表两篇书评文章。

① 波城，指靠近印第安纳大学所在地，布鲁明顿市附近的印第安纳波利斯。
② 赵新那、黄培云：《赵元任年谱》，北京：商务印书馆，2001 年，第 451 页。

1969 年版《中国参考著作解题》 　　1971 年版《中国参考著作解题》

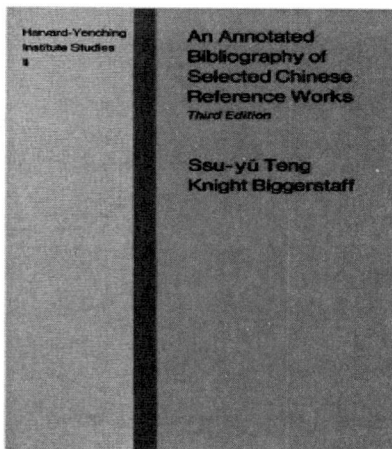

本年度出版著作与发表的书评文章：

1. 哈佛大学版《中国参考著作叙录》，作为第二版，由哈佛大学出版社再次出版。

2. 发表对德克·卜德（Derk Bodde）等人所著《中国皇帝制的法律》一书的评价，载《亚洲历史期刊》1969 年第 3 期，第 166—168 页。

3. 发表对施友忠（Vincent Y. C. Shih）所著《太平天国思想史：来源、解释及影响》一书的评论，载《政治科学季刊》1969 年 12 月第 84 卷第 4 期，第 648—650 页。

1970 年　65 岁

一、继续在香港大学任教工作。

二、3 月，赴远东和欧洲各国查询资料。

三、8 月，由欧洲返回美国印第安纳大学。

1—3 月，逢六年休假期，继续在香港大学任教。结束后赴远东和欧洲各国，在各大图书馆查找有关太平天国的资料，从事研究工作。

3月21日，嗣禹写家信给女儿邓同兰，介绍研究与工作近况：

我今年又是六年休假期间，在远东与欧洲各大图书馆查找资料，做点研究工作，终日早出晚归，也有相当辛苦。幸而身体结实，除偶然伤风外，毫无病痛，其算万福。今年65岁，头发半数没有了。你屡次问我要照片，愧对以望，因为照相难，也许不愿意看到自己年老的原因。三年以前，为学校身份证，照过一次相，已经过期无用，至此信中，寄给你们看看，不必寄还。

因为至途中，行踪不定，来往信件，至今年8月以前，都请徐炳麟转交。你们的一切事，他可以代办。此人讲义气，诚实可靠。我平生对人亦厚道。先祖父教我"待人宜厚，对己宜薄，爱人者人恒爱之，敬人者人恒敬之"。终身奉行不改，很觉有效。

祖国每日在进步途中，在香港输出一切物品，比二十年余前的制造，其有天壤之别！至香港买点祖国产品，吃吃祖国食物，倍觉快乐甜美。可惜不能至此久留，需经欧返美，继续舌耕，否则无以谋生。

希望母亲、彭实、同桂、你自己及两位很可爱的儿童好好保养，为祖国建设努力，我给你们一百二十分精神上的援助。

8月，嗣禹休假期满，经欧洲等地，返回美国印第安纳大学。

9月，在《香港中文大学中国文化研究所学报》发表论文《太平天国的兴亡与美国之关系》。

12月15日，嗣禹以图书馆分会东亚研究项目主席的名义，用英文致函钱存训，现翻译如下：

亲爱的钱先生：你能告诉我们你购买用东亚语言出版的书刊的年度预算吗？从正规图书馆资金中得到多少钱，基金资助或其他来源有多少？

你的藏书有两个独立的预算吗：一个用于东亚研究（跨学科），一个用于东亚语言和文学？你的资料将有助于我们图书馆馆长的预算规划和分配。显然，我们希望能为东亚图书获得更多的资金。如能迅速答复，将不胜感激。

提前致谢，并致以节日的问候。因无事忙，欠未请安，敬祝合宅平安吉庆。

12 月 21 日，钱存训用英文复函，现翻译如下：

兹答复你方 12 月 15 日的询问，随函附上 1970/71 年度美国图书馆远东藏书预算。这是代表 CEAL 最近进行的一项调查的报告，除此表外，将在 1971 年 2 月的 AAS 通讯上发表。这张列有各机构数字的表格是保密的，不应公开，希望对你的预算规划有所帮助。

我们图书馆的预算只有一个，但福特和 NDEA 的一部分资金是由远东研究委员会提供的。

去年夏天我们要去新的雷根斯坦图书馆。随函附上我们的简要指南一份，供您参考。祝你和你的家人节日快乐。

12 月 23 日，嗣禹写信给女儿邓同兰：

12 月 6 日来信，同月 20 日接收，可谓喜出望外。几乎一年半来未接到你的来信，心中真是纳闷，不知如何是好。我有一位很好的朋友，在香港住了 11 个月。因为不知道气候情形，带去很好很多的毛毯、毛衣等御寒物品。临走时，途经欧洲等国返美，不愿意携带物品，屡询大陆有无亲朋可以寄赠，答以不知住址，后闻此人许多物品，皆给看门的人，可惜。

我本想给你们多寄点钱，徐炳麟说，路途太远，恐怕失遗，以少寄为佳。接到之后，再寄不迟。你无时写信，又恐移居，故无法汇款。全家大小害病，当然需要物品、药方，富裕之家仍觉不济。有病而不能工作，国家政府能体贴发薪，当感恩不尽。在资本主义国家的人无此幸福。

去年寄去的药，是为治风湿病之用。今日请徐炳麟寄美金 200 元，另寄 10 元，请他买一瓶止咳药水，另一瓶维他命丸药，全家大小可服用。必须给同桂一些维他命丸，要她好好保养。我们全家大小均安，请问母亲、彭实姑爷好？接到药、钱时，务必写信三四字，收到了后再寄。谨此拜年，祝你们身体强壮。

本年度获奖、出版的著作与发表学术论文：

1. 著作《中国参考著作解题》再次获美国学术社团评议会（American Council of Learned Societies）研究奖。

2. 发表论文《太平天国宰相洪仁玕和他的现代化计划》，载《联合学院期刊》第 8 卷，第 87—95 页。（"Hung Jen – kan，Prime Minister of the Taiping Kingdom and His Modernization Plans," *United College Journal*，8（1970—1971），87—95. ）

3. 发表论文《太平天国的兴亡与美国之关系》，载《香港中文大学中国文化研究所学报》1970 年 9 月第 3 卷第 1 期，第 1—11 页。

4. 英文版《邓嗣禹与毕乃德在台湾出版的参考书目》，由台北中国资料研究中心出版。

5. 发表对史扶林（Harold Z. Schiffrin）所著《孙中山和中国革命的起源》一书的评论，载《美国东方学会杂志》第 90 卷第 4 期。（*Journal of the American Oriental Society*，Vol. 90，No. 4，624—625 页，1970 年 10 月. ）

1971 年　66 岁

一、研究太平天国的专著《太平天国与西方列强》出版。

二、英文版《中国参考书目解题》第三版出版。

三、向中国驻加拿大大使馆递交回国申请。

4 月，有关复制资料之事，嗣禹致函钱存训：

公垂兄：谁代替贵馆从前的 Mrs. Ch'ien，请告知，以便减少麻烦。

F. F. Liu，A military History of modern，P. 290

Chang Tye – sheng："The War History of the Nathern Eeapedition of the National Revolution and Army "

The Far Eastern Miscellancy《东方杂志》XXV（第 25 卷），15，16，17

期（Aug. – Sept. 1928）

可否烦贵馆同事代作一复制本？但敝馆近一二年闹穷荒，图书经费早已告尽。此文必须自己负担。如五分或一毛一页，不作繁。若如国会图书馆或 Sanford（斯坦福）之官样价格，合 4～5 毛一页，则请作别论。

7 月 25 日，写信给女儿邓同兰，告知近期身体工作情况：

6 月 7 号来信久已收到，也是因为忙，未能及早复，想累挂念，深以为愧。家中母亲、彭姑爷、同桂，均感安适。小靖、立立两人皆聪明乖巧，承欢膝下，堪称快乐。祖国欣欣向荣，不愁供给。我至此处，可舌耕至 70 岁退休。每年有点固定收入，故每年可寄回家至少 500 元，多可至 1000 元。彭实如体病不能工作，我可资助一二年，以便专门调养，期于完全康复。只要青山在，不怕没柴烧。只要身体强壮，将来鼓足干劲，仍可补足病时的缺欠。传说，张飞什么也不怕，只怕有病。病能使精神颓丧，英雄短气。治好了，就有一切希望，有办法了。

我很幸运，二十二年来，从未生过大病，住过医院。家中大小都很强健。惟百物高昂，找事日见困难。竞争利害，非学问好，有真正本能，虽获得博士学位，亦难找到。同兰建议元旦写信，我同意。我也想回国观光，但恐一时办不到。即祝，全家清吉，敬祝母亲福安。

9 月，嗣禹向中国驻加拿大大使馆递交回国申请。

9 月 15 日，嗣禹与毕乃德提交给哈佛大学出版社，《中国参考书目解题》第三版序言。

从这份序言中，我们可以了解到：在第三版书籍中，他们做了一次大幅度的调整，"删除了在第二版中出现的大约 100 个书籍标题，因为它们已被取代，或出于其他原因不再被认为有用"。同时，添加近 200 种新书名称，包括大约 25 种日语书籍，"主要是索引，这些索引可以被那些虽然不懂日语，但能读中文的人使用"。这些书籍几乎与 20 世纪 50 年代和 60 年代有关。

10 月 11 日，因《中国参考书目解题》第三版出版一事，致函钱存训：

公垂兄：与毕乃德合编之中国参考书目，数周内可以出版，已函请哈佛大学出版社，近请呈吾兄一部，聊报指教及款待之情于万一。门生 Lanny B. Fiells 为作左宗棠与回乱问题，将来贵馆找材料一二日，乞予方便，感同身受。

12 月 11 日，写家信告知女儿，近期工作与身体情况：

久没有写信，不知近况如何？你们大小的身体怎样？今年 3 月 19 日写的信，因为忘记写中文收信人姓名及中文住址，无法送到，本日早晨将信退回原处，可见祖国邮政局人员办事之佳。

前几天托徐炳麟寄点钱来，盼不久可以收到。冬天来了，天气寒冷，请买一些衣服、被单御寒，或买点药品保持身体健康，以便工作有效力，增加生产率。宣德、彭廷珍等人的住址，如知道请告知。现在有朋友，由美国返国观光半月或一月，若经组织批准，或可见见面。回信时，请由徐炳麟转。你们需要的药物或别的东西，亦可告知他。

我现在确实老矣。在美国一到 65 岁就算老人，医药费、保险加倍，不能开车，因为老人的眼花、耳聋，容易出事。虽然有保险公司为老人保险，索价奇昂。所幸我毫无病痛，仅精神较衰。下午晚上打哈欠，流鼻涕，坐至公事房椅子上闭眼休息一会儿，才可继续看书或写作。祝你们全家儿女新年纳福！

11 月 20 日，嗣禹接到周策纵来函，请求为他撰写 1972 年秋季的研究奖助金推荐信。

嗣禹先生道席：

多时未晤，甚念贤劳。拜奉尊著四种，珍同拱璧，铭感良殷。太平天国二文所提出之问题，至关重要。《注释国学参考书目》弟数年来皆用为教本，获益殊多，此次增订，承齿及贱名，可谓附骥尾而不巧矣。明春复开此课，尤为雪中送炭也。《颜氏家训》千古名作，得此英译，广被海外，难能可贵，自不待言。尊译义必求当，详释赡核，尤便检阅，至佩至佩！兹有恳者，弟正欲申请明年秋后之研究奖助金，需要推介人，如承填写，当至为感激。近年以来，弟于文学理论批评史，颇有涉猎，且历年均教此课，惟亟需时写作，申请书截止日期为财政（明年）二月一日，如亟在一周内寄去，尤为感幸，有劳之处，特此致谢。即颂

著安

拙著《五四运动史》近由留美青年五人合译成中文，自年初在香港《明报月刊》分期登载，兹奉上最近一份之复印本乞正。又十余年前偶译泰戈尔小诗二册，近来印出，另包邮寄请正。

弟　周策纵　拜上

1971 年 11 月 20 日

本年度，研究太平天国专著英文版《太平天国与西方列强》，分别由英国牛津大学和中国台湾虹桥书店两家出版社出版。

这本书共分为四大部分，共 17 章节，分别为"太平天国起义的起因""太平天国起义的发展""太平天国的外交关系""太平天国起义作用与影响"。本书之所以这样安排，他在序言中作了如此解释："这部著作对于太平天国起义的原因和影响，因为它的政治和社会制度，以及太平天国与外国列强的关注，要多于军事或其他细节。然而，它包含有太平天国起义的所有基本信息，目的是将所做分析更容易为读者理解，并便于叙述其发展。作者并不倾向于诸如经济等任何特定的解释类型，

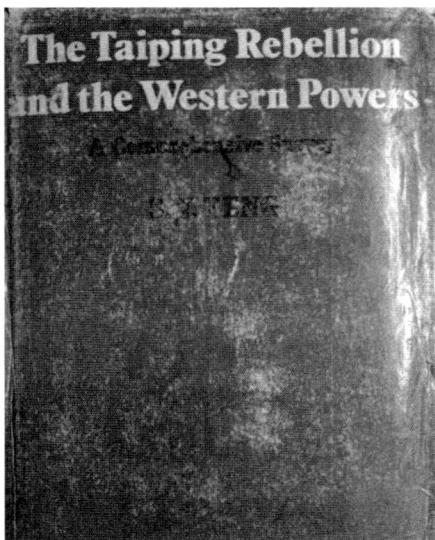

1971 年，牛津大学版
《太平天国与西方列强》

一种均衡的方法是有意而为。历史的真相是主要关注所在。"①

本年度出版与再版的著作：

1. 英文版《太平天国与西方列强》，分别由牛津大学出版社、台湾虹桥书店（Rainbow – Bridge Book）出版社出版（*The Taiping Rebellion and the Western Power*，Oxford University Press，Rainbow – Bridge Book 1971）。第 2、3 版分别在 1978 年、1979 年，由台北艺文出版社出版。

2. 第三版《中国参考书目解题》修改后，由哈佛大学出版社出版。

1972 年　67 岁

一、回国申请获得批准，开始对于中国的访问观光之旅。

二、利用两个月时间，进行一系列学术交流和参观活动。

三、英文版《太平天国历史学》第二版出版。

2 月 28 日，随着中美《上海联合公报》发表，两国外交关系解冻。

3 月 6 日，嗣禹写家信，告知近期情况：

同兰女儿：元旦来信早已转到，知家人大小安康，也算幸事。你托买增生性背脊尖病中药，请告知中药名称，否则无从下手。若有确实名称，当即请徐炳麟购寄。

至于返祖国观光事，当然希望，并且从去年 9 月起，已经竭力筹备。可惜职务牵连，不能在学期当中离职五周。回国以后，能否自由行动，不得而知。最好能回老家黄冈一次，看看二十二年进步情况。体力能否走，允许上山路，又是一个问题。总之，看实际情形决定。尽最大努力，谋（想）与母亲、同桂、彭实及你们全家大小团聚数日，祝福全家安吉。

6 月初，回国申请获得批准，开始对于中国的访问、观光之旅。其间，

---

① 吴原元：《走进他者的汉学世界：美国的中国研究及其学术史探研》，上海：上海人民出版社，2016 年，第 203—204 页。

到达香港、广州、上海、北京、沈阳、西安、延安、武汉等 13 个城市，进行一系列学术交流和参观活动。[①]

6 月中下旬，先后到达广州、上海、杭州、南京等地，参观大学、工人新村、工厂，会见昔日的燕大同学翁独健、郑德坤、周一良等人，并与其他朋友交流。

6 月 17 日，嗣禹早上启程，由芝加哥乘飞机出发，次日到达香港。

6 月 19 日，在东京的希尔顿酒店停留了几个小时后，离开了日本，于当天抵达香港。

6 月 21 日凌晨，前往九龙火车站，乘坐九龙至广州铁路线的火车，环球图书公司的经理徐炳麟前来送行。并于上午 9 点，到达深圳火车站。下午 3 点，火车离开深圳前往广州。

6 月 22 日，上午乘飞机抵达上海。嗣禹游览了黄浦江，参观中共"一大"会址。

6 月 23 日，上午参观了上海机床厂。下午跟随有 100 余人的海外华人团队，乘坐公共汽车去参观上海少年宫。晚上，在少年宫观看了一场杂技表演。

6 月 24 日，上午参观了上海工业展览馆，下午参观位于虹口区的鲁迅故居。晚间，在上海京剧院，观看现代京剧《智取威虎山》。

6 月 25 日下午，自费乘一辆私家车，参观了位于上海郊区的梅隆人民公社。

6 月 26 日，乘火车离开上海去杭州，参观杭州丝绸厂。

6 月 29 日，上午去参观西湖，下午参观六和塔。

6 月 30 日，嗣禹与同行的 10 个人去参观西湖附近的龙井村，品尝龙井茶。

---

① 所述内容,详见全译本《重访中国:邓嗣禹回忆录》,由彭靖翻译,台北:民国历史文化学社出版繁体版,2025 年。

7月，嗣禹先后到达南京、北京、沈阳和鞍山等地，参观了沈阳的重工业企业、鞍山钢铁厂。同时接受外交部宴请，并与费孝通、张海鹏等历史学家、社会学家交流，并会见国内的亲属。

7月1日，乘火车离开杭州去南京，参观南京长江大桥，并与南京大学有关人员联系。

7月2日上午，嗣禹和几个来自印度尼西亚的海外华人，一同去看被称为莫愁湖的历史遗址。

7月3日，嗣禹从南京乘飞机到北京。

7月4日，参观北京大学，北大校长周培源、历史学家周一良等人接待，参观北大校园，并与北大教师进行座谈。

7月5日，参观北京师大附属中学，晚间观看现代京剧《沙家浜》。

7月6日下午，没有经过安排，嗣禹去参观了一个出土文物展览。

7月7日，上午，嗣禹和一群海外华侨去参观长青人民公社全年绿化工程项目。下午，去参观了国家美术展览馆。

7月8日，嗣禹跟随一个旅游团队，参观了距离北京市区只有50英里的长城。后来又参观了十三陵水库。从长城下来时，他的小腿被扭伤了，在宾馆休息了几天。

7月11日，嗣禹去外交部，拜会了国际司司长龚普生，询问燕大心理学夏仁德教授签证的事宜。

7月12日早上，嗣禹和几个朋友租了一辆小型汽车，开车去位于陶然亭公园附近的天坛，还有中央公园。

7月14日，嗣禹参观了位于北京东城区的"五七"干部学校。

7月14日晚上，嗣禹在回忆录中，记述了当天晚上外交部礼宾司宴请的情形：

我们住在华侨饭店的七八个人，被外交部礼宾司邀请共进晚餐。外交部前驻波兰大使，现任中国人民对外友好协会会长王国权担任主持人。几个中国的政府高官和一些著名学者被邀请与我们作陪。应邀的来宾包括：

国家文物局局长王冶秋；中国社会科学院近代史研究所所长刘大年；中国最著名的女作家谢冰心，以及她的丈夫吴文藻；著名学者、社会学教授费孝通等人。

宴会是在著名的老餐馆丰泽园举行的。食物安排得很雅致，但只够我们一群人吃的，不会留下太多要扔掉的东西。主持人敬酒，用同样的敬酒词欢迎我们，而其他许多参与者则喝苏打水或茶。我认为，与当今香港和台湾相比，共产主义的大陆在向每位客人敬酒的方式上，仍然在实践中。然而，主持人礼貌地暗示，"我们干杯之后，大家可以自由地品用"。

7 月 17 日，嗣禹自北京写信，告知复旦大学谭其骧，因日程安排关系，不能前去上海探望。谭其骧"夜作复至十二点。渠云行程计划中规定已不能来沪云"。①

7 月 19 日，嗣禹带着他的亲属们，一起去参观颐和园。

邓嗣禹为他的女儿邓同兰（右一）、邓同桂（右三）留影

7 月 20 日，嗣禹参观了北京国家图书馆，图书馆革命委员会副主任刘其云接待。

7 月 21 日晚，嗣禹拜访了燕大同学翁独健。

7 月 22 日，嗣禹在翁独健的建议下，又去拜访燕大同学郑德坤。后来

---

① 葛剑雄编：《谭其骧日记》珍藏版，广州：广东人民出版社，2013 年，第 186 页。

在他的带领下，两人前往顾颉刚教授家探望。嗣禹在回忆录中，记述了当时的情形：

> 不久，我们来到了顾教授的家。这所住宅在1880年以前，属于晚清名臣李鸿章的官邸。刚从医院坐车回家的顾教授，很难休息一下。他的女儿，一个所谓的"赤脚医生"，或者说是无产阶级医务工作者，正在试着按摩他的头和手臂，使他放松到足以睡觉。我不忍心打扰他急需的休息，所以我只和顾太太谈了几分钟。

7月24—27日，嗣禹前往沈阳、鞍山等地，参加沈阳重型机械、鞍山钢铁集团、沈阳拖拉机厂等工业企业，并受到工厂领导的热烈欢迎。

7月28日，嗣禹回复谭其骧（字季龙），并介绍他此次重访中国的一些细节：

> 季龙兄嫂：

> 七月十八日手书情意绵绵，难得，难得，宝贵之至！本想早日回答，白天参观忙，晚上已精疲力竭，加上灯光暗淡，写字为难。又想我们或许至汉口谋一面，因为不能返上海，但签证与路线问题，一时决定不了。

> 数日前，曾去沈阳四日，参观重工业及鞍山钢铁厂，本不打算回到北京，然前日由沈阳飞行一小时，因风雨折回，立即搭乘辽—京快车，希望第二天早上乘飞机从北京至西安。又因雨大火车误点一小时，未能赶上飞机。迫不得已，返回到华侨大厦。半小时许，又须至机场。此时如不能匆匆写回信，此后更难有机会。盼今日能去西安、延安，然后至郑州、武汉、长沙、韶山、衡阳和广州。旅行的地方多，飞行期间飘忽不定，不能预约会晤之期，八月十五日，必须出国。此行未能与吾兄面谈，诚恨事也。

> 至北京三周，曾见到三五位旧朋：周一良、翁独健、王钟翰、吴世昌和吴文藻夫妇，如是而已，然皆未能深谈。

根据大函,我找到邓珂,① 曾来旅馆两次,送《汪梅村日记》一书,不知出版社如何给酬。我有事请托数次,他徐徐代办。

祖国进步甚速,此行印象极佳!

朱蓉江②也想见,恐来不及。

弟之拙作,略见自我介绍,书皆出版,无足道也。

吴世昌曾陪同,去看望顾颉刚师,师之赤脚医生女儿正至打扇,说故事使他睡午觉,故不敢打搅。我曾同顾夫人略谈片刻,她送至大门口告别。

恐怕赶不上民航机车,坐小汽车去机场,需要费用二十元,因此心中摇摇惶恐,乞恕字迹潦草。通讯地址见名片。

即询,俪安

弟　邓嗣禹上

七月二十八日（1972 年）

汪士铎（1802—1889）,别名汪梅村,清末历史地理学家。因为他喜欢吴梅村的诗,人们又称他为“汪梅村”。汪士铎曾经过商,中过举人,一生依靠游幕和接徒为业。他的主要著作有《汪梅村先生集》《悔翁笔记》《南北史补志》《水经注图》等。其中,《汪悔翁乙丙日记》,是历来议论中国人口问题最多的一部学术著作。

太平天国时期,汪士铎在天京居住过九个月,以个人亲身所见所闻,记载太平天国史事。他在逃出天京后,续写洪秀全初起经过,并根据访问经过,记述太平天国内讧事件的内幕。此书对于邓嗣禹撰写太平天国著

---

① 邓珂,燕京大学教授邓之诚长子。信中所述《汪梅村日记》,即《汪悔翁乙丙日记》全三卷,汪士铎著,民国三十五年印本。此书为原古籍复印本,无标点,繁体竖排。后由邓之诚辑录,1997 年由中华书局出版。

② 朱士嘉(1905—1989),字容江,江苏无锡人,方志学家。1928 年获燕京大学学士学位,1932 年获硕士学位,同年留校任燕京大学图书馆中文编目部主任。1939 年 9 月应邀赴美,在美国国会图书馆工作 3 年。1946 年获得哥伦比亚大学博士学位。翌年受聘为西雅图华盛顿大学远东系副教授。1950 年 7 月回国,先后任武汉大学历史系教授、武汉大学图书馆馆长等职。

作，有重要参考价值。

7月28日清晨，在明媚的阳光下，嗣禹乘飞机离开北京去西安。

7月31日下午，嗣禹去西安东郊的村庄，参观了一个考古博物馆。

8月份，嗣禹先后到达西安、延安、郑州、武汉、长沙等地。

8月1日，上午参观了西安八路军办事处；下午，参观了著名的石碑林，其中有数百或数千块巨大的石碑。

8月2日，嗣禹离开西安，前往河南省会郑州市。

8月3日，嗣禹乘飞机前往武汉。上午，参观了"武昌全国农民运动讲习所"和毛泽东故居。下午，参观棉染厂。

8月4日，参观武汉大学时，嗣禹"受到了学校主管教育的革委会副主任，以及三位历史系教授的热情欢迎，包括一位资深教授彭玉信，他曾经是已故历史系主任李剑农教授的助理。我曾经英译过李剑农的著作《中国近百年政治史》，英译名为《中国政治史，1840—1928》。两位年轻的历史系教授和行政办公室的干部接见了我。当他们得知，我曾经翻译过尊敬的李教授的主要著作，他们给我一个非常热忱的接待"①，武汉大学招待他吃午饭，"有24位教授、学生和工人参加，分坐在三个正方形的桌子上"。晚上，他被带到一个露天剧院，去看一场河南戏剧。

8月6日，嗣禹乘火车到达长沙，并从长沙到韶山，参观了毛泽东纪念馆。嗣禹在他回忆录中，以大篇幅的文字，撰写并分析了毛泽东思想的形成过程。

8月9日，嗣禹回到长沙时，瞿同祖前来宾馆探望。"在酒店房间里，瞿教授和我谈了几个小时，内容涵盖东西古今的主题，就好像我们是在美国，或者是在世界上任何地方谈论一样。我们谈话的大部分内容，是针对近期中国考古学的一项惊人发现为中心。"

---

① 彭靖：《李剑农:唯物史观与学科融合的典范》，载《中国社会科学报》2022年1月11日，"建党百年 学术百家"栏目整版。文中详细介绍了邓嗣禹翻译与出版《中国政治史,1840—1928》的过程，以及美国学术界对于这本书的评价。

8 月 10 日下午，嗣禹乘飞机飞往广州，住在他第一次来的时候，住过的那家酒店。

8 月 11 日上午，嗣禹参观 1927 年 12 月建成的广州起义烈士纪念馆；下午，参观了广东塔里人民公社。

8 月 12—14 日，嗣禹参观了广州半导体材料厂、广东塔里人民公社、佛山艺术瓷器厂等单位。

8 月 15 日，嗣禹独自在广州市区散步。他在回忆录中，深情记述了这个城市的历史：

这是我预留在中国的最后一天，我独自在广州漫步。作为一个历史研究学者，我觉得广东很吸引人。从 9 世纪的黄巢起义（当时有许多外国人被杀），到鸦片战争，太平天国起义，再到失败的孙中山起义（1895 年）、"七十二烈士"（1911 年 3 月 29 日）、黄埔军校，还有广州起义（1927 年 12 月），这座城市一直是许多人戏剧性事件发生的聚集地。

8 月 16 日，嗣禹离开广州前往香港。上午 8：15，火车从广州站开出。下午 1：05，抵达香港。然后，从香港乘飞机抵达夏威夷，返回美国印第安纳州。

8 月 21 日，嗣禹写家信，告知回到美国：

同兰：我已平安返校，盼勿念。琐事甚多，急待处理，恕不多写。

至广州，寄给邓宣得 20 元；寄你们 140 元；至香港，向万有图书公司借寄港币 1500 元，合人民币近 600 元，盼能收到。即祝合家均安。

本年度，英文版《太平天国历史学》第二版，由哈佛大学出版社出版。

太平天囯歷史學

HISTORIOGRAPHY OF THE
TAIPING REBELLION

SSU-YÜ TENG

HARVARD

1972 年版《太平天国历史学》

1973 年　68 岁

一、将回国观光的日记译成英文，近 400 页。

二、写信告知北京图书馆参观见闻。

三、英文版《一位海外历史学家重访中国》出版。

1 月 10 日，写信给女儿邓同兰，谈及将回国观光日记翻译成英文之事。

你写来的第二封信，我早已回答，不知为何你未收到？说到忙，祖国大多数的同胞，每日工作 8 小时，我每日工作 11 小时以上，大年初一至年底从未间断。回国观光的日记，已译成英文，近 400 页，想整理出版，为祖国宣传社会进步情况。

上周托徐炳麟转寄美金 300 余元，折成人民币近 600 元，也够普通人工作一年的收入。正想写信，开学注册时太忙，未果。今早接徐炳麟函，托买阿胶。阿胶出产在山东，佳木斯恐难买到。另一块手表，徐炳麟已托人带至北京转寄给你们。

1 月 24 日，嗣禹写信给谭其骧，向其证实在国内的"五保"事宜：

季龙兄嫂：给你们拜阴历年，祝你们健康，多福多寿。去年回到祖国，未能见面，觉得非常遗憾。返校之后，常常想念，无时或释。希望能再有回国的机会，促膝长谈。现今提笔写信，竟不知道从何说起。

因为对祖国的印象甚佳，返校演讲时，竟然有人不相信。认为是马可·波罗的游记，或是天方夜谭。比方说，政府给人民"五保"：衣食住、职业及葬埋。有人反对说，这不是对一般人有"五保"，只是对衰老，无依无靠者而言。不知我说的对，还是反对者说的对。

4 月 22 日，嗣禹写信给女儿邓同兰，告知家中生活情况。

目前，我的精神已衰，下午晚上打哈欠，流鼻涕，非在公事房椅子上闭目休息20 分钟，才能看书写字。美元贬值，百物高昂，家中已买不起上等肉类，只好买些骨头、猪脚之类，鱼虾极贵，买不起。去年在沈阳、鞍山备尝东北人情味。沈阳杂技团来印第安纳省城时，我同另一位，至此开饭店的湖南人，送他们40 元美金的水果，也算报恩之意。6 月中旬，设法再寄给你们一点钱，祝全家福。

8 月27 日，接待台湾大学历史学系吴相湘教授，为他事先预订，并安排在印第安纳大学纪念会馆，教授招待所下榻。"这是一座1909 年建成的中古式建筑，1972 年内部重新装修。这里距离印大图书馆、博物馆都很近，曾经有美国许多名人，如前总统尼克松、前国务卿杜勒斯、鲁斯克都曾经在这个招待所小住。"①

吴相湘在印大居住了三天，"参观印大许多建筑，并会见了印大的许多学者。时任印大语言文学系主任郅玉汝，邀请他到家中茶叙"；台湾大学英语系的齐邦媛教授，此时她正在印大做访问学者，也同吴相湘共进早餐。

9 月19 日，嗣禹致函钱存训，介绍参观北京图书馆的情况：

承贵馆惠赠中文新书选目，甚谢，已即检阅一读。其中有书数种，将来或由校际图书馆借阅。今年我曾去北京图书馆参观，接待人有刘岐云、丁瑜、严城等，似乎皆不见经传。赵万里、王重民皆有病，未能见面，旧馆址已觉狭小不堪。两年前，谋划建新馆，大三四倍，因其他紧要建筑甚多，暂时作罢。据北京图革委会负责人云，已有图书九百万册，然是否属实不得而知。向此鸣谢，敬叩，俪安。

11 月29 日，写信给同兰、彭实，批评无计划生育观念。

接最近来函，知又举一男。一月以前，徐炳麟早已告知。站在旧的立场，当说恭喜。若从新的眼光来看，教生物学的人，不知为何节制生育，实行有计划的家庭，国家是否人口过剩，你们比我知道清楚，用不着多

---

① 吴相湘:《三生有幸》,台北:东大图书公司,1985 年,第442—443 页。

说了。

上次托徐炳麟寄 305 元，折合人民币 480.56 元，此次从中国银行直接寄 300 元，合人民币 584.05 元，可见他每次要赚钱，非如是，无法谋生。曾记得三年前，我至万有图书公司，看见一套《中国青年》杂志。我说印大图书馆也许有兴趣购买。他不管我们学校有无订货单没有，马上将杂志寄到美国来，开价 3000 余美元，平均每本 66 元。若非我在此校教书 20 余年，几乎打破我的饭碗。不管三七二十一，我不会跟他闹翻，你要什么东西仍可写信，请他购寄。

12 月 10 日，嗣禹致信钱存训，介绍学术研究进展：

龙赐大作，《英国剑桥藏本橘录题记》，因此未及即读为愧。我暂因看完学期论文及读书报告，即阅大作，先看照片，已觉有疑问。再读说明书，知审阅精细，澄明为弘治复刻宋本，非常恰当，佩服不已。恐不会让李约瑟先生扫兴。印大一贫如洗，参加学术会议，仅津贴飞机票半价，其他一概不管，似此情形，明年拟不去波士顿开会。白宫出错，殃及池鱼。不景气之情况，笼罩全国，圣诞节点缀，小城已绝迹，即祝节禧并向钱太太请安。

本年度发表的论文与出版的书籍：

1. 在《印第安纳大学评论》上发表论文《"文化大革命"后的中国教育》。［"*Education in China after the Cultural Revolution*"，The Review Indiana University，15.3（Spring 1973），20 – 30.］

2. 发表英文论文《太平天国之兴亡与美国的关系》。（"*The Rise and Fall of the Taiping Rebellion and the United States*"，in Papers of the CIC Far Eastern Language Institute（Ann Arbor，Michigan，1973），vol. 4 pp. 157 – 169.）

3. 英文版《一位海外历史学家重访中国》（*China revisit by an overseas Chinese historian*），由印第安纳大学出版社出版。

1974 年　69 岁

一、邀请哥伦比亚大学蒋彝来印大演讲。

二、评价钱存训的书籍与论文。

三、与杨联陞通信，告知近期工作情况。

2 月 4 日，嗣禹致函钱存训，评论中国史学论文：

你评余秉权中国史学论文大作，非常公允恰当，钦佩不已。余氏本人读之，亦当感谢。久想函谢，因事未果。终日无事忙，极愿早日告老退休。难于儿女教育经费，鸡肋繁人，只好勉为其难，再教两年。印大一贫如洗，参加学术会议之经费，减少几等于零，今年不能去波士顿聚餐见面。敬叩，俪安。

5 月 22 日，嗣禹致函杨联陞，介绍他近期工作与生活情况：

莲生兄嫂如握：

彼此忙碌，有疏问候，甚为抱歉。三四年来，屡向东亚语文系与东亚区域研究所建议，请吾兄来此讲演，盼有机会略尽地主之谊。主管行政工作者皆年轻人，表面上"当然，当然"，实际上永无消息。区域研究所人员，皆小政客，请求讲演者，皆私人师友，如 Philip West（菲利普·韦斯特）[①] 请 Benjmein Schwartz（史华慈）来此讲演，闻报酬甚丰，彼之毕业论文修改交进后，一周之内，即由委员会通过出版。与他主管讲演者，皆彼此互请，如欧阳修代言人（暗指系主任罗郁正）人，哈佛毕业，在此教比较文学，一学期内，请 Preireton 教授来此三次，彼亦被请去演讲三次，并已决定他去普大任客座教授一年。东亚研究所主管人，也常出外讲演，

[①]　菲利普·韦斯特（Philip West），当时任教于美国印第安纳大学，现为美国蒙大拿大学教授。1971 年师从史华慈，获哈佛大学博士学位。他的代表作《燕京大学与中西关系，1916—1952》，由程龙翻译，北京师范大学出版社出版，2019 年。

都是老友，彼此互请。上同弟与东亚语文系主任恳谈，彼谓该系每年演讲费只有150元，第一年请一中国人（李田意），第二年请一日本人，第三年请高丽（韩国）学者，下年甚至150元也无希望，因Ford Fovndation（福特基金会）不再捐助，他自己也不作系主任了。继任者多半是日本人，因向日本财阀求钱。似此情形讲演希望极微。

今年七月廿六日，是我们廿五周年的结婚纪念，承你们夫妇作证婚人，永志不忘。来布城后，曾买了一瓶酒，已廿余年，干了约1/5，贤伉俪如有机会途经美中，请来寒舍小住，促膝谈心，无忧无虑，远逾讲演的痛快（弟每演讲后，必失眠，讲坏了更失眠）。又蒋彝兄也很想来此讲演，已再三告知他无希望，他说七月三日飞往檀香山，八月底返纽约，如吾兄伉俪能在七月初或八月底同来更佳，请不必告知结婚纪念，以免送礼之烦。几位老朋友吃一次饭，不一定要在七月廿六，任何日子皆可。

吾兄夫妇近况如何？Tom近况如何？余英时是否返校？洪（业）老师、裘（开明）先生等人情况如何，便乞告知。弟近来运气欠佳，作卖几本书，皆失败。写林彪传，写好已打出了195页，作废。[1] 写完一本大陆游记，找不到出版者，又作废![2] 内人及弟身体尚佳，惟弟右眼流泪，无法治。今年将教八周暑期学校。两女上大学，二女在Lawrence Univ.（劳伦斯大学），三女上中学。叩询，俪安。

6月3日，致函钱存训，评价中国造纸原料书籍：

公垂兄：接赐大作中国造纸原料，因别事尽头忙碌，未及早读为愧。今早一气读完，既专且精，钦佩曷已。吾兄主持图务，尚能忙中偷闲，写出许多鸿文，实不容易，说明能干，兼有贤内助，故能集中心力，收到各

---

① 邓嗣禹：《林彪传》部分英文打印稿(共计195页)，目前原件留存美国宾夕法尼亚大学图书馆，编者收藏有复印件。1973年9月13日，因林彪乘机出逃蒙古死亡，从政治舞台消失，故邓嗣禹写他的传记没有最后完成。

② 邓嗣禹：《重访中国：一位海外历史学家对于中国的考察》，英文版于1979年由美国中国研究协会出版。

方面的成就。来日方长，当更有伟大贡献。何人代替 Kracke（柯睿格），将来得便乞示。叩询，俪安。

10 月，印大邀请哥伦比亚大学终身教授蒋彝来学校，以《中国诗画同源及原理》为题，举办公开演讲会。演讲会后，蒋彝将出版书籍签名赠送嗣禹，上书"嗣禹兄嫂进行教正"。

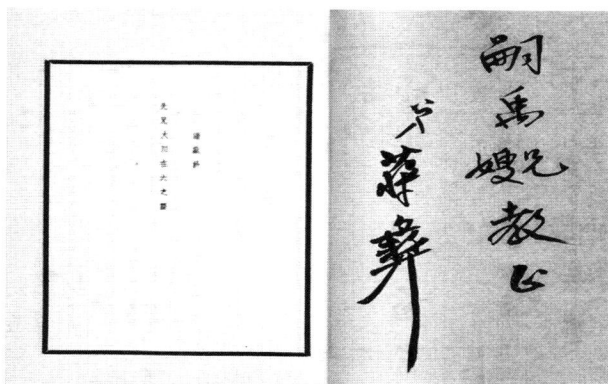

蒋彝签名书赠邓嗣禹

11 月 4 日，嗣禹致函钱存训，告知已寄出在《明报月刊》发表的论文：

> 公垂兄：屡承赏赐大作，愧无以回敬。另包邮呈拙作两篇，乞指教。至《明报月刊》发表一短文，[①] 已逾半年。交稿以前，要求单行本 25 份，以赠朋友。文章发表后，既无稿费，又无单行本，经函询，从月刊上撕下两份"应急"，其余补印，逾两月，仍未到，恐无希望。故从撕下之页敬呈，乞原谅。

弟现在研究中国秘密社会史，贵馆有一微缩胶卷及两种书，不外借有几种参考书，如《学论文索引》第五编，《中国史学论文索引》下册，敝馆缺乏，因此之故，想趁感恩节，或寒假期中，大致日期为 11 月 26—27

---

① 邓嗣禹：《南中国海诸岛屿的主权问题》，载《明报月刊》,1974 年第 9 卷第 5 期，第 174—182 页。

日，或 29—30 日，或 12 月 16—18 日，前往贵馆寻找材料二三日，不知能获允许否？你哪一二天较为方便？乞示，并希望住至 Snadrangle Club，又不知能否？如获允许，感恩不尽。但不愿意麻烦朋友请客。

12 月 7 日，嗣禹致信钱存训，告知推迟芝加哥之行：

公垂兄：芝加哥之行未成，恐累挂念，特来函解释，并致歉意。二女儿至维斯康新 Lawrouce Univ.（劳伦斯大学）上学，学校过节省暖气，感恩节前放假，明年正月中始开学。想趁内人接女儿之便，来芝城作研究一二日。后来知道，女儿已允许载同学四人回布城，不能至芝城久留，故二者不可兼得。

贵馆不能外借 microfilm，查从斯坦福（Stanford）大学摄像，已请学校从 Stanford 购买一摄影片，现尚未到。比如《新史学通讯》等杂志文章（包括国闻周报），从国际图求作复制本，手续麻烦，常谓 information incomplete or inaccurate 退回，故想至寒假期间，十二月十八、十九日左右，去贵馆打扰三四天，以便节省外借时间。但来往飞机费六十余元，食住三晚，也需要五十余元。至美国哲学会请求研究助理金，尚至候复中。因此之故，目前难定行止，俟有把握，再用电话联系，请预订房间。敬叩，俪安。

12 月 20 日，致信钱存训，告知芝城之行取消：

公垂兄：芝城之行，暂作罢论。寒假期间，开馆时间必大为缩短。图书馆服务员亦多返家过节，特此奉告，以免企念。敬祝贤伉俪及合宅新喜百吉，万事如意。

再者，Stanford（斯坦福大学）图书馆原书已寄至敝馆，已满足稀奇想法。

本年度发表的论文与书评：

1. 发表论文：《南中国海诸岛屿的主权问题》，载《明报月刊》1974 年第 9 卷第 5 期，第 174—182 页。

2. 发表书评，对吴元理（Wu Yuan–li）所著《中国手册》一书的评价，载《亚洲历史期刊》1974 年第 8 期，第 182—184 页。

3. 发表书评，对约翰·林德拜克（John M. H. Lindbeck）所著《中国：革命社会的管理》一书的评价，载《亚洲历史期刊》1974 年第 8 期，第 77—78 页。

1975 年 70 岁

一、开始研究"中国秘密集社"专题项目。

二、到美国东部大学、国会图书馆收集资料。

三、收到钱存训长信，介绍他来美国的原因。

1—6 月，嗣禹开始从事"中国秘密集社"专题项目研究工作。

夏季，到纽约、波士顿和华盛顿等地图书馆查阅资料，并作相关研究工作。

8 月 18 日，嗣禹由华盛顿写信给女儿邓同兰，告知到美国东部与家中情况：

同兰：你这次写来的信比较详细，使我知道家中的情形，谢谢。上次寄回 402 元，徐炳麟只告诉我合港币若干，而不说人民币，现在只折 706 元。恐怕他得了一笔小收入。天下无商不奸，不请他寄钱，他绝不给我写信，恐怕以后仍从中国银行寄。

今年夏天，我在外边作研究工作，纽约、波士顿和华盛顿（等地），物价奇昂惊人，两个月来，从未吃过一碗饭，只吃面包、干粮、花生酱、果子酱和水果等物。礼拜天，有时被朋友请吃，有时回敬吃顿好菜。每天在图书馆工作 13 小时，晚上回来累极了。天将黑，8 时半许就得回家，恐怕被打劫，或被人打伤。家中情形：大女儿中美找不到事情，在女童子军队中工作，工资照例甚微。她已经 25 岁，照例自立，所以不管有工作无工作，有饭吃无饭吃，不要我们的钱，给她也不接受。她住至外边，每次回家，面色惨白，要她拿点水果、腊肉等物回去，强之始受。二女儿大学三年级，在外省名牌大学，每年需要费用甚巨，今夏至家教、游学，兼作救生工作，收入可以自给；三女儿去夏令营四周，早上学法文，下午学打球运动，她所有的功课都是 **A**。

你要买的书①，除一本英文外，其他的书，徐炳麟跟我都难得办到。你能看日文书吗？看书名似无中文译本，买日本书最难，我们学校购买日文书，日人图书馆长要写私人支票，付日本钱，因美金贬值，行情不定，英文书也要两三个月才能寄来。一般书店，不买专门书籍，我回校写信去订购，用学校的公文信纸，才能取信，否则不理。时间已经是 8：15 AM，我要去图书馆工作了。20 日返校。

嗣禹到华盛顿，美国国会图书馆查阅资料时，曾多次与中文部主任王冀接触，并成为好朋友。王冀出版的回忆录《从北京到华盛顿》书中，在此方面有重点介绍：

邓教授脾气很大，在图书馆研究时经常因预订的书晚到大发牢骚。他和我是非常好的朋友，曾经送给我一个礼物，一本几厘米见方的四书五经小抄本，非常细小，是以前科举考场作弊用的，很稀有。这个礼物让我爱不释手，一直收在办公室抽屉里。很可惜的是后来整理办公室时发现怎么也找不到了，非常遗憾。②

8 月 21 日，嗣禹由华盛顿返回印第安纳大学。

8 月 28 日，嗣禹致信钱存训，介绍从东部作研究返校，以及近期工作情况：

---

① 此书指英文版《组织胚胎学》（第十版）。女儿邓同兰收到此书后，交由学校牵头向美国引进版权，组织相关教学、研究人员十余人，共同将此书翻译成中文，并于 1984 年由北京科学出版社出版。

② 王冀，1932 年生人，为东北军高级将领王树常之子，1949 年赴美求学，获得马里兰大学农学学士，后在乔治城大学获得历史系博士学位，并留校任教。1957 年进入美国国会图书馆工作，1975 年担任中文部主任，直至 2004 年退休。参见王冀回忆录《从北京到华盛顿》，北京：华文出版社，2012 年，第 104 页。

公垂兄：我从东部作研究返校，又蒙宠赐大作一部，曷胜欣羡。

吾兄每隔数月，必有一文或一书问世，诚谓多产，而皆慎密，钦佩曷已。董彦老与嫂夫人题字，益精光辉。

弟之研究之事，材料尚未找齐。将来或有几种求借或复制，惠乞核准。近见吴光清兄红光满面，安度退休生活。弟不敢打扰，秘不示知。等待走动有声，即请客。并在图书馆帮助一切，诚所谓世间最难得者友谊。敬询，俪祺。

大作即介绍敝图书馆购买一部。

12 月 12 日，钱存训用英文写了一封长信，亲情表述他与嗣禹相识、相知的全过程。文中介绍的情况，与目前学界认知有所不同。钱存训到芝加哥大学图书馆工作，完全是由邓嗣禹引荐，而并非是顾立雅推荐；1949 年 6 月，邓嗣禹到哈佛大学任职时，钱存训和王伊同接任了他将讲授的五门课程。现将全文翻译如下：

在您即将退出现役教职的时刻，我衷心祝贺你在中国和美国多年的教师和学者生涯中取得丰硕成果。随着您在亚洲和其他地方的广泛旅行，您不仅结交了许多朋友，还与世界各地的许多学者建立了联系。您对学术界的杰出贡献为我们大家所钦佩。

我特别为我们近三十年的友谊感到骄傲。我清楚地记得，1947 年夏天，我们在上海的第一次会面，当时您正在回中国进行研究工作的旅途中。您拜访了我的家人，告诉我芝加哥大学远东图书馆的位置。在您的鼓励下，通过您的推荐，我决定到芝加哥来，在那里，直到现在，我已经在这份工作上渡过将近一半人生的旅途。

1947 年 10 月 5 日，这是一个星期天，当我到达芝加哥时，我在日记上写着："我在邓博士家吃了午饭（这是我在芝加哥吃的第一顿饭）"，那个周末，"我和邓博士一起去购物，买了一件上衣（40 美元）、一顶帽子（10 美元）和一件箭牌衬衫（3.95 美元）"，然后"我又在邓博士家吃了一顿晚餐"。除了是一位学者，大家都知道，邓博士还是一位出色的厨师。

当我作为一个陌生人，第一次来芝加哥的时候，我非常感谢您的帮助和款待。我们已经建立了亲密的友谊，您和玛格丽特的婚姻使我们的友谊更加美好。玛格丽特是我在研究生院图书馆系中一位受人尊敬的同事。

我跟踪了解到，您在中国目录学和史学、中西交往、中国近现代史等学科的研究进展。在这些领域中，我所知道的，没有其他学者在这些学科中的贡献像您那样卓有成效和广泛。您的名字已成为所有中国留学生家喻户晓的称呼。在祝福您有好的身体和勤勉作风的同时，我相信，当您从教书工作中解脱出来之后，将为学术界做出更大的贡献。

文锦（钱夫人）和我一起向您和玛格丽特致以最良好的祝愿，祝您在今后的岁月里硕果累累，万事如意！

本年度发表书评文章：

5 月，发表书评，对吴相湘（Wu Hsiang–hsiang）所著《第二次中日战争》一书的评论，载《亚洲研究期刊》1975 年 5 月第 34 卷第 3 期，第 828—829 页。

9 月，发表对于爱德华·弗里德曼所著《后退到革命：中华革命卷》一书的评论，载《研究与政策》（*Research and Policy*）1975 年 9 月第 421 卷，第 159—160 页。

1976 年　71 岁

一、为国内引进《组织胚胎学》（第十版）。

二、印大为邓嗣禹举办退休盛宴。

三、校长芮安宣读费正清为此发来的贺信。

1 月 1 日，嗣禹写信给女儿邓同兰，告知《组织胚胎学》（第十版）购买、邮寄事宜：

同兰：接到来函，知教科书已经收到，可以释念。此书跟航空（费用）约 80 元人民币，相当贵。美国每一百人当中，有八九个人找不到事。去年夏天至哈佛大学就碰到几个有博士学位，而且作过两三年大学教授的人就失业，回到母校图书馆写书，做研究工作，静等机会而已。

我今年 6 月退休，退休后无收入，只能靠从前薪金扣除的养老金过活。此后寄钱的机会不会很多了。我身体无大病，但衰老现象严重，眼流泪，发尽脱，双膝不能蹲坐。蹲下就站不起来了。所以去图书馆找书，书架最低一层的书，眼睛看不见书名，两腿蹲不下来取书，只好坐至地上，把衣服弄脏。我的医生说，年过 70 岁的人，什么病都有被选择的资格了。祝你们全家大小健康愉快。

4 月 5 日，嗣禹致信钱存训，询问参加多伦多会议与身体健康情况：

公垂兄：在多伦多会议，不见尊颜，闻贵体违和，盼早日康复。离退休期近一年半载，必须让出公事房。十余架书籍，书商不感兴趣，故徐徐大批抛入字纸篓。昨晚在一厚重之目录学讲稿之纸匣中，已多未用，抛出后，发现其中两本目录小书，[①] 其中之一，即兄多年前所探求，而遍寻未获者，谨一并呈，乞笑纳。致询，痊安。

4 月 12 日，印第安纳大学特地为邓嗣禹先生举办退休盛宴。坐在首席桌上的嘉宾，除邓嗣禹夫妇之外，还有校长芮安（John Ryan）、老校长威尔斯，以及预先安排要讲话的几位系主任和教授。台湾著名作家齐邦媛女士作为特邀嘉宾，被邓嗣禹邀请坐在主桌位置。

宴会开始时，首先由历史系主任罗郁正教授致欢迎词，并介绍远方来宾的情况。此后，印大校长芮安宣读哈佛大学费正清教授的贺信。信上说："他刚到哈佛大学从事汉学研究时，邓教授给他的种种指引，永远感念这位典范的中国学者。"印大有一位副校长至主席台上说："有一位年轻教授，每日早晚皆安步当车，经过寓所门前，此人乃 Ssu - yu Teng 是也。"

---

①　邓嗣禹所述"两本目录小书"，指以下两本书:1.《太平广记篇目及引得》，首版由燕京大学引得编纂处出版，1934 年;2.《燕京大学图书馆目录初稿》，首版由燕京大学图书馆出版，1935 年。邓嗣禹退休之后，印大校方仍为他保留原来的办公室，直至 1988 年去世。

这时，参加宴会的人满场鼓掌。

4月13日，嗣禹致函陶晋生夫妇，告知昨晚退休盛宴的具体细节：

晋生、家麟教授钧鉴：

约旬日以前，接到华盛顿大学出版广告，见其中有大作即剪下，并道喜。越两日，大作已寄到，甚谢。此书定价公道，想必有销路。上月亚洲学会开会，不知去纽约参加否？贵府大小安定否？

寒舍一切如常，天气突然热至80余度（编者注：华氏摄氏约27度），几乎来不及换衣服。今日着黄色夏衣，打着您五年前赠送的领带。昨晚参加退休教授晚餐，今年告老，至印大24年（编者注：实为26年，有两年在外校任职）。副校长至台上说：有一位年轻教授，每日早晚皆安步当车，经过寓所门前，此人乃Ssu-yu Teng是也，于是满场鼓掌。5月22日，我将去华府演讲一次，约至国会图书馆一周。此颂，祝安。向家麟及贵府小姐们，均此问好！

2009年，台湾大学知名教授、翻译家和比较文学家齐邦媛女士，以其80多岁高龄撰写的长篇自传体回忆录《巨流河》一书，在台湾一经问世，便洛阳纸贵。2011年5月荣获第九届华语传媒大奖，2012年4月大陆版在国内面世。齐邦媛是台湾文学走向世界的有力推手，在台湾素有"文学教母"和"永远的齐老师"之誉。她早年曾留学美国印第安纳大学，与邓嗣禹教授有过密切的交往。[①]

在《巨流河》一书的第七章"开花的城"一节中，齐邦媛描写她在印大的学习生活时，有这样的真实记载，也因此揭开了让世人很少了解，且尘封了多年的一段历史：[②]

印大著名的图书馆和地的书店是我最常去的地方。在占地半层楼的远东书库，我遇见了邓嗣禹教授（Teng Ssu-yu，1906—1988），是学术界很

---

① 彭靖：《邓嗣禹与费正清五十年合作内幕》，载《中国作家》（纪实文学版）2014年第5期。
② 齐邦媛：《巨流河》，北京：生活·读书·新知三联书店，2012年，第241—242页。

受尊敬的中国现代史专家。他的英文著作《太平军起义史史学》《太平天国史新论》《太平天国宰相洪仁玕及其现代化计划》皆为哈佛大学出版，是西方汉学研究必读之书。邓教授，湖南人，虽早年赴美，已安家立业，对中国的苦难关怀至深，我们有甚多可谈之事。他退休时，印大校方设盛宴欢送，他竟邀我同桌。在会上，校方宣读哈佛大学费正清（John King Fairbank，1907—1991）的信，信上说他刚到哈佛大学从事汉学研究时，邓教授给他的种种指引，永远感念这位典范的中国学者。

4 月 22 日，钱存训曾致信嗣禹，谈及并寄来明史传记行本之事，这封函信没有保留下来。查询史料得知：1976 年，由美国著名汉学家富路特主编的《明代名人传》（全 2 册）正式出版。在这部传记中，钱存训撰写了明代铜活字印刷人华燧和安国的两篇传记；邓嗣禹应邀撰写了明太祖朱元璋的传记。

5 月 1 日，嗣禹年满 70 周岁，开始在印第安纳大学办理退休交接手续。

5 月初，赴台湾、香港、澳门等地大学，收集资料，为撰写中国秘密集社课题的书籍做准备。

5 月 22 日，嗣禹应邀请赴华盛顿美国国会图书馆演讲，停留一周时间。

5 月下旬，嗣禹开车赴威斯康星州阿普尔顿市，参加二女儿邓华美在劳伦斯大学（Lawrence Univ.）的毕业典礼。

6 月初，嗣禹正式办理退休手续后，赴哈佛大学七周、国会图书馆半

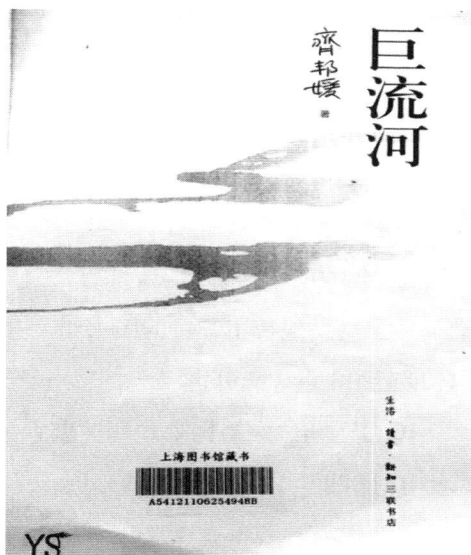

2012 年，齐邦媛《巨流河》大陆版封面

个月，查阅中国秘密集社的相关资料。

8 月 4 日，嗣禹由华盛顿返回印第安纳大学。

8 月 26 日，嗣禹致信钱存训，介绍近期的学术研究动态：

公垂兄：5 月 1 日退休后，即去台湾、香港、澳门，寻秘密社会资料，兼至 Triad Reform Centers（三合会改革中心）作实地调查工作。返回参加二女 Lawrence Univ.（劳伦斯大学，位于康州）毕业典礼，即去哈佛七周、国会图书馆半月，4 日（8 月 4 日）方返校，清理案头。见吾兄 4 月 22 日大函，及明史传记行本。恐因忙，未及谢领，甚以为愧。据吴光清兄云，贵馆有若干方志，为国会图（书馆）所无，不知有目录否？又康熙乾隆等御制讨文集，至哈佛与华府时，皆想将数种地方志查询，故无时看御制讨文集。3 月余，旅行费用大为可观，无能再去哈佛，不知能恳惠允来贵馆阅读二三日否？9 月 10 日均可成行。敬叩，俪安。

10 月中旬，经钱存训认可后，嗣禹开始去到芝加哥大学东亚图书馆查询资料，这是他曾主管过的图书馆。在此期间，嗣禹每日 9 时正点去图书馆，晚上 10 点才离开。

10 月下旬，嗣禹因处理海关事宜，下午提前离开。

10 月 29 日，嗣禹致信钱存训：

公垂兄：昨在贵馆工作十日，诸多关照，感谢莫名。原拟 10 月 26 日下午 4 时离馆，因在香港一块小地毯，海关大抽入口（关）税，故提前数日，临行（末）辞。吾兄正在授课，谨此函谢一切。敬叩，俪安。

此次工作，每日 9 时正点上班，晚 10 点下班，无时拜访。贵同事便乞致敬。

本年度获奖与发表的论文：

在 1976 年，为表彰邓嗣禹对国际汉学研究做出的突出贡献，美国联邦政府卫生、教育及福利部（Department of Health, Education and Welfare）为他本人颁发了国家人文科学研究奖。这是美国政府对人文科学家所颁发的最高级别的综合性大奖。他的著作在西方，以及在中国台湾地区都十分畅销。

这一年又发表传记、评论文章三篇：

1. 《郑樵传》①（Cheng Ch'iao，1108—1166），载 Franke② 主编的《宋代名人传记》1—4 卷，1976 年在德国出版。(Sung Biographies, ed. by Herbert Franke，Wiesbaden，Germany，Steiner，1976）目前，国内尚无中译本。主要用英文，少量用德文、法文出版。

2. 《朱元璋传》，载富路特主编的《明代名人传记词典》（2 卷本），哥伦比亚大学出版社出版。("Chu Yuan – chang" in Ming Biographical Dictionary，ed. by L. Carrington Goodrich and Chaoying Fang，（New York，Columbia University Press，1976，2 vols.）vol. I. pp. 381 – 392.）

2015 年，中文版《明代名人传记》由南开大学历史系李小林、冯金朋主编并翻译，北京时代华文书局出版。其中，《朱元璋传》是这两套传记书中最长的一篇，有 1. 2 万余字。

3. 《对十年挑战的介绍》，载《二十年的中国：民族主义与革命》一书的引言部分。("An Introduction：A Decade of Challenge" in China in the 1920's，ed. by F. Gilbert Chan and Thomas H. Etzold，（New York，New View Points. 1976）1 – 14.）

1977 年 72 岁

一、邀请英国著名汉学家李约瑟，来印大做三天的演讲。

二、三卷本《印第安纳大学校史》出版，其中有一章节专门记载嗣禹对于区域研究的贡献。

三、邮寄英文医学辞典到中国。

---

① 郑樵(1104—1162)，字渔仲，宋代史学家、目录学家。邓嗣禹记录的生卒年龄略有不同。
② 《宋代名人传记》主编 Herbert Franke，中名文为傅海博(1914—2011)，德国汉学家，慕尼黑大学教授。

4月4日，嗣禹写家信给女儿邓同兰收到茶叶，并告知近期身体情况：

惠寄茶叶一斤，昨日收到。试饮一次，气味芬芳，与香港所购买者不同，甚谢甚谢。此外，请不必再寄。第一，因费事费手续，如制作木盒；第二，徐炳麟每年寄来茶叶两罐，作为过年礼物，其他中国朋友路过此地，亦有赠送茶叶者。家中茶叶存储，足够三四年之用。我的身体大致来说算是健康，每日仍至工作房，工作约10个小时。客（今）冬奇冷，路上所积冰雪两月余未化，行路开车，两感困难。故晚上未出门，在家中念书。头昏早晚仍存在，但不严重。两眼流泪，不时擦拭，微碍阅读。美国所在税重，今年返税近4000美元，几至破产。然6月中及12月底仍适量设法寄钱回家。祝全家福。父字。

6月21日，嗣禹写家信给女儿邓同兰：

6月16日，寄给徐炳麟一点钱，托他一次或二次转寄，以供家用。你有一次来信说良友已死，上次又来信说良友仍然健在。如果有消息，良友、夏清多多少少分给他们一点。

美国物价日高，万分节省，总无法减少用度。退休之人，无其他收入，故入不敷出，还要动用一点从前的积蓄，方能过去。但接济你们的一点钱，绝对设法继续，不会有问题。

我的身体尚好，头昏未能完全除掉，不能骤然起床行动。必坐定之后，方能起步。看不起医生，也未必有效，白费钱而已。

我的书规范太大，收集材料三年，而未能完笔。从年头至年尾，每日工作11个小时，从来不知所称假期，这是退而不休。希望家中大小平安。

6月27日，嗣禹写信告知钱存训，李约瑟来印大演讲之事。

公垂兄夫妇：

7月7至9日，李约瑟先生将来此演讲。贤伉俪如有时空，请同来一游。中国餐馆晚宴，算是我们的客人。若饭菜不佳，请原谅。能来乞示，以便订房间。否则，不必回信，以节省一点时间。敬叩，俪安。

7月3日，嗣禹致函谭其骧，告知1978年再次回国相聚：

今年弟又请求回国，（中国驻）加拿大大使馆已呈报北京月余，之后，尚无消息，恐已无效。预计 1978 年希望较大。回国主要目的之一，与兄长面谈。其次，看北京历史博物馆，闻其目前已经开放。上海日用品物价，不知涨了若干？刘大中与刘大年是否为兄弟？

7 月 4 日，美国国庆日，嗣禹在印第安纳大学图书馆，至地下车库中取车时遗失钱包，被扒手偷去。扒手将此中的钱取出后，再寄回皮包，因其中有身份证、开车执照。嗣禹称"也算是盗亦有道"。

7 月 7—9 日，英国著名汉学家李约瑟博士，应邀来印第安纳大学做三天的演讲，嗣禹全程陪同。之前，因为钱存训曾为其撰写过中国造纸方面的书籍，所以嗣禹特别邀请钱存训夫妇参加。

9 月 30 日，嗣禹致信女儿邓同兰：

医学小辞典接来信后，当日寄出。医学大辞典早至海邮中，无法追回。

现在回国一次，需用人民币 15 万左右，好些人因为气候骤然改变，不适宜生病。有人要回国看八九十岁的祖父母，等了七年尚未得到签证。

我们身体都算强健，每月交给政府的医药保健费，合人民币 200 元，生病时，非大病不理。有一次看医生二三分钟，也要人民币 50 元。所以只好不看医生。不得已时，当然非去不可。

祖国三年得到好转，这也是好消息，希望有外销品。日本的汽车、钢铁、电视、无线电、钟表等几乎充满美国的市场。每月入超市几千万元。祝你们全家平安吉庆，问母亲好。

11 月，发表长篇论文《中国法制体系下家庭的角色》，原载《亚洲历史研究》第 2 卷第 2 期，本文长达 24 页。本文详细地考察了中国家庭制度的历史演变及其同法律的关系，并广泛介绍了西方、日本和中国台湾学者在这方面的研究状况。①

11 月底，嗣禹曾因头昏症，到医院住院四日，后经检查脑、胸部并无毛病。

12 月 19 日，嗣禹写信给女儿，告知近期情况：

> 同兰女儿：数月前来函，文字清顺，可称佳作。人生很少完全满意快乐，我亦不过有衣有食而已。终日忙碌，一生就不知有假期。去年夏天去哈佛作研究工作，7 月 4 日美国国庆日，就至地下车库中失遗钱包，被扒手偷去。（扒手）将此中的钱取去，寄回皮包。因其中有身份证、开车执照，也算是盗亦有道。11 月底忽发头昏症，至今步行仍感到东斜西倒，住医院四日检查脑胸部无毛病。10 日前，托徐炳麟由中国银行寄你 450 元，想必不久可以接到。我去年 5 月已退休，此后无收入。仅能靠养老金度日。然每年必尽量照顾资助。祝新年全家百吉。父字。十二月十九日

本年度，印大编辑、出版了三卷本的《印第安纳大学校史》，详细记录了"二战"后大学扩建的全面情况。书中有一章内容，专门记载该大学对区域研究进展方面内容。作者着重强调了邓嗣禹教授加入学校的重要性和对印大的杰出贡献。在这本书中，邓嗣禹在印大推动汉学研究体系的建立和在学术贡献上的业绩，已经成为该大学历史的一部分。

本年度出版的相关书籍与发表的论文：

1. 印大编辑、出版了三卷本的《印第安纳大学校史》。

2. 发表长篇论文《中国法制体系下家庭的角色》，原载《亚洲历史研究》，长达 24 页。［"The Role of the Family in the Chinese Legal System"，*Journal of Asian History*，2.2（Novermber 1977），121 – 155.］

1978 年　73 岁

一、嗣禹退休之后，印大仍为他保留一处办公室，直至 1988 年去世。

---

① 中译文原载《湖南法学》1986 年第 2、3 期，译者王合成、王维俭，后收录《家国万里：中国历史的海外观察》，北京：北京师范大学出版社，2016 年，第 143—160 页。

二、10 月初开始，为期一个月，到上海、北京、天津等地进行学术旅游。

三、获得美国联邦政府卫生、教育及福利部（NEA）颁发人文科学研究奖。

1—4 月，印大仍为嗣禹保留一处办公室，直至 1988 年去世。退休之后，他仍然坚持每天到办公室开展学术研究工作，到图书馆查询资料。1977 年，嗣禹虽然未教课，基于他对于印大的贡献，校方仍然支付全薪。

3 月，嗣禹以回忆文章的方式，撰写并发表《东瀛观光善本汉籍鳞爪》一文。他在这篇文章中，记述了 1955 年，他在日本查阅资料过程，以及鲜为人知的细节：

1955 年趁在美舌耕第二次七年休息之便，兼获 Fulbright（富布赖特基金）研究教授之助，乃住日本十三阅月，考察彼邦风土人情，编纂日本学者对于日本与东洋之研究，包括传略及其主要著述，而最大兴趣是在看日藏善本汉籍。在名古屋蓬左文库工作时，已是隆冬。……侍者密告馆长，馆长自动建议谓，凡喜阅书籍，寄至京都寓所，阅后寄还，盛情永远难忘！或者是有神田喜一郎①与宫崎市定②介绍信的原因。

4 月 30 日，嗣禹致函钱存训，感谢他的资助，并告知获得美国联邦政府卫生、教育及福利部人文科学奖金：

---

①　神田喜一郎(1897—1984)，日本著名汉学家，京都大学文学博士，1952 年曾任京都国立博物馆馆长。曾在日本大谷大学、台北帝国大学、大阪市立大学等大学担任教职，在中国史学、文学、敦煌学等研究领域多有建树。其家世代藏书，他虽非中国戏曲研究者，但藏有许多珍贵的戏曲剧本、曲谱及外文译本。

②　宫崎市定(1901—1995)，日本东洋史学家，战后日本"京都学派"导师，20 世纪日本东洋史学第二代巨擘之一。他与邓嗣禹年龄相仿，并都是以研究中国的科举制度史成名，1958 年以《九品官人法研究·科举前史》获日本学士院奖。1960 年 10 月赴法国，任巴黎大学客座教授。不久又赴美国，任哈佛大学客座教授，1962 年 7 月回国。1965 年于京都大学退休后，任京大名誉教授，同时兼任德国汉堡大学和鲁尔大学客座教授。1978 年，因研究中国科举著作，获法兰西学士院颁发的"儒莲"奖。

公垂兄如握：久疏问候，盼一切均佳。昨日接芝加哥大学寄来支票一百元，此款必为吾兄多方设法，累费唇舌，鼎力督促，然后成功。感谢莫名！去年末一期未教书，得全薪。又加 NEA（美国联邦政府卫生、教育及福利部人文科学奖金）研究金 2 万元，故今年除扣除外，另交所得税 4200 余元。故芝大支票实喜出望外，不无小补。今附呈拙作二篇，① 乞指正，顺叩。

宫崎市定像

6 月 24 日，因谭其骧在上海患病，嗣禹曾从美国寄来药品，并写信说明：

谭季龙学长：此药丸服之，可以减轻鼻孔充液，流鼻涕，打喷嚏，鼻孔痒及流泪。如必要时，每六小时服一颗，但一天不要超过四颗。

凡是血压高，有心脏病、糖尿病、甲状软骨，气喘，尿内障（或晚间小便困难者），以小孩六岁以下者，不宜服此药。

如服此药后，可能觉得困倦、沉沉思睡，若超过每六小时服一颗，可能有头昏的现象。

这是纸盒上说明，大概的内容翻译。试服两三天，每天一颗或两颗。看看效果如何？乞函示。另求医生开方，他们恐怕未仔细检查病人，不敢主方，免挨罚。敬祝，新年百吉。

弟　邓嗣禹上

1978 年 2 月，因长期紧张工作所累，谭其骧突发脑血栓，不久又导致半身不遂。邓嗣禹得知此情况之后，特地从美国药店购买相应药品，寄到上海并写信说明使用情况。

10 月 1 日，嗣禹从印第安纳出发，途经日本，再到上海、北京、天津

---

① 发表拙作二篇，系指：1. 发表论文《东瀛观光善本汉籍鳞爪》；2. 发表传记文章《纪念裴开明先生》，载台湾《传记文学》第 32 卷第 6 期。详见本年度发表文章具体刊载内容。

等地，开始对于中国的第二次旅行，这一次是以学术考察为主要目的的旅行。

10 月 2—6 日，嗣禹途经日本时逗留五天，收集相关研究资料。

2 月 7—10 日，嗣禹在上海，拜访了曾经的燕京大学两位研究生同学：

第一位是上海图书馆馆长顾廷龙，并提供给他一些需要复印的书籍和论文目录。顾承诺在嗣禹从北京返回时提供全部所需资料；第二位是时任复旦大学历史系主任谭其骧。当时，谭其骧因中风，正在上海市龙华医院住院治疗。据嗣禹在回忆录中介绍：谭其骧不能举起左臂，右腿也几乎不能行走，由他在上海的女儿，以及从新疆返回的儿子每人一周，轮流照顾。嗣禹在回忆录中，介绍了具体细节：

我们开始谈论他的身体现状问题。他目前不能举起左臂，右腿也几乎不能行走。我问："为什么只有一个病人的房间却有四张床？"他回答说："在中国，为了减轻医院的负担，每个病人都有两三个家庭成员陪同，这样可以比忙碌的护士更好地照顾病人。"过了一会儿，谭想坐在椅子上和我说话。他的女儿帮他穿上袜子和裤子，扣好衬衫扣，扶他从床上下来。我说："你很幸运，在美国女儿并不总是能见到住院的父亲。"他说："目前是由最近从新疆被召回上海的儿子，以及女儿日夜轮流为我护理，每人一个星期轮班。但是女儿已婚，还要照顾自己家里的两个孩子。"他的儿子到医院一周后，感到无聊，但却只能在这样一个单调的生活空间里休息。在另一次访问中，我看到他的两个侄子从绍兴赶来医院看他，他的儿子则睡在医院的病房里。我们长时间地谈论的话题，是关于我们以前的教授和校长们的轶事。他们当中的大多数人已经彼此失去了联系，这些人有的已经死亡，或者年纪太大了，无法再出来见面。

10 月 11 日，嗣禹从上海出发，乘坐软卧火车去北京，并和另一位来自西雅图的海外华人共住在一个软卧间。全程需时 19 个小时。

10 月 12—20 日，嗣禹在北京期间，拜访了著名女作家冰心、元代历史学家翁独健、美国和中国史资深教授崔世浩、图书管理学家陈洪顺，以及梁启超的女儿、北京大学图书馆副馆长梁思庄。时任北大副校长季羡林出面接见。

在北大图书馆工作二E，查阅资料时，意外遇到朱士嘉。后由朱士嘉带路，到另外几位同学家中，看望到了齐思和、陈鸿舜，并代转陈鸿舜交给钱存训一封信函。

在北京期间，还曾见到《红楼梦》研究专家吴世昌，清代史研究专家王钟翰，历史学家朱同书、白寿彝等人，以及太平天国史研究专家谢心尧、罗尔刚，嗣禹记载"谢一直很健康；罗已 80 多岁了，身体不好"。

邓嗣禹赠送谭其骧的照片
（摄于 70 年代中期）

在吴世昌的陪同下，嗣禹曾前往医院拜访了燕大时期的硕士导师顾颉刚。据嗣禹在回忆录中介绍当时的情景：

在吴世昌的陪同下，我去他家新楼看望他。他的公寓在一楼，有三四个宽敞的房间，可以供他的两名研究助理和一名职员使用，他们都在那里工作和生活。我们发现顾颉刚没有在家，这种情况对于吴世昌来说并不意外。我们去了医院，在医院找到了他的房间。顾某紧紧地握住我的手有几分钟，兴奋地交谈着。他说："我一直在按照新的历史方法和观点修改我以前的出版物。我可以再工作几年，直到我 90 岁以上，然后我就可以停止写作了。"当他高兴地交谈时，他的妻子轻轻地拍了拍他的肩膀两三次。我以为她是表达感情爱意，但是，顾太太最后说："请注意你的高血压，你那长时间的、生动的谈话可能会让你发烧。"顾则坚持说："我们可以自由的交谈吗？"我们表示道歉，并向他道别，他坚持在门口为我们送行。

10 月 18 日早，嗣禹在北京期间，曾致函罗尔纲：

尔纲先生：弟重返祖国，颇欲来尊府拜访请教，时间尚难预定，特先奉闻免吃一惊。弟现研究中国秘密社会史，先生如有珍贵史料及高见，希见示一二。

　　在北京尚有数日逗留，即叩道安。嗣禹拜启。

　　10 月 18 日，上午嗣禹应邀访问中国社会科学院考古研究所，由时任中国社会科学院副院长、兼考古研究所名誉所长夏鼐接待。夏鼐在当天的日记中记载："10 月 18 日，星期三，上午邓嗣禹教授来所访问。"①

　　10 月 20 日，罗尔纲回复嗣禹：

　　纲患高血压神经官能综合征多年，近年加剧，不能说话，不能见客。昨承大驾惠临，未得迎接，今天又奉大教，曷胜抱歉。用特专函奉陈病况。伏乞见谅！

　　拜读手示，敬悉先生现研究中国近代秘密社会。承下询有何史料。纲所收集天地会史料，已编于三十多年前出版之《天地会文献录》中。近年所见，大都是起义史料，如《上海小刀会起义史料汇编》等。而未见有如《贵县修志局发现天地会文件》那类拜会用的文件者。前读的近人关于天地会著作，见仍以《近年秘密社会史料》及《天地会文献录》两种为主要根据，知此类拜会用的文件发现很少，而研究者必须以此为依据，殊为有见也。至论中国近代秘密源流著作，则陶成章《教会源流考》可称要作。纲于天地会仅早年称有涉及，有愧下问，谨遵命奉复。

　　　　　　　　　　　　　　　　　　并致，敬礼。罗尔纲上

　　10 月 21 日，嗣禹由北京乘火车到达天津，拜访南开大学副校长郑天挺。嗣禹在回忆录中，介绍了他和郑天挺见面时的细节：

　　当我到达天津，在火车站给他打电话时，他高兴地说："欢迎，欢迎！"他的态度是认真的。当我的出租车驶到大学门口时，他紧握双手，冲上去开车门。当我试图支付车费时，我发现他已经给了司机一些钱。一辆大学的小汽车把我们带到了他的住处，室内地上面覆盖着漂亮的天津地毯。当得知我计划在同一天返回北京，只做了三个小时的访问时，他让儿子和我

---

① 夏鼐：《夏鼐日记》卷八（1976—1980），上海：华东师范大学出版社，2011 年，第 247 页。

们一同去一家餐馆吃饭。席间，他点了十道有特色的天津菜。在午餐时间，我问了郑某很多学术问题，所有这些问题都像在电视采访中一样，得到了准确的回答。然后，他问我有关美国新史学编年问题。我给了他一个类似简洁的回答。我说，一个关心模式和预测的社会学家，和一个通过研究获得全面数据的历史学家，他们很少会达成一致的观点。他要求我提供几本关于中国历史的著名英语书作为参考文献，用于编辑一部关于中国通史的多卷作品，我毫不犹豫地答应了。我了解到，其他几个大学的学者也在试图编纂一本关于中国通史的书。

10 月 21 日晚，从天津回到北京后，嗣禹得了感冒，回忆录中有相关细节介绍：

> 酒店医生的治疗对我帮助不大，两天后病情恶化了。我担心自己可能得了肺炎。所以我不得不改变原来设想的，去看风景名胜区，如桂林、广西，再坐火车到我的家乡湖南，然后再坐飞机，从桂林到上海的计划。于是，我改变了计划，安排在苏州待上几天，原来希望与明朝南部历史资源的权威人士谢国桢交谈，再欣赏美丽的风景和美味的食物。不幸的是，到苏州后，我找不到谢某在苏州的临时住所；因为持续的大雨，加上猛烈的风，天气变得突然寒冷，因此我也不能做很多观光活动。同时因为感冒的关系，我还不能吃太多美味的食物。厨师们太忙，不能为我精心准备可口的食品，好像他们还是习惯于过去的生活。

10 月 23—25 日，嗣禹曾由北京到苏州三日，考察苏州的园林建筑，后再由苏州返回到上海。他原来希望到达苏州时，能够见到明史专家谢国桢，但由于找不到他的住址，失之交臂。

10 月 26 日，回到上海后的情况，嗣禹在回忆录中有相关细节介绍：

> 来到上海后，我很高兴地得知，在一个为外宾准备的特别房间里，有一堆书在等着我阅读。接下来几天，我收到了大约 100 页影印的资料，这都是从我选择的材料中复制的。顾廷龙亲自给我带来了影印件，并邀请我吃饭。这些从上海和北京收集的资料是其他地方所没有的，让我这次的研

究之旅收获颇丰。吃完饭后，我们租了一辆汽车穿过旅馆，被送到龙华医院与谭其骧告别。

第二天，我去看了位于上海郊区的一些新建筑和工厂。尽管上海，这座国际大都市的心脏几乎没有改变——只是继承以前外国人定居点留下的永久建筑，但这些成就还是给人留下了深刻的印象。北京也是在城外不断增加新的住宅，计划将市内所有破旧不堪住宅中的居民进行重新安置，这些旧房屋已经无法修复或改造。同时，市区内的这些旧房屋将被拆除，为建造宽阔街道和高楼让路。至于这项工程巨大的项目何时启动，以及如何完成，目前还没有看到制订出时间表，或者是详细的计划，我们必须拭目以待。

10 月 27—30 日，嗣禹去参观了位于上海郊区的一些新建筑和工厂，同时阅读从上海图书馆复印的研究资料。"这些从上海和北京收集的资料，在其他地方所没有的，让我这次的研究之旅收获颇丰。"

10 月 30 日，中午，顾廷龙馆长邀请嗣禹吃饭。吃完饭后，他们租了一辆汽车穿过旅馆，到龙华医院与谭其骧告别。

10 月 31 日，嗣禹由上海起飞，途经东京和洛杉矶，用了一天的时间到达布鲁明顿。

12 月 15 日，致函钱存训，详细介绍回中国旅行的细节：

公垂兄：去大陆前，兴趣勃勃，一抵北京即伤风咳嗽，愈治愈坏。由沪一天返家，到芝加哥机场时，一夜未眠，已经累得不能抬起头，更无能走动、打电话。在北大时，曾由朱士嘉领导，去陈鸿舜宅间谈一小时，彼询问吾兄近况。在北京图书馆工作两天，皆至善本图书室。赵万里尚在，惟满身体是病，言语行动均感困难。罗尔纲亦然，曾登门拜访，夫人挡驾，翌日来函，转述病苦。北京图书馆现筹建新馆，至西直门外民族学院附近，预计 1981 年完成。旧馆址小的如家祠，不敷应用。现有分馆三四处，其一即从前的国子监，外宾不能去，必将书籍先一二日通知，搬至总馆阅读。也有复印机，价昂，每人日限数页。弟印百余页，未收费，很客气。容当寄书籍、杂志，以报答之。

刘国钧未能见到，在北大仅一二小时，周培元至美国，副校长季羡林，图书馆长梁思庄接见。在图书馆中见到朱士嘉，由彼带路看齐思和和陈鸿舜。历史系主任邓广铭想见面时间来不及。至上海顾起潜（顾廷龙，字起潜）大帮忙，请客，问吾兄好。曾至东交民巷老德国医院，见到顾颉刚，彼极高兴，健谈，夫人阻止一二次。彼生气说"我有言论自由权没有？"大陆之患至人多，小汽车贵，公共汽车挤得不能喘气。

曾住苏州三日，谢国桢①至各图书馆看明末清初史料，写笔记，找不到他的住址，失之交臂。苏州日夜赶建旅馆，九层至十一层，街道改宽，菜蔬不如从前，因人口太多，免时细作。为陈写的文章，早已拜读，实至名归，曷胜欣羡。夫人均此请安。

11 月 28 日，嗣禹写信给女儿邓同兰，介绍近期工作、身体情况：

同兰爱女：性急是我们家里的遗传病，自曾祖父、祖母与我及你们，一代比一代加甚。留学生交换事尚在谈判时期。已经来的几打人中，为交换学生，皆已至大学毕业，并做过多年研究工作，或有工厂经验，期间限定一二年。年龄至三四十岁之间，最年轻者为 22 岁。大学未毕业来美国者，中国台湾、日本及其他各国很少很少！所以性急无用。如中国政治局面不稳定，中美不能建立国交，希望更微，机会更小。

大学毕业的外国学生，如成绩的确优良，比美国学生好，可以获得奖学金。大学本科皆需自费。每年需要美金六七千（小大学），哈佛、哥伦比亚等大学，每年需要美金八九千元。即州立大学食住至家，吃住不花钱，光是学费也要三千元以上。本科四年无奖学金制度。

我生于 1905 年，阴历六月二十三日，今年实龄 73，虚龄 74。美国 70 岁强迫退休之后，即不能赚钱，养老金一年一年减少。退休之人无工会不能罢工，美国大总统最近宣布，明年要减少养老金及其他政府津贴，以便

① 谢国桢（1901—1982），字刚主，祖籍常州武进，寄籍河南安阳，是我国著名的明清史家、版本目录学家，生前曾任中国社会科学院历史研究所研究员、研究生院教授，兼任国务院古籍整理规划小组顾问。

减少赤字数目，力图收支平衡。

忙是人之常情，几乎无人不忙。我每日早 8 点进公事房，晚上 11 点回家，从不知有过年过节的假期。但是紧要的信，我必忙中偷闲写好。人家送我一篇文章，我必写信道谢。礼尚往来，宜当如此。方能与人无争。与世少海。否则，七四之年，可以天不怕，地不怕，死更不怕，要死就死。死了一焚了之，绝不要衣冠、追悼仪式。现在做一天和尚撞一天钟，以此永年为是而已。我明白你们及我自己双方面的情形，当局者迷，旁观者清。知我罪我，非所谓也。1979 年 1 月中，必从中国银行寄回 400 余元。徐炳麟因忙，很少回信。所谓久病无孝子也。

本年度发表学术论文与传记文章：

1. 发表论文《东瀛观光善本汉籍鳞爪》，载《中国图书馆协会通讯》第 2—10 页（*Chinese Librarians Association Newsletter*，4.1，March 1978，pp. 2 – 10）。

2. 发表传记文章《纪念裘开明先生》，载台湾《传记文学》第 32 卷第 6 期（1978 年 6 月），第 83—86 页。

1979 年　74 岁

一、本学期接待著名文学家萧乾来印大，考察 3 天。

二、接待国内一个工商设计与管理团体来印大参观 2 天。

三、指导博士生陈润成，撰写秘密集社课题博士论文。

四、将 1978 年回国日记译成英文，整理出版《重访中国》一书。

1 月 15 日，嗣禹致信女儿邓同兰：

同兰，1 月 5 日，托徐炳麟寄给你们美金 495 元，想必或不久可以收到。收到时，请在一月以内，给我写三个字"收到了"或者"未收到"，好不好？

徐炳麟多半是因为忙，很少写信。下次我从香港中国银行寄款，不知你们那方面有无收到。

2月5日，嗣禹致函钱存训，告知陈鸿舜的住址：

公垂兄：上次电话谈话，可解严寒。弟已正式升为教授（荣誉教授），从健忘方面说，答应供给陈鸿舜的住址，第二天全忘，乞恕补呈如下：

北京海淀区，中关园14号。

芝加哥今年比此地冷，今早零下5度（华氏），你们那儿是零下15度。冷习惯了，反不觉得难受。今早仍步行至公事房，中午关门吃三文治。天气虽冷，我们的友谊是热情的。敬询。

4月4日，嗣禹致函钱存训，代转朱士嘉信函：

公垂兄：朱士嘉托转此函，谨代办并询。俪安。

存训兄：

惠寄并承览制《朱氏地方志综采补订》一文均已收到，敬致衷心的感谢！

如能在大力支持下，编写美国各图书馆所藏稀见中国地方志目录，极有参考价值；为出版家将来根据这份目录影印中国分志实属理想。我将拭目以观其成，谅已严见之可赞目也。因地址不详，请代转。

匆复，顺致。撰安！朱士嘉

8月，嗣禹指导的最后一位博士生陈润成，为撰写博士论文收集资料，讲授《20世纪的中国》引言部分时，他收集了1971年以来出版的、美国学者访问中国之后出版的20本参考书籍，为此撰写书目摘要与评论，作为邓嗣禹《重访中国》书籍的附录部分。

9月，应美国爱荷华大学"国际作家写作计划"主持人邀请，中国著名作家萧乾和诗人毕朔望（时任中国作协外事办公室主任），赴美参加"三十年来大陆与台湾，以及中美作家之间首次交流活动"，并在印第安纳大学停留三天，举办讲座与交流活动，这是中国作家代表团30年来第一次访问美国。

12 月 24 日，嗣禹致信女儿邓同兰，告知文学家萧乾来印大访问。

同兰及家中亲戚钧鉴：

这个月当中，曾函告徐炳麟，请寄一点钱给你们，他现在照例不回信。如接到，不要以为惊奇。另外，我还要从中国银行寄回 450 美元，以美金贬值，故请徐寄一点找补。

这学期，有一位祖国的文学家萧乾在印大三天。我问他能否从天津纺织学院转学至南开大学？他说，现在国内不能转学，不知是否属实。另外，有一工商业设计与管理团体，来本校参观两天。我们忙着招待，学校花了 1000 多元（美元），算是很客气了。

瞿同祖回信，谓湘雅医院无医学朋友，另外一朋友告知，湖南大学无生物系，武汉大学有人满为患，即至外国得到生物学博士学位者，亦不容易插进去。母亲及你们全家大小，新年百吉，快乐健康。

12 月 25 日，嗣禹致函陶晋生夫妇，谈及《邓嗣禹先生学术论文选集》论文集编辑细节：

晋生、家麟教授：

黄培一再建议，拟将从前中文拙作，有学术性者，印成专集。嗣禹恐灾梨祸枣来，不堪作覆瓿之用，然仍至电话中坚持，不便扫兴，勉强应允。《唐代矿物产地表》，《禹贡》编者因缺稿，急于征文，两晚写成，用旧方法，无解释。故决定不可重印。《中国考试西传考》，早经崔书琴助手译成中文，顾立雅（H. G. Creel）感兴趣，又继续研究数年，似可成定论。方豪①神父之反辩，两年前始无意中阅读，觉得无辩驳之必要。中国发明印刷术，远至现在，欧洲学者尚有人不以为然。也有欧洲人仍至中国上古文化，传自近东说，故无争辩之必要。诸君之文，已允许转载，但仍需要翻译成中文。印大只有一邓某，中文不通，索价奇昂，不胜此职。贵校如

---

① 方豪(1911—1980)，浙江杭县人，中国历史学家，天主教神父。1949 年受聘台湾大学历史系，同年创立台大天主教同学会。

无高才生，似可转载原文，注脚甚多，且多以法、德文，故注解不能翻译。

总之，请你们几位酌量，翻译费我可负担。黄培每隔数周打长途电话，无法阻止。据云，贤伉俪今年 8 月返 "中央研究院" 一年，曷胜欣慰。昨今两年，美国中部特别冷，自圣诞节前起，积雪尺余，从未融解。冰上加雪，雪上加冰，公事房温度限定 50 度（华氏），各自电灯减半，行路开车两难，居亦不易。你们算是天之骄子，近读邰循正文，谓 "糠禅" 为白莲教之一派。"糠禅" 一词，不见元史语汇集成及其他，不知辽金史中用此名词否？特请教专家，但不必费时寻找。印大有金史语汇集成，因路滑尚未专门检查。

本年度，英文版《重访中国：一位海外历史学家对中国的评论》一书，由美国华盛顿、中国研究中心和图书馆研究协会联合出版。费正清为这本书，再次撰写了热情洋溢的序言。嗣禹为了体现对于祖国的眷念之情，他在书籍封面，有中文题字 "故乡明月"。

2015 年，上海师范大学历史系资深教授、博士生导师虞云国在为《家国万里》一书的评语中，特别提到邓嗣禹的这部游记，他说："20 世纪 70 年代邓嗣禹曾两访故国，著有《大陆游记》，当中更有家国万里的浓浓情结，希望不久能出版大陆版。"

12 月，在台湾《清华学报》发表《唐代三省之沿革变选考》。

本年度出版的书籍与发表的论文：

1. 英文版《一位海外历史学家对中国的评论：1972 年的第一次旅行、1978 年的第二次旅行》一书，由中国研究中心和图书馆研究协会联合出版。（*China Revisited by an Overseas Chinese Historian*：*The First Trip*，1972，*The Second Trip*，1978，Washington，DC：Center for Chinese Research Materials，Association of Research Libraries，1979.）

2. 发表论文《唐宋元明清中枢官制之研究叙言》，载《陶希圣先生八秩荣庆论文集》，台北：食货出版社，1979 年。

3. 发表论文《唐代三省之沿革变选考》，载《清华学报》1979 年 12 月新 12 卷第 1—2 期，第 61—72 页。

1980 年　75 岁

一、《邓嗣禹先生学术论文选集》在台湾出版。

二、《中国对西方的反应：文献通考》再版。

三、邀请费孝通来印大演讲，并在家中吃饭。

四、与谭其骧、翁独健和陶晋生等学者探讨学术问题。

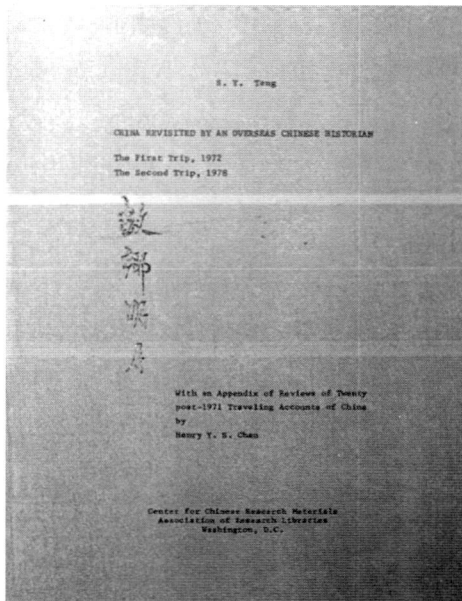

1979 年版英文版《重访中国》封面

2 月 18 日，写信给女儿邓同兰，告知近况，以及燕大老师邓之诚女儿在美国的情况：

同兰女儿：

今年这里的天气比过去两年暖和，但最近十日在零下 15 至 20 度，冰雪交加，行路难，写字手发抖。我们 1980 年的养老金，与 1979 年的一样。生活费去年物价增长 13%，今年要增加 16%—20%，所以我们也要十分节省。亲戚朋友太多，爱莫能助。

我在燕大老师邓之诚先生有六个女儿，第三个在美国开餐馆。她的姨妈、兄弟姐妹，托我转信、写信，从无一字回答。祝母亲及你们全家大小万福均安。

3 月期间，著名剧作家曹禺曾访问美国，印第安纳大学国际研究院院长，曾送给曹禺一把导演座椅。嗣禹在写给谭其骧的信中告知："今年来客最受欢迎的是曹禺，原名万家宝，译员为殷千里之子，翻译快，而且好，两人皆演员，富有戏剧性。演讲之后，听众鼓掌数分钟，很少见。"

3月期间，印第安纳大学邀请中国著名学者、社会学家费孝通来印大演讲，前后有三天时间。嗣禹曾邀请他在家中吃饭。他在给谭其骧的信函中记载："费孝通在敝校居住三日三晚，寒舍请他吃晚饭，家中无佣人，老夫妻亲手做十来样菜，兼招待颇费力。"对于演讲的效果，他介绍说："孝通演讲颇受欢迎，用翻译员，微感煞风景。"费孝通来美国演讲时，费正清夫妇从夏威夷飞回康桥，与之长谈。

3月28日，嗣禹致函陶晋生，询问《明实录》台湾"中研所"收藏情况。

晋生教授：

数日前，内子寄来博士礼服一套，临时干洗过，胸前或需烦家麟作一纽扣，然可有可无，因行礼时，教授多半随便，奉行礼事而已。

这点物品费用，不能算作任何礼物，故特选择非遇年遇节之时，然后邮寄，请笑纳勿却，千万勿再送珍品。我们已受之太多，很觉惭愧。《明实录》，印大入藏者

80年代的费孝通

收集至嘉靖时止，91册以后为校勘，不知中研所出全否？家麟教授均此未另，祝全家福。

嗣禹上，三月二十八日

4月9日，嗣禹写信给谭其骧，告知近期费正清、费孝通、曹禺等著名学者动态：

季龙兄如握：

前接大函，如同见面，消息繁多，足慰远念。久想复书，因忙未果。

今日礼拜天，美国习惯不写信，但不管三七二十一，刚到公事房，即了之夙愿。

您尚能旅行，良甚庆幸。心脏病，不至死，可延年。有几位同事，十余年前得此病，现仍健康。费正清（John Fairbank）四月前，在公事房已死去（昏迷），其女儿为医院看护长，赶到公事房，打氧气入肺部，用人工抽出呼吸，用救护车送去医院，居然好了。费孝通游美时，他们夫妇从夏威夷飞回康桥，与之长谈。他最近来函，仍计划编写四五本书。

费孝通在散校居住三日三晚，寒舍请他吃晚饭，家中无佣人，老夫妻亲手做十来样菜，兼招待颇费力。燕大全绍文的女儿，龙云的儿媳妇，已离婚，特从康桥飞来，迎接费老师（她前至民族学院念书做事）。孝通演讲颇受欢迎，用翻译员，微感煞风景。他自称为中国人类学之祖，未免轻视吴文藻等人。

今年来客最受欢迎的是曹禺，原名万家宝，译员为殷千里之子，翻译快，而且好，两人皆演员，富有戏剧性。演讲之后，听众鼓掌数分钟，很少见。四月底，北京文化音乐家来散校，参观演讲者念中文稿，译员（女士）念英文稿，口音不正，不全懂，听众多离场。会后晤谈，谈及杨荫浏①，说本想请他同来，因年龄已有八十，恐不堪劳累。我称王讲者为"先生"，其随员说，他还是北京市人民政府文化局副局长，似嫌我"有眼不识青天"。介绍人没说他的官衔，所以只好称先生。在美国一般人称大总统，也说 Mr. President（总统先生），或 Mr. Carter（卡特先生）。

侯仁之本来是去加拿大，他特别要求，去哈佛见洪老师。据全女士说，洪先生修改她的英文稿，改正她的口音，要她重念，再重念，三重念，一如三十年前的学生。全女士提议，要散校请他来讲演。这样的事，

---

①　杨荫浏（1899—1984），中国民族音乐学家、音乐史家、乐律学家、音乐教育家，中国民族音乐学的奠基者。杨荫浏是20世纪中国音乐学术领域的杰出代表，他在中国民族民间音乐的整理研究方面最为大家熟知的贡献，是抢救和整理阿炳的《二泉映月》等曲目。2009年《杨荫浏全集》由江苏文艺出版社出版。

总是要数月前安排好，临时无法办妥。

前圣约翰大学毕业的罗郁正，曾师从复旦大学刘大杰，习中国老庄哲学和唐诗宋词诗歌，在申请到赴美留学的机会后，刘大杰送给罗郁正一本古典学方面的书，书的扉页上题道："年少而心雄，处优而不荡。"这既是对罗郁正的鼓励，同时也是对罗氏家族教育理念的肯定。

80 年代中期，谭其骧在复旦大学

美国电影明星 Reagan（里根）已为 Republican（共和党）大总统候选人，他做总统时，必然恢复美国与台湾的"外交关系"。此言一字值百万金，台湾愿意贡献巨资。

弟　嗣禹上

4 月 9 日（1980 年）

10 月 31 日，翁独健来函，询问《清实录》引得书籍在美国印大收藏情况。

11 月 10 日，邓嗣禹回复翁独健：

独健兄：

喜接来函，如同见面。印译成英文，打好备用。因原函太短，不复好看。又因洋公文惯例，只能用一个称谓，不列总裁，乃略如不通。作为半公半私之信，盼勿失原意，尚待大旨表达。

清实录引得等疑书，仍在多方面进行。美国政府愿意帮忙，但是有条件要求：其一，有 Match – fund，即从其他基金委员会得到同样数目的捐款。其二，学校当局必须津贴之一部分。关于学校津贴，印大新副校长已经答应尽量设法解决。然而我要求一年五万元太多，逾数目学校须公布登出，州政府将印大 1981—1982 年预算大为削减，须加学费 11%，方能维持。然无论如何，必可得到学校额外捐款，不可商议，亦不乐观。总之，退休之人，不受薪金，纯为谋学术上的便利。若清实录引得能作成，可谓是中国文史研究一永恒大事。其三，提议王钟翰为能胜任之良才。未知高见如何？叩询，俪安。

弟　嗣禹敬礼

本年度出版学术著作与发表论文：

1. 黄培、陶晋生编辑：《邓嗣禹先生学术论文选集》，台北：食货出版社出版，1980 年 1 月。

2. 为瞿九思撰写《万历武功缘叙论》，载瞿九思著《万历武功缘》第 5 册序言，台北：艺文印书馆，1980 年。

3. 为艾千子著《天佣子集》作序言，台北：艺文印书馆，1980 年。

1981 年 76 岁

一、撰写《蔡元培先生的革命思想与活动》作为参会论文。

二、8 月下旬，赴台湾参加"中华民国建国史"学术会议。

三、9 月，参加二女儿研究生毕业典礼。

3 月 12 日，嗣禹致函陶晋生，告知他将参加本年度 8 月在台湾举办的"中央研究院"学术会议。

晋生、家麟教授均鉴：

中国近古史，已拜读，言简意赅，文从字顺，甚为钦佩，已列入拙编书目中，以补篇幅。

亚洲学会开会，国会图书馆 Tsuneishu 邀请参加，退休之人，一切自备，已决定不去。

"中央研究院"学术会议，承蒙你们介绍，陈荣捷、De Barry（狄百瑞）等人力劝，同聚数日，已复函参加。钱思亮院长来函，不以信封上写 R. O. C.（中华民国）为然。我们的信，学系书记分开打，无法告知如何打信封，闻有时邮政局人员说，他们分不清楚，易出错，最好将 Taiwan, R. O. C（台湾，中华民国）写至最主要一行。故未能去信道歉，能否有时间预备一篇论文，尚难预言。故请勿向台湾、印大校长道及，雅不愿第二次麻烦他们，祝全家福。

嗣禹 3 月 12 日

5 月 19 日，嗣禹写信给女儿邓同兰，告知寄出《儿科医学大词典》：

同兰，托李曼卿同志带来的茶叶两罐，她另托友人 C. S. Yang 邮寄，已于三日前收到。今早函谢，并附现钞二元，补助邮费。

我谢谢你的茶叶，请千万不要寄高丽参。20 年前，我有一位高丽学生，送给我一点上等茶叶，其中含有高丽参，因药味太重，终于退还。你若寄高丽参，我必退还，你得付关税。茶叶，我已有很多，请勿再寄。

儿科医学大词典第二部，寄出半年，至今未到，甚为怪事。若贺嘉福不能写我的英文地址，他怎能看得懂词典中的内容？我也看不懂他的意思。

6 月 9 日，嗣禹致函纽约州立大学杨振宁教授，请求为一位清华大学硕士毕业生推荐工作：

尊敬的杨教授：您是否可以考虑帮助一位非常有前途的中国年轻物理学家？他拥有清华大学的硕士学位，并具有良好的英语、俄语、日语、德语和法语基础。他在机械物理、动力和柴油工程方面的特殊训练，将为中国的现代化运动提供急需的知识。他有良好的学术训练、长期的实验室和教学经验。简而言之，为了我们祖先的土地，他值得你的帮助。他的名字是詹先泽。他的父亲和叔叔是我的高中同学。他最近给我写了附件中的信，我看不太懂，更不用说为他翻译成英文了。作为一名退休的中国历史学家，无论是在印第安纳大学还是在其他地方，我都无法为他做任何事情。犹豫了很久之后，我冒昧地请求你的帮助。任何你能做的事，或任何你想提的建议，都将作为一个个人的帮助而被深深感激。

致以最诚挚的个人问候。

邓嗣禹　敬上

大学历史学名誉教授

1981 年 6 月 8 日

附注：我打算告诉陈先生，将信中的信息转换成一份个人简历。我不知道南昌有没有好的打字机，也不知道清华大学是否会为毕业生准备简历。

7 月 28 日，杨振宁回复，建议他直接写信给美国各所大学，提交申请表：

尊敬的邓教授：感谢您 6 月 8 日的来信。我建议你写信给这位年轻人，告诉他应该直接写信给美国各所大学，索取申请表格，然后向这些大学提交申请。我认为他有一种错误的印象，认为进入美国大学可能会受到那些有私人关系人的影响。

最好的祝愿

杨振宁　敬复

1981 年 7 月 28 日

8 月 23—28 日，嗣禹携夫人及小女儿赴台湾，参加由"中央研究院"举办的主题为"中华民国建国史"学术会议。在此期间，博士生陶晋生夫妇亲自开车接送、游玩，请客大小十余次，临行又送大批礼物。陶晋生父亲陶希圣参加作陪。

8 月 26 日上午，嗣禹宣读研究论文《蔡元培先生的革命思想与活动》。

8月27日下午，嗣禹宣读长篇论文《对中国秘密社会的介绍性研究》。

981年，邓嗣禹（右二）与台湾历史学家在会场留影

会议结束后，由台湾"中央研究院"出版论文集《中国历史学会论文集》。嗣禹发表的论文《蔡元培先生的革命思想与活动》，共计有16页，收录在《中国历史学会论文集》。台湾《传记文学》第39卷第3期（1981年9月号）全文发表。①

8月29—30日，嗣禹途经香港、澳门等地，实地参观香港黑社会分子感化院。在去澳门时，香港派两警官陪同、保护，参观新建成的桥，澳门警察局安排与能说国语的中年人士访谈。然后，从香港飞往加拿大，第二天返回美国家中。

9月2日，嗣禹前往美国威斯康星州阿普尔顿市，到劳伦斯大学，参加女儿邓华美硕士研究生毕业典礼。

9月10日，嗣禹再次走哈佛大学图书馆，查询专题研究所需资料。

9月25日，嗣禹在哈佛大学，致函陶晋生夫妇，对于在台湾的热情招待表示感谢，并介绍近期工作情况：

---

① 邓嗣禹：《蔡元培先生的革命思想与活动》，收录在王云五、罗家伦等著：《民国三大校长》，长沙：岳麓书社，2015年，第58—74页。

晋生、家麟教授钧鉴：

来台承令尊大人及贤伉俪招待，亲自开车游玩，请客大小十余次，临行又送大批礼物，使内人及小女高兴，真是十分客气，感觉万分不安，谨代表全家及本人特别致谢，感谢万分。

去港澳后又是一番忙碌，与香港警察署交涉，居然也能厚礼相待，警车接送，参加黑社会分子感化院，做一点 field work（实地工作）。去澳门，香港派两警官陪同、保护，参观新建成的桥，与香山接合，谈了"变质"的黑礼情形，又叫来一位深知内情、能说国语的中年人士访谈。警厅一个全式之模型台"木立斗世"三军令旗、香长白扇。又将假窗户打开，中间有数百黑社会分子的相片，背面有年龄、籍贯令（该）社名录，初犯重犯等等。警长自鸣得意地说：澳门数千分子，皆如手使臂，凡人握至他们的手中，故大事不敢犯，小事不足为大害。香港黑社会（分子）有手枪，澳门获（设有）武器陈列室，多拙陋不堪，如脚踏车、小玩具刀等。

我从港澳当天飞至加拿大，第二天返家。飞机上飞行太久，甚累。家麟如生产后来美，宜至于途中休息一日，每当下机前，小孩啼哭，大人不舒服，均以休息一天为必要。我要她为《美国历史评论》作一篇关于妇女运动的书评。晚点交卷，亦无妨碍。

两天至公事房，清理案卷的一半，即去阿普尔顿①，参加二女儿研究生毕业典礼，又是一番劳顿。来哈佛大学初，似住 Kinkland lnn，斗室形同监狱，无电话，不能往室内送邮件，每月 240 元，今年增加至 300 元，局促得很。有一位吴太太替我打理，每月只收 85 元。室内有一间厨房及冰箱，可惜无时间做饭。一般人心理，以进母校为乐事，贤伉俪全家若欲回母校观光，当随时欢迎，可惜绝对没有你们那么周到、丰富的招待。然欢迎之心一也。

令尊大人住址已改变，乞示。徐愚斋一书，已海邮寄呈影印。即祝全

---

① 阿普尔顿：美国威斯康星州州城市，劳伦斯大学所在地。

家福。

10 月 13 日，嗣禹致函谭其骧，告知著作出版情况，并探讨学术问题：

季龙吾兄史席：

昨闻，十月初《人民日报》见下列广告，是江苏人民出版社出版。其中，刊登有关于秘密社会书籍，乞代购一本，并附发票三张，以便转请图书馆付款，弟当然要负责任。

若用正式手续订购，必须等候一年，方能编好备用。

弟之书目，经出版者请两三位专家审查，谓（他们告知）最近二三年出版品遗漏尚多，仍需要补充。因为寄杂志来美，需时数月至一年，敝校杂志不多，去大图书馆查询，如哈佛、哥大、国会图书馆等等，交通及食宿费用，需百元一天。退休之人，无此财力，以此烦援。乞谅，敬祝。

痊安

弟　邓嗣禹敬启

10 月 13 日

附言：

张相文①曾与蔡元培，请将秘密社会列入民国史前编，孙中山拒绝。不知张亮臣先师之父，有无秘密社会关系？若蔡元培加入暗杀团，② 曾斩鸡头饮血酒，光复令陶成章③等人，亦多半是会党分子，若非成员，至少可谓秘密社会之同情者，高见之一，您认为如何？

---

① 张相文(1867—1933)，中国地理学家、教育家，他是革新中国地理学的先驱者，为近、现代地理学在中国的发展做出了贡献。曾在上海南洋公学、北京大学等长期任教。

② "蔡元培加入暗杀团"确有其事。据上海交大著名军史、党史研究学者刘统(1951—2022)在他出版的新书《火种：寻找中国复兴之路》(上海人民出版社,2020 年)第 22—23 页介绍："1904 年上半年，东京留日学生秘密成立了暗杀团，以杨笃生为首，成员有何海樵、周苏来、胡镇超、汤重希等六人。……何海樵到上海访问蔡元培，蔡元培知道有暗杀团的组织，便要求参加，经过几次密谈，何介绍他参加了暗杀团。"

③ 陶成章(1878—1912)，浙江绍兴人。中国近代民主革命家，光复会创始人之一。中华民国创立后，他积极准备北伐，设北伐筹饷局、光复军司令部，任总司令。1912 年 1 月 14 日凌晨，陶成章被陈其美指使的蒋介石、王竹卿等人，暗杀于上海广慈医院，年仅 34 岁。

本年度，研究中国秘密社会的学术著作《中国的异议与犯罪：秘密集社、民众起义、农民暴动书目》，由英国 Garland 出版社出版。

本年度，嗣禹将陶成章《中国秘密派别和社会的演变》一文译成英文，发表在《翻译》（*Rendition*）期刊，第 15 卷，第 81—102 页。

本年度出版著作与发表论文：

1. 英文著作《中国的异议与犯罪：秘密集社、民众起义、农民暴动书目》，由英国 Garland 出版社出版。（*Protest and Crime in China：A Bibliography of Secret Associations，Popular Uprisings，Peasant Rebellions*，New York：Garland，1981.）

2. 发表长篇论文《对中国秘密社会的介绍性研究》，载《"中央研究院"国际汉学会议论文集》，第 1147—1181 页，台北，1981 年。

3. 发表译文：将陶成章《中国秘密派别和社会的演变》一文译成英文，载《翻译》期刊第 15 卷，第 81—102 页，1981 年。（The Evolution of China's Secret Sects and Societies，By T'ao Ch'eng – chang，*Renditions*，15：81 – 102，1981.）

4. 发表论文《蔡元培先生的革命思想与活动》，收录在《中国历史学会论文集》，共计有 16 页，1981 年。台湾《传记文学》第 39 卷第 3 期（1981 年 9 月号）全文发表。

1982 年　77 岁

一、4 月，到芝加哥参加以"辛亥革命"为主题的亚洲历史学会。

二、5 月，在匹兹堡大学接待周一良教授。

三、《中国考试制度》在台湾出版第三版。

4 月初，嗣禹赴芝加哥，参加以"辛亥革命"为主题的亚洲历史学会。中国代表团以时任中国社会科学研究院院长胡绳为团长，团员有：赵复

三、李泽厚、李宗一、章开沅等五人，涉及辛亥革命方面研究的国内著名学者参加。这是美国学者特意邀请大陆与台湾两岸的中国学者在一起研讨辛亥革命，到会者十分踊跃，共有五六百人，台湾也派出五位史学家参加。

其间，当嗣禹得知章开沅教授是贝德士在金陵大学任教时的学生，国内研究基督教大学和辛亥革命方面的领军学者，这次也将参加这次会议时，他曾与章开沅彻夜长谈。

2012年6月，章开沅在《学术界》杂志所发表的《学术界争辩更需要理性与包容——从60年前贝德士与邓嗣禹的争辩说起》一文中，真实地记录了当时的场景：

1982年4月，我随胡绳去芝加哥参加亚洲协会年会，却有幸与邓嗣禹相遇。此次年会最大的亮点，就是美国学者特意邀请两岸中国学者一起讨论辛亥革命。到会者非常踊跃，把棕榈宾馆的最大的会议室挤得满满的，连所有的阶梯都坐上了人，总数五六百人。会议开得很好，所以刚刚闭幕，我还来不及回到寝室，就被以唐德刚为首的30多位旅美华裔学者"绑架"，一哄而上把我簇拥到附近的一间大房间，把酒言欢，畅所欲言，共同庆祝两岸中国学者首次共同讨论辛亥革命，并且引起举世瞩目的效应。

良宵苦短，不知不觉已近子夜，我正式准备告别回到自己的卧室，突然闯进一位个头较高的长者。他自报就是邓嗣禹，并且急急忙忙把我拉进他的房间，满面笑容地说："我终于找到你了，你是金陵大学贝德士博士的学生，所以一定要请你喝酒"……我现在已记不清谈话的内容，也没有提及30年前他与贝德士之间那场误会。我们之间除了畅谈祖国情思外，他对未能见到一年前已故业师贝德士，亦表示极大的同情与遗憾。当谈到贝德士业师时确实流露出真情实意，令人敬佩。

章开沅在文章结尾中特别指出："我非常感谢邓嗣禹的盛情接待与热心提携，同时也联想到自己至今仍沐浴在贝德士的遗爱之中，是他的学风与人品深深地影响了我的一生。"

5 月，嗣禹携夫人与匹兹堡大学王伊同教授，共同接待由国内来访的同学，北京大学周一良教授与夫人。"洪门"三大弟子一起，参加了洪业先生向匹兹堡大学捐赠遗书的仪式，并留有在匹兹堡大学合影照片。

周一良、邓嗣禹与王伊同（自左向右）在匹兹堡大学

邓嗣禹夫妇、周一良夫妇与王伊同（左一）合影

8 月，嗣禹致信给博士学生黄培，邀请他一同研究中国秘密集社的课题："我自觉精力不够，不能完成此书。所以想采用分工合作制，邀请有关学者，各写一重要题目，合成一书。"

据黄培在发表的纪念文章中回忆：

当时先生曾命黄培写《少林寺僧征西鲁考》，并寄来一些复印资料，以便着手。黄培再三衡量，没有接受这一任务。黄培的考虑有三：第一，对天地会或其他秘密会社，只可浅谈，不能深入。第二，"西鲁"一名，含义不清，很可能出于口传之误，缺乏根据，但流传已久，写而不察，便同事实，如要加以推翻，非有实据不可，但何来这种有力证据？第三，黄培虽曾受业于先生，因资质较差，未得其学问之万一，年岁徒增，应以藏拙为是。日后回想此事，不免有后悔之感，因为这也是重向先生学习的机会。①

黄培在《追思邓嗣禹教授》的纪念文章中，对老师的教学生涯还有这样的评价：

邓先生毕生尽瘁于史学，不汲汲于名利，不屈服于权势，敢于直言，脚踏实地，只以研究和教育为重，虽退休以后，每日必于清晨到达研究室，直到晚上 10 点始回家，虽风雨无阻即周末及礼拜天也不例外。有时笔者于星期天打电话到他办公室，除非他去图书馆，否则每次必有回应。正因为他力学，他著作很多。业精于勤而荒于嬉，邓先生之学术造诣，便是最好的说明。只因自己勤于治学，所以常劝学生用功读书，难免引起一些同学的误解，以为他严于督责，甚或不近人情。

本年度，《中国考试制度》在台湾出版第三版。其中，自序内容与 1967 年、1977 年相同。在这一版书附录中，嗣禹增加了在 1938 年，由美国著名汉学家恒慕义发表在美国《图书馆通讯》期刊，对于《中国考试制度》的推荐文章《邓嗣禹的〈中国考试制度史〉》（英文版）。②

---

① 黄培：《追思邓嗣禹教授》，载《传记文学》1988 年第 35 卷第 1 期。
② 恒慕义：《邓嗣禹的〈中国考试制度史〉》，彭丽译，彭靖审校，邓嗣禹：《中国考试制度史》补编，北京：商务印书馆，2021 年，第 488—492 页。

1983 年　78 岁

一、与陶希圣探讨对《林彪的阴谋与灭亡》一书的看法。

二、与谭其骧交流学术研究心得。

三、着手撰写《邓之诚先生评传》。

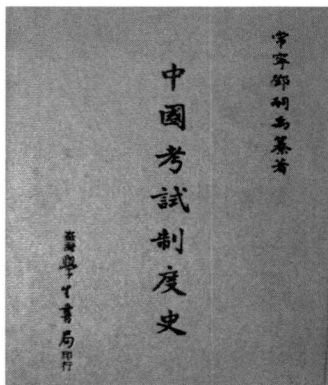

1982 年，台湾版《中国考试制度史》（第三版）

2 月，嗣禹撰写并发表英文书评，对吴相湘所著《孙中山先生传记》（第二卷）一书进行评论。他指出："是书系近五十年来，中外有关孙中山先生传记三十种中最详细的一种。""任何著作由于时间的推移都将重写，但现在是书仍值得介绍。"

吴相湘看到这篇书评文章后，曾在他的回忆录中记载：邓教授指出若干缺点及可取处。惜相湘阅及这一评论时，"修订本"已在陆续装订发行。[1]

7 月，嗣禹在台湾《传记文学》撰写并发表"胡适之先生为何能与青年人交朋友"[2]。他在文章的开头记述道：《传记文学》社征求胡适之先生书信，检旧日函件，幸得二通，即以应征，因忙未即寄。独行及失眠之时，回想 40 年代与胡先生之交游，往事历历，如在目前。特偷闲写出，以见他能友青年的秘诀。

7 月，王钟翰以中央民族大学历史系教授身份，到美国印第安纳大学参观、考察，历时 28 天。

7 月 23 日，嗣禹致函谭其骧，谈及 70 年代初撰写《林彪传》的背景

---

① 吴相湘：《三生有幸》，台北：东大出版公司，1985 年，第 422 页。

② 邓嗣禹：《胡适之先生为何能与青年人交朋友》，原载于台北《传记文学》1983 年 7 月第 43 卷第 1 期，第 29—33 页。收录在《家国万里：中国历史的海外观察》，北京：北京师范大学出版社，2018 年，第 321—326 页。

与内幕。同时希望他能为《林彪的阴谋与灭亡》一书，撰写书评文章：

季龙兄：

该打手板。接到消息丰富的信，又接到《论"五藏山经"的地域范围》等大作，还延复迟缓，老没有回信，罪该挨打。原因是无事忙，兴趣广，外事多，记忆差，写作慢。请老兄原谅。

昨晚至图书馆找书，无意中又发现大作（谭其骧）二篇，一篇见《史地杂志》别刊号；另一篇遗忘。今日发奋，非写信不可。

王钟翰至敝校住 28 天，告知吾兄为完成地图工作，有一舒服的办公房，值得庆贺。天气炎热，房间如拥挤，则工作不易。

弟之秘密社会研究仍在进行，材料收罗太多，不易控制。加以时移事迁，读者不愿意看，"秘社"方面的文章，属社会"癌"，望之厌烦，故需要弄花头，巧取书名，以便找到出版处。现在社会学派盛行，文章要写得简明流畅，不引经据典，不要注角（脚），不要用中文字，拼音方法，这已经足够头痛。要用演绎法，不要归纳与结论。出版物太多，读者多一目十行，有结论，只看结论，其他不管。我们 30 年代毕业的人多少受到考据学风影响。但是这一套已不吃香。学新派，如愿足够大，不容易放大，所以就吃亏。

老年人作书，极易被年轻人攻击，以为如此，可以提高自己的身份。如陈寅恪不断地受到欧美学者的批评，说某种大前提不能成立，我说"他们打瞎老虎"，"死老虎"。所谓兴趣广者，传记文章、微文，写出一点关于胡适的小品，① 特寄呈，聊做报李之用。

数月前，与《希特勒假日记》差不多同时出版的《林彪死谜》一书，美国销行最广的史学杂志，请我写一篇书评，我明知其为假，但无法证实。因为书中所依据的，都是最机密的文件，亲身参加的人，不知何以流

---

① 信札中所述"写出一点关于胡适的小品"，即邓嗣禹撰写《胡适之先生何以能与青年人交朋友》，发表在台湾《传记文学》1983 年 7 月第 43 卷第 1 期。

出海外？此书闻已卖出几十万册，给予政府以极坏的反宣传。不知吾兄有何见教，写出一篇好书评！特此求助。祝您健康快乐，继续写作。问谭太太好，给起潜兄请安。

8 月 17 日，嗣禹写信给陶晋生，希望通过他，再次向陶希圣询问《林彪的阴谋与灭亡》一书的看法。

晋生教授：

您现在也许从台湾返校，案头文件高筑，百端待理，本想通电话，双方省事，然个中问题之一，恐匆匆忙忙，一时无法回答。

令尊大人健康如何？食货杂志近行如何？美国杂志期满前数月，函催续订，香港、台湾无此纠结。查支票存根 1982 年 4 月 26 日寄食货 32 元，作为续订二年之用，不知是否足够？此函并非算账，而是关心令尊大人之健康。

最难马上至电话中回答的问题，是一本书：《林彪的阴谋与灭亡》，作者是姚明理（Yao Ming - Le），《美国历史评论》要我写书评，[①] 明知其伪，而无法证明。不知尊大人看法如何？您至台湾的见闻又如何？得须气畅数行为寿。

嗣禹，一九八三年八月十七日

9 月 1 日，嗣禹因要查找中国秘密集社方面的资料，复制《灵台小补》[②] 内容，曾致函中国社会科学院副院长夏鼐。夏鼐于本日写信给周一良，希望他给予落实。

11 月 30 日，嗣禹写信给陶晋生，介绍著作进展情况。

晋生教授史席：

蒙费很多气力，获得"通讯研究员"，感谢莫名！"通讯研究员"一

---

① 1984 年 4 月，在征寻谭其骧、陶希圣等学者的意见后，邓嗣禹应邀为姚明乐（Yao Ming - Le）所著《林彪的阴谋与灭亡》一书撰写的书评文章，发表在《美国历史评论》第 89 卷第 2 期，第 500—501 页。

② （清）白山悟梦子撰：《灵台小补》版本，属于清道光十二年（1832）刻本。

词，1930 年代曾听说过，谓某人为《通报》通讯研究员，以后寂然无闻，亦不知是何执掌，得便乞示一二。拙稿经芮逸夫过目，彼一番好意，介绍史语所，若能刊出当算幸事，否则亦无伤大雅。末后结论，或将略加修改。初校时，仍可为之。但不知此文进行至何耳。遵示，已函史语所所长丁邦新先生，接受此钱，附复印纸，以供参考。

拙作仍在徐徐进行中，惟缺乏助手打字，进行迟缓，注脚太多，费力不讨好，能仔细过目者，只著者、接印者、校印者数人而已，身躯幸而无恙，徐徐行之，免受青年人攻击。

今年美国大遇水旱灾，可证科学非万能，贵府未受影响，算是幸运，"人工雨"一词，无人言及。

祝贤伉俪著安，带老伴问候。

嗣禹上，一九八三年十一月三十日

12 月，邓嗣禹将已完成部分《邓之诚先生评传》的草稿寄给王钟翰，后又与周一良联系，邀请也积极参与合作。1987 年是燕大老师邓之诚诞辰 100 周年，作为曾经的三位学生，由嗣禹牵头撰写评传，以表达怀念之心。这篇三人合写的《评传》文章，后来发表于 1987 年出版的《中国历史学家评传》书中。

本年度，嗣禹获得台湾"中央研究院"通讯研究员，其学术级别略低于"中央研究院"院士。

本年度发表的文章：

1. 《胡适之先生为何能与青年人交朋友》，载台湾《传记文学》1983 年 7 月第 43 卷第 1 期，第 29—33 页。

2. 发表书评，对吴相湘所著《孙中山先生传记》第二卷一书的评价，载台湾《清华学报》（中国研究）第 15 卷，第 1—2 期合刊，第 173—176 页。

1984 年 79 岁

一、邀请杨振宁教授来印大演讲。

二、再次获得美国政府资助，出版学术著作。

三、《捻军及其游击战》一书，经过补充若干章节后再版。

四、指导博士生陈润成，开展"中国秘密集社"课题研究。

2 月 25 日，写信给女儿邓同兰，介绍最近生活与身体健康情况：

我的臂部跌伤已愈，照一次 X 光，费用 80 元，医药费贵的可怕。我不饮酒，不抽烟，生活有规律。早上 6 时 20 分起床，晚上 11 时半就寝，日造就行三英里，所以少生病，能够节省钱，接济你们。若生病，一年半载，全部积蓄一逝光。住院每日二三百元，小手术五百或者一千元以上。去年补牙齿两颗，费用 750 元。我眼睛恐怕有白内障，下周要去找眼科大夫检查。脑子日见糊涂，记忆力大减。

3 月 20 日，嗣禹邀请著名美籍物理学家杨振宁教授到印第安纳大学大礼堂演讲，受到印大师生的热烈欢迎。讲座结束后，杨振宁曾在嗣禹家做客，并一同探讨有关中文诗词。有关这方面的细节，详见译著者 2024 年发表的文章。[①]

4 月 23 日，写信给女儿邓同兰，谈及杨振宁来印大演讲的具体细节，评价"他聪明绝顶"：

同兰，此次来函，情真语实，使我高兴。早想回复，因忙未果。今晚文书告一小段落，即写数行。

3 月 20 日，杨振宁至印大大礼堂演讲，他聪明绝顶，非常叫座。他说近十五六年以来，每年回国一次，所感到美中不足的是，管理经营工作欠

---

① 彭靖：《"他聪明绝顶，非常叫座"——邓嗣禹与杨振宁的交往》，载《书屋》2024 年第 12 期，第 27—29 页。

佳。最好的香山饭店，坏得一塌糊涂。

我在北京国际书店订阅《光明日报》，每年报费 20 元，邮费 40 元，皆美金。可是 1984 年 1 月 1 日的报纸，4 月 12 日才收到，读起来，味同嚼蜡，寄来一大包，不按日期排列，乱七八糟，这是小事，尚不能管理好，可怜！

目前，我仍无大病痛，但耳听日渐退化。照规矩，老年人每年要全身检查一次，每次 500 元，医药保险不给原样的费用。所以我从不检查身体，每年节省 500 元，用来接济亲戚之用。不旅行，旅行每日需要 200 元。美国教授，每年可以出外参加学术会议一次，学校补助津贴购买一等飞机票费用，旅馆食物费自理。宣读论文者，略为增加。若路途太远，从东岸到西岸，学校仅提供半价，或 2/3 程火车、飞机费用而已。夜已 10 点半，精疲力倦，祝你们快乐健康。

6 月 5 日，嗣禹致函杨振宁，提及 3 月时他在邓家留下的纸条，并请求为彭饱书推荐美国的几所电力大学：

尊敬的杨教授：

最近，我夫人把我的冬衣送去干洗，她发现了一张有中文题字的纸条。这是您在我们家时留下的笔迹。幸运的是，我在附呈的复印件中找到了歌词的来源。

我故去姐姐的孙子，彭饱书，通过了北京政府的考试，在美国做了两年的访问学者，学习"电力系统包括保护、规划和可靠性"。他的津贴只有 400 美元。坦率地说，我知道"电力系统"，所以我把他的三份材料，发给我们印大外国学生部主任，因为我很了解他。他答应我，帮助彭先生找一所大学学习。但是两个星期过去了，我还没有听到这位主任的任何消息。如果您能给我推荐几所印第安纳州之外的大学，让他申请录取，并为这位 41 岁的工程师找一位学术顾问，我将不胜感激。我从来没见过他，我们都太老了，照顾不了他。如果您下次再来印大，请带着杨夫人一起来，并提前通知我们。

良好的祝愿　邓嗣禹

1984 年 6 月 5 日

6 月 25 日，写信给女儿邓同兰，谈到目前著作写作事宜。

同兰：6 月 12 日，从纽约中国银行，寄给你们美金 600 余元，折成人民币当合 1200 余元，想已经收到，请拨冗写上"收到了"三个字为盼。

据一班报告，农民生活大有改进，国家贸易大为增长，这是好现象。数年以后，必更有进步。等国家赶上台湾的繁荣，也许我的亲戚朋友能支援返国一次。

据现况，回国一次，需要花费三四千元，很可观。并非出不起，可是在美国，亲戚朋友之间，不通经济来往，生老病死处处需要费用，用完积蓄，危险万分。

我的身体算是健康，每年医药保险费用 1200 余元美金，因脚跟痛照一次 X 光，医药保险付费 40%，自付 25 美元，可怕得很！

记忆力锐减，容易出错误，从前两次回国，皆从政府研究资金支付。如书写不成，要退钱。写作甚慢，很觉得急！祝全家老幼健康快乐。

8 月 21 日，杨振宁回复嗣禹，回忆到"过去的 3 月份，在你家为我举行聚会的情形"，并建议与印大电气工程部门联系。

尊敬的邓教授：

我对您 6 月 5 日来信的迟复，深感抱歉。因为在上周，我从欧洲回来后，才看到您的来信。不幸的是，我对动力系统一无所知，所以我不能给您任何关于彭先生的建议。我建议您与您们的电气工程部门联系。我愉快地记得，过去的 3 月份，在你家为我举行聚会的情形。请代我向邓太太问好。

杨振宁　敬复

1984 年 8 月 21 日

8 月 28 日，嗣禹写信给女儿邓同兰，再次谈及《捻军及其游击战》著作的写作事宜。

同兰：按摩治疗既然生效，似宜继续进行，以求根治。如业务缠身，不知能否于周末，去医院住一二天，接受治疗，以期痊愈。或每日下午四五点时，去接受按摩数十分钟，不知能否做到？总之，身体要紧。身体强健，可以努力；不强健，则无能为力。治理一段短时间，以后随时可以复旧，再治理，要花更多的时间。

从前，我至哈佛调养院，医生要我多住两天，我坚持出院，预备大考。他说你一定要再来住院。果然，我出去发高烧，再去住院数天。

"九口之家"，甚不合时宜，至明清时代，也算大家庭。主妇不做事，家居管理家事，亦忙不过来。在美国，男女者十岁以上，必须做点小事。如送饭、替人看小孩、自己铺床、扫地，等等。

印大校长夫妇，从前至工厂做苦工，他们的儿子，现在每周末去饭店洗碗……美国有一位大使，每个礼拜天，蹲在大街上，为来往行人擦皮鞋，每人给他五分钱，这是千真万确的事实！

我劝你雇一个老妈子，至少工作一年，每月工薪四五十元，由我负担。这样，你可能养病。

我年龄太老，记忆力差，容易写错字，有时一句话说到嘴边，咽下去了。所以最近台湾大学请我去讲学半年，我辞了。偶然，美国大学请我去讲演，我也不能接受。

回国一行，固然所顾也。但是我接受美国政府两次奖学金（资助金），共计三万元，此书不成，要将钱退回去，我绝无此意。书一定要写得很好，不能马虎，以免受人批评。所以三四年来，未外出旅行，但是题目太大，需要花时间太长，收集材料太多，不易驾驭。

此函语出至诚，希望你仔细考虑接受，务须把身体弄好。我实在太忙，1984 年恐不能再给你写信。祝全家大小快乐、平安。

9 月 1 日，中国社会科学院副院长夏鼐曾写信给嗣禹，[①] 具体内容不详。

10 月 3 日，嗣禹致函谭其骧，谈及近期的学术交往动态：

---

① 夏鼐：《夏鼐日记》卷九（1981—1985），上海：华东师范大学出版社，2011 年，第 386 页。

季龙兄如握：

昨日复印致魏建猷①函，忽然遍寻不获。今日至箱柜中发现，印寄呈。函中想说邮票可由我负担，但恐怕魏兄不悦，从略，得便请告诉他，不要航邮、海邮印刷品，已经够多了。

敝校有不少中国学生，感觉不容易同他们来往，他们不愿意来公事房谈话，只想去家中造访。我告诉一位北大来的学生，中美组织微有不同，夫妻多同时做事，等妻返家，做饭、洗碗、买菜、铺床，已够忙碌，无暇打扫房间一次，接待客人。听者不高兴。

至另一社交会中，有一位来自北京或杭州的研究生，知道谭其骧先生1952年已离开浙大，但不知道其他的事。我问他研究什么，他说史前史。他要告诉我，什么是史前史，我说我知道，他又觉得不高兴。总之，老与少是两个世界，很不容易谈得来。惟有与令公子，我们谈得投机，可惜为时甚短。

王钟翰来函，他带领四位研究生，其中之一是他的女儿，遍游东北及西北，包括敦煌，不日又要去湘潭讲学，忙的习不暇接。忙碌的生活就是快乐。匆匆祝您健康，若需用西药，可随时效劳。

本年度，《捻军及其游击战，1851—1868 年》一书 1961 年首次由法国 Mouton 出版社出版。经过修改补充若干章节后，1984 年由美国绿林出版社（Greenwood）再版（该著作曾接受美国政府两次资助金，共计三万美元）。目前，该书籍曾被翻译成法文、德文和英文三个语种，在全世界范围内发行。

本年度出版的著作与发表的论文：

1. 《捻军及其游击战，1851—1868 年》，1984 年由美国 Greenwood 出版社再版。

---

① 魏建猷(1909—1988)，中国著名近代史与秘密结社史专家。早年曾就读于无锡国专、留学日本中央大学，在燕京大学图书馆、中央大学、无锡国专、暨南大学等任职任教，主编《东南日报·文史副刊》。1954 年后在上海师范大学工作，为历史学教授，曾任历史系主任和名誉主任、中国会党史研究会会长等职。

2. 发表论文《古代中国思维模式中的正统观念与异端》，载《"中央研究院"历史语言研究所集刊》1984 年第 55 期，第 3 分册，第 339—414 页。

3. 发表对姚明理（Yao Ming – Le）所著《林彪的阴谋与灭亡》一书的评价，载《美国历史评论》1984 年 4 月第 89 卷第 2 期，第 500—501 页。

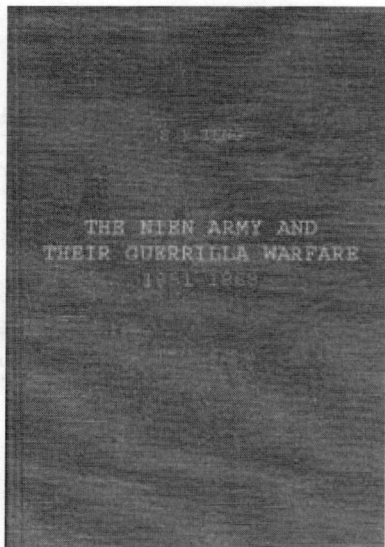

1984 年版
《捻军及其游击战》

1985 年　80 岁

1. 2 月，接待中国历史学家代表团。

2. 8 月，参加林则徐诞辰二百周年纪念大会。

3. 9 月，赴福州、厦门、泉州等地参观。

2 月初，以汪熙[①]、萧致治[②]教授为主要成员，中国历史学家代表团访问印第安纳大学，嗣禹参加接待，并邀请两人到家中做客。其后，陪同他们到市场购物，并委托他们为谭其骧代购一条电褥，随行送给他。

2 月 9 日，嗣禹将复旦大学汪熙教授来印大访问之事，以及细节内容告知谭其骧：

季龙兄：

今早无论如何，要排除一切事情，发愤写数字，为吾兄夫妇拜年。并

---

① 汪熙（1920—2016），复旦大学教授，历史学家。1944 年赴美，1947 年毕业于美国宾夕法尼亚大学沃顿（Warton）商学院研究生院。1948 年返国后，长期从事中国近代经济史、中美关系史和国际经济关系等学科的教学和研究。1976 年加入复旦大学，后任教授、博士生导师，上海工商学院名誉院长。

② 萧致治，武汉大学历史系教授，从事鸦片战争与中西关系史研究。先后出版《鸦片战争史》《林钦差与鸦片战争》等著作。

要赶早班车邮递，以便按时寄到。

我一见到贵同事汪熙教授来印大，即想到吾兄与起潜兄。在寒舍茶叙后，即去市场买电褥子，非常有用。遇到局部风湿病痛，可以搁至肩膀上，放至腿上。手冷时，可以暖指。晚上脚冷时，可以置于棉被中。当室外刮冬风时，如室内欠暖，可以坐褥上，立即见效。1947 年，特送文如师一个电褥子，他怕触电，宁可受冻，始终未用。可惜，可惜。汪教授云，上海有变电器，绝无危险。盼您与起潜兄可以用上。当天下午，身上带有足够的现钞，打算我们三个人去中国饭馆饱餐一次，开车的萧教授坚持不接受，至今引以为遗憾。请您见到汪先生时，代我表达之意。

您所编的中国地图集，我校图书馆已经编好备用。因为人手不足（实至为懒惰有关）。中文书有 4000 多本，日文书有 3000 多本，尚未编号。非教授们催促，不去管。他们按照收到书籍先后，注明日期编号。二则国内出版家不愿意登广告，往各图书馆寄书目。所以有好多学术书籍，我们落后。因为馆长是日本人，尽量买日文书。对于采购中文书，采取马虎的态度。

对于您的近况，我表示非常同情。目前医药无法帮助，可喜的是，您头脑清楚，记忆力尚好，笔下灵敏，使我钦佩。我绝不能记起朋友某日来函，并且常为某函的去处，翻箱倒柜，花很多的工夫找不着。甚至写文稿时，将某页纸扔至纸篓中找不到，又重起炉灶再写，非常失望，觉得此生已矣。

国内的亲戚朋友要钱，要我担保来美国，几乎一年四季无断绝，担保之法，是拿出一二万元用要来美国者的姓名存至银行，即可得到签证。此事等于白送二万元，谁会愿意做此事。马锡用为他的外孙女来美国，给我写过好几封信，此女士亦写。昨日接到邓瑞函，打听他姐姐的住址，大概又是要来美。黑龙江的省长也要来此城，要我招待，可了不得。

周一良寄给我一本《吴晗传》，说标点《资治通鉴》是吴晗提议的。我以为是顾（颉刚）先生提议的。祝您健康快乐！起潜兄均此请安。

弟　嗣禹上

1985 年 2 月 9 日

1985 年夏季，邓嗣禹在住宅门前留影

8 月上旬，嗣禹忽然接到中国大使馆电话，邀请他去北京，参加林则徐诞辰二百周年纪念大会。

8 月 26 日，嗣禹答应云的时候，已经来不及办理外交、签证等手续，冒险登上飞机，机票是大使馆寄来的，请去中国参加会议与考察十天时间，一切费用由中国全国政协办公厅负担。

8 月 27 日，在芝加哥机场补办签证手续，乘飞机抵达上海。

8 月 28 日，抵达北京，入住北京西苑饭店。

8 月 29 日晚，参加由全国政协举办的"纪念林则徐诞辰二百周年大会"。被邀请的海外历史学家，包括邓嗣禹（美国）、唐德刚（美国）、陈志让（加拿大）、王赓武（澳大利亚）等五人。

8 月 30 日，在《人民日报》第二版，以"全国政协宴请林则徐后裔及外籍华人史学家"为题，作了简短的专题报道。时任中共中央政治局委员、书记处书记习仲勋主持会议，全国政协副主席刘澜涛致祝酒词。当日的《人民日报》原文详见第 198 页。

9 月 1 日，在全国政协有关人员陪同下，嗣禹和四位历史学家赴福州、厦门、泉州等地，参观林则徐出生地、墓地。

9 月 9 日，从厦门回到北京后，休息两天，去商务印书馆、中华书局、琉璃厂购买点书籍。政协供给一部小汽车，让他随便去看朋友、买东西。

9 月 10 日晚，王钟翰同北大一教授要请嗣禹吃饭，去西苑饭店附近两家饭店，原以为可以吃羊肉，但是已经人满不能进去；另一家饭店，没有外汇券不准进入。结果，三人又回到西苑饭店，由嗣禹请客。

9 月 10 日，嗣禹写给邓同兰第一封信，写于北京西苑饭店，时间为邓嗣禹即将返回美国的前一天。

9 月 11 日，早上 7 点，嗣禹与唐德刚教授同车去机场，从北京途经上海，然后返回美国。

11 月 2 日，邓嗣禹返回美国之后，静下心来，写给女儿邓同兰的第二封信，仔细介绍此次参加活动的内幕、细节，以及活动之间的花絮。

同兰：

谢谢你花了很多工夫，规规矩矩地给写的一封长信。恭喜你加薪，盼望你加级，以便日后称邓同兰教授。但还要有一部著作，发表一两篇论文，才有希望。

8 月上旬，忽然接到中国大使馆电话，要我去北京参加林则徐诞辰二百周年纪念大会。当时我差不多不相信我的耳朵，是听清楚了，还是听错了，只答应考虑一下。对方在电话中说，还请了郭斌佳，他是研究鸦片战争的。我才知道，我的博士论文是有关"张喜与《南京条约》研究"，所以才被请。郭先生在医院开刀不能去，所以大使馆后来来函，写得更清楚，非要我去不可。

我答应去的时候，已经是八月二十几号，来不及办理外交、签证等手续，就冒险登上飞机，机票是大使馆寄来的，请去中国十天，一切费用由政协负担。到了上海，补签证，29 日抵达北京，第二天参加庆祝典礼，并在人民大会堂享受宴请，时间仓促，来不及通知任何人。坐飞机约 30 个小时抵达北京，写信至少要六七天。但是，30 个小时无睡眠，人累得一塌糊涂。汝舟、习应、乔升三人来电报，9 月 6 日接到，说是至报上看到我的名字，由政协请回国，故打电报托政协探望。从海外请回来的五位学者，谁也不便单独行动，谁也未见亲属。

从福州、泉州、厦门回来，唐德刚教授有一位侄女，从长春赶来，至旅馆门口等了三个钟头，才见到唐教授，同去外面吃饭。第二天，原定她一同去东陵（慈禧太后墓地）参观，但是车上只能坐三个人，他们劝我不要去，我因腰酸背痛，也难得在北京休息一天，去商务（印书馆）、中华（书局）、琉璃厂购买点书籍。政协供给一部小汽车，让我随便去看朋友、买东西，这是 9 月 10 日。当时政协也买不到返美的机票，我很是着急，因为在 9 月 15 日，我已经约好去医院接受手术。经过多方催促，才说 9 月 13 日或有希望。我发牢骚，说要去找邓大姐，她是政协主席，才于 9 月 11 日接受我的要求，与唐教授同机返美。

10 号晚上，王钟翰同北大一教授要请我吃饭，去西苑饭店附近两家饭店，原以为可以吃羊肉，但是已经人满不能进去；另一家饭店，没有外汇券不准进入。结果，回到西苑饭店，我请客。二人正在点菜，服务员把菜单从他手中拿走，说："你们不能在这儿吃饭。"我们三人都很生气，要她叫经理来，结果允许吃客饭。两位客人大叹：从前上海租界公园，中国人与狗不许入内，现在亦然。

11 日，早 7 点去飞机场，到上海，唐君以我年老且体病为由，替我要求坐头等舱，可以躺下睡觉，比较舒服，但仍约 30 小时无睡眠，累极了！在飞机上，唐教授告诉我：他的侄女不能到饭店吃住（每日需要另付房费 170～200 元），也未能坐小汽车去看东陵。

返家后，因为太疲倦，不能接受手术，外科大夫要等到 10 月 7 日才有机会。6 日命去医院，只能喝水、吊盐水，不能吃东西，还要打一针取血，照过许多 X 光片子。一个老人，经过了许多打击，未能开刀以前，已经成为病人了！开刀以后，血管障塞，医生很着急，注入颜色药水，再照 X 光，以免影响心脏。本来住院五六天即可出院，后以血管毛病为由，住了十天。因为医院还有人要住院，急求出院。出院后第二天，全不能小便，肚子几乎要破裂，又急去医院，再动手术，且住院三天后才出院。脚不能走路，耳朵不能接打电话，老要对方说大声一点，再大声一点，使人不高兴。今天才到公事房，桌上材料堆积如山。

9 月 13 日，按照事先的预约，嗣禹去布鲁明顿医院看眼部疾病。但是，因为太疲倦，不能接受手术，外科大夫说要等到 10 月 7 日才有机会。

10 月 6 日，嗣禹再次去医院住院，做手术前准备工作。

10 月 7 日，嗣禹接受手术治疗。

10 月 31 日，致函钱存训，告知收到并阅读了他出版的著作：

公垂兄：

久违，久违。为赶早班投邮（8：00—8：30 A. M.），请勿麻烦复印，因为调查表已急不可待了。

大作 *Current Statue of East Asian Collection* ，*1974—1975* 很有用。致谢惠购几种 off prints ，由 Julia 带来。敬叩，俪安

再者，印大中文编目员刚离职，不知吾兄有人介绍否？弟欲争取一 Associate Librarian and Chinese Cataloger（中文编目助理馆员）的人员，因为 Matsuda 只想教书，对于图书不感兴趣，要省事，要 ounit ，中日文书字，只用 transliteration（直译）。

弟　嗣禹上

11 月 4 日，用英文写信，将钱存训的新书 *Current Statue of East Asian Collection* ，*1974—1975*，推荐给印大现任图书馆馆长 Elaine F. Sloan。

12 月 12 日，嗣禹致函谭其骧，补充介绍参加林则徐诞辰 200 周年活动细节：

季龙兄如握：

从王钟翰处，听闻吾兄近况，可惜爱莫能助，吾兄有孝子孝女，比做美国的父母有天壤之别，盼好好保养，不必过于写作。前送电坐褥，请买一个变压器，适合上海的电流。白天可以坐在上面，晚上搁在床上，使脚温暖。若有风湿病痛，搁在膝上，可以缓和病痛，作用甚大。并且用电极微，不必害怕，绝无危险。

8月中旬，忽闻全国政协请去中国，参加林则徐二百周年诞辰纪念大会，满想可以见面，预算请吾兄、起潜兄及汪熙三人来旅馆，大吃大喝、大谈二三小时，能与良朋旧友促膝谈心，是人生一大乐事。不料抵达上海时只停留一小时，返回美国时飞机座位极难买，政协至北京费九牛二虎之力，才买到两张车票，与唐德刚同机返美。至上海只停一小时，电话极难打。错过一面，实至可惜。

瞿同祖①兄，二三月间来美国，预先告知行程，至芝加哥一星期，哈佛两周，极愿意面谈。我如坐飞机去一趟芝城，住一晚需费400元；去哈佛住两晚，需费800余元。退休九年多的人，无过多额外收入，前去探望费用可观。此次抵达北京后，即告知社会科学研究所接待人员，预先联络谋一面。在京五天，只有一天探亲访友，自由行动时间。政协给一台小汽车，供我使用。但是，我吔也不知道同祖的新寓所，乱问一二小时，找他的儿女，皆无法落实。只能再找下一次机会见面了。

弟　嗣禹拜上

1985 年 12 月 12 日

本年度发表的文章与出版译文：

1. 韩文版《王夫之的历史观与历史著述》，由韩国学者金衡钟翻译，刊载于闵斗基编《中国的历史认识》。论文注明：邓嗣禹著、金衡钟译。

2. 与周一良、王钟翰合写的《"邓之诚"传记》，收录于《中国史学家评传》下，周谷城题字，该书收录已故中国著名史学家 27 人，中州古籍出版社出版，1985 年 4 月。

---

① 瞿同祖（1910—2008），湖南长沙人，历史学家。1936 年毕业于燕京大学社会系。曾任云南大学教授。1945 年后，任美国哥伦比亚大学、哈佛大学研究员，加拿大不列颠哥伦比亚大学副教授。1965 年回国，历任湖南文史馆馆员、湖南省政协文史资料研究委员会副主任、中国社会科学院近代史研究所研究员。

1986 年　81 岁

一、继续指导博士生完成本学年课程。

二、婉拒再次当选"中央研究院通讯研究员"。

三、与湖南省常宁县侨务办主任协商，投资建立一所小学。

5 月 22 日，写信给博士生陈润成，告知获本学期奖学金与选学分事宜。

润成君：

昨晚 Kaplan 告知，谓你已经获得 gradership（学期奖学金），值二百元，可以免学费，至多可选八个学分（第二学期暑假课程），特此告知，以便决定受拒问题。下学期似乎希望不大，我将重教一 Senior（高级）而已，即询。

邓嗣禹手启

五月二十二日

5 月 23 日，写信给女儿邓同兰，告知收到佳木斯侨委会寄来的精美日历。

同兰及全家共览：

寄给你致辞侨委函副本三四日后，接到你的长函。侨委会尚未函复，不知你有何建议？佳木斯侨委会寄来的精美日历，我于四月初接到，感谢万分，择日抽空当再函谢。我右脚有硬血管阻塞病，终日忙不可奈（无时间去看病），走路若太多，疲倦不堪。信不在长发，问全家大小平安。

6 月 10 日，嗣禹致函陶晋生，婉拒再次当选台湾"中央研究院研究通讯员"事宜，并告知近期学术研究计划。

晋生教授：

数日前，刘子健来电话，告知翁独健①去世，又说你的演讲很好。当

---

① 翁独健(1906—1986)，1986 年 5 月 28 日，他正在着手编辑《中国民族史研究集》，准备为他祝贺 80 岁生日新书时，不幸因心脏病猝发，经抢救无效去世。

时在阅读数年前惠赠之中国近代史，觉得言简意赅，值得译成英文，供海外通史班用，正想给你写信，因事未果，若写好寄出。我们信简，可不约而同地同时收到。

大函提议"研究通讯员"事，首先当感谢张存武、黄培等教授，想你们几位讲究师道，真是难得，我对你们三位，当举手致敬！（存武兄只是老朋友）

通讯研究员，我已荣仁一次，期满之后，又继续接到"中央研究院"好些书籍，如《史记酌证》《殷墟文字两编通检》《唐代交通图考》《唐代墓志铭汇编附考》等书，一俟新东亚图书馆长聘定后，即移交图书馆。在此期间，尽量在拙作中引用，以资介绍。但因太专门，不容易塞进去。除接受书籍以外，拙作《正统观念与异端》在史语所集刊第55期，第三分册，1984年出版。抽印本，今年5月份接到（此期集刊，尚未见到）。即交 Bill Cohen 系主任一本，并告知他。他大概是生在法国，常去法国，教授法国与欧洲近代史，对"通讯研究员"名词毫无所谓。退休人继续用学校公事房十年，每年仍作一简单研究报告。他把抽印本之事不提，大概是因为1984年的早过期，通讯研究员更不算事，所以我想谢谢你们三位，不必麻烦了。

第一，我想集中精力完成之书，必不能至史语所集刊再登英文稿件，以后难找出版商。如抽时间写《崦尤考》《中国考试制度起源再考》，必影响此书完成，不合算。

第二，如写一篇关于太平天国的文章，或可受欢迎。西安大学出了一本《研究太平天国史著述综目》（1984），搜罗很完备，我算是海外华人写（在这方面专题）书籍、传记、书评最多者，但要写出一篇结实的文章也费时。

因此各种，我得谢谢你们，大函同此函复印本，仍寄黄培处一阅。你如高兴，我可同子健、黄培等人，联合起来，集中选举，请从早告知。令尊大人，乞代致敬。

又及：印大前法学院 geromce hall，现住三藩市，86 号，寄给我一篇 "Paul，The hawyer，on Law"，写得很好。你们若能重返母校，我们随时欢迎。

7 月中旬，嗣禹写信给家乡，湖南省常宁县侨办主任李国成，提议由他捐资筹办一所小学，并将他的代表作《中国考试制度史》一并寄出。

常宁县黄洞乡的邓氏后嗣们，经常给邓嗣禹写信联系，嗣禹则有求必应，关心和帮助家乡的亲人，并将国内落实侨务政策，退赔邓家的房屋的款项 9000 元，另加部分现金共计 20 万，分批寄予家乡，建造小学，取名为"遗德小学"。邓嗣禹的女儿邓同兰，曾代表他到常宁县黄洞乡参加了捐赠仪式。

10 月 20 日，湖南省常宁县侨办主任李国成回信：

邓老教授勋鉴：

7 月 27 日接教授惠书，使我和全县乡亲深受鼓舞，一致感谢老教授的爱乡之情，趁回信之机，首先让我们代表全县乡亲向您及您全家致以家乡亲人的亲切问候！

我县于今年 6 月开始落实华侨私房，7 月我到您家乡黄洞村调查，见到汝丹、侨昇等人，现在已经省府批准，您房产应该落实给您本人。因原房已倒，决定给您经济补偿 9000 元。

我们正在办理您的房产过程中，喜接您捐资办学的来信，即交县府领导传阅，县长们为此开了一个专题会议，决定将按照您的意愿，县增发部分款交黄洞村办学校。黄洞村虽小，近年年年都有考取的大学生。为了发扬老教授求学办学的精神，以老教授的治学精神激励后人，千秋百世，定名为"嗣禹学校"。郭县长和我到黄洞乡，由黄洞党委书记邓国书陪同，在黄洞村察看了校址，决定把校址建在您原住房前三十米处的山坡上，并成立了以党委书记为主任的"嗣禹学校"筹备委员会。

邓老教授是常宁的第一位博士，这是常宁人的骄傲。在《中国考试制度史》中题书"常宁邓嗣禹纂著"，这真是离乡五十载，情牵故乡人。现在您又是第一个捐资回乡办学的海外华侨（最近周大中从美来信，也提出捐资办学），我们将您的生平和眷恋故乡之情通过《侨务宣传》，介绍给了全县人们，大家都传为美谈。

我们感到过意不去的是，老教授高龄八十有余且退休，无经济来源，还挤出资金回乡办学，你的爱乡之情我们领受了，但您老一定要过好晚年生活，其"另捐上小部分"要量力而行，切不要影响您老的生活所需，恳切祝愿老教授保重福体，幸福安度晚年！

关于教授传记及主要著作，是我办公室为县志提供常宁的华侨资料。因您是第一个博士，又是常宁率先出国的第一个华侨，应该收入"县志"，并将由我执笔写入。所以，请您直寄我办公室，以留作永久资料，流芳千古，激励后人。

以上所云，是初步安排，不知老教授意见如何？因忙于落实华侨私房和处理您老信中所提之事，延至今日回复，望乞原谅！我的文化水平不高，不当之处，乞示赐教！衷心祝愿老教授健康长寿！

11 月 10 日，嗣禹再次复信李国威，谈及筹建学校的具体要求：
湖南省常宁县侨务办公室李国威主任台鉴：

欣接来函，乡情绵绵，礼谊周至，令人有归故乡之感！

政府宽宏，房产落实。然政府既已决定，给予嗣禹本人经济补助 9000 元敬不拜寿嘉，嗣禹亦必遵守前言，将此款项全部献给国家，作为发展黄洞小学教育之用。良好的小学教育，为任何现代国家最基本的需要品。国民若无基本知识，四化难以普遍成功，维持久远。因此之故，嗣禹除退还 9000 元外，并另汇捐人民币 20 万元，为建此小学费用，以后政府认为有增加的必要，嗣禹亦愿尽所能的量增加，追随政府之后。

学校名称仍以"遗德小学"为优，因先父省衣节食，送子求学。每次往县城寄身，往返步行一百里，途中无饮食，其中苦况，难以言喻，不可以不报。无先父之苦心孤注，就无今日舌耕海外之嗣禹。

学校地址，拟在屋后山坡上，闻此外已盖好一小学，不知是否加以拓充改造？且嗣禹屋后为汝舟住宅，屋左为仓房、茅房、菜园，均离山坡二三百步，走至山坡，要沿着一小溪，一井担水人多，路途滑，不适于幼童行走。若天热取井水止渴易生危险。可是事在人为，地址不很紧要，但必须为学生计划安全。

海外小学，多在平地，有校园，为学生运动、打球、体操、游戏之用，校园附近，有修好的路途，安全设计，开车者必减低速度，随时可以停车。幼童活泼跳跃，不知足之所之，更无心顾及安全。故地方教育当局必预为之防。山坡屋宇过山洪暴雨，难免不受影响，儿童行走，无人接送，皆当计划，保获安全，地基水沟，必须坚固，才能适合"十年树木，百年树人"之用。

唯一注意之点，我们要求"文文落实"，避免浪费分文，北京费了十六七年的工夫，盖一新图书馆，据最近钱三强面告，尚未完成，已发现设计欠佳，台北盖一新中央图书馆，此原馆大三倍，三年完成，馆长自夸为东亚最新式、最完备者。问何以故？前馆长蒋复聪云，"现在我们做事，层层监督，文文落实，绝不贪污，故收良好的效果"。这是外商与华侨乐于台湾投资的原因，"高山仰止，景行行止，虽不能至，然心乐往之"，慎之于始，免遗后悔。

所幸贱躯托福，实施过两次外科手术后，行走一如少年。若此小学二三年内完成，如坐飞机，两三天可以抵老家。举清茶一杯，同庆落成典礼，岂不乐欤？敬向贵主任，常宁县长以及其他亲戚朋友致以高亲热的敬礼！

本年度发表的书评文章：

1. 发表对伊罗生（Harold R. Isaacs）所著《遭遇中国：一个时代的旅行》一书的评论，载《研究与政策》（*Research and Policy*）1986 年 3 月第 484 卷，第 166—167 页。

2. 发表对贺凯（Charles Hucker）所著《中国皇帝公文称谓词典》一书的评论，载《美国历史评论》1986 年 4 月第 91 卷第 2 期，第 445—446 页。

1987 年　82 岁

一、与陶晋生探讨《资治通鉴的史学》相关问题。

二、参加印大史学系年会。

三、指导博士生陈润成完成博士论文答辩。

四、撰写了一篇长信，介绍了印大东亚图书馆创建与发展经历。

2 月 17 日，致函陶晋生夫妇，交流有关《资治通鉴的史学》的学术问题。

晋生、家麟两教授钧鉴：

二三日前，接到家麟履历，请告知介绍信写给何人，及其通讯住址，为盼，能写出一份职位描述书更佳，以便说法得体，发生效力。

食货复刊第十二卷 4—6 期有陈明銶著，张荣芳译《资治通鉴的史学》，不知陈明銶是中国人还是外国人？如果是中国人，为何要张荣芳译？若是外国人，原名如何？原篇名如何，乞示。若是 Pulleybrank，陈明銶音译相差太远，且其中注脚中所引材料，多见于 Beashey & Pulley brank，*Historans of China and Japan*，成书之后，敬请晋生教授拨冗赐复。

昨天下大雪，晚上开新车返家，车轮滑转，险成大祸。今早不致开车，不能去图书馆借 *Historans of China and Japan*。此书常有人借出，重新借阅，需时二三周，故此烦援，乞谅。

三日前，Leonand hundein 教授的奥迪车，因路滑不能至红灯前停止，被另一车碰伤，现至医院"隔离间"，故驾车成惊弓之鸟。

在南港，看见刘子健否？丁帮新所长不知要求人员，致函给印大图书馆，订阅史语所集刊之银单否？其余后谈。即叩 释安

嗣禹

1987 年 2 月 17 日

3 月 18 日，嗣禹在写给邓同兰的家信中，介绍参加印大史学系开年会期间昏倒的情况：

数周前日，我问你是否需要我给你们学校写信，写给谁？至今未见回答。我写信绝对于你无害。今从香港银行寄来美金 800 元，约合人民币 3000 元。

阳历 3 月初，史学系开年会，美国人不讲究大吃大喝，每个人带来一点食物，一共十来件。我每件尝了一点，喝了两杯酒，站着同人家谈话，约一小时余。不知何故，忽然昏倒了，假死了半点钟，叫来紧急救护车，急行如航空警报……现在早已恢复了健康。

但是，白内障非开刀不可。脚背血管痛，痔疮流血，下周要去看医生。我能活多少年，不敢说，但是明年仍照常寄钱。你们必须努力，谋求独立，不要存在依赖之心。彩电问题解决否？

3 月中下旬，印大召开太平洋沿边国家发展商务大会，邀请嗣禹参加，解释有关中国种种疑虑。

4 月 17 日，再次致函湖南省常宁县侨务办公室李国威主任，商讨筹建的地址问题：

承李主任寄赐贺年片，因时过境迁，未能及时回敬，乞谅。又承 3 月 6 日寄来大函及小学校址图案，于 3 月 18 日收到。因请专家审查，又因此敝校开太平洋沿边国家，包括日本、南朝鲜、新加坡、中国等之发展商务大会。校当局请嗣禹参加，解释有关中国种种疑虑，预备需时，乞恕迟复之罪。

小学校址图案，设计颇佳，材料价值估计，亦很落实。谨对筹备、绘图官员，致崇高的敬礼与感谢。唯一可虑之处，是地址问题。海外小学多至人口繁多之处，父母或兄姐牵小孩之手去上学，下午接回家，中午学校供给面包、牛奶。稍为路远之处，政府备有汽车接送。法律规定，校车停止时，其他车辆必待学生安全上下车后，然后开行，否则违法。对于学生的安全问题，照顾甚周。

黄洞石塔对河的市坪，是从前掩埋死婴之处。一切为来往行人必经之要道，另一边为急川，离黄洞艾江，距离相当远，幼童过桥无人看管，若遇汽车通过，急忙躲避。若下雨下雪，路途湿滑，皆容易发生危险。此访考虑者之一。

海外小学必有运动场，供学生拍球游玩，幼童高兴时，看球不看地，容易跌倒河边。如图案所示，种几株树，甚至建一围墙，不能阻止儿童好动，攀高越墙，逃至河边，洗手喝水，抓捕鱼虾，拾取浮材。此处水急，下有深潭，一失足便成千古恨。乡人迷信难除，必迁怒校址，遗德小学将变成遗恨小学。如意外事故太多，群起而毁之，亦未可知。

我原来的意思，是想在嗣禹生长的房地，盖一两三层楼的小学。校前有草坪，可供儿童游戏，不致发生大危险。校址不在此处，就失掉了原意。如众所知，我们人多地少，无可奈何，但是日本亦何种不然？日本百分之百的人口，受过中小学教育，对于小学教育，更加注重，宁可大人局促，而小学必宽宏安全。我至日本住过一年，足迹寻遍全国小学状况，处处皆然。故日本中小学教育，为全球之冠。国民教育根基好，故容易造成现代军事、工商业，以及各种专门人才。我们如不急起直追，"四化"不容易成功。

自从1925年去北平求学至现在，我已离开家乡六十余年，当中虽回去过四五次，总共未能住满半年。虽然每日读中文书，看中文报，对于家乡情形未免隔阂，所谓"侨务落实"，不知究竟如何？侨民指侨居海外，抑或包括国内？对于从前的资产阶级，在何种情形下，可以发还房产，是否包括田地及其他财产？得便乞示，以开茅塞。

如"遗德小学"名称欠佳，用先祖父之名如何？或取其他名称，如"新智"或"实用"小学，亦无不可。嗣禹已逾八旬，当知天命，对于名利异常淡泊。因此之故，嗣禹私人传记，亦可从略。现在传记体例与从前不同，只管本人，不包括祖先与后代，列出人名、地名，生卒年月日一大堆。请参看《中国史学家评传》三册，周谷城题签，及台湾传记文学出版之《民国名人小传》，已经出了八册，二书之中，皆有本人文稿。

安全与交通方便之小学地址，如无法寻觅，不知能否将此 9000 元购买图书仪器，以充实黄洞小学教材，嗣禹量为补充？或在常宁合江中学创办一图书馆，购买新书。嗣禹可在美国选购简明适用之英文书籍，对于故乡教育不无小补。可惜合江校址太小，无法拓宽。

总之，校址如至出生房地，一切遵从前约，绝不食言。嗣禹不敢妄受政府分文，惟愿略尽绵薄之力，对于文化教育略有贡献，本人则感觉万分荣幸。盼此城领导与黄洞乡亲玉成其事。敬叩，勋安。

再者，此处可盖一旅馆，以供游客及回家省亲人之用，党政官员亦可在此下榻，临时办公。此函已复印，分寄邓承康、同兰、汝舟传观。

邓嗣禹 拜复 1987 年 4 月 27 日

11 月 16 日，嗣禹用英文撰写了一篇长信，分别寄给印大校长尔立希、图书馆总馆长斯隆、东亚图书馆馆长李学博。他在信中介绍了印大东亚图书馆创建与发展经历，以及他退休之后，奔走四方为印大图书馆筹集、购买图书的艰辛历程。

他在信中还说明，从哈佛大学到印第安纳大学的缘由。题目是"邓嗣禹对建立印第安纳大学东亚图书馆和东亚研究项目的一些贡献"，现摘录主要内容如下：

有了在芝加哥大学十年的教书经验，和在哈佛的学术著作之后，我在 1950 年被聘请到印第安纳大学历史系任副教授，兼带年俸。我主要的要求，是要建立一个对于开展远东问题研究有重要帮助的图书馆。对于研究学者而言，缺少研究参考书，就好像一个鲜活的鱼，离开水就会死亡一样。

作为《中国参考书目解题》的作者，又具有数年在芝加哥大学远东图书馆任代理馆长的经验，我有资格选购一批基本图书，作为东亚图书馆的基础。已故去的历史系主任约翰·班哈教授（John Barmhart）答应给我全力的支持。在 1950—1953 年间，在书价还便宜的时间，特别是那些中国难民带进香港的书籍，我买了几千册书籍，包括《四部备要》《大清历朝实录》（满洲版）和《古今图书集成》。最后这部书给我们带来了极大的困扰，因为印第安纳波利斯海关人员以为是"共产党的宣传文字"，因而扣押了几个月。经过一个美国外资官替我游说，称这部大块头的书是"一部古典百科全书"，才得以放行发给我们图书馆，并免去储存罚款。

1950 年印大图书馆只有四本中文书，英文有关东亚研究方面的图书也很少。我和内子合编了一个有 36 页的书目，都是参考了哈佛大学维德纳图书馆的书目。我把这个书单交给了历史系前主任班哈教授，表示如果他能购买这些书籍和一些中文参考资料，我就会考虑接受他的聘请；否则我宁愿在哈佛大学履行我三年访问讲师的合同。在那里，我可以做更多的研究和出版更多的著作。

班哈教授人很好，答应尽力而为。结果，大部分研究东亚历史、语言、哲学、宗教、古代经典和文学的书籍，涉及英法德文书籍，其购买方式主要都是使用历史系的经费订购的。大部分中、日文经典书籍也是在以后的十年内陆续购买的，像《二十四史》《四部备要》《古今图书集成》《大日本史料》《大藏经》等基础研究资料，以及一些韩国史料都是用历史系经费刚买进来，诸多书籍中的一部分例子。大约来说，目前在我馆图书中，有三分之一是前十年内，经我手购买进来的；另外三分之二是 1961 年之后，其他同仁和我共同增置的。

我对于图书馆购书的热忱正与日俱增。例如，1961 年 10 月 30 日，我给台湾"中央图书馆"馆长蒋复璁博士写信，要求赠送一套为庆祝蒋介石生日而出版的《二十五史》。这套书收到了，还带着一个精美的书架。……1970 年 10 月 26 日，我给本校研究进修部主管列本诺写信，请求用 1728 元来买一套，从 1904 年到现在的中国最古老的杂志《东方杂志》也成功了。与此相关，类似为买书的尝试还有很多。

我的第二个人生自七十开始。1976 年我退休之后，决心为图书馆募捐，对象是台湾、香港等地的百万富翁们。经过中国使馆的大力协助，我拿到了一份和台湾有商业交往的大公司名单。对于这些名单中的公司，我对每家都发了一封邀请捐助购买中国图书经费的信。所有的信都得到了回复，可是只有两家支付了小数额的支票。按照我的嘱咐，支票都开给了印大校长，以避免差错。

我不气馁地在 1979 年到了台湾。经过陶希圣先生的协助（他的公子和媳妇曾是我在印大博士班的同学），我邀请了几个大出版商和政府高官，我介绍我自己是一个"书丐"，自己出钱宴请大家。结果倒很满意，有几位出版商志愿以百分之十五、四十和三十的折扣卖给我们几套大书。其中包括《百部丛书集成》影印精选的版本，共 7150 种书、4145 册、850 函；《近代中国史料丛刊》及附录，共 1122 种书；以及《国学基本丛书》，这是一种汉学研究的基本丛书，包括 830 种精选并标点过的书籍，便于初级和资深学者使用。不算其他书籍，仅这三种大套书籍，就从上到下装满了大约 18 个大的书架，感谢"中央研究院"古文字学者兼艺文印书馆出版者严一萍先生，他了解研究者的需要，自愿以出版价格的一半卖给我们。别的出版商也不得不仿效此而行了。

12 月 15 日，嗣禹写信给复旦大学谭其骧，交流学术动态：

季龙兄：

健康快乐，却病延年！今年给您拜个小年，寄一张小贺年片，稍为大一点，邮费 8 毛钱。

我们彼此皆忙，不常写信，提起笔来，不知从何说起。有一位燕京老同学戴淮清，曾函告一二次，说您对海外与中共亚细亚的古地名，有不少错误，如果属实，不知能否做一个勘误表。弟非历史地理专家，不敢妄下雌黄。

"头发白时故人稀"，我的头发落了，故人更稀了。北京只剩下王钟翰、周一良、瞿同祖；武昌朱士嘉；上海老兄，如是而已。所以很宝贵。

台湾学人，据王伊同报告，因经济繁荣，富铜臭味，夜郎自大，目空一切。如《清华学报》，原为印大退休教授，柳亚子的儿子柳无忌主编，现在他们收回自办，明说现在用不着您帮助了。"中央研究院"为少数人把持，如许倬云等，在匹兹堡大学任社会学教授，拿国民党的钱，至美国组织学会，出刊物。同己者，请于"中央研究院"，或其他学术会议来往旅费，及至台食宿费用，皆由台湾地区政府负担。王伊同至清华大学，做客座教授两年，反未被请，使他不乐。

他告诉我，"中央研究院"有四位通讯研究员：赵元任、李方桂、邓嗣禹、杨联陞。目前，赵、李已去世。我辞不就，使"中研院"不愉快。我对于旅行毫不感觉兴趣。从此域去台湾或北京，约 25 至 30 小时不能睡眠，已是昏头昏脑；至台湾一天吃六七次饭，中餐亦十余大件，饱死人。回来飞机常误点，一人坐在飞机场上，等两三个小时，累不堪言。

贱躯尚佳，小毛病难免，记忆力极差，眼睛要施白内障手术，怕失明不敢接受。今年已印出者有《南社识小缘》，多处有文人掌故，特寄顾起潜兄一份；北京社会科学院有关太平天国文，原拟今年六月出版，现在尚无消息。① 另外，有《唐太宗与武则天的领袖才能》的小分析，有王安石变法的新观察，将至日本发表，为纪念刘子健退休。② 方便时，请随手告知一点近况为盼。

弟　嗣禹再拜

十二月十五日（1987 年）

本年度，指导博士生陈润成顺利完成论文答辩，博士论文题目为《恐怖主义与革命：中华帝国晚期之政治暗杀研究（1900—1911）》。该论文后

---

① 《南社识小缘》一文，发表于台湾《传记文学》1987 年第 51 卷第 3 期；信中所述"有关太平天国文"，即《太平天国史研究之过去、现在与前瞻》，发表于《太平天国学刊》1987 年第 5 期；《试析唐太宗与武则天的领袖才能》刊载于《邓文如先生诞辰一百周年学术论文集》，1991 年由北京大学出版社出版。

② 1987 年，正值宋史专家刘子健七十寿辰与退休的时段，由日本学者发起、主编《刘子健博士颂寿及宋史研究论集》，1989 年由日本同朋舍出版社正式出版。文集中收录 43 篇论文。其中，中文 20 篇、日文 9 篇、英文 14 篇。这些论文反映当时宋史研究的水平与方向。邓嗣禹用英文撰写的《王安石改革新析》一文，收录在英文篇目之中。至今，这篇论文也是邓嗣禹学术档案中未曾记载的事项，首次由他本人在信函中提起。

被收录于《1971—2006，美国清史研究文献》。这是他指导的最后一位博士研究生。陈润成毕业之后，任教于穆尔黑德州立大学历史系，1990 年升任副教授。

本年度发表的论文与书评文章：

1. 发表书评，对姜秉正（Chang Ping – cheng）所著《研究太平天国史著述综目》给予很高的评价，载《亚洲研究期刊》1987 年 2 月第 46 卷第 1 期，第 113—114 页。

2. 发表《南社识小缘》一文，载台湾《传记文学》1987 年 3 月第 51 卷第 3 期。

3. 发表评论文章《太平天国史研究之过去、现在与前瞻》，载《太平天国学刊》1987 年 5 月第 5 期。

4. 发表英文论文《王安石改革新析》，载日本学者发起、主编《刘子健博士颂寿及宋史研究论集》，1989 年由日本同朋舍出版社出版。

5. 发表论文《试析唐太宗与武则天的领袖才能》，载《邓之诚先生学术纪念文集》，北京：北京大学出版社，1991 年。

6. 与周一良、王钟翰合著《邓之诚先生评传》，载《中国史学家评传》，中国社会科学出版社，1987 年。后收录《邓之诚先生学术纪念文集》，北京大学出版社，1991 年。

1988 年　83 岁

一、2 月，继续开展中国秘密集社研究。

二、2 月，为谭其骧撰写最后一封信。

三、4 月 5 日去世，享年 83 岁。

2 月，撰写一篇有关中国秘密集社论文《血盟义儿与结拜兄弟杂考》。

这是邓嗣禹最后一篇文章，当时尚未发表，打字稿存在陶晋生处。①

2月17日，正值中国春节第一天，嗣禹写信给复旦大学的谭其骧，讨论《历史地理》期刊问题。

季龙学长兄如握：

凌晨4点写来的圣诞节长函，充满老朋友消息，使我深受感动。在此（学）期中，有两位杭州大学的访问学人，来敝公事房闲谈，问曾听说过谭其骧教授否？俱答云"久仰，久仰"，并在浙大演讲。两年前，有一位浙大研究生，途经敝公事房，我问他，张其昀是谁，他说不知道。可见吾兄名气之大。

本想早写信，在农历元旦前收到。对于忙人，时候过得特别快。两周前，已写了头衔，关于《历史地理》，敝校图书馆已有，曾见吾兄照片在杂志封面上，再三观望，不忍释手，但不知继续订阅否？即去图书馆检索目录，结果如下：

1981，NO. 1

1982，NO. 2

1983，NO. 3

1984，NO. 4

以后缺，杂志阅览室现在无《历史地理》。管理员说，想必已停刊。

欧美日本人善于经营，杂志未到期半年以前，即函订阅者付款续订，以免残阅。美国一般图书馆的规矩，付款必须有发票及收据，教授们催促无效。会计处亦不能根据某某人之言付款。故必须请兄告知杂志社会计处，开一张英文发票，补足尚缺各期，需要费用若干，续订一年若干，直接寄给：

Serials Department

---

① 邓嗣禹：《血盟义儿与结拜兄弟杂考》，载邓嗣禹、彭靖：《家国万里：邓嗣禹的学术与人生》上海：上海人民出版社，2014年，第127—132页。

Indiana University library

Bloomington, IN. 47405

U. S. A

请告知公务人员记住，满期前半年要续订，图书馆规矩。不愿意续订二年，或三年，如杂志社停刊，图书馆受损失。

近况如何？上海肝炎大流行，盼擅自保养，国内情形似仍有很多改良的余地。中美关系，可能再起（发生）恶化，但是很难希望有很大的好转。自从鸦片战争以来，英有香港，葡有澳门，美国很想得到一个永远不沉的军舰——台湾。美国水手，很多上政府请求，有英文文法的错误。在华盛顿档案馆，很容易看到此类文件，因"水手们"没有受到很多的教育，以后得到菲律宾，美国人心中为之一慰。菲独立，现在又大唱不让美国有海军根据地，故对台湾的希望担忧，必暗中扶助"台湾独立"运动。姑妄言之。

敬祝年底康乐，如有可能，不必外出讲演了。

弟 嗣禹上 大年初一

1988 年 2 月 17 日

3 月 3 日，在印第安纳州布鲁明顿市，中午返家用饭回程途中，正值当天下蒙蒙细雨，加上打伞导致视线不佳。嗣禹在走过十字路口时，路过马路未能注意到红绿灯，被行车撞倒，立即被送到附近的美国教会医院（Methodist Hospital）。虽然当时伤势不重，但事后因撞伤引发肺炎，即进入医院加护病房，前后有一月之久。

4 月 3 日，时任印大东亚图书馆馆长李学博曾去医院探望。据李学博回忆，当时他躺在病床上，虽然身体有些虚弱，但神智尚好。李学博当时还清楚记得交谈时，"病房温度不高，感觉有些冷"。

4 月 5 日，下午 3 时，嗣禹病情突然恶化，终因年老体弱，经抢救无效与世长辞。

在他逝世之后，印第安纳大学为他举办了一系列纪念活动：

4月20日，东亚语言文学系举办了一次纪念会议。

5月6日，历史系也举办了一次同样的会议。除了他的家人、同事、朋友和学生之外，印大前校长赫尔曼·韦尔斯也特地参加了会议。六名历史系教授和一名东亚语言系教授先后在会上发言，他们回顾了邓嗣禹教授的学术成就、生活轶事、交往经历等多方面内容。

他的学生黄培教授代表他众多弟子，在会上以"追思邓嗣禹教授"为题，做了1万余字的长篇发言。文中除介绍他的导师的学术成就、生平事迹之外，还着重回顾了邓教授多年以来如何在诸多方面，从细微之处培养他的学术素养的感人事例，该文章后来发表在《传记文学》第53卷第1期上（1988年）。

邓嗣禹的生前好友，美国匹兹堡大学王伊同教授则以"邓嗣禹先生学术"为题作了发言。他在文中回顾了邓嗣禹与美国汉学家费正清、毕乃德、顾立雅在著作方面合作的成就；与学友周一良、翁独健、吴世昌等人的交往经历和生活轶事，高度赞扬了邓嗣禹对美国汉学界的贡献，文中强调："是以40、50年代，治东亚文史，鲜不知君名。"这篇文章后来发表在《燕京学报》新4期，北京大学出版社，1998年。

8月，美国哈佛大学东亚研究中心前主任，费正清教授在《亚洲研究期刊》第47卷第3期，专门为邓嗣禹撰写"讣告"。在文章的开头，费正清评价邓嗣禹作为美国亚洲研究会的创始人，在美国从事汉学研究50多年的经历。文中记叙了邓嗣禹与其他汉学研究先驱者，如费正清、毕乃德、顾立雅合作编写、出版著作过程，以及对美国汉学界所做出的杰出贡献，并说他的专著、论文和编纂的中文目录索引，对他们的研究工作提供了更多的参考资料。费正清在讣告的结尾部分，还着重称赞邓嗣禹在学术上的成就，并称邓是"永远保持乐观、谦逊、勤勉不懈的儒家，和对于我有帮助的老师"。

1989年4月，印第安纳大学原东亚语言文学系主任，柳无忌教授在《华裔美国人论坛》第4卷第4期上，用英文发表长篇纪念文章《关于一所美国大学中文图书馆的建立：向邓嗣禹教授致敬》。他用 5000 多字的篇幅，全面回顾邓嗣禹的一生，特别指出他为印第安纳大学做出的杰出贡献，文中强调：

印第安纳大学聘请邓嗣禹加盟，希望他能够帮助印大创建东亚研究体系。从 1950 年到 1962 年的 12 年间，邓嗣禹将全部的精力，投身于这项创建工作之中。他所做的第一件事，是为印大东亚语言文学系开设中国语言和中国历史课程，然后计划筹建大学图书馆东方部。

三年后（1953 年），印大已经可以聘请许多能够讲授中文和日文的教师。除文学系和历史系之外，人类学、艺术、政府管理系也相继开设了有关亚洲的课程。在 1955 年，亚洲和乌拉尔语研究会成立。从大学的发展远景来看，从 1950—1960 年期间。这仅是开展亚洲研究扩展的一部分。后来，东欧和俄罗斯学院也相继建立。

嗣禹去世之后，海内外知名学者、学人先后在报纸、期刊、专刊上，用中、英文发表过许多纪念文章，下面仅是目前收集到的一部分：

1. 费正清：《讣告：邓嗣禹，1906—88》，载《亚洲研究期刊》1988 年第 47 卷第 3 期，第 732 页。（*The Journal of Asian Studies* Vol. 47，No. 3，pp. 732 – 724，Aug.，1988.）

2. 黄培：《旅美学人邓嗣禹在学术上的贡献》，载《近代中国史研究通讯》第 1 集，1988 年 9 月。

3. 黄培：《追思邓嗣禹教授》，载台湾《传记文学》1989 年第 53 卷第 1 期。

4. 柳无忌（Liu Wu – chi）：《关于一所美国大学中文图书馆的建立：向邓嗣禹教授致敬》，载《华裔美国人论坛》1989 年 4 月第 4 卷第 4 期。（*Chinese American Forum* Vol. 4，No. 4，Apr. 1989.）

5. 李学博（Thomas H. Lee）：《邓嗣禹，1906—1988》，*CEAL Bulletin*，No. 84，June，1988.

6. 李学博：《美国印第安纳大学中文藏书的发现——兼述邓嗣禹和柳

无忌教授的贡献》，载台湾《传记文学》2013 年 3 月第 103 卷第 3 期。

7. 唐特凡：《一位历史学博士的追求：记邓嗣禹一生》，载《常宁文史资料》1989 年第 5 期。

8. 王伊同：《邓嗣禹先生学术》，载《燕京学报》新四期，北京大学出版社，1998 年。

悬挂在印大东亚图书馆的纪念铜匾

由于在邓嗣禹生前，印大东亚图书馆就有他单独的书库，占地面积为半层楼的规模。在他逝世后，印大为纪念他对学校的杰出贡献，特别制作了一幅铜制纪念牌匾，悬挂在图书馆的墙面。上书文字："纪念邓嗣禹教授（1906—1988），勤奋而多产的学者，本校东亚图书馆的奠基人和不倦的支援者。"目前，这块牌匾仍然完好保留在东亚图书馆的墙面上。

印大同时也在全校范围内，以他的名字命名并建立了邓嗣禹基金，主要用于扩充东亚邓嗣禹书库的藏书量，他的杰出成就将永远被印大所铭记。

第五章　谱后：邓嗣禹逝世之后在国内外的影响

1990 年 4 月，当美国亚洲研究协会在芝加哥市举办第 42 届年会时，其分支机构——二十世纪北美中国历史分会为纪念邓嗣禹逝世二周年，特别举办了一次主题为"现代中国：改革、创新与革命"的学术研讨会，参加此次研讨会的代表大多数为邓嗣禹的朋友和学生。在研讨会后，黄培教授专门为这次会议编辑了研讨会论文集。

1992 年，美国《中国历史研究》杂志将此次会议的论文集，以特卷的形式，出版了纪念专集。

1993 年，孙越生、陈书梅主编：《美国中国学手册》（增订本），由中国社会科学出版社出版，"邓嗣禹"词条名列第 438 页。

1994 年 6 月，中国社会科学院编：《世界中国学家名录》由社会科学文献出版社出版，"邓嗣禹"词条名列第 419—420 页。

2001 年 4 月，《燕京大学人物志》由北京大学出版社出版，由王伊同撰写"邓嗣禹"词条。

2004 年 7 月，邓嗣禹在印第安纳大学指导的博士生陈润成（1987 年毕业）对于导师的生平、业绩曾做过一次较为深入的研究，发表长篇研究论文《邓嗣禹与战后美国汉学的发展》，载《华美族研究集刊》第 7 期。

2004 年 4 月，《山东社会科学》第 4 期，发表了邓嗣禹的《近五十年的中国历史编纂学》中译文（李扬眉、周国栋译）。该编辑部在这篇译文前，特别增加了长篇编者按语：

邓嗣禹的《近五十年的中国历史编纂学》一文是五十年前的旧作，在半个世纪的时间内，此文与周予同先生的《五十年来中国之新史学》（1941 年）及齐思和先生的《近百年来中国史学的发展》（1949 年）一起被归列为研治 20 世纪史学史、学术史的基本文献，素为海内外学人所敬重。但是此文在大陆并不广为人知。

在此文中，作者全面而细致地总览和分析了 20 年前半期中国历史编纂学的图景；他重视史料派，但未忽略史观派，还比较分析了两派的长短，提出了建立史实与思想于一体的理想学形态的设想。时间证明了作者的远见卓识。有鉴于此，本刊特将此文登载于此，以飨学界。

2007 年 5 月，陈润成《邓嗣禹与战后美国汉学的发展》英文版论文，发表在美国《中国历史研究》2007 年第 41 卷第 5 期上，为国内外研究学者提供了基础研究资料。

2008 年，华东师范大学历史系硕士研究生刘艳艳重译了《近五十年的中国历史编纂学》（胡志宏校对），发表在朱政惠主编《海外中国学研究》（第 3 册），上海辞书出版社出版；2010 年，王学典、陈峰编《二十世纪中国史学史》，北京大学出版社出版，也将这篇论文再次收录。

从 2006 年开始，华东师范大学海外汉学研究中心相继对美国华裔学者、海外汉学家对于中国史学史的贡献进行研究，其中也包括对邓嗣禹学术成果的研究，并发表了相关论文。朱政惠发表了《海外学者对中国史学的研究及其思考》，载《史林》2006 年第 4 期。

吴原元发表了两篇论文：《略论 20 世纪 40 年代中国赴美学者对美国汉学的影响》，载《华侨华人历史研究》2010 年第 6 期；《试析美国华裔学者的中国史学史研究及其影响》，载《哈尔滨师范大学社会科学学报》2011 年第 1 期。

2008 年，嗣禹的生前好友、芝加哥大学东亚图书馆前馆长，钱存训教授出版《留美杂忆：六十年来美国生活的回顾》一书。书中有许多文字，记载了他与邓嗣禹交往历史、早年芝加哥大学汉学课程安排与设置等内容。同时，他还首次提供与邓嗣禹合影的照片，这是一张十分珍贵的遗物。

2009 年 9 月，武汉大学出版社出版《二十世纪科举研究论文选编》一书，这是"历代科举文献整理与研究丛刊"系列之一。主编刘海峰从 20 世纪发表的 3000 余篇中文科举研究论文中，精选出包括邓嗣禹、傅衣凌、潘光旦、费孝通、钱穆等 39 位作者的 42 篇具有代表性的科举研究论文。39 位作者中，只有 3 位作者选编了 2 篇论文。其中，邓嗣禹的 2 篇科举论文《中国科举制度起源考》《中国考试制度西传考》均被选编其中。

全书按论文发表的时间顺序编排，内容涉及科举起源之争、科举革废的影响、科举与社会流动、八股文的评价、科举制的功过，以及多种制度的考释等，反映出 20 世纪科举研究的发展脉络、争论热点，代表着科举学研究的最高水平。

2010 年 4 月，曾礼军在《文献季刊》2010 年第 4 期发表文章《〈太平广记〉的文献学研究综述》，他强调指出："邓嗣禹是最早对《太平广记》版本进行研究的两位学者之一。他们主要是对《太平广记》的谈恺刻本和许自昌刊本进行较为详细的比较，提出一些自己的见解。"

2011 年 12 月，邓嗣禹的代表作《中国考试制度史》由吉林出版集团再版。该书首次采用简体横排的方式出版，并将邓嗣禹的经典论文《中国考试制度西传考》，以及著作年表附于书后。目前，该书在哈佛大学、芝加哥大学、斯坦福大学、伯克利大学等美国 20 多家大学东亚图书馆，以及台湾"中央研究院"均有收藏。

2012 年 6 月，值得一提的是，华中师大前任校长、著名历史学家章开沅先生，在他 86 岁高龄时，在《学术界》"学术批评"栏目发表研究文章《学术争辩更需要理性与包容——从 60 年前贝德士与邓嗣禹的争辩说起》，文中高度赞扬贝德士与邓嗣禹在学术争论方面的高风亮节精神。

2012 年 8 月，台湾著名文学家齐邦媛的回忆录《巨流河》大陆版由北京生活·读书·新知三联书店出版。书中第七章"开花的城"内容，描写了她在印第安纳大学与邓嗣禹的交往，以及参加 1976 年邓嗣禹荣休宴会上，费正清发来贺信的内容与细节。

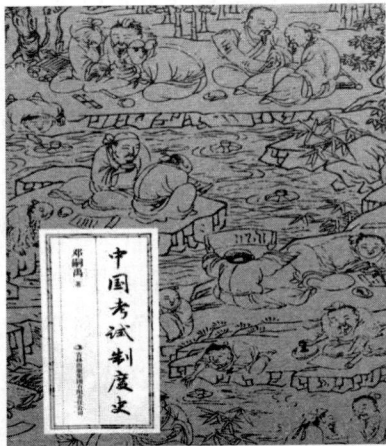

2011 年版《中国考试制度史》　　　　2021 年版《中国考试制度史》

2012 年，美国印第安纳大学东亚图书馆馆长刘霁玲发表长篇研究论文《印第安纳大学东亚图书馆》，将邓嗣禹创办东亚图书的历程与贡献做了详细介绍，详见周欣平主编《东学西渐：北美东亚图书，1868—2008》第十六章，高等教育出版社，2012 年。

2012 年 10 月，彭靖的《邓嗣禹科举制度研究述评》论文，发表在教育部考试中心主办的权威刊物《中国考试》2012 年第 10 期。

2012 年 11 月，彭靖的《邓嗣禹与费正清的合作情缘》传记文章，发表在《文史春秋》2012 年第 11 期。

2012 年 12 月，"第九届科举制与科举学学术研讨会"在昆明召开，彭靖提交的论文《邓嗣禹的科举制度研究以及对当代社会的意义》约 1.5 万字，作为压轴的论文在学术大会上宣读。后收录在刘海峰、朱华山主编：《科举学的拓展与深化》，华中师范大学出版社，2013 年 12 月。

2013 年 1 月，彭靖、邓同兰撰写的《邓嗣禹与他的汉学研究》一文，发表在北京大学出版社出版的《国际汉学研究通讯》第 6 期。本文对于邓嗣禹的学术成果进行了详细的分类与研究。其主体部分以《科举学的当代价值：国际影响力的提升与公务员制度改革》为题，发表在《中国考试》

2013 年第 1 期。

2013 年 2 月，张影舒的《国家与社会在信仰空间的互动——以城隍研究为中心》一文，发表在《黑河学刊》2013 年第 2 期。这篇文章着重论述道："邓嗣禹《城隍考》一文可谓近代学人在此方面系统研究的开山之作，作者从城隍神信仰的起源、变迁以及和释道二教间的关系、崇祀城隍的用意等四个方面，论述了城隍神信仰的发展过程。自此以后，城隍信仰一直为中外学者关注。"

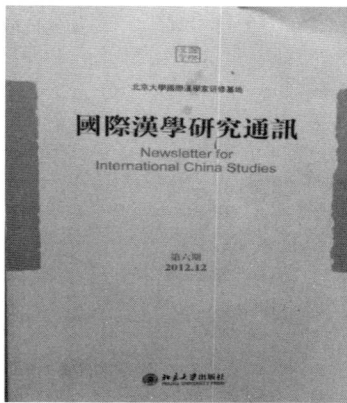

2013 年北大出版社
《国际汉学研究通讯》

2013 年 2 月，彭靖的传记文章《费正清为何称邓嗣禹为老师?》，发表在台湾《传记文学》第 102 卷第 2 期（总第 609 期）。

2013 年 3 月，彭靖的《费正清和中国挚友邓嗣禹》一文，发表在由中央文史研究馆、上海市文史研究馆联合主办的《世纪》杂志 2013 年第 2 期；《20 世纪 40 年代邓嗣禹与胡适的交往》一文，发表在《胡适研究通讯》2013 年第 1 期。

2013 年 3 月，印第安纳大学东亚图书馆前馆长李学博在台湾《传记文学》第 103 卷第 3 期发表回忆文章《美国印第安纳大学中文藏书的发现——兼述邓嗣禹和柳无忌教授的贡献》。

2013 年 4 月，北京外国语大学顾钧教授在《中华读书报》发表文章《关于英文本〈中国参考书目解题〉》，首次对于邓嗣禹、毕乃德合著的《中国参考书目解题》（1936 年版）进行研究。

2013 年 5 月，彭靖在台湾《传记文学》第 102 卷第 5 期，发表回忆文章《邓嗣禹与胡适在四十年代的交往》。

2013 年 11 月，为纪念武汉大学成立 100 周年，武汉大学出版社将邓嗣禹《中国近百年政治史，1840—1928》英译本，列入该校"百年名典"

丛书出版，这是该丛书系列中唯一一本英文版书籍。

2014 年 3 月，纪实文学《家国万里：邓嗣禹的学术与人生》（邓嗣禹、彭靖著），全书 43 万字，由上海人民出版社出版。书中首次公布邓嗣禹的十篇经典研究论文，以及对于邓嗣禹的最新研究成果。该书在 2015 年 1 月被评为 "2014 年不应错过的 108 本好书"。目前见到，国内发表的中文书评文章有三篇：

2014 年 8 月 13 日，毛志辉在《中华读书报》发表评论文章《"默默无闻"的美国汉学先驱邓嗣禹》。

2014 年 10 月，知久宇生在《世界博览》2014 年第 21 期发表文章《不为人知的大家：谁是邓嗣禹？》。

2015 年 6 月，南开大学教授、博士生导师元青在《广东社会科学》2015 年第 6 期发表论文《民国时期留美生的中国历史研究与美国汉学——以博士论文为中心的考察》，首次对于邓嗣禹的博士论文《张喜与 1842 年〈南京条约〉》进行研究。

2015 年 8 月，在邓嗣禹诞辰 110 周年之际，传记文学著作《一代英才邓嗣禹》（彭丽、彭靖著），由哈尔滨出版社出版，并获得 "第十届丁玲文学奖" 提名奖的荣誉。

2015 年 8 月，彭靖撰写的《邓嗣禹与芝加哥大学早期汉学研究》，发表在《汉学研究》2015 年春夏卷，首次对邓嗣禹在汉语教学方面的成就进行梳理。

2016 年 8 月，彭靖编的邓嗣禹随笔文集《家国万里：中国历史的海外观察》，全书 30 万字，由北京师范大学出版社出版。

2016 年 10 月，吴原元的《走进他者的汉学世界：美国的中国研究及其学术史探研》，由上海人民出版社出版。书中有一章（第十章）："邓嗣禹在美的学术活动及其影响"，这是吴原元在发表众多研究论文之后，首次成书出版对于邓嗣禹开展的专题研究内容。同时也是在 2004 年陈润成发表研究文章的基础上，借助书评文章的视角，进一步深化研究的成果。

2018 年 1 月 21 日，蒋昭芒在《衡阳日报》"文化周刊"栏目，发表评论文章《邓嗣禹：开拓汉学研究新领域》。

2018 年 9 月，《尘封的历史：汉学先驱邓嗣禹和他的师友们》由美国壹嘉出版公司出版，这是首次以中文载体在美国出版的书籍。10 月中下旬，美国三大华文报纸《侨报》《星岛日报》《世界日报》均有报道。旧金山著名电视台 KTSF26，金牌主持人郑家瑜女士曾邀请彭靖，做客"有话要说"栏目，并进行过半个小时的专访。美国斯坦福大学曾以"邓嗣禹与费正清：从他们的交往看美国早期的汉学研究"为主题，邀请哈佛大学燕京图书馆、斯坦福大学东亚图书馆前任馆长吴文津，著名华裔作家、《洪业传》作者陈毓贤与作者彭靖一同主持演讲。

2019 年 3 月，通过国家级专家严格评审、公示等程序之后，国家出版基金办正式批准，将《邓嗣禹全集，1—7 卷》项目列入 2020 年出版计划，批准文号为基金办〔2019〕7 号。2023 年 8 月，《邓嗣禹文集》由华中师大出版社出版。

美国旧金山的 KTSF26 电视台，"有话要说"栏目，刚才播出著名节目主持人郑家瑜，在电视台的独家采访视频。该电视台成立于 1976 年，具有悠久的历史。主持人郑家瑜，在当地是一位家喻户晓的著名人物。

2018 年 10 月，编者（中）接受美国旧金山电视台主持人采访

2019 年 3 月，吴原元新著《客居美国的民国史家与美国汉学》，由学苑出版社出版。这是阎纯德主编《列国汉学史丛书》系列中的一本。书中有两个章节："史家邓嗣禹客居美国后与美国汉学家的合作""邓嗣禹的汉学学术书评及其影响"涉及对于邓嗣禹的研究。其中后一节的内容，是国内外首次开展对于邓嗣禹发表英文书评文章的研究，具有开拓性内容。美中不足的是，作者并没有全部收齐邓嗣禹的英文书评。吴原元在书中提到邓嗣禹"发表过 40 多篇书评"（陈润成列出 31 篇）。而编者所收集到邓嗣禹中英文书评文章有 58 篇。

2019 年 4 月，华东师大郁梓教授在《语文学习》2019 年第 4 期，发表研究文章《"中国第五大发明"：邓嗣禹〈中国考试制度史〉荐读》。

2019 年 8 月，邓嗣禹、费正清合作的代表著作《中国对西方的反应》被翻译成中文，书名为《冲击与回应：从历史文献看近代中国》，北大历史学博士陈少卿翻译，民主与建设出版社出版。这是国内首次从哈佛大学出版社引进版权，翻译出版邓嗣禹的英文著作，首开翻译邓著中译本的先河。

2020 年 4 月 19 日，彭靖在《澎湃新闻》"私家历史"栏目，发表《1956 年周一良给邓嗣禹信札透露的讯息》。

2020 年 9 月，邓嗣禹《中国考试制度史》（俄文版），获批为"中华学术外译资助项目"，译者为大连外国语大学俄罗斯语学院副院长，董玲博士团队。俄方出版机构，为俄罗斯圣彼得堡大学出版社。

2020 年 12 月，彭靖在《国际汉学》2020 年第 4 期，发表学术论文《邓嗣禹〈颜氏家训〉英译本研究与传播的意义》。

2021 年 1 月 25 日，彭靖在《中国社会科学报》"域外"版面，发表《〈颜氏家训〉英译本传播及其影响》。

2021 年 3 月 3 日，彭靖在《中华读书报》第 14 版，发表《汉学家邓嗣禹作品在日韩的译介与传播》。

2021 年 4 月，彭靖在《教育与考试》2021 年第 2 期，发表《邓嗣禹〈中国考试制度对西方的影响〉修订研究》。

2021 年 5 月 12 日，彭靖在《中国社会科学报》"学林"版面，发表《邓嗣禹与赵元任的学术交往》。

2021 年 5 月 18 日，彭靖应邀在复旦大学外文学院，以"中国经典著作走向世界——邓嗣禹学术与海外汉学研究"为题目，举办专题讲座。

2021 年 6 月 25 日，彭靖应邀在浙大宁波理工学院，以"推动中华学术著作走向世界"为题目，举办专题讲座。

本书译著者在此期待，有更多的关注邓嗣禹的研究学者、翻译家，能

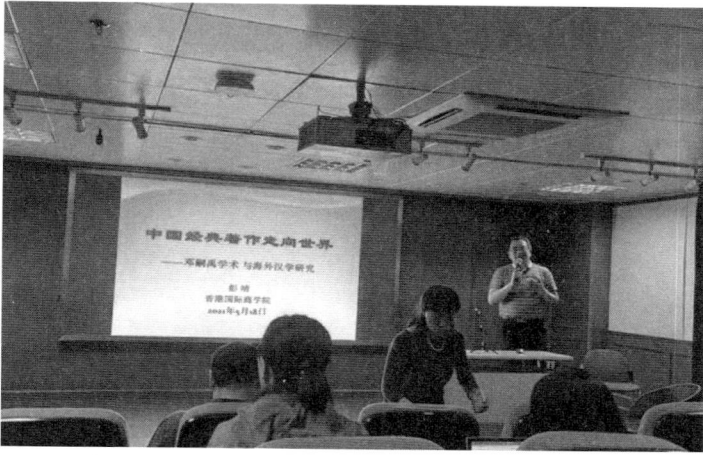

2021 年 5 月 18 日，本书译著者在复旦大学举办专题讲座

够投身于出版邓嗣禹的研究著作与翻译著作的工作之中。

附录一　邓嗣禹与他的汉学研究^①

邓同兰、彭靖

　　邓嗣禹（Ssu‑yu Teng，1905—1988）是国际著名的历史学家、汉学家、图书文献目录学家。他早年师从国际汉学泰斗费正清先生，后来成为他最得力的助手与合作者。两人先后合作出版与发表著作、论文六部（篇），是 20 世纪 40—60 年代与费正清合作时间最长、发表论文最多的中国留美学者之一，被国际史学界公认为科举制度、朝贡制度研究方面的奠基人和开拓者^②。

　　在太平天国史研究方面，他曾出版过四部著作和多篇有影响的论文，并应邀参加过《大英百科全书》《科利尔百科全书》此部分的编写工作，是美国太平天国研究领域的重要领军人物。他的著作在西方世界有很大影响，与费正清合著的《中国对西方的反应》（第一作者）、《清代管理制度：三种研究》两本书，曾被哈佛、剑桥等多所大学用作教材与参考书，其他许多论著也已成为欧美各大学研究中国近代史必备的参考书目^③，不少西方人是通过阅读他的著作开始了解中国历史与文化的。虽然国内外关于他的著作的书评，著名权威手册、名录对他的生平介绍有许多，但对他个人专门研究方面的论文有限。以他为个案研究，人们可以窥见中国留美

---

　　①　本文原载《国际汉学研究通讯》第六期,北京大学出版社,2013 年,第 218—231 页,2024 年修改。邓同兰为邓嗣禹先生长女,曾任医科大学教授、博士生导师,现已退休。

　　②　刘海峰:《科举制对西方考试制度的影响新探》,《中国社会科学》2001 年第 5 期,第 190 页。

　　③　邓嗣禹:《中国考试制度史》作者介绍,北京:吉林出版集团北京分公司,2011 年。

学者在世界汉学研究领域中起到的作用，以及中国学者在众多研究领域所处的领军地位。这对目前我国正着力提倡、弘扬中国文化"软实力"无疑是至关重要的。

一、治学生涯

1905 年 7 月 25 日，邓嗣禹出生于湖南省常宁县一个中等收入家庭。在 1928 年考入燕京大学史学系，1932 年当选燕京大学历史学会主席，同年获得学士学位。在此期间，师从顾颉刚、洪业等著名史学家，所写本科毕业论文即是关于《中国考试制度史》，经修改后于 1936 年出版。这是他出版的第一部学术专著，与 1934 年发表的《中国科举制度起源考》、1943 年发表的《中国考试制度对西方的影响》和 1946 年发表的《中国科举制度与西方》共同成为目前国内外学者研究中国科举制度的奠基之作。1932 年大学毕业后，他即考入燕大史学研究所，攻读硕士研究生，1934 年任《史学年报》主编，1935 年获得硕士学位，并留校任讲师。1943—1949 年期间，任美国芝加哥大学东方研究院院长、兼远东图书馆代馆长。1950—1960 年期间，任印第安纳大学历史系主任、东亚研究中心主任，美国亚洲学会研究与考察委员会主席。

1937 年 7 月卢沟桥事变时，他接到同学房兆楹先生之邀，前往美国国会图书馆，参与《清代名人传略》的编写工作。在撰写这部著作时，主编恒慕义共组织了 50 余位东西方学者参加，其中包括费正清等众多知名学者。太平天国时期 33 位人物的传记，其中有 3 位（徐广缙、怡良与穆彰阿）就是邓嗣禹与费正清共同完成的。1938 年，邓嗣禹在获得哈佛燕京学社奖学金后，前往哈佛大学攻读哲学博士学位，此期间师从费正清，于 1942 年获得博士学位。在哈佛大学攻读博士学位期间，就与他的导师——国际汉学界泰斗费正清先生，合作发表过多篇有影响的学术论文。毕业之后，他与费正清合作出版过多本学术著作。其中有代表性的著作，是他与费正清合作出版的《中国对西方的反应》一书。该书曾长期被哈佛、剑桥等国际著名大学用作教学参考书，延续有 30 余年；他的许多英文论著，如：《清代管理制度：三种研究》《中国对西方考试制度的影响》等书，现已成为西方汉学界研究中国近代史所必备的经典论著。1946 年，费正清回到哈佛大学设立中国问题研讨班——国际著名的"费正清东亚研究中心"的前身，曾邀请邓嗣禹、刘广京等几位中国学者帮助他整理清代史料，并合作发表了多篇论文。1953 年费正清创立"美国亚洲研究会"时，又聘任邓嗣禹为董事，也是唯一的亚裔董事会创始成员，任期三年。正是上述几位学者在中国文献学、史料学乃至史学史研究等领域的扎实工作，才奠定了费正清现代汉学泰斗的地位，也促进了美国对中国文献学、中国史料学和中国史学史的研究①。此后，他分别以哈佛大学、芝加哥大学、北京大学、印第安纳大学为基地，开展了长达半个多世纪的中国历史研究。费正清在晚年出版的回忆录《费正清中国回忆录》中，在多处以较长的篇幅，给予邓嗣禹很高的评价：

> 1935 年，我结识了燕京大学一位年轻而富有专业知识的目录学家邓嗣禹，他手头有无数中文参考著作。比我早二年到达北京的毕乃德（Knight Biggerstaff）与邓嗣禹合作编写了一部不朽的近代著作《中国参考著作叙录》（1936 年）。当邓嗣禹来到哈佛大学攻读哲学博士学位时，我们在 1939—1941 年合作编写了 3 篇系列文章——《论清代官方公文的递送》《论各种公文的程序及使用》《论清代纳贡制度的规章及其实施》（都发表在《哈佛亚洲研究杂志》上），然后出了一本论集《清代行政研究》（*Studies in Ch'ing Administration*）②。

在治学方面，他一贯坚持严谨求实、不断创新的良好学风。他扶持后人、诲人不倦的无私精神，严于律己、宽以待人的长者风范，深深地影响

---

① 朱政惠：《美国学者对中国史学的研究探要》，载《史学理论研究》2013 年第 3 期。
② 费正清：《费正清中国回忆录》，北京：中信出版社，2013 年，第 147—148 页。

了一代又一代青年学子的成长之路，培养出众多国内外知名的历史学者。比较知名的有陶晋生、漆侠和陈润成等人。

二、汉学成就及其分类

邓嗣禹毕生致力于历史学教育与研究，前后超过半个世纪，曾先后在燕京大学、美国哈佛大学、芝加哥大学、北京大学、印第安纳大学等国内外多所著名大学，讲授远东历史和中国近代史。他著作等身，迄今为止已发表论著 140 余种，其中著作、译作 30 部（大多数由哈佛大学、牛津大学等国际知名出版社出版，并曾多次再版）；发表中英文论文，目前收集到的有 88 篇；书评文章，目前收集到的有 58 篇。从内容上看，邓嗣禹的论著大体可分为五类：

第一类是主要为从事东亚研究的学者和学生编写的中国研究著作的提要目录、图书馆目录、文献介绍等方面的作品，他与毕乃德合编的《中国参考著作叙录》、与费正清合编的《中国对西方的反应：研究指南》以及《近 50 年的中国编纂历史》是这一类著作的代表；第二类是关于中国科举制度、考试制度及其起源、对国外的影响等方面的作品，其中广为人知、影响最大的当属《中国考试制度对西方的影响》；第三类是关于中国朝贡制度，以及对周边国家影响等方面的作品，其中在史学界影响最大，当属与费正清合编的《清代行政机构：三种研究》；第四类是关于太平天国历史、辛亥革命、农民暴动等研究的作品，代表作为《太平天国与西方列强》《太平天国历史学》，后一部著作是哈佛大学东亚研究中心指定的课题项目，由费正清编写前言；第五类是关于汉学研究现状的报告、对日本的教育评论、人物传记、回忆录等作品，这些文章与一般时评文章不同，他总是从历史与现实的结合角度上来阐述问题，论述当前问题的历史背景与来龙去脉，而不是就事论事。这些论文发表后大多被汇编成册，如《美国研究汉学之现状》《中国学术世界化》《日本教育一瞥》等。

邓嗣禹主要著作与再版情况介绍如下：

《中国参考著作解题》（*An Annotated Bibliography of Selected Chinese Reference Works*. Peiping：Yenching University，1936）。与毕乃德合著，分别于1950 年、1969 年、1971 年由哈佛大学出版社再版。1972 年被翻译成韩文出版。

《中国考试制度史》，南京国民政府考选委员会出版，1936 年。从1967 到 2021 年，先后由台湾学生书局、上海书店出版社、吉林出版集团、国家图书馆出版社、上海科技文献出版社、商务印书馆再版过十余次。2020 年，俄文版获批为中华学术外译资助项目。

《张喜和 1842 年〈南京条约〉》（博士论文，*Chang His and the Treaty of Nanking*，1842. Chicago：University of Chicago Press，1944）。先后由加州大学出版社、哈佛大学出版社和芝加哥大学出版社再版。

《中国考试制度对西方的影响》（*Chinese Influence on the Western Examination System*，1943）。后经王汉中译成中文，单行本《中国考试制度西传考》，1953 年由台北中央文物供应社出版。1988 年由李明欢、黄鸣奋再次翻译成中文《中国考试制度对西方的影响》，由上海译文出版社出版，并被收录到多种论文集之中。

《太平天国史新论》（*New Light on the History of the Taiping Rebellion*. Cambridge，Massachusetts：Harvard University Press，1950），1966 年再版。

《清代行政管理：三种研究》（*Ch'ing Administration：Three Studies*. Cambridge，Massachusetts：Harvard University Press，1960），与费正清合著。1968 年由哈佛大学出版社再版。

《中国对西方的反应》（*China's Response to West*. Cambridge，Massachusetts：Harvard University Press，1954），与费正清合著。1963 年、1969 年、1971 年、1979 年、1982 年、1993 年分别由哈佛大学出版社、美国东西出版社等多次再版。1971 年起，在加拿大发行。2019 年，中译本由民主与建设出版社出版。

《中国对西方的反应：研究指南》（*Research Guide China's Response to West*：*A Documentary Survey*，1839—1923. Cambridge，Massachusetts：Harvard University Press，1954），与费正清合著。1963 年、1969 年、1979 年再版。

《中国近百年政治史》（*Political of China*，1840—1928. Princeton，New Jersey：Nostrand，1956）。翻译李剑农著作，作为研究生教学参考材料。该书印度文版本，1964 年在新德里出版。1967 年、1968 年由美国斯坦福大学出版社再版。2013 年，武汉大学出版社首次在国内出版英文版，并被列入"百年名典"系列丛书。

《捻军及其游击战，1851—1868》（*The Nien Army and Their Guerrilla Warfare*，1851—1868. Paris：Mouton，1960），1961 年法文版由法国 Mouton 出版社出版。1975 年由台湾虹桥书店出版社再版。1984 年由美国 Greenwood 出版社再版。

《太平天国历史学》（*Historiography of the Taiping Rebellion*. Cambridge，Massachusetts：Harvard University Press，1962）。该书为哈佛大学东亚研究中心 1961 年指定的课题项目，列入"哈佛东亚丛书系列"已出版著作的第 14 部，由费正清撰写前言。1972 年由哈佛大学出版社再版。

《太平天国与西方列强》（*The Taiping Rebellion and Western Powers*. Oxford：Clarendon Press，1971），1971 年英文与德文版，分别由牛津大学出版社出版。1978 年、1979 年台湾艺文出版社分别再版。

《中国的异议和犯罪：秘密社团、农民起义、农民暴动书目》（*Protest and Crime in China*：*A Bibliography of Secret Associations*，*Popular Uprisings*，*Peasant Rebellions*. New York：Garland Publishing Inc.，1981）。

上述著作中，有多部获奖。其中，《中国考试制度对西方的影响》一书，获美国哲学研究社最佳研究奖（1953 年），并被列为"台湾三民主义丛书"；《中国对西方的反应》一书获美国社会科学研究评议会最佳研究奖（1954 年），该书由哈佛大学 4 次再版，在美国流行了近 30 年，并有中、英文多种文本，是美国汉学研究生的必备参考书目；《太平天国与西方列强》一书获美国社团评议会最佳研究奖（1972 年）。论文《儒家之社会政策》曾被翻译成日文，刊登在日本学术刊物《支那问题》1931 年第 11 期，第 110—115 页，论文《中国科举制度与西方》被翻译成日文，1950 年出版。论文《王夫之的历史观与历史著述》，1985 年被翻译成韩文发表。

为表彰邓嗣禹对国际汉学研究做出的突出贡献，1976 年美国联邦政府卫生、教育及福利部（Department of Health，Education and Welfare）为他本人颁发了国家人文科学研究奖。这是美国政府对人文科学家所颁发的最高级别的综合性大奖。他的著作在西方，以及在中国台湾地区都十分畅销。

为了方便学术界对邓嗣禹的研究，他的两位博士学生：美国扬斯敦州立大学黄培教授和亚利桑那大学陶晋生教授，合作收集了邓嗣禹的 22 篇以中文发表的论文，分别按五个不同朝代及类别，于 1980 年在台湾出版了《邓嗣禹先生学术论文选集》。由于邓嗣禹的作品数量众多，发表的地方又十分分散，因此在当时，此项出版工作对推动汉学史研究起到了一定的作用。但目前 30 多年过去了，由于当时仅收集了邓嗣禹少部分的中文论文，之后再没有出版续集。目前，邓嗣禹绝大部分用英文发表的论文，不被广大国内史学者所知晓，因此翻译出版邓嗣禹众多英文版的著作、论文是当今学术界亟待解决的问题。

三、治学的方法、特点及对早期美国汉学基础的贡献

邓嗣禹受过良好的西方学术理论熏陶和中国传统文化教育，史学理论与史料学基础十分扎实。同时作为费正清的助手及长期的合作伙伴，受其学术风格的影响十分明显，是"哈佛学派"典型代表。我们可以从他的著作，以及他与费正清的交往中，梳理出一些研究风格和方法特点。总览邓嗣禹的上述著作，有以下两大明显特征：

一是注重实地考察，获取第一手资料，追求科学的精确性。《劝世良言与太平天国革命之关系》《中国印刷术发明及其西传》《城隍考》等，

这些论文都是邓嗣禹查阅了大量历史第一手资料，并在收集到足够证据的基础上完成的。2013 年，张影舒曾发表文章论述道：

"邓嗣禹《城隍考》一文可谓近代学人在此方面系统研究的开山之作，作者从城隍神信仰的起源、变迁以及和释道二教间的关系、崇祀城隍的用意等四个方面论述了城隍神信仰的发展过程。自此以后，城隍信仰一直为中外学者关注。"①

二是以考证、整理和利用中、西方史料的方法，来研究前人没有解决的历史问题。如《中国科举制度起源考》《中国考试制度对西方的影响》等著作都是在查阅、列举几十种文献资料的基础上，推断得出结论。他的汉学研究成果和相关著作对早期美国中国学的发展产生了很大影响，这主要体现在以下几个方面：

第一，早期目录学作品的影响。与他后期扎实的文献目录学作品相比较，邓嗣禹早在 30 年代初，就已经表现出过人的文献目录学功底。众所周知，目录是治学的基础、研究的指南。利用目录是做任何研究工作的第一步，从选题、制定大纲、搜集资料、从事写作，以至编制参考书目，都必须首先检查目录。借助目录，研究者既可以确定前人有无做出相同或相近的课题，发表相关的著作，同时还可了解相近著作的大致内容。此外，可以依靠目录尽可能搜集完备的参考文献。

基于目录编纂工作对于开展研究的重要性，1934 年在燕京大学任教期间，他就在洪业领导下的燕京大学引得编纂处，出版了他主编的《太平广记篇目引得》（重印本于 1966、1990 年分别在台北、上海再版），1966 年日文版在日本出版。2010 年，曾礼军发表文章指出："邓嗣禹是最早对《太平广记》版本进行研究的两位学者之一。他们主要是对《太平广记》的谈恺刻本和许自昌刊本进行较为详细的比较，提出一些自己的见解"②；

---

① 张影舒：《国家与社会在信仰空间的互动——以城隍研究为中心》，载《黑河学刊》2013 年第 2 期。

② 曾礼军：《〈太平广记〉的文献学研究综述》，载《文献季刊》2010 年第 4 期。

《燕京大学图书馆目录初稿——类书之部》（1936 年，重印本于 1970 年、1982 年在台北再版）①；与毕乃德（Knight Biggerstaff）合著《中国参考著作解题》（1936 年），被费正清称为编写了"一部不朽的近代著作"②。这些目录学作品的出版，无疑对当时美国学者研究中国近代史和中国学有不可估量的作用。

第二，他通过编写汉语学习教材、翻译中国史学名著，大大减少了美国学者的语言障碍，着力培育了美国早期的汉学基础。20 世纪 40 年代的美国汉学仍处于奠基发展时期，有关中国历史或远东史的英文通史材料很少。费正清于 1936 年调查后发现，以远东史为专业的专职者大概不到 50人。邓嗣禹于 1942 年由哈佛大学博士毕业后，在芝加哥大学先后任讲师、助理教授，除讲授"中国目录学""中国史学方法""中国近代史"课程之外，还讲授"现代中文"课程，所用教材就是他自己编写的《报刊中文》和《中文会话》两本书。后来他将这两本书合编为《交际汉语及语法注解》一书，1947 年由芝加哥大学出版。该书在美国流行很广，到 1977年已再版了 10 次。1965 年他又编写了一本《高级社交汉语》，由芝加哥大学出版，1980 年再版。

1943 年期间，在顾立雅（Herrlee G. Creel）自编《归纳法中文读本》的基础上，邓嗣禹还与顾立雅合作出版了两本著作：《中文报刊归纳法》《中文报刊归纳法翻译与选择练习册》，分别由芝加哥大学出版社出版。这两本书的出版，对于除芝加哥大学之外的美国学者学习和了解中国历史，也起到了一定的影响作用。邓嗣禹与顾立雅对美国早期汉学的贡献，亦使芝加哥大学成为西方汉学研究的中心。

1949 年，应哈佛大学的邀请，在回母校任教期间，他与费正清再次合作，共同编写了著名的《中国对西方的反应》一书，以及《中国对西方的

---

① 邓嗣禹：《燕京大学图书馆目录初稿——类书之部》,北京：知识产权出版社,2007 年、2012年再版；北京：国家图书馆出版社,2015 年再版。

② 费正清：《费正清中国回忆录》,北京：中信出版社,2013 年,第 147—148 页。

反应：文献通考，1839—1923》，书中汇编了65篇有关清代的重要历史文献。该书在美国流行了近三十年，1993年已是第6次再版，是美国汉学研究生的必读参考书目①。

50年代初，邓嗣禹在印第安纳大学执教中国近代史期间，由于缺乏英文教学资料，他又将李剑农的《中国近百年政治史》一书翻译成英文（1956年出版），用作本科生和研究生的参考教材，因为这本书在他看来"既不太详细也不太简短，它没有包含太多的人名。作者的观点中肯，是一本理想的教材"②。该书在美国50—60年代期间，也是一本对研究生教学非常流行的参考书。1964年该书印度版在印度新德里出版，1967年、1968年由美国斯坦福大学再版。由此可见，这些书在美国学者及研究生中的受欢迎程度。除此之外，他还把中国早期文学名著《颜氏家训》翻译成英文，并于1966年出版，1968年、1969年再版。这些书籍的翻译与出版，大大减少了美国学者的语言障碍，着力培育了美国的汉学基础，同时也向美国公众推荐、介绍了中国优秀的文学著作和传统文化。

四、在科举制度及对西方影响方面的贡献

在邓嗣禹一生所发表的大量论著中，在民国时期发表的涉及科举制度研究，且最有影响的论著《中国考试制度史》《中国科举制度起源考》《中国科举制度对西方的影响》《中国科举制度与西方》是邓嗣禹中国近代历史研究的重要组成部分，构成了他对科举制度研究完整的"四部曲"。这项系统研究课题揭开了科举学领域的"哥德巴赫猜想"命题。因此，邓嗣禹也被国际史学界公认为科举制度研究的奠基人和开拓者。

早在1934年，邓嗣禹就系统研究了中国的考试制度，并在当年9月的

---

① 陈润成：《邓嗣禹与战后美国汉学的发展》，载《华美族研究集刊》2004年第7期。
② 吴原元：《略论20世纪40年代赴美学者对美国汉学的影响》，载《华侨华人历史研究》2010年第2期。

《史学年报》上发表了《中国科举制度起源考》的论文。到 1936 年，通过对中国科举制度发展历时两年的深入研究，他又将研究成果撰写成了一本专著《中国考试制度史》。这本书通过对大量史料的列举分析，形象生动地展示了"科举制"在中国产生、发展、繁荣、衰弱、消亡的历史。书中既有横向的对各朝代考试制度详尽的史料分析，也有纵向的历史沿革描述，并且还对历代考试制度进行了得失略评。这本书早已成为国内外研究中国科举制度的学者广泛引用的经典著作，2021 年 3 月由商务印书馆再版后，即被列入"中华现代学术名著丛书"。

1943 年前后，在第二次世界大战打得最为激烈之时、中华民族的生死存亡关头，有位年轻的中国学者在美国重要学术刊物上，用英文发表了关于中国科举考试对英国和西方影响的论文，使当时正与中国一道抗击法西斯和日本侵略者的世界人民，知道了中国曾对世界文明做出的这一重要贡献。这位中国学者就是当时在美国芝加哥大学任教的邓嗣禹博士。他于 1943 年 9 月，在国际著名期刊《哈佛亚洲研究学报》上发表的《中国对西方考试制度的影响》一文，长达三万余字，搜集、引用了 1870 年以前西方人论述科举的文献 70 多种，围绕"西方考试制度的发展、西方记述或涉及中国科举制的资料、英国对于中国文明的推崇、英国驻华使臣论中国科举制、确认中国影响的证据"等问题旁征博引，论述详赅。邓嗣禹称："根据上述所有同时代的证据，我们可以确凿无疑地证明：中国的科举是西方制定类似制度的蓝本。"文章发表后，长期以来在海外引起广泛的反响，先后两次被翻译成中译本，同时还被收入多种文集。该论文在西方汉学界几乎无人不知，无人不晓，至今还经常被研究中国科举制度的国内外许多颇有影响的专家所引用。

因为在此之前，科举考试与现代西方文官考试制度是否具有联系，西方文官考试是否曾借鉴或受到中国科举制度的影响，这一直是科举学研究的一桩悬案。但基于这一问题的复杂性和研究、考证工作的难度，学术界一直未能提供有力的证据。

　　早在 40 年代，具有代表燕京大学"高度"之称的顾颉刚先生，在《中国考试制度史》一书的序言中就指出，科举考试制度为中国古代制度文明的重大发明，在促进考试公平、区域均衡、体现民意和限制方面具有积极贡献，堪称"吾国政制中之最可称颂者也"。

　　浙江大学科举与教育考试研究中心主任、文科资深教授刘海峰近年曾多次发表论文，称邓嗣禹的《中国对西方考试制度的影响》的文章，是国际上公认的经典性论文，对改变西方学术界的看法有重要影响；厦门大学的陈兴德博士在他发表的《民国科举学述评》的论文中，也高度称赞道：邓嗣禹先生的研究是具有开拓性的，它不仅再一次印证了文化的交流与融合是促进人类文明的基本途径，科举制度作为中国的第五大发明，对西方近代文官制度曾发挥过积极的影响，同时它也开创了科举研究的一个新领域，揭开了科举学领域的"哥德巴赫猜想"命题[①]。刘海峰教授在他的《中国科举文化》一书中，对"哥德巴赫猜想"命题的说法做了进一步补充和解释："在科举学的各种问题中，研究难度最大的大概要数科举西传说了。打个比方，'科举西传说'有如数学中的哥德巴赫猜想，可以称之为科举学中的'哥德巴赫猜想'，或者称之为'孙中山命题'。哥德巴赫猜想在数学上好比皇冠上的明珠，孙中山最为明确地提出了这一命题，邓嗣禹等人相当于证明了哥德巴赫猜想中的'1＋2'，但因有一些人提出疑问后又变得悬而未决了。顾立雅、莱克等人的研究再次将此命题拉回到'1＋2'。"[②]

五、对朝贡制度研究方面的贡献

　　朝贡制度（the tributary system），曾是古代中国与周边国家传统关系的主要形态，进而成为近代以前，以中国为中心的整个东亚地区的一种基本

---

①　陈兴德：《二十世纪科举观之变迁》，武汉：华中师范大学出版社，2008 年，第 220 页。

②　刘海峰：《中国科举文化》，沈阳：辽宁教育出版社，2010 年，第 407 页。

国际关系形态。关于此主题的研究历来受到国内外学界的重视。作为远东地区复杂的区域性国际秩序——朝贡制度，在清代得到继承和发展，1842年后，开始逐渐被英国带来的一种新的处理对外关系的体制——条约制度所取代。朝贡制度是理解 19 世纪中国对外政策的重要历史背景。鉴于此制度之重要性，费正清、邓嗣禹在文中主要依据"六朝会典"对相关主题作了重要论述。关于上述三篇论文的写作细节，作为费正清的生前好友，加拿大约克大学政治学教授、亚太研究中心主任埃文斯，在他 1988 年所发表的著作《费正清看中国》一书中，有这样几大段的描述①：

　　费正清与他的研究助手邓嗣禹（当时他是哈佛大学的一个很有前途的博士候选人）在《哈佛亚洲研究杂志》上发表了 3 篇文章，着手处理这些技术问题。第一篇论文论及清朝公文的传递方式。由于文稿在皇帝审阅时才能被注明时间，因此要确定这些文稿写作的准确时间就存在困难。为了解决这一难题，费正清和邓嗣禹集中研究联结北京和各省的邮政体系。他们从已有的研究成果着手，采用一些能注明比较准确时间的文件作为实例，建立了《筹办夷务始末》中各类文件的类型学，并且绘制了一张表明各类公文由全国各地送到首都需要多长时间的图表。这个有效的公式把公文上的日期减去传送的时间，从而给写作时间的确定提供了一个指导性的推测。对于评价中国谈判官员的反应，这个公式可以作为认识他们对外国谈判对手及北京朝廷的回避和辩解的有价值的指导。……

　　第二篇论文较详细地概述了清朝档案中的各种公文的类型及作用……这是解释这些公文含义的必要一步，也是开辟进一步研究的最初尝试。第三篇文章略微超出了前两篇文章的有限范围，考察了嵌入中国朝贡关系的传统中的管理观念……

　　关于清朝公文的这个三部曲，扫除了详尽调查通商口岸外交的道路上的几个障碍，同时可作为一个窥探清朝制度的窗口。更重要的是，证实了

---

　　① 埃文斯：《费正清看中国》，陈同等译，上海：上海人民出版社，1995 年，第 57—58 页。

这些材料的价值。把教学大纲同开始于 1940 年的关于怎样使用清朝文献的专题研究相结合，经过辛勤劳动的专门性的科研项目促使开辟了一个领域，仅哈佛大学在后来的 40 年中就发表了 60 多部这方面的专著。

在费正清、邓嗣禹的影响下，后来许多学者从不同角度探讨了中国传统外交观念和外交制度，比较重要的成果有杨联陞的《中国的世界秩序的历史诠释》、王赓武的《明初与东南亚的关系：背景探析》等。1967 年，余英时在其博士论文《汉代的贸易扩张——夏夷经济关系结构研究》中，也曾运用朝贡体系理论分析汉匈关系。

费正清、邓嗣禹对朝贡制度所进行的理论阐释主要依据的是大量的清代官方文献及清人著述，在引用过程中对引用内容进行了分类概括并针对所要论述的主题对历朝会典进行比较。在文章第五部分关于朝贡制度下的欧洲国家的论述，就是根据不同朝代《会典》的不同记载得出清代对西洋诸国存在模糊认识这一历史事实，为进一步深入分析清代对外政策提供很有说服力的证据，这在之前的西方汉学界是很少见的。美籍华人学者邓鹏在《费正清评传》[①] 中指出：费正清是美国学者中率先系统使用中文数据研究中国近现代史的人，这无疑是具有开拓性的。东北师范大学王志强博士在《费正清〈论清代的朝贡制度〉读后》一文中总结道："费正清、邓嗣禹在《论清代的朝贡制度》一文中大量运用中国史料所做的开拓性工作及对于朝贡制度的理论阐释有力地推动了朝贡制度的研究，冠之以'开拓与奠基之作'实不为过。"

六、对太平天国研究方面的贡献

太平天国运动，是洪秀全等领导的反对清朝封建统治和外国资本主义侵略的农民起义战争，也是 19 世纪中叶中国的一场大规模反清运动。从 1851 年（清咸丰元年）开始，至 1864 年（清同治三年）结束，历时 14

---

① 邓鹏:《费正清评传》,成都:天地出版社,1997 年,第 113 页。

年，纵横 18 个省，战争规模与激烈程度、军事筹划和指挥水平，都达到历代农民战争的高峰。邓嗣禹对于太平天国历史的研究，从 1937 年在恒慕义博士指导下编写《清代名人传略》，撰写太平天国领导人个人传记，到 1987 年发表《太平天国史研究之过去、现在与前瞻》的总结性论文，前后整整经历了 50 年的时间。其间，共发表英文论著 4 部、中英文论文十余篇。由于他的绝大部分著作、论文是由英文写成，4 部著作至今未被翻译成中文，并在国内出版，仅有《太平天国与西方列强》一书的部分章节被国内学者翻译，发表在省级杂志上。所以目前除国内研究太平天国的知名专家引用之外，国内一般学者了解的并不是很多。

但他的著作在国外的影响很大，早在 20 世纪 70—80 年代，就已被国际著名的哈佛、牛津大学出版，并多次再版，现分别介绍如下：

《太平天国史新论》（哈佛大学 1950 年出版，1966 年再版）；

《捻军及其游击战》（法国巴黎 Mouton 出版社，1961 年出版）；

《太平天国史学》（哈佛大学东亚研究中心 1961 年资助计划项目，哈佛大学 1962 年出版，费正清作序，1972 年再版）；

《太平天国与西方列强》（牛津大学 1971 年出版，1978 年美国艺文印书馆再版）。

曾任中国太平天国史研究会会长、南京大学教授茅家琦在他出版的《太平天国对外关系史》[①]《太平天国与列强》[②] 两本书中，把邓嗣禹的《太平天国与西方列强》一书作为重点引用的书目，多处大量引用。在他近年主编出版的《罗尔纲先生传》中，还特别强调："1971 年邓嗣禹出版的《太平天国与西方列强》一书，引用了大量西方文字数据，如'戈登文书''蒲安臣家庭文书'，等等。这些资料，大陆学者是不易看到的。"[③] 中国社会科学院荣誉学部委员，曾任北京太平天国研究会会长、中国史学会

---

① 茅家琦：《太平天国对外关系史》，北京：人民出版社，1984 年。
② 茅家琦：《太平天国与列强》，南宁：广西人民出版社，1992 年。
③ 茅家琦主编：《罗尔纲先生传》，南京：凤凰出版社，2010 年，第 210 页。

副会长、中国社会科学院近代史研究所所长、博士生导师的王庆成先生，也曾在他发表的《洪秀全与罗孝全的早期关系》一文中说明："邓嗣禹、简又文、郭廷以、萧一山关于太平天国的中西文著作，对洪、罗关系均有涉及。"

1944 年，王伊同留学哈佛大学东方语文系获哲学博士学位，后任美国匹兹堡大学教授，在他发表的《邓嗣禹先生学术》一文中，总结国际上研究太平天国著名学者的研究方向：谢兴尧、简又文、罗尔纲等多侧重于太平天国之宗教思想、政经措施，邓嗣禹则侧重于其外交关系、失欢友邦、兴败之道。国际著名学者简又文，在他的大作《五十年来太平天国之研究》中，也曾引用邓嗣禹的著作《太平天国史学》十余次，由此可见邓嗣禹在国际上的影响力。

1960 年，《大英百科全书》进行第 14 版修订工作时，编委会曾邀请邓嗣禹参与编写"太平天国起义"与"捻军起义"这两部分。2005 年，在他逝世的 17 年之后，当《大英百科全书》开始第 15 版（最新版）内容修订时，其中"洪秀全介绍"部分的内容，编委会在长篇文章之后，还特别注明：此部分内容引自邓嗣禹 1966 年再版的《太平天国史新论》一书。由此可证明，邓嗣禹在美国太平天国历史研究领域一直处于领军学者的地位。同时也说明，海外太平天国史研究领域一直是由中国学者领衔担当的事实。

在 1961—1962 年期间，他还参与了被列为"世界三大百科全书"之一的《科利尔百科全书》（*Grolier Encyclopedia*）九大部分内容的编写工作，除了"太平天国"之外，还包括"中华人民共和国""乾隆皇帝（1735—1795）""皇太后：武则天""李鸿章""孙中山"等涉及中国历史主要知名人物的介绍。

七、结　语

综上所述，邓嗣禹的汉学研究涉及的领域很广，对中国文献及目录学、科举制度、朝贡制度、太平天国等领域的研究是他在西方最为闻名的成就，也正是这些成就奠定了他在西方汉学史上的重要地位。除此之外，他对中国近代的秘密结社、农民暴动，尤其是秘密结社与宗教、辛亥革命的关系等领域所作的有益探讨，如他所发表的论著《海内外会党对于辛亥革命的贡献》《对于中国秘密结社的介绍性研究》等，也在中西方文化交流史和西方汉学史上烙下了深刻的印记。

（2013 年 1 月发表，2024 年 3 月修改）

附录二　邓嗣禹先生出版著作的相关信息

1. 《太平广记篇目及引得》（北平：燕京大学引得编纂处出版，1934年）。该书第 2 版由台北古亭书屋出版（1966 年），同年日文版在日本出版；第 3 版由上海古籍出版社出版（精装本，1990 年）。

2. 《燕京大学图书馆目录初稿——类书之部》（北平，1935 年）；该书第 2 版题名：《中国类书目录初稿》（台北进学书局出版，1970 年）；第 3 版由台湾大立出版社出版（1982 年）；第 4、5 版由知识产权出版社出版（2007 年、2012 年）。第 6 版由国家图书馆出版社、大象出版社出版（2015 年）。

3. 《中国参考著作叙录》（*An Annotated Bibliography of Selected Chinese Reference Works*，*Peiping*），与毕乃德（Knight Biggerstaff）合著，燕京大学出版社出版（1936 年），第 2、3、4 版分别于 1950、1969、1971 年由哈佛大学出版社出版；韩文版书名为《中国参考图书解题》，韩国图书馆协会出版（1972 年），沈俊、刘俊镐译。

4. 《中国考试制度史》，南京国民政府考选委员会出版（1936 年）；第 2、3、4 版分别由台湾学生书局出版（1967 年、1977 年、1982 年）；第 5 版由上海书店出版社（1996 年）；第 6 版由国家图书馆出版社出版（2010 年）；第 7 版由吉林出版集团出版（2011 年）；第 8 版由上海书店出版社再版（2018 年）；第 9 版《中国考试制度史》导读，由上海科技文献出版社出版；第 10 版（增补版）由商务印书馆出版（2021 年），并被列入"中华现代学术名著丛书"系列；第 11 版（增补版）由华中师范大学出版（《邓嗣禹文集》第一卷，2023 年）。以上多个版本在美国哈佛大学、芝加哥大学等多所大学，日本国立国会图书馆、台湾"中央研究院"、新加坡南洋理工大学等均有收藏，曾畅销 70 多年不衰。

5. 《中文报刊归纳法》（*Newspaper Chinese by the Inductive Method*），与顾立雅（H. G. Creel）合著，芝加哥大学出版社出版（University of Chicago Press，1943 年）。

6. 《中文报刊归纳法翻译与选择练习册》（*Translations of Text Selections and Exercises in Newspaper Chinese by the Inductive Method*），与顾立雅合著，芝加哥大学出版社出版（1943 年）。

7. 《张喜和 1842 年〈南京条约〉》（博士论文，Chang His and the Treaty of Nanking，1842），芝加哥大学出版社出版（1944 年），加州大学出版社再版（1945 年），费正清作序言。中文节译本刊载于《国外中国年代史研究》，第 10 辑，中国社会科学出版社出版（1988 年）。修订增补版，中文全译本由山西人民出版社出版（2025 年）。

8. 《交际汉语及语法注解》（*Conversational Chinese with Grammatical Notes*），芝加哥大学出版社出版（1947 年），哈佛大学杨联陞作序言。该书在美国流行很广，第 10 版于 1977 年出版；第 11、12 版分别于 1980 年、1986 年出版。美国多所大学，中国台湾，以及新加坡等东南亚地区图书馆均有收藏。曾在世界各地畅销 40 多年不衰。

9. 《太平天国史新论》（*New Light on the History of the Taiping Rebellion*），哈佛大学出版社出版（Cambridge，Massachusetts，Harvard University Press，1950 年），1966 年由哈佛大学出版社再版。

10. 《清代行政机构：三种研究》（与费正清合著）（*Ch'ing Administration，Three Studies*），哈佛大学出版社出版（1960 年）；第 2 版由哈佛大学出版社出版（1968 年）；第 3 版由台北大立出版社出版（1974 年）。

11. 《中国对西方的反应：文献通考，1839—1923》（邓嗣禹、费正清著）（*China's Response to West：1839—1923*），哈佛大学出版社出版（1954

年）；第 2 至第 7 版分别于 1963 年、1971 年、1975 年、1979 年、1980 年、1982 年由哈佛大学出版社再版；曾长期作为哈佛大学、牛津大学历史系研究生教材，分别在美国与英国发行，1971 年起在加拿大发行，在世界各地畅销 30 多年不衰。

12. 《中国对西方的反应：研究指南》（邓嗣禹、费正清著）（*Research Guide China's Response to West：A Documentary Survey*：1839—1923），1954 年由哈佛大学出版社出版，1979 年再版。

13. 《中国近百年政治史》（编辑、翻译李剑农著作，作为研究生教学参考材料，由美国学生 Jeremy Ingalls 协助润色），译名为：*Political of China*，1840—1928，由美国 Nostrand 出版社出版（1956 年）。该书在印度新德里版于 1964 年问世；1967 年、1968 年由美国斯坦福大学出版社、Nostrand 出版社再版；2011 年 9、10 月，美国 Literary Licensing，LLC 出版社在两个月内，出版第 4 版并重印（封面注明由李剑农、邓嗣禹合著）；2013 年 10 月武汉大学出版社出版第 5 版，并被列入武汉大学"百年名典"丛书。

14. 《捻军及其游击战，1851—1868》（*The Nien Army and Their Guerrilla Warfare*，1851 – 1868. *Paris*，*Mouton*，1960），1960 年由法国 Mouton 出版社出版，1984 年由 Greenwood 出版社再版。

15. 《亚洲研究与国际大学》（*Asian Studies and State University*），印第安纳大学出版社出版（Bloomington，Indiana，Printing Office，1960 年）。中译本《美国对亚洲研究的启蒙》于 1962 年出版，冼丽环译。

16. 《日本学者对于日本及远东的研究：传略及著述》（*Japanese Studies on Japan and the Far East：A Short Bibliographical and Biographical Introduction*），香港大学出版社出版、牛津大学同时出版（1961 年），日文版于同年出版。

17. 《太平天国历史学》（*Historiography of the Taiping Rebellion*），哈佛大学出版社出版（1962 年）。该书为哈佛大学东亚研究中心 1961 年指定的课题项目，列入"哈佛东亚丛书系列"已出版著作的第 14 部，由费正清编写前言。第 2 版于 1972 年发行。2012 年再版（出版社不详，复旦大学图书馆网显示）。

18.《高级社交汉语》（*Advanced Conversational Chinese*），芝加哥大学出版社出版（1965 年）。该书到 1980 年已出版到第 8 版；1986 年又有再版。

19. **翻译、出版译著《颜氏家训》** （*Family Instructions for the Yen Clan*），在英国由 E. J. Brill 出版社出版 1966 年首版，1968 年、1969 年再版，邓嗣禹为该书作序言。

20.《对于中国危机的评论》（*Comments to China in crisis*），与何炳棣、邹谠合著，美国印第安纳大学出版社出版（1968 年）。

21.《太平天国与西方列强》 （*The Taiping Rebellion and the Western Power*），由牛津大学出版社出版（Oxford，Clarendon Press，1971 年）；第 2 版由台北艺文书馆出版（1978 年）。中文节译本刊载在《中外关系史译丛》第四辑，上海译文出版社出版，1988 年。

22.《孙中山和他的秘密集社》，美国内布拉斯加州立大学（Nebraska）出版社出版，1963 年。

23.《劝世良言与太平天国革命之关系》，分别由美国印第安纳大学出版社、台湾学生书局出版（1965 年）；台湾国风出版社再版（1969 年）。

24.《邓嗣禹和毕乃德在台湾出版的参考书目》，台北中国资料与研究中心，1970 年出版，美国、新加坡，以及中国台湾等多所大学均有收藏。

25.《重访中国：一位海外历史学家 1972 年的第一次旅行、1978 年的第二次旅行》 （*China Revisited by an Overseas Chinese Historian*：*The First Trip*，1972，*The Second Trip*，1978），美国图书馆研究协会，中国资料研究中心出版（The Ctr. Chinese Res. Material，Washington，1979 年），费正清作序言。

26.《邓嗣禹先生学术论文选集》，黄培、陶晋生编辑，台湾台北：食货月刊出版社出版（1980 年）。

27.《中国的异议与犯罪：秘密集社、民众起义、农民暴动书目》（*Protest and Crime in China*：*A Bibliography of Secret Associations*，*Popular Up-risings*，*Peasant Rebellions*），英国 Garland 出版社出版（New York，Garland Publishing，Inc.，1981 年）。

28.《中国考试制度西传考》（单行本），王汉中译，中央文物供应社出版（1953 年）。该书内容由李明欢、黄鸣奋再次译成中文版本，上海译文出版社出版（1988 年）。《中国科举制度在西方的影响》，中外关系译丛（第 4 辑）。这篇论文先后被收录在《邓嗣禹先生学术论文选集》（黄培、陶晋生合编，台北食货出版社出版，1980 年）；《二十世纪科举研究论文选编》（陈文新主编，刘海峰编，武汉大学出版社出版，2009 年）。吉林出版集团出版《中国考试制度史》，将此文作为附录，2011 年。

29.《家国万里：邓嗣禹的学术与人生》，邓嗣禹、彭靖著，上海人民出版社出版，2014 年。2015 年 2 月被国内 44 位专家、学者评选为"2014年不应错过的 108 本好书"。目前美国国会图书馆、哈佛大学、芝加哥大学、加州伯克利大学、斯坦福大学、台湾"中央研究院"、北京国家图书馆均有收藏。

30.《家国万里：中国历史的海外观察》，邓嗣禹著，彭靖编，北京师范大学出版社出版，2016 年。目前美国国会图书馆、哈佛大学、芝加哥大学、加州伯克力大学、斯坦福大学、台湾"中央研究院"、北京国家图书馆均有收藏。

31. 邓嗣禹：长篇论文《王安石改革运动新论》（英文版），收录在《刘子健博士颂寿纪念宋史研究论集》，第 545—566 页，日本同朋舍株式会社出版，1989 年。由杨联陞题写书名，邓广铭撰写前言。

附件三 以邓嗣禹先生为主要研究与纪念文章

一、研究、评论与纪念文章类

恒慕义（A. W. Hummel）：《邓嗣禹的〈中国考试制度史〉》，载美国《图书馆通讯》杂志，1938 年，第 221—224 页。中译文载《中国考试》2014 年第 6 期收录在邓嗣禹《中国考试制度史》补编，北京：商务印书馆，2021 年。

费正清（J. K. Fairbank）：《讣告：邓嗣禹，1906—1988》，载美国《亚洲研究期刊》1988 年 4 月，第 723 页。"Obituary：S. Y. Teng（1906 - 88）"，*The Journal of Asian Studies*，Vol. 47 No. 3（Aug.，1988），p. 723.

黄培：《追思邓嗣禹教授》，载台湾《传记文学》1988 年第 53 卷第 1 期。

黄培：《旅美学人邓嗣禹在学术上的贡献》，载《近代中国史研究通讯》1988 年第 6 期。

柳无忌：《关于一所美国大学中文图书馆的建立：向邓嗣禹教授致敬》，*Chinese American Forum*，Vol. 4，No. 4，Apr.，1989。

李学博（Thomas H. Lee）：《邓嗣禹，1906—1988》，*CEAL Bulletin*，No. 84，1988。

李学博（Thomas H. Lee）：《美国印第安纳大学中文藏书的发现——

兼述邓嗣禹和柳无忌教授的贡献》，载台湾《传记文学》2013 年第 103 卷第 3 期。

唐特凡：《一位历史学博士的追求——记邓嗣禹先生的一生》，载《常宁文史资料》1989 年第 5 辑。

王伊同：《邓嗣禹先生学述》，载《燕京学报》新四期，北京大学出版社，1998 年。

章开沅：《学术争辩更需要理性与包容——从 60 年前贝德士与邓嗣禹的争辩说起》，载《学术界》2012 年第 6 期。

彭靖：《邓嗣禹的科举制度研究以及对当代社会的意义》，载刘海峰、朱华山主编《科举学的拓展与深化：2012 年第九届科举学国际研讨会论文集》，华中师范大学出版社，2013 年 12 月。

博文：《亦师亦友：邓嗣禹与费正清的学术因缘》，载《联合时报》2014 年 3 月 24 日。

毛志辉：《"默默无闻"的美国汉学先驱邓嗣禹》，载《中华读书报》2014 年 8 月 13 日，第 20 版。

知久宇生：《不为人知的大家：谁是邓嗣禹？》，载《世界博览》2014 年第 21 期，第 84—85 页。

蒋昭芒：《邓嗣禹：开拓汉学研究新领域》，载《衡阳日报》"文化周刊"栏目，2018 年 1 月 21 日。

郁梓：《"中国第五大发明"：邓嗣禹〈中国考试制度史〉荐读》，载《语文学习》2019 年第 4 期。

费正清：《邓嗣禹〈张喜与和 1842 年南京条约〉前言》，Ssu‐yu Teng：*Chang Hsi and Treaty of Nanking* 1842，*Preface*。中译文载《尘封的历史：邓嗣禹和他的师友们》附录，中国财富出版社，2020 年。

彭靖：《邓嗣禹〈颜氏家训〉英译研究与传播的意义》，载《国际汉学》2020 年第 4 期。

彭靖：《〈颜氏家训〉最早英译本与海外传播》，载《中华读书报》

2017 年 11 月 15 日，第 14 版。

彭靖：《〈颜氏家训〉英译本传播及其影响》，载《中国社会科学报》2021 年 1 月 25 日，第 7 版"域外"栏目。

彭靖：《邓嗣禹〈中国考试制度对西方的影响〉修订研究》，载《教育与考试》2021 年第 3 期。

彭靖：《中国〈颜氏家训〉海外传播简史》，载《书屋》2023 年第 8 期。

彭靖：《邓嗣禹〈中国考试制度史〉俄文版序》，载《书屋》2024 年第 4 期。

余燕：《中国文化与学术"走出去"的先驱者"邓嗣禹"研究述评》，载《名作欣赏》2023 年第 10 期。

赵赛：《生态翻译学视角下〈颜氏家训〉文化负载词的英译研究——以邓嗣禹译本为例》，载《文化创新比较研究》2024 年 9 月第 26 期。

二、硕士论文类

丁周茹：《〈颜氏家训〉两个英译本的对比研究》，福建师范大学硕士论文，2014 年 6 月。

贾诚：《〈颜氏家训〉邓嗣禹与宗福常英译本比较研究》，陕西师范大学硕士论文，2020 年 6 月。

王玉：《接受美学视角下〈颜氏家训〉两种英译本的比较研究》，武汉理工大学硕士论文，2021 年 5 月。

吴新涛：《华裔学者视域下的太平天国运动——以邓嗣禹为个案研究》，华东师范大学马列主义学院硕士论文，2022 年 5 月。

王颖：《深度翻译视角下〈颜氏家训〉邓嗣禹英译本研究》，西南科技大学硕士论文，2023 年 5 月。

刘文娟：《阐释学翻译理论视角下〈颜氏家训〉英译研究》，中北大学硕士论文，2023 年 6 月。

李霞：《副文本视角下〈颜氏家训〉两英译本深度翻译比较研究》，广西民族大学硕士论文，2023 年 6 月。

管昊然：《顺应论视角下〈颜氏家训〉英译研究——以邓嗣禹和田晓菲译本为例》，西南科技大学硕士论文，2024 年 6 月。

附录四　邓嗣禹书评文章刊载文献

1. 发表中文书评《中国印刷术之发明及其西传》，载《图书评论》1934 年 7 月第 2 卷第 11 期，第 35—36 页。本文是对托马斯·弗朗西斯·卡特（Thomas Francis Carter）《中国印刷术之发明及其西传》一书的评论。

2. 发表书评《中国前汉的奴隶制》，载《远东季刊》（*The Far Eastern Quarterly*）1943 年 8 月第 2 卷第 3 期，第 408—410 页。这是对韦慕庭（Martin Wilbur）所著《汉代奴隶制》一书的评论。

3. 发表书评《评富路德的〈中华民族简史〉》，载《宗教杂志》（*The Journal of Religion*），1944 年 10 月第 24 卷第 4 期，第 294 页。中译文载《中华民族简史》中译本，第 393—394 页，吴原元译，西北大学出版社，2017 年。

4. 发表对饶大卫（David Nelson Rowe）所著《中国的实力》书评文章，载《现代历史期刊》（*The Journal of Modern History*）1945 年 3 月第 17 卷第 176 – 177 页。

5. 发表对王际真（Wang chi – chen）所著《传统中国人的阅读材料》《现代中国人的阅读材料》两本书的书评，载《远东季刊》1945 年 5 月第 4 卷第 3 期，第 296—297 页。

6. 发表对陆象山（Lu Hsiang – shan）所著《21 世纪中国的哲学家》一书的评论，载《宗教季刊》（*The Journal of Religion*），1945 年 6 月第 25 卷第 3 期，第 231 页。

7. 发表新书评介《太平天国史事日志》，载《世界日报》1947 年 4 月

19 日，第 7 版。

8. 发表对莫里斯·科林斯（Maurice Collins）所著《外国人的流言蜚语》（纽约：Alfred Knopf 出版社，1947 年）一书的书评，载《远东季刊》1948 年 8 月第 7 卷第 4 期，第 435—439 页。

9. 发表对江文汉（Wen‐han Kiang）所著《中国的学生运动》一书的评论，载《太平洋历史评论》（*Pacific Historical Review*）1948 年 11 月第 17 卷第 4 期，第 497—498 页。

10. 发表对李剑农《中国近百年来政治史》一书的评论（2 卷本，1947 年上海商务印书馆出版，1948 年第二版），载《远东季刊》1950 年 5 月第 9 卷第 3 期，第 352—353 页。

11. 发表对侯外庐（Hou Wai‐lu）《中国古代社会史》一书的评论，载《太平洋事务》1950 年 9 月第 23 卷第 3 期，第 329—330 页。

12. 发表对伯尔尼哈瑞·卡瑞果仁（Bernhard Karlgren）所著《汉语：杂文和它的自然与历史属性》一书的书评，载《远东季刊》1951 年 2 月第 10 卷第 2 期，第 205—207 页。

13. 发表对汤姆森（Thoms H. D. Mahoney）等人所著《中国、日本及其权力》一书评论，载《远东观察》（*Far Eastern Survey*）第 21 卷第 9 期，第 6 页，1952 年 6 月。

14. 发表对华康（Hua Kang）所著《太平天国革命战争史》（香港：海沿书亭出版社，1949 年）一书的书评，载《远东季刊》1953 年 5 月第 12 卷第 3 期，第 318—323 页。

15. 发表对柯睿格（E. A. Kracke）所著《宋代初期的文官制度，960—1067》，载《美国东方学会季刊》（*Journal of the American Oriental Society*），1953 年 10—12 月第 73 卷第 4 期。

16. 发表对简欧·巴拉迪（Joseph W. Ballantine）所著《福摩萨（台湾）：美国外交政策问题》一书的书评，载《远东季刊》1953 年 11 月第 13 卷第 1 期，第 76—77 页。

17. 发表对波西（C. R. Boxer）所著《十六世纪的中国南方》一书的书评，载《美国历史评论》1954 年 10 月第 60 卷第 1 期，第 190 页。

18. 发表对春歌等人汇编《捻军起义和 1898 年的改革运动》一书的评论，载《远东季刊》第 14 卷第 1 期，第 106—107 页，1954 年 11 月。

19. 发表对蒋祥哲（Chiang Siang – tseh）所著《捻军起义》一书的书评，载《远东季刊》1955 年 5 月号第 14 卷第 3 期，第 412—413 页。

20. 发表对玛锐亚·岩（Maria Yan）等人所著《伞形花园：在红色中国学生生活的图景》一书的书评，载《远东季刊》第 14 卷第 3 期，第 413 页，1955 年 5 月号。

21. 发表对博纳尼尔·史密斯（D. Bonner – Smith）等人所著《第二次世界大战》一书的书评，载《美国历史评论》1955 年度 10 月号第 61 卷第 1 期，第 200 页。

22. 发表对范文澜（Fan Wen – lan）等人所著《捻军》一书的书评，载《亚洲研究期刊》（*The Association for Asian Studies*）1957 年 11 月第 17 卷第 1 期，第 76 – 80 页。

23. 发表对于韦慕庭（Martin Wilbur）所著《关于共产主义、民族主义和苏联人》评论，载《远东观察》（*Far Eastern Survey*）1958 年 2 月第 27 卷第 2 期，第 31 页。

24. 发表对侯服五（Franklin W. Houn）所著《中国的中央政府，1912—1928：制度研究》评论，载《远东观察》1958 年 3 月第 27 卷第 3 期，第 45 页。

25. 发表对施坚雅（G. William Skinner）所著《在泰国的华人协会：一种历史分析》一书的评论，载《美国历史评论》1958 年 4 月号第 63 卷第 3 期，第 686—687 页。

26. 发表对施坚雅（G. William Skinner）所著《泰国华人协会的领导力》一书的评论，载《美国历史评论》1959 年 1 月第 64 卷第 2 期，第 451—452 页。

27. 发表对怀特·威兰（Walter F. Valla）所著《在罗马三世统制下的泰国，1824—1851》一书的评论，载《美国历史评论》1959 年 7 月号第 64 卷第 4 期，第 1010 页。

28. 发表对汤姆森（Laurence G. Thompson）所著《康有为的一元世界》一书的评论，载《太平洋事务》（*Pacific Affairs*）1959 年 12 月第 32 卷第 4 期，第 425—427 页。

29. 评列文森（Joseph R. Lewenson）所著《儒教中国及其现代命运》，载《远东季刊》1959 年 12 月第 28 卷第 12 期，第 189—190 页。

30. 发表对利斯（Helmut G. Callis）所著《中国：儒家和共产主义者》一书的评论，载《美国历史评论》1960 年 1 月第 65 卷第 2 期，第 384—385 页。

31. 发表对于倪德卫（David S. Nivison）所著《回顾儒家思想在行动中的作用》一书的评论，载《远东观察》第 29 卷第 2 期，第 60 页，1960 年 1 月。

32. 发表对于梁启超著，徐中约（Immanuel C. Y. Hsu）译《清代学术史概论》一书的评论，载《现代历史期刊》（*The Journal of Modern History*）第 32 卷第 1 期，第 60 页，1960 年 3 月。

33. 发表对彼得·弗莱明（Peter Fleming）所著《北京的围城》一书的书评，载《美国历史评论》1960 年 10 月第 66 卷第 1 期，第 225 页。

34. 发表对徐中约所著《中国进入国际社会，1858—1880》一书的评论，载《亚洲研究期刊》第 20 卷第 1 期，第 97—98 页，1960 年 11 月。

35. 发表对李同山（Li Tung – shan）所著《关于捻军起义的民间歌谣》一书的评论，载《亚洲研究期刊》第 20 卷第 3 期，第 375—376 页，1961 年 5 月。

36. 发表对费维恺等人（Albert Feuerwerker and S. Cheng）所著《马克思主义者的中国近代史论著选目》一书的书评，载《亚洲研究期刊》1962 年 5 月第 21 卷第 3 期，第 378—379 页。

37. 发表对华兹生（Burton Watson）所著《中国重大历史事件记载》一书的评论，载《美国历史评论》1962 年 7 月第 67 卷第 4 期，第 1115—1116 页。

38. 发表对陈志让所著《袁世凯传，1859—1916》一书的评论，载《东南亚历史》1963 年 9 月第 4 卷第 2 期，第 203—205 页。

39. 发表对简·罗敏（Jan Romein）所著《亚洲世纪：现代亚洲民族主义史》一书的评论，载《斯拉夫与东欧期刊》（*The Slavic and East European Journal*）1963 年冬季第 7 卷第 4 期，第 446 页。

40. 发表对邹谠（Tang Tsou）所著《美国在中国的失败，1941—1950》（芝加哥大学出版社，1963 年）一书的评论，载《美国历史评论》1964 年 1 月第 69 卷第 2 期，第 414—416 页。

41. 发表对张馨保（Chang Hsin – pao）所著《林总督和鸦片战争》（哈佛大学出版社，1964 年）一书的评论，载《美国历史评论》1965 年 7 月第 70 卷第 4 期，第 1217—1218 页。

42. 发表对汪一驹（Y. C. Wang）所著《中国知识分子与西方》一书的评论，载《美国历史评论》1966 年 12 月第 53 卷第 3 期，第 625—626 页。

43. 发表对佛莱兹·米查尔（Franz Michael）《太平天国：历史与公文》一书的评论，载《亚洲历史研究》1967 年第 1 期，第 93—95 页。

44. 发表对克莱默斯·约翰逊（Chalmers Johnson）所著《中国共产主义领导及对群众的影响》一书的评论，载何炳棣、邹谠所著《中国的传统和共产主义政治体制》一书（1968 年）。

45. 发表对施友忠（Vincent Y. C. Shih）所著《太平天国思想史：来源、解释及影响》一书的评论，载《亚洲研究期刊》第 27 卷第 4 期，第 874—876 页，1968 年 8 月；后又发表于《政治科学季刊》1969 年 12 月第 84 卷第 4 期，第 648—650 页。

46. 发表对霍克曼（Frederick Wakeman）所著《大门口的陌生人》一

书的评论，载《政治社会季刊》（*Political Science Quarterly*）1968 年 12 月第 83 卷第 4 期，第 658—660 页。

47. 发表对德克·卜德（Derk Bodde）等人所著《中国皇帝制的法律》一书的评价，载《亚洲历史期刊》1969 年第 3 期，第 166—168 页。

48. 发表对史扶林（Harold Z. Schiffrin）所著《孙中山和中国革命的起源》一书的评论，载《美国东方学会杂志》，1970 年 10—12 月第 90 卷第 4 期，第 624—625 页。

49. 发表对吴元理（Wu Yuan－li）所著《中国手册》一书的评论，载《亚洲历史期刊》第 8 期，第 182—184 页，1974 年。

50. 发表对约翰·林德拜克（John M. H. Lindbeck）所著《中国：革命社会的管理》一书的评价，载《亚洲历史期刊》1975 年 8 月第 8 期，第 77—78 页。

51. 发表对爱德华·弗里德曼所著《后退到革命：中华革命党》一书的评论，载《研究与政策》（*Research and Policy*）1975 年 9 月第 421 卷，第 159—160 页。

52. 发表对吴相湘（Wu Hsiang－hsiang）所著《第二次中日战争》一书的评论，载《亚洲研究期刊》1975 年 5 月第 34 卷第 3 期，第 828—829 页。

53. 发表对吴相湘所著《孙中山先生传记》第 2 卷一书的评论，载《清华学报——中国研究》1983 年第 15 卷第 1—2 期，第 173—176 页。

54. 发表对姚明乐（Yao Ming－Le）所著《林彪的阴谋与灭亡》一书的评论，载《美国历史评论》1984 年 4 月第 89 卷第 2 期，第 500—501 页。

55. 发表对伊罗生（Harold R. Isaacs）所著《遭遇中国：一个时代的旅行》一书的评论，载《研究与政策》（*Research and Policy*）第 484 卷，第 166—167 页，1986 年 3 月。

56. 发表对贺凯（Charles O. Hucker）所著《中国古代官名辞典》一书

的评论，载《美国历史评论》1986 年 4 月第 91 卷第 2 期，第 445—446 页。

57. 发表对姜秉正（Chang Ping‑cheng）所著《研究太平天国史著述综目》一书的评论，载《亚洲研究期刊》第 46 卷第 1 期，第 113—114 页，1987 年 2 月。中译文载《西北大学学报（哲学社会科学版）》，1990 年第 1 期，第 50 页，译者：程江泽。

58. 发表对麦克尼尔《中华民国志》一书的评论，载《大公报》（天津版）1947 年 1 月 25 日。

附录五 译名对照表

B

Buddha 佛陀

Bronze inscriptions 青铜铭文

C

Chan Kuo 战国

Ch'an sect 禅宗

Ch'ien – Iung 乾隆

Ch'ing dynasty 清朝

Chou li 周礼

Chu His 朱熹

Chu Ti 朱棣

Chu Yuan – chang 朱元璋

Chao K'uang – yin 赵匡胤

Chiang Kai – shek 蒋介石

Chuang – tzu 庄子

Ch'u Yuan 屈原

Confucianism 儒教

Confucius 孔子

Confucian Analects《论语》

Ch'i Ssu – ho 崔世浩

Ch'en Hung – shun 陈鸿舜

Chao wan – li 赵万里

Ch'u Tung – tsu 瞿同祖

Ch'en yuan 陈垣

Cheng Tien – ting 郑天挺

Cheng P'an – ch'ao 郑板桥

Chou P'ei – yuan 周培源

Chou Yi – liang 周一良

Critique of the Gotha Programme 《哥达纲领批判》

Cheng Te – k'un 郑德坤

Chang Shih – chao 章士钊

Communist Manifesto 《共产党宣言》

Chen Chin – han 陈振汉

Chang Han – fu 章汉夫

Chih – shih 进士

D

Das Kapital 《资本论》

F

Family Sayings of Confucius 《孔子家语》

Fa Yuan Ssii 法源寺

Filial Piety，Book of 《孝经》

Fei Hsiao – tung 费孝通

Fatalism 宿命论

H

Han，northern 北汉

Han history 《汉书》

Han Kao – tsu 汉高祖

Han Yu 韩愈

Han – Iin 翰林

His yu chi《西游记》

Hung lou meng《红楼梦》

Hsiung – nu 匈奴

Hsuan – tsung 玄宗

Hsu Kuang – ch'I 徐光启

Hsiian – tsung 玄宗

Hu Shih 胡适

Huang Ch'ao 黄巢

Huang Tsung – his 黄宗羲

Huang – ti 黄帝

Hsieh Ping – hsin 谢冰心

Hsieh Hsin – yao 谢心尧

Hexagonal Pagoda 六和塔

Hsu Ta – k'ai 徐达开

Han Ju – lin 韩儒林

Hsiao – hsing wine 小鸟葡萄酒

Hai Jui Dismissed from Office《海瑞罢官》

J

James William Fullbright 富布赖特

Ju lin wai shih《儒林外史》

"July 21" Worker College "七二一"工人学校

John Dewey 杜威

K

Kinsai 天城（杭州）

Kuomintang，KMT 国民党

Ku Yen – wu 顾炎武

K'ang – hsi 康熙

K'ang Yu – wei 康有为

Ku Ting – lung 顾廷龙

Ku chien – Kang 顾颉刚

Kuo – tuz – chien 国子监

Kuan Han – ch'ing 关汉卿

Kung Pu – sheng 龚普生

L

Lo Erh – Kang 罗尔刚

Lu Hsun 鲁迅

Li shih – yu 李世愉

Liu Shao – ch'i 刘少奇

Lao – tzu 老子

Li Po 李白

Lenin 列宁

Liu Ta – nien 刘大年

Li Ch'ing – chao 李清照

Li Shih – chen 李时珍

Li Shih – min 李世民

Li Tzu – ch'eng 李自成

Lo Kuan – chung 罗贯中

Liao chai chih i《聊斋志异》

Lucius Chapin Porter 博晨光

M

Marco Polo 马可·波罗

Mao Tse – tung 毛泽东

Ming shih Kao《明史稿》

Marx 马克思

N、O

Nixon 尼克松

Nieh Yuan – tse 聂元梓

Nurchachi 努尔哈赤

Nien – fei 捻匪

Oracle 甲骨文

P、R

Pai shou – I 白寿彝

Pan Chao 班昭

Pan Ku 班固

Po Chu – I 白居易

P'u Sung – Iing 蒲松龄

Ralph Sailer 夏仁德

S

Sha chia pang《沙家浜》

San kuo chih yen i《三国演义》

San tzu ching《三字经》

Shih chi《史记》

Shui hu chuan《水浒传》

Ssu – ma Ch'ien 司马迁

Ssu – ma Kuang 司马光

Su Shih 苏轼

Sun Yat – sen 孙逸仙

Shih – huang – ti 始皇帝

Shih Nai – an 施耐庵

Worry – free Lake 莫愁湖

Wang Sheng – tsu 王绳祖

Wu Han 吴晗

Wang yeh – ch'iu 王冶秋

Wang Kuo – ch'uan 王国权

Wang Ching – wei 汪精卫

Wang An – shih 王安石

Wang Fu – chih 王夫之

Wang His – chih 王羲之

Wu Cheng – en 吴承恩

Wu Ching – tzu 吴敬梓

Y

Yen Shih – ku 颜师古

Yen Yiian 颜元

Yuan Shih – k'ai 袁世凯

Yung – cheng 雍正

Yung – Io ta – tien《永乐大典》

主要参考文献

图书类

费正清：《费正清中国回忆录》，北京：中信出版社，2013 年。

邓鹏：《费正清评传》，成都：天地出版社，1997 年。

赵新那、黄培云编：《赵元任年谱》，北京：商务印书馆，2001 年。

苏金智：《赵元任传》，南京：江苏文艺出版社，2012 年。

苏金智：《赵元任学术思想评传》，北京：北京图书馆出版社，1999 年。

顾颉刚：《顾颉刚日记》，卷二、卷三，北京：中华书局，2011 年。

顾颉刚：《顾颉刚年谱》，北京：中华书局，2011 年。

邓之诚著，邓瑞整理：《邓之诚日记》，北京：北京图书馆出版社，2007 年。

邓之诚著，邓瑞整理：《邓之诚文史札记》，南京：凤凰出版社，2012 年。

耿云志：《胡适年谱 1891—1962》，福州：福建教育出版社，2012 年。

季羡林：《胡适全集》，合肥：安徽教育出版社，2007 年。

曹伯言：《胡适日记全编》，合肥：安徽教育出版社，2001 年。

中国社会科学院近代史研究所中华民国史组编：《胡适来往书信选》，北京：中华书局，1979 年。

北京大学信息学院、台北胡适纪念馆：《胡适王重民先生往来书信集》，北京：北京图书馆出版社，2009 年。

杨联陞著，蒋力编：《莲生书简》，北京：商务印书馆，2017 年。

程焕文：《裘开明年谱》，桂林：广西师范大学出版社，2008 年。

沈津：《顾廷龙年谱》，上海：上海古籍出版社，2004 年。

黄培、陶晋生：《邓嗣禹先生学术论文选集》，台北：台湾食货出版社，1980 年。

邓嗣禹、彭靖：《家国万里：邓嗣禹的学术与人生》，上海：上海人民出版社，2014 年。

彭丽、彭靖：《一代英才邓嗣禹》，哈尔滨：哈尔滨出版社，2015 年。

邓嗣禹著，彭靖编：《家国万里：中国历史的海外观察》，北京：北京师范大学出版社，2016 年。

彭靖：《尘封的历史：邓嗣禹和他的师友们》，旧金山：美国壹嘉出版社，2018 年。

彭靖：《尘封的历史：邓嗣禹和他的师友们》（简体增补版），北京：中国财富出版社，2020 年。

邓嗣禹著，彭靖编：《中国考试制度史》，北京：商务印书馆，2021 年。

邓嗣禹：《重访中国：一位海外历史学家对于中国的考察》英文版，美国中国研究协会，1979 年。

刘海峰编：《二十世纪科举研究论文选集》，武汉：武汉大学出版社，2008 年。

刘海峰：《中国科举文化》，沈阳：辽宁教育出版社，2012 年。

刘海峰、朱华山主编：《科举学的拓展与深化》，武汉：华中师范大学出版社，2013 年。

吴原元：《走进他者的汉学世界》，上海：上海人民出版社，2016 年。

吴原元：《客居美国的民国史家与美国汉学》，北京：学苑出版社，2018 年。

王学珍、郭建荣主编：《北京大学史料》第四卷（1946—1948），北京：北京大学出版社，2000 年。

吴晗著，常君实编：《吴晗全集》第十卷，北京：中国人民大学出版社，2009 年。

　　袁同礼：《袁同礼文集》，北京：国家图书馆出版社，2010 年。

　　邓小南编：《中国文化书院九秩导师文集：邓广铭卷》，北京：东方出版社，2013 年。

　　徐拥军：《吴宝康学术年谱》，北京：中国人民大学出版社，2018 年。

　　刘波：《赵万里先生年谱长编》，北京：中华书局，2018 年。

　　王蕾：《图书馆、出版与教育：哈佛燕京学社在华中国研究，1928—1951》，桂林：广西师范大学出版社，2018 年。

　　吴相湘：《三生有幸》，台北：东大图书公司，1985 年。

　　钱存训：《留美杂忆：六十年来美国生活的回顾》，合肥：黄山书社，2008 年。

　　钱存训著，潘铭燊主编：《回顾集：钱存训世纪文选》，桂林：广西师范大学出版社，2012 年。

　　周欣平主编：《东学西渐：北美东亚图书馆，1868—2008》，北京：高等教育出版社，2012 年。

　　葛剑雄编：《谭其骧日记》（珍藏版），广州：广东人民出版社，2013 年。

　　葛剑雄主编：《谭其骧全集》第二卷，北京：人民出版社，2015 年。

　　夏鼐：《夏鼐日记》卷八（1976—1980），上海：华东师范大学出版社，2011 年。

　　夏鼐：《夏鼐日记》卷九（1981—1985），上海：华东师范大学出版社，2011 年。

　　雷强：《袁同礼年谱长编》，北京：中华书局，2024 年。

文章类

　　恒慕义（A. W. Hummel）：《邓嗣禹的〈中国考试制度史〉》，载美国《图书馆通讯》杂志，1938 年，第 221—224 页。中译文载《中国考试制度史》补编，商务印书馆，2021 年。

费正清（J. K. Fairbank）：《讣告：邓嗣禹，1906—1988》，载美国《亚洲研究期刊》，1988 年 4 月，"Obituary：S. Y. Teng（1906—88）"，*The Journal of Asian Studies*，Vol. 47 No. 3（Aug.，1988），p. 723.

费正清：邓嗣禹《张喜与 1842 年〈南京条约〉》前言，Ssu - yu Teng：*Chang Hsi and Treaty of Nanking* 1842，Preface。中译文载《尘封的历史：邓嗣禹和他的师友们》附录，中国财富出版社，2020 年。

柳无忌：《关于一所美国大学中文图书馆的建立：向邓嗣禹教授致敬》，*Chinese American Forum*，Vol. 4，No. 4，Apr.，1989。

李学博（Thomas H. Lee）：《邓嗣禹，1906—1988》，*CEAL Bulletin*，No. 84，1988。

李学博（Thomas H. Lee）：《美国印第安纳大学中文藏书的发现——兼述邓嗣禹和柳无忌教授的贡献》，载台湾《传记文学》第 103 卷第 3 期，2013 年。

唐特凡：《一位历史学博士的追求——记邓嗣禹先生的一生》，载《常宁文史资料》第五辑，1989 年。

王伊同：《邓嗣禹先生学述》，载《燕京学报》新四期，北京大学出版社，1998 年。

黄培：《旅美学人邓嗣禹在学术上的贡献》，载《中国近代史研究通讯》1988 年第 6 期。

黄培：《追思邓嗣禹教授》，载台湾《传记文学》第 53 卷第 1 期，1989 年 1 月。

黄培、陶晋生：《邓嗣禹教授简历及著作年表》，载《邓嗣禹先生学术论文选集》，台湾食货月刊出版社，1980 年版。

邓嗣禹：《去国记：七七战起自平津绕道日本赴美日记》，载台湾《传记文学》分三期连载：第 3 卷第 4 期（1963 年 10 月），第 3 卷第 5 期（1963 年 11 月），第 4 卷第 1 期（1964 年 1 月）。

邓嗣禹：《北大舌耕回忆录》，载台湾《传记文学》第 46 卷第 1 期，1985 年 1 月。

邓嗣禹：《中国科举制度与西方》，载 In China（1946 年）第 30 章，H. F. MacNair 编著，加利福尼亚大学出版社。中译文载《中国考试》2014 年第 6 期。

陈润成：《邓嗣禹与战后美国汉学的发展》，载《华美族研究集刊》2004 年第 7 期。

元青：《民国时期留美生的中国历史研究与美国汉学——以博士论文为中心的考察》，载《广东社会科学》2015 年第 6 期。

彭靖：《邓嗣禹〈颜氏家训〉英译研究与传播意义》，载《国际汉学》2020 年第 4 期。

彭靖：《〈颜氏家训〉英译本传播及其影响》，载《中国社会科学报》2021 年 1 月 25 日 "域外" 版面。

彭靖：《邓嗣禹〈中国考试制度对西方的影响〉修订研究》，载《教育与考试》2021 年第 2 期。

彭靖：《汉学家邓嗣禹作品在日韩的译介与传播》，载《中华读书报》2021 年 3 月 3 日第 14 版。

彭靖：《邓嗣禹与赵元任的学术交往》，载《中国社会科学报》2021 年 5 月 12 日 "学林" 版。

彭靖：《邓嗣禹的科举制度研究以及对当代社会的意义》，载刘海峰、朱华山主编：《科举学的拓展与深化：2012 年第九届科举学国际研讨会论文集》，华中师范大学出版社，2013 年 12 月。

博文：《亦师亦友：邓嗣禹与费正清的学术因缘》，载《联合时报》2014 年 3 月 24 日。

毛志辉：《"默默无闻" 的美国汉学先驱邓嗣禹》，载《中华读书报》2014 年 8 月 13 日第 20 版。

知久宇生：《不为人知的大家：谁是邓嗣禹？》，载《世界博览》2014

年第 21 期。

蒋昭芒:《邓嗣禹:开拓汉学研究新领域》,载《衡阳日报》"文化周刊"栏目,2018 年 1 月 21 日。

郁梓:《"中国第五大发明":邓嗣禹〈中国考试制度史〉荐读》,载《语文学习》2019 年第 4 期。

译后与撰后记

2025 年 7 月 25 日是邓嗣禹先生诞辰 120 周年，此时《邓嗣禹回忆录》与《邓嗣禹学术年谱》的出版，是对于他最好的纪念方式。

我翻译《邓嗣禹回忆录》这本书的起因，是在 2015 年看到上海师范大学历史系教授、博士生导师虞云国在为《家国万里》一书的评语。在这篇"2014 年好书"评语中，他特别提到邓嗣禹的这部游记，并希望尽快翻译出版中文版。于是，我就开始在芝加哥大学东亚图书馆的网页上查找，并与周原馆长取得了联系。由于图书馆管理制度的限制，当时他仅为我提供 10 页，有关这本书的目录、费正清序言和前言等内容。

芝加哥大学是美国最负盛名的私立大学之一，也是外祖父邓嗣禹曾经在此工作过八年的大学，他曾长期担任东方研究院院长、兼东亚图书馆馆长。2017 年 4 月，应周原馆长的邀请，我终于来到这所期待已久的学校。在周原馆长的陪同下，漫步在芝大的校园内，参观校园内的风景与东亚图书现代化的设备，阅读与查阅馆内的藏书，使我感慨良多。此次，周原馆长不仅为我复印、制作全书的 PDF 文档，他还为我出版，并收藏在芝大图书馆中的三本书，撰写过一篇热情洋溢的评价短文，着重介绍了美国图书馆收藏这类研究书籍的价值。

自从 1891 年创建以来，芝加哥大学在许多领域都做出了杰出的贡献，学术实力雄厚。其中，人类学、地球科学、经济学、地理学、历史学、语言学、统计学、社会学等学科专业，均在美国大学的相应领域排行榜中长期位居前十名，为美国和全世界培养了大批优秀人才。

迄今为止，《邓嗣禹回忆录》是他出版的，并经过编者补充的唯一一部回忆录。作者以其亲身经历和大量研究史料为基础，以幽默的语言，满怀深情地回忆了他曾五次重访中国的经历，充分体现了他对于祖国的深深眷念之情。

本书的总体结构与框架，我借鉴了《费正清中国回忆录》的模式，书中的五个主要章节，包括 1946—1947 年在北大任教期间，他与胡适校长及北大众多学者的交往；1972 年 2 月《中美联合公报》发表后的四个月，他作为第一批美籍华人学者，重访中国的所见所闻；1978 年他第三次重访中国，与晚年的顾颉刚、谢冰心、谭其骧、顾廷龙、郑天挺等著名学者的交往；1985 年林则徐诞辰 200 周年期间，他作为被邀请的五位海外著名学者，第四次回国参加全国政协活动期间的内幕与花絮。当年 10 月 30 日，在《人民日报》第二版曾经做过专题报道，邓嗣禹名列海外学者被邀请人员首位。

第五章内容，则为编者依据邓嗣禹家书，以及母亲邓同兰年谱中的内容，增补他在 1956 年访问香港、澳门期间的所见所闻和内幕花絮。回忆录书中的许多事件与记叙内容，都可以为研究中国历史、名人传记写作的学者，从事海外中国学研究的博士、硕士生们提供第一手可借鉴的史料。

《邓嗣禹学术年谱》是在研究文集、人物传记、随笔文集、译著和《邓嗣禹文集》出版之后又一项重要的研究成果。这部年谱，较为全面地梳理与总结了邓嗣禹先生 83 年的人生经历，以及国内外学者在此方面的最新研究成果，以期为国内外从事相关研究的学者提供参考与借鉴。

自从 2012 年发表第一篇研究文章，到 2014 年出版第一本研究专著，我对于邓嗣禹先生的研究，至今已经有 12 年的时间。出版或即将出版有相关专题文集、书信集和博士论文译著等方面的六本书。但是，学术年谱是我费时最长、着力最多的一本。从 2014 年 3 月，在上海人民出版社出版《邓嗣禹的学术与人生》一书时，我就开始收集、写作年谱简编，并作为附录出版。当时邓嗣禹的博士生，黄培教授编写的"邓嗣禹教授简历及著作年表"是主要的参考资料。很可惜的是，作为博士研究生，黄培仅对导师的教学经历与著作比较了解，而对于邓嗣禹人生经历知晓有限。

本年谱不仅按时间顺序，以条目形式编录邓嗣禹先生的生活和工作经历、教育和学术成果，而且摘录每一时期，国内外学者对先生的教育成就、学术思想的研究与评价，以便于相关研究学者了解最新的研究动态。在编录先生的论著时，不仅对先生论著的主要内容进行一定概括，而且对其关键、核心的论述予以原文摘录，以便于读者学习和研究先生的学术思想。同时还以脚注的方式，将学者们与我发表的研究论文、文章进行说明，方便相关学者做进一步的研究。对于个别具体月份、日期不可考的事件、论著，置于当年、当月各条目之末。在提及他人职务和身份时，皆指当事人当时的职务和身份。

由于本书中的内容，涉及中国历史、党史、考古、外交和新闻报道等多学科的知识，我尽可能采用中国读者能理解和接受的方式转译。同时，由于本书是邓嗣禹先生对历史的个人表述，我尽可能维持原书作者的写作风格和语言风格，保留了一些英文原名，以方便大家查阅相关背景资料。

由于邓嗣禹在生前未能保留下来完整的日记。而他写于1937年，连载于1963—1964年台湾《传记文学》的赴美日记《去国记》，则是一篇生动与真实的纪实文章，具有较高的史料价值。台湾《传记文学》在刊发此日记时，增发编者按指出："本文虽然只记载抗战初起时，个人来美的一段艰苦旅程，但实在是中国近代史的一部分。"此次，由于书籍篇幅有限未能列入附录。"邓嗣禹与他的汉学研究"则将学术年谱中的内容，进行系统性的梳理与研究。此外，作者还将经过多年整理的《邓嗣禹发表书评文章目录》等四篇文章作为附录，对于学术年谱中的内容进行补充与完善。

《邓嗣禹回忆录》行文典雅、用词考究、句式繁复，涉及的知识面又非常广泛，虽然译者始终本着对读者负责的态度，认真地翻译本书，先后也得到了许多人的帮助。但是，在回忆录翻译以及学术年谱撰写中，肯定还会有不准确和不全面之处。恳请国内外研究学者不吝指正，提供宝贵的意见，以利于学术年谱的修订与完善。

在此，我要特别感谢华东政法大学研究生院前院长、博导，现任浙江大学"求是特聘教授"——屈文生教授；陕西师范大学教育学院副院长、博导冯用军教授的鼓励与帮助，以及我的家人们的大力支持。

译著者邮箱：pengjing62917@ sina. com。

彭　靖

2022 年 3 月初稿

2024 年 12 月第一次修订

2025 年 2 月第二次修订